中国孟学史

下册

王其俊 主编

山东教育出版社

图书在版编目（CIP）数据

中国孟学史（上、下册）/ 王其俊主编．—济南：山东教育出版社，2012
ISBN 978—7—5328—6281—8

Ⅰ.①中… Ⅱ.①王… Ⅲ.①孟轲（前390～前305）—哲学思想—研究—中国 Ⅳ.①B222.5

中国版本图书馆 CIP 数据核字(2012)第 021136 号

中国孟学史(上、下册)

王其俊　主编

主　　管：山东出版传媒股份有限公司
出 版 者：山东教育出版社
（济南市纬一路 321 号　邮编：250001）
电　　话：(0531)82092664　传真：(0531)82092664
网　　址：http://www.sjs.com.cn
发 行 者：山东教育出版社
印　　刷：山东临沂新华印刷物流集团
版　　次：2012 年 11 月第 1 版第 1 次印刷
规　　格：787mm×1092mm　16 开本
印　　张：66 印张
字　　数：1105 千字
书　　号：ISBN 978—7—5328—6281—8
定　　价：146.00 元(上、下册)

（如印装质量有问题，请与印刷单位联系调换）
（电话：0539—2925888）

目录

第五篇 清代的孟学

第六篇 近代的孟学研究

第七篇　现代的孟学研究

第五篇 清代的孟学

第二十五章 明清之际的孟学

第一节 孙奇逢与孟学

孙奇逢(1585—1675),字启泰,号钟元,原籍明直隶保定府容城县(今属河北),后迁居河南卫辉府辉县。明清两代,他11次拒绝朝廷征聘,人称孙征君。晚年讲学于辉县夏峰村,学者称夏峰先生。清道光八年(1828),从祀文庙。

孙奇逢"少历经于贫贱,老困踬于流离"①,亲身经历了明亡清兴的朝代更迭。天崩地解的严峻现实和颠沛流离的贫困生活,造就了他探求治世之道、整治人心风俗的人生理想追求。他虽然一生身居山野乡村,却始终心系国家社会。在其社会政治活动中,他倡扬正义,痛斥邪恶,慷慨不顾生死,誓不为官以明志节,德操声闻朝野,充分展示了儒家学者居仁行义、深造自得、至善刚健的人格精神。

孙奇逢在其一生的学术活动中,精研儒学义理,博稽方志史实,尽心教化士民,勤力著述立说,尤能坚守学以致用的治学宗旨。他认为,学术的存亡兴废,关系着国家的强盛衰落,为学重在阐明义理以求切近人事,躬行践履以达经世宰物,而不可空谈身心性命,沉溺章句训诂。故他说:"遇事敢言,见危授命,而经世宰物,随地自见,此圣门之所贵于学,而其用甚大。若平居谈身心性命,一遇事便束手,此腐儒曲士之流耳,实足为理学之诟厉也。"②因此,孙奇逢所倡导和坚守的学以致用的治学宗旨,力摧了明末以来空疏清谈之陋习,开创了清代初期黜虚务实之新风。孙奇逢是明清之际具有重要影响的思想家和教育家,他的一生正处于明朝腐败灭亡和清朝崛起兴立的社会变革时期。面对着动荡剧变的严峻社会现实和妄谈心性的空疏

① 孙奇逢:《夏峰集·柬三无道人》卷七。

② 孙奇逢:《中州人物考·分类·理学》。

学风流弊，他时刻关心国家民族的兴衰存亡，奋起抗击黑暗政权的残暴统治，积极倡扬儒家学说的理论精华，矢志挽救人心道德的沉沦衰微，与浙江黄宗羲和关中李颙一起被人们称为“清初三大儒”，其学术思想在明清之际孟学发展史上有着重要影响。孙奇逢一生著述颇丰，他的学术著作主要有《理学宗传》、《圣学录》、《北学编》、《洛学编》、《四书近指》、《读易大旨》、《书经近指》等，后人编有《夏峰集》、《孙夏峰先生全集》等。孙奇逢的社会活动和学术实践，促进了儒学的发展传播。时人馈以“始以豪杰，终以圣贤”①的美誉，以示对他的人格和学识的敬佩和称慕。

孙奇逢的理学思想，是在折衷调合理学与心学之争、反思明亡清兴的历史教训上形成发展的。他的理学思想特点，宗本阳明，兼合朱熹，具体表现为他既主张尽心知性体认天理，又强调躬行践履经世宰物。其弟子汤斌曾评曰，奇逢之学“以慎独为宗，以体认天理为要，以日用伦常为实际”②。《四库全书总目》卷三六《四书近指》提要亦评曰：“奇逢之学，兼采朱陆，而大本主于穷则励行，出则经世，故其说如此。虽不一一合于经义，而读其书者知反身，以求实行、实用，于学者亦不为无益也。”因此，孙奇逢的理学思想具体反映了明清之际儒学发展变化的显著特点。

一、尽心知性、体认天理的心本论思想

孙奇逢认为，尽心知性、体认天理是儒学思想的根本义理和一贯要旨。他继承、发展了孟子的“尽心知性知天”和“万物皆备于我”的思想，认为体认天理在于尽心知性，人心即具万物之理，天理即是内在于人心的善性。他说：“欲观天地，观之于万物而已，万物所以成天也。欲观万物，观之于我而已，我备万物也。”③因此，孙奇逢将天、命、心、性、理合之于一，形成了心本论思想。他说：“心、性、天、命四字只一样，人具之为心，心之灵为性，性自出于天，天之一定为命。”④“天一命也，命一性也，性一善也。达而在上与穷而在下，同一命也性也，则同一善也。”⑤由此心本论出发，孙奇逢认为，儒学的本天之旨，就是本心之理，“知天，是知自心之天；事天，是事自心之天；立命，是立自心之命。总之，心生天生命也”⑥。

在识得本心体认天理的修养方法上，孙奇逢着重强调了慎独工夫。他

---

① 申涵光：《聪山集·征君孙钟元先生诔词》卷三。
② 汤斌：《汤潜庵集·征君孙钟元先生墓志铭》。
③ 孙奇逢：《夏峰集·语录》卷一。
④ 孙奇逢：《四书近指·尽心知性章》卷十七。
⑤ 孙奇逢：《夏峰集·答魏石生》卷七。
⑥ 孙奇逢：《夏峰集·理学宗传序》卷四。

说："论本体只是性善，论工夫只是慎独。""邹东廓云：'除却自欺便无病，除却慎独便无学。'此语自道得尽千圣万贤，看切做工夫只有慎独。"[①]"慎独即毋自欺。独不但此心初动之几，凡事物交集时有独，即事物应酬后亦有独。初动之独，有严防法；交动之独，有密证法；即动之独，有挽回法。总之是慎独。"[②]慎独就是存养省察人心所具的善性良知，"只要人从本来处探讨得真切，而下手'存养'二字，存养工夫又须做到尽头，不可歇手。静时默存，动时惺存，是谓存心。静是寂养，动是顺养，是谓养性。心性合而成身，存养合而成修"。孙奇逢认为，慎独就要戒慎恐惧，存诚去邪，这才能识得天理，成就善性，它是致知之首。"天命自我植立，有常存宇宙间者，故曰立命。此知天之圣，事天之极，而天命之性完全于心之结果处也"[③]。所心，尽心知性，体认天理，慎独存养不二，才是用功之处。

二、躬行践履、经世宰物的实行思想

孙奇逢理学思想的另一显著特点，在于他为了救治理学末流的空疏弊端，又强调了经世致用的实用实行思想。

孙奇逢认为，天理虽然内在于人心之中，但人只有在具体的现实实践活动中，才能识得吾心所具的客观事物之理。故他反对抛弃客观事物、专执内心求索的践道体理方法，而指出天道即表现于日用饮食之间，为学应于客观的现实活动中去明体达用，躬行践道。他说："日用食息间，每举一念，行一事，接一言，不可有违天理拂人情处便是学问。"[④]"天之明命，无一刻不流行于人伦事物中，能于日用食息真见其流行不已，便自有下手工夫处。"孙奇逢指出，体认天理，尽心知性的根本途径，就在于现实人生活动中的躬行践履，学问皆从躬行得来，而不在于空谈心性。"日用间，凡行一事，接一人，无有不当理、中情之处，此所谓道也，即所谓学也"[⑤]，"道理只在眼前，眼前有相对之人，相对之物，静对之我，正所谓道也者，不可须臾离也。能尽人性，尽物性，皆是眼前事；舍眼前而求诸远且难，不知道也者"[⑥]。由于孙奇逢宗守阳明心学的工夫即本体、格物即致知之说，他认为知与行不可分割，下学与上达不可割裂，而其要则在于"学吾之心而已"。他说："学为圣人而已。""亦学吾之心而已。心以天地万物为体，其操功却在日用饮食间。故曰：不离日用常行内，直造先天未画前。尽心知性以知天，而圣人之能事毕矣。"[⑦]为学在

①⑤ 孙奇逢：《夏峰集·语录》卷二。

② 孙奇逢：《四书近指·所谓诚意章》卷一。

③ 孙奇逢：《四书近指·尽心知性章》卷十七。

④⑥ 孙奇逢：《夏峰集·语录》卷一。

⑦ 孙奇逢：《夏峰集·四书近指序》卷四。

于识得圣人之道，亦即是识得吾心之良知，而致得事物之理。他指出："若分何时为下学，何时为上达，何处为卑迩，何处为高远，便于道理割裂。即此推之，形色亦天性，糟粕亦神奇。说心，在事上见；说体，在用上见；约理，在博文上见；致知，在格物上见。内圣外王，一以贯之，原无许多头绪。"①可见，孙奇逢的尽心知性、体认天理的思想，虽然宗本其心本论之说，但并没有空言明心见性，而是将明心见性寓于日用食息间的现实实践之中，提倡在客观的社会活动中去识得天理圣道。

由此出发，孙奇逢形成了注重经世致用的思想特点。他认为，理学的内容不仅包括了尽心知性、体认天理的心性修养，而且包括了事功节义、经世载物的现实实践。他说："理学、节义、事功、文章总是一桩事。其人为理学之人，遇变自能殉节，当事自能建功，操笔自能成章。触而应，迫而起，安有所谓不相兼者？如不可相兼，必其人非真理学。"②理学之为圣人之学，就在于它内则能成就善性、识得天理，外则能经世宰物、经纶天地。理学之人要把尽心知性、经世致用的内圣外王的圣人之道，作为人生追求的主宰和把柄，这才不愧于理学，无惭于孔孟。

除上述外，孙奇逢还继承了孟子汤武革命和诛一夫等思想，强调重视民众的力量，反对残暴君主，并以孟子之言定案，认为"残贼之人，谓之一夫。一章之案，在此二字，以诛字易弑字，是《春秋》之笔。汤、武此举犯古今大难，亏孟子看得真，判得定"③。

孙奇逢的学术思想，既言尽心知性体认天理，又倡躬行践履学以致用，矫正了明末以来的清谈空疏陋习，开辟了清初崇实致用的一代学风。他的学术活动和思想理论，推动了清初儒学的复兴发展，在孔孟儒学发展史上占有不可忽视的重要地位和作用。

第二节　黄宗羲与孟学

黄宗羲(1610—1695)，字太冲，号南雷，学者尊称梨洲先生，浙江余姚人。他是明清之际著名的启蒙思想家、哲学家、史学家。他生当中国封建社会末期社会矛盾、民族矛盾剧烈动荡的年代，亲身经历了明亡清兴"天崩地解"的朝代更迭。为了明辨天下治乱之源，寻求生民根本之计，黄宗羲在其

① 孙奇逢:《夏峰集·语录》卷二。

② 孙奇逢:《夏峰集·语录》卷一。

③ 孙奇逢:《四书近指》卷十四。

一生的社会活动和学术研究中，凡《十三经》、《二十一史》经史之著，百家九流之学，天文历算之法，佛道典籍之书，靡不究心研治。又师从大儒刘宗周学，与弟宗炎、宗会并负才识，时有"浙东三黄"之誉。他猛烈批判了腐朽黑暗的封建君主专制制度，大胆提出了改革社会的理想方案，全面总结了宋明学术的演变发展，竭力开创经世致用的务实学风。他的政治著作主要有《明夷待访录》等，哲学著作主要有《孟子师说》、《易学象数论》等，史学著作主要有《行朝录》、《明儒学案》、《宋元学案》等。此外尚有《南雷文集》、《南雷诗历》等，另编有《明文案》等。他的社会批判的启蒙思想和通经治史的学术思想，在清代社会和文化发展史上产生了深远的影响。

黄宗羲在明清之际孟学发展史上具有着重要的地位，他上承刘宗周之学，深受王守仁心学影响，通过对孟子思想的重新认识，全面总结宋明理学的发展演变，提出了理气、心性、性情合一的学说。其代表作《孟子师说》一书，集中展示了他对孟子思想的认识。他在《孟子师说·题辞》中说："先师子刘子于《大学》有《统义》，于《中庸》有《慎独义》，于《论语》有《学案》，皆其微言所寄，独《孟子》无成书。羲读《刘子遗书》，潜心有年，粗识先师宗旨所在，窃取其意，因成《孟子师说》七卷，以补所未备，或不能无所出入，以俟知先生之学者纠其谬云。"①黄宗羲虽然指出其作《孟子师说》意在承接师说，其宗旨则在于批判元明以来空谈性理、固守朱子之学的空疏僵化学风，还原孟子的思想。他对孟学的继承、发展、阐释主要表现在下述两个方面。

一、理气、心性、性情合一说

在理气观上，黄宗羲反对以理别为一物以及理先气后、理气为二的观点，认为气是客观存在的物质，是宇宙万物的本原，理是气之条理，是气的运行法则。他说："天地之间，只有气更无理。所谓理者，以气自有条理，故立此名耳。"②"抑知理气之名，由人而造，自其浮沉升降者而言，则谓之气；自其浮沉升降不失其则者而言，则谓之理。盖一物而两名，非两物而一体。"③他反对程朱理学的"理在气先"、"理能生气"之说，指出理不离气，理气不二，"通天地、亘古今，无非一气而已"④，"天地间只有一气充周，生人，生物"⑤。气为天地间的主宰，理为气之理，无气则无理。他说："气若不能自主宰，何以春而必夏、必秋、必冬哉！草木之荣枯，寒暑之运行，地理之刚柔，象纬之

① 黄宗羲：《孟子师说·题辞》。
② 黄宗羲：《明儒学案·肃敏王浚川先生廷相》卷五十。
③ 黄宗羲：《明儒学案·学正曹月川先生端》卷四。
④ 黄宗羲：《宋元学案·濂溪学案下》。
⑤ 黄宗羲：《孟子师说·浩然章》。

顺逆，人物之生化，夫孰使之哉？皆气之自为主宰也。”[①]因此，黄宗羲在对宋明学者理气观上的错误观点进行批判后，对理气观进行了总结。他说：“盖大化流行，不舍昼夜，无有止息。此自其变者而观之，气也；消息盈虚，春之后必夏，秋之后必冬，人不转而为物，物不转而为人，草不移而为木，木不移而为草，万古如斯，此自其不变者而观之，理也。”[②]

黄宗羲在分析了理气关系之后，又用其理气观来论其心性观。他说：“夫在天为气者，在人为心；在天为理者，在人为性。理气如是，则心性亦如是，决无异也。人受天之气以生，只有一心而已，而一动一静，喜怒哀乐，循环无已。当恻隐处自恻隐，当羞恶处自羞恶，当恭敬处自恭敬，当是非处自是非，千头万绪，感应纷纭，历然不能昧者，是即所谓性也。初非别有一物，立于心之先，附于心之中也。”[③]他认为，在天，理为气之理；在人，性只能是心之性。因此，天人是相通一致的，而理气与心性也是一致的。即人心是受天之气而生，而人性则只是人心的活动之理，“离气无所谓理，离心无所谓性”[④]。黄宗羲的心性说发挥了其师刘宗周“慎独”之说，反对将人性分为气质之性和义理之性。他说：“孟子之恻隐、羞恶、辞让、是非，因所发之情而见所存之性，因所情之善而见所性之善。师以谓指情言性，非因情见性也。即心言性，非离心言善也。形而上者谓之道，形而下者谓之器，器在斯道在，离器而道不可见……夫盈天地间，止有气质之性，更无义理之性。”[⑤]

黄宗羲以理气关系来论证心性关系，以气质之性来统一人的心性，故其总论心性关系时说：“在人亦然，其变者，喜怒哀乐、已发未发、一动一静、循环无端者，心也；其不变者，恻隐羞恶、辞让是非、牿之反复、萌蘖发见者，性也。”[⑥]他主张心性合一，认为“人禀是气以生，心即气之灵处，所谓知气在上也。心体流行，其流行而有条理者，即性也……流行而不失其序，是即理也。理不可见，见之于气；性不可见，见之于心；心即气也”[⑦]。基于心性合一的思想，黄宗羲阐发了他的性情合一思想。他说：“先儒之言性情者，大略性是体，情是用；性是静，情是动；性是未发，情是已发。程子曰‘人生而静以上，不容说。才说性时，他已不是性也’，则性是一件悬空之物。其实孟子之言，明白显易，因恻隐、羞恶、恭敬、是非之发，而名之为仁义礼智，离情无以见

① 黄宗羲：《明儒学案·崇仁学案三》卷三。
②⑥ 黄宗羲：《明儒学案·崇仁学案二》卷二。
③ 黄宗羲：《明儒学案·诸儒学案中一》卷四十七。
④ 黄宗羲：《明儒学案·蕺山学案》卷六十二。
⑤ 黄宗羲：《文约·先师蕺山先生文集序》卷四。
⑦ 黄宗羲：《孟子师说·浩然章》。

性，仁义礼智是后起之名，故曰仁义礼智根于心。若恻隐、羞恶、恭敬、是非之先，另有源头为仁义礼智，则当云心根于仁义礼智矣。是故性情二字，分析不得，此理气合一之说也。体则情性皆体，用则情性皆用，以至动静、已未发皆然。”①

黄宗羲从其理气合一论出发，把人心和道心、天理和人欲统一起来，提出了“道心即人心之本心”的论断，批判了理学家们的“人心惟危，道心惟微”的观点。他说：“仁无迹象可寻，孟子于无迹象之中，指出迹象，人人可以认取，如‘仁义礼智根于心’，‘恻隐之心，仁之端也’云云，‘仁，人心也’，不一而足。盖人之为人，除恻隐、羞恶、辞让、是非之外，更无别心，其憧憧往来，起灭万变者，皆因外物而有，于心无与也。故言‘求放心’，不必言‘求理义之心’；言‘失其本心’，不必言‘失其理义之心’，则以心即理也。孟子之言明白如此，奈何后之儒者，误解人心道心，歧而二之？以心之所有，止此虚灵知觉，而理则归之天地万物，必穷理而才为道心，否则虚灵知觉，终为人心而已！殊不知降衷而为虚灵知觉，只此道心，道心即人心之本心，唯其微也故危。”②在此，黄宗羲对把心分为道心与人心的观点进行了猛烈的批判，将人心与道心相贯通，持守了心即理的思想。

二、经世致用，求是务实

黄宗羲作为明清之际杰出的思想家，其学术思想贡献在于他批判了明末“束书不观、游谈无根”的空疏学风，提出了经世致用、实事求是的务实新风。在对孟子王霸之辨的认识上，黄宗羲强调心术是王道与霸道区别的关键所在，指出：“天地以生物为心，仁也。其流行次序万变而不紊者，义也。仁是乾元，义是坤元。乾坤毁则无以为天地矣。故国之所以治，天下之所以平，舍仁义更无他道……仁义功用，天地赖以常运而不息，人纪赖以接续而不坠。遗亲后君，便非仁义，不是言仁义未尝不利。自后世儒者，事功与仁义分途，于是当变乱之时力量不足以支持，听其陆沉鱼烂，全身远害，是乃遗亲后君者也。”他认为：“王霸之分，不在事功而在心术。事功本之心术者，所谓‘由仁义行’，王道也；只从迹上模仿，虽件件是王者之事，所谓‘行仁义者’，霸也。”治理国家的政治行为，一是看得见的事功，二是看不见的心术。心术并非指权谋机诈，心是指人人皆有的恻隐羞恶辞让是非之心，术是指不忍人之心流行的轨迹。王道是以仁义善心来考虑民众的现实生活疾苦，实施爱民的仁政，一切顺仁心之自然流行。而霸道的出发点则是一己之私，考

① 黄宗羲：《孟子师说·公都子问性章》。
② 黄宗羲：《孟子师说·仁人心也章》。

虑的是自己的名声权势，其所做的事功可能是王者所做之事，但其行为却不是发自仁心，而只是在迹上模仿，是无源之水。所以，黄宗羲曾就王道与霸道的区别指出："譬如草木，王者是生意所发，霸者是剪彩作花耳。"[①]黄宗羲对孟子仁政思想的认识，看到了"孟子本领阔大处"。孟子认为，实施爱民养民的仁政，为政者将自己的"好货"、"好色"、"好勇"、"好乐"之心扩充到民众身上，满足民众的生存需求，就能得到民众的支持。故黄宗羲说："此见孟子本领阔大处。若使后之儒者对，必言治国当忧勤惕厉，岂宜纵耳目之欲？如此便觉拘迫。观孟子之言，自觉一段太和气象。"[②]可见，黄宗羲对孟子的认识，展示了他的经世致用的思想特点。此外，黄宗羲特别重视民众在社会发展中的作用，继承发展了孟子的民本思想。他对封建君主专制制度的罪恶予以了无情的揭露和批判，认为封建社会的一切祸患弊害，源于封建君主的专制统治。他指出："今也以君为主，天下为客，凡天下之无地而得安宁者，为君也。是以其未得之也，屠毒天下之肝脑，离散天下之子女，以博我一人之产业，曾不惨然！曰：'我固为子孙创业也。'其既得之也，敲剥天下之膏髓，离散天下之子女，以奉我一人之淫乐，视为当然，曰：'此我产业之花息也。'然则为天下之大害者，君而已矣。"[③]封建君主专制政权的获得和巩固，是通过"屠毒天下之肝脑，离散天下之子女"、"敲剥天下之膏髓"、崩溃万姓之血肉的疯狂屠杀、野蛮掠夺而攫取的。封建君主为了一人一姓之产业、淫乐，屠戮天下之万民，无视万民之忧乐。因此，君主乃为天下之大害，"今也天下之人怨恶其君，视之如寇雠，名之为独夫"[④]。他以反对君主专制为前提，肯定了民众是国家的主体，提出了"天下为主，君为客"的光辉命题，认为国君是天下百姓的佃客佣工。他通过区分"治"、"乱"两个概念，表达了自己对民众的重视，指出"天下之治乱，不在一姓之兴亡，而在万民之忧乐"[⑤]，确定天下是治还是乱的标准，并不在于一家王朝的兴衰，而在于万民的忧乐。既然民众是天下的主体，民众获得幸福，就是治；如果民众处于痛苦之中，那就是乱。国家社会的主体原本是天下百姓，君主政治活动的目的只在于维护天下百姓的利益，而后世的封建专制君主却自立为国家的主宰，因而导致了天下的动乱。他主张，保证民众的生存，就要授田于民，让民众有其耕地以为衣食之本，同时还要减轻民众负担，减少苛捐杂税。如同孟子认为职业分工是社会正常运转的重要保证，黄宗羲也充分认识到了工商之民在社会

---

① 黄宗羲：《孟子师说·孟子见梁惠王章》。

② 黄宗羲：《孟子师说·王立于沼上章》。

③④ 黄宗羲：《明夷待访录·原君》。

⑤ 黄宗羲：《明夷待访录·原臣》。

发展中的重要性，提出了“工商皆本”的主张。

黄宗羲在清代学术史上地位的确立，在于他系统地批判了封建君主专制制度，提出了改革社会的启蒙思想，彻底抨击了明末空谈心性的浮风流弊，倡导了经世致用的为学新风。同时，他不仅是浙东学派的开创者，也是清代史学、经学的重要创立者。因此，他的社会政治启蒙思想和学术思想研究方法，在明清之际的孟学发展史上占有举足轻重的历史地位。

第三节　顾炎武与孟学

顾炎武(1613—1682)，原名绛，字忠清，明亡后，改名炎武，字宁人，江苏昆山人。曾自署蒋山佣，一署顾圭年，学者称亭林先生。顾炎武自幼便在家庭的教育下，攻读经史及兵家典籍。14 岁为诸生，与挚友归庄共入复社，讲学论道，畅谈国事，时有“归奇顾怪”之说。后屡试不第，绝意科举。在明末严峻的社会现实面前，他“感四国之多虞，耻经生之寡术”①，乃毅然抛弃科举帖括之学，博综群书，志在经世。他广览历代史书、方志等，辑录有关农田、水利、矿产、交通及地理沿革等方面的材料，致力于《天下郡国利病书》、《肇域志》的纂辑。崇祯十七年(1644)明亡，清军南下，顾炎武在苏州、昆山参加了抗清斗争。失败后，虽已家破国亡，仍然辗转大江南北，志图恢复。后因恢复无望，又遭恶人陷害，遂于清顺治十四年(1657)弃家北游，往来于河北、河南、山东、山西、陕西各地 20 余年，进行实地考察，广泛交友论学，从事著作撰述。他矢志坚守民族气节，多次拒绝清廷征聘。康熙时开明史馆，召征博学鸿儒，他坚辞不出，以死力拒。清康熙二十一年(1682)卒于山西曲沃。顾炎武是明清之际著名的思想家、经学家、史学家。在明亡清兴“天崩地解”的剧烈动荡时期，他在对明朝覆灭的历史反思中，猛烈抨击了封建社会的腐朽弊端，力倡明道救世的社会变革学说，深刻揭露了空谈心性的理学危害，开创了崇实致用的治学风气。顾炎武的一生，无论是在明道救世的社会活动中，还是在崇实致用的学术实践中，都为社会的进步和学术的发展作出了不可磨灭的巨大贡献。在整个清代学术发展史上，他不仅享有“清学开山”之誉，而且又以“行奇学博”著称。

顾炎武一生治学著述，旨在“明学术，正人心，拨乱世以兴太平之事”②，故其于经、史、地理、音韵、金石、诗文等学，均有精深造诣，且多见诸著述，

① 顾炎武：《亭林文集・天下郡国利病书序》卷六。
② 顾炎武：《亭林文集・初刻日知录自序》卷二。

"卷帙之积，几于等身"①。其著作主要有：《日知录》32卷，为其代表作，上篇经术，中篇治道，下篇博闻，意在"拨乱涤污，法古用夏，启多闻于来学，待一治于后王"②。《音学五书》38卷，为其治音韵学的一部力作。此外，尚有《左传杜解补正》3卷，《九经误字》1卷，《石经考》1卷，《历代帝王宅京记》20卷，《山东考古录》1卷，《京东考古录》1卷，《金石文字记》6卷，《求古录》1卷，《韵补正》1卷，《亭林文集》6卷，《亭林诗集》5卷，《亭林余集》1卷，《亭林佚诗》1卷，《亭林佚文辑补》1卷，《蒋山佣残稿》3卷等。

顾炎武是清代初期提倡复兴古文经学的首要代表，被乾嘉学者称为清代汉学的开山祖师。汪中说："国朝古学之兴，顾炎武开其端。"③顾炎武的经学贡献，不仅在于他重新揭释了经学的本质含义，而且在于他新创了经学的考据方法。

顾炎武提出了"贵创"的治经方法。他认为，治经著书，不在于重复前人的旧说，而在于纠治前人的偏失，阐发自家的创新。因此，他认为"著书不如抄书"，整理综合前人的经说，阐发精深独创之见解，才是严谨求实的治学态度，始能推进学术之发展。顾炎武以贯串经史、驰骋古今之功，在经学研究上尤能钩玄稽沉，辑佚补阙。例如，《孟子》7篇，世所公论。顾炎武考《周礼》、《史记》、《法言》、《盐铁论》、《梁书》、《颜氏家训》、《广韵》等书而发现其中有引《孟子》之文而今本《孟子》无之者，因此猜测《孟子》可能有"外篇"。

顾炎武的为学要旨，是以经世致用为其核心特征的。他曾说："君子之为学，以明道也，以救世也。"④他的"明道救世"思想特征的产生形成，不仅是因于他对儒学传统思想的继承发扬，更重要的是因于他对明清更迭现实的沉痛反思。生活于明清之际的顾炎武，深刻认识到了封建社会的腐朽弊端以及由此造成的严重社会危害，在经历了国破家亡、民族危难的沉痛教训后，顾炎武提出了改革封建社会时政弊端的启蒙思想。

顾炎武的社会启蒙思想，表现在他提出了反对"独治"、实行"众治"的主张。他说："人君之于天下，不能以独治也；独治之而刑繁矣，众治之而刑措矣。"⑤他认为，纠治君主专制弊端，必须"以天下之权寄之天下之人"。他说："所谓天子者，执天下之大权者也。其执大权奈何？以天下之权寄之天下之人，而权乃归之天子。自公卿大夫至于百里之宰，一命之官，莫不分天子之

① 王弘撰：《山志·顾亭林》卷三。
② 顾炎武：《亭林文集·与杨雪臣》卷六。
③《清史稿·汪中传》。
④ 顾炎武：《亭林文集·与人书二十五》卷四。
⑤ 顾炎武：《日知录·爱百姓故刑罚中》卷六。

权，以各治其事，而天子之权乃益尊。后世有不善治者出焉，尽天下一切之权而收之在上，而万几之广，固非一人之所能操也。”①顾炎武虽然没有否定君主专制，但他反对高度集中的君主专权，主张地方分权。他的这些思想，对当时关于社会发展的认识具有一定的启迪作用。

顾炎武的社会启蒙思想，还表现在他特别重视人心风俗的社会作用，认为人心风俗的好坏直接关系着社会的治乱。他说：“目击世趋，方知治乱之关必在人心风俗，而所以转移人心，整顿风俗，则教化纪纲为不可阙矣。百年必世养之而不足，一朝一夕败之而有余。”②他指出，整顿人心风俗，首在教化纲纪。教化纲纪废弛，社会动乱必至。顾炎武详细考察了先秦两汉以至宋明的社会风俗，指出天下无不可变之风俗，救治人心风俗，除了教化纲纪，还要重视社会公正舆论的作用。顾炎武关心社会风俗，注重舆论作用，实质上是争取知识分子参政议政的权力，这对整个社会启蒙也具有一定影响。

顾炎武的社会启蒙思想，旨在探索国家治乱之源和生民根本之计，体现了孔孟儒学思想家以天下为己任、救民众于水火的传统忧患意识和救世精神。他曾说：“天生豪杰，必有所任……今日者拯斯人于涂炭，为万世开太平，此吾辈之任也。仁以为己任，死而后已。”③他又对亡国与亡天下进行了分辨，指出：“有亡国，有亡天下。亡国与亡天下奚辨？曰：易姓改号谓之亡国；仁义充塞，而至于率兽食人，人将相食，谓之亡天下。魏晋人之清谈，何以亡天下？是《孟子》所谓杨、墨之言，至于使天下无父无君，而入于禽兽者也……自正始以来，而大义之不明，遍于天下……是故知保天下，然后知保其国。保国者，其君其臣肉食者谋之；保天下者，匹夫之贱与有责焉耳矣。”④顾炎武的“天下”概念，实质上是整个社会，王朝之国属于统治者，而社会是大家的。这一思想，后被归纳为“天下兴亡，匹夫有责”，它不仅在启发民众觉悟、发掘儒学传统上产生了重要作用，而且在历史发展中已成为中华民族优秀精神的一个组成部分。

顾炎武的学术思想对于整个清代学术史的发展变化产生了极其深远的影响。他的学术思想主要表现在：批判空谈心性的宋明理学，倡导崇实致用的为学宗旨，拓展清代学术领域，创立求实治学方法。

顾炎武对于宋明理学的批判，锋芒直指王守仁心学。他认为，明朝覆亡的沉痛悲剧，正是由王学空谈误国所造成的。他说：“刘石乱华，本于清谈之

---

① 顾炎武：《日知录·守令》卷九。

② 顾炎武：《亭林文集·与人书九》卷四。

③ 顾炎武：《亭林文集·病起与蓟门当事书》卷三。

④ 顾炎武：《日知录·正始》卷十三。

流祸，人人知之；孰知今日之清谈有甚于前代者。昔之清谈谈老庄，今之清谈谈孔孟，未得其精而已遗其粗，未究其本而先辞其末。不习六艺之文，不考百王之典，不综当代之务，举夫子论学、论政之大端一切不问，而曰一贯，曰无言。以明心见性之空言，代修己治人之实学，宗社丘墟。"①顾炎武指出，明末心学"以明心见性之空言，代修己治人之实学"，背离儒学本旨，导致国家灭亡，败坏人心风俗，其罪深于桀纣。他强调，孔孟儒家之学、圣人之道，全是经世致用的务实之学，并无用心于内之说，而心学空谈明心见性，实是释教之学。

顾炎武批判宋明理学，主张复兴经学，他的学术实践在于开创务实学风，提倡崇实致用。对此，他归纳出"博学于文"、"行己有耻"二语，并称之为"圣人之道"。他说：

> 愚所谓圣人之道者如之何？曰"博学于文"，曰"行己有耻"。自一身以至于天下国家，皆学之事也；自子臣弟友以至出入、往来、辞受、取与之间，皆有耻之事也。耻之于人大矣！不耻恶衣恶食，而耻匹夫匹妇之不被其泽。故曰："万物皆备于我矣，反身而诚。"呜呼！士而不先言耻，则为无本之人；非好古而多闻，则为空虚之学。以无本之人，而讲空虚之学，吾见其日从事于圣人而去之弥远也。②

"博学于文"和"行己有耻"，源于《论语》的《颜渊篇》和《子路篇》，是孔子答门人问时而提出的两个主张，体现了儒家为学做人的传统观点。顾炎武将此二者结合起来，以表达自己的治学之道，意在转变明末空疏学风，开创崇实致用之学。他的"博学于文"主要是从为学方法上讲的，认为治学要鄙俗学而求《六经》，尤务本原之学，广泛学习各种社会知识，以求达到经世致用的目的。"行己有耻"则主要是从个人道德修养和节操方面讲的，意在力斥晚明士大夫寡廉鲜耻、趋炎附势的失节行径。孟子对知耻与做人的关系见解精辟，指出"无羞耻之心，非人也"。《孟子·尽心上》载："人不可以无耻，无耻之耻，无耻矣。"人不能没有耻辱之心，没有耻辱之心的无耻是最大的无耻。顾炎武极其重耻，他说：

> 《五代史·冯道传·论》曰：礼、义、廉、耻，国之四维，四维不张，国乃灭亡……然而四者之中，耻尤为要。故夫子之论士，曰："行己有耻。"孟子曰："人不可以无耻，无耻之耻，无耻矣。"又曰："耻之于人大矣。为机变之巧者，无所用耻焉。"所以然者，人之不廉，而至于悖礼犯义，其原

① 顾炎武：《日知录·夫子之言性与天道》卷七。

② 顾炎武：《亭林文集·与友人论学书》卷三。

皆生于无耻也。故士大夫之无耻,是谓国耻。[①]

他指出,为学要博学于文,做人要行己有耻,二者结合起来始为圣人之道,才能摒弃明心见性之空言,代之以修己治人之实学。

顾炎武一生的社会活动和学术实践,旨在"明学术,正人心,拨乱世以兴太平之事"[②]。他的社会启蒙思想和学术实践贡献,立足于现实社会,倡导着经世致用。因此,他不仅是清初学术界一位卓然杰出的思想大师,同时也在清初文化史上占有继往开来的位置。

第四节　王夫之与孟学

王夫之(1619—1692),字而农,号姜斋,湖南衡阳人。晚年隐居于湘西石船山(今湖南衡阳曲兰),学者称船山先生。王夫之出身于一个中小地主家庭,其父、兄皆学识淹博,贯通经史。王夫之自幼随父兄习学,文名重于乡里。他虽然眷恋着博取功名的科举仕途,但更加关注国危民艰的动荡时局。他屡次科举落第,直到明崇祯十五年(1642)第四次参加乡试,才中了举人。在此期间,他曾组织"匡社",研求拯救国家之道。崇祯十六年(1643),张献忠率农民军攻占衡阳之后,曾礼聘夫之弟兄加入农民军,然夫之信守忠君观念,谢绝并设法逃脱。明亡以后,清军南下,王夫之投身于抗清斗争,谋求复明大业。清顺治五年(1648),他于衡阳举兵抗清,结果兵败军溃。此后,他投奔肇庆南明桂王永历政权,任行人司行人之职。然南明政权内部腐败不堪,奸党把持朝政,王夫之曾因弹劾权奸王化澄,险遭残害,乃被迫离开南明政权,投奔桂林抗清将领瞿式耜。桂林失守,瞿式耜殉难,王夫之见复明无望,遂决计退隐。为了逃避清廷的"薙发"令,王夫之辗转流徙,四处隐居。他曾隐姓埋名,改易衣冠,自称徭人,流落荒岭。在极其艰难的困苦处境中,他用力研究学问,探索治乱根源。清顺治十四年(1657),他结束了流亡生活,定居于衡阳莲花峰下续梦庵,从事教学著述活动。清康熙十四年(1675),他又迁居到石船山下,筑草堂而居,一直过隐居生活,矢志不与清廷合作,直到去世。

王夫之在其一生的学术活动中,详加探究历代成败得失,着力钻研传统学术思想。他以"六经责我开生面,七尺从天乞活埋"[③]的宏伟气魄,写下了

① 顾炎武:《日知录·廉耻》卷十三。

② 顾炎武:《亭林文集·初刻日知录自序》卷二。

③ 王夫之:《船山鼓棹初集·鹧鸪天注》。

百余种、400余卷的学术著作，主要有《张子正蒙注》、《思问录》、《尚书引义》、《周易外传》、《读四书大全说》、《读通鉴论》、《黄书》、《宋论》、《春秋世论》、《四书训义》、《噩梦》以及《老子衍》、《庄子通》等。后人对其著作加以整理汇编，辑有《船山遗书》等。

王夫之基于对佛老之说与儒学演变的总结批判，建立了他的博大精深的思想体系，他的思想内容，继承发展了中国传统哲学的唯物主义，在理气、道器、能所、知行、动静等问题上，提出了创造性的见解，对理学的本体论、人性论、认识论、辩证法等方面，阐发了开创性的认识。这在《读四书大全说》一书中，也有着具体的体现。

《读四书大全说》是王夫之中年时期的重要哲学著作，47岁时完成，晚年或有订补，它是王夫之关于《四书大全》的阅读札记，大体按原书篇章顺序记录，分为10卷，其中第八至十卷为《孟子》。《四书大全》是明永乐间胡广等以朱熹《四书章句集注》为基础，广收宋元以来程朱派学者对"四书"的解释而汇编成的一部书。王夫之通过评判此书，深入研究了宋明理学，考辨各家异同、理气关系等宋明时期长期争论的问题，阐述了自己的哲学思想。《续修四库全书总目提要》说："是书析理极精。于《大全》所引朱子之说，有绝非出自朱子，而为门人所假托者；有虽为朱子之说，而亦不可以从者；有意甚是，而说不详者；而诸儒之说，又互有是非，皆一一为剖析之，驳正之，引申之。至于释氏狂谬，解姚江偏见，分别尤严。曲尽洞达，词畅而理无不显，不徒为《大全》诤友也。"①此书内容非常丰富，展示了王夫之对理气关系、道器关系、心物关系、知行关系以及理欲关系等认识的学术思想。

王夫之继承、发展了孟子承认人之自然生理欲望必要性及合理性的主张，强调了理欲统一的道德学说，反对程朱理学的"去欲存理"的主张，认为有欲斯有理，理与欲不是绝对对立的，理与欲是不可分离的，人人皆有人欲，人欲即人的生存发展的自然需要，而理则是协调个体相互关系的准则和规范。他说："礼虽纯为天理之节文，而必寓于人欲以见(饮食，货；男女，色)。虽居静而为感通之则，然因乎变合以章其用(饮食，变之用；男女，合之用)。唯然，故终不离人而别有天，终不离欲而别有理也。""于此声色臭味，廓然见万物之公欲，而即为万物之公理。""孟子承孔子之学，随处见人欲，即随处见天理。学者循此以求之，所谓'不远之复'者，又岂远哉？"②因此，在处理理与欲的关系上，应当"以理导欲"，"以义制利"，而不可将理欲割裂开来。

---

①《续修四库全书总目提要·读四书大全说·提要》。

② 王夫之：《读四书大全说》卷十。

王夫之继承发展了孟子的性善论，认为“人之所不学而能，不虑而知者，即性之谓也”，“良即善也，良者何也？仁也，义也”，“顾人性之有仁义，非知性者不足以见其藏也”①。良知良能即是性，性的内涵就是仁与义。因此，他反对王阳明的“无善无恶心之体”的观点，指出“良心”就是“仁义之心”，“若更不直显孟子之旨，则姚江所云‘无善无恶是良知’者，直以诬道，而无与知其非矣”②。王夫之将《周易》“继善成性”之说与孟子的性善论相会通，提出了“性日生日成”的观点。他说：“《易》曰‘继之者善也，成之者性也’，善在性先。孟子言性善，则善通性后……乃《易》之为言，唯其继之者善，于是人成之而为性。孟子却于性言善，而即以善为性，则未免以继之者为性矣。继之者，恐且唤作性不得。”③他认为，人性不是一成不变的，而是不断发展变化的，但人的善性是可以通过教育培养而生成完善。他的这一观点，是对孟子性善论思想的丰富。

自孔孟之时起，儒家学者极为关注社会的和谐发展，主张通过改革现实弊端而实现社会的进步。在如何治理社会上，王夫之也有着极为深刻的思想。特别是在经历了明清兴革的社会剧变之后，王夫之通过对历代政治得失特别是明朝覆灭原因的反思探讨，为了求顺于理、求适于用，达到经世致用的救世目的，承续了儒家的传统理论，提出了他的社会政治改良思想。

王夫之在对明朝覆灭的反思中，继承、发展了孟子的民本思想，深刻地认识到了民众在国家兴亡中的重要作用。他认为，明朝官吏对民众的残酷剥削，是明代社会动乱出现的原因之一。由此，他提出了“严以治吏，宽以养民”的为政方针。他说：“严者，治吏之经也；宽者，养民之纬也；并行不悖，而非以时为进退者也……故严以治吏，宽以养民，无择于时而并行焉，庶得之矣。”④“夫为政者，廉以洁己，慈以爱民，尽其在己者而已。”⑤所谓“严以治吏”，是指对于那些徇私枉法、残害民众的贪官污吏予以严惩，决不姑息。所谓“宽以养民”，是指对于民众要从政治上经济上减轻压迫剥削，厚制民产，轻徭薄赋。同时，统治者还要以道德来教化民众，导之从善。

王夫之曾撰《读四书大全说》，他一方面借阐述“四书”之名表达其思想主张，另一方面又深受孟子思想的重要影响。在阐释《孟子》一书中，他以《孟子》篇章为标题，每标题下具若干篇论说。他赞扬孟子为“圣人”、“先贤”，孟子学说为“圣贤之学”，崇尚孟子的高尚气节和人格，“不容自乞卑官，

①②③ 王夫之：《读四书大全说》卷十。

④ 王夫之：《读通鉴论》卷八。

⑤ 王夫之：《读通鉴论》卷十九。

以枉道辱己”①,“孟子之道,合则行,不合则止”,孟子的浩然之气较北宫黝、孟施舍的培养勇气“百倍刚大而塞两间”②。他多次批评宋儒对孟子一些主张的曲解,较正确地阐释和发展了孟子“顺天者存,逆天者亡”的思想,认为“孟子于此,看得‘势’字精微,‘理’字广大,合而名之曰‘天’。进可以兴王,而退可以保国”③,称赞孟子的“以不忍人之心,行不忍人之政”是“一倍笃实光辉,皆无妄者”④。他阐发了孟子恻隐之心的产生是由感官接触外物的结果,认为孟子的“心之官则思”之“思”字,是“千古未发之藏……故‘思’字一字,是继善、成性、存存三者一条贯通梢底大用,括仁义而统性情、致知、格物、诚意、正心,都在这上面用功夫……孟子之功,不在禹下”⑤。王夫之在批评宋儒曲解孟子思想时还指出:“读书当还他本旨,分外增入,说虽可观,必有所泥也。”⑥他力图正确阐述孟子思想的本旨,表现了实事求是的态度和学风。在这里,王夫之对孟子思想既有继承和正确阐述的一面,又有改造和发展的一面。

第五节 李颙与孟学

李颙(1627—1705),字中孚,号二曲,一号渐夫,自署土室病夫,学者称二曲先生,陕西盩厔(今周至)人。李颙一生,亲身经历了明亡清兴的朝代变革。早年,他家境贫寒,无力从师,但发愤自学,励志向善,博览经史诸子之书,旁涉释、道百家之学,尤能融会贯通,而学识早成出众。顾炎武曾赞其曰:“坚苦力学,无师而成,吾不如李中孚。”⑦面对着明清更迭动荡的社会现实,李颙志存救世济时,意在明道存心。他说:“吾辈须为天地立心,为生民立命,穷则阐往圣之绝诣以正人心,达则开万世之太平以泽斯世。”⑧他积极关心社会问题,勤著切于时政之书,“凡政体所关,靡不规画”⑨。30岁以后,李颙奔走南北讲学,倡扬儒学思想,学术影响深远,颇为朝野推重。但他恪守遗民气节,拒绝仕于清廷,曾力辟“山林隐逸”之荐,断拒“博学鸿儒”之征。清康熙十八年(1670),李颙归隐故里不出,闭门沉研学术。自此以后,他“虽

①③ 王夫之:《读四书大全说》卷九。

②④⑥ 王夫之:《读四书大全说》卷八。

⑤ 王夫之:《读四书大全说》卷十。

⑦ 顾炎武:《亭林文集·广师》卷六。

⑧ 王心敬:《司牧室鉴序》。

⑨ 李颙:《二曲集·匡时要务序》卷十二。

居恒绝口弗及世事，而世道人心未尝一日忘怀”①。

李颙是明清之际著名的思想家和教育家，在明亡清兴剧烈动荡的社会变革中，他不仅积极寻求救世济时的方法途径，以期开物成务，康济民生，而且竭力倡导明体适用的理论学说，旨在明道存心经世致用。因此，他与黄宗羲、孙奇逢同被誉为“清初三大儒”。

李颙在反思了明亡清兴的历史教训，沉研了传统儒学的思想理论之后，立足阳明心学，会通程朱之旨，形成了折衷于理学与心学的学说。在明清更迭的严峻现实面前，他主张“学须开物成务，康济时艰”②，先后著有《十三经注疏纠谬》、《廿一史纠谬》、《经世蠡测》、《时务急著》等书，晚年留下的著作仅有《二曲集》、《四书反身录》两种。后人将其著作及门人辑遗结集刊行，统名之《二曲集》。

李颙对孟学的继承、发展，主要表现于“悔过自新”学说。“悔过自新”学说，是李颙前期理学思想的主要内容。它的产生，展示了李颙志存经世的为学宗旨。

李颙在对明清更迭的沉痛反思中，深刻地认识到，人心道德的沉沦衰微是国家灭亡、社会腐败的重要原因。而在清代初期，寡廉鲜耻的堕落现象依然猖行。故他说：“若夫今日，吾人通病在于昧义命，鲜羞恶，而礼义廉耻之大闲多荡而不可问。苟有真正大君子，深心世道，志切拯救者，所宜力扶义命，力振廉耻，使义命明而廉耻兴，则大闲藉以不逾，纲常赖以不毁，乃所以救世而济时也。当务之急，莫切于此。”③他认为，救世济时的当务之急，莫切于扶振礼义廉耻的纲常伦理，而其方法途径则在于存心复性的悔过自新。

李颙悔过自新学说的主要内容，凸现了孟子的性善论，强调恢复人的至善本性，振兴礼义廉耻的纲常伦理，以达致倡道救世的社会目的。

李颙认为，“人也者，禀天地之气以成身，即得天地之理以为性。此性之量，本与天地同其大，此性之灵，本与日月合其明，本至善无恶，至粹无瑕”，但是，由于“气质所蔽，情欲所牵，习俗所囿，时势所移，知诱物化，旋失厥初”④。所以，悔过自新就是检点省察身心过失，恢复人所固有的至善本性。他继承了孟子关于人皆具有仁义礼智四德的性善论，认为善即是内在于人心的仁义礼智四德，善的外现即为人心所具有的仁义礼智四端，“善非他，乃天之所以与我者，即身心意知之则，而家国天下之所以待理也，本纯粹中正，

① 李颙：《二曲集·司牧宝鉴小引》卷二十八。

② 惠霔嗣：《历年纪略》。

③ 李颙：《二曲集·南行述》卷十。

④ 李颙：《二曲集·悔过自新说》卷一。

本广大高明，涵而为四德，发而为四端，达而为五常，见之于日用则忠信笃敬，九思九容以至三千三百莫非则也”[①]。故悔过自新的存心复性，就是通过克制自身的言行规范，以求合于礼义廉耻的纲常伦理，成就人的至善本性。

李颙认为，欲悔过自新、存心复性，还必须吸取和坚持孟学的“先立乎其大者”[②]和良知良能主张，指出：“能先立乎其大，学问方有血脉，方是大本领。若舍本趋末，靠耳目外索，支离葛藤，唯训诂是耽，学无所本，便是无本领。”[③]“若舍却自已身心切务，不先求知，而唯致察乎名物训诂之末，岂所谓急切务乎？”[④]因此，李颙强调，悔过自新的首要途径就在于先立本心致其良知。他说：“即以身心意知家国天下言之，犹是缓本及末，昧其先后，尚不能近道，况外此乎！”[⑤]他主张，只有首先恢复人的至善本性，实现个人的道德完善，才能去振扶礼义廉耻的纲常伦理，达到倡道救世的社会目的。李颙又提出了以“生之本原”为内涵的“灵原”说，认为“灵原”是宇宙的根本，人只要理解其永存之理，则天地便由我之“灵原”而成立，万物化生由我之“灵原”而呈露，我亦因之而与千圣万贤比肩。这种本体论，同孟子的“万物皆备于我”说、陆九渊的“心即理”说以及王阳明的“良知”说别无二致，显系由心学发展而来。但在工夫论上，李颙则承继了重视未发之中与已发而中节之和的心学传统，讲究“敬”、“静”修养，把“静而虚明寂定”同《中庸》的“未发之中”与“已发之和”联系起来，要求人们“时返观，时时体验”，以期达到“湛湛澄澄，内外无物”的虚明寂定境界。在他看来，“六经”、“四书”，以至宋明诸儒，工夫论上所追求的都是这个境界，所谓“先觉之觉后觉，觉此也；‘六经’之经世，经此也；《大学》之‘致知’，致此也；《中庸》之‘慎独’，慎此也；《论语》之‘时学习’，学习乎此也；《孟子》之‘必有事’，有事乎此也；以至濂溪之‘立极’、程门之‘识仁’、朱之‘主敬穷理’、陆之‘先立乎其大’、阳明之‘良’、甘泉之‘认’，无非恢复乎此也”[⑥]。这一工夫论展示了自先秦而及宋明儒学一脉相承的重要传统。所以，他指出，“最上道理，只在最大修能。不务骛高远，说精微，谈道学，论性命，只在常行、纲常伦理极浅极近处做起”[⑦]。个人只要于日用常行之处，“逐事精察，研是非之几，晰义利之介，在在处处，体认天理，则诚正之

①⑤ 李颙：《四书反身录》卷一。

②《孟子·告子上》。

③ 李颙：《四书反身录》卷七。

④ 李颙：《四书反身录》卷六。

⑥ 李颙：《二曲集·学髓》卷二。

⑦ 李颙：《二曲集·传心录》卷六。

本立矣。夫然后由内而外，递及于修齐之法、治平之略”①，就能达致明心见性、倡道救世的悔过自新的社会目的。

第二十六章　清初的孟学

第一节　陆陇其与孟学

陆陇其(1630—1693)，初名龙其，后改陇其，字稼书，浙江平湖人。清康熙九年(1670)进士，历官嘉定(今属上海)、灵寿(今属河北)知县及四川道试监察御史，为官清正廉洁，多有政绩。清雍正二年(1724)从祀文庙，谥清献。

陆陇其是清代初期尊崇朱熹理学、力辟王守仁心学的重要思想代表，享有“醇儒第一”、“传道重镇”的盛誉。他的一生除了居官尽职、开馆授课之外，一以昌明学术、端正人心为己任。在其儒学研究中，陆陇其通过全面评析儒家学说的发展演变，充分认识到学术的正误盛衰，关系着国家社会的兴衰存亡。因此，陆陇其在对明亡清兴政治变革的深刻反思中，痛切地指出明代的覆灭皆因于阳明心学的兴盛流行，以及程朱理学的沉沦衰微。陆陇其揭斥了王学的空疏流弊，认为阳明心学以心为性，援释入儒，不重格物穷理之实功，自其立教之初就已背离了儒学的下学上达为学方法，流变成了空疏无用的异端俗学。阳明心学的泛滥，败坏了社会的风气，以至于天下之人荡轶礼法，蔑视伦常，整个社会百病交作。明朝的覆灭，不亡于寇盗，不亡于朋党，而亡于学术。因此，他主张学术必须致于实用，实行则须始于实学。陆陇其的学术著作主要有《问学录》、《读朱随笔》、《松阳钞存》、《松阳讲义》、《三鱼堂文集》等。后人将陆陇其的著作汇集编为《陆子全书》。

陆陇其曾著《四书讲义困勉录》，其中含《孟子》部分 14 卷，又作《孟子集注大全》14 卷。他尊崇儒家学说，认为“四书五经之注，固学者所当奉以为

① 李颙：《四书反身录》卷一。

式，不敢稍叛矣”[①]，“夫朱子之学，孔、孟之门户也。学孔、孟不由朱子，是入室而不由户也”[②]。他对孟学的继承、发展，主要表现于其尊朱黜王的主张。

陆陇其强调，欲正道德风俗，欲明学术人心，当今之世则须尊朱熹之学，力黜阳明心学。他说：“及考有明一代盛衰之故，其盛也，学术一而风俗淳，则尊程朱之明效也。其衰也，学术歧而风俗坏，则诋程朱之明效也。”[③]“今之学者必尊朱子而黜阳明，然后是非明而学术一，人心可正，风俗可淳。”[④]

陆陇其认为，朱熹之学不仅是孔孟正脉，而且是学者为学之门。他说：

> 自尧舜而后群圣辈出，集群圣之大成者孔子也。自秦汉而后诸儒辈出，集诸儒之大成者朱子也。朱子之学即孔子之学……今之论学者无他，亦宗朱子而已。宗朱子者为正学，不宗朱子者即非正学。汉儒不云乎诸不在六艺之科孔子之术者，皆绝其道，勿使并进，然后统纪可一而法度可明。今有不宗朱子之学者，亦当绝其道，勿使并进。[⑤]

他指出，朱子之学是孔孟之学的正传，“吾辈今日学问只是尊朱子，朱子之意即圣人之意，非朱子之意即非圣人之意”[⑥]，只有尊朱子之学，才能倡明孔孟之道，从而达到学术淳正人心向善的救世目的。

第二节　唐甄与孟学

唐甄(1630—1704)，原名大陶，字铸万，后更名甄，别号圃亭，四川达州(今四川达县)人。清顺治十四年(1657)中举人，曾任山西长子县知县，为官仅10个月，因“逃人诖误”而去职。

唐甄是清代初期重要的社会启蒙思想家。他的一生“困于远游，厄于人事”[⑦]，虽生活贫困潦倒，仍然专心究治天下之法，志在彰扬圣人之道。他的社会政治启蒙思想集中反映在他历30年而成的《潜书》中。是书原为《衡书》13篇，“衡”表示“志在权衡天下”之意，后因“连蹇不遇”，只得将其潜存起来，遂加以补充，改名为《潜书》。《潜书》共97篇论文，分为上下两篇。上篇论学

---

① 陆陇其：《三鱼堂文集》卷四。
② 陆陇其：《三鱼堂文集》卷五。
③ 陆陇其：《三鱼堂文集·周云虬先生四书集义序》卷八。
④ 陆陇其：《三鱼堂文集·上汤潜庵先生书》卷五。
⑤ 陆陇其：《三鱼堂文集·经学》卷四。
⑥ 陆陇其：《松阳讲义》卷一。
⑦ 唐甄：《潜书·潜存》。

术，重在阐发“尽性”与“事功”相互统一的心性之学；下篇论政治，旨在讲求实治实功抑尊富民的治世之术。潘耒称其“论学术则尊孟宗王，贵心得，贱口耳，痛排俗学之陋；论治道则崇俭尚朴，损势抑威，省大吏，汰冗官，欲君民相亲如一家，乃可为治”①。因此，《潜书》“上观天道，下察人事，远正古迹，近度今宜，根于心而致之行，如在其位而谋其政”②。是书不仅奠定了唐甄在清初启蒙思潮中的历史地位，而且对当时的儒学思想发展也产生了深远的影响。

唐甄的著作尚有《春秋述传》、《毛诗传笺合义》、《潜文》、《潜诗》、《日记》等，然除其中若干诗文尚存外，其余或已失传。

唐甄继承、发展了孟子的仁政、爱民、富民、反对不义之战等主张，以“愿学孟子”为己任，总结前代兴衰存亡的经验教训，抨击时弊，主张改革。他在《尊孟》、《崇孟》等篇中，对孟子充满尊崇之情，认为“孟子之道，在养气而不动心”，是“历险成功之道”③，主张治学要以孟子为宗旨，赞扬孟子“教人也严，其与人也宽。唯圣人乃能无阙”④，认为君主“将欲风天下，勿畏非圣之谤，勿窃尊儒之名，当心法孔、孟，不可口法孔、孟”⑤。在他看来，孟子思想有功于百姓，“自尧舜以下，其言浑矣。孔子乃明言之，孟子又益显之。自闻孟子之言，而后知圣人之治天，其事庸，其用近，如布帛之必可暖，谷肉之必可饱，妇人孺子，皆可听其言而知之，一曲之士皆可遵其言而用之”⑥。唐甄对孟学的继承、发展主要表现在以下几个方面：

一、尽性事功的心性学说

唐甄继承发扬了从孟子到王守仁的尽性事功的心学思想，尖锐批判了程朱理学末流只谈心性不重事功的空疏陋习。

唐甄最为推崇孟子的思想，孟子的思想具体涵盖了“圣人之治天下”的理论，“甄虽不敏，愿学孟子焉”⑦。同时，他又认为，自孟子以后，最能领悟圣人之学的人，当推陆九渊、王守仁二人。孟子、陆九渊、王守仁为什么能够执圣学之枢，得圣人之道，唐甄认为这就在于他们的尽性事功心性之学。他说，“尧舜以来，传道以传心”⑧，唯有知心，才能得识圣人之道，这是学问之道的入门。因此，他在继承了孟子的“尽心知性”和王守仁的“致良知”的心性

① 唐甄：《潜书・潘序》。

②⑥⑦ 唐甄：《潜书・潜存》。

③ 唐甄：《潜书・尊孟》。

④ 唐甄：《潜书・取善》。

⑤ 唐甄：《潜书・除党》。

⑧ 唐甄：《潜书・宗孟》。

思想上，又进一步阐发了他的心性理论。

他认为，良知、心、性是一个东西，综合为"道"，"道由心致，不由外致"①，"天地与道际，心与天地际"②。他说，"性统天地，备万物"，"心具天地，统万物"③。性即是仁义礼智的四德之道，"四德我自所有，非由外铄"，以仁义礼智以合于天地万物，即是尽心知性，始乃尽性事功。他认为，"良知可致，本心乃见，仁义礼智俱为实功"，实功即表现为"仁能济天下"，"义能制天下"，"礼能范天下"，"智能周天下"④。

唐甄指出，尽性事功就是以仁义礼智四德的心性，以合于天地万物，这是儒学思想的本质特征，经世致用、救世治民才是圣人之道的根本宗旨。他说："儒之为贵者，能定乱、除暴、安百姓也。若儒者不言功……但取自完，何以异于匹夫匹妇乎？"⑤因此，他既批判了道家只重"养生"和佛家但求"明死"的出世思想，又着重揭斥了程朱之学"但明已性，无救于世"的空疏陋习。

唐甄认为，尽性与事功二者不可割裂，而是彼此统一的。他说，"修非内也，功非外也"，"自内外分，仲尼之道裂矣，民不可以为生矣"⑥，"修身治天下为一带，取修身割治天下，不成治天下，亦不能修身"⑦，不修其身，不能治天下；只修其身，亦不能治天下。尽性与事功是相互统一彼此融合的，裂一而不得其半。故他认为，程朱之学实能穷性之原，有功于儒家学说的发展，但它只言心性，不重性功，"精内而遗外"⑧，"彼能见性，未能尽性"⑨，有违于儒学的根本宗旨。他们"终日言性，而卒不识性之所在"⑩，"今于内其精致，于其外若遗若忘……名为治世，实非治世，即非尽性"⑪。唐甄指出，程朱之学，舍治世而求尽性，既不能尽己之性，亦无益于社会民生。显然，唐甄的上述主张是对孟学关于"君子之守，修其身而天下平"⑫主张的继承和发展。

如何尽性事功？唐甄提出了性才合一的思想。他说，"世知性德，不知性才"，性与才二者同出一源而不可分，"尽其本体，其才自见"，才即是性的功能和作用。因此，尽性即其尽性之才，发挥性的功能和作用，言性必言才，言才必事功。他认为，不能尽性事功，就是其才没有发挥作用。"四德无功，

① 唐甄：《潜书·格定》。
② 唐甄：《潜书·敬修》。
③⑥ 唐甄：《潜书·良功》。
④⑩ 唐甄：《潜书·宗孟》。
⑤ 唐甄：《潜书·辨儒》。
⑦⑪ 唐甄：《潜书·性功》。
⑧ 唐甄：《潜书·有为》。
⑨ 唐甄：《潜书·性才》。
⑫《孟子·尽心下》。

必其才不充；才不充，必其性未尽”。唯有尽心知性，始能充才事功，“心不明，则事不达；事不达，则所见多乖，所行多泥”[①]。

唐甄指出，尽性表现为事功，事功依赖于尽性，“性不尽，非圣；功不见，非性”[②]。仁义礼智四德不是体现在性本身，而是体现在性才上，通过性才的作用，体现在对天地万物的事功上。故他说：“仁之为道，内存未见，外行乃见；心知未见，物受乃见。”[③]事功乃是尽性的表现和目的，“事不成，功不立，又奚贵无用之心，不如委其心而放之”[④]。因此，唐甄特别重视王守仁的知行合一之说，他说：“知行为二，虽知犹无知，虽致犹不致。知行合一者，致知之实功也。”[⑤]知行合一就是尽性事功；尽性事功才是儒者为学之道，才现儒学治世之用。他说：“我尽仁，必能育天下；我尽义，必能裁天下；我尽礼，必能匡天下；我尽智，必能照天下。”[⑥]唯有尽性事功，才能展示儒学“穷理尽性以至于命”的成己成物、内圣外王之道。

二、抑君富民的社会启蒙思想

唐甄的社会启蒙思想，主要表现在他对封建专制制度的深刻批判，以及由此出发提出的具有初步民主意识的政治主张。他继承发扬了孟子的仁政、爱民、富民等主张，提出了许多救治社会弊端的实际措施。

（一）批判封建专制，提倡社会平等

唐甄的社会政治启蒙思想，首先表现在他猛烈抨击了封建专制制度下的君主官吏的残暴罪行，提出了抑制君主至尊权势，倡导社会人人平等的政治主张。

唐甄认为，在自秦以来的封建专制制度的社会中，至高无上的封建君主，不仅是掠夺天下人财富的最大盗贼，而且是惨杀天下人生命的罪恶凶手。他说：“自秦以来，凡为帝王者皆贼也……杀一人而取其匹布斗粟，犹谓之贼；杀天下之人而尽其布粟之富，而反不谓之贼乎？”[⑦]唐甄明确而尖锐地指出，封建君主至尊权势的取得和专制极权的统治，是建立在杀天下之人、掠天下之财的残暴野蛮行为上的。他指出，2000多年的君主专制社会，就是一部“杀人如麻”、“血流漂杵”的悲惨历史。他说：“周秦以后，君将豪杰，皆鼓刀之屠人。”[⑧]“盖自秦以来，屠杀二千余年，不可究止。嗟乎！何帝王盗贼

①③⑥ 唐甄：《潜书·性才》。
② 唐甄：《潜书·有为》。
④ 唐甄：《潜书·辨儒》。
⑤ 唐甄：《潜书·知行》。
⑦ 唐甄：《潜书·室语》。
⑧ 唐甄：《潜书·止杀》。

之毒至于如此其极哉。”[1]唐甄认为，虽然“杀人者众手，实天子为之大手”[2]，暴虐君主是残害天下人的罪魁祸首，他们并非什么“德比唐虞，功过汤武”的仁君圣人，而是“惨刻少恩，谲诈无实”[3]的独夫民贼。唐甄进一步揭露说，窃国屠民、残暴无道的封建君主，是导致国家动乱、民众涂炭的根源。他说，自秦以来，“君之无道也多矣，民之不乐其生也久矣”。民之不乐其生，源于君之无道。他指出：“治天下者唯君。治乱非他人所能为也，君也。”“小人”、“女子寺人”、“奸雄盗贼”乱天下，皆由君之无道所致，“懦君蓄乱，辟君生乱，暗君召乱，暴君激乱”[4]。对于这些祸国殃民、恶贯满盈的封建君主，唐甄则厉言：

> 其上帝使我治杀人之狱，我则有以处之矣。匹夫无故而杀人，以其一身抵一人之死，斯足矣；有天下者无故而杀人，虽百其身不足以抵其杀一人之罪。[5]

他指出，即使以极刑去处死暴君昏主，亦难以抵其屠戮祸害天下人之罪。显然，这一观点与孟子的“诛一夫纣”主张是一脉相承的。

唐甄又无情痛斥了专制制度下的封建官吏的残暴罪行。他指出，遍布四海的贪官污吏，不仅不去推行贤明君主的善政，而且日夜猎取天下民众的财富。他们“明于家而昧于国”[6]，莫不谋私而贪利。对于贤君的善政，他们“上以文责下，下以文蒙上”，不去躬行实施，相互欺瞒推诿，对于民众的疾苦，他们坐视不救，弃置不顾，“虽田园荒芜，庐舍倾倒，而不一顾也；虽父兄冻饿，子弟死亡，而莫之恤也”[7]。唐甄指出，横征暴敛的贪官污吏，其害甚于穷凶极恶杀人越货的盗贼匪寇。他说：

> 穴墙而入者，不能发人之密藏；群刃而进者，不能夺人之田宅；御旅于途者，不能破人之家室；寇至诛焚者，不能穷山谷而遍四海。彼为吏者，星列于天下，日夜猎人之财……如填壑谷，不可满也。夫盗不尽人，寇不尽世，而民之毒于吏者，无所逃于天地之间。[8]

因此，天子宽仁而恤民，四海民众仍困穷，天下依旧难治理，皆是公卿之过。他说：“天下难治，人皆以为民难治也，不知难治者，非民也，官也。凡兹庶

---

① 唐甄：《潜书·全学》。
②⑤ 唐甄：《潜书·室语》。
③ 唐甄：《潜书·仁师》。
④ 唐甄：《潜书·鲜君》。
⑥ 唐甄：《潜书·存言》。
⑦ 唐甄：《潜书·柅政》。
⑧ 唐甄：《潜书·富民》。

民，苟非乱人，亦唯求其所乐，避其所苦，曷尝好犯上法以与上为难也！论政者不察所由，以为法令之不利于行者，皆枧于民之不良，释官而罪民，此所以难以与言治与。”①“天下之官皆弃民之官，天下之事皆弃民之事，是举天下之父兄子弟尽推之于沟壑也，欲治得乎！”②因此，对于残害弃虐百姓的贪官污吏，必须尽行革除，严惩不贷，“以刑狐鼠之官，以刑豺狼之官，而重刑匿狐鼠、养豺狼之官”③，“刑自贵始，自宠始，自近始”④。

唐甄在对封建君主官吏的残暴罪行的揭露批判中，深刻地认识到，无道君主的专制统治，贪官污吏的横征暴敛，导致了国家社会的动乱和四海民众的穷困，然其最终根源，则在于自秦以来的封建君主专制的社会制度。因此，唐甄提出了抑制君主至尊权势、倡导社会人人平等的政治启蒙思想，阐述了救治现实社会政治弊端的具体措施。

唐甄彻底否定了君权神授的传统观念，提出了抑君之尊的政治主张。他指出：“天子之尊，非天地大神也，皆人也。”封建君主并不是什么“天地大神”，而只是天下众生中的普通一人。但是，由于封建君主具有至高无上的政治地位和总揽一切的绝对权势，因而导致了“人君之尊，如在天上，与帝同体”的神圣光环，出现了“人君之贱视其臣民，如犬马虫蚁不类于我也”的至尊威势。唐甄指出，君主的至尊地位和绝对权势必将导致君主势尊而自蔽，贤人退而治道远。因此，只有抑制君主至尊权势，才能避免政治腐败黑暗、民众不遂其生的社会弊端。他认为，抑制君主至尊权势，首先要加强提高公卿民众的政治权力，允许臣吏谏政于朝，士人议政于学，庶人谤政于道。同时，还要在中央政府设制冢宰、司徒、宗伯、司马、司寇、司空的“六卿”职官，限制和约束君主的至尊权势，使他们敢于“攻君之过”，“攻宫闱之过”，“攻帝族、攻后族、攻宠贵”之过。其次，唐甄指出，君主必须自觉抑制自己的尊威权势，“位在天下之上者，必处天下之下”⑤。在政治活动中，君主则要平等地对待臣吏百姓，“接贱士如见公卿，临匹夫如对上帝”⑥，虚心接受臣民议政，“勿己之是，唯道之归”，“人无贤愚，皆我师也”⑦。在日常生活中，君主则要

① 唐甄：《潜书・枧政》。
② 唐甄：《潜书・考功》。
③ 唐甄：《潜书・权实》。
④ 唐甄：《潜书・卿牧》。
⑤ 唐甄：《潜书・抑尊》。
⑥ 唐甄：《潜书・善施》。
⑦ 唐甄：《潜书・六善》。

"处身如农夫，殿陛如田舍，衣食如贫士"[①]，"贵为天子，亦可以庶人之夫妇处之"[②]，与民同情，从民所欲。唐甄严厉指出，君主如果不能抑制自己尊威权势，一味残暴不义，无道于民，那么，历史的发展趋势，必将彻底摧毁君主的权力地位、身家性命。到时，"虽九州为宅，九川为防，九山为阻，破之如椎雀卵也；虽尽荆蛮之金以为兵，尽畿省之籍以为卒，推之如蹶弱童也"[③]。

（二）主张实治实功，倡导富民立国

唐甄的社会启蒙思想，还表现在他提出了"治道贵致其实"、"立国唯在富民"的政治主张。

唐甄在自身的社会实践活动中深刻地认识到，国家社会的动乱黑暗，民众生活的艰难困穷，根源在于统治者没有采取实行、实事、实治，以致富于民的政治措施。民众生活的困穷原因，还在于"为政者不以富民为功"[④]。这表现在，第一，封建君主没有推行富民政策，而实行的是忘民、虐民、害民之政，因而"四海之内，日益困穷，农空、工空、市空、仕空"[⑤]。第二，封建官吏横行掠夺民众财产，他们坐视民众疾苦不救，贪婪谋取一己私利。第三，沉重繁多的赋税，加重了民众生活的困苦。第四，财源枯竭，货币量少，导致了财货无法流通，"当今之世，无人不穷，非穷于财，穷于银也"[⑥]。在探讨了民众穷困的原因之后，唐甄提出了致富于民的政改措施。

唐甄指出，民为国家邦本，为政首在富民。"国无民，岂有四政！封疆，民固之；府库，民充之；朝廷，民尊之；官职，民养之。"[⑦]只有民众丰衣足食，国家才能兴旺发达；如果民众贫穷困苦，必将导致国家灭亡。他说：

> 立国之道无他，惟在于富。自古未有国贫而可以为国者。夫富在编户，不在府库。若编户空虚，虽府库之财积如丘山，实为贫国，不可以为国矣。[⑧]

立国之富不在国库财富充盈，而在民众生活富裕。唐甄强调，"治道贵致其实"[⑨]，实在致富于民。他说："财者，国之宝也，民之命也，宝不可窃，命不可攘。"[⑩]财用是生民之命、国家之宝，因此立国之道唯在富民。唐甄具体提出

---

① 唐甄：《潜书·尚治》。
② 唐甄：《潜书·去奴》。
③ 唐甄：《潜书·远谏》。
④ 唐甄：《潜书·考功》。
⑤⑧ 唐甄：《潜书·存言》。
⑥ 唐甄：《潜书·更币》。
⑦ 唐甄：《潜书·明鉴》。
⑨ 唐甄：《潜书·权实》。
⑩ 唐甄：《潜书·富民》。

了致富于民的各种措施。

首先，为政当以富民为功，力除弃民虐民之政。他认为，国家的政治方针当以富民为宗旨，“其举事任职虽多，不过使不困穷而已”，“虽官有百职，职有百务，要归于养民”①。故唐甄特别强调致富于民的实治实功，指出：“为国以图治，论功以举贤，善民以论功，足食以养民。”“养民之道，必以省官为先务。”②去除暴虐于民之害官，重用养民的廉能贤才，“廉者必使民俭以丰财，才者必使民勤以厚利。举廉举才，必以丰财厚利为征”③。只有君主官吏皆去推行实施实治实功的富民政策，民众的生活才能富裕。

其次，唐甄提出了因自然之利，发展多种生产的富民主张。他说，“海内之才，无土不生，无人不生”，只要“因其自然之利而无以扰之，而才不可胜用矣”④。唐甄否定了“农本商末”的传统观念，提出了要使四海民众真正富裕，就要发展农业、手工业和商业等多种生产。他认为，养民富民首要在于大力发展农业，还要全面发展商业和手工业，“为政之道，必先田、市”⑤。他指出，“山林多材，池沼多鱼，园多果蔬，栏多羊豕”⑥，农林牧渔全面发展，才能实现民众富裕。同时，唐甄大力提倡种桑养蚕的纺织业，主张通过商品流通，提高民众生活水平。

总之，唐甄的尽性事功的心学思想和社会启蒙思想，继承发扬了孟学修齐治平的传统，批判了空谈心性、不重事功的空疏学风，他的思想对中国社会启蒙思潮的产生发挥了积极的影响作用。

第三节　颜元与孟学

颜元(1635—1704)，字易直，又字浑然，号习斋，直隶博野(今属河北)人。颜元一生，生于穷乡，育于异姓，饱经忧患，苦学笃行。其父颜昶，自小过继给蠡县朱九祚做养子，后因不堪忍受朱家虐待，于明朝末年颜元4岁时，随清兵逃往关外。其母王氏因夫去杳无音讯，于颜元12岁时改嫁他乡。自此，颜元便同其养祖父母一起生活。为了维持家人生存，他务农行医，教授生徒，备受艰难困苦遭遇。颜元39岁时，在其养祖父母去世之后，遂回到原籍博野北杨村，并恢复原姓。此后，他居乡务农行医，教授生徒，致力学术，

---

①③ 唐甄：《潜书·考功》。
② 唐甄：《潜书·省官》。
④ 唐甄：《潜书·富民》。
⑤ 唐甄：《潜书·普施》。
⑥ 唐甄：《潜书·达政》。

不取名利，困苦自守，不交时贵。清康熙二十三年(1684)，颜元外出关东寻找父亲，觅得亡父遗骨归葬故里。清康熙三十年(1691)，颜元南下中州访友论学，思想发生重要转变。清康熙三十五年(1696)，颜元应聘主讲肥乡漳南书院，旋因书院被淹，辞归故里。

颜元一生的学术思想，随其认识的发展而发生几次转变。早年他学无专攻，习学颇杂，曾研治兵家之学。颜元34岁以后，思想发生根本变化，他由尊崇程朱理学转向怀疑以至坚决反对程朱理学，主张复归尧、舜、周、孔之学，重倡开物成务圣学宗旨。颜元对于宋明理学的弊端危害，进行了彻底的批判和痛斥，提出了提倡实学、注重践履的经世致用的学术思想。他对孟学的继承、发展与改造，主要表现在下述两个方面：

一、人性皆善

人性问题是儒学的重要内容，孔子言“性相近，习相远”，孟子倡性善论。对此，王夫之曾说：“孟子言性，孔子言习。性者，天道；习者，人道。《鲁论》二十篇皆言习。”[①]颜元在“性习”问题上，与王夫之的思想相近。他曾言，识得人性，首先要“使古圣贤‘性习’之原旨，昭然复明于世”。他认为古圣贤把恶归咎于“习”，而宋儒却背离圣学，把恶归咎于气质。他说：“习与性成，大约孔孟而前责之习，使人去其所本无，程朱以后责之气，使人憎其所本有，是以人多以气质自诿，竟有‘山河易改，本性难移’之谚，其误世岂浅哉？”他会通孔孟，一方面发挥孔子的习远论，一方面发挥孟子的性善论，指出：

> 愚谓识得孔、孟言性原不异，方可与言性……孔子曰“性相近也，习相远也”，此二语乃自罕言中偶一言之，遂为千古言性之准。性之相近如真金，轻重多寡虽不同，其为金俱相若也。唯其有差等，故不曰同；唯其同一善，故曰近。将天下圣贤、豪杰、常人不一之姿性，皆于“性相近”一言包括，故曰“人皆可以为尧舜”，将世人引蔽习染、好色好货以至弑君弑父无穷之罪恶，皆于“习相远”一句定案，故曰“非才之罪也”，“非天之降材尔殊也”，孔、孟之旨一也。[②]

颜元认为，人性皆善，人先天具有仁义礼智的道德，人虽然有个性的差别，但个性并不是恶形成的原因，不用变化气质来矫正，因为恶是由习染而生成的。而人的个性的差异正是因材施教的基础。他说：“人之质性各异，当就其质性之所近、心志之所愿、才力之所能以为学，则无龃龉扞格终身不就之患……人之质性近夷者自宜学夷，近惠者自宜学惠。今变化气质之说，是必

① 王夫之：《俟解》。

② 颜元：《存性编》卷一。

平丘陵以为川泽，填川泽以为丘陵也。不亦愚乎？"[①]他指出，变化气质"是戕贼人为以仁义也。吾性所自在，吾气质所自有，皆天之赋我。无论清厚浊薄、半清半厚，皆扩而充之以尽吾本有之性，尽吾气质之能，则圣贤矣"[②]。他认为，人的个性并不妨碍其发展成为圣贤，"全体者为全体之圣贤，偏至者为偏至之圣贤"[③]。颜元反对程朱将"人性"分为"义理之性"和"气质之性"，主张"非气质无以为性，非气质无以见性"[④]。他指出，"人性"即人的"气质之性"，不必分何者为天命之性，何者为气质之性。他又猛烈抨击了程朱的"理善气恶"论，认为不可谓理善气恶，理与气是不可分割的。人性皆善，气质无恶，气质之性并非是恶的，人性都是相近的，恶乃是"引蔽习染"而成的。他说："气质清浊厚薄，万有不同，总归一善。至于恶，则后起之引蔽习染也。"[⑤]虽然人的恶行是由习染形成的，但人的恶是可以去掉的，人改过迁善，就好像涤布去污，只要愿意改过，就能成就善性。

二、践形尽性

颜元驳斥了宋儒"存天理，灭人欲"的理欲观，认为"理在欲中"，理与欲是相互统一的，理即存在于日用饮食的现实生活之中，离开人的日用饮食的现实生活，便无所谓的"天理"。他指出，宋儒的天理人欲论，背离了圣人的性情论，坠入了佛学的无欲之障。因此，颜元提出了"践形尽性"说。他批判了佛老、宋儒主张的静敬养性的观点，指出"静中了悟，乃释氏镜花水月幻学，毫无与于性分之真体、位育之实功也"[⑥]，明确提出了"主动"学说，认为养性之功，必在于习动，习动就要践善、习善。他说：

> 学而时习之习，是教人习善也。习相远也之习，是戒人习恶也。先王知人不习于性所本有之善，必习于性所本无之恶，故因人性之所必至，天道之所必然，而制为礼、乐、射、御、书、数，使人习其性所本有，而性之所本无者，不得而引之蔽之。不引蔽，则自不习染，而人得免于恶矣。[⑦]

以动养性，就要做到践形尽性。他说："吾愿求道者，尽性而已矣；尽性者，实征之吾身而已矣；征身者，动与万物共见而已矣。"[⑧]"予之视听言动果克己复

---

① 颜元：《四书正误》卷六。
② 颜元：《习斋言行录》卷下。
③ 颜元：《存性编》卷二。
④ 颜元：《存性编·性理评》。
⑤ 李塨：《习斋年谱》卷上。
⑥ 李塨：《习斋年谱》卷下。
⑦ 颜元：《习斋言行录》卷上。
⑧ 颜元：《存人编》卷一。

礼，践形而尽性也，则性存于身矣，诸友信拙言皆践形而尽性也，则存性于世矣。”①他认为，养身莫善于习动，尽性则依于践形，践形习动则在于习行礼、乐、射、御、书、数六艺等日常现实活动之中，这样才能识得圣人之道，成就自身善性。

颜元的思想，经其弟子李塨的传播，形成了清初具有重要影响的“颜李学派”。他们清算了古代学术空疏尚虚的弊端，继承了孔孟儒家修身治国平天下的思想特点，开创了实学、实用的务实学风。

第四节　阎若璩、李光地与孟学

一、阎若璩与孟学

阎若璩(1636—1704)，字百诗，号潜邱，原籍山西太原，生长于江苏淮安。他为学注重汉儒经注之说，推重东汉郑玄之学，不取宋明臆断之说，精于经典考订辨伪。故其在治经方法上，讲求精审博证，辨伪存真，事必求其根底，言必求其依据，旁参互证，多所贯通。他是继顾炎武之后开启清代古文经学特别是专题专书研究的重要代表人物，其在经学上的成就在于继承发扬了博学于文、辨伪存真的训诂考据方法。

阎若璩在孟学发展史上的成就，在于他对孟子生平事迹的考证以及由此而创立的经学考证方法。其所著的《孟子生卒年月考》一书，着力考证了孟子的生平事迹。清以前以及清代初期，考证孟子生平的著作很少，没有为世公认的成熟著作，而阎若璩之书则属于较早的考证著作。他曾就此书的特点说：“按孔子生卒出处年月具见《史记・孔子世家》，而孟子独略，于是说者纷纭。余尝以七篇为主，参以《史记》等书，然后历历可考。盖生为邹人，晚始游梁，继仕齐为卿，久之归邹，又如宋，以乐正子故至鲁，终之滕。道不行，归而作书七篇。卒当在赧王之世。”是书据《孟子》及《史记》等书，参以有关战国史实，考证孟子生平经历活动。首辨孟子所生之地，次考其来往梁、齐、滕、宋之年月，但就孟子的生卒问题并没有得出明确的结论。阎若璩认为，《孟子》“七篇为孟子自作，至韩昌黎故乱其说。莫妙于朱子曰：观七篇笔势，知非缀辑可就。余亦有一证，《论语》成于门人之手，故记圣人容貌甚悉；七篇成于己手，故但记言语或出处耳”，“孟子道不行，归而作书七篇，卒当赧王之世，卒后书为门人所叙定，故诸侯王皆加谥焉”②。这两条意见对考定

① 颜元：《习斋记余》卷一。
② 阎若璩：《孟子生卒年月考》。

《孟子》是独立之作并有门人参加编定的观点，是非常有力的证据。

阎若璩在对孟子事迹的考证中，注重从当时的社会典制加以论证。他曾通过诸侯继位前后的称谓变化，考证孟子游滕的时间，认为滕定公死后，滕世子两次派然友到邹向孟子请教丧葬之事，孟子力主三年之丧，世子听从孟子的意见，在丧庐中守丧五个月。其后，孟子受滕文公之聘，游滕两年有余。他说：

> 《春秋公羊传》：君存称世子，君薨称子某，既葬称子，逾年称公。《左氏》例则未葬称子，既葬称君，不待逾年始称君。此二传之异同也。及以《孟子》证，则又有异。君存称世子，"滕文公为世子"是；君薨亦称世子，"滕定公薨，世子谓然友"是；未葬称子，不独既葬为然，"至于子之身而反之"是。若孟子所称"子力行之"，则在既葬之后，但未逾年耳。何以验之？滕文公既定为三年之丧，五月居庐，未有命戒，则亦无礼聘贤人之事可知。唯至葬后，始以礼聘孟子至滕而问国事焉，故孟子犹称之为子。直至逾年改元，然后两称为君，曰"君如彼何哉"，曰"君请择于斯二者"。然则孟子于滕行踪岁月，亦略可睹矣。①

这一考证，从《孟子》一书的记载出发，并引证《春秋公羊传》，可谓是言之有据。

在对孟子事迹的考证上，阎若璩又注意从地理学上加以引证。他认为，地理学是经学的基础，"大抵谈古者，须考作之时日。谈地者，须考代有沿革，放克决其所由然"②，"孟子言读书当论其世，予谓并当论其地"③。他著有《四书释地》一书，因当时解读"四书"之人，往往不明地理，以致造成理解经义的许多错误，所以作此书以纠其谬。是书一卷，共50条，以地名为纲，考证其地理位置以及与这些地名有关的历史事实、名物制度等。例如，"嬴"出自《孟子·公孙丑下》"孟子自齐葬于鲁，反于齐，止于嬴"。阎若璩在对"嬴"的地理位置考证中，指出嬴县故城在莱芜县西北40里，北汶水之北，去齐都临淄300余里。"盖孟子母殁于齐，及奉丧来归，皆哀戚匆遽，无暇可语。唯至往齐拜赐，舍于逆旅，始得以一论匠事耳。以论匠事于止嬴日，故系止于嬴，亦犹与公孙丑论不受禄于居休日，故系以居休，岂必别有义在乎？《礼》斩衰唯而不对，齐衰对而不言。孟子居母丧，正齐衰，故犹答充虞以言，而但不先发言于人耳。夫一唯一对，犹致谨不失如此，曾谓孟子夺丧复仕，若当

---

① 阎若璩：《孟子生卒年月考》。

② 阎若璩：《四书释地余论》。

③ 钱大昕：《潜研堂文集》。

时莫之行者一辈所为哉，亦太诬矣”①。在这里，阎若璩不仅考证了嬴的地理位置，而且根据其位置和孟子自齐葬母于鲁的往返时间，以及古代丧礼制度，指出孟子是终三年之丧而后返回齐国的，同时也驳斥了某些解释者只根据“止于嬴”句，就判断孟子劝别人行三年之丧而其本人却并未实行的观点。

其《四书释地续》一卷，共80条，与前编内容基本相同，只是增加了一些有关人名的考证，如“西子子都”、“曹交曹君之弟”等。《四书释地又续》二卷，共163条，主要是考证地名、人名以及因地理、人物而涉及到的典章制度。考证人名例，如“孟施舍”条：

> 《四书辨疑》曰：“《集注》孟，姓；舍，名；施，发语声也。此本因舍岂能为必胜哉？单称舍字，故以施为发语声。然于姓与名中间插一字为发语声，不成语矣。意舍字上合有施字，盖传写脱尔。”余谓《集注》亦同赵注。原赵氏之意，以古人二字名无单称一字者。今曰舍，则舍其名也。古未见复姓孟施者，则孟其姓也。遂以发音当施字。不知发在首，如吴曰句吴，越曰於越。若在中，则语助辞多用之字，未闻以施字者。且孔子时，鲁有少施氏，安知孟施非少施一例乎？②

《孟子·公孙丑上》载：“孟施舍之所养勇也，曰：视不胜，犹胜也。”赵岐注：“孟，姓。舍，名。施，发音也。施舍自言其名则但曰舍。”朱熹《集注》与赵注同。阎若璩根据古代名字中语助词常用通例，考证了赵岐、朱熹以“施”为发语词之非，认为“孟施”当如“少施”例，为复姓。这里，他既解释了此处的疑问，又订正了古注的错误。

再如，在对《孟子·滕文公下》“女子之嫁也，母命之，往送之门，戒之曰：往之女家，必敬必戒，无违夫子”中“往送之门”的考证中，他由此考证了古代的婚姻制度。他说：

> 门即父母家之门，非女子所适之婿家之门。今人只缘俗有母送其女至婿家礼，遂认作婚门。不知妇人迎送不出门，又内言不出于梱。古岂有是耶？然《孟子》此一礼与《仪礼·士婚礼记》亦殊不同……大抵孟子言礼多主大纲，不暇及详，如诸侯之丧礼可见。抑《仪礼》定于周初，而列国行之久，颇各随其俗。如卫人之祔也离之，鲁人之祔也合之。虽孔子善鲁，而卫当日仍行自若。意者孟子其本邹之昏礼乎？学者当识此及变通处。③

可见，阎若璩在对《孟子》的考证中，既能联系书中的事实，又能紧扣当时的

① 阎若璩：《四书释地》。
②③ 阎若璩：《四书释地又续》。

社会制度。

《四书释地三续》2卷，共126条，主要是杂考经义，包括的内容比较广泛。《四书释地》及其续编，在考证中事必求根底，言必求有依据，尤能旁通互证，多所贯通。它不仅对研究"四书"有很大帮助，而且对其他经书的研究以及历史地理和风俗制度的研究，也有着重要的参考价值。

阎若璩在清代经学发展中具有重要的地位。特别是他曾潜心30余年研究《尚书》，撰成《古文尚书疏证》一书，以《古文尚书》本身的篇数、篇名作为直证，以同时代的典籍作为对证，以著作体例、思想内容、地理沿革、典章制度、音韵训诂、史志目录等作为旁证，通过详尽精密的考据，运用充分确凿的证据，论证了东晋梅赜所献的《古文尚书》和《孔安国尚书传》为伪书。他的经学研究，丰富了经学考据的训诂辨伪方法，动摇了儒家经典只许引证不能怀疑的神圣地位。其在经学考证方法上，持守实事求是、辨伪存真的怀疑精神，力揭宋明理学的虚空穿凿，开启了"扬汉抑宋"的汉学门径。阎若璩的经学研究，重在为研究而研究，为学术而学术，回避了经世致用的治学目的。他是清代学术由清初崇实黜虚明道救世的学术风气，转化为更为朴实、重视实证的乾嘉学派的中间环节和代表人物。

二、李光地与孟学

李光地(1642—1718)，字晋卿，号厚庵，又号榕村，福建安溪人。清康熙九年(1670)进士，历官内阁学士、兵部右侍郎、直隶巡抚、吏部尚书、文渊阁大学士等职。谥文贞。

李光地是清初康熙朝的著名理学大臣，曾被称为"主持正学"的中坚人物，尤得康熙帝的恩礼优宠。他的政治活动和学术实践，在一定程度上促进了清初社会的稳定发展，推动了理学思想的兴盛流行。在其政治活动中，他清廉勤政，公忠体国，秉持大义，不拘小节。早年，他积极配合清廷平定福建耿精忠、郑经之兵乱，力主收复台湾，维护国家统一。中年，他用心治理畿辅政务，关心民众疾苦，大力兴修河道水利，提倡发展社会生产。晚年，他竭诚辅佐康熙帝治国，极力迎合清廷的思想文化政策，曾奉敕编纂了《性理精义》、《朱子全书》、《周易折中》等彰扬程朱理学之书，经康熙帝审定以御纂、御定名义颁行于学宫，对于当时理学的发展产生了重要的影响。其著作主要有《论语孟子札记》、《中庸余论》、《朱子语类四纂》、《榕村全集》等。

李光地的学术实践，旨在阐释儒学义理，尤能提倡谨实学风。在理学研究中，他宗本程朱理学，兼采陆王之长，详评各家思想得失，而不拘于门户之见。在经学研究中，他长于乐律、历算、音韵之学，注重折衷融会各家之说，所识多有创新。

李光地折衷会通朱陆之学的理学思想，体现在他对儒家道统的认识上。他认为朱子之学，祖述孔孟之道，近绍周程之旨，重彰六经之义，力黜百氏邪说，承接了尧舜禹汤文武周公孔孟的道统，丰富了儒家学说的思想理论，于诸家学说之中最为无弊。因此，尊崇朱子之学，不仅能够彰显儒学的义理旨要，而且有利于救治人心道德的衰微。他指出，康熙帝倡导孔孟程朱之学，是"皇上承天之命，任斯道之统"、"复启尧舜之运"、"而道与治之统复合"①。同时，他认为，陆九渊之学亦是吾儒之学，其学术宗旨与朱子之学亦多相同。他说："陆氏之论躬行，必先于明理，其言穷理，必深思力索，以造于昭然而不可昧，确然而不可移。此固与朱子知行之学同归，而其心悟身安，言论亲切，虽朱子亦为之感动震矜，而为之左次。然则朱陆之道，岂如一南一北之背而驰哉？其始终大致之所以不合者，陆氏之反约也速，收功也近，其教人之法，则径而多疏。朱子之用力也渐，卫道也严，其教人之法，则周而无弊也。夫破末俗之陋，传圣贤之心，洗训诂之论，发精微之意，若是者，固二子之所同心。"李光地认为，朱陆二人之学，皆有功于圣贤之学的彰扬和学术风气的端正。朱子章句践规矩，"矻矻著述，以终其知，殆有所不得已也"，其旨在于昌明孔孟之学，以救学者之失，故"自朱子而后，几四百年之间，守其学者，崇正学，敦实履，循循乎其不衅"。而陆氏之学虽"不如朱子之粹然平中，有以极规矩准绳于无憾也"，但他"见世之支离沉溺，而不能自振，故刊落摆脱，直接乎孟氏之传"，亦有利于学者为学。然而，对于明中世以后，学术风气沉溺空疏，世道人心腐败堕落，"追原其蔽，则谓非陆氏为之端不可"②。因此，李光地对于陆、王心学的弊端，亦加以揭释。他认为，"象山之学，亦言志，亦言敬，亦言讲明，亦言践履，所谓与朱子异者，心性之辨耳"③。他指出，陆王心学的弊端，在于他们"心之即理"之说。陆王对于《大学》、《中庸》之旨的认识中，强调了"知本"、"诚身"之说，在明性方面弥补了程朱的不足，但是他们的心性之说、知行工夫，则将心与理混而为一，只重自心自性上的体察省识，不重即事即物的格致穷理，以觉为道，以无可为宗，"故其体察之也，体察夫心之妙也，不体察夫理之实也"④，有违于孔孟之旨，而坠入空谈心性的佛家流弊。这样，他就将程朱视为孔孟之道的正传，维护了孔孟儒家的道统论。

在心性论上，李光地继承了孟子的性善论，并引用二程之语，认为"孔子

① 李光地：《榕村全集》卷十。
② 唐鉴：《清学案小识·守道学案》卷六。
③ 李光地：《榕村语录》卷七。
④ 李光地：《榕村语录》卷八。

而后，孟子独出诸儒以明性也”[1]，称颂孟子“才大，学问直溯源头，掘井见源，横说竖说头头是道”[2]。他又阐明了他的心性说。他认为，仁人其心与性相合为一，不仁之人则是其心与性相离为二。人的心性是否相合，皆因于其所禀之气。他说：“夫性无不善，而及夫心焉，则过也，不及也，杂揉不齐，于是乎善恶生焉。”人所具有的天命之性皆是善的，由于其所禀之气不同，导致心与性相合不一，故形成了人的善恶差异。只有禀赋中气，才是心性合一，体现出性之善、理之全；但“气之偏者，亦理也，而非理之全也”，“心之偏者，亦性也，而非性之正也”。李光地认为，虽然人所禀赋的气多有不同，但只要能够修身养性，变化气质，就能复初其本来具有的性善理全。他说：“人受天地之中以生，虽其偏之极矣，而理未始不全赋焉，而性未始不全具焉，特其掩于气之偏，故微而不能自达。或惑而动，或学而明，或困而觉，然后微渺之端绪可得而见焉。要皆其所本有，而非其所本无也。”[3]

如何变化气质，成就善性？李光地在吸取了陆王的知本诚意的观点上，融通了程朱的居敬穷理之说，提出了为学识道、修身养性的践履方法。他说：

> 立志所以植其本也，居敬所以持其志也，穷理所以致其知也，躬行所以蹈其实也……四事者一时并用，非今日此而明日彼。故欲行而不知，则伥伥然其何之？求知则不敬，则心昏然不能须臾；敬而非志，则又安得所谓日强之效也。且志而非敬，则此志何以常存？敬而非知，则措其心于空虚之地；知而非行，则此理皆非在我而无实矣。然四者虽相须并进，而其序既有先后，则得效亦有难易浅深。[4]

他认为，为学工夫的顺序应以立志、持敬、致知、躬行为准，然四者亦须相须并进，而不可偏重其一，这不仅符合孔孟之说，亦相通于《大学》、《中庸》之义。他指出，王阳明认为“《大学》只是诚意，诚意之至，便是至善；《中庸》只是诚身，诚身之至，便是至诚”[5]的观点，揭释了儒学为学功夫的本末。诚意就是立志知本，它不仅能够内以成己以明性善，而且能够外以成物以治天下。诚意知本兼统知行，知行功夫亦合诚意知本。

总之，李光地对孔孟儒家的尊崇，不同于未入仕途、从事著述讲学的一般思想家，他从政近50年，熟知康熙帝尊崇孔孟的思想文化政策，深受康熙

---

① 李光地：《榕村语录》卷十六。
② 李光地：《榕村语录·上孟》卷五。
③ 李光地：《榕村全集·尊朱要旨》卷八。
④ 李光地：《榕村全集·诚明篇》卷六。
⑤ 李光地：《榕村全集·初夏录一》卷六。

帝的信任，因而对最高统治者尊崇儒学的文化政策产生了重要影响，对促进孟学在清初的传播发挥了积极的作用。

第二十七章　乾嘉时期孟学的兴盛

康乾时期，多民族的封建国家获得空前的统一和巩固，社会经济得到长足发展，社会矛盾和民族矛盾趋于缓和，出现了史称“康乾盛世”的相对稳定、繁荣局面。以考据、训诂方法研究经学的乾嘉学派，是康乾盛世的产物。在康、雍、乾时期，清朝统治者一方面采取了一系列稳定社会的措施，促进了农业生产和社会经济的发展；另一方面，清朝统治者大力倡导“稽古右文”、“崇儒重道”，重视发展汉族文化，重视对古籍的搜集、编纂和整理，朝廷中的许多要员和封疆大臣都热心提倡学术，从而推动、促进了汉学的兴盛和发展。从学术发展的趋势来看，宋明以来的理学以研究“心性”、“天理”为务，崇尚空疏，摈弃实用。乾嘉时期的学术界推崇东汉许慎、郑玄之学，努力倡导汉儒重视训诂和名物考证的学风，力图摈弃宋明理学脱离实际、故弄玄虚的研究经学之风，注重对古代文献的考辨、校勘和注疏，推动了文字学、史学、名物制度、天算、地理、校勘、目录等专门学科的发展，运用和发明了许多新的研究方法，对保护我国优秀的文化遗产作出了重要贡献。

随着乾嘉时期经学研究的兴盛，孟学研究也达到了一个前所未有的兴盛局面。清代孟学研究主要有四个特点：一是着重《孟子》汉注的研究；二是清代学术朴实严谨的学风在孟学研究中形成了治学态度较为严谨、研究问题较为深入、治学方法较为细密的特点；三是出现了许多研究《孟子》某个专门问题的著作；四是利用解释孟子思想的形式，批判旧的学术传统，阐发新的思想①。

从康熙至鸦片战争爆发的180多年内，清代对孟子的生平经历及《孟子》一书的考证、训诂、辨义、辑佚、校勘、编纂等，达到了一个繁荣时期。如王特选、孟衍泰撰《孟子年表》，孟经国著《闲道集》，蒋一鉴作《孟子章句考年》，任

① 参见董洪利：《孟子研究》，297～299页，江苏古籍出版社，1997。

兆霖撰《孟子时事略》，狄子奇作《孟子编年》，林春溥作《孟子列传纂》，曹之升、施彦士、黄本骥分别著《孟子年谱》，邵晋涵作《孟子述义》，戴震作《孟子字义疏证》，翁方纲作《孟子附记》，崔述著《孟子事实录》，周广业撰《孟子四考》，阮元作《孟子论仁论》、《孟子音义校勘记》、《孟子注疏校勘记》，焦循作《孟子正义》，宋翔凤著《孟子赵注补正》、《四书释地辨证》等等。在这一时期中，研究孟学造诣较深、影响较大的有戴震、崔述、周广业、焦循等。本章只论述戴震、翁方纲、崔述、周广业与孟学。

第一节　戴震与孟学

戴震(1724—1777)，字慎修，又字东原，安徽休宁(今属屯溪)人。年轻时曾随父行商，后以教书维持生计。40岁中举，后6次会试皆不第。51岁，清廷开四库馆，他奉诏以举人身份充《四库全书》纂修官。曾问学于江永，与纪昀、钱大昕、王鸣盛、卢文弨、惠栋等人交游，被乾隆帝赐为同进士出身，授翰林院庶吉士。他是我国18世纪著名的学者和思想家，乾嘉学派中皖派的首领，擅长考据、训诂、音韵，对天文、地理、数学、水利等自然科学也有精深的研究和造诣。他继承古文经学的治学方法，并加以条理发明，从校订经书扩大到史籍，从解释经义扩大到考究古代典章制度、地理沿革、天文历法、声韵音律，对古籍和史料的整理，都付出了艰辛的劳动。

戴震一生著作颇丰，既精通训诂考据，又精研儒家义理，主要著作有《原善》、《原象》、《孟子私淑录》、《孟子字义疏证》、《声韵考》、《声类表》、《方言疏证》等，后人编有《戴氏遗书》、《戴震集》。

《原善》、《绪言》、《孟子私淑录》、《孟子字义疏证》是戴震的重要哲学著作。其中，《原善》成于1766年，是戴震的初期作品。它主要引述《周易》、《诗经》、《礼记》、《论语》、《中庸》、《孟子》等书来阐述自己的思想。《绪言》、《孟子私淑录》是《孟子字义疏证》的初稿和修正稿。1777年写成《孟子字义疏证》。他在《孟子字义疏证》中，广征博引，条分缕析，对《孟子》书中的理、天道、性、才、道、仁、义、礼、智、诚、权诸概念、范畴作了系统的疏证，较全面地继承、发展了孟子的思想，建立了唯物主义的思想体系，在中国古代思想史上占有重要的地位。

孟子是战国中期儒家学派的著名代表，曾对戴震产生了重要影响。戴震对孟子充满景仰之情，以继承、捍卫孟子的思想为己任，认为“孟子辩杨墨；后人习闻杨、墨、老、庄、佛之言，且以其言汩乱孟子之言，是又后乎孟子者之不可已也。苟吾不能知之亦已矣，吾知之而不言，是不忠也，是对古圣人贤人而自负其学，对天下后世之仁人而自远于仁也。吾用是惧，述《孟子字义疏证》三卷。韩退之氏曰：‘道于杨、墨、老、庄、佛之学而欲之圣人之道，犹航断港绝潢以望至于海也。故求观圣人之道，必自孟子始’。呜呼，不可易矣”[①]。他在给段玉裁的信中说：“仆生平著述，最大者为《孟子字义疏证》一书，此正人心之要。今人无论正邪，尽以意见误名之曰理，而祸斯民，故《疏证》不得不作。”[②]从戴震的上述言论中不难看出，其撰《孟子字义疏证》目的有二：一是以捍卫传播孔孟等圣贤之学为已任，二是批驳宋明理学对孔孟之道的篡改和汩乱。戴震对孟学的继承、发展主要表现于下述两个方面：

一、个体的欲求及调节

（一）个体欲求的多样性

孟子认为，耳目鼻口等感官对声色臭味的需求是人生而具有的自然欲望，“饥者甘食，渴者甘饮”[③]，“好色，人之所欲”，“男女居室，人之大伦”，“知好色，则慕少艾；有妻子，则慕妻子”，“富，人之所欲”，“贵，人之所欲”[④]，“欲贵者，人之同心也”[⑤]。孟子又认为，人具有以心官思维的理性思维能力，“心之官则思”，“理义之悦我心，犹刍豢之悦我口”[⑥]。孟子关于人的精神生活的需要又包括：认识自然、社会发展规律的理性思维需要，“明善”、“诚身”、“悦亲”、“信友”、“获上”的协调人际关系而追求高尚道德境界的道德生活需要。自然、社会事物、仁义道德精神引起个体审美愉悦的需要。这样，孟了就承认了个体自然需要和精神生活需要的多样性及合理性。戴震继承、发展了孟子的上述思想。在他看来，人的欲求主要有两个方面，下面分别论述。

1. 声色臭味自然生理欲望

戴震在谈到人的自然生理欲望时指出：

喜怒哀乐之情，声色臭味之欲，是非美恶之知，皆根于性而原于天。[⑦]

性者，分于阴阳五行以为血气、心知、品物，区以别焉。[⑧]

阴阳五行，道之实体也；血气心知，性之实体也。[⑨]

人生而后有欲，有情，有知，三者，血气心知之自然也。给于欲者，

---

① 戴震：《孟子字义疏证》序。
② 段玉裁：《戴东原年谱》。
③《孟子·尽心上》。
④《孟子·万章上》。
⑤⑥《孟子·告子上》。
⑦ 戴震：《绪言》卷上。
⑧⑨ 戴震：《孟子字义疏证》卷中。

声色臭味也，而因有爱畏；发乎情者，喜怒哀乐也，而因有惨舒；辨于知者，美丑是非也，而因有好恶。声色臭味之欲，资以养其生；喜怒哀乐之情，感而接于物；美丑是非之知，极而通于天地鬼神。声色臭味之爱畏以分，五行生克为之也；喜怒哀乐之惨舒以分，时遇顺逆为之也；美丑是非之好恶以分，志虑从违为之也；是皆成性然也。有是身，故有声色臭味之欲；有是身，而君臣、父子、夫妇、昆弟、朋友之伦具，故有喜怒哀乐之情。惟有欲有情而又有知，然后欲得遂也，情得达也。天下之事，使欲之得遂，情之得达，斯已矣。①

从戴震的这些论述中，我们可以得出以下两点认识：其一，欲望是人的本性，有性就有欲。宇宙万物都是由"气"、"阴阳五行"所产生的，宇宙万物有着各自的自然性质，而人的物质特征就是"血气心知"，人的欲望是血气心知之自然。所谓"血气"，是指耳目鼻口等感官及其感性功能；所谓"心知"，是指思维器官及其理性功能。他说："味与声色，在物不在我，接于我之血气，能辨之而悦之。""理义在事情之条分缕析，接于我之心知，能辨之而悦之。"②就是说，人的欲望、情感、理性是由于声色之接于血气和理义之接于心知而产生的。其二，人性的内涵。戴震认为，人性包括"欲"、"情"、"知"三个方面。就"欲"而言，"给于欲者，声色臭味也，而因有爱畏"，即欲是人对声色臭味的需求；就"情"而言，"发乎情者，喜怒哀乐也，而因有惨舒"，即情是人的喜怒哀乐情感的表现；就"知"而言，"辨于知者，美丑是非也，而因有好恶"，即知是人对是非、美丑、善恶的辨别能力。

总之，在戴震那里，人欲就是指饮食、男女等自然生理欲望，怀生畏死、趋利避害之情都是人的本性。他认为，人的欲望、情感、认识能力皆是产生于人性和出于自然，"'欲'根于血气，故曰性也"③，"声色臭味之欲，资以养其生"④，"好货好色，欲也"，"欲也者，相生养成之道也"⑤，"有血气，夫然后有心知，有心知，于是有怀生畏死之情，因而趋利避害"⑥，"凡血气之属，皆知怀生畏死，因而趋利避害"⑦。戴震的这种"性即欲"的观点，发孟子所未发，不仅肯定了情欲是人的本性，而且强调了情欲是人类赖以生存和发展的重要条件，舍此，人类就难以生存和发展。戴震的这一思想，与宗教神学鼓吹的

① 戴震：《孟子字义疏证》卷下。
② 戴震：《孟子字义疏证》卷上。
③⑦ 戴震：《孟子字义疏证》卷中。
④ 戴震：《孟子私淑录》卷中。
⑤《戴东原遗墨》，见《安徽丛书》1936 年第 6 期。
⑥ 戴震：《原善》卷中。

去欲、禁欲、绝欲划清了界限，充分肯定了情欲对维护人类社会发展的重要作用。

2. 理性思维欲求

戴震不仅承认了人之自然生理欲望的必要性及合理性，而且同孟子一样，强调了人之理性思维的精神生活的需要。他继承了孟子“心之官则思”和“理义之悦我心”①的思想，认为心是思维的器官和感官的主宰。他说：

> 孟子言“口之于味也，有同耆焉；耳之于声也，有同听焉；目之于色也，有同美焉；至于心独无所同然乎”，明理义之悦心，犹味之悦口，声之悦耳，色之悦目之为性。味也、声也、色也在物，而接于我之血气；理义在事，而接于我之心知。血气心知，有自具之能：口能辨味，耳能辨声，目能辨色，心能辨夫理义。味与声色，在物不在我，接于我之血气，能辨之而悦之；其悦者，必其尤美者也；理义在事情之条分缕析，接于我之心知，能辨之而悦之；其悦者，必其至是者也……故孟子曰：“耳目之官不思，心之官则思。”是思者，心之能也。②

> 孟子曰：“心之所同然者何也？谓理也，义也。圣人先得我心之所同然耳。”……耳之于声也，天下之声，耳若其符节也；目之于色也，天下之色，目若其符节也；鼻之于臭也，天下之臭，鼻若其符节也；口之于味也，天下之味，口若其符节也；耳目鼻口之官，接于物而心通其则……

> 孟子曰：“耳目之官不思，而蔽于物。物交物，则引之而已矣。心之官则思，思则得之，不思则不得也。此天之所与我者。先立乎其大者，则其小者不能夺也。”……心之精爽，驯而至于神明也，所以主乎耳目百体者也。声之得于耳也，色之得于目也，臭之得于鼻也，味之得于口也，耳目百体之欲，不得则失其养，所以养其小者也；理义之得于心也，耳目百体之欲之所受裁也，不得则失其养，所谓养其大者也。③

在这里，戴震明确将心视为理性思维器官，人之心的作用一是思考和辨别、悦于理义，二是“主乎耳目百体”，即心主宰、制约耳目等感官，“耳目百体之欲”都要受心官的制约。戴震所谓“则”、“理义”，就是指客观事物的规律性或必然性；所谓“神明”，是指经过心的思考作用，就能使对事物的认识达到深刻的理性认识阶段，亦即达到思无不通的神明境界。所谓心对理义“辨之而悦之”的过程，就是人追求理性思维精神生活需要的过程。在这里，孟子

---

① 《孟子·告子上》。

② 戴震：《孟子字义疏证》卷上。

③ 戴震：《原善》卷中。

首次提出的"心之官则思"的命题和悦于"理义"的能力在先秦思想史上自然有不可磨灭的意义,但他对"思"的作用及对象的论述未免过于简略,戴震则对此进行了系统的阐发,他不仅明确指出了心"主乎耳目百体"的主宰作用,而且明确认为心知能达到"神明"的深刻的理性认识。这表明,戴震关于人的精神生活需要的思想较之孟子显得丰富和深刻。

(二) 个体欲求的调节

孟子认为,为了维持个体自身的和谐,必须不断协调各种需要之间的关系。一方面,他将心官称为"大体",称感官为"小体",主张先立"大体","无以小害大,无以贱害贵","先立乎其大者,则其小者不能夺也"①,强调首先满足心官需求和以心官制约感官;另一方面,以高级需要制约低级需要,"食之以时,用之以礼"②,以礼义道德调节和制约人的自然生理需要,以仁义忠信之"天爵"制约公卿大夫之"人爵","修其天爵,而人爵从之",不可"修其天爵,以要人爵"和"既得人爵,而弃其天爵"③。简言之,以心官制约耳目感官和以高级需要制约低级需要,就能保持个体各种需要之间的和谐,成为穷不失义,达不离道,不为富贵所淫,贫贱所移,威武所屈的"大丈夫",危难关头,做到"舍生而取义"④。

戴震对孟子上述思想的继承、发展,突出表现于他的"理存于欲"的理欲观。在这里,理欲关系说到底就是精神生活与物质需求之间的关系。这个问题在中国古代思想史上曾进行了长期的论争。戴震认为,在自然界中理是事物的分理、条理、腠理等客观事物的规律;在伦理观上,人的情欲"顺而达"、"纤微无憾"、"得其平"就是理或天理。他继承、发挥了孟子"有物必有则"⑤的思想,坚持理与欲的统一,将欲与理的关系视为物与则即具体事物与其规律的关系,认为"理者,存乎欲者也","欲,其物;理,其则也"⑥,"人伦日用,其物也;曰仁,曰义,曰礼,其则也"⑦,坚持了欲是第一性、理是第二性的观点。

戴震还将欲与理的关系视为自然与必然的关系。他说:

> 欲者,血气之自然,其好是懿德也,心知之自然……由血气之自然,而审察之以知其必然,是之谓理义;自然之与必然,非二事也。就其自然,明之尽而无几微之失焉,是其必然也。如是而后无憾,如是而后安,是乃自然之极则。若任其自然而流于失,转丧其自然,而非自然也;故

---

①③④⑤《孟子·告子上》。

②《孟子·尽心上》。

⑥ 戴震:《孟子字义疏证》卷上。

⑦ 戴震:《孟子字义疏证》卷下。

归于必然，适完其自然。[1]

戴震所说的"自然"，意谓人物之性本来如此。所谓"必然"，"必然者，不易之则也"，具体指"理"或"理义"，"理非他，盖其必然也"[2]，"至当不可易之谓理"[3]，因此，戴震所说的"必然"，与我们所讲的"必然"不尽相同，它兼有"至当"和"不易"即我们讲的"当然"与"必然"两个方面的含义，既指人的行为准则，又具事物客观规律之义。在他看来，情欲和好德都是人性之"自然"。而对于"血气"之自然的情欲，通过理性的审察而知其不易之则（"理义"），使之"无几微之失"，从而使欲望得到合理的满足，内心也感到安而无憾，于是达到"自然之极则"，也就是"归于必然"。如果听任血气之自然而让欲望流于失，使"自然"脱离"必然"，反而会损害其"自然"。所以，唯有"归于必然"，才能使情欲得到满足，即"适完其自然"。总之，欲是自然，理是必然，必然出于自然，不能脱离人的欲望而谈理，欲的正常发展和得到合理的满足是必然，必然是自然的标准和最高准则。戴震以自然与必然来概括欲与理的关系，从而使其理欲关系具有浓厚的理论色彩。

戴震基于对欲与理是物与则、自然与必然统一的理论分析，进而阐述了孟子以精神需要制约自然生理需要的主张，明确提出了以理节欲和制欲的思想。他在阐释孟子"口之于味也，目之于色也，耳之于声也，鼻之于臭也，四肢之于安佚也，性也，由命焉，君子不谓性也。仁之于父子也，义之于君臣也，礼之于宾主也，知之于贤者也，圣人之于天道也，命也，有性焉，君子不谓命也"[4]这段话时指出：

孟子曰"性也"，继之曰"有命焉"。命者，限制之名，如命之东则不得而西，言性之欲之不可无节也。[5]

性者，有于己者也；命者，听于限制也。"谓性"，犹云藉口于性耳，君子不藉口于性之自然以求遂其欲，不藉口于命之限之而不尽其材。后儒未详审文义，失孟子立言之指。不谓性，非不谓之性；不谓命，非不谓之命。[6]

戴震的阐释告诉我们，他将孟子的"性"区分为追求声、色、臭、味、安佚自然生理欲望的本能之"性"和"举仁义礼智以言性"的人性善之"性"即人善的本性两种含义，明确指出"命"是仁义礼智对声色臭味等自然生理欲望的限制

---

①⑤ 戴震：《孟子字义疏证》卷上。

②⑥ 戴震：《绪言》卷上。

③ 戴震：《孟子字义疏证》卷下。

④《孟子·尽心下》。

和制约，批判了宋儒对孟子"性"、"命"的曲解。他的阐释甚合孟子的本义。在这里，孟子所谓"性也"之"性"，是指人的自然生理欲望，而"君子不谓性也"和"有性焉"之"性"，则是指人所具有的仁义礼智善的本性。因此，孟子这段话的意思是说，声、色、臭、味、安佚是人的自然生理欲望，但能否得到和满足则必须受仁义礼智等道德观念的限制和制约，君子并不因它是人的自然欲望便失去节制而纵欲，所以它不是人善的本性，即"有命焉，君子不谓性也"；仁义礼智圣是调节君臣、父子、宾主人际关系和智慧与贤者、圣与天道的规范及准则即"命也"，但它同时又是人内在的善的本性、主体意识和能动性即"有性焉"，君子不能只看到仁义礼智圣的限制作用而放弃人善的本性及主观努力即"君子不谓命也"。

戴震在对孟子上述思想作出正确阐释的基础上，又说："节而不过，则依乎天理……天理者，节其欲而不穷人欲也。是故欲不可穷，非不可有；有而节之，使无过情，无不及情，可谓之非天理乎"①，"欲不流于私则仁，不溺而为慝则义；情发而中节则和，如是之谓天理"②。就是说，不能杜绝人的自然欲望，只有在理的节制指导下，使其得到合乎规律的满足发展，才能保持"使无过情，无不及情"，"情发而中节则和"的自身的和谐。在这里，如果将戴震所说的"欲"理解为人的低级的自然需要，那么，其所谓"理"显然是人的高级的精神生活需要。理"节其欲而不穷人欲"的过程，就是以精神生活需要制约自然需要而使人的需求得到合理发展和满足的过程。

上述材料和分析表明，戴震同孟子一样，皆承认个体自然欲望的合理性，强调以高级需要制约低级需要的重要性和必要性。但仔细推敲，两者又有所不同。如果说在上述问题上孟子多提出了一些原则而缺乏深入、具体的论述，戴震则在此基础上做了深入系统的阐述和辨析。譬如孟子的以心官制感官、以天爵制人爵多偏重于个体自身的道德修养，戴震则从当时的社会现实出发，将个体多种需要的和谐与抨击封建统治者以法杀人的暴虐统治紧密联系起来。又如孟子认为"养心莫善于寡欲。其为人也寡欲，虽有不存焉者，寡矣；其为人也多欲，虽有存焉者，寡矣"③。这表明在人的自然欲望与仁义道德高级需要之间的关系上，二者是一个彼消此长的反比关系。就是说，欲望少，则仁义多；欲望多，则仁义少。尽管孟子主张欲望与仁义的统一，但未免存有夸大两者对立的倾向。戴震将欲与理视为物与则、自然与必

① 戴震：《孟子字义疏证》卷上。
② 戴震：《答彭进士允初书》。
③《孟子·尽心下》。

然的统一，认为“自然之与必然，非二事也”，这就避免了孟子的上述缺陷，将欲与理视为事物内在必然性的统一，较之孟子之说无疑是一个较高层次的理论。

二、社会批判及“体民之情，遂民之欲”的社会约制

（一）社会批判

战国时期，诸侯恃力争强，相互攻伐，社会形势动荡、混乱。孟子从当时的社会现实出发，游历诸国，抨击时弊，宣传仁政，极力追求、建立一个发政施仁、政治清明、君民同乐、君仁臣义、实行分工、发展生产、省刑薄敛、道德高尚、民风淳朴、士商旅农民“皆悦”和天下“定于一”的美好理想社会。他深刻揭露了连年战争给社会造成的“杀人盈野”、“杀人盈城”的严重危害，痛斥统治者“庖有肥肉，厩有肥马，民有饥色，野有饿莩”、“此率兽而食人”、“夺其民时，使不得耕耨以养其父母。父母冻饿，兄弟妻子离散”[①]的种种暴行，对人民的苦难予以深切的同情。戴震继承了孟子的社会批判思想，认为程朱“诐辞邪说之深入人心，必害于事，害于政”[②]，对社会造成了严重危害，提出了“体民之情，遂民之欲，而王道备”[③]的社会政治主张。在他看来，宋明以来的封建统治者支持、包庇程朱理学，造成正义难以伸张，歪理却能盛行。他说：

> 故今之治人者，视古贤圣体民之情，遂民之欲，多出于鄙细隐曲，不措诸意，不足为怪；而及其责以理也，不难举旷世之高节，著于义而罪之。尊者以理责卑，长者以理责幼，贵者以理责贱，虽失，谓之顺；卑者、幼者、贱者以理争之，虽得，谓之逆。于是下之人不能以天下之同情、天下所同欲达之于上；上以理责其下，而在下之罪，人人不胜指数。人死于法，犹有怜之者；死于理，其谁怜之！[④]
>
> 而其所谓理者，同于酷吏之所谓法。酷吏以法杀人，后儒以理杀人，浸浸乎舍法而论理，死矣，更无可救矣！[⑤]

戴震的这些批判无情地揭露了统治者以理杀人的奴役百姓的丑行，对劳苦大众的苦难生活和悲惨境遇表现出深切的同情。他斥责统治者以主观臆断处治事务，却以“理”的名义指责和迫害他人，“不难举旷世之高节，著于义而罪之”，理成为统治者欺压人民的工具，“上以理责其下，而在下之罪，人人不

---

① 《孟子·梁惠王上》。

② 戴震：《孟子字义疏证》卷下。

③④ 戴震：《孟子字义疏证》卷上。

⑤ 戴震：《与某书》。

胜指数”[1]。他还愤怒地揭露了那些窃踞官位的小人的种种丑行，认为他们“言乎以小利悦上，以小知自见；其奉法似谨，其奔走似忠”，“无恻隐之实，故避其恶闻而进其所甘，迎之以其所敬而远其所慢”，这些人以谄谀取悦其上，对于百姓则“议过则亟疾苛察，莫之能免；征敛则无遗锱铢，多取者不减，寡取者必增，已废者复举，暂举者不废”，这种横征暴敛和严刑峻法，促成了“民以益困而国随以亡”，“君子日见惮，小人日见亲”[2]的局面。

戴震进而认为统治者“多凉德而善欺背”，行暴虐而竞强用力，“肆其贪，不异寇取”，“贪暴以贼其民”[3]，而造成了人民的反抗。他进而得出结论说：“乱之本，鲜不成于上。”[4]戴震的社会批判思想，不仅深刻揭露了社会的动乱在于统治者的暴虐统治，而且肯定了人民反抗斗争的正义性，在当时具有积极的进步意义。

（二）“体民之情，遂民之欲”的社会约制

孟子极力追求建立一个美好的理想社会。为了达此目的，他提出了进行社会约制的若干措施和手段。在政治约制上，孟子将上自国君，下至卿相大夫、士、庶民等皆置于一个宝塔式的政治结构之中，主张居下位者要服从居上位者的约制和管理，诸侯国君要建立“尊贤使能，俊杰在位”[5]、贤人“辅相”、“卑逾尊，疏逾戚”[6]及罢免不肖的任免官吏制度，省刑慎罚的法律制度和社会成员必须遵循的礼仪制度；在经济约制上，实行劳心与劳力的社会分工制度，社会成员“以其所有易其所无”[7]的产品交换制度，“恒产”的土地制度，轻徭薄税的赋税制度；在思想意识约制上，要以先圣仁义之道教化人心，以良好的社会习俗调整人们的社会行为，加强“谨庠序之教，申之以孝悌之义”[8]的道德教化、人伦教化和“得其民”、“得其心”的社会心理约制等等[9]。

戴震继承、发挥了孟子的仁政、王道思想，明确提出了“圣人治天下，体民之情，遂民之欲，而王道备”[10]的王道政治主张，强调为政者要施行仁政、王道，其核心内容就是富民、利民，满足百姓的物质生活需求。他说：

> 孟子告齐梁之君，曰“与民同乐”，曰“省刑罚，薄税敛”，曰“必使仰足以事父母，俯足以畜妻子”，曰“居者有积仓，行者有裹囊（有的版本作

---

①②③④ 戴震：《原善》卷下。

⑤《孟子·公孙丑上》。

⑥《孟子·梁惠王下》。

⑦《孟子·公孙丑下》。

⑧《孟子·梁惠王上》。

⑨ 参见王其俊：《论孟子的社会控制思想》，载《东岳论丛》1991(1)，82页。

⑩ 戴震：《孟子字义疏证》卷上。

‘粮’)”,曰“内无怨女,外无旷夫”,仁政如是,王道如是而已矣。①

孟子论“民无恒产,因无恒心”;论“施仁政于民,省刑罚,薄税敛,深耕易耨;壮者以暇日修其孝悌忠信,入以事其父兄,出以事其长上”;论“死徙无出乡,乡田同井,出入相友,守望相助,疾病相扶持,则百姓亲睦”,明乎怀土怀惠,则为政必有道矣。②

在这里,戴震藉阐释孟子的仁政主张,强调为政者要施行仁政,以民为本。具体而言,一是要使百姓具有固定的产业即“恒产”,百姓具有“恒产”,才能获得较丰厚的物资生活资料,对上奉养父母,对下畜养妻子和儿女。二是减轻刑罚,薄取赋税。刑罚应施及本人,不可殃及妻室儿女。减轻赋税,就能藏富于民,否则,聚敛财富,使百姓陷于饥饿,就会引起百姓的仇恨和反抗。三是对百姓加强道德教化,使年壮者“暇日修其孝悌忠信”,在家奉事父母兄长,在外奉事长上。四是使民风淳朴,人与人之间互助友爱,互相照顾,“疾病相扶持”,达到“百姓亲睦”、社会和谐的局面。五是婚嫁及时,“内无怨女,外无旷夫”,夫妇和睦。六是国君“与民同乐”。国君如果与民同乐,百姓就会将国君的快乐视为自己的快乐,从而对国君产生喜好的心理;反之,百姓就会产生仇恨的心理。总之,戴震突出强调了满足百姓物质生活需要的重要性,认为只有使人民具有“恒产”,继之加强道德教化,才能民富国强,维持社会秩序的和谐。

戴震还阐发、引申了孟子以仁义礼智信调节父子、君臣、夫妇、长幼、朋友之间关系的主张。他说:“为子以孝,为弟以悌,为臣以忠,为友以信,违之,悖也;为父以慈,为兄以爱,为君以仁,违之,亦悖也。父子之伦,恩之尽也;昆弟之伦,洽之尽也;君臣之伦,恩比于父子,然而敬之尽也;朋友之伦,洽比于昆弟,然而谊之尽也;夫妇之伦,恩若父子,洽若昆弟,敬若君臣,谊若朋友,然而辨之尽也。孝悌、慈爱、忠信,仁所务致者也;恩、洽、敬、谊,辨其自然之符也;不务致,不务尽,则离、怨、凶、咎随之;悖,则祸患危亡随之。”③显而易见,这是对孟子“父子有亲,君臣有义,夫妇有别,长幼有序,朋友有信”④主张的进一步阐述和发挥。在他看来,父子、君臣、夫妇、兄弟、朋友之间是相对待的关系,他们之间的协调是有条件的,而不是无条件的。就是说,子孝、弟悌、臣忠,必须以父慈、兄爱、君仁为前提条件。社会成员皆遵从各自相应的道德规范,就能保持彼此之间“恩、洽、敬、谊、辨”心理的相融,从

① 戴震:《孟子字义疏证》卷上。

②③ 戴震:《原善》卷下。

④《孟子·滕文公上》。

而保持人际关系的协调和社会秩序的和谐；否则，就会产生"祸患危亡"，破坏良好的社会秩序。

在此基础上，戴震又提出了实现其美好理想社会的主要途径。他说："唯以情絜情，故其于事也，非心出一意见以处之"，国君要"体民之情，遂民之欲"①，"圣人之道，使天下无不达之情，求遂其欲而天下治"②。就是说，人人都要按照自己的情欲，去推度别人的情欲，做事公正无私，不能以主观偏见去处理与他人的关系，国君要体察民生苦难，满足人民的欲望。戴震认为，只有做到"遂己之欲者，广之能遂人之欲；达己之情者，广之能达人之情"，就能使天下之人"欲之得遂也，情之得达也"③，从而达到"以天下之同情、天下所同欲达于上"④。由此，他认为，"遂己之欲，亦思遂人之欲，而仁不可胜用矣；快己之欲，忘人之欲，则私而不仁"⑤。显然，这种由近及远、推己及人的主张，是对孟子"老吾老，以及人之老；幼吾幼，以及人之幼……故推恩足以保四海，不推恩无以保妻子。古之人所以大过人者，无他焉，善推其所为而已"⑥思想的继承和发展。当然，在存有阶级对立压迫的封建社会中，戴震的上述主张不过是美好的理想，但他重视人民的物质生活，对生活于苦难之中的广大人民寄于深切的同情，朦胧地表现出争取人类生存平等的思想，不仅在当时具有积极的进步意义，而且对后世民主思想的兴起产生了积极的启迪作用。

综上所述，戴震全面继承、丰富、发展了孟子的思想。这表明，一方面儒家思想的发展具有前后相继的传承性，另一方面，随着社会的发展，戴震从当时的社会现实出发，对孟子的思想做了一定的改造和发展，以适应新的社会形势的需要。他的思想，既源于孟子，又高于孟子，对我国近代启蒙思想的兴起产生了重要影响。

第二节　翁方纲、崔述、周广业与孟学

一、翁方纲与孟学

翁方纲（1733—1818），字正三，号覃溪，晚号苏斋，直隶大兴（今属北京）人。乾隆十七年（1752）进士。曾任编修，后提拔为国子监司业、司经局洗

①④ 戴震：《孟子字义疏证》卷上。

② 戴震：《与某书》。

③ 戴震：《孟子字义疏证》卷下。

⑤ 戴震：《原善》卷下。

⑥《孟子·梁惠王上》。

马，迁少詹事，授鸿胪卿，官至内阁学士。他一生精研经术，宏览多闻，精于金石谱录书画碑版之学。他累司文柄，弟子甚多，是清代经学家、金石学家，在学术界有很大影响。主要著作有《经义考补正》、《通志常经解目录》、《十三经注疏姓氏考》、《汉石经残字考》、《焦山鼎铭考》、《初复斋文集诗集》等。

翁方纲曾著《孟子附记》2卷。他对前人注疏《孟子》不合孟子本义者，便一一列举证据，予以辨析，或对《孟子》一书篇章结构作出评析，或对孟子的仁政爱民作进一步疏解，或对《孟子》书中的典籍、名物、制度作出考订，其考订有据，审慎精核。他的许多考释对深化孟学研究提供了有益的借鉴和启示。从总体上看，翁方纲《孟子附记》的特色有下列数端。

(一) 崇尚孟子的保民而王

翁方纲在概述孟子的生平事迹时指出：

> 孟子生于周烈王四年己酉，其去齐在赧王元年丁未，卒于赧王二十六年壬申。其明年，则秦称西帝矣。又六十八年，而秦并天下矣。朱子谓其时人心离而天命改，诚不易之论也。圣人之心，以拯斯民为主，是固然已，乃圣人之深观世运，其于尔时，必灼见海内之地将定于一也。抑又上体天心，知周祚之将垂竟也。而孟子历聘所至，惟齐梁地大民多，其势足以有为，其力足以行仁政。苟能用孟子，实见诸行事，则保民而王，诚非空言，尧舜君民，何难渐至乎？
>
> 自篇首二章，从初见梁王叙起。此下二章，则梁王一自言其尽心，一自言其承教，此皆可以进言之机矣。而孟子于其言尽心，则归结于罪岁；于其言承教，则归结于率兽食人，且皆以梃刃刺人为喻，即此见尔日民生之重困，而圣贤之心，亟以救民为要也。他如答齐宣王之问，则首曰保民；以及对邹君，则首曰君之民；对滕君，则首曰民事。尧舜之道，仁义之旨，未有先于此者，此经世之急务也。①

翁方纲的上述论述主要阐述了两个问题：其一，赞扬孟子的学说“以拯斯民为主”，其“保民而王”的仁政主张“以救民为要”，是“经世之急务”，肯定了孟子保民而王学说的功效，认为“苟能用孟子，实见诸往事，则保民而王，诚非空言，尧舜君民，何难渐至乎”，从而充分肯定了孟子“保民而王”仁政学说的重要性及必要性。其二，以孟子去世后经60余年“秦称西帝”、“秦并天下”的历史发展的事实，赞扬孟子天下“定于一”主张的历史预见性，认为孟子“深观世运，其于尔时，必灼见海内之地将定于一也”。社会历史的发展恰恰证明了孟子的真知灼见。

---

① 翁方纲：《孟子附记》卷上。

（二）注重孟学的内在联系

翁方纲在阐释“孟子答公都子问好辩章”时曾说：

> 《孟子》七篇，以言性善、正人心、距杨墨，为闲圣道也；以行仁政、黜伯功、救民水火，为崇王道也。此答公都子好辩章，专言闲圣道，而未及于行仁政，崇王道，言固各有当也。至说到杨墨一段，则引公明仪语，为率兽食人言之，非为行仁政言也。然其语意之间，则未尝不隐隐与行仁政崇王道相为映发。所以究言邪说者，不得作直推到害于其政。前篇论不动心于知言一节，亦然。《孟子》七篇，无一处不相贯摄也。①

在这里，翁氏着眼于《孟子》一书的内在联系，认为《孟子》一书的主旨是“闲圣道”和“崇王道”。具体而言，“闲圣道”包括“言性善、正人心、距杨墨”，“崇王道”包括“行仁政、黜伯功、救民水火”。翁氏着眼于《孟子》一书的内在联系，认为孟子论述问题时各有侧重，譬如“此答公都子好辩章，专言闲圣道，而未及于行仁政、崇王道，言固各有当也”。翁氏所言“至说到杨墨一段，则引公明仪语，为率兽食人言之，非为行仁政言也”，是指孟子下述一段论说。孟子说：“圣王不作，诸侯放恣，处士横议，杨朱、墨翟之言盈天下。天下之言不归杨，则归墨。杨氏为我，是无君也；墨氏兼爱，是无父也。无父无君，是禽兽也。公明仪曰：‘庖有肥肉，厩有肥马，民有饥色，野有饿莩，此率兽而食人也。’杨墨之道不息，孔子之道不著，是邪说诬民，充塞仁义也。仁义充塞，则率兽食人，人将相食。吾为此惧，闲先圣之道，距杨墨，放淫辞，邪说者不得作。作于其心，害于其事；作于其事，害于其政。圣人复起，不易吾言矣。”②孟子为了“闲先圣之道”而抨击杨墨学派，阐明了杨墨学说的危害，在孟子看来，任凭邪说传播，“作于其心，害于其事；作于其事，害于其政”。因此，翁方纲认为，孟子“其语意之间，则未尝不隐隐与行仁政崇王道相为映发……《孟子》七篇，无一处不相贯摄”。在这里，翁方纲将“闲圣道”、“崇王道”视为孟学的核心，认为它们是紧密相联的“相为映发”、“相贯摄”的统一整体。这样，翁方纲把握了孟子“闲圣道”与“崇王道”的紧密联系，从而避免了孤立地考察《孟子》书中的某一章某一节而忽略了其内在联系的倾向，在乾嘉学派的孟学研究中，其认识是异常深刻的。

（三）据理辨析前人之说

自汉以来，许多学者对《孟子》一书作出注释，其中较著名的有两家：一是东汉赵岐的《孟子章句》，二是南宋朱熹的《孟子集注》。翁方纲对前人之

---

① 翁方纲：《孟子附记》卷上。

②《孟子·滕文公下》。

说不迷信，不盲从，认为其不合孟子本义者则据理辨析。譬如《孟子·公孙丑下》载：

> 孟子去齐。充虞路问曰："夫子若有不豫色然。前日虞闻诸夫子曰：'君子不怨天，不尤人。'"曰："彼一时，此一时也。五百年必有王者兴，其间必有名世者。由周而来，七百有余岁矣。以其数，则过矣；以其时考之，则可矣。夫天未欲平治天下也，如欲平治天下，当今之世，舍我其谁也？吾何为不豫哉？"

翁方纲在辨析该章时指出：

> 充虞路问一章，《集注》以"忧世之志，乐天之诚"，并言之。其实此章只有忧世之志，并未及于乐天之诚也。《集注》此条，盖沿赵注之误。赵注曰："此乃天自未欲平治天下耳，非我之愆。我固不怨天，何为不悦豫乎？是故知命者不忧不惧，与天消息而已。"愚窃按此汉以后儒者，不深体文义之所致。至朱子《集注》，则深体圣贤语义矣。此条尚偶仍其误，不可不辨也。此章通体以"天未欲平治天下也"，一句为主，盖孟子尔日道途之间，因充虞之问，说到五百年贞元际会，数过时可，此际盱衡世运，仰观天意，恻然不知所底，实有难以为情者，岂仅若有不豫之色而已哉？岂复平日与门弟子平心讲贯，不怨不尤之时可比例哉？"夫天未欲平治天下"一句，是正答充虞不豫之问也。此下云"如欲平治天下"云云，则是章末用反笔掉开，乃转作假设之辞，为"不豫"二字生一波致，非正意也。他处之文，先开后合。此处之文，先合后开，亦见孟子心情不能自宽假矣。故曰：连书"孟子去齐"，是孟子平生出处一大关会也，岂可于此处言及"乐天之诚"乎？经文即圣贤心事。苟欲表白圣贤心事，安敢斤斤拘守，必不敢稍异于朱注乎！况朱注本承赵注之误，非自朱子始耶！①

从孟子与充虞的问答可以看出，孟子阐述了"五百年必有王者兴，其间必有名世者"的社会变迁方式，抒发了济世救民的思想情感。在他看来，从周朝开国到现在，经历700多年。论年数，超过500年的期限；从现在的时势考察，应该有圣君贤臣出现了。在这里，如果说"以其数，则过矣"表现出一种时间的偶然性，那么，"以其时考之，则可矣"不能不说是表现出圣贤出现的必然性。孟子认为，圣贤的出现是社会安定的重要标志，他们的出现是必然的，因而太平社会的出现也是必然的，乱世必将被治世所代替。孟子说，治国平天下"当今之世，舍我其谁也"，这清楚地说明，孟子即使遭受挫折，仍雄

① 翁方纲：《孟子附记》卷上。

心勃勃，坚守信念，不怨恨天，不责怪人，胸怀以天下为己任的自觉的历史责任感、使命感，从而表现出这位新兴地主阶级思想家实现自己主张的坚定信念和顽强不屈的精神[①]。总之，本章表现了孟子忧世救民的思想情感，诚如翁氏所说“此章只有忧世之志，并未及于乐天之诚”。在这里，翁氏的辨析更符合孟子离齐之时的思想情感，指出朱熹所注“乐天之诚”是“尚偶仍其误，不可不辨”，无疑表现出认真求实的治学精神。

翁方纲对赵岐、朱熹的误注作出辨析，对他们所引他人之言而不符合孟子本义者也作出辨析和评论。譬如他在辨析孟子“说大人，则藐之，勿视其巍巍然。堂高数仞，榱题数尺，我得志，弗为也。食前方丈，侍妾数百人，我得志，弗为也。般乐饮酒，驱骋田猎，后车千乘，我得志，弗为也。在彼者，皆我所不为也；在我者，皆古之制也，吾何畏彼哉”[②]这段话时指出：

> 堂高数仞节，总注：“杨氏曰：‘孟子此章，以己之长，方人之短。’”云云。愚按此章，为当时说大人者立言也。盖当时游说于君卿者，多怵于势分，因而逢迎谀媚、变其本志者，不可胜数也。所以然者，总坐先有其巍巍在胸中耳，其素乏学守者固不足言，即其平日稍有所立者，至此亦不免移易所守。固孟子此言，非专欲其藐视乎彼，正欲其固守在我也。而所以能固守其在我者，则先从藐彼得之。在我者皆古之制，是鞭辟著里语，非炫长形短之谓。[③]

在这里，翁氏不同意朱熹《孟子集注》所引杨氏的评论，认为孟子的话是“为当时说大人者立言”，孟子“在我者皆古之制”之语透彻说明问题，切中要害，而非“炫长形短”。翁氏的评说，甚合孟子的本义。实际上，该章是孟子对自己20年游说生涯的概括和总结。孟子在近20年的游说生涯中，胸怀以天下为己任的自觉的历史责任感和济世救民的宏大志向，宣传仁政，慷慨陈辞，藐视权贵，抨击时弊，既会见了大小国诸侯，又接触了各国卿相贵戚，激烈抨击诸侯权贵不行仁政、喜好财货、追求声色的不义行径，对劳动人民的苦难表示深切同情。在总结个人的游说生涯时，孟子指出：劝说诸侯权贵，就要藐视他，不要把他的富贵、权势、显耀放在眼里。诸侯权贵极尽骄佚之事，殿堂高大宏伟，屋檐宽达数尺，佳肴满桌，姬妾数百，饮酒作乐，跑马打猎，前呼后拥，车马多至千余辆，我如果得志行道，决不这样做。他们所干的骄佚之事，都是我所不做的；我依循的准则是古代圣王的仁义恭俭，为什么要畏惧

---

① 参见王其俊：《孟子解读》，104～105页，泰山出版社，2004。

②《孟子·尽心下》。

③ 翁方纲：《孟子附记》卷下。

他们呢？在这里，孟子既激烈抨击了诸侯权贵奢侈淫糜的生活，又抒发了自己济世救民、兼善天下的宏大志向。孟子坚守先王的仁义之道，视诸侯权贵的富贵、权势、显耀如敝屣。上述言辞使作者高洁自守、刚正不阿、藐视权贵、兼善天下的形象跃然纸上，展现了孟子对实现仁义而无所畏惧、奋发进取的精神风貌。翁方纲认为，“孟子此言，非专欲其藐视乎彼，正欲其固守在我也”。此谓“其固守在我”，是指孟子胸怀仁义、藐视权贵的内在主体精神和凛然不可侵犯的大丈夫气概。综上所述，翁方纲的《孟子附记》对前人的讹误作了深入的辨析，对《孟子》一书的主旨和有关章节作了精当的阐释，对扩大孟学在清代的传播、影响产生了重要作用。

二、崔述与孟学

崔述(1740—1816)，字武承，号东壁，直隶大名(今属河北)人。乾隆年间举人，任福建罗源县、上杭县知县。后离职，从事著述，专于考证，认为汉以后诸儒对群经的传、记、注、疏皆不可信，于是积平生精力著《考信录》，自序曰：“虚实既明，则得失是非昭然不爽。故今为《考信录》，专以辨其虚实为先务。凡无从考证者，辄以不知置之。宁缺所疑，不敢妄言以惑世。若摘发古人之误，则必抉其致误之由，使经传之文不致终晦。”①他的疑古求实精神，对近代史学界影响颇大。其《考信录》包括《考古提要》、《上古考信录》、《唐虞考信录》、《夏商考信录》、《丰镐考信录》、《洙泗考信录》、《孟子事实录》、《考古续说》等，还著有《考古异录》、《易卦图说》、《五服异同论考》等，近人汇印为《崔东壁遗书》。他是清代擅于考证、辨伪的史学家、经学家。

崔述所撰《孟子事实录》2卷，近2.5万字。它以《孟子》书中孟子游历诸侯列国及政治、学术活动的原文为纲，录《孟子》40余章原文，然后在原文后加以考证。此外，还录《史记》、《列女传》、《韩诗外传》等关于孟子的里居、师承和传说等，逐一予以评说。

通观《孟子事实录》一书，崔述精审的考证和评说，主要表现于以下两个方面。

(一) 孟子的师承及在儒家道统中的地位

1. 孟子的师承

崔述引述赵岐、王劭之说，认为“赵岐谓孟子亲师子思，王劭谓《史记》‘人’字为衍”，接着评论说：

> 孔子之卒，下至孟子游齐燕人畔时，一百六十有六年矣。伯鱼之卒在颜渊前，则孔子卒时子思当不下十岁……即令子思享年八十，距孟子

---

① 崔述：《考信录序》。

> 之生尚三十余年，孟子何由受业于子思乎？孟子云："予未得为孔子徒也，予私淑诸人也。"若孟子亲受业于子思，则当明言其人，以见其传之有所自，何得但云人而已乎？由是言之，孟子必无受业于子思之事。《史记》之言是也。然孟子之学深远，恐不仅得之于一人，殆如孔子之无常师者然，故但云"私淑诸人"耳。①

目前，学术界通常认为，孔子的生卒年为前551至前479年，孟子的生卒年为前372至前289年。崔述谓"孟子游齐燕人畔时"，当为前314年，此时正值孟子第二次游齐，恰与孔子之卒相距"一百六十有六年"。崔述的考证、推算是精准的。可贵的是，崔述以孟子"予未得为孔子徒也，予私淑诸人也"一语为据，认为"若孟子亲受业于子思，则当明言其人，以见其传之有所自，何得但云人而已乎"。这一认识，十分符合孟子的性格特征和精神风貌②。

2. 孟子在道统中的地位

崔述认为孟子在儒家道统中占有重要地位。他说：

> 唐韩子《原道》篇叙道统之传云："文武、周公传之孔子，孔子传之孟子。"而无一语及他人者，自宋以来儒者，则以颜曾思孟并称，且于孟子时若有所不满焉者？余按孔子以后，能发明二帝三王之道者，孟子一人而已，唯颜子或可与相埒，其余未见有可抗行者也。何以言之？杨墨横行，圣人之道微矣。幸有孟子辞而辟之，而后之学者咸知尊孔子而黜异端。然当两汉、魏晋之间，老庄刑名谶纬之术，犹分驰于天下，几夺圣人之道而据其上，其后虽渐衰微，而学者尚多浸淫出入于杨墨之说而不自知。其甚者，至以佛氏之教，与尧舜孔子之道等量而齐观。然则向无孟子，圣人之道必不能自伸于杨墨佛氏盛行之日，而尧之北面朝舜，禹之德衰传启，汤武之放伐之为篡弑，人必皆信以为实然。其敝也，将以仁义为强人之物，刑名为治国之方，王政日湮而封建井田之制悉泯。由是言之，《孟子》一书，岂非三代以下之所断不可无者哉？盖尝论之，孟子之于孔子，犹周公之于文武也。文武虽圣人，无周公以继之，则太平之治不兴；孔子虽圣人，无孟子以承之，则圣道之详不著。故有文武不可无周公，有孔子不可无孟子，是以韩子谓："孟子之功，不在禹下。"又谓："求孔子之道，当自孟子始。"诚然非虚语也。乃后人疑孟非孟者颇多，虽有二三大儒尊崇孟子，然好求圣道于精微杳冥之地，故见戴记费隐、诚明、无声无臭之言，以为道之极致，而于孟子推阐王政圣学之切于实

① 崔述：《孟子事实录》卷上。

② 参见王其俊：《孟学新探》，12～15页，济南出版社，1989。

用者，反视以为寻常，是以余于洙泗余录之后，条记孟子事实，以承孔子之后，夫亦韩子之志也夫。①

崔述的这段论述肯定了孟子"发明二帝三王之道"的功绩：一是辟杨墨，闲先圣之道。"杨墨横行，圣人之道微"，"幸有孟子辞而辟之"。崔述的这一评说，显然是源于孟子所说"圣王不作，诸侯放恣，处士横议，杨朱、墨翟之言盈天下……杨墨之道不息，孔子之道不著，是邪说诬民，充塞仁义也。仁义充塞，则率兽食人，人将相食。吾为此惧，闲先圣之道，距杨墨，放淫辞"②。二是以孟子学说矫正社会时弊。崔述认为，魏晋时期，老庄刑名谶纬之术，分驰于天下，"几夺圣人之道而据其上"，又加佛氏之教的盛行，造成了"以仁义为强人之物，刑名为治国之方，王政日湮而封建井田之制悉泯"的局面。只有以孟学救治社会时弊，才能使圣人之道通行于天下。三是孔子之道得到孟子的发扬光大而广泛传播和显著于世。概而言之，"孔子之后，能发明二帝三王之道者，孟子一人而已"。就是说二帝三王开创的儒家道统，由于孟子的继承发展而流传不绝。崔述的上述评说尽管具有夸大孟子作用的倾向，但从总体上看，他对孟子在儒家道统中的作用的评价是符合实际的。事实上，孔子开创的儒家学派之所以在后世产生了重要影响，主要得力于孟子的继承和发展。

（二）社会约制

所谓社会约制，就是通过社会力量使社会成员遵从社会规范，维持正常的社会秩序而使社会生活保持和谐协调的过程。孟子所谓"治国"、"为政"、"施仁政于民"、"平天下"的过程，就是社会约制的过程。崔述在阐释孟子关于社会约制问题时对社会问题的认识，大致表现在两个方面。

1. 先义后利

《孟子·梁惠王上》首章载：

孟子见梁惠王。王曰："叟！不远千里而来，亦将有以利吾国乎？"孟子对曰："王！何必曰利？亦有仁义而已矣。"

孟子的这段话涉及中国古代思想史上延续2000多年的义利之辨，即关于道德行为与功利关系问题的争论。崔述在阐释孟子的这段话时指出：

按孟子先义后利之旨，深切战国时人之病，要亦古今之通患也。三代以上，人皆尚义。逮春秋时，人渐重利，然尚有好义者，亦颇有假义者。至于战国，非惟人不好义，即假义者亦不可得，何者？人皆惟利是

① 崔述：《孟子事实录》卷下。

②《孟子·滕文公下》。

图，无所用于假义者也。人心一专于利，则但知有利而不知有义，且但知有己而不知有人，甚至但知有目前之利，而不知有日后之害。以故列国之君，惟务战争以辟土地，聚敛以充府库，其臣亦唯务逢君以取富贵，其闾巷之间亦惟恃强凌弱、众暴寡以自利，此无他，皆好利之心驱之使至是也。是以战国之时，生民涂炭，风俗颓敝，死于兵者动至一二十万。然则孟子此言，诚救时之上策，亦千古之炯鉴也。以此章冠七篇之首，而太史公读之，亦深叹美之也。

圣人何尝不言利？《易》曰“乾，元亨利贞”，曰“坤，元亨，利牝马之贞”，曰“利建侯”，曰“利见大人”，曰“利涉大川”者，不一而足。圣人何尝不教人以趋利而避害乎？但圣人所言，义中之利，非义外之利；共有之利，非独得之利；永远之利，非一时之利。此其所以异也，故曰“见利思义”，曰“因民之所利而利之”，曰“小人乐其乐而利其利”，以此没世不忘也。无如世俗之人，惟利是图，而不复顾义之是非，不但损人以利己也，为臣者且耗国以肥家，甚至贪一时之利，而致酿终身之害者，亦往往有之，不可谓大愚哉！孟子此言，可谓深切著明，惜乎世人不之察也。[①]

崔述的诠释包括三层意思。其一，揭示了孟子这段话“先义后利”的主旨。自汉以来，人们对孟子此话的主旨分歧颇大。目前，学术界仍有人误认为梁惠王所问的“利”是指狭义的利益，有人误认为孟子所说“王！何必曰利？亦有仁义而已矣”是只讲仁义而不讲利，把仁义与利对立起来。事实上，孟子并不是不讲利，只是告诉梁惠王说纵使魏国富国强兵，不过都是小利而已；只有遵循仁义这一根本，把仁义当做治理国家的最高原则，才是根本性大利。显而易见，孟子主张先义后利，以义制利，这是孟子政治思想的主线，贯穿于孟子思想的始终[②]。崔述谓“孟子先义后利之旨，深切战国时人之病，要亦古今之通患”的概括，正确揭示了孟子一语的主旨和内涵。其二，揭示了战国之时“人心一专于利”造成的危害。在崔述看来，战国之时，人们唯利是图，“知有利而不知有义”，“知有己而不知有人”，“知有目前之利而不知有日后之害”。这样，诸侯国君在“好利之心”驱使下，以战争手段扩大疆域，聚敛民财充盈府库，臣下极力逢迎国君以取富贵，闾巷之间亦恃强凌弱、以众暴寡，从而造成了“生民涂炭，风俗颓敝，死于兵者动至一二十万”的悲惨局面。其三，孟子“先义后利”之说的重要价值。崔述认为，孟子的“先义后利”之说“诚救时之上策，亦千古之炯鉴”。就是说，孟子之说既能救治战国之时弊，

① 崔述：《孟子事实录》卷上。

② 参见王其俊：《孟子解读》，5页，泰山出版社，2004。

又成为后世的借鉴。在崔述看来，圣人不是只言义而不言利，而是教人趋利避害，圣人所言是“义中之利”、“共有之利”、“永远之利”。那些世俗之人，唯利是图，损人利已，“为臣者且耗国以肥家”，贪一时之利，而“致酿终身之害”，皆是违背圣人先义后利之教所致。总之，崔述的阐释既符合孟学之旨，又从一个侧面表现了自己对义利关系的认识。

2. 任贤使能

孟子认为，诸侯国君欲以仁政统一天下，就应建立任用贤能、罢免不肖的官吏任免制度，对贤能之人的任用、选拔，关系到国家的安危治乱、祸福荣辱。《孟子·梁惠王下》记载了孟子与齐宣王的一段对话：

> 孟子见齐宣王，曰：“所谓故国者，非谓有乔木之谓也，有世臣之谓也。王无亲臣矣，昔者所进，今日不知其亡也。”
>
> 王曰：“吾何以识其不才而舍之？”
>
> 曰：“国君进贤，如不得已，将使卑逾尊，疏逾戚，可不慎与？左右皆曰贤，未可也；诸大夫皆曰贤，未可也；国人皆曰贤，然后察之。见贤焉，然后用之。左右皆曰不可，勿听；诸大夫皆曰不可，勿听；国人皆曰不可，然后察之。见不可焉，然后去之。左右皆曰可杀，勿听；诸大夫皆曰可杀，勿听；国人皆曰可杀，然后察之。见可杀焉，然后杀之。故曰，国人杀之也。如此，然后可以为民父母。”

在这里，孟子阐明了国君任免官吏和惩罚犯罪都要顺应民心的仁政主张。这种任贤使能、顺应民心的思想曾对后世产生了重要影响，后世许多具有民本思想的政治家、思想家常常引用这段话作为向封建君主专制争取权利的依据。崔述在诠释孟子这段话时指出：

> 按治国莫要于用人，不得其人则虽善政亦不能行，故周公有《立政》之篇，孔子有人存政举之对。孟子此章实治国之要术，故今载于保民章之后，至是而王道全矣……故凡人主处休明之世，俊杰盈廷，政事修举，则不必过为其烦。若不幸值废弛之后，朝多幸位，阿谀成风，非大振乾纲，广开耳目，不足以起其衰而革其弊。孟子此言，诚拨乱反治之良策也夫。[①]

崔述赞扬孟子任用贤才的主张“实治国之要术”，是“拨乱反治之良策”，一方面表现了他对孟子王道、仁政主张的崇尚之情；另一方面，他认识到任贤使能对治国安邦的重要作用。崔述还进而借鉴历史经验教训说：“吾读《春秋传》，至晋楚邲之战，而知晋政之衰也……虽文襄之泽未衰，晋卿大夫之中非无贤者，顾贤者少而不肖者多，则贤者亦不得展其用，是以事权不一，在国则

① 崔述：《孟子事实录》卷上。

无以抚其民，在军则无以胜厥敌也。若果能如孟子之言，见贤然后用之，岂复有求之者。吾故观于城濮与邲之事，而益信孟子之言之可为世鉴也。”[①]在崔述看来，国君任用贤能就可“报国安民”，“一战而遂霸”；否则，“在国则无以抚其民，在军则无以胜厥敌”。由此看来，国君能否任贤使能，既关系到国家的安危存亡，又关系到战争的胜负。崔述关于“益信孟子之言之可为世鉴”的评说，充分肯定了孟子任贤使能主张的重要作用和影响。

除上述之外，崔述还继承、发展了孟子“好善优于天下”[②]的主张。在孟子看来，治理国家不能只凭一才一艺，而应博采众长。听取善言，博采众长，任用贤人，就能集思广益，促进事业的成功；反之，就会遭受挫折和失败。崔述在阐释孟子“好善优于天下”主张时，认为“孟子好善之论，可谓尽为政之要”。他还以自己任罗源县知县时的亲身经历说：“余初莅罗源任三日，下学讲书，命诸生黄文治讲孟子此章。由是一县之人皆知余意所在，多有以善言告余者，以故政事幸无大失。归里之时，文治以诗送余行，内有云：‘春风坐诸生，命讲乐正克。好善天下优，微言括治术。’信乎孟子之言之可以终身行之而不尽也。”[③]在这里，崔述将孟子的“好善优于天下”的主张视为治理政事的准则并付诸实践，充分表现了他对孟学的崇尚之情。

当然，因时代等条件的限制，崔述对孟子一生事实的考证有的地方是欠准确的。譬如他认为孟子先游梁，后游齐，去齐后又“由宋归邹，之滕至鲁”，这是不符合事实的。实际上，孟子在齐威王之时首次游齐，后去齐游宋，经薛返邹，后在鲁未遇而返邹，受滕文公之聘，游滕两年有余，后又出游魏国，前318年再次适齐，前312年去齐归邹，从事著述讲学，终老于邹[④]。尽管如此，但瑕不掩瑜。从总体上看，崔述的《孟子事实录》对扩大孟学在清代的传播、影响产生了重要作用。

三、周广业与孟学

周广业（生卒不详），字勤补，号耕厓，清海宁人，乾隆年间举人。

（一）《孟子四考》概述

周广业曾撰《孟子四考》4卷，包括《逸文考》、《异本考》、《古注考》、《出处时地考》，每考之前各撰一序，述其缘起、经过和目的。在《逸文考·序》中，周广业说：为不使“亚圣之遗言湮郁终古”，根据陈士元《孟子杂记》、方仲美《孟子集语》、朱竹垞《太史经义考》等书所集孟子逸文、逸句，“详加参订，据

① 崔述：《孟子事实录》卷上。

②《孟子·告子下》。

③ 崔述：《孟子事实录》卷下。

④ 参见王其俊：《亚圣智慧——孟子新论》，11～29页，山东人民出版社，1996。

各书先后编次之”;此后,“见各书征引字句往往不同,说者谓所见本异”,“因以汲古阁注疏本为主,参考宋本石经,条录汉晋以来,讫于唐宋。凡有暌异,悉著于篇。而《注疏》本之于今《集注》本不同者,亦列焉。其有改窜太过,援引舛谬,则附见各章之后”,而作《孟子异本考》。后来,又作《孟子古注考》。他概述了古代《孟子》注的大致状况,指出:“《孟子》注见隋《经籍志》者四家:赵岐、郑康成、刘熙、綦毋邃也。外此,汉有程曾、高诱,唐有陆善经、张镒、丁公著。宋世有四注《孟子》,题杨雄、韩愈、李翱、熙时子四家。《中兴艺文志》谓其旨意浅近,盖依托者。今独赵注存而诸家尽佚,可惜也。然李唐为世较近,而陆与张、丁之说并见,采于孙宣公音义,学者犹可藉以考见,未若汉晋诸儒之甚古可爱而竟绝少称述也。尝见《丹铅录》论永乐中所刊《大全》,谬改《左传》驲字为驿,因引《孟子》‘置邮传命’。《古注》云:‘置,驿也;邮,驲也。’此文今在《集注》。虽前于永乐不可谓古,而升庵更不言有他据,盖古注之不明久矣。秀升章句本不著录,其无考,固宜乃至藏诸秘书,著在子部者,亦止刘与綦毋轶见一二焉,辑而存之。孰谓断圭碎璧不足为箧椟珍乎?若赵氏之书先为,善经所削正义,间有摘采亦颇漏略。元初张庆孙西湖书院重整书目记称有《孟子古注》,即今所传宋椠赵注也。”①在这里,周广业概述了汉、晋、隋、唐、宋、元明以来关于《孟子》注的大致状况及存在的问题,为正本清源,他“以今本注疏及新刊本校之同异甚多,辄举若干条与嗜古之士共参之”②,于是作《孟子古注考》。

两汉以来,不少注孟者对孟子的生卒、里居、游历顺序等争辩不已。他在《孟子出处时地考序》中曾说:“广业蓄疑有年,欲有以救正之,自惟谫陋,深惧获戾,前修既思。孟子亚圣大才,生不逢世,其书复横被非、刺、疑、诋。既得列于经以上,继鲁论而犹使其行藏大节湮晦勿彰,罪乃滋甚。于是枚举其事,先取本书,檃括成文。以原无可疑者,发其疑;所谓可知者,以书合之也,次取辨驳诸条分系其下。以似有可疑者,晰其疑。所谓不可知者,以书定之也。”周广业在《孟子出处时地考》中,评述了两汉以来的各家之说,对孟子的生卒、里居、冢墓、父母、师承、弟子、《孟子》各篇要旨等作了颇精当的辨析和论说。他广征博引,考核详实,许多论证成为定论,为后世学者所采用。

(二)对孟子生平事迹的考证

周广业在《孟子出处时地考》中曾概括了孟子的贡献,指出:“所愿学者,孔子;所力辟者,杨墨;以居仁由义为志,以知言养气为学,明王道黜霸功,行年四十已不动心,设科教育及门数百人。”他对孟子的生平事迹作了精当的

①② 周广业:《孟子古注考序》。

考证。现择其要者，概述如下。

1. “三岁丧父”

陈镐《阙里志》、薛应旂《四书人物考》等书称“孟子三岁丧父”。在近年的孟学研究中，有的学者亦相信此说①。周广业对此辨之甚详。他说：

《题辞》云：“孟子生有淑质，夙丧其父，幼被慈母三迁之教。”及《注》“后丧逾前丧”云：“孟子前丧父约，后丧母奢。”前后虽无定时，以士大夫三鼎五鼎之言推之，相隔必不甚久远。《礼》曰：“丧从死者，祭从生者。”祭以三鼎，则在孟子为士之后明矣。时年盖已四十余。《题辞》所谓夙丧者，特以父先母死耳，非幼孤也。薛应旂《四书人物考》、《四书直解》、《集语》、《续文献通考》、《阙里志》、《三迁志》遂云：“孟子三岁丧父。”考《韩诗》、《列女》俱无此说。且《列女》载孟母断机事云：“织绩而食，中道废而不为，宁能衣其夫子而长不乏粮食哉？”此必非嫠恤之言。夫士及三鼎，固非襁褓间事。且去丧母五六十年，鲁人亦何从知其前后丰俭悬绝，而臧仓得以行其毁鬲耶？王复礼曰：“若前丧在三岁，则丰啬非所自主，仓安得谮之？平公安得信之？乐正又安得不辨之？盖公宜实未尝卒；其三迁断机，或者公宜出游，慈母代严父耳。”广业案，元仁宗延祐三年七月，追封孟子父母制，祗称其父夙丧，张頫墓碑亦然，则三岁丧父之说，妄也。②

在这里，周广业判定孟子“三岁丧父”之说为妄说无据，理由有四：其一，《四书人物考》、《阙里志》诸书皆称“三岁丧父”之说源于《韩诗外传》、《列女传》。但据周广业考证两书皆无此说。其二，赵岐所称孟子“夙丧其父”，仅是指孟子之父先于孟母而死，并不是指孟子幼时为孤儿。其三，鲁平公欲会见孟子，嬖人臧仓阻挠说“孟子之后丧逾前丧”。乐正克向鲁平公申辩说：孟子办理父亲丧事是采用士治丧的三鼎之礼，办理母亲丧事是采用大夫治丧的五鼎之礼。显然，“祭以三鼎，则在孟子为士之后明矣，时年盖已四十余”。其四，若孟子三岁丧父，距“丧母五六十年，鲁人亦何从知其前后丰俭悬绝，而臧仓得以行其毁鬲耶”。据此，周广业判定孟子“三岁丧父”为妄说，这是有道理的。

2. 首仕于邹

自汉以来，历代学者对孟子的游历顺序颇多争论。据笔者考证，孟子首

① 王成儒在《亚圣风范——孟子的智慧》(四川教育出版社 1996 年版)一书中认为，“据孟氏《三迁志》所载：‘孟子三岁父孟激卒，母仉氏有贤德。’”董洪利在《孟子研究》(江苏古籍出版社 1997 年版)一书中认为：“孟子的父亲名激，字公宜，在孟子幼年时就去世了。”

② 周广业：《孟子出处时地考》。

次游齐是在齐威王末年，后又出游宋、滕、梁，齐宣王初年再次适齐[1]。长期以来，人们对孟子首次游齐之前的政治活动缺乏具体的阐述。周广业提出了“孟子之仕，自邹始也”的观点。他说：

> 孟子之仕，自邹始也。时方隐居乐道，穆公举之为士。孟子乃传贽为臣，得见于公。会于鲁哄，有司多死者，公问如何而可？孟子以行仁政勉之。既遭父丧，葬以士礼，祭用三鼎，棺敛称财，贫故也。时天下地丑德齐，士尚游说。孟子名闻诸侯多以礼币交际者，孟子以不为臣，概不往见。惟一之任见季子，以其处守不得之邹也。后以邹不能用，游于齐，时年盖五十余矣。篮仕于邹有二据焉：孟子言：“庶人不传贽为臣，不敢见于诸侯。”七篇中君臣问答，惟齐、梁、邹、滕而已。梁、滕以聘，齐以仕。使非委贽，穆公则以士之招招庶人，庶人岂敢往哉？此一据也。乐正子曰：“前以士，后以大夫。”赵注：孟子丧父时为士，丧母时为大夫。《礼》：士祭三鼎，大夫祭五鼎。使孟子不仕于邹，安得葬以士，而祭用三鼎也？观平公臧仓俱云前丧，则丧父不在仕齐之日，明矣。《礼》云：“四十曰强，而仕。”又云：“四十始仕”。孟子亲老家贫，年逾四十，不见录于父母之邦，辄以草莽臣游事齐梁，有是理乎？[2]

从周氏的辨析可以看出，其谓“使非委贽，穆公则以士之招招庶人，庶人岂敢往焉”，这件事发生在孟子居邹为士之前。孟子主要在邹鲁一带从事讲学，广招弟子。他继承了孔子的学说，怀着治国平天下的宏大抱负，宣扬仁义学说，成为邹鲁一带著名的学者。此时，邹穆公不行仁政，陷溺百姓于水火。孟子居邹虽颇有影响，但毕竟是未入仕途之庶人。邹穆公殆不依礼招孟子。弟子万章问：“敢问不见诸侯，何义也？”孟子认为庶人若不向诸侯致送见面之礼而为君之臣属，则不敢谒见诸侯，这是符合礼的规定——诸侯招见虞人“以皮冠”，“庶人以旃，士以旂，大夫以旌。以大夫之招招虞人，虞人死不敢往；以士之招招庶人，庶人岂敢往哉？况乎以不贤人之招招贤人乎？欲见贤人而不以其道，犹欲其入而闭之门也”[3]。

孟子约在 40 岁时(前 333)，邹穆公闻其贤名便举而为士。不久，邹鲁发生冲突。邹穆公问孟子说：“吾有司死者三十三人，而民莫之死也。诛之，则不可胜诛；不诛，则疾视其长上之死而不救，如不何则可也？”孟子回答说：“凶年饥岁，君之民老弱转乎沟壑，壮者散而之四方者，几千人矣；而君之仓

---

① 王其俊：《孟学新探》，175～201 页，济南出版社，1989。

② 周广业：《孟子出处时地考》。

③《孟子·万章下》。

廪实，府库充，有司莫以告，是上慢而残下也。曾子曰：'戒之戒之！出乎尔者，反乎尔者也。'夫民今而后得反之也。君无尤焉！君行仁政，斯民亲其上、死其长矣。”①从孟子的回答来看，显然不是庶民的身份，而是被穆公举之为士之后才有可能。周广业所举的第一条理由是能够成立的。就周氏的第二条理由来看，孟子父亲去世，孟子实行三鼎之礼，这显然是在邹为士之后。总之，周广业关于孟子居邹为士的理由是十分合乎情理的，许多学者都采用此说②。

综上所述，翁方纲的《孟子附记》、崔述的《孟子事实录》、周广业的《孟子四考》对扩大孟学在清代的传播、影响都发挥了重要作用。他们的许多考证在学术界已成定论。当然，除上述外，牛运震的《孟子论文》、毛奇龄的《四书誊言》、阎若璩的《四书释地》、翟灏的《四书考异》、蒋仁荣的《孟子音义考证》、任启运的《孟子考略》等等，对孟子生平、思想、散文等都作了深入的探讨。董洪利先生对此作了概述和评析③，可资参考。

第二十八章　清代孟学研究集大成者——焦循

焦循（1773—1820），字理堂，一字里堂，晚号称里堂老人。江苏甘泉（今扬州）人。清嘉庆年间举人。世传《易》学，承祖父之学，幼年好《易》。他博闻强记，精通经、史、历、算、声音、训诂等学。与阮元齐名，曾从阮元游学浙江，两人交往甚密。焦循致力于学术研究，被誉为一代“通儒”。他的主要学术贡献是对儒家经典的整理和研究。主要著作有《易经通解》、《易经图略》、《易经章句》、《注易日记》、《易广记》、《孟子正义》、《尚书孔氏传补疏》、《礼记郑氏注补疏》、《论语通释》等。

在清代乾嘉学派中，研究孟子影响最大、集前人研究成果之大成的当首

---

① 《孟子·梁惠王下》。

② 譬如王其俊：《孟子游历诸国概述》，见《孟学新探》，176～178页，济南出版社，1989。又如杨泽波：《孟子评传》，61～62页，南京大学出版社，1998。

③ 董洪利：《孟子研究》，321～346页，江苏古籍出版社，1997。

数焦循的《孟子正义》。该书30卷，是一部采摭百家精义、具备疏体规模的70余万字的长篇著作。焦循自幼就喜好《孟子》。鉴于伪孙奭《孟子注疏》体例踳驳、征引乖舛、文义俚鄙，立志重纂《孟子正义》，如他所自述"循传家教，弱冠即好孟子书，立志为《正义》"①。焦循的《孟子正义》，采用赵岐之注，突破唐、宋以来旧疏"疏不破注"的积习成法，"于赵氏之说或有所疑，不惜驳破以相规正"②。焦循疏解《孟子》，在理气性命、井田封建、天文历算、地理水道、逸书考订、六书训诂、版本校勘诸方面，分别兼采戴震与程遥田、顾炎武与毛奇龄、梅文鼎与李光地、胡渭与阎若璩、江声与王鸣盛、王念孙与段玉裁、阮元与卢文弨等60余家关于《孟子》和赵岐《孟子章句》的论述，每释一义，往往征引两三家之说，通过辨析折衷而酌加己注，以获得较完善的结论。该书集前人注疏之大成，立论坚实，疏解明晰。它不仅是清代《孟子》注释中最详备的一种，而且可与赵岐《孟子章句》、朱熹《孟子集注》相媲美。阮元称其为"斯一大家"，范希曾称"清儒注《孟子》，焦书最完善"③，皆非过誉。

第一节　《孟子正义》的撰著缘由及过程

一、《孟子正义》的撰著缘由

焦循在《孟子篇叙正义》中指出："循传家教，弱冠即好孟子书，立志为《正义》，以学他经，辍而不为。"就是说，焦循因研究其他经书，撰著《孟子正义》一直未能如愿。嘉庆二十一年(1816)，著成《易学三书》后，与其子廷琥开始编纂《孟子长编》。经历三年多的艰辛努力，编著完成70余万言的巨著《孟子正义》。

焦循为何花费巨大精力编纂《孟子正义》呢？其弟焦征在《孟子正义》序中说：

> 先兄壬戌会试后闭门注《易》……又以古之精通《易》理，深得伏羲、文王、周公、孔子之旨者莫如孟子，生孟子后而能深知其学者莫如赵氏。惜伪疏踳驳乖谬，文义鄙俚，未能发明其万一，思作《正义》一书。

焦征的这番叙述说明了以下几个问题：其一，孟子是继承伏羲、文王、周公、孔子儒家道统的真正传人和代表；其二，东汉赵岐深知孟子之学，其《孟子章句》对《孟子》一书具有辅翼之作用；其三，北宋初年的伪孙奭《孟子注疏》"踳驳乖谬，文义鄙俚"，既未发明孟子万分之一之义理，又扰乱经注之体例，对

①② 焦循：《孟子篇叙正义》。
③ 范希增：《书目答问补正》。

后世危害甚大。总之，为了弘扬孟学，焦循决心编撰《孟子正义》。

除焦征论述伪孙奭《孟子注疏》的谬误和危害外，焦循在《孟子篇叙正义》中曾引赵佑《温故录》的话批评伪孙奭《孟子注疏》的谬误，其言曰：

《十三经注疏》，孔颖达、贾公彦最为不可及，邢昺次之，以《孟子疏》为最下。其书不知何人作，而妄嫁名于孙奭，近世儒者咸谓之伪孙奭疏。予读孙奭《孟子音义序》，体裁有类孔氏，而简洁过之，全非作疏人手笔，其题曰《音义序》而已，未尝称疏也。曰"惟是音释，宜在讨论"，曰"集成《音义》二卷"，未尝言作《疏》也。故曰"虽仰测至言，莫穷其奥妙；而广传博识，更俟乎发挥"。则知孙氏正本止就经文及注为之音释，且仅二卷，本未有疏，其所释非第字之本音本义而已，亦时就章句有所证明，存示异同，与陆德明《释文》仿佛，无取更有疏也。赵氏之为《孟子题辞》，末曰"章别其指，分为上下，凡十四卷"，即今各卷题各章首"正义曰"下所载此章云云，以为提纲者也。语多奥衍，时复用韵，与全疏绝不类，盖皆赵氏原文，即在各章注末；《音义》亦相缀属。而今概弃本来，剿为疏首，反割分《音义》之为《章指》者于疏尾，则为自作疏而自音之，从古岂尝有此？疏中背经背注极多，非复孔、贾之遗；甚至不顾注文，竟自凭臆立说，与其《音义》又时相矛盾，岂有一人之作而忽彼忽此者？孙氏用心详慎，《音义》可采者十五六，而《疏》不能十二。至其体例之踳驳，征引之陋略乖舛，文义之冗蔓俚鄙，随举比比。朱文公指为邵武士人作，不解名物制度，其实岂止名物之失哉！则未知孙氏之不及自为而假手其人与？抑孙之名盛而遂有伪托之者与？

焦循所引赵佑的这番评论表明：其一，《孟子注疏》是邵武士人所作，其"妄嫁名于孙奭"；其二，《孟子注疏》"背经背注极多"，体例踳驳，征引"陋略乖舛"，文义"冗蔓俚鄙"，谬误百出；其三，孙奭明言只撰《孟子音义》2卷，"未尝言作《疏》"。从焦循所引赵佑的评论来看，伪孙奭《孟子注疏》无法发挥义疏体的功能，既扰乱了经注之体例，又"凭臆立说"，对孟学造成了极大的危害。这样，对自幼崇尚孟子的焦循来说，消除《孟子注疏》的消极影响，借《孟子正义》阐发孟学之精义，无疑是合乎情理之事。

焦循又阐述了为《孟子》作疏的困难和当时的社会形势。他说：

为《孟子》作疏，其难有十：孟子道性善，称尧舜，实发明羲、文、周、孔之学，其言通于《易》，而与《论语》、《中庸》、《大学》相表里，未可以空悟之言臆之。其难一也。孟子引《书》辞，多在未焚以前，未辨今古文而徒执伪孔以相解说，往往凿枘不入。其难二也。井田封建，殊于《周礼》，求其画一，左支右绌。其难三也。齐梁之事，印诸《国策》、《太史公书》，往往龃龉。其难四也。水道必通禹贡之学，推步必贯《周髀》之精，六律五音，其学亦造于微，未容空疏者约略言之。其难五也。弃屣招豚，折枝蹙頞，一事之微，非博考子史百家，未容虚测。其难六也。古字多，转注假借多，赖即嬾，姑嘬即咀，呼尔即呼，私淑即叔，凡此之类，不明六书，则训故不合。其难七也。赵氏书名《章句》，一章一句，俱详为分析，陆九渊谓"古注惟赵岐解《孟子》，文义多略"，真谬说也。其注或倒或顺，雅有条理，即或不得本文之义，而赵氏之意，焉可诬也？其难八也。赵氏时所据古书，今或不存，而所引旧事，如陈不瞻闻金鼓而死，陈质娶妇而长拜之，苟有可稽，不容失引。其难九也。《孟子》本文，见于古书所引者既有异同，而赵氏注各本非一，执误文讹字，其趣遂舛。其难十也。本朝文治昌明，通儒遍出，性道义理之旨，既已阐明；六书九数之微，尤为独造；推步上超乎一行，水道远迈于平当；通乐律者判弦管之殊，详礼制者贯古今之变；训诂则统括有书，版本则参稽罔漏；或专一经以极其原流，或举一物以穷其窔奥。前所列之十难，诸君子已得其八九，故处邵武士人时，为疏实艰；而当今日，集腋成裘，会鲭为馔，为事半而为功倍也。①

在焦循看来，为《孟子》作疏的十种困难，在"本朝文治昌明，通儒遍出"的社会形势下，已被学者们解决十分之八九。具体而言，"性道义理之旨，既已阐明；六书九数之微，尤为独造；推步上超乎一行，水道远迈于平当；通乐律者判弦管之殊，详礼制者贯古今之变；训诂则统括有书，版本则参稽罔漏；或专一经以极其原流，或举一物以穷其窔奥"。总之，在理气性命、井田封建、天文历算、地理水道、逸书考订、六书训诂、版本校勘等领域，都取得了显著的成就。这时编纂《孟子正义》，将会收到"集腋成裘，会鲭为馔，为事半而为功倍"之效。总之，编纂《孟子正义》已具备了优裕的客观条件。

二、撰著《孟子正义》之过程

焦循在《孟子篇叙正义》中曾概述了《孟子正义》的编纂过程。他说：

循传家教，弱冠即好孟子书，立志为《正义》，以学他经，辍而不为，兹越三十许年。于丙子冬，与子廷琥，纂为《孟子长编》三十卷，越两岁乃完。戊寅十二月初七日，立定课程，次第为《正义》三十卷，至己卯秋七月草稿粗毕。

焦循之弟焦征在道光五年(1825)为《孟子正义》所作之题识中较详细地叙述了《孟子正义》的编纂经过。他说：

① 焦循：《孟子篇叙正义》。

思作《正义》一书。于是博采经史传注以及本朝通人之书，凡有关于《孟子》者，一一纂出，次为长编十四帙。逐日稽考，殚精研虑，自戊寅十二月起稿，逮己卯七月撰成《孟子正义》三十卷。又复讨论群书，删烦补缺，庚辰之春，修改乃定。手写清本，未半而病作矣，自言用思太猛，知不起，以誊校嘱廷琥而殁。廷琥处苫块中，且校且誊，急思付梓，又以病殁。征以事身羁旅舍，誊校先兄书，未敢少怠。更深人静，风雨凄凄，寒柝争鸣，一灯如豆，忆及兄侄，涕泗交横，废书待旦，非复人境矣。一年之中，迭遭丧病，先兄著述待刻者多，寒素之家，力难猝办。征衰病无能，营谋事拙，谨与家人相约，各减衣食之半，日积月累，以待将来。癸未岁终，总计田租所入，衣食之余，约积七百余金，急以《孟子正义》付刻，乙酉八月刻工告竣，庶使廷琥苦心，稍慰泉壤也。征校是书，难免错误，有能检出者，乞即详指邮寄，以便改正，受惠多矣。先兄稿本，每一篇末自记课程，如注《易》时，书之成仅八阅月耳。征为誊校，又有族孙授龄相助，旷日弥久，以至于今。先兄下世已六易寒暑矣，迁延之罪，实所难辞。其他二百余卷，急思尽刻，所需约数千金，非蓄积二十年，又无他故，不能完全。征虽未老，衰病日增，恐难目睹其成，然必竭力勉为，不敢少怠也。至于著书之义，末一卷已详尽言之，兹第述所以刻书之始末云尔。①

从焦氏兄弟的记述中可以看出，《孟子正义》的编纂、修订、刊刻大致经历了四个阶段：第一阶段是编纂《孟子长编》，即搜集、编排孟子的有关资料。这一阶段的具体时间是从丙子年即嘉庆二十一年(1816)冬天开始，焦循让其子焦廷琥将经史传注及清人关于《孟子》的论述“一一纂出”，编成《长编》14帙。这一工作经过近两年的持续努力，至嘉庆二十三年(1818)冬完成。第二阶段是撰写《孟子正义》。这一阶段，从嘉庆二十三年十月七日开始，“逐日稽考，殚精研虑”，至嘉庆二十四年(1819)七月撰成《孟子正义》30卷。焦廷琥在《先府君事略》中曾描述了编纂工作的艰辛。他说：“戊寅十二月开笔撰《正义》，简择《长篇》之可采与否者，有不达则思。每夜三鼓后不寐，拥被寻思：某处当检某书，某处当考某书。天将明，少睡片刻。日上窗纸，府君起盥漱，即依夜来所寻思，一一检而考之。”这一论述反映了焦氏夜以继日艰辛编纂的工作情形。第三阶段是增删修改的过程。从嘉庆二十四年十一月起，“又复讨论群书，删烦补缺”，至嘉庆二十五年(1820)正月，“修改乃定”。第四阶段为抄录过程。从嘉庆二十五年(1820)开始，“手写清本，未半而病

---

① 焦征：《孟子正义》题识。

作矣，自言用思太猛，知不起，以眷校嘱廷琥而殁”。廷琥“且校且眷，急思付梓，又以病殁”。焦征令家人节衣缩食，积累资金，“急以《孟子正义》付刻”，道光五年(1825)刊刻完成。这一刻本，即流传至今的道光五年家刻单行本。后来的家刻《焦氏丛书》本及光绪二年衡阳魏纶先购得《丛书》版片印行的《焦氏遗书》本，名称虽不同，实是由同一雕版印制。

第二节　诠释孟子的人性论

焦循《孟子正义》阐释孟学的突出贡献之一，是诠释孟子的人性论。它大致表现在两个方面。

一、人性善

笔者曾对孟子的性、人性、人性善作了系统的辨析，指出孟子所言“性”，主要是指人或事物的本性；孟子所谓“人性”，是人区别于动物的类概念，它是指人的特殊本性。在孟子看来，人与禽兽区别的主要标志有三：一是人具有“人伦”，即“父子有亲，君臣有义，夫妇有别，长幼有叙，朋友有信”[①]；二是人具有仁、义、礼、智、信、忠、孝等道德观念；三是人具有“心之官则思”[②]的理性思维能力。概而言之，人的本性是指人具有“人伦”、道德观念和理性思维能力。孟子所谓“人性善”，是指人区别于禽兽的“兽相食”的兽性恶而言，它包括“四心”、“四端”、“四德”三个层次，三者之间的相互联系、相互作用构成了人性善的结构，这种结构表现出由低级向高级发展的状态。就是说，四心是个体主观的情绪体验和心理情感，是人性善系统的较低的层次；四端是仁义礼智的萌芽和端绪，它既是联结四心与四德的中间环节，又是由四心通向四德的桥梁，因而是人性善系统的中间层次；四德是个体用于协调人际关系的规范和准则，又是个体高度自觉的主体精神，因而是人性善系统的最高层次。由于个体的发展是一个不断变化的过程，所以，从四心、四端、四德发展的时间性程序来看，四心、四端是四德的前提和基础，而四德又是个体在前者基础上追求的必然结果。但在现实生活中，三者之间又不是直线式的单纯的因果联系，而是相互交融和渗透。四心此心理情感的产生，离不开四德此道德观念的支配，而四德道德观念中又含有心理情感的因素，等等。因此，孟子的人性善，既表现为一个从内在到外在的发展过程，又表现为一个由低层次向高层次发展的过程。评价孟子的人性论，如果孤立地抽取其中

① 《孟子・滕文公上》。

② 《孟子・告子上》。

一个层次而否定其他层次，似难得出客观的看法和结论[①]。

焦循在诠释《孟子·滕文公上》"滕文公为世子，将之楚，过宋而见孟子。孟子道性善，言必称尧舜"时，首先对"性善"概念作了界定。他说：

> 孟子生平之学，在道性善，称尧舜，故于此标之……孟子之学，述孔子者也。孔子之学，述伏羲、神农、尧、舜、文王、周公者也……《系辞传》云："以通神明之德，以类万物之情。"神明之德，即所谓性善也，善即灵也，灵即神明也。[②]

在这里，《系辞传》所说"以通神明之德，以类万物之情"，是指古代圣人伏羲氏治理天下，仰观天象，俯察地理，"近取诸身，远取诸物"而创作出八卦，通过八卦"以通神明之德，以类万物之情"，即通过八卦通晓自然万物神奇光明的德性，类比自然万物多姿多彩的情态。在这里，八卦的这种功效与性善论并没有什么必然的联系，但精通《易》学的焦循却将《易传》所言的八卦功效与性善论紧密联系起来，把性善解释为神明之德。在焦循看来，神明之德的特性是灵，善就是灵，灵是神明。因此，焦循认为性善就是神明之德，它是人与禽兽区别的根本标准。

二、人与禽兽的根本区别

焦循在对"性善"作出界定的基础上，又从人与禽兽的根本区别上进一步论述了为什么说人性善。通观焦循的有关论述，人与禽兽的区别大致有四个方面。

（一）人有"神明之德"

焦循在阐释孟子"乃若其情，则可以为善矣，乃所谓善也。若夫为不善，非才之罪也"[③]之言时指出：

> 孟子"性善"之说，全本于孔子之赞《易》。伏羲画卦，观象以通神明之德，以类万物之情，俾天下万世无论上智下愚，人人知有君臣父子夫妇，此"性善"之指也。孔子赞之则云："利贞者，性情也。六爻发挥，旁通情也。"禽兽之情，不能旁通，即不能利贞，故不可以为善。情不可以为善，此性所以不善。人之情则能旁通，即能利贞，故可以为善；情可以为善，此性所以善。禽兽之情何以不可为善，以其无神明之德也。人之情何以可以为善，以其有神明之德也。神明之德在性，则情可旁通；情可旁通，则情可以为善。于情之可以为善，知其性之神明。性之神明，

① 参见王其俊：《孟子的性善说》，见《孟学新探》，111～121页，济南出版社，1989。

② 焦循：《孟子正义》卷十。

③《孟子·告子上》。

性之善也。孟子于此，明揭“性善”之旨在其情，则可以为善，此融会乎伏羲、神农、黄帝、尧、舜、文王、周公、孔子之言，而得其要者也。①

在这里，焦循明确指出人与禽兽的根本区别在于是否具有神明之德，“禽兽之情何以不可为善，以其无神明之德也。人之情何以可以为善，以其有神明之德也”，“性之神明，性之善也”。在孟子那里，人之所以具有恻隐、羞恶、恭敬、是非四种心理情感，就是因为人有仁义礼智道德观念、人伦和心官的思维能力。就人本性的实际情况来看，人皆可以为善。有的人之所以为不善，不能归罪于他本身存在的材质和萌芽。人人都具有同情心、羞恶心、恭敬心、是非心。这四种心理情感又是仁义礼智的端绪和萌芽，努力思考、培养和扩充，就能上升为完美的仁义礼智四德。仁义礼智不是由别人给予的，而是人内在的主体意识，不过没有去思考它罢了。因此，思考而追求它就能得到，不去思考、追求就会失掉。人与人的善与不善，有时相差一倍和五倍，甚至无数倍，就在于能不能充分发挥人性善的素质的缘故。

孟子的回答，实际上是阐述了人性善的可能性与现实性的统一。在孟子看来，人所具有的四心和四端，只是为人为善提供了一定的可能性，仅具有这四种心理情感和道德观念的萌芽，还不能协调现实社会中的各种人际关系和使人的言行一定符合仁义礼智的要求。要把为善的可能性变成为善的现实性，必须发挥后天的主观能动性，努力思考、培养和扩充。这样，将人为善的可能性变成现实性的过程，就是发挥后天的努力不断完善人善的本性而达到新的道德境界的过程。

焦循以是否具有“神明之德”作为划分人与禽兽区别的根本标准，从而对人禽之辨作了深入的诠释。

（二）人具有教化和人为

焦循认为，人区别于禽兽的又一个重要标志是人具有教化和人为。他说：

人之有男女，犹禽兽之有牝牡也。其先男女无别，有圣人出，示之以嫁娶之礼，而民知有人伦矣。示之以耕耨之法，而民知自食其力矣。以此教禽兽，禽兽不知也。禽兽不知，则禽兽之性不善；人知之，则人之性善矣……人之性不能自觉，必待先觉者觉之。故非性善无以施其教，非教无以通其性之善。教即荀子所谓伪也为也。为之而能善，由其性之善也。如鸟兽，则性不善者也。故同此饮食男女，嫁娶以别夫妇，人知之，禽兽不知之。耕凿以济饥渴，人知之，禽兽不知之。禽兽既不能

① 焦循：《孟子正义》卷二十二。

> 自知，人又不能使之知，虽为之亦不能善。然人之性，为之即善，非由性善而何？①

焦循在阐释孟子“乃若其情，则可以为善”②时又说：

> 其先民不知夫妇之宜别，上下尊卑之宜有等，此才不能自达也。伏羲教之，无论智愚，皆知夫妇之别，皆知上下尊卑之等，所谓通其神明之德也。使性中本无神明，岂教之所能通？民之不知有父，但知有母，与禽兽同。圣人教民，民皆知人道之宜定，而各为夫妇，各为父子，以此教禽兽，仍不知也。人之性可因教而明，人之情可因教而通。禽兽之性虽教之不明，禽兽之情虽教之不通。孔子曰：“五十学《易》，可以无大过矣。”可以无大过，即是可以为善。性之善，全在情可以为善；情可以为善，谓其能由不善改而为善。孟子以人能改过为善，决其为性善。伏羲之前，人同禽兽，其贪淫争夺，思之可见，而伏羲能使之均归于伦常之中。瞽瞍之顽，象之傲，亦近乎下愚矣。而舜能使之厎豫，信乎无不可以为善之情也。可以为善，原不谓顺其情即善。③

焦循的上述论述大致阐明了两个问题：其一，人区别于禽兽的一个重要标志是人能接受圣人教化。圣人的教化包括“嫁娶之礼”、“耕耨之法”、“夫妇之别”、“人道之宜定，而各为夫妇，各为父子”等若干方面，这样，“人之性可因教而明，人之情可因教而通”。焦氏所言“圣人教民”之教化，既包括各种生产技能、礼节仪式，又包括夫妇、父子等人与人的交往之道。焦循将人接受圣人教化视为人异于禽兽的一个重要标志，显然是与孟子所言“后稷教民稼穑，树艺五谷。五谷熟而民人育。人之有道也，饱食、暖衣、逸居而无教，则近于禽兽。圣人有忧之，使契为司徒，教以人伦，父子有亲，君臣有义，夫妇有别，长幼有叙，朋友有信”④的主张是一致的。其二，人异于禽兽的另一个重要标志是具有“耕凿以济饥渴”的主观能动性。这表明，人在饥渴之时，能主动从事耕作、凿地等人事，以便向自然索取饮食；与此相反，禽兽只能消极地适应自然环境。在这里，焦循的人具有主观能动性的主张蕴含着劳动、人为创造财富的积极因素，这与孟子关于人们种谷植桑、饲养鸡豚狗彘可满足基本物质生活需求的主张是一脉相承的。

（三）人能变通和具有推己及人的道德自觉性

焦循将人具有变通能力和推己及人的道德自觉性视为人异于禽兽的又

---

① 焦循：《孟子正义》卷十。
②《孟子·告子上》。
③ 焦循：《孟子正义》卷二十二。
④《孟子·滕文公上》。

一个重要标志。他在诠释《孟子·告子上》"性犹杞柳"章时指出：

> 盖人性所以有仁义者，正以其能变通，异乎物之性也。以己之心，通乎人之心，则仁也。知其不宜，变而之乎宜，则义也。仁义由于能变通，人能变通，故性善；物不能变通，故性不善，岂可以草木之性比人之性？杞柳之性，必戕贼之以为桮棬；人之性，但顺之即为仁义。故不曰戕贼性以为仁义，而曰戕贼人以为仁义也……杞柳之性，可戕贼之以为桮棬，不可顺之为仁义，何也？无所知也。人有所知，异于草木，且人有所知而能变通，异乎禽兽，故顺其能变者而变通之，即能仁义也。杞柳为桮棬，在形体不在性，性不可变也。人为仁义，在性不在形体，性能变也。以人力转戾杞柳为桮棬，杞柳不知也。以教化顺人性为仁义，仍其人自知之，自悟之，非他人力所能转戾也。①

焦循又说：

> 圣人何以知人性之善也？以己之性推之也。己之性既能觉于善，则人之性亦能觉于善，第无有开之者耳。使己之性不善，则不能觉；己能觉，则己之性善。己与人同此性，则人之性亦善，故知人性之善也。②

他在诠释孟子"乃若其情，则可以为善也"③时指出：

> 孔子以旁通言情，以利贞言性，情利者，变而通之也。以己之情，通乎人之情；以己之欲，通乎人之欲。己欲立而立人，己欲达而达人，己所不欲，勿施于人。因己之好货，而使居者有积仓，行者有裹粮；因己之好色，而使内无怨女，外无旷夫。如是则情通……是性之神明有以运旋乎情欲，而使之善，此情之可以为善也。故以情之可以为善，而决其性之神明也。乃性之神明，能运旋其情欲，使之可以为善者，才也。④

焦循的上述论述强调了两个观点：其一，人异于禽兽的一个重要标志是人能变通。他认为，"人有所知而能变通"。由于人性能够变通，所以通过圣人教化而使人"自知之，自悟之"，"以教化顺人性为仁义"，即接受教化顺从人的本性而具有仁义等道德观念。人具有仁义道德观念而能变通，待人接物和做事合理、适宜，"知其不宜，变而之乎宜"。草木、禽兽无知而不能变通。其二，人具有推己及人的道德自觉性。焦循认为，圣人何以知道人性之善？是因为圣人由自己推想到他人，自己"既能觉于善，则人之性亦能觉于善"，"以己之情，通乎人之情；以己之欲，通乎人之欲"，因己之好货、好色，而通于别

---

①④ 焦循：《孟子正义》卷二十二。

② 焦循：《孟子正义》卷十。

③《孟子·告子上》。

人之好货、好色。在这里，焦循关于人具有变通能力和推己及人道德自觉性的主张，是对孟子人禽之辨的继承和发展。这一主张与孟子“故凡同类者，举相似也，何独至于人而疑之？圣人，与我同类者”、“犬马之与我不同类”①和“老吾老，以及人之老；幼吾幼，以及人之幼……古之人所以大过人者，无他焉，善推其所为而已矣”②的主张是紧密相联的。就是说，圣人之所以由己推想到他人，由己之情、欲、好货、好色而通乎推于他人之情、欲、好货、好色，就是因为“圣人，与我同类”，“故凡同类者，举相似”。焦循说：“物生同类者，谓人与人同类，物与物同类。物之中则犬与犬同类，牛与牛同类。人与物不同类，则人与物之性不同”③。显而易见，孟子的上述主张构成了焦循人具有变通能力和推己及人主张的理论前提和基础。

（四）人具有“四心”、“良心”

焦循认为，人具有“四心”、“良心”是异于禽兽的又一个重要标志。孟子曾将有无恻隐、羞恶、辞让、是非之心作为划分人与禽兽的标准，认为“无恻隐之心，非人也；无羞恶之心，非人也；无辞让之心，非人也；无是非之心，非人也”④。焦循在诠释孟子这段话时说：

> 孟子道性善，谓人之性皆善，禽兽之性则不善也。禽兽之性不善，故无此四者。禽兽无此四者，以其非人之心也。若为人之心，无论贤愚，则皆有之也。孟子四言“非人”，乃极言人心必有此四者。赵氏此注，深得孟子之旨，不愧通儒。⑤

孟子突出强调人的道德精神价值高于人的生命价值，提出了“舍生而取义”的著名主张。他说：“生，亦我所欲也；义，亦我所欲也。二者不可得兼，舍生而取义者也。生亦我所欲，所欲有甚于生者，故不为苟得也；死亦我所恶，所恶有甚于死者，故患有所不辟也。如使人之所欲莫甚于生，则凡可以得生者，何不用也？使人之所恶莫甚于死者，则凡可以辟患者，何不为也？”⑥在这里，孟子把对热爱生命与厌恶死亡的选择对应起来，指出人们都具有欲生恶死的心理，认为人们所爱好的还有超过生命的，那就是义；人们所厌恶的还有超过死亡的，那就是不义。为了保持人的高尚的道德精神价值，在生命与道义不能兼得的情况下，就要不惜为义而献身。这说明，人的道德精神价值高于生命价值。

---

①⑥《孟子·告子上》。

②《孟子·梁惠王上》。

③ 焦循：《孟子正义》卷二十二。

④《孟子·公孙丑上》。

⑤ 焦循：《孟子正义》卷七。

焦循在阐释孟子的这段话时指出：

> 欲生恶死，人物所同之性。乃人性则所欲有甚于生，所恶有甚于死，此其性善也。此其良心也。何以见其欲有甚于生，于其不为苟得见之。何以见其恶有甚于死，于其患有所不辟见之。惟其有此良心，乃能如是。使本无良心，则惟欲生而已，惟恶死而已。所欲无有甚于生，则何以不为苟得，所恶无有甚于死，则何以患有所不辟，反复以明人必有此良心。或谓此言生死之权度，所欲有甚于生则不苟得此生，所恶有甚于死则不苟于辟患，此舍生而取义之事也。使无义可取，则此时所欲，莫甚于生，则又以得生为是；此时所恶，莫甚于死，则又以辟患为是。生而不义，则不苟生；生而义，则亦不苟死。不为苟得，患有所不辟，为贪生亡义者言也。可以得生，何不用；可以辟患，何不为；为轻生不知义者言也。义不在生，亦不在死，当死而死，当生而生，圣人之权也。[①]

焦循的上述阐释说明了两个问题：其一，人具有恻隐、羞恶、辞让、是非之心，是异于禽兽的一个重要标志。人具有四心，所以人性为善；禽兽无此四心，所以"禽兽之性不善"。在孟子那里，四心又是仁义礼智的萌芽。他认为，人之所以为人，就是因为具有仁义礼智道德观念。显而易见，焦循的上述阐释与孟子的主张是一致的。其二，人和动物皆有欲生恶死的本性，但"人性则所欲有甚于生，所恶有甚于死"的"良心"，即人所爱好的还有超过生命的，那就是义；人所厌恶的还有超过死亡的，那就是不义。在这里，焦循将人追求义的高尚道德精神称为"良心"，认为人具有这一"良心"，就不会因热爱自己的生命而苟且偷生，不因厌恶死亡而躲避祸患。这样，人所具有的"良心"就成为异于禽兽的重要标志。

综上所述，在焦循看来，人之所以异于禽兽，就是因为人具有神明之德、教化、人伦、人为、变通、推己及人、四心、良心。显然，焦循的阐释是对孟子人禽之辨的继承和发展。本书前已指出：孟子认为，人之所以异于禽兽，就在于人具有仁义礼智等道德观念，君臣、父子、夫妇、兄弟、朋友等"人伦"和"心之官则思"的理性思维能力。焦循的上述阐释，多层次、多侧面地表现了孟子的人禽之辨。可贵的是，焦循将《易》学研究与孟学研究结合起来，用《易》学中的"神明之德"、"变通"等观点阐释孟子的性善论和人禽之辨，发前人所未发，这显然是对清代孟学研究成果的概括和总结，从而将清代人们对孟子性善论的认识提升到一个新的阶段。

---

① 焦循：《孟子正义》卷二十三。

三、推己及人，修己安天下

焦循在对孟子人性善、人禽之辨作出阐释的基础上，又将推己及人与“修己安天下”的仁政、王道紧密联系起来。《孟子·梁惠王下》曾记载了齐宣王与孟子的对话：

齐宣王问曰：“人皆谓我毁明堂，毁诸？已乎？”

孟子对曰：“夫明堂者，王者之堂也。王欲行王政，则勿毁之矣。”

王曰：“王政可得闻与？”

对曰：“昔者文王之治岐也，耕者九一，仕者世禄，关市讥而不征，泽梁无禁，罪人不孥。老而无妻曰鳏，老而无夫曰寡，老而无子曰独，幼而无父曰孤。此四者，天下之穷民而无告者。文王发政施仁，必先斯四者。《诗》云：‘哿矣富人，哀此茕独！’”

王曰：“善哉言乎！”

曰：“王如善之，则何为不行？”

王曰：“寡人有疾，寡人好货。”

对曰：“昔者公刘好货。《诗》云：‘乃积乃仓，乃裹糇粮，于橐于囊。思戢用光。弓矢斯张，干戈戚扬，爰方启行。’故居者有积仓，行者有裹囊（有的本子作‘粮’）也，然后可以爰方启行。王如好货，与百姓同之，于王何有？”

王曰：“寡人有疾，寡人好色。”

对曰：“昔者太王好色，爱厥妃。《诗》云：‘古公亶父，来朝走马，率西水浒，至于岐下，爰及姜女，聿来胥宇。’当是时也，内无怨女，外无旷夫。王如好色，与百姓同之，于王何有？”

在这里，孟子劝导齐宣王把“好货”、“好色”之心推广开来，与百姓共同享用。孟子并不否认齐王“好货”、“好色”的欲望，而是采用巧接话题、紧迫盯人的论辩手法，因势利导，用从前公刘喜好财货、古公亶父喜好女色的事例，指出“好货”、“好色”并不是缺点，而是应该像先王那样，用推己及人的方法，把这种心理推广到与百姓共同享用的境界，进一步就能用仁政统一天下。

焦循将孟子的推己及人与仁政、王道紧密联系在一起。他说：

孟子称公刘好货，太王好色，与百姓同之，使有积仓而无怨旷，此伏羲、神农、黄帝、尧、舜以来，修己安天下之大道。若必屏妃妾，减服食，而于百姓之饥寒仳离漠不关心，是克伐怨欲不行，苦心洁身之士，孔子所谓难而非仁者也。①

---

① 焦循：《雕菰集》卷九。

以己之情，通乎人之情；以己之欲，通乎人之欲。己欲立而立人，己欲达而达人，己所不欲，勿施于人。因己之好货，而使居者有积仓，行者有裹粮；因己之好色，而使内无怨女，外无旷夫。①

由焦循的诠释来看，他认为公刘虽好货，但能从中推知百姓的好货；太王虽好色，但也能从中推知百姓的好色。他们尽力使百姓的欲望得到满足，从而使居者有积仓，行者有裹粮，内无怨女，外无旷夫。他们由己之情欲通乎他人之情欲，由己之好货、好色而推己他人之好货、好色，与百姓同欲，这是他们成为圣王的道理，也是伏羲、神农、黄帝等修己安天下之大道的仁政与王道的基本前提。在这里，焦循的阐释实际上是对孟子"故推恩足以保四海，不推恩无以保妻子。古之人所以大过人者，无他焉，善推其所为而已矣"②的最精当注脚。

第三节　纠正赵氏之误　深化赵氏之说

焦循《孟子正义》诠释孟学的又一个重要贡献是纠正赵氏之误，深化赵氏之说。我们知道，《孟子正义》是为赵岐《孟子章句》所作的疏。焦循突破了汉、唐以来"疏不破注"的成法，充分概括了清代注重考证的大量有益成果，主要汇集了清代学者的诸多成果来释文疏证，从而使《孟子正义》充分体现了朴学之风的特色。焦循在《孟子篇叙正义》中指出：

赵氏训诂，每叠于句中，故语似蔓衍而辞多佶聱；推发赵氏之意，指明其句中训诂，自尔文从字顺，条畅明显矣。于赵氏之说或有所疑，不惜驳破以相规正。至诸家或申赵义，或与赵殊，或专翼孟，或杂他经，兼备并录，以待参考。

由此看来，纠正赵氏之误和深化赵氏之说就成为《孟子正义》的又一个突出特点。

一、纠正赵氏之误

焦循《孟子正义》对赵岐注中涉及的人名、地名、技艺、典章制度、历史事实、哲学概念等都广征博引，详加考证，对赵注之误，则详加驳正。

（一）正赵岐人名之误

譬如《孟子·万章上》说："万章问曰：'或谓孔子于卫主痈疽。'"赵岐注曰："痈疽，痈疽之医也。"在这里，赵岐认为"痈疽"是治疗痈疽的医生，从而

① 焦循：《孟子正义》卷二十二。

②《孟子·梁惠王上》。

犯了望文生义的错误。焦循在纠正赵氏之误时指出：

> 翟氏灏《考异》云："《说苑·至公篇》述此章文，孔子上无'或谓'二字，痈疽作'雍睢'……《史记·孔子世家》'雍渠为骖乘'，《韩非子》作'雍钽'。辗转相推，雍钽、雍睢为一人，而痈疽亦即雍渠，均以声同通借字耳……《战国策》：'卫灵公时，痈疽弥子瑕专君之势，以蔽左右。'盖亦下士之职云。"钱氏大昕《潜研堂答问》云："《孔子世家》：'卫灵公与夫人同车，宦者雍渠骖乘，出，使孔子为次乘。'又《报任安书》云：'卫灵公与雍渠同载，孔子适陈。'雍渠即《孟子》所称痈疽，赵氏以为痈疽之医者，似是臆说。"①

在这里，焦循引证诸家之说目的是纠正赵岐认为痈疽是"痈疽之医"的错误。从焦氏所引证的材料来看，痈疽是卫灵公的宠臣，又称雍渠、雍钽、雍睢，都是以声同而通假之字。这样，尽管焦循未加自己的评述，但人们通过其引证就不难知晓痈疽是人名而不是"痈疽之医"。

（二）正赵岐技艺名称之误

《孟子·告子上》记载了孟子"弈秋诲弈"的寓言故事。孟子说："今夫弈之为数，小数也。"赵岐注曰："弈，博也。或曰围棋。《论语》曰：'不有博弈者乎。'"赵岐混淆了"博"与"弈"的区别，以博释弈，显然是错误的。

焦循为了纠正赵岐之误，引证了许多学者关于博弈的论述说：

> 《方言》云："簙谓之蔽，或谓之箘，秦晋之间谓之簙，吴楚之间或谓之蔽，或谓之箭裹，或谓之簙毒，或谓之夗专，或谓之匴璇，或谓之棋。所以投簙谓之枰，或谓之广平。所以行棋谓之局，或谓之曲道。围棋谓之弈，自关而东齐鲁之间皆谓之弈。"戴氏震《疏证》云："簙、博古通用。《说文》云：'簙，局戏也。六箸十二棋也。古者乌胄作簙。''箘，簙棋也。''局博所以行棋。''弈，围棋也。'《荀子·大略篇》云'六贰之博'，杨倞注云：'即六博也。今之博局，亦二六相对也。'《楚辞·招魂篇》'菎蔽象棋，有六簙些'，王逸注云：'菎，玉也。蔽，簙箸以玉饰之也。投六箸，行六棋，故谓六簙也。'《史记·范睢蔡泽列传》：'君独不观夫博者乎，或欲大投，或欲分功。'《春秋》襄二十五年《左传》：'今宁子视君，不如弈棋。'《广雅》'簙箸谓之箭'，'夗专，簙也'，'广平，枰也'，'曲道，梮也'，'围棋，弈也'，皆本此。"王氏念孙《广雅疏证》云："梮通作局。《韩非子·外储说》云：'秦昭王以松柏之心为博箭。'《西京杂记》云：'许博昌善陆博法，用六箸，以竹为之，长六分，或用二箸。'《列子·说符篇》《释

---

① 焦循：《孟子正义》卷十九。

文》引《六博经》云:'博法,二人相对坐向局,局分为十二道,两头当中名为水。用棋十二枚,法六白六黑,又用鱼二枚,置于水中。其掷采以琼为之。二人互掷采行棋,棋行到处,即竖之,名为骁棋,即入水食鱼,亦名牵鱼。每一牵鱼,获二筹;翻一鱼,获三筹。若已牵两鱼而不胜者,名曰被翻双鱼。彼家获六筹,为大胜也。'广平,为博局之枰,取义于平也。《说文》云:'枰,平也。'韦昭《博弈论》云:'所志不出一枰之上。'"《小尔雅·广服》"棋局谓之弈",宋氏翔凤《训纂》云:"《说文》:'弈,围棋也。'《广雅·释言》:'围棋,弈也。'弈通作亦。《大戴礼·小辨篇》:'夫亦,固十棋之变由不可既也。'亦即弈字。《文选·博弈论》注引邯郸淳《艺经》曰:'棋局纵横,各十七道,合二百八十九道,白黑棋子各一百五十枚。'《后汉书·张衡传》'弈秋以棋局取誉',注云:'弈,围局也。棋即所执之子。'按博弈皆用棋,弈为围棋,博为局戏。《说文》:'簙,局戏也。六箸十二棋也。'法与围棋异。"按谓博与弈异是也。博盖即今之双陆,弈为围棋,今仍此名矣。以其局同用板平承于下,则皆谓之枰;以其同行于枰,皆谓之棋。《史记·日者列传》:"旋式正棋。"刘徽《九章算术》:"句股幂,用诸色棋别之。"凡用以布列者之通名。而博之棋,上高而锐,如箭亦如箸,今双陆棋俗谓之锤,尚可考见其状,故有箭箸之名。今双陆枰上,亦有水门,其法古今有不同,如弈古用二百八十九道,今则用三百六十一道,亦其例也。班固《弈旨》云:"夫博悬于投,不专在行,优者有不遇,劣者有侥幸,虽有雌雄,不足以为平也。至于弈则不然,高下相推,人有等级,若孔氏之门,回、赐相服,循名责实,谋以计策,若唐虞之朝,考功黜陟,器用有常,施设无祈,因敌为资,应时屈伸。"此分别博弈甚明。盖弈但行棋,博以掷采而后行棋,后人不行棋而专掷采,遂称掷采为博,博与弈益远矣。赵氏以《论语》博、弈连言,故以博释弈,其实弈为围棋之专名,与博同类而异事也。①

焦循的上述疏证征引了《方言》、《孟子字义疏证》、《说文》、《荀子》、《楚辞》、《史记》、《韩非子》、《广雅疏证》等书对博弈的论证,详细阐述了"博"与"弈"的产生、发展、演变及游戏规则。他得出结论说:"博与弈异是也。博盖即今之双陆,弈为围棋,今仍此名矣……赵氏以《论语》博弈连言,故以博释弈,其实弈为围棋之专名,与博同类而异事也。"焦循的精彩辨析,既纠正了赵氏之误,又给读者提供了关于博弈的丰富知识,从一个侧面表现了焦循考证知识的广博与专精。

① 焦循:《孟子正义》卷二十三。

（三）正赵氏哲学概念之误

所谓正赵氏哲学概念之误，是指纠正赵岐对孟学哲学概念的错误解释。譬如《孟子·尽心上》载孟子的话说："莫非命也，顺受其正；是故知命者不立乎岩墙之下。尽其道而死者，正命也；桎梏死者，非正命也。"赵岐在注"莫非命也，顺受其正"时说："莫，无也。人之终无非命也。命有三名，行善得善曰受命，行善得恶曰遭命，行恶得恶曰随命。惟顺受命为受其正也。"焦循认为赵氏将孟子的"命"释为受命、遭命、随命，不符合孟子本义。他说：

《诗·周颂·时迈》"莫不震叠"，《韩诗》云："莫，无也。"莫、无声相近，赵氏以无释莫是也。非命二字相连，即下非正命。《韩诗外传》云："孔子曰：人有三死而非命也者，自取之也。"非命二字与此同。莫非命，禁戒之辞，谓不可非命而死也。顺受其正，乃为知命。不知命，或死于岩墙之下，或桎梏而死，是即死于非命。死于非命，即不能顺受其正，即是不知命。如是则通章一气贯注。赵氏谓人之终无非命，盖以命有三名，人之终不出乎受命、遭命、随命。三命中惟"行善得善"乃为顺受正。揆诸孟子之旨，固不如是。三命之说，《音义》云："丁云：'三命事出《孝经·援神契》。'"按《礼记·祭法》注云："司命主督察三命。"孔氏正义引《孝经·援神契》云："命有三科，有受命以任庆，有遭命以谪暴，有随命以督行。受命，谓年寿也。遭命，谓行善而遇凶也。随命，谓随其善恶报之。"《白虎通·寿命篇》云："命有三科以记验，有寿命以保度，有遭命以遇暴，有随命以应行。寿命者，上命也。若言文王受命惟中身，享国五十年。随命者，随行为命，若言怠弃三正，天用剿绝其命矣。又欲使民务仁立义，无滔天，滔天则司命举过，言则用以弊之。遭命者，逢世残贼，若上逢乱君，下必灾变暴至，天绝人命，沙鹿崩于受邑是也。冉伯牛危言正行，而遭恶疾，孔子曰：'命矣夫，斯人也，而有斯疾也。'"《论衡·命义篇》云："传曰：'说命有三，一曰正命，二曰随命，三曰遭命。正命，谓本禀已自得吉也。性然骨善，故不假操行以求福而吉自至，故曰正命。随命者，戮力操行而吉福至，纵情施欲而凶祸到，故曰随命。遭命者，行善得恶，非所冀望，逢遭于外而得凶祸，故曰遭命。"《白虎通》、《论衡》小有异同，赵氏与《白虎通》合。乃下节注云："知命者欲趋于正，故不立岩墙之下，恐厌覆也。尽修身之道以寿终者，得正命也。"此以寿终为正命，而本之以修身，则仍行善得善之义。盖分随命中之善报，合诸受命之年寿，而以恶报独为随命。《论衡》全本《孝经纬》，以年寿得诸自然，不由善报，与赵氏为异也……《吕氏春秋·孟夏纪·劝学篇》云："曾点使曾参，过期而不至，人皆见曾点曰：'无乃畏邪？'曾点曰：'彼虽畏，我存，夫安敢畏！’孔子畏于匡，颜渊后，孔子曰：‘吾以汝为死矣。’颜渊曰：‘子在，回何敢死！’”两事相比，回何敢死，正是回何敢畏。高诱注“畏”为“死”，谓由畏而死，即《檀弓》“死而不吊”之畏矣。以畏而死，则子必不死，故知子在；以畏而死，则不可死，故颜子不敢死，即曾子安敢畏。立岩墙之下恐其压，压而死犹畏而死，俱为非命。《孟子》此文，与“子在回何敢死”相发明。子在者，圣人知命，不死于非命也。回何敢死者，大贤知命，不死于非命也。孟子言不立岩墙之下，不桎梏而死，示人知命之学，不可死于非命也。故莫非命之莫，读如《易》“莫夜有戎”，“莫击之”之莫。莫即无，无即毋，《说文》女部云：“毋，止之也。”非命二字相连，莫字不与非字连也……于己则俟命，于天下则立命，于正命则顺受，于非命则不受，圣贤知命之学如是。①

焦循的这段疏证、辨析主要阐述了三个问题：其一，指出赵氏“以无释莫”是正确的，但将“莫”与“非”连读，“谓人之终无非命，盖以命有三名，人之终不出乎受命、遭命、随命”，是错误的，不符合孟子本义，即“揆诸孟子之旨，固不如是”。焦循认为，孟子所谓“莫非命也”之“非命”，与《韩诗外传》所言“孔子曰：‘人有三死而非命也者，自取之也”之“非命”相同。焦循认为，从孟子的论述来看，其“通章一气贯注”，即“莫非命”是告诫人们“不可非命而死”的“禁戒之辞”，人们“顺受其正”，才是“知命”。孟子这段话的意思是说，人不要非命而死，遵循仁义之道而行和顺从生命自然规律而死，接受的便是“正命”。所以，认识、掌握生命自然规律（即“知命”）的人，不站在将要倒塌的墙壁之下，以免遭压覆之祸。尽修身养性之道以尽寿终，就是“正命”。犯罪而死的人，就不是“正命”。焦循强调指出：“非命二字相连，莫字不与非字连也。”这一阐释既符合孟子本义，又纠正了赵岐将“莫”与“非”相连“谓人之终无非命”而造成的错误。其二，赵岐三命说与《白虎通》之说相合。焦循通过比较赵岐三命说与《白虎通·寿命》、《论衡·命议》、《孝经·援神契》三命说的异同，认为“赵氏与《白虎通》合”。其三，阐明儒家的“圣贤知命之学”。焦循认为，在孟子那里，立于岩墙之下遭压覆而死，犯罪遭桎梏而死，都是“非命”。“孟子言不立岩墙之下，不桎梏而死，示人知命之学，不可死于非命也”。概而言之，圣贤知命之学就是“于正命则顺受，于非命则不受”。换一句话说，儒家的圣贤知命之学是顺受“正命”，拒绝“非命”。总之，焦循对孟子“非命”、“正命”的正确诠释，既纠正了赵岐之误，又彰显了孟子关于人们要顺从生命的自然规律，不可非命而死的发挥人的主观能动性的思想。

① 焦循：《孟子正义》卷二十六。

二、深化赵氏之说

焦循深化了赵岐对《孟子》本义的阐释。这种情况大致有二：一是赵岐所注过于简略，焦循在赵注基础上的阐释给人们提供了完整的答案；二是赵注初步提出了一些看法，焦循在此基础上作了详尽的诠释，从而再现了孟学之精义。譬如《孟子·告子上》载：

> 公都子问曰："钧是人也，或为大人，或为小人，何也？"
>
> 孟子曰："从其大体为大人，从其小体为小人。"
>
> 曰："钧是人也，或从其大体，或从其小体，何也？"
>
> 曰："耳目之官不思，而蔽于物。物交物，则引之而已矣。心之官则思，思则得之，不思则不得也。此天之所与我者。先立乎其大者，则其小者不能夺也。此为大人而已矣。"

赵岐注曰："大体，心思礼义。小体，纵恣情欲……孟子曰，人有耳目之官，不思，故为物所蔽。官，精神所在也。谓人有五官六府。物，事也。利欲之事，来交引其精神，心官不思善，故失其道而陷为小人也。比方天所与人情性，先立乎其大者，谓生而有善性也。小者，情欲也。善胜恶，则恶不能夺。"

焦循进而诠释说：

> 《荀子·正名篇》云："缘天官，形体色理以目异，声音清浊调竽奇声以耳异，甘苦咸淡辛酸奇味以口异，香臭芬郁腥臊洒酸奇臭以鼻异，疾养沧热滑铍轻重以形体异，说故喜怒哀乐爱恶欲以心异。心有征知，征知则缘耳而知声可也，缘目而知形可也。然而征知必将待天官之当簿其类，然后可也。五官簿之而不知，心征之而无说，则人莫不然，谓之不知，此所缘而以同异也。"又《天论篇》云："耳目鼻口形，能各有接而不相能也，夫是之谓天官。心居中虚，以治五官，夫是之谓天君。"《吕氏春秋·贵生篇》云："耳虽欲声，目虽欲色，鼻虽欲芬香，口虽欲滋味，害于生则止。在四官者，不欲利于生者则弗为。由此观之，耳目鼻口，不得擅行，必有所制。譬之若官职不得擅为，必有所制。"高诱注云："四官，耳目鼻口也。制，制于心也，制于君也。"吕氏以耳目鼻口为四官，心为君，官制于君。《说文》𠂤部云："官，吏事君也。"此心不在官之列也。《荀子·天论》以耳目鼻口形为天官，以心为天君，此义与吕氏同。其《正名篇》之天官即此天官，五官即此耳目鼻口形，不连心言，故五官簿之不知，与心征之无说对言，是不列五官也。杨倞以耳目鼻口心为五官，失荀子意矣。孟子称耳目为官，亦称心为官，盖心虽能统耳目，而各有所司，心不能代耳司听，代目司视，犹耳目能听能视而不能思。耳目不能思，须受治于心之思；心不能司听司视，而非心之思，则视听不能不蔽于

物。《广雅·释诂》云:"官,君也。"以其能治耳目之所司,则为君;以其各有所司,则君亦是官。《礼记·聘义》云"精神见于山川",注云:"精神,亦谓精气也。"《大戴记·曾子天员》云:"阳之精气为神。"精气在心为思,在耳为听,在目为视,以其各有所主为官,以其各有所施为事,《洪范》"敬用五事"是也。物之义为事耳,目之视听事也,外来之利欲亦事也。物交物,谓以外来之利欲交于耳目之视听。斯时若不以心之思治之,则视听之事蔽于利欲之事。视听之事所以蔽于利欲之事者,缘利欲之事交接于视听之事,因而引诱此视听也……孟子之意,自以大者指心,小者指耳目。"小者不能夺",是思则得也。赵氏以大者指性善,小者指情欲,情欲即耳目之蔽于物。缘性善故心能思,立其大者,则心之思有以治耳目之听视;不立其大者,则耳目之听视有以夺心之思。赵氏以性情言之,盖小固属耳目,大亦不离耳目。以心治耳目,则能全其善性,即为养其大体。以耳目夺心,则蔽于情欲,即为养其小体。赵氏恐人舍耳目之听视,而空守其心思,故不以心与耳目分大小,而以善性情欲分大小。此赵氏深知孟子之旨,有以发明之也。善胜恶即解立字,非谓天以善性与人即是立,不待操存,自能使小者不夺也。戴氏震《孟子字义疏证》云:"人之才,得天地之全能,通天地之全德,其见于思乎!思诚,则立乎其大矣。耳目之官不思,物之未交,冲虚自然,斯已矣。心之官异是。人皆有天德之知,根于心,自诚明也。思中正而达天德,则不蔽,不蔽则莫能引之以入于邪,自明诚也。耳之能听也,目之能视也,鼻之能臭也,口之知味也,物至而迎而受之者也。心之精爽,驯而至于神明也,所以主乎耳目百体者也。声之得于耳也,色之得于目也,臭之得于鼻也,味之得于口也,耳目百体之欲,不得则失其养,所谓养其小者也。理义之得于心也,耳目百体之欲之所受裁也,不得则失其养,所谓养其大者也。'人之所以异于禽兽也者几希',虽犬之性、牛之性,当其气无乖乱,莫不冲虚自然也。动则蔽而罔罔以行。人不求其心不蔽,于是恶外物之惑己而强御之,可谓之所以异乎?是以老聃、庄周之言尚无欲,君子尚无蔽。尚无欲者,主静以为至,君子达天德,秉中正,欲勿失之盈以夺之,苟焉以求静,而欲之剪抑窜绝,君子不取也。"程氏瑶田《通艺录·论学小记》云:"孟子谓'心之官则思,先立乎其大者',谓心能主乎耳目,非离乎耳目之官而专致力于思。然则所谓'先立乎其大者',舍视听言动,无下手处也。不知循物,寂守其心,此异学之所以歧也。吾学则不然,吾于物之不当为者,而断乎其不为,此吾志之定于其先,而立乎其大者。而至于耳目交物之时,而果能造不为之意,此之谓'无恶于志'，此之谓'慎独'。"①

焦循征引了《荀子》、《吕氏春秋》、《说文》、《大戴礼记》、《孟子字义疏证》、《通艺录》等书，全面诠释了孟子上述一段话的精义。焦循对赵氏之注的深化大致表现在两个方面。

其一，什么是大体、小体。赵岐认为，孟子所言"大体"指"心思礼义"，"大者指性善"；所谓"小体"指"纵恣情欲"，"小者指情欲"。焦循认为，"孟子之意，自以大者指心，小者指耳目"。焦氏的评说更符合孟子的本义。实际上，孟子将人的形体构造视为具有主次之分、贵贱和大小之别的和谐统一的整体，人对于身体的每一部分都予以爱护和保养，如他所说"人之于身也，兼所爱。兼所爱，则兼所养也。无尺寸之肤不爱焉，则无尺寸之肤不养也"。同时，孟子又强调说："所以考其善不善者，岂有他哉？于己取之而已矣。体有贵贱，有小大。无以小害大，无以贱害贵。养其小者为小人，养其大者为大人。"②这表明人的身体是一个具有多种需求的和谐统一的整体，既有满足饮食、男女等自然生理欲求，又有满足心"悦理义"的培养心志的精神生活的需要。人们不能以小的部分损害大的部分，以次要的部分损害重要的部分，而应以大制小、以贵制贱，从而保持身体各部分之间即大与小、贵与贱的和谐统一。焦循的阐释与孟子关于以心官制约耳目之官的主张是一致的。

其二，大体、小体的不同功能和联系。赵岐认为，孟子所言大体的功能指"心思礼义"，"孟子曰，人有耳目之官，不思，故为物所蔽"。在这里，赵岐对孟子所言心官与耳目之官的功能及联系注之简略，焦循则作了进一步的发挥和阐述。他指出：孟子将耳目、心称为官，意指心虽能统帅耳目，但二者各有其主管，心不能代替耳目主管听和视，就像耳目能听能视而不能思一样。这说明，耳目具有听视的功能，心具有思的功能。那么，心与耳目之间的关系是怎样的呢？焦循认为，耳目不能思，必须受心思的制约；心不能主管听和视，但如果没有心之思的制约，那么，耳目之视听就不能不被外物所蔽。诚如焦循所指出的那样，"物交物，谓以外来之利欲交于耳目之视听，斯时若不以心之思治之，则视听之事蔽于利欲之事"。在这里，焦循正确诠释了孟子心官与耳目之官的不同功能及相互联系。焦循对赵岐的阐释亦作了恰当的评价，指出："赵氏以性情言之，盖小固属耳目，大亦不离耳目。以心治耳目，则能全其善性，即为养其大体。以耳目夺心，则蔽于情欲，即为养其小体。赵氏恐人舍耳目之视听，而空守其心思，故不以心与耳目分大小，而

① 焦循：《孟子正义》卷二十三。

②《孟子·告子上》。

以善性情欲分大小。此赵氏深知孟子之旨，有以发明之也。”从焦循的评论可以看出，“孟子之意，自以大者指心，小者指耳目”，“赵氏以大者指性善，小者指情欲”，这当是赵氏之“发明”，即赵氏对孟子本义的推陈出新。赵氏注曰：“比方天所与人情性，先立乎其大者，谓生而有善性也。小者，情欲也。善胜恶，则恶不能夺。”赵岐此一评说将孟子的“先立乎其大者”视为“生而有善性”，从而将孟子的善性视为一种先验的存在。焦循评论说：“善胜恶即解立字，非谓天以善性与人即是立，不待操存，自能使小者不夺也。”焦循的评说，否定了赵注将孟子的“先立乎其大者”视为“生而有善性”的先验之说。焦循接着又引用戴震《孟子字义疏证》、程遥田《通艺录》对孟子“先立乎其大者”的阐释作为自己立论的依据。实际上，在孟子那里，人之善性与人之操存的主观努力紧密相连。孟子曾说：“故苟得其养，无物不长；苟失其养，无物不消。孔子曰：‘操则存，舍则亡；出入无时，莫知其乡。’惟心之谓与？”①在这里，孟子强调了培养人之善性的主观能动性，认为人之善性的得丧与人的操舍紧密相连，即操之则存，舍之则亡。由此可以看出，焦循的上述诠释深得孟子之精义。

焦循对赵氏之注的深化还表现在对孟子理想人格等级的诠释上。《孟子·尽心下》记载说：

> 浩生不害问曰：“乐正子何人也？”
>
> 孟子曰：“善人也，信人也。”
>
> “何谓善？何谓信？”
>
> 曰：“可欲之谓善，有诸己之谓信，充实之谓美，充实而有光辉之谓大，大而化之之谓圣，圣而不可知之之谓神。乐正子，二之中、四之下也。”

赵岐注曰：“己之所欲，乃使人欲之，是为善人。己所不欲，勿施于人也。有之于己，乃谓人有之，是为信人。不意不信也。充实善信，使之不虚，是为美人。美德之人也。充实善信而宣扬之，使有光辉，是为大人。大行其道，使天下化之，是为圣人。有圣知之明，其道不可得知，是为神人。人有是六等，乐正子善信，在二者之中，四者之下也。”

焦循诠释说：

> “可欲之谓善”，正义曰：赵氏以己所不欲勿施于人为可欲。按此忠恕一贯之学，不仅于善也。《吕氏春秋·长攻篇》“所以善代者乃万故”，高诱注云：“善，好也。所好于代者非一事。”《中论·夭寿》篇引《孟子》

① 《孟子·告子上》。

> “生我所欲也，义亦我所欲也”，欲作“好”。好善亦为善，善可欲，即可好，其人善则可好，犹其人不善则可恶。其人可恶，即为恶人；其人可好，自为善人也。“有诸己之谓信”，正义曰：《说文》人部云：“信，诚也。”诚，犹实也。有即“亡而为有”之有，可好未必其不虚也，实有之矣，是为信也。赵氏引“不意不信”，语见《论语·宪问篇》。谓不可亿度人之不信。引之者，盖谓宜己有此信，不可亿人之不信也。“充实之谓美”，正义曰：《诗·召南·小星篇》“实命不同”，《释文》引《韩诗》云：“实，有也。”即此有诸己者，扩而充之，使全备满盈，是为充实。《诗·邶风·简兮》云“彼美人兮”，笺云：“彼美人，谓硕人也。”首章“硕人俣俣”，传云：“硕人，大德也。俣俣，容貌大也。”充满其所有，以茂好于外，故容貌硕大而为美。美指其容也。“充实而有光辉之谓大”，正义曰：《说文》火部云：“光，明也。”“煇，光也。”辉与煇同。《毛诗·大雅·皇矣篇》“载锡之光”，传云：“光，大也。”有光辉故大，充则畅于四体，光则照于四方，故赵氏云宣扬之。“大而化之之谓圣”，正义曰：《说文》耳部云：“圣，通也。”此谓德业照于四方而能变通之也。“圣而不可知之之谓神”，正义曰：通其变，使民不倦，大而化之也。神而化之，使民宜之，圣而不可知之也。《易·系辞传》云“阴阳不测之谓神”，不测即不可知。《周书·谥法解》云“民无能名曰神”，不可知故无能名。孟子论乐正子，推极于圣神，至于神，则尧舜之治天下也。孟子所以言必称尧舜。①

焦循诠释的特色可大致概括为以下几点：其一，就“可欲之谓善”来看，焦循指出：“赵氏以己所不欲勿施于人为可欲。按此忠恕之学，不仅于善也。”这一评说指出赵注不甚贴切。实际上，儒家的忠恕之道即孔子所谓“能近取譬”之道，它是实行仁的道德修养方法。焦循引《吕氏春秋》高诱注、《中论·夭寿》等书训“善”为“好”，训“欲”为“好”，指出“好善亦为善，善可欲，即可好，其人善即可好，犹其人不善则可恶。其人可恶，即为恶人；其人可好，自为善人也”。就是说，“可欲”即“可好”（好读去声），意即值得喜欢、喜爱。焦循的阐释凸显了孟子“可欲之谓善”的本义，即具有仁义礼智道德品质而值得别人喜欢的人称为善人。实际上，孟子此言“善”，既是对他人言行作出的道德评价和判断，又是指人的言行能满足他人的需要而有利于他人的一种价值判断②。焦循的诠释深得孟子之精义。其二，就“充实之谓美”来看，赵岐注曰：“充实善信，使之不虚，是为美人。美德之人也。”赵氏所注重视了

① 焦循：《孟子正义》卷二十八。

② 参见王其俊：《孟学新探》，115页，济南出版社，1989。

"美"的实际内容即"充实",但却忽视了美的外在表现形式。焦循在赵注基础上指出:"充满其所有,以茂好于外,故容貌硕大而为美。美指其容也。"就是说,美是以善、信为充实内容,以"茂好于外"为表现形式,就是美。这样,美就是内容与形式的统一。这样,焦循的诠释既深化了赵氏之说,又凸显了孟子美与善的内在统一性。

焦循深化赵岐之说,还表现在对赵氏简略的注解详加阐释,使人明白赵氏所注的来龙去脉。譬如《孟子·告子下》载孟子的话说:"亲之过小而怨,是不可矶也。"赵注:"矶,激也。过小耳,而孝子感激,辄怨其亲,是亦不孝也。"赵氏以"激"释"矶",又以"感激"解说文义,但由于过于简略,人们难以知晓"矶"训为"激"的原因和理由。焦循详细阐述了"读矶为激"的理由。他诠释说:

> 赵氏以激释矶,盖即读矶为激,不可矶即不可激也。《楚辞·招魂》云"激楚之结",王逸注云:"激,感也。"赵氏读矶为激而释之为感,故云孝子感激,辄怨其亲,谓母以不悦激发其子,子因其激而遂怨,是不可耐此激发也。阮氏元《校勘记》云:"不可矶,按段玉裁曰:'注中训矶激也。但于双声求之,矶与杚概字古音同,谓摩也。故《毛诗音义》云:矶,居依反,又古爱反,古假借字耳。近人以石激水解之,殊误。《说文》固无矶字。'"按《说文》木部云:"概,所以杚斗斛也。""杚,平也。"《易》"月几望",荀爽作"月既望"。《周礼·犬人》"几珥",注云:"几,读为刏。"从既从气,与从几原可相通。《广雅·释诂》云:"杚,摩也。"摩之即所以平之,然则不可矶即不可杚,亦即不可平。因母不安其室,心不能平,因而怨怼,与不可激之义亦相近。或矶即"事父母几谏"之几,显露其亲之过,是不可几也。《广雅·释水》云:"矶,碛也。"碛石在水中。《晋书音义》云:"矶,大石激水也。"此因矶之读激,而附合于矶之为碛,故有此解,赵氏则无之也。①

焦循的这段诠释,征引、运用了《楚辞》王逸注、阮元《校勘记》、《说文》、《周礼》、《广雅》等注释和材料,并进而作出精当的分析,全面阐述了赵岐"以激释矶"的缘由,既深化了赵氏之说,弥补了赵注的不足,又给读者全面正确理解孟子本义提供了丰富的参考资料。

综上所述,焦循作为综合吴、皖而起的扬州学派的代表,其《孟子正义》把清代的孟学研究提升了一个新的高度。梁启超称赞此书是新疏家模范作品,价值是永永不朽的。国学大师钱穆先生赞扬说:"里堂论学极多精卓之

① 焦循:《孟子正义》卷二十四。

见……其立说之最明通者，为其发明孟子性善之旨。”[①]这些评说皆非过誉。当然，焦循的《孟子正义》亦有一定的不足。譬如黄俊杰曾评论说：“从思想史立场观之，焦循注孟，一如朱子注孟，皆有一己之思想立场以通贯之。朱子本《大学》解《孟子》，焦循则援《易》以入《孟》，虽有新义，然恐不能免于‘六经责我开生面’之讥也。焦循寝馈易学，历有年所，亦多创获；撰写《孟子正义》虽多称引《易经》以为据，然颇多方枘圆凿，格格不入之处。兹举一例以概其余。《孟子·离娄下》孟子曰：‘天下之言性者，则故而已矣。故者以利为本。’里堂《正义》以为孟子言性全本《易》义，而以‘故者以利为本’六字尽之；里堂并以为《孟子》此处‘利’字即《周易》‘元亨利贞’之‘利’。里堂此解，因有其易学思想横梗胸中，所释实与《孟子》相去悬绝，其所得有不能掩其所失者矣。然其所以得失之原由及其得失之思想史涵义，则有待进一步之探讨。”[②]尽管如此，但从整体上看，《孟子正义》是清代孟学研究集大成之作，在中国孟学发展史上占有重要地位。

---

① 钱穆：《中国近三百年学术史》，455页，中华书局，1986。

② 黄俊杰主编：《孟子思想的历史发展》，12页，台湾“中央研究院”中国文哲研究所筹备处，1995。

第六篇 近代的孟学研究

第二十九章　龚自珍、魏源、曾国藩与孟学

19世纪中期以来，伴随着西方工业革命热潮的高涨，西方资本主义列强开始把侵略的目光投向了古老的东方大地。而此时，中国仍处于清朝的封建统治之下，腐朽的封建制度已日益显现出各种弊端。鸦片战争之后，中国先进的知识分子开始开眼看世界，掀起了一股向西方学习的思潮。以龚自珍、魏源、曾国藩等为代表的地主阶级知识分子，开始审视中国的传统文化，以力图改革弊政，挽救清政府的封建统治危机。龚自珍对孟学多持反叛的态度，而魏源和曾国藩则对孟学多有继承。然而，反叛也好，继承也罢，他们都努力试图通过文化批判和改造，来挽救封建统治危机。

第一节　龚自珍与孟学

龚自珍(1792—1841)，字璱人，号定盦，又名易简、自暹，字爱吾、伯定，号观实相之者，更名巩祚，晚年曾居昆山羽琌山馆，因自号羽琌山民，浙江仁和(今浙江杭州)人。其祖、父两代皆为文史学界名士，其母段氏乃语言学大师段玉裁之女，善诗能文。龚自珍自7岁始，就在"慈母帐外灯前"聆听教诲，19岁起应科举考试，但屡不及第。清嘉庆二十三年(1818)中举，道光九年(1829)进士①。鸦片战争爆发，龚自珍辞官南下回到杭州，在苏、浙二省任教职。

龚自珍主要生活于中国封建社会急剧解体、半殖民地半封建社会逐渐形成的初期，当时社会矛盾日益尖锐，国家陷入内忧外患的泥淖之中。面对黑暗的社会现实，龚自珍不甘心埋头于考据学与故纸堆，而是密切关注当时的社会现实，表现出狂傲不羁的性格和政治态度，对不合理的现象也多持批判态度。在京为官期间，他和林则徐、魏源、黄爵滋等人意气相投，经常在一起谈论时政，关心国家的前途，他们都主张改革图强，具有共同的政治倾向，

① 关于龚自珍的生平和家世可参见麦若鹏著《龚自珍传论》，6～8页，安徽大学出版社，2005。

渐渐形成与顽固守旧势力相对立的改革派。

龚自珍是中国社会由封建向近代化转折时代的“最后”和“最初”一位思想家，他在我国近代思想史上的地位，就如同但丁在欧洲思想文化史上的地位一样，都具有承前启后的作用。因此，龚自珍的历史地位不仅仅是晚清地主阶级改革派的主要代表，更重要的是近代启蒙运动的先驱者，这也是当前学术界关于龚自珍及其思想研究的核心内容。本节试图通过对龚自珍思想的分析，来探究其与中国传统思想文化的关系。笔者认为，龚自珍思想的形成在一定程度上揭示了儒学近代化的开端：他从对孟子人性论的反叛，对孟子“圣人”理想人格的质疑，对孟子民本思想的继承与改造出发，对孟学乃至整个儒学都进行了合理的改造与阐发，使儒学经义与中国历史发展的近代化进程相适应，从而开始了儒学近代化的进程。尽管龚自珍的思想在当时被视为异端，但事实上，龚自珍思想中被称为异端的因素，恰恰最能代表时代发展的潮流。

一、龚自珍对孟子性善论的反叛

孟子关于人性问题的著名论题是“人性善”。孟子认为人性善的担负者就是良心这个道德主体，良心贯通个体道德与人的本性心理，因而人皆有善端，即所谓“君子所性，仁义礼智根于心”[①]。由于人生而有各种自然欲望，如孟子所言，“口之于味也，目之于色也，耳之于声也，鼻之于臭也，四肢之于安佚也，性也”[②]。孟子承认人之自然生理欲望的必要性及合理性，主张合理调节个体的欲望以达到社会群体的和谐共处，这事实上是人完成其社会化的必然要求。但是，孟子把社会道德内容放进了人性理论，并把它表达到人性本质中去，使之上升为终极价值。孟子以后的儒家学者沿着这一路径，进一步以充满伦理道德色彩的天理来压制人欲，甚至提出了“存天理，灭人欲”的口号，并以一整套封建礼教制度来规范人们的思想和行为，这在宋、元、明三代越发体现出它的重要地位。清代，以程朱理学为代表的先验的“性善欲恶”的人性论仍占据统治地位。尤其是到了晚清，伴随着社会危机的加重，统治者非但不思改革弊政，反而企图通过加强理学的思想统治来挽救衰颓之势，鼓吹“恪守程朱，孤行不惑”[③]，并以皇帝上谕宣布一切不同于程朱的观点都是“离经”、“叛道”。

在人性问题的认识上，龚自珍认为人都有自私之心，他从人的自然属性

①《孟子·尽心上》。

②《孟子·尽心下》。

③ 姚鼐：《海宁州训导钱君墓表》。

出发肯定人追求物质利益的道德意义，提出了人性"有私"合理性的命题。在《论私》一文中，龚自珍指出："敢问私者何所始也？告之曰：天有闰月，以处赢缩之度，气盈朔虚，夏有凉风，冬有燠日，天有私也；地有畸零华离，为附庸闲田，地有私也；日月不照人床闼之内，日月有私也。圣帝哲后，明诏大号，劬劳于在原，咨嗟于在庙，史臣书之。究其所为之实，亦不过曰：庇我子孙，保我国家而已。"在龚氏看来，人性之"私"就是对个人利益欲求的维护，诸如"庇我子孙"、"保我国家"。这个"私"是有排他性的，以自我为中心，具体来说就是"庇我子孙"而"不庇他人之子孙"，"爱其国家"而"不爱他人之国家"。这与《孟子》所谓"老吾老，以及人之老；幼吾幼，以及人之幼"①的博爱精神背道而驰。龚氏将"有私"视为人的普遍性，即使是品德高尚的人，如"圣帝"、"哲后"都是"有私"的，至于普通人就更"有私"了。因为"有私"，人们才会发生社会交往和伦理道德关系；因为"有私"，才有"孰亲、孰厚之气谊"，才有"忠臣"、"孝子"、"贞妇"，所以忠、孝、节、义这些道德规范，说到底是以自身的利益为出发点的，都离不开一个"私"字。

龚自珍对人性之"私"的认识和阐释，从根本上揭示了儒家倡导的道德伦理规范的内在本质。事实上，儒家所努力建构的伦理道德体系和礼教规范，在很大程度上是以维系社会秩序的稳定来维护社会各阶层的既得利益，如孟子的人性本善观就是其开端。龚自珍的离经叛道就表现在：他不仅指出人性有"私"，而且他还大胆提出以私欲的满足来培养人们的廉耻观。龚自珍以《孟子·梁惠王上》之"无恒产而有恒心者，惟士为能"为依据，要求提高各级官吏的俸禄，以培养廉耻观念。

为此，龚自珍还提出要求各级官吏"自尊其心"②的措施，其意在于强调自尊、自重、自爱的道德意识。龚自珍认为："农工之人，肩荷背负之子则无耻，则辱其身而已；富而无耻者，辱其家而已；士无耻，则名之曰辱国；卿大夫无耻，名之曰辱社稷。由庶人贵而为士，由士贵而为小官，为人官，则由始辱其身家，以延及于辱社稷也。"③关于"知耻"还是"无耻"这一道德问题，自古以来就一直为人们所关注。先秦时期的孟子就非常强调"知耻"，他指出"人不可以无耻，无耻之耻，无耻矣"，"无羞恶之心，非人也"④。由此看来，"知耻"既是个人有道德责任的表现，也是个人具有道德评价能力的表现。只有"知耻"，才会有自我道德意识的觉醒，才会意识到自身的道德责任，才会严

①《孟子·梁惠王上》。

②《龚自珍全集·尊史》。

③《龚自珍全集·明良论二》。

④《孟子·尽心上》。

格要求自我。在这里,龚自珍极力强调廉耻之心,即自我道德意识的觉醒对个人、国家的重要作用。为了改变当时“耻已存者之寡矣”①的世风,龚自珍提出必须“以教之耻为先”,②首先教育人们严于律己。

此外,对于孟子人性本善的道德论,龚自珍也表示不赞同,他主张“善非固有,恶非固有,仁义、廉耻、诈贼、狠忌非固有”③。龚氏对人性的善恶问题,采告子性无善恶说,他认为“善恶皆后起者。夫无善也,则可以为桀矣,无不善也,则可以为尧矣”④。在龚自珍看来,善恶并非人性问题,而是伦理道德的外在要求,孟子倡导“性善”说,乃以道德的外在要求规避人的本性欲求,是有违人性独立存在与发展的客观规律的。故龚自珍以“有私”替换孟子的“性善”,将“私”视为人的自然天赋,“私”作为人的本性之一,它不属于善恶的范畴,也无所谓善或恶,“上古不讳私”,对“私”是不能否定,也无法排斥的。由此可见,龚自珍十分注重对人性之“私”的体认与肯定,这是他还人性以其本真状态的努力尝试。

二、龚自珍对孟子“圣人”理想人格的质疑与改造

“圣人”是历代儒家学者极力推崇并努力践行的理想人格。早在先秦时期,孔子就将“圣人”视为“仁”的最高境界的体现者,后儒一致推崇这种至高至大的“圣人”化理想人格。孟子以“人性善”为基础,以“仁义”为价值内涵,构建了关于理想人格的理论,并将“圣人”视为“人伦之至”,认为“圣人”乃“百世之师也”。对于如何达到“圣人”的理想境界,孟子还提出了“存心养性”、“善养浩然之气”、“舍生取义”、“明善诚身”、以天下为己任等实现理想人格的途径。孟子所构建的理想人格是对孔子理想人格全面的继承和深化,同时为后世的志士仁人提供了一个能够追求的理想人格模式,并提出了一条通向儒家理想人格的途径。此后,儒家学者对于“圣人”理想人格的诠注虽然随时代发展有所不同,但“圣人”作为士大夫道德修养和为官治政的最高典范,并且最终固化为中国古代士大夫人格修养的范式——这就是学术界所谓儒学制度化的过程。儒学的制度化不仅是指儒学获得了官方的崇尊,而且还因官方的推崇而导致儒家典籍的经典化、儒学重要代表人物的圣人化、儒家礼仪的社会制度化等一系列过程。

然而,这种“圣人”理想人格在龚自珍那里却受到了质疑。在龚自珍看来,“圣人”并非无所不能,也不是完美无缺的。他指出:“天地,人所造,众人

---

①《龚自珍全集·明良论二》。

②《龚自珍全集·观耻》。

③《龚自珍全集·壬癸之际胎观第七》。

④《龚自珍全集·阐告子》。

自造，非圣人所造。圣人也者，与众人对立，与众人为无尽。众人之宰，非道非极，自名曰我。我光造日月，我力造山川，我变造毛羽肖翘，我理造文字言语，我气造天地，我天地又造人，我分别造伦纪。”①龚自珍大胆否定了圣人创造人类文明的神话，直截了当地宣布：人类的一切文明都是其社会成员即“众人”自己创造的，“众人”不仅创造了用以交流的语言文字，而且还创造了维系社会伦理秩序的纲常，甚至天地山川都留下了人类活动和创造的影子。

更为重要的是，龚自珍还指出“众人”的主宰也不是什么“圣人”的“道”和“极”，而完全是“众人”个体的主观精神和自我意识，即“我”。龚自珍对这个“我”的意义附加是具有近代意义的。在对传统的“圣人”理想人格提出质疑后，龚自珍提出了他关于人格建构的价值和标准：突破束缚人性的封建礼教，对自然人性的张扬。在《病梅馆记》中，龚自珍以散文的笔调清楚表达了对晚清社会扼杀个性的深恶痛绝，他的“疗梅”志愿正是对病态的社会群体和价值系统的挑战，以此来表达对个人和个性价值的肯定。在《乙丙之际箸议第九》一文中，龚自珍更沉痛地控诉了专制制度下形成的卫道意识、奴才思想，并将其视为杀人不见血的软刀子。这样，龚自珍从伦理道德范畴分析了专制主义为害的酷烈，扼杀人的创造力，泯灭人的个性。

龚自珍以充满个性的自我来对抗“圣人”，以由万千自我所构成的“众人”创造语言文字、伦纪纲常和改造山川天地来对抗“圣人”创造人类文明的神话。他已敏锐地意识到“圣人”理想人格及其所蕴含的伦理道德意蕴对人们思想的巨大钳制作用，继而积极呼唤风雷，以颠覆这种禁锢人们头脑的专制主义象征——“圣人”，从而开启了近代文化觉醒的重要课题。因此，我们就不难理解龚自珍为何淋漓尽致地描绘出官僚集团的种种丑态，而且深入实质，穷其底蕴，透彻地分析封建官僚群体的心态特点，从根本上揭露封建专制统治的嘴脸和本来面目的根本意图。龚自珍的思想开始打破传统儒家对“圣人”理想人格的崇拜，使“圣人”平民化，从而开始动摇儒学制度化的基础，并试图建立合理的伦理价值体系。由此看来，龚自珍的思想是具有其重大历史意义的，他立足于自然人性，要求顺其自然而不以外在道德礼制的规范来约束人们的行为，这已成为近代人性论的开端。

三、龚自珍对孟子民本思想的继承与改造

龚自珍对孟学在反叛、质疑和改造的基础上，也对其进行了合理的吸收和继承，这主要表现在他对孟子民本思想的继承与改造上。孟子的民本思想主要是要求统治者要实行仁政，要“使民以时”，“制民之产”，这样做的目

---

①《龚自珍全集·壬癸之际胎观第一》。

的就在于得民心，得民心者得天下。因此，孟子进一步提出“得天下有道：得其民，斯得天下矣。得其民有道：得其心，斯得民矣。得其心有道：所欲与之聚之，所恶勿施尔也”①。龚自珍赞同孟子的民本思想，并对其进行了改造。

首先，龚自珍对民生的关注并不寄希望于统治者的仁政，而是积极倡导一种君、臣、民三者之间互动的关系。在谈到三者之间的利害关系时，龚自珍指出：“后之为师儒不然。重于其君，君所以使民者则不知也；重于其民，民所以事君者则不知也。生不荷耰锄，长不习吏事，故书雅记，十窥三四，昭代功德，瞠目未睹。上不与君处，下不与民处……是故道德不一，风教不同，王治不下究，民隐不上达，国有养士之赀，士无报国之日，殆夫，殆夫，终必有受其患者，而非士之谓也?”②龚自珍对满清官僚体制的诸多弊端有十分清醒的认识，而且也表现出强烈的不满。为此，他尝试构建起君、臣、民之间互动的，充分发挥其自身价值的社会职权体系。在《皇朝经世文编》中，龚自珍明确指出：官吏的设置，职权的分配，都是为了重民治国。但是，君主处于极位之尊与百姓不能亲近，中央公卿宰辅和地方督抚也谈不上与民亲近，只有地方基层官吏才能做到与民亲如子，近处一室。③ 龚氏强调发挥地方基层官吏的职权，以更好地协调君主与下层民众之间基于权力、利益等的冲突，最终达到社会的安定。

其次，龚自珍提出了农业生产造成宗法关系，并由此派生出人伦礼教的观点。在《农宗》一文中，龚自珍指出：“农之始，仁孝悌义之极，礼之备，智之所自出，宗之为也。”在龚氏看来，礼乐刑法、仁义礼教都是众人在农业生产中创造出来的，儒家把“礼法之大分”归结于圣人的“自上而下”的创制是“失其情，不究其本”。由于中国是一个长期以农为本的国度，农业生产占据了整个社会生产的绝大部分内容，生产关系也因农业生产而最终得以确立。因此，从这个意义上来说，农业生产造成宗法关系，人伦礼教也由此而派生。

综上所述，龚自珍作为晚清思想界的怪杰，他的思想具有其复杂性，既有与传统儒家学说相左的一面，也有对儒家学说继承的另一面。他对以孟子为代表的儒学的继承和改造，一方面符合晚清社会历史发展的趋势，另一方面又推动了晚清社会思潮的近代化进程。

① 《孟子·离娄上》。

② 《龚自珍全集·乙丙之际箸议第六》。

③ 周舒：《中国近代经世派与经世思潮研究》，73页，广东人民出版社，1999。

第二节　魏源与孟学

魏源(1794—1857),名远达,字默深,号良图,晚年法名承贯,湖南邵阳人,晚清著名的今文经学家,近代维新改革思想的先驱者。魏源自小研习经学,清道光五年(1825)受江苏布政使贺长龄之聘,辑《皇朝经世文编》120卷。道光二十四年(1844),魏源参加礼部会试,中进士,以知州用,分发江苏,任东台、兴化知县。此时,鸦片战争已经爆发,清政府开始面临内忧外患的统治危机。魏源依据林则徐所辑西方史地资料《四洲志》,参以历代史志、明以来《岛志》及当时夷图夷语编成《海国图志》50卷,后经修订增补,到咸丰二年(1852)成为百卷本。魏源一生著述等身,除《皇朝经世文编》、《海国图志》等巨著外,主要著述还有《书古微》、《诗古微》、《公羊古微》、《孔子年表》、《孟子年表》、《小学古经》、《大学古本发微》、《两汉古文家法考》、《论学文选》等若干卷,诗文集则以《古微堂诗文集》为代表。20世纪80年代末,其诗文被辑为《魏源集》。

清乾嘉以来,以考据训诂为主流的学术思潮盛行,这种学术思潮很快暴露出严重的弊端,那就是使知识学问脱离国计民生和生活实践,儒学的社会功能日渐丧失。魏源以天下为己任,讲求经世之学,力图以此警唤国人"睁眼看世界"、"师夷长技以制夷"①,谋求国富民强,从而成为晚清学术的开风气者,其思想对于近代的中华民族心理、民族风俗习惯等都产生了极大的影响。

一、魏源对《孟子》真伪的考辨

《孟子》是继《论语》之后一部重要的儒家经典,记述了孟子一生的主要言行,集中体现了孟子主张仁义、反对暴政和武力兼并的政治思想,以及民贵君轻的民本思想。然而,关于《孟子》一书的作者,长期以来学术界众说纷纭,莫衷一是,其中具有代表性的说法主要有以下四种:其一,孟子自著说;其二,弟子辑成说;其三,再传弟子辑成说;其四,师生合著说。其中师生合著说主张《孟子》由孟子口授,其弟子万章、公孙丑整理成书。《史记·孟子荀卿列传》提到,孟子"退而与万章之徒序《诗》、《书》,述仲尼之意,作《孟子》七篇"。南宋朱熹除了主张《孟子》乃孟子自著外,还认为其编著过程有孟子弟子参与。他指出:"恐是其徒所见,孟子必曾略加删定也。"②今人杨伯峻认为,乐正子等皆称子,而万章、公孙丑不称,只能证明万章和公孙丑二人参与

---

① 魏源:《海国图志·序》。

② 朱熹:《朱子语类》。

整理成书;《孟子》中提到的诸侯,死于孟子之后的是梁襄王和齐宣王,但也仅后数年,万章、公孙丑整理时,当然要用谥号,从而进一步肯定了师生合著说。

以上诸说各有依据,魏源也对这一问题也进行了考辨性的研究。他研究孟学的著作主要有《论语孟子类编序》、《孟子小记》、《孟子年表》、《孟子年表考》、《孟子赞》、《孟子补赞》等。在《孟子年表考》中,魏源指出:"七篇中无述孟子容貌言动,与《论语》为弟子记其师长不类,当为手著无疑。"但与此同时,他又认为《孟子》在编著过程中可能有孟子的弟子参与过,其中以万章和公孙丑二人贡献最大。在《孟子小记》中,魏源对《孟子》的真伪进行详细的考证,列举了一系列矛盾之处。他指出:"史称孟子退而与万章之徒序《诗》、《书》,述仲尼之意,作《孟子》七篇。咸丘蒙苟会读《尚书》,岂有不知尧崩在舜未即位以前,安有舜即天子而尧尚北面而朝者?岂不知舜五十即居瞽瞍之丧,孺慕终身,安有舜为天子瞽瞍尚存者?何乃引'率土之滨,莫非王臣',以舜即为天子而瞽瞍不臣为异事?"①通过这样一系列的逻辑推理,魏源断定:"毋乃战国小人妄为此说,窜入七篇,是以败我大贤之门户。"②在《孟子年表考》中,他又提到:"又公都子、屋庐子、乐正子、徐子皆不书名,而万章、公孙丑独名,《史记》谓退而与万章之徒作七篇者,其为二人亲承口授而笔之书甚明(咸丘蒙、申不害、陈臻等偶见,或亦得预记述之列)。与《论语》成于有子、曾子门人故独称子者,殆同一间,此其可知者。"③由此可见,魏源主张《孟子》一书乃孟子与其弟子共同完成的。

二、魏源对孟学"义利"观的继承

所谓"义利"观,简言之就是关于如何对待伦理与利益的基本观点。"义"一般指思想行为符合一定的道德准则,"利"则指利益、功利等。孔子曾言"君子喻于义,小人喻于利"④。孟子继承并发展了孔子的义利观,他从性善论出发,十分重视道德的作用,强调义的重要性,"生,亦我所欲也;义,亦我所欲也;二者不可得兼,舍生而取义者也"⑤。由此可见,"义"在孟子看来是人在生活中应遵循的,应内化于心的一种行为准则和道德规定;而"利"主要指实实在在的利益诉求,它是个体成仁化的外在补充,进而主张先义后利,以义制利,义利统一。

魏源提出了"于百姓则开之以利而坊之于淫"的义利观,主张"圣人以名教治天下之君子,以美利利天下之庶人。求田问舍,服贾牵牛,以卿大夫为

①②《魏源集·孟子小记》。
③《魏源集·孟子年表考第五》。
④《论语·里仁》。
⑤《孟子·告子上》。

细民之行则讥之，细民不责以卿大夫之行也；故《国风》刺淫者数十篇，而刺民好利者无一焉……故于士大夫则开之于名而塞之于利，于百姓则开之于利而坊之于淫”。在他看来，“圣人”、帝王等统治者在其位需有其德，“以其势、利、名公天下，身忧天下之忧而无天下之乐”①。魏源的义利观已经超越了汉儒董仲舒所谓“正其义不谋其利”的封建正统伦理观念的要求。魏源基本上承认了人们物质欲望的合理性和逐利的正当性。他认为“利其天人之参乎”，“唯举天下是非、臧否、得失一决之于利不利，而后天与人合”②。魏源将民众的趋“利”视为人的自然本性，并以此来反叛理学家违背人之自然本性的禁欲主义。事实上，在“义”与“利”的关系上，统治者的“义利”观混淆或者说抹煞了道德与物质欲求之间的界限，严重忽视个体存在所需的物质欲求，而强行以封建的道德伦理来压抑它的合理伸张。

与此同时，魏源也并不主张毫无节制的放纵私欲，他反对损人利己，其义利观是理性的。他更倾向于主张社会各阶层，上到帝王将相，下到普通民众，都应当互利互惠。正如他所指出的：“帝王利民，即所以利国也；大臣利国，即所以利家也；士庶人利人，即所以利己也。”③魏源深刻分析了君、臣、民三者之间的利益关系，指出利民即利国，利国即利己。

由此可见，魏源继承吸取了孟学“义利”观。他指出：“见利思义与见利思害，讵二事哉？无故之利，害之所伏也；君子恶无故之利，况为不善以求之乎……非其利者勿有也，非其功者勿居也，非其名者勿受也……有所利而名仁者，非仁也；有所要而称义者，非义也。”④趋利与存义从表面看来是根本对立的，但魏源认为功利本身和求利行为都离不开仁义，必须“见利思义”，在求利的动机方面，只求合理的利，亦即合乎仁义要求的利，而不是“无故之利”；在求利的手段方面，也要合乎仁义的要求，不能“不善以求之”。

三、“经世致用”视野下的孟学

“经世致用”的思想伴随着今文经学的繁盛，尤其是鸦片战争后社会矛盾日益尖锐的背景而更为兴盛。所谓“经世”，就是济世利民，经国安邦，建功立业。经世思想是中国传统文化的精华，也是中国传统知识分子一以贯之的价值取向。具体说来，它包括以下三个互相联系的内涵：一是积极入世的价值观，二是政治本位的人生观，三是佐君教民的事业观⑤。魏源的经世致用思想，主要表现在他经世利民的致用思想上。经世利民的思想，从本质

①《魏源集·默觚·治篇三》。

②③④《魏源集·默觚·学篇八》。

⑤ 李维：《论魏源文化思想的主要特征》，载《邵阳学院学报》(社会科学版)2004(10)，98～100页。

上来看是以儒家思想为内核的，其中孟学就占有重要的比重。魏源对孟子十分推崇，赞扬孟子“宜乎泰山岩岩之象，江汉浩浩之流，配神禹，称鲁邹，而存世无休”①。他以近代“经世致用”的视野来考察孟子思想，并赋予孟子思想以近代意义。

在魏源看来，“自以学孟子为易简直捷而适于用，学曾子为笃实严密而切于体”②。他认为孟子的思想是实用的。“经世致用”的根本观念，源于孔孟，且历代多有倡导者，它是中国传统文化的精髓。传统儒家伦理思想具有浓重的经世致用特点，这一点在孟子思想中得以凸显。孟子的仁政说，民重君轻思想，无不体现其经世致用的文化价值观。在中国近代史上，魏源是经世致用思想的主要提倡者。鸦片战争以降，急遽变化的中国近代社会促使中国有识之士重新考虑儒学的社会功用及其内在价值。在这种历史背景下，今文经学研习之风随之炽烈。魏源从今文经学抨击汉学的角度以讲求经世致用，提倡“师夷长技以制夷”，强调“通经致用”。他辑纂的《皇朝经世文编》和《海国图志》都集中体现了其“经世致用”的思想。

根据孟子的仁政学说，魏源指出要革除弊政，培养各种实用人才。在《圣武记》中，魏源总结了清代兴衰教训，记述边疆民族问题，总结军事指挥的得失，为抵抗侵略提供鉴戒。他指出鸦片战争失败应归于清廷内政不修，而内政不修的根由，又在于缺乏经邦治国的人才。因此，他要求选拔和任用有治国实效的人才。他理想中的人才，必须革虚就实，无论在军事、外交、理财、实业各方面，都有实际的知识和技能。同时，魏源还要求改变当时官场和知识界“人心之寐”和“人心之虚”的弊病。他说：“去伪，去饰，去畏难，去养痈，去营窟，则人心之寐患祛其一。经实事程实功，以实功程实事，艾三年而蓄之。网临渊而结之，毋冯河，毋画饼，则人才之虚患祛其二，寐患去而天下昌，虚患去而风雷行。”

根据孟子民贵君轻的民本思想，魏源指出：“天地之性人为贵。天子者，众人所积而成……故天子自视为众人中之一人，斯视天下人为天下之天下。”③在这里，魏源并不把帝王看成“真命天子”，也不认为“天子”就比天下人都高明，所谓“天子”是由“众人所积而成”，属“众人中之一人”，他并不能为所欲为，而应该“视天下为天下人之天下”，亦即强调君主必须了解人民群众的意见和要求。可见，这是对孟子“民为贵，社稷次之，君为轻”思想的继

① 《魏源集·孟子补赞》。

② 《魏源集·论语孟子类编序》。

③ 萧萐父、李锦全主编：《中国哲学史》(下册)，309页，人民出版社，1991。

承和发展。魏源破除了“社稷”乃帝王一姓之天下的观念，认为天下乃天下人之天下，这对动摇满清专制政体的统治基础具有十分重要的作用。此外，魏源还提出改革漕运以利民生，“海运之事其所利者三：国计也，民生也，海商也”，“是役也，国便，民便，商便，官便，河便，漕便，于古未有”，“彼谓变通济运者，所益固在国计，而调剂漕务，则所益尤在民生”，“其优于运河者有四利：利国、利民、利官、利商”①。这些举措将海商的利益与国计民生并提，这在当时的确是难能可贵的。

针对孟子“吾闻用夏变夷者，未闻变于夷者也”②的华夏中心说，魏源指出必须开眼看世界，向西方列强学习先进的科学技术。在《圣武记》中，魏源首次提出了“师夷长技”的思想。他的《海国图志》就是基于“通经致用”，为抵御侵略、谋求国富民强而撰写的。这部著作是近代第一部由中国人自己编纂的介绍世界各国国情的著作，其内容囊括了政治、经济、军事、历史、地理、文化等诸多方面。在书中，魏源还重点介绍了自己抵抗侵略、民族自强的重要思想——“师夷长技以制夷”，这种思想超越了孟子。他极力倡导士大夫阶层放开眼界看世界，努力向西方列强学习，以改变中国落后挨打的被动局面。

第三节　曾国藩与孟学

曾国藩（1811—1872），初名子城，字伯函，号涤生，谥文正。湖南湘乡人。曾国藩5岁即研读五经，学习时文帖括。清道光十八年（1838年）进士，致翰林院庶吉士，后迁升翰林院侍讲官，出任四川省正考官，充任文渊阁校理。咸丰三年（1853），凭借清政府寻求力量镇压太平天国的时机，曾国藩在其家乡湖南一带，组建了我国近代第一支地方团练——湘军，与太平军展开了长达10年的厮杀。同治三年（1864）六月，湘军主力曾国荃攻下南京，太平天国运动失败。因镇压太平天国运动有功，曾国藩累迁两江总督、直隶总督、武英殿大学士，封一等毅勇侯。死后，清廷赠之以太傅，谥号文正。

曾国藩是清代著名的理学家、政治家、军事家和文学家，有“中兴名臣”之誉。梁启超曾称他“然乃立德、立功、立言三不朽，所成就震古铄今而莫与京者，其一生得力在立志自拔于流俗，而困而知，而勉而行，历百千艰阻而不挫屈，不求近效，铢积寸累，受之以虚，将之以勤，植之以刚，贞之以恒，帅之

---

①《魏源集·道光丙戌海运记》。

②《孟子·滕文公上》。

以诚，勇猛精进，坚苦卓绝”①。可见，曾国藩以其毕生精力努力维护道统的神圣使命，他组建的湘军也以“卫道”为旗帜。咸丰四年(1854)初湘军出师与太平军作战时，曾国藩就下过一道檄文，声称湘军出师不仅是为了保卫清王朝，而且是为了保卫整个旧传统，并号召一切“读书识字者”要为维护以孔孟为代表的名教而战。在湘军队伍中，将领大多选自受过孔孟之道的熏陶而又科举失意、一心想借军功猎取功名富贵的知识分子，这些人多以程朱理学相标榜，把维护封建统治秩序作为自己的最高奋斗目标。

因此，曾国藩在我国近代思想史上是以理学家的面目出现的，他自身秉承儒家传统，并努力从个人修身、为政以德等方面来践行之。本节主要从曾国藩与孟学的关系这一角度来进行具体论述。

一、曾国藩与孟学视野下的个体道德修养

个体人格的道德修养是《孟子》的重要内容之一。孟子所谓“仁”，既是指爱人、事亲等调节人际关系的道德规范，又是人内在的道德精神、主体意识和善的本性，如“仁，人心也”②、“君子所性，仁、义、礼、智根于心”③，这是孟子对孔子“仁”学思想的继承和发展。就个体的修身而言，《论语·学而》有言：“君子务本，本立而道生。孝弟也者，其为仁之本与。”孔子将“孝悌”视为“仁”之本，这也是个体人格修养的基础。对此，孟子的理解是“仁之实，事亲是也”，“尧、舜之道，孝弟而已矣”，而尧、舜“不以仁政，不能平治天下”④，这显然是对孔子思想的认可与赞同。同时，由于孟子主张“性善”论，他认为人生来就有为善的倾向，亦即具有“善端”，这些“善端”是天赋的，为个体心中所固有，因而在孟子看来，个体要完成道德修养的功夫，只需尽力发挥自身的善性，即全力扩充存于内心的“四端”，通过内心气质、道德等的修养以培养出浩然之气。《孟子·公孙丑上》曰：“夫志，气之帅也；气，体之充也。夫志至焉，气次焉。故曰：‘持其志，无暴其气。’……志壹则动气，气壹则动志也。今有蹶者趋者，是气也，而反动其心。”这是讲“志”与“气”的关系。关于“气”的内容，孟子指出：“其为气也，配义与道；无是，馁矣。”它的获得“是集义所生者，非义袭而取之也。行有不慊于心，则馁矣”。

曾国藩关于个体修身及处世原则的言论大多集中在其家书中。目前，曾氏部分家书得到了很多研究者和读者的关注。曾国藩在入翰林院供职之时，就曾给自己立下了课程12条：

---

①《曾文正公嘉言钞·序》。

②《孟子·告子上》。

③《孟子·尽心上》。

④《孟子·离娄上》。

一、敬。整齐严肃，无时不惧。无事时心在腔子里，应事时专一不杂。清明在躬，如日之升。

二、静坐。每日不拘何时，静坐四刻，正位凝命，如鼎之镇。

三、早起。黎明即起，醒后勿沾恋。

四、读书不二。一书未完，不看他书，东翻西阅，徒务外为人。

五、读史。丙申年购《廿三史》，大人曰："尔借钱买书，吾不惜极力为尔弥缝，尔能圈点一遍，则不负我矣。"嗣后每日圈点十页，间断不孝。

六、谨言。刻刻留心，第一工夫。

七、养气。气藏丹田，无不可对人言之事。

八、保身。十二月奉大人手谕曰："节劳，节欲，节饮食。"时时当做养病。

九、日知其所无。每日读书记录心得语，有求深意是徇人。

十、月无亡其所能。每月作诗文数首，以验积理之多寡，养气之盛否。不可一昧耽著，最易溺心丧志。

十一、作字。饭后写字半时。凡笔墨应酬，当做自己课程。凡事不待明日，取积愈难清。

十二、夜不出门。旷功疲神，切戒切戒。（道光二十二年在京日记）①

这就是曾国藩为人处世的基本原则，也是他恪守儒家之道，不断增强个体道德修养的具体措施。在他的家书中，曾国藩曾告诫诸弟"吾人只有进德、修业两事靠得住。进德，则孝弟仁义是也；修业，则诗文作字是也"，"吾所望于诸弟者，不在科名之有无，第一则孝悌为端"②。他认为孝悌不能仅停留在"爱之欲其富，亲之欲其贵"的层面上，更重要的是要德业相劝，共同进步。

由此可见，曾国藩十分注重个体人格的修养，而且这种修养所依据的道德原则和标准无疑是与孟子的思想一脉相承的。如上文所述，曾国藩将"孝弟仁义"视为"进德"的内容，这与孟子"仁之实，事亲是也"、"尧、舜之道，孝弟而已矣"具有相同的思想内核。而且曾氏也注重养气，即所谓"气藏丹田，无不可对人言之事"。孟子所谓的"气"乃"配义与道"，是个体道德修养达到很高境界时所表现出的一种精神状态。曾国藩所谓的"气藏丹田"，就是他修养心性时的具体途径；"无不可对人言之事"，是指个体修养所达到的一种高度，即胸怀坦荡，这与孟子的"其为气也，至大至刚"也是很相近的。

①《曾国藩全集·家书(道光廿二年十二月二十日)》。

②《曾国藩家书·致诸弟·劝弟谨记进德修业》。

二、曾国藩与孟学的“德治”、“仁政”

孟子的“仁政”学说，是对孔子“仁”的学说的继承和发展。学界对孟子的“仁”历来有两种理解，即广义的“仁人”和狭义的“仁政”，前者包含个体人格的修养，后者即孟子的“王道”思想。孟子将社会政治分为“王道”和“霸道”两类。他认为“霸道”是“以力服人”，这样虽可能成为大国，但任凭暴力就会“失道寡助”，众叛亲离，天下不顺，而最终导致身危国削，亡国无日；与此相反，“王道”是“以德服人”，人们心悦诚服，众望所归，对内就会国泰民安，政平人和，对外就能“得道多助”，天下无敌，自然就会统一天下。在孟子看来，一方面“王道”是与“德治”密不可分的，“德治”是“王道”实现的前提条件；另一方面，孟子的“德治”又可分为以德修身和以德治国两个层面的内涵，这两个层面又是互相联系的，即前者是后者实现的前提，后者是前者的有力保障。具体而言，以德治国首先要求统治者以身作则，具备“仁人”的道德基准，其次要“以德服人”，强调道德教化对于维护统治秩序的重要作用。“德治”要求为政者做到修身与勤政并重，做廉、明、慎、勤的典范。

在实际社会生活中，主张“为政以德”，重视对民众的道德教化，往往是通过家庭伦理来实现的。由于家族是中国古代社会群体的基本组成单位，在家族内部，“孝”是维系上下、长幼之间伦理关系的最重要范畴，并借此构建起整个家族集团的内部序列。“孝”不仅是个体道德修养的具体内容，而且也是维系家族内部秩序的重要纽带，如果推而广之，“孝”也是维护国家既有统治秩序的重要保障。因此，通过家庭伦理以实现社会秩序的安定，是我国古代“德治”思想的重要内容。在儒家学者看来，利用家族成员之间的亲情关系，把道德教育渗入每个家庭的内部，做到“人伦明于上，小民亲于下”①、“人人亲其亲，长其长”，即可以实现“天下平”②。《孟子》曰“老吾老，以及人之老；幼吾幼，以及人之幼”③，就是将亲情推广到每一个社会成员，以建立起人与人之间合理的秩序。故而以“德”治天下也就成为了历代王朝及圣贤哲人所推崇的政治行为的最高原则与终极目标。

曾国藩自幼熟读孔孟，深受儒家思想熏陶，他继承了孟学的“德治”、“仁政”学说。

首先，曾国藩非常注重家庭伦理的道德教化功效，将“孝”视为“德治”的行为规范。这一思想在他的家书中多处体现，例如咸丰元年(1851)五月十

① 《孟子·滕文公上》。
② 《孟子·离娄上》。
③ 《孟子·梁惠王上》。

四日，他写道："父亲每次家书，皆教我尽忠图报，不必系念家中。余敬体吾父之教训，是以公而忘私，国而忘家，计此后但略寄数百金，偿家中旧债，即一心以国事为主，一切升官得差之念，毫不挂于意中……余忝窃高位，亦欲忠直图报，不敢唯阿取容，惧其玷辱宗族，辜负期望也。"①咸丰十年(1860)七月十二日，他又坦陈心迹："默观近日之吏治、人心及各省之督抚将帅，天下似无戡定之理。吾惟以一勤字报吾君，以爱民二字报吾亲……行军本扰民之事，但刻刻存爱民之心，不使先人积累，自我一人耗尽。"②从以上曾氏家书来看，曾国藩十分注重个体人格修养，他将对清廷的"忠"和对父母长辈的"孝"融为了一体，并在自己的为官生涯中时时努力，竭尽所能，为朝廷效力，以此作为尽"孝"的最好方式。

其次，积极推行孟子的"仁政"说，以德治吏，以德治军。曾国藩非常推崇儒学之"仁"，他认为"仁者，恕也，己欲立而立人，己欲达而达人"，"我欲足以自立，则不可使人无以自立，我欲四达不悖，则不可使人一步不行，此立人达人之意也"③。曾国藩所谓的"仁"，乃儒家思想的核心内容，"立人"与"达人"就是其精神的具体体现。他主张用"仁"德精神来对待人，如果对人能"推诚布公，不假权术"，才可能"人皆乐为之用"④。对于军队的治理，曾国藩同样主张德治。他曾深有体会地说："带勇之法，用恩莫如用仁，用威莫如用礼。仁者，即所谓欲立立人，欲达达人也，待弁勇如待子弟之心，尝望其成立，望其发达，则人知恩矣。"⑤由此可见，作为理学家和儒家思想的代表，曾国藩是服膺于孟学的，他将孟子的"仁"学，有机地融会进他的人格修养和为官、治军生涯中，从而赋予传统的"德治"以新的时代内容。

三、曾国藩对孟子人本思想的继承和发扬

孟子所谓的"仁"，还强调对人的价值的尊重与体认。从这个意义上来讲，孟子的"仁"是人的哲学升华，是人本精神的显现，也是人的本质的体现。《孟子·尽心上》曰："仁也者，人也。"孟子认为，仁的本质就是人，"人"与"仁"是二位一体的。

曾国藩同样主张以人为本，注重人才的开发和利用。他曾指出，"为政之要，得人、治事二者并重"⑥，但以得人为先，"今日所当讲求，唯在用人一端"⑦，"用兵之道，在人不在器"，"攻守之要，在人而不在兵"，"带勇之法，以

---

①《曾国藩全集·家书(一)》。

②《曾国藩全集·日记一(咸丰十年七月十二日)》。

③⑤⑥《曾国藩家书·家训·日记》。

④ 黎庶昌：《曾国藩年谱·附二·曾国藩荣哀录》，85页，长沙，岳麓书社，1986。

⑦《曾文正公奏稿》卷一。

体察人才为第一义，整顿营规，讲求战守次之”[①]。可见，曾国藩对人的价值是十分重视的。在他看来，只有以人为本，尊重人的独立主体地位，才能充分发掘其自身孕育的价值。如果慧眼识英才，善于对各种人才加以开发利用，“有人求之，则足为国家干城腹心之用”，也就会取得显著的成效，即如他所言“当其时，当其事，则凡材亦奏神奇之效”。但如果“无人礼之”，则人才就只能“弃于草野饥寒贱隶之中”[②]。为此，曾国藩提出了人才开发的两个主要途径：“一曰知人善任，一曰陶冶造就。”[③]但无论是知人善任，还是陶冶造就，都需要以人为本，尊重人的价值。曾国藩选拔人才不以出身、资历作为衡量标准，而强调“衡才不拘一格，论事不求苟细，无因寸木朽而弃连抱，无施数罟以失巨鳞”[④]。因此，在当时有相当一部分人得到了曾国藩的提拔，这些人后来有的成为清廷的重臣。

综上所述，作为晚清理学名臣，曾国藩不仅恪守儒家之道，以孔孟之“孝悌”来修身养性，而且还将作为家庭伦理的道德教化“孝”视为“德治”的行为规范。这一“德治”的行为规范广泛地渗透于他的为官和治军生涯中，无论是从政还是治军，曾国藩都努力贯彻孟子的“仁政”思想，以人为本，尊重人的价值，从而将孟学的“仁政”、“德治”转化成具体施政纲领，这就是他对晚清社会所作出的历史贡献。

第三十章　康有为、梁启超、谭嗣同、章炳麟、孙中山与孟学

19世纪末，清政府面临着内忧外患的深重危机，其统治的腐朽也日益暴露出来。伴随着西学的不断传入以及民族资产阶级的壮大，要求改革乃至推翻清朝封建统治的呼声越来越高，终于爆发了戊戌变法运动和辛亥革命。与政治运动相伴而行的是，思想文化领域也在发生着深刻的变化。以康有

①《曾国藩全集·家书(咸丰七年十二月十四日)》。
②《曾文正公全集·诗文》。
③《曾文正公日记(己未九月二十四日)》。
④《曾文正公书札·复庄卫生》。

为、梁启超、谭嗣同为代表的资产阶级改良派，在吸收西方政治学说合理要素的基础上，更加注重从孟学中汲取合理成分，通过今文经学的路数来发挥孟学“微言大义”，以适应维新变法的需要。而以章炳麟、孙中山为代表的资产阶级革命派，对孟学的态度更为激进。当然，章炳麟与孙中山亦有不同：章氏作为学者型的革命派，他运用古文经学的路数，从文化改造的角度来研究孟学；而孙中山作为中华民国的“国父”，毕生以从事政治活动为主，他重在发挥孟学“民本”、“仁政”思想，为资产阶级共和国服务。

第一节　康有为与孟学

康有为(1858—1927)，原名祖诒，字广厦，号长素，广东南海人。戊戌政变后易号更生，学界尊称为南海先生，或称康南海。康有为早年研习传统儒学，但国家危亡及现实社会的刺激使他对旧学产生了怀疑，并力图探求摆脱国家和民族危难的新路径。青年时代的康有为就接触到西方资本主义思想和当时的改良思潮，开始糅合古今中西之学，改良政治①。中法战争结束后，鉴于“国势日蹙”的险峻形势，康有为第一次上书光绪帝，提出变成法、通下情、慎左右三事。甲午战争的失败和《马关条约》的签订，使举国上下群情激奋，正在京师应试的康有为发动18省举人1200余人，联名上书光绪帝，并领衔起草请愿书，提出拒和、迁都、变法三项主张，这就是历史上有名的“公车上书”。

戊戌变法期间，康有为极力批驳保守派“祖宗之法不可变”的说教，迭上奏折，起草诏令，对政治、经济、军事、文教等方面提出改革建议，与谭嗣同等全力策划新政，期望按照西方资本主义国家的模式改变中国的国家制度和社会制度，挽救民族危亡。变法失败后，康有为逃亡海外。在此期间，他撰写了《大同书》、《中庸注》、《论语注》、《春秋笔削微言大义考》诸书，阐述“循序渐进”、“不能躐等”的改制说，反对资产阶级革命运动，成为保皇派首领。辛亥革命成功后，康有为又鼓吹“虚君共和”。1913年，康有为从海外回到上海，主编《不忍》杂志，发表反对共和、保存国粹的言论，并任孔教会会长。1917年，康有为和张勋策划溥仪复辟，旋即以失败告终。晚年康有为在上海办天游学院，讲授国学。

作为清末资产阶级改良派领袖，康有为的思想是多元化的，其中除了受

① 光绪五年(1879)，康有为阅读了《西国近事汇编》、《环游地球新录》及其他西方译著，接触到西方资本主义思想和当时的改良思潮，开始糅合古今中西之学，改良政治。

西方资本主义民主政治学说的影响外，其思想的内核仍然是中国传统的儒家思想，只不过经过了他的调和与引申，并创发为一种新的思想理论体系，从而在真正意义上开启了中国近代思想文化的历史闸门。这种“荟东西诸哲之心肝精英而酣饫之”[①]的思想启蒙尝试，集中体现在《孟子微》一书中。在该书中，康有为通过重新诠释《孟子》，将儒家传统的“民本”论转化成了近代民主政治思想，并将近代西方的平等观念引入中国政治思想范畴。

一、《孟子微》对《孟子》的解读

《孟子微》创作于光绪二十七年(1901)，此时正值康有为流亡海外。在浪迹异邦的过程中，康有为亲历和目睹了西方诸强国的政治、经济和思想状况，在中西思潮激荡的时代背景下，康有为遂萌发了调融中西学说而自成一家的尝试。就《孟子》自身而言，它所关怀的基本问题虽发端于道德自我之建立，但其终极关怀却落实于现实的文化世界与政治世界之中，这就使它所建构的理想世界包括内外两面：内而根于仁心，外而发为仁政。《孟子》思想中这种将伦理与政治兼综的思想特质，恰好与康有为重振儒家制度伦理以济世救民的志向相吻合。因此，在《孟子微》中，康有为慨叹对于《孟子》“数千年注者虽多，未有以发明之”，故着手撰著此书以“引而伸之，表其微言大义”[②]。康有为重新阐释《孟子》，其出发点就在于借经义以寻求改制的理论依据，这就决定了《孟子微》与此前的注疏不同，具有其特殊的时代和思想内涵。具体言之，主要表现在以下几个方面：

（一）《孟子微》视野下的人性论

人性问题是孟子思想的重要组成部分。孟子从人性本原中的对同类的怜悯、友爱之心出发，高扬“性善”论，认为“人皆有不忍人之心”，进而将仁、义、礼、智之善端赋予了每个个体生命。《孟子·公孙丑上》曰：“人之有是四端也，犹其有四体也。”《孟子·告子上》又曰：“仁义礼智，非由外铄我也，我固有之也。”孟子确信人具有善性，人皆有恻隐之心、羞恶之心、辞让之心和是非之心，并且还将人性之善归结于“心”，心乃道德之根源，即“君子所性，仁义礼智根于心”[③]，这样，孟子就顺理成章地找到了他构建性善论的基础。

康有为著《孟子微》，对孟子的人性论做了新的阐发。一方面，康有为认为人性虽有善端，但不可就此谓人性皆善，他引董仲舒言：“善，教诲之所然也，非质朴之所能致也”[④]。他指出善乃后天教诲所致，而非先验之质。人的

① 康有为：《大同书·甲部绪言》。

② 康有为：《孟子微·自序》。

③《孟子·尽心上》。

④ 董仲舒：《春秋繁露·实性》。

善端因"体魄所拘"、"物交所蔽"、"习气所镕"[①]而不能尽显，因而要保持和发挥善端，其途径就在于"养性"，"苟能养之，终可以人人尽善"[②]，而养性的手段就是"王教"。康有为主张"教诲致善"说，就这一点而言，康有为的观点与孔子"性相近也，习相远也"[③]更为接近，这是具有其时代和进步意义的。

另一方面，康有为肯定人欲的合理性，并以此作为人的本性中"免苦求乐"的根本原因。康有为指出："性者，人之灵明，禀受于天，有所自来，有所自去。"[④]康有为直截了当地肯定人欲的正当性与合理性，这与孟子的观念是一脉相承的。孟子认为人的自然欲望，如饮食、色欲都是合理的存在。《孟子·尽心下》曰："口之于味也，目之于色也，耳之于声也，鼻之于臭也，四肢之于安佚也，性也。"康有为则指出："夫天生人必有情欲，圣人只有顺之，而不绝之。"[⑤]他还进一步以大禹治水的事例来加以解说："故孟子之言性，如禹之治水，专主论瀹濬疏排而利导之。"[⑥]因为人生而有欲，而且要不断地"求乐免苦"，不断地为满足欲望而努力奋斗，社会历史才得以前进，正如康有为在《大同书》中所言，"普天之下，有生之徒，皆以求乐免苦而已，无他道矣"。更为重要的是，康有为还提出礼乐、伦理是"圣人因人情之所欲悉代宣达之"，"其术不过为人增益其乐而已"。这样伦理道德就不应是压制人们个性天性的工具，而是"为人谋免苦求乐之具"。不仅如此，"一切政教，无非力求乐利生人之事"[⑦]。

由此可见，虽然康有为的人性论之精神内核与孟子的人性观一脉相承，但他对孟子的人性观是有改造的。孟子在承认自然人欲客观存在的基础上，提出以仁义礼智来调节、引导人的自然欲望，从而使人的思想和行为完全社会化。康有为则将人欲提到了前所未有的高度，大力倡导具有现实色彩的新人格，反对传统礼教对人性的束缚和压抑，将现实世界的伦理道德和政教都作出了符合民众欲望的阐释，这是对孟子的人性论的继承和改造，体现了康有为的人性论在强调人的社会属性的同时开始重视自身的个性解放需求，这也为他倡导改革封建专制政体的政治要求提供了理论依据。

（二）《孟子微》平等博爱下的仁学理论

"仁"的学说是儒家思想的重要组成部分。孟子继承并发展了孔子之仁学，将道德领域的仁推广应用于社会领域，提出"仁"即"不忍人之心"的主

---

①②④⑥ 康有为：《孟子微·性命第二》。

③《论语·阳货》。

⑤《礼运注》。

⑦ 康有为：《大同书》。

张。孟子从人性本善出发，进而指出“先王有不忍人之心，斯有不忍人之政矣”①，这就为仁政的推行找到了心理和现实的道德依据——仁政植根于人的本性善之中。“仁”作为孟子“四端”说之首，具有其特定的涵义，孟子从个体修养（即“仁人”）和政治亲民（即“仁政”）两个层面来加以阐发。从个体修养的层面来说，《孟子·告子上》曰：“仁，人心也。”《孟子·离娄上》又曰：“仁之实，事亲是也。”仁不仅是最基本的道德纲目和最普遍的德性标准，而且也是儒学视野中人完成其社会化过程的内在德性要求。从政治亲民的角度来看，孟子的“仁”就更多地确指为“仁政”、“仁术”等义，亦即“仁政”学说。“仁政”即要求统治者以民为本，“与民同乐”，“使民以时”，“薄赋敛”，这是儒家维护人的社会化的外在要求。

康有为在继承孟子“仁”学的基础上，对其加以适当的改造，从而形成了自己平等博爱的仁学理论。梁启超指出：“先生（指康有为）之哲学，博爱派哲学也。先生之理论，以‘仁’字为唯一之宗旨，以为世界之所以立，众生之所以生，家国之所以存，礼义之所以起，无一不本于仁。”②事实上，康有为的仁学理论主要表现为两个层次的内涵：其一，实现普通民众的民主权利；其二，改革弊政，推行符合近代资产阶级民主要求的“仁政”。

对于前者而言，在《孟子微》中，康有为以西方的民主来诠释《孟子》的“民本”思想。例如，他将《孟子》的“民贵君轻”思想直接诠释为西方民主：“此孟子立民主之制，太平法也……所谓君者，代众民任此公共保全安乐之事。为众民之所公举，即为众民之所公用。民者如店肆之东人，君者乃聘雇之司理人耳。民为主而君为客，民为主而君为仆，故民贵而君贱易明也。众民所归，乃举为民主，如美、法之总统。然总统得任群官，群官得任庶僚，所谓‘得乎丘民为天子，得乎天子为诸侯，得乎诸侯为大夫’也。今法、美、瑞士及南美各国皆行之，近于大同之世，天下为公，选贤与能也。”③

对于后者而言，康有为以西方的民主议会制来诠释《孟子》的“仁政”学说。在《孟子微》中，康有为将《孟子·梁惠王下》“所谓故国者非谓有乔木之谓也”章诠释为：“此孟子特明升平、授民权、开议院之制……孔子之为《洪范》曰：‘谋及卿士，谋及庶人’是也。尧之师锡众曰：‘盘庚之命，众至庭。’皆是民权共政之体，孔子创立，而孟子述之。”④

① 《孟子·公孙丑上》。

② 谢遐龄：《康有为文选·变法以致升平》，71页，上海远东出版社，1997。

③ 萧公权：《近代中国与新世界：康有为变法与大同思想研究》，20～21页，江苏人民出版社，1997。

④ 康有为：《孟子微·性命第二》。

康有为把“仁”置于历史发展的动态过程中，并将儒家的“仁爱”与西方的平等博爱相挂搭，“人人皆天生，故不曰国民而曰天民；人人既是天生，则直隶于天，人人皆独立而平等，人人皆同胞而相亲如兄弟”①。由仁爱而博爱，是中西方文化的绝妙结合，是善端的扩充和外推，康有为通过诠释、发挥孔孟的“仁”和“善”，构建起他博爱仁学的哲学体系。

康有为平等博爱下的仁学理论，具有丰富的现实意义。首先，作为封建等级秩序的反动，对探索、建设合于近代理念的平等世界具有重要意义。这是康有为作为近代思想家、政治家为冲出封建等级藩篱而在思想建设上所作出的努力。其次，作为对封建腐朽政治的反动，针砭时弊，拯救现实。康有为痛斥清廷“近者凤凰城破，而传戏称寿不休；台湾赔割，而泄沓怠傲如故……不知覆亡之不旋踵焉”②。再次，昭示“仁”是“经世”和“救世”的唯一途径和方法，这也是康有为阐发孟子“仁政”说的现实出发点和归宿。康有为将孟子的“仁政”学说演绎为据乱世、升平世、太平世的“三世说”，并认为达到太平世的关键在唤醒当权者的“仁心”。因此，以康有为为首的维新派寄希望于光绪帝一人之仁心，期望借助封建皇权的力量来改革社会弊端，以变法图强。

二、《孟子微》阐释《孟子》的路径及方法

从上述对《孟子微》思想的分析可以看出，康有为对《孟子》“微言大义”的推演，其研究方法从根本上说深受清末今文经学的影响，但由于他引入“西学”借以诠释经典，因而他的《孟子微》比同时期的今文经学研究著作更具有现实意义，也更能展示出中国民主政治近代化的轨迹。梁启超曾对这种融贯中西、综合创新的研究方法作过评论说：“有为、启超皆抱启蒙期‘致用’的观念，借经术以文饰其政论，颇失‘为经学而治经学’之本意，故其业不昌，而转成为欧西思想输入之导引。”③从传统的经学研究角度看，中国传统的经学派有古文和今文之分，今文经学派认为五经为孔子删定，经书中包含孔子的政治思想，今文经学研究即据经书文字推测其微言大义，用以教育后代，为万世准则。康有为对《孟子》的阐释是“借经术以文饰其政论”，即为他倡导资产阶级改良运动服务，带有浓厚的功利色彩，因此“颇失‘为经学而治经学’之本意”，故“其业不昌”。但是，从当时的时代背景来看，将西学引入传统的经学研究，以至融会中西学说，这对戊戌维新运动各项改革措施的推

① 康有为：《孟子微・总论第一》。

② 康有为：《孟子微・仁不仁第七》。

③ 梁启超：《论清学史二种》，5页，复旦大学出版社，1985。

行，无疑具有十分重要的意义。

从民众的接受心理来看，由于受传统心理习惯和思维模式的影响，尤其是中国2000多年的封建专制统治，普通民众对民主观念在接受上尚有一定障碍，倘若不从民族的传统思想文化中去寻求同质的思想内核，民主观念恐难以深入民心。而从实际效果来看，康有为借西学以阐释经学的研究方法，还是比较成功的，如梁启超所言"成为欧西思想输入之导引"。因此，康有为借西方近代民主政治学说以阐释《孟子》，可以说是一种政治策略。他借西方民主观念以阐发《孟子》"民本"精义，既注重民主政治实践上的时空性，又着重引入近代西方政治文化中的平等观念，从而使其阐释的孟学具有了20世纪的新时代气息，这无疑对促成儒学"民本"传统向近代民主思想的转化大有裨益。

事实上，由于每一个时代的新思潮都是与一定的社会问题相联系的，或者说新思潮是为解决时代课题而应运而生的，故而当这种新思潮通过经典诠释的方式表达、释放出来的时候，就不可避免地面临对已有经典在意义上的创新。康有为所处时代面对的是"三千年未有之变局"，要完成3000年未有之任务。因此，他的思想不仅要融会古今，还要综合东西，积极吸纳全新而现代的异质文化，并使之更好地与中国传统相对接，使外来的异质文化在中国找到适宜的生存土壤，以推进走入末路的中国封建制度的完结和新的社会制度的创立。

康有为经典诠释中围绕政治目的而比附中西所形成的浓烈的"西学"化倾向，我们不妨从康有为《孟子微》的具体章节来予以分析。譬如康有为把《孟子》中有关体现出古代民主精神的"国人"议政的论述说成是"孟子特明升平、授民权、开议院之制"，又说此制乃"孔子创立，而孟子述之"①。再如康有为对《孟子·公孙丑上》"仁则荣，不仁则辱"章的分析，更清晰地显示出其对政治的关切和对孟子经典原意的现实性引申："此明仁不仁之荣辱。人道竞争，天之理也。不仁而般乐怠敖，人将侮之。顷者万国交逼，而我犹移海军铁路之费以筑颐和园，则台湾、旅顺先失矣。日本之小，改纪其政，则大国畏之。有天命而不力配之，有多福而不求之，驯至分危，是自作孽不可活也。某于十年之前上书，言及今变法为未雨之绸缪，仅可为之，过是不及，卒至大祸。每读是篇，不能不掩面流涕也。"②这些具有引申意义的阐释，当然是不符合史实的。然而，康有为撰述《孟子微》之意乃在于透过对《孟子》经文的

① 康有为:《孟子微·总论第一》。

② 康有为:《孟子微·仁不仁第七》。

诠释来汲取清末所需要的民主政治的精神,这也是可取的。

综上所述,康有为《孟子微》借西方民主政治学说来解读儒家经典,对《孟子》的经义做了符合其时代要求的阐释。尽管康有为"借经术以文饰其政论"的经学阐释方法受到了后世学者的反对甚至诟病,但从当时所处的时代背景及他所倡导的改良运动的要求来看,康氏的这一做法还是不能一味加以否定的。

第二节　梁启超与孟学

梁启超(1873—1929),字卓如,号任公,别号饮冰室主人、饮冰子、哀时客、中国之新民等。广东新会人。梁启超自幼接受传统教育,清光绪十五年(1889)中举,次年赴京会试落第,回粤途中路经上海,接触到《瀛环志略》及上海机器局所译西书,眼界为之大开。光绪十七年(1891),梁启超入万木草堂,开始接受康有为的思想学说,并由此走上改良维新的道路,时人合称"康梁"。光绪二十一年(1895)春,梁启超再度赴京会试,协助康有为发动"公车上书"。此后,梁启超致力于宣传维新思想,先后主编北京《万国公报》(后改名《中外纪闻》)和上海《时务报》,又赴澳门筹办《知新报》。光绪二十三年(1897),梁启超担任长沙时务学堂总教习,在湖南宣传变法思想。

光绪二十四年(1898)"百日维新"期间,梁启超积极参与新政的各项改革措施,并负责办理京师大学堂译书局事务。戊戌政变后,梁启超逃亡日本,先后创办《清议报》和《新民丛报》,鼓吹改良,反对革命,开始沦为保皇派。辛亥革命后,梁启超企图使革命派与清政府妥协。民国初年支持袁世凯,后见袁怀有称帝野心,遂与蔡锷等策划武力讨袁。袁世凯死后,梁启超又参与段祺瑞反对张勋复辟,并出任北洋政府财政总长兼盐务总署督办。段祺瑞内阁下台后,梁启超也随之辞职,从此退出政坛。

1918～1920年,梁启超赴欧旅行,回国后不遗余力从事讲学和著述,研究重点为先秦诸子、清代学术、史学和佛学。1922年起,在清华学校兼课;1925年,任清华国学研究院导师。其间著有《清代学术概论》、《墨子学案》、《中国历史研究法》、《中国近三百年学术史》、《屈原研究》、《先秦政治思想史》、《中国文化史》等多部学术著作。

梁启超是我国近代著名的学者,他于学术研究,涉猎广泛,学贯中西,在哲学、文学、史学、伦理学、宗教学等领域均有建树。梁启超对《孟子》的研究可分为前后两个时期。前期的代表作是《读孟子界说》,此时的梁启超作为资产阶级改良派的主要代表,受康有为今文经学的影响,将孟学研究纳入了为现实政治服务的轨道，因而多引申《孟子》的“微言大义”，以为改制服务。后期的代表作是《论〈孟子〉》，此时因时势的变迁，梁启超对《孟子》也多侧重于纯学术研究。梁启超研究《孟子》，前后旨趣不同，内容亦有所差异，本节从两个方面来进行具体论述。

一、《读孟子界说》对《孟子》的解读

光绪二十三年(1897)，梁启超在湖南时务学堂讲学。为进一步倡导维新思想，他创作了《读孟子界说》，以阐发《孟子》的“微言大义”。《读孟子界说》凡15题，其内容主要包括阐释《孟子》的基本内涵，宣扬“大同”思想以及“绌荀申孟”的主张。

关于《孟子》的基本内涵，梁启超从以下四个层次来加以阐释：

其一，仁义思想。《孟子·告子上》曰：“恻隐之心，仁也；羞恶之心，义也……仁义礼智，非由外铄我也，我固有之也，弗思而矣。”又曰：“仁，人心也；义，人路也。舍其路而弗由，放其心而不知求，哀哉！”孟子将“仁”与“义”的内涵分别指向了个体内在心性修养和外在行为规范约束，“仁”与“义”统一起来，就构成了纲领性的行为规范和最高政治价值。因而，这两个核心概念贯穿《孟子》始终。梁启超指出：“仁义二字，为孟子一切学问总宗旨……一切义理制度，皆从此出。”

其二，“保民”思想。《孟子》十分看重民众的价值，要求统治者不但要重视民众的历史地位，还要将自身的“善端”(恻隐之心)推之于各项政策措施当中，以保障民众的生产和生活，如孟子所言，“民为贵，社稷次之，君为轻”①，“以不忍人之心，行不忍人之政，治天下可运之掌上”②。梁启超对孟子的“保民”思想深有体会，他指出：“孟子言民为贵，民事不可缓，此全书所言仁政，所言王政，所言不忍人之政，皆以为民也。”

其三，均贫富的经济思想。在《读孟子界说》中，梁启超曾言：“井田为孔子特立之制，所以均贫富。《论语》所谓不患寡而患不均。井田者均之至也，平等之极则也。……井田之意，真治天下第一义矣。故孟子一切经济，皆从此出。”

其四，个体享有“独立之人格”。《孟子·公孙丑上》曰：“我知言，我善养吾浩然之气。”孟子进一步指出，“其为气也，配义与道”，是“至大至刚，以直养而无害”的，这就是以“养气”作为个体人格修养的措施之一。梁启超对此亦有体悟，“不动心为孟子内学宗旨。此中下手功夫，复分三端：一曰先立乎

---

①《孟子·尽心下》。

②《孟子·公孙丑上》。

其大者，二曰养气，三曰求放心”①。

宣扬“大同”思想，是《读孟子界说》的另一大思想内容。梁启超指出，“孟子于六经之中，其所得力在《春秋》”，“于《春秋》之中，其所得力在大同之义”。孟子之学，是要由据乱至升平，最后进入太平世。因而，他一再强调，“孟子于《春秋》之中，其所传为大同之义”，“孟子言无义战，为大同之起点”，“孟子言井田，为大同之纲领”，“孟子言性善，为大同之极致”，“孟子言尧舜，言文王，为大同之名号”②。梁启超此举是受其师康有为的影响。康有为以其《春秋》三世之说及《礼运》“大同”之旨为基础，建立起了独具个性的思想理论体系，并以此为理论指导展开其对儒学经典做重新诠释的工作。梁启超秉承康有为今文经学研究的路数，着力发掘并宣传《孟子》中的“大同”思想，以顺应改革现状及维新变法的需求。梁启超还以西方进化论的思想，阐明“万物递变递进”，要“进”就要“变”，只有“变”才能“进”，也只有变革当前的弊政，才能进入到“大同之域”。他还进一步指出，“不能不变者，天理也；变而日进于善者，天理加以人事也”。在他看来，万事万物的发展变化才是自然天理，只不过有的事物朝着好的方向发展，而有的事物则往坏的方向发展，这种好坏的区别就在于人为。对于“人事”来说，当“日进于善”，才能符合历史发展的趋势，因而不能“听其流转”，而需“加以人事”，只有“加以人事”，才能“日进于善”③。因此，梁启超大力提倡必读孔子之书，明孔子“改制之义”，“以求治天下之理”，才能“递变递进”。孟子由于“学孔子之实”，发明孔子之道，于《春秋》之中，“所传为大同之义”。故欲达到太平世的“大同之域”，就当“自孟子以求孔学”，由孟子以求“孔子之言”。

“绌荀申孟”的主张，是梁启超《读孟子界说》的又一大思想内涵。梁启超这一主张是在通过比较《孟子》与《荀子》的思想之后提出的。在《读孟子界说》中，梁启超对孟、荀的根本观点及学理渊源作了辨说：“荀子之学在传经，孟子之学在经世。荀子为孔门文学之科，孟子为孔门政事之科。汉兴，诸经皆传自荀卿，其功最高不可诬，然所传微言大义不及孟子。孟子专提孔门欲立立人，欲达达人，天下有道，某不与易之宗旨，日日以救天下为心，实孔学之正派也。”④梁启超通过孟、荀之对比后指出，孔子之学在战国时分为孟、荀两派，荀卿之学在传经，而孟轲之学在经世。荀子“为孔门文学之科”，孟子“为孔门政事之科”。孟子在六经中得力于《春秋》，“仁义、仁政”是其“一切学问总宗旨”。孟子传孔子之“微言大义”，要学孔子，就要“先学孟

①②④ 梁启超：《饮冰室合集·读孟子界说》。

③ 梁启超：《饮冰室合集·读春秋界说》。

子”。为进一步寻找托古改制的理论依据，梁启超还指出：“孟子言民为贵，民事不可缓，此全书所言仁政，所言王政，所言不忍人之政，皆以为民也。泰西诸国今日之政，殆庶近之，惜吾中国孟子之学久绝也。”①梁启超认为，孟子的经世保民思想与西方政治学说相近，而中国目前落后于西方诸国，其原因就在于“中国孟子之学久绝也”。为此，他大力提倡学习孟学，以顺应时代潮流托古改制。

关于孟、荀的人性论思想，梁启超也作了评价。他认为“孟子言性善，为大同之极效”，并进一步分析说：“孔子之言性也，有三义。据乱世之民性恶，升平世之民性有善有恶，亦可以为善可以为恶，太平世之民性善。荀子传其据乱世之言……孟子传其太平世之言。各尊所闻，因而相争，苟通于三世之义，可以了无窒阂矣。太平之世，《礼运》所谓谋闭而不兴，盗窃乱贼而不作。《春秋》所谓人人有士君子之行，故曰性善。西人近倡进种改良之学，他日此学极盛，则孔子性善之教大成矣。不明于此，则孟子断断之致辩，诚无谓也。”②梁氏从三世说入手，指出孟子的“性善”论实比荀子的“性恶”论高明，因为孟子实乃“传其太平世之言”，这已达到了儒家所尊崇的三世说的最高境界。

此外，梁启超还认为，与荀学相比较而言，孟学是孔学嫡派，是入德之门，学圣之基。他说：“汉兴，群经皆传自荀子，十四博士，大半属荀子之学。东汉以后，又遭窜乱，六朝及唐，日益破碎。无论是非得失，皆从荀学中之一派讨生活矣。二千年来，无有知尊孟子者。自昌黎倡之，宋贤和之，孟学似光大矣。然与孟子经世大义，无一能言者，其所持论，无一不与孟子相反，实则摭荀学吐弃之余而已。唯有不动心之学，间有讲之者，然非其至也。故自宋以来，有尊孟子之名，无行孟学之实。以孔门嫡派，二千年昏霾湮没，不显于世，斯亦圣教之大不幸也。今二三子既有志于大道，因孟学实入德之门，学圣之基也。持此界说以读《孟子》，必有以异于畴昔之所见者，勿以为习见之书而忽之也。”③

二、《论〈孟子〉》对孟学的研究

梁启超晚年潜心于学术研究，写有《论〈孟子〉》手稿，尽管《时事新报》曾刊载过该手稿的部分内容，但因《饮冰室合集》未收此稿，学界知之者不多，也鲜有人论及④。然而，该手稿对《孟子》的研究初衷与《读孟子界说》不同，它对孟子的性善论、教育思想等都提出了独到的见解，具有重要的学术价

①②③ 梁启超：《饮冰室合集·读孟子界说》。

④ 此手稿的具体情况，据汤志钧《梁启超论〈孟子〉》一文介绍：“手稿共 132 页，每页 8 行，金糕纸，色略黄，每页长 30.5 厘米，宽 22 厘米。前有《孟子略传》，凡 8 页，后为《孟子之教育主义》，《饮冰室合集》未载。”汤文见《史林》2007 年第 3 期。本部分内容参考汤文，引文均转引自汤文。

值。

概而言之,《论〈孟子〉》的主要内容体现在以下两个方面:

首先,对孟子"性善"论的研究。这部分内容主要集中在《孟子之教育主义·性善论》中。梁启超指出孟子所谓"性",是"指真如相"。孟子"特标性善为进德关键",他所谓的"善",是指仁义礼智,孟子通过将"善"附加给"性"之后,使"善"成了"生而固有,非由外铄"的"性"之组成部分。而且孟子还提出人具有"良知良能"。《孟子·尽心上》曰:"人之所不学而能者,其良能也;所不虑而知者,其良知也。""良知良能"是"受之于天"的,譬如《中庸》就说"天命之谓性",因而"良知良能"也同"万物皆备于我",这就构成了孟子"性善之圆满"。如梁启超所言,"(孟子)以为人之所以能宏道者,由其有良知良能,故言性善"。

梁启超对孟学的"性善"论持赞同的态度,尽管如此,梁启超也不讳指出孟子"性善"论的逻辑漏洞。他说:"(孟子)屡言恻隐、羞恶、辞让、是非之心,人皆有之","而其所举显证,唯恻隐一端",以为恻隐之心"为人所固有",是非之心亦然,"然其所是非者,为合于礼义,抑不合于礼义,则甚难言"。梁启超的指责很显然是对的,孟子由"善端"而"性善"这一推理过程确实存在逻辑漏洞,其"性善"论的构建也有值得商榷之处,譬如梁启超所指出的,"礼义常随时随地而有异同",那么,是非判断是否合于礼义就无从说起。

关于人性之善恶问题,梁启超还将孟子与荀子、告子等诸家学说做了比较。他指出,"今古论性"有五家,孟子之外,还有荀子言性恶,以为"人之性恶,其善者伪也",还有"性无善无不善"、"性可以为善,又可以为不善"、"有性善有性不善"诸说。这五家学说如果一定要"品第其优劣",那么,告子所说"性无善无不善"与孔子合,"义最圆融"。

值得一提的是,梁启超在《读孟子界说》中提出了"绌荀申孟"的主张,但在《论〈孟子〉》中他对荀学的态度有所改观。他指出,荀子因其倡性恶说,故自宋以后"大为世儒诟病",尤其是对"其'善者伪'一语,尤所集矢"。梁启超认为这是后儒对荀子的误读,实则"伪"字"以'人为'为本训,谓进善须用人力"。孟、荀、告诸子的人性之论,"皆就各人赋形受气后立论,则性恶之说,毋宁较近真"。只不过荀子"特标性恶为义,则一似性中绝无善质",这是他的"偏而不园,乃更甚于孟子"。如果说"性之体则无善无恶","性之相则有善有恶","性之用则可以为善可以为恶",那么,孟、荀、告诸子"则各明一义,不必相非"。至于宋儒之扬孟抑荀,"其本旨虽在申孟,然终不能屈荀"。可见,梁启超对荀子性恶说的态度已趋于平和,产生这一转变的原因,我们认为主要是时势的变迁。梁启超前期致力于维新变法运动,极力发掘儒家经典的“微言大义”,因而他对孟学更为尊奉。到后期,梁启超已退出政坛,潜心从事学术研究,因而他能以更平和、科学的眼光来看待孟子与荀子,其结论也更为公允。

其次,由“性善”论出发,梁启超论述了孟学的教育思想。在梁启超看来,“孟、荀言性,皆以为树教育主义之根柢。孟言性善,故其教法在发挥本能;荀言性恶,故其教化在变化气质。二者各有所长,而孟子尤能先立乎其大矣”。梁启超从孟、荀关于性之善恶的分歧谈起,他认为人性本来是善的,恶不是“性”而是“习”。孟、荀言性虽相反,但他们最终都归结于个体的修养,人性本来是善的,但因环境等的影响而有所改变,所以需要教育。孟子力主“性善”,他所注重的乃是自身的人格力量;荀子言“性恶”,他所尊崇的是外在力量。因而要自力,就得学习。没有修养,会“失其所守”,可知教育的重要性。“立志”、“自立”,就是“导人以自学”。要以“存”“养”并举,不要养小害大,不要以贱害贵,“大既立则小不能夺”。孟子以恻隐、羞恶、辞让、是非之心“为仁义礼智之端”,从政治上立教,以为人是有良知良能的,以扩充为教,因势利导,以发挥本能之教。

由此可见,梁启超《论〈孟子〉》对孟学“性善”论,以及由“性善”而发的个体人格修养和道德教育,持肯定的态度。孟学也一直是梁启超研究的重要论题,例如,创作于1925年的《要录解题及其读法》也专门提到了孟子,列出《孟子之编纂者及其篇数》、《孟子之内容及其价值》、《读孟子法》、《孟子之注释及其关系书》诸节,指出“《孟子》为修养最适当之书,于中国青年尤为相宜”。

综上所述,在维新思潮及变法运动高涨时期,梁启超以《孟子界说》来解读《孟子》,发挥其“微言大义”,主张要尊孔子,就要先读《孟子》,目的是想利用孔子的权威变法维新。晚年潜心学术,著有《论〈孟子〉》手稿,对《孟子》进行全面研究和阐释。《论〈孟子〉》手稿虽仅存《孟子略传》、《孟子之教育主义·性善论》,却对孟子其人其书进行了深入浅出的论述,因而具有重要的学术价值。

第三节　谭嗣同与孟学

谭嗣同(1865—1898),字复生,号壮飞、华相众生。湖南浏阳人。其父谭继洵,咸丰进士,先为甘肃道员,后为湖北巡抚。谭嗣同少时博览群书,并致力于自然科学的探讨,鄙弃科举,喜好今文经学。光绪十四年(1888),谭嗣同在著名学者刘人熙的指导下开始认真研究王夫之等人的著作,汲取其中的民主和唯物色彩的思想，同时又广为搜罗和阅读当时介绍西方科学、史地、政治的书籍，以丰富自己的学识。光绪二十一年(1895)，清政府与日本签订《马关条约》，谭嗣同对帝国主义的侵略和清廷的妥协投降义愤填膺，坚决反对签订和约，并在变法思潮的影响下，开始呼号变法。光绪二十四年(1898)初，谭嗣同应湖南巡抚陈宝箴的邀请，回乡协助举办新政。在湖南时务学堂，谭嗣同组织了南学会，同时创办《湘报》，以加强变法理论的宣传。南学会以联合南方各省维新力量，讲求爱国之理和救亡之法为宗旨，“演说万国大势及政学原理”①，开湖南全省维新风气之先。其后，谭嗣同被征召入京参与新政。戊戌变法失败后，谭嗣同决心以死来殉变法事业，并慷慨自陈：“各国变法无不从流血而成，今日中国未闻有因变法而流血者，此国之所以不昌也。有之，请自嗣同始。”②光绪二十四年(1898)九月二十八日，谭嗣同英勇就义于北京宣武门外的菜市口刑场，终年34岁。同时就义的维新人士还有杨锐、林旭、杨深秀、康广仁和刘光第，六人并称“戊戌六君子”。

谭嗣同一生积极参与改造现实社会，受当时康梁改良主义思潮的影响，力主变法维新。但他的思想比康有为、梁启超和严复等维新派人士更为激进。他向往法国大革命，要求废除封建君主专制，设立议院管理国家，废除科举等。然而他赖以支持其社会变革的思想理论仍停留于资产阶级改良主义阶段。与同期的大多数维新派人士一样，谭嗣同的改良思想也来源于中国的传统思想和西方资产阶级民主革命思想，其中以对孟学思想的吸纳和改造为主要特色。

一、谭嗣同对孟学的吸纳

谭嗣同早年即研习儒家经典，因而他的思想受到儒家思想的影响，为了使自己改造社会现实的努力更有号召力和更具合法性，谭嗣同也打出了“托古改制”的旗帜。“托古改制”最普遍的做法就是托名于古圣先贤，或附会于某部典籍来进行社会改革，这样既可以减少社会改革的阻力，同时也能使改制更深入人心，得到更广泛的社会支持。当时的维新派人士大都以“托古改制”为号召，譬如康有为著《孔子改制考》一书，就曾托名孔子改制，以推行其变法维新的改革措施。谭嗣同也从推进维新变法运动的目标出发，对传统的儒家思想——尤其是孟学进行了广泛的吸收和改造，从而形成了他独具特色的人格魅力和思想。

① 梁启超：《谭嗣同传》，见《谭嗣同全集》(增订本)，50～51页，中华书局，1981。

②《谭嗣同全集》(增订本)，556页，中华书局，1981。

（一）以孟子构建的“大丈夫”理想人格来塑造自己的人格

谭嗣同对孟学的吸纳，首先体现在他以孟子的“大丈夫”人格魅力来塑造自己的人格。《孟子·滕文公下》曰：“富贵不能淫，贫贱不能移，威武不能屈，此之谓大丈夫。”这就是孟子对个体道德修养的要求，也是他塑造的“大丈夫”形象。孟子塑造的“大丈夫”形象具有正道直行、不卑不顺、养浩然之气的人格价值。在他看来，“大丈夫”具备其独立的人格，就能藐视权贵，刚直不阿，做到“说大人，则藐之，勿视其巍巍然。堂高数仞，榱题数尺，我得志，弗为也。食前方丈，侍妾数百人，我得志，弗为也。般乐饮酒，驱骋田猎，后车千乘，我得志，弗为也”①。要实现“大丈夫”的人格价值，孟子认为其途径主要在于培养浩然之气，“我知言，我善养吾浩然之气”②。所谓浩然之气，是指人格修养达到很高程度之后形成的精神状态，如孟子所言，“其为气也，至大至刚，以直养而无害，则塞于天地之间。其为气也，配义与道；无是，馁也”③。“至大至刚”与“配义与道”是“浩然之气”的特点，这是一种个体修身成仁的高尚道德的理想境界。

谭嗣同向往孟子的“大丈夫”理想人格，而且终其一生都在努力实现这一伟大的人格价值。面对腐朽黑暗的社会现实，谭嗣同表现出独立的主体人格意识，这种人格意识以对民族的深沉忧患和对现实的批判为表征。谭嗣同认为，腐朽落后的封建专制政体，以及与之相应而生的经济体制和思想文化，都严重妨碍了新的社会价值的建构，阻碍了变法的推行和社会的进步。因此，谭嗣同强烈呼吁冲决君主、伦常之网罗。对此，梁启超称谭嗣同“魄力绝伦，才识明达”，翁同龢亦称“（谭嗣同）高视阔步，世家子弟中桀骜者也”④。这种“魄力”、“桀骜”来自于孟子“大丈夫”的独立人格和浩然之气。

谭嗣同的理想人格还包括个体的人格精神，亦即通常所说的强烈的社会责任感和自信心。谭嗣同个体人格精神的内涵表现在：挽救民族危亡，推行变法维新的政治实践。这与上述独立的主体人格意识是相辅相成的，只有具备独立的主体人格意识，才能清醒地意识到作为独立的人所承载的道德和社会责任，也才能促成社会个体为群体的生存而前仆后继、不计个人得失以履行其社会责任的人格精神。戊戌变法失败后，谭嗣同决心以身殉道，这与孟子所谓的“舍生取义”具有相同的精神内核。“天下无道，以身殉道”⑤，正是这种个体的人格精神促成了谭嗣同强烈的爱国主义精神，促使他

①《孟子·尽心下》。

②③《孟子·公孙丑上》。

④《谭嗣同全集》（增订本），553～560页，中华书局，1981。

⑤《孟子·尽心上》。

探求一条救国救民、维护国家民族独立的新出路。

（二）对《孟子》民主思想的继承

作为维新派的骨干，谭嗣同与其他维新派人士一样，也鼓吹破除封建专制政体，呼唤民主政治。但是，与康有为以西方民主政治来诠释《孟子》"仁政"说不同，谭嗣同对"仁政"的诠释主要是破除封建专制统治赖以维系生存的礼教制度和伦理体系，从而实现真正意义上的君民平等。他指出："孔学衍为两大支：一为曾子传子思而至孟子，孟故畅宣民主之理，以竟孔之志。一由子夏传田子方而至庄子，庄故痛诋君主，自尧舜以上，莫或免焉。不幸此两支皆绝不传，荀乃乘间冒孔之名以败孔之道。曰：'法后王，尊君统。'……故常以为二千年来之政，秦政也，皆大盗也；二千年来之学，荀学也，皆乡愿也。唯大盗利用乡愿，唯乡愿工媚大盗，二者交相资，而罔不托之于孔，被托者之大盗乡愿，而责所托之孔，又乌能知孔哉？"[①]谭嗣同将民主思想的产生追溯到儒家创始人孔子，认为孟子"畅宣民主"和庄子"痛诋君主"都是对孔子民主精神的发挥，而荀子"法后王，尊君统"，"又喜言礼乐政刑之属，唯恐钳制束缚之具之不繁也"。因此，谭嗣同将荀学视为维系中国两千多年封建君主专制的社会意识形态，是"冒孔之名以败孔之道"。尽管谭氏的观点有些偏激，但他却已明确指出了封建礼教对人们思想和行为的严重束缚——就如同秦政的专制一样。

在君臣关系上，孟子主张"民贵君轻"，要求统治者以仁爱之心来关爱民众疾苦，要"与民同乐"、"薄赋敛"。谭嗣同指出："二千年来君臣一伦，尤为黑暗否塞，无复人理，沿及今兹，方愈剧矣。"[②]他认为君臣是平等的，"君亦一民也"，"君也者，为民办事者也；臣也者，助办民事者也。赋税之取于民，所以为办民事之资也。如此而事犹不办，事不办而易其人，亦天下之通义也"[③]。谭嗣同的"君民平等"说，不仅破除了封建礼教所谓的"君为臣纲"观念，而且认为臣不应该对君主有尽忠死节的道理，"中国人犹自以忠义相夸示，真不知世间有羞耻事矣"[④]。谭嗣同否定了这种为君尽忠的思想，而把民与国联在一起。他指出，民为本，"吾不知除民之外，国果何有"[⑤]。因此，报国必须为民，把忠君视为爱国，是本末倒置，十分荒谬。从忠君爱国到报国为民，这在观念上是一个根本性的转变。民本君末，"非君择民，而民择君"，民可"共举之"，当然也可"共废之"。与西学合流后的儒学就这样顺理成章

---

①③ 谭嗣同：《仁学·第二十九》。

② 谭嗣同：《仁学·第三十》。

④ 谭嗣同：《仁学·第二十七》。

⑤ 谭嗣同：《仁学·第三十二》。

地完成了从“民本”到“民主”的过渡。

谭嗣同为变革社会，对传统的社会价值内存系统及其外部效用进行了深刻剖析，从具体的政治制度、伦理道德、社会心理、文化意识等各个层面出发，对以君主专制、忠孝道德为主要内容的国家家族群体价值、个体价值、伦理价值系统及传统的文化价值主体性格予以深刻的反思与批判，同时，引进西方资产阶级以自由、平等为主的政治文化概念，从而实现对传统社会价值内存结构系统的超越和理论建构。

二、谭嗣同对孟学的改造和超越

谭嗣同在吸收融合孟学的基础上，又对其进行了改造，从而促进了孟学在中国思想史上的近代化进程。

（一）对孟子仁学的改造与超越

仁学是孟子思想体系中的重要组成部分，《孟子·告子上》曰：“仁，人心也。”“仁”既是个体道德修养的基本纲目和普遍标准，即“仁之实，事亲是也”①，同时，“仁”对于社会政治来说，又是以民为本和施行“仁政”。孟子以“性善”论为基础，并“扩而充之”，即“以不忍人之心，行不忍人之政”②，这就是他建构其“仁政”学说的思维路径。

谭嗣同的仁学思想在《仁学》一书中得到了集中的展示。《仁学》成书于光绪二十二年(1896)夏秋间，成为维新派的第一部哲学著作。关于“仁”，谭嗣同指出：“‘仁’，从二从人，相偶之义也。”③他认为世界由物质性的“以太”所构成，其本体是“仁”，世界的存在和发展都是由于“仁”的作用，“仁为天地万物之源”④，故称其哲学为“仁学”。这与孟子的“仁”——伦理道德的标准存在着巨大的差异。谭嗣同认为“仁”是“通为第一义”的，而“以太”(谭嗣同将其精神表现规定为“仁”)则是沟通世界成为一个整体的桥梁。由于“以太”是“不生不灭”的，因而“仁”的内容也是“通”，如谭嗣同所言：“以太也，电也，心力也，皆指出所以通之具。”“通”的涵义有四种，即“中外通”、“上下通”、“男女内外通”、“人我通”。“通之义，以‘道通为一’为最浑括”，“不识仁，故为名乱；乱于名，故不通”。谭嗣同先将“仁”物化为“以太”，再通过“以太”不生不灭的存在方式，将其与物质的变化发展紧密联系，从而构建起“仁——通——平等”这样一个万物发展的模式。

谭嗣同突破了孟子单纯依靠人们的伦理道德来维系个体的成仁化，他

---

①《孟子·离娄上》。

②《孟子·公孙丑上》。

③ 谭嗣同：《仁学·自叙》。

④ 周振甫：《谭嗣同文选注》，11页，中华书局，1981。

通过建构"仁——通——平等"模式,顺理成章地将"仁"扩充为普通个体所具备的德性标准。接下来,谭嗣同又将"通"与"平等"联系起来,他说:"通之象为平等。""平等者,致一之谓也。一则通无,通则仁矣。"①"通之象为平等",这就肯定了自然界和人类社会是不断运动、变化和发展的,进而批判了"天不变,道亦不变"的形而上学思想,从变易中论证了其改革社会制度的政治理想。由此可见,谭嗣同所谓的"仁"与"仁者爱人"、"克己复礼为仁"的儒家思想不同,谭嗣同更加关注人与人之间的关系,他从破除封建礼教和等级制出发,倡导人与人之间自由、平等的交往关系。

(二)对孟子人性问题的改造与超越

谭嗣同在人性善恶问题上也进行了大量的探研,认为从根本上说人性作为"以太之用"、"生而自然"的现象,原本是无所谓善恶的。就其本原言之,只能说"性无"。所谓善恶都是人为的"名"而产生的观念,是"人名名而人名用,皆人之为也"②。人们把某些行为名之为"善",而把与之对立的行为名之为"恶",所以善恶皆"名",都不是人性。可见"名也,非实也"③,只有作为"以太之用"的人性,才是属于"实"的范畴。又因为"以太"是不生不灭的,作为"以太之用"的"性"也是不生不灭的,"名"的产生并没有改变人的本性,更不能消灭人性。所以,他认为只有"知乎不生不灭,乃今可与谈性"。

谭嗣同认为,因为"以太"本性名"善",即应以是否符合"以太"的本性,或者说人生而具有的自然本性,为判断善与不善的标准。在这个前提条件下也可以说性是善的,"仁"是善的。故他说:"就性名之已立而论之,性一以太之用,以太有相成相爱之力,故曰性善也。"④"唯性无不同,即性无不善,故性善之说,最为至精而无可疑,而圣人之道,果为尽性至命,贯彻天人,直可弥纶罔外,放之四海而准。"⑤可见,谭嗣同虽说性善,但并不是从根本上主张"人性本善",而是有条件地赞成人性善。更重要的是,谭氏所主张的善的标准——人生而具有的本性,其实质内容是对孟子所讲的五常善性的否定,是反映新兴资产阶级利益的政治、伦理规范,即他在许多地方所阐发的"自由、平等、民主"。

综上所述,作为"近代中国为国流血第一烈士"⑥,谭嗣同的历史功绩并不仅止于"为国流血",他在中国历史近代化进程中的意义体现在:毕生追求变法图强之真理,与维新变法运动相始终;以"冲决网罗"的反封建主义、变

① 谭嗣同:《仁学·界说》。

②③④ 谭嗣同:《仁学·第九》。

⑤ 谭嗣同:《报贝元征》,见《谭嗣同全集》(上册),199~200页,中华书局,1981。

⑥ 蔡尚思、方行主编:《谭嗣同全集》(增订本),327页,中华书局,1998。

法图强以抵制侵略的爱国主义和不屈不挠的斗争精神去唤醒蒙昧的国民，推动了近代中国历史的进步。

第四节 章炳麟与孟学

章炳麟(1868—1936)，初名学乘，字枚叔，因仰慕顾炎武(顾氏初名绛，入清后改名炎武)，后更名绛，号太炎，学者多称他太炎先生。浙江杭州人。其父章浚，喜好经术，曾任县学训导，并在当时全国汉学研究的重镇——杭州诂经精舍担任监院多年。章炳麟自幼开始研习传统国学，23 岁即入杭州诂经精舍，师从俞樾等名家，精研故训，博考事实，在朴学研究上卓有成就。与当时许多进步人士一样，清廷在甲午战争中的战败，促使他走上了学习西学、探求新的救国真理的道路。光绪二十二年(1896)，上海成立强学会，章炳麟立即参加，并于年底担任《时务报》撰述和编辑工作。戊戌变法失败后，受清廷通缉，章炳麟流亡日本。在日本，他会见了孙中山，对其取法西学的民主共和思想极为赞同，因而接受了孙中山的民主革命纲领，开始驳斥康有为以保皇对抗革命和托古改制的主张，宣传民主革命。1903 年，因“苏报案”①被捕入狱，三年后出狱，前往日本主编同盟会机关报《民报》，开始与改良派展开长期论战。1911 年上海光复后，章炳麟回国主编《大共和日报》，担任孙中山总统府枢密顾问。1917 年，因政见不和而脱离国民党，并在苏州设章氏国学讲习会，以讲学为业。1936 年，章炳麟病故于苏州，时人称之为革命元勋，国学泰斗。国民政府下令予以国葬，墓庐位于杭州西湖畔张苍水墓侧。

章炳麟一生经历了戊戌维新运动和资产阶级民主革命两个历史时期，作为一个学者型的民主革命思想家，他的思想既深受中国传统文化的熏陶，同时也主动吸收西方哲学、社会学、政治学、生物学等的影响，从而构建了一个中西合璧的思想和学术体系。

一、章炳麟的人性观与“善”、“恶”俱分进化论

人性的善恶问题是传统儒家长期关注的一个重要问题，其中最具代表性的观点是孟子的“性善”说和荀子的“性恶”说。孟子从“四端”引出人性本善，如《孟子・公孙丑上》所言“恻隐之心，仁之端也；羞恶之心，义之端也；辞让之心，礼之端也；是非之心，智之端也。人之有是四端也，犹其有四体也”。孟子的“人性善”是相对于“兽相食”的兽性恶而言，他将道德观念、人伦和心

---

① 1903 年，章炳麟发表《驳康有为论革命书》，并为邹容《革命军》作序，为此触怒清廷，被捕入狱，这就是著名的“苏报案”。

思的理性思维能力视为人的本性，从而深化了对人性的认识。

章炳麟对孟子的“性善”论并不认同，提出了人性的善与恶同时进化的“俱分进化论”。在《菌说》一文的修改稿中，章炳麟否定了人性的善或恶是与生俱来的传统说法。对于人性的善恶是否与生俱来，章炳麟引用英国洛克的“白纸说”来加以论证。所谓“白纸说”，其内容就是主张“人之精神，本为白纸”。洛克认为人性生来犹如一张等待人描绘的白纸，“善”与“恶”作为人类社会道德伦理的范畴，都是人们后天描绘塑造的结果，这就破除了人性之善恶乃与生俱来的传统说法的理论基础。对于孟子的“性善”论，章炳麟援引了培根的“一切道德，皆始自利”的说法加以辩驳。由于孟子将道德之“善”先验地赋予了人性，进而要求人们以人性之“善”自发地对道德行为进行约束。对此，章炳麟指出：“夫善恶生于自利，而自利非善恶……自社会言之，则有善恶矣；自人身言之，则有宫商矣。此荀子所谓缘也。无善无恶，就内容言；有善有恶，就外交言，本无异言。”①章氏认为趋利才是人性的本质内容，利益的驱使对个体的行为来说无所谓善恶，只不过从社会群体的交往来看，倘若人人一味追求私利而互相倾轧，就会危及社会的整体利益而产生“善”、“恶”之分。在他看来，只有基于个人利益和社会整体利益，才能实现社会性和自利性的和谐统一，“善”也才能日臻完善②。由此可见，章炳麟的人性善恶观已经超越了传统伦理学上孟子的“性善”论和荀子的“性恶”论。

认识了人性的善恶并非与生俱来以后，章炳麟进一步提出：人的本性会伴随着人与社会的交往而呈现出两种发展趋向——“善”与“恶”俱分进化。章炳麟接受了当时西方进化论的观点，把目光从人性扩展到了整个世界发展的历史进程，他运用西方近代关于人类进化的理论，指出：“近世言进化论者……虽无进化之明文，而所谓世界之发展，即理性之发展者，进化之说，已蘖芽其间矣。达尔文、斯宾塞尔辈应用其说，一举生物现象为证，一举社会现象为证。如彼所执，终局目的，必达于尽美醇善之区，而进化论始成。同时即有赫胥黎氏与之反对。赫氏持论，徒以世运日进，生齿日繁，一切有情，皆依食住，所以给其欲求者，既有不足，则相争相杀，必不可已，沾沾焉以贫乏失职为忧，而痛心于彗星之不能拂地，以扫万物而剿绝之。”③章氏此言即已表明他是赞同社会进化观点的，只不过他又并不完全倾服于达尔文、斯宾塞尔等人主张的社会进化乃“尽美醇善”的观点，他对赫胥黎所持的社会进

① 朱维铮、姜义华：《章太炎选集》(注释本)，86～87页，上海人民出版社，1981。

② 王天根：《章太炎的伦理思想及其影响》，载《广西师范大学学报》(哲社版)2002(1)，121页。

③《章太炎全集》(四)，386页，上海人民出版社，1985。

化将使世界走向至恶的观点也表示赞同。可见章炳麟"善"、"恶"俱分进化的观点明显地兼采了上述两派的学术观点，正如他所言："若以道德言，则善亦进化，恶亦进化；若以生计言，则乐亦进化，苦亦进化。"①

按照章氏的俱分进化论观点，人类"其善为进，其恶亦为进也"②。换言之，善既然可以进化，那么恶也是可以进化的。然而恶一旦进化，就会给人类社会带来不可预知的不良后果。章炳麟在《五无论》一文中指出："问曰：'生物进化，未有尽期，今之人虽多贼杀，千百世后，或为道德纯备之人，何必以灭绝人类为志也？'答曰：'望进化者，其迷与求神仙无异。今自微生以至人类，进化唯在智识，而道德乃日见其反。张进化愈甚，好胜之愈甚，而杀亦愈甚。纵令进化至千百世后，知识慧了，或倍蓰于今人，而杀心方日见其炽。'"③在章氏看来，人类有各种自然欲望，诸如淫欲、贼杀之心都是恶之表现。企求通过社会的进化而消弭人们道德之恶的根源，无异于祈求神灵的庇佑——都是不现实的。社会的进化只是人类认知能力的提高，而道德则随着社会的进化而不断堕落。章炳麟在人类命运这个伦理道德的终极问题上最终走向了悲观主义。事实上，从社会发展的总体趋势来看，章氏的担忧虽有一定道理，但他已深深陷入了悲观主义的泥淖之中不能自拔，没能从根本上把握人类社会的发展趋势是一步步由低级向高级不断进步的。他的悲观"不仅仅是个人在道德伦理归宿上找不到出路，更是章太炎所代表的阶层对社会物质文明的发展与精神层面发展相脱节、甚至是悖离的强烈抗议，它体现了一个思想家对人类前途的忧虑和其自身博大的人文情怀"④。

二、章炳麟的孟学研究方法

作为晚清古文经学的领军人物，章炳麟一生致力于传统国学的研究，其弟子钱玄同称他为"专宗古文，痛诋今文"⑤的"纯粹的古文家"⑥，可谓深得章氏学术之大体。章炳麟对《孟子》的研究主要散见于《孟子大事考》、《诸子学略说》和《经学略说》中，后两者为1936年章炳麟在苏州章氏国学讲习会的讲演稿，后编入章氏《国学讲演录》。章炳麟对《孟子》的研究，其方法虽秉承古文经学的研究路数，但他又与乾嘉朴学注重以音韵训诂等小学方法来考证经典真伪的做法存在差异，他以与《孟子》时代相同或相近的子书作比较，

① 《章太炎全集》(四)，387页，上海人民出版社，1985。

② 同注①，388页。

③ 同注①，442～443页。

④ 同注①，121～122页。

⑤ 《钱玄同文集》(第四卷)，225页，中国人民大学出版社，1999。

⑥ 同注⑤，266页。

通过博考事实来探求经典的本意。同时，他还援佛入孟，将佛学思想融入到孟学的研究之中。

首先，以与诸子进行对比来研究《孟子》。章炳麟以诸子之学来研究孟学，与清代中晚期以来诸子学研究的兴起有渊源关系。子学兴起的原因之一，便是为重现儒家经典的历史真面目提供证据。章氏乃清末提倡诸子学最为有力之人，他继承前人援子书来考证儒经的做法，主张以子证经。在《诸子略说》中，章炳麟对《孟子》和《荀子》进行了比较：

> 若以政治规模立论，荀子较孟子为高。荀子明施政之术，孟子仅言五亩之宅树之以桑，使民养生送死无憾而已。由孟子此说，乃与龚遂之法相似，为郡太守固有余，治国家则不足，以其不知大体，仅有农家之术尔。又孟子云："尧舜性之也、汤武反之也、五霸假之也。"又谓："仲尼之门无道桓文之事者。"于五霸甚为轻蔑。荀子则不然，谓义立而王、信立而霸、权谋立而亡，于五霸能知其长处。

章炳麟通过将《孟子》与《荀子》进行对比，认为孟子构建的政治规模不及荀子，孟子主张行仁道，而荀子则主张行霸道。对于孟、荀之间的性善与性恶之辨，章炳麟则指出："以二人为学入门不同，故立论各异。荀子隆礼乐而杀《诗》、《书》，孟子则长于《诗》、《书》。孟子由诗入，荀子由礼入。《诗》以道性情，故云人性本善；礼以立节制，故云人性本恶。"①这是从孟、荀二人为学入门的角度来分析的，章氏认为孟子长于以道性情的《诗》，故其力主性善论，而荀子则长于以立节制的礼，故云人性本恶。

从人文地理环境的角度来看，章炳麟指出："孟子邹人，邹鲁之间，儒者所居，人习礼让，所见无非善人，故云性善；荀子赵人，燕赵之俗，杯酒失意，白刃相雠，人习凶暴，所见无非恶人，故云性恶。且孟母知胎教，教子三迁，孟子习于善，遂推之人性以为皆善；荀子幼时教育殆不如孟子，自见性恶，故推之人性以为尽恶。"②我们知道，个体的人作为社会群体的最基本组成单位，他必然会受到一定社会环境的熏陶和影响。章炳麟认为，孟子因为生长于儒家学者众多而"人习礼让"的邹地，因而其"所见无非善人，故云性善"；与之相反，荀子则因为生长于"杯酒失意，白刃相雠，人习凶暴"的赵地，故其"所见无非恶人"，因而主张"性恶"。这里我们且不评价章氏之分析是否合理，光就这一研究方法而言也是值得肯定的。

此外，章炳麟还对孟、荀二人理论本身的内在逻辑进行了分析。他指

---

①② 章炳麟：《国学讲演录·诸子学略说》。

出："孟子论性有四端：恻隐为仁之端，羞恶为义之端，辞让为礼之端，是非为智之端。然四端中独辞让之心为孩提之童所不具，野蛮人亦无之。荀子隆礼，有见于辞让之心，性所不具，故云性恶，以此攻击孟子，孟子当无以自解。然荀子谓礼义辞让，圣人所为。圣人亦人耳，圣人之性亦本恶，试问何以能化性起伪？此荀子不能自圆其说者也。反观孟子既云性善，亦何必重视教育，即政治亦何所用之。是故二家之说俱偏，唯孔子'性相近、习相远'之语为中道也。"①章炳麟认为无论是孟子的"性善"论，还是荀子的"性恶"论，都具有其内在的逻辑破绽。他指出，孟子所谓的"辞让之心"是孩童和野蛮人所不具备的，既然"辞让之心"并非生来固有，那么人性本善的结论就不能成立。对于荀子的人性本恶论，章氏指出，既然人性本恶，那么"圣人之性亦本恶"，这样"何以能化性起伪"？因此，章炳麟尖锐地指出了性善与性恶论的破绽，较之某些腐儒一味恪守成说的做法是具有进步意义的。

其次，章炳麟还以佛学的视野来研究《孟子》之学。在《诸子学略说》中，章炳麟指出：

> 孟子不言天，以我为最高，故曰"万物皆备于我"。孟子觉一切万物、皆由我出。如一转而入佛法，即三界皆由心造之说，而孟子只是数论。数论立神我为最高，一切万物，皆由神我流出。孟子之语，与之相契，又曰"反身而诚，乐莫大焉"者，反观身心，觉万物确然皆备于我，故为可乐。孟子虽不言天，然仍入天界。盖由色界而入无色界天，较之子思，高出一层耳……要之，子思、孟子均超出人格，而不能超出天界，其所得与婆罗门、数论相等。然二家于修己治人之道，并不抛弃，则异于婆罗门、数论诸家。

章炳麟认为孟子所言"万物皆备于我"，与佛法之"三界皆由心造"说是相契合的，只不过孟子之言乃"立神我为最高"的"数论"，而主张世界万物"皆由神我流出"。这种以佛法来阐释孟学的研究方法尽管开阔了人们的研究视野而在当时颇显新颖，但却与孟学颇多方枘圆凿，格格不入。

再次，提出经、儒分判的观念。在《经学略说》中，章炳麟又提出将孔学与儒学相区分、经学与儒学相区分的看法。他主张"《孟子》故儒家，宜出"，即从通行本《十三经》中剔除。其理由就在于，"六艺者，道、墨所周闻"，"达于九流，非儒家所擅之也"，"然流俗言'十三经'。唯《孝经》、《论语》，《七略》入之六艺，使专为一种，亦以尊圣泰甚，徇其时俗。六艺者，官书，异于口

① 章炳麟：《国学讲演录·诸子学略说》。

说”①。章炳麟将《孟子》从“经”中划出而归入“儒家”，虽然是依循《汉志》之旧，但他批评“唯《孝经》、《论语》，《七略》入之六艺，使专为一种，亦以尊圣泰甚，徇其时俗”，认为“宜隶《论语》儒家，出《孝经》使傅《礼记》通论”，乃表达了一种别出心裁的返本复始的历史观念，这也是值得我们重视的。

综上所述，章炳麟身处晚清面临“三千年未有之变局”的时代，这种“变局”不仅仅表现在内忧外患的统治危机，更突出地表现在两千多年封建专制统治的风雨飘摇，以及由此引发的儒家正统地位的动摇。章炳麟青少年时期就感知到了今文经学运动的风起云涌，他的老师如俞樾、谭献对今文经学都抱开放的态度，他自己的政治改革倾向也使他对今文经学的微言大义颇有会心，但他的朴学修养使他绝不能接受今文派对古文的粗暴攻击，遂以重振古文经学自命，奋起抗争。从上述分析来看，章炳麟对孟学的研究是秉承古文经学方法途径的，但又有他自身的特色。他的思想并不僵化，能伴随近代社会局势的发展而作出相应的调整，因而能成为我国清末民初著名的国学大师。

第五节　孙中山与孟学

孙中山(1866—1925)，名文，字德明，号日新，后改号逸仙(粤语“日新”的谐音)，流亡日本时曾化名中山樵、高野长雄等，后人惯称中山先生。广东香山(今广东中山市)人。孙中山出生于一个农民家庭，为家中季子，7岁入私塾接受传统教育。光绪五年(1879)，受长兄孙眉接济，孙中山随母到达夏威夷，并入当地一家英国教会开办的小学接受西式教育，修读英语、英国历史、数学、化学、物理、圣经等课目。两年后，进入当地最高学府、美国教会学校“奥阿胡学院”(相当于中学程度)继续学习西方近代文化知识。光绪九年(1883)冬，孙中山抵达香港，与陆皓东等人于公理会受洗入基督教。同年入拔萃书屋，次年转入皇仁书院。光绪十三年(1887)，入香港雅丽医院附设的西医医院，该医院由改良主义者何启创办。毕业后便在澳门、广州等地行医，“借医术为入世之媒”，积极宣传资产阶级改良主义思想②。自光绪二十年(1894)始，孙中山倾其毕生精力于中国近代民主革命，先后组建了兴中会、中国同盟会、中国国民党等民主革命组织。与此同时，孙中山也因从事

① 《章太炎全集》(三)，160～161页，上海人民出版社，1985。

② 受何启改良主义思想的影响，从1885年中法战争到1894年中日甲午之战爆发，孙中山的思想仍然停留于资产阶级改良主义层面。

革命活动而受到通缉，被迫逃亡世界各地。辛亥革命后，孙中山就任中华民国临时大总统，主持国民议会。此后，在历次革命斗争，如反对袁世凯称帝、讨伐张勋复辟以及护法运动中发挥了重要作用。1923 年，孙中山又尝试与共产党合作，提出“联俄、联共、扶助农工”三大政策，并于次年在共产国际的协助下改组了国民党，迈出了 20 世纪 20 年代国共合作的第一步。1925 年 3 月 12 日，因肝癌病逝于北京协和医院，留下了“革命尚未成功，同志仍须努力”的战斗号召。1925 年 4 月 2 日，孙中山安厝于北京西山碧云寺内石塔中。北伐成功后，1929 年 6 月 1 日，永久迁葬于南京紫金山中山陵。

孙中山是我国近代著名的民主革命家，中华民国国父，中国国民党的创始人之一，并担任第一任总理。孙中山以其毕生的精力从事我国近代民主革命的伟大事业，1911 年辛亥革命推翻了腐朽的清政府，结束了我国长达两千多年的封建君主专制统治，其历史功绩为后人所景仰。

一、对近代国民性的剖析与改良

孙中山作为我国近代民主革命的先行者，早年接受过西方近代资本主义教育，其思想融合了中国古代传统的儒家思想和西方近代资本主义思想，这就导致了孙中山的资产阶级民主革命学说既与传统儒学有质的差别，又明显受到儒学尤其是《孟子》学说影响的特征。譬如孙中山关于国民性的分析，国民人格的改良，资产阶级的国民精神及道德、人生观的建设，都体现出了对孟学的继承和弘扬。在其民主革命学说——三民主义的理论构建中，也体现了对传统儒学和西方资产阶级民主思想的吸收与融合。其中“驱除鞑虏，恢复中华”的民族主义，“经历了由传统的华夏中心主义发轫，到逐渐扬弃儒家文化中的消极成分，吸收西方民族理论精华而上升为现代性民族主义理论的转变，在这一过程中，儒学在构筑其民族性方面起了关键性作用”①。对民权和民生主义而言，其直接的理论来源虽是西方近代民主制度和近代资产阶级社会经济学说，但其中仍可见出儒家大同思想和孟学民本思想的影响。因此，对孟学的继承和弘扬既成为孙中山民主革命思想的一个基本特征，同时也是儒家文化现代化的一个缩影。

鸦片战争以后，西方资产阶级的民主政治学说对中国的社会政治开始产生影响，其显著的表现就是戊戌变法。但戊戌变法及百日维新的政治改革尝试最终归于失败，其原因之一就在于维新变法的时机并不成熟，中国两千多年的封建君主专制统治造成的民主意识淡薄，给民主思潮在中国的传

① 张昭军:《儒学与孙中山的革命学说》，载《北京师范大学学报》(社会科学版)2005(2)，86 页。

播带来了极大的思想障碍，维新变法得不到广大民众的支持。辛亥革命虽然成功推翻了满清政权，但在此后的历次革命斗争中，孙中山深感中国国民思想中的封建残余仍很严重，这对民主政体在中国的推行构成了极大的阻碍。正如孙中山所指出，广大国民“无国家思想，且无国民资格”[①]。因此，孙中山开始剖析中国国民性，以驱除遮盖国民民主意识的封建迷雾。

（一）孙中山的心性文明与孟子的心性观

“心性”是孟子关于人性问题讨论的集中体现。人性即关于人的本质特性及生命的基本倾向的哲学和伦理学概念。孟子继承并发展了孔子的思想，系统地提出了性善论。孟子认为人皆有恻隐之心、羞恶之心、辞让之心和是非之心，“性善”是普遍存在的，是人区别于禽兽的重要标志之一。

孙中山所言的心性并非道学家所说的心性之学。道学家心性之学的理论核心是将公义（即五伦）与人的私欲的矛盾，以人的未发之性与已发之情（即“道心”与“人心”）的关系来加以讨论，并且将此关系最终归结于天人关系。孙中山的心性文明主要集中于人的人生观、价值观和思想道德文明，具体表现在他从作为政治主体的人的人心入手而进行的诸多努力上，譬如他经常提到的“革命之道德”、“革命之精神”[②]，宣传三民主义以统一民众的政治心理，对政党自身政治道德及执政水平等的高度重视，以及对军队的革命精神教育等等，这些努力均被囊括进孙中山的心性文明范畴之中。孙中山的心性文明虽带有较浓厚的西方近代民主政治色彩，但其深层的理论根源却是中国儒学中的孟学精神。换言之，孙中山的心性文明已将孟学的心性观融入到他的理论建构当中。

孟子高扬“人性善”，他指出“仁，人心也”[③]。仁为人之内在善心，指向内在心性修养。正因为如此，人具备仁义之心，对仁义的追求是人的本性，仁义是生命中不可分割的组成部分，“仁义礼智，非由外铄我也，我固有之也”[④]，仁义乃天赋之本性，是与生命融为一体的，它将人性之善附着于个体生命，要求以生命的存在来延续外在的德行。

孙中山的心性文明，其思想内涵已赋予了孟子所谓“仁义”以新的时代内容。一方面，孙中山从达尔文生物进化论的视野来考察人性论，将人性论视为随着社会的进步而不断发展进化。传统的人性论（包括孟子的性善论，告子的性无善恶论，荀子的性恶论等）都把人性和道德当做静止不变的东

---

①《孙中山全集》（第二卷），537页，中华书局，1982。

②《孙中山全集》（第六卷），519页，中华书局，1985。

③④《孟子·告子上》。

西，在思维方法上也是机械片面的。孙中山则把人性与道德看做世界进化的结果，是人类社会发展演变过程的产物。另一方面，孙中山所谓的心性文明与儒家的“仁义礼智”存在着重大区别：儒家的“仁义礼智”从完善自我和维护社会秩序的目标出发，要求个体充分节制各种自然的欲求，以使自身行为符合社会规范。这种个体行为服从群体（社会）规范的要求，后代封建统治阶级将它扭曲后，成为束缚个体思想和行为的枷锁。孙中山的心性文明则以破除封建礼教的枷锁和唤醒民众的民主意识为目标，以恢复固有知识和固有能力，加强政治道德，培养革命精神。

在《民权初步》中，孙中山对“民权”的内涵作了界定：“大凡有团体有组织的众人，就叫做民。什么是权呢？权就是力量，就是威势；有行使命令的力量，有制服群伦的力量，就叫做权。把民同权合拢起来说，民权就是人民的政治力量。”同时，他又进一步指出，所谓民权就是“民有选举官吏之权，民有罢免官吏之权，民有创制法案之权，民有复决法案之权，此之谓四大民权也”。从以上对民权的定义来看，孙中山已清醒地意识到普通民众的力量，认为只有将“人心涣散、民力不凝结”的民众联合起来，才能推翻封建君主专制统治，而要实现民众的联合，就要将民与权合拢起来。同时，这里也可见出孙中山的“民权”论不同于西方自由主义从个人出发的“人权”论，即孙中山强调的是群体的力量，要求民众作为集体参与政治来保证共和的实现。

孙中山对民权内涵的界定，以及他对实现民主的各种努力，诸如将民主政治具体化为集会、结社、议事方式等的训练，这些民主的尝试无疑赋予了他心性文明以崭新的时代内涵。

孙中山的心性文明从表面看似乎完全是西方近代民主政治学说的产物，其实不然，孙中山的心性文明与儒学尤其是孟学存在着内在的联系。孙中山的心性文明对孟学心性资源有所吸纳，这主要表现在：其一，孙中山的心性文明仍以孟子的性善为预设的前提。孙中山曾言，“从前中国民族的道德……比外国民族的道德高尚得多”，就是认为中华民族的道德崇高，国民本性皆善。同时，孙中山对孟子关于人皆具有恻隐之心、羞恶之心、辞让之心和是非之心的观点是赞同的，而且以之为建立心性文明的基本前提。倘若国民连基本的恻隐、羞恶、辞让和是非之心都不具备，何以谈心性文明？孙中山所倡导的心性文明并非因为国民的恻隐、羞恶、辞让和是非之心缺失，而是因为封建礼教长期以来严重束缚了国民的思想，导致民智未开，国民意识淡漠，他所谓的心性文明，就是要“把固有的旧道德先恢复起来”①。

① 《孙中山全集》（第九卷），243页，中华书局，1986。

这里的民族旧道德很显然是指中华民族传统道德中的精华部分，这对拯救民族于水火有着十分重要的现实意义。其二，孙中山借孟子的人心—道德模式来构建他的心性文明。很显然，孙中山提出心性文明，其根本目的并不在于探讨心性问题自身，而在于为建立资产阶级民主政治提供理论依据。总而言之，孙中山在向西方近代文明学习的同时，自觉承担起继承和弘扬民族优良传统的任务，其中尤以对孟学精神的继承和弘扬最为显著。

（二）孙中山对国民性的改良

由于"中国人民受专制者已数千年"，国民"丧失人格久矣"[1]，故而孙中山疾呼改良国民人格。面对广大国民"奴性已深，牢不可破"[2]的局面，孙中山主张民国建立之后的当务之急就在于改良国民人格。孙中山改良国民人格的主张旨在从人根本之内心上下工夫，以去除国民的奴性、兽性等病态人格，进而振奋国民，救治国家。为此，孙中山提出了改良国民人格的措施。

首先，倡导互助合作的群己观。孙中山认为，"人的天性和动物的天性不同，多数人能合群"，"人亦赋有多少天生合群的性质"[3]。所谓合群，就是要有群己意识，以便结成坚固的团体。《论语·阳货》曰："《诗》可以群。"孔安国注曰："群居相切磋。"孟子在群己关系问题上与孔子持相似的观点，《孟子·滕文公下》云："居天下之广居，立天下之正位，行天下之大道；得志，泽加于民；不得志，独行其道。"这既是孟子塑造的"大丈夫"形象，也是关于个体与社会群体之间关系的认识，即所谓"穷则独善其身，达则兼济天下"[4]。在如何达到群己关系协调的方法论的问题上，孟子提出了"推恩"的方法，"推恩足以保四海，不推恩无以保妻子"。对于如何"推恩"，孟子进一步指出："老吾老，以及人之老；幼吾幼，以及人之幼。"[5]这一"推恩"的方法亦称推己及人的方法，它作为一种协调群己的方法，对于克服人的自私性、狭隘性，具有一定的普遍意义。

针对当时国民"人心涣散"的局面，孙中山主张建立起坚强的民族群体，他说："我们失了的民族主义要想恢复起来，便要有团体，要有很大的团体。""我们要结成大团体，便先要有小基础，彼此联合起来，才容易做成功。"[6]由

---

① 《孙中山全集》（第二卷），358页，中华书局，1982。

② 《孙中山全集》（第六卷），211页，中华书局，1985。

③ 《孙中山全集》（第八卷），570～571页，中华书局，1986。

④ 《孟子·尽心上》。

⑤ 《孟子·梁惠王上》。

⑥ 《孙中山全集》（第九卷），238页，中华书局，1986。

此可见，倡导互助合作的群己观，对于团结国民进行民主革命和进行国家建设，都具有十分重要的意义。

与此同时，孙中山倡导互助合作的群己观也与当时盛行的生存竞争说有密切关系。孙中山不赞成生存竞争说，他认为这是“只求一人之利益，不顾大家之利益”的观念，是“野蛮时代之陈谈，不能适用于今日”。进而他又指出：“今日进于社会主义，注重人道，故不重相争，而重相助。”①孙中山不赞成当时西方列强鼓吹强权无公理的生存竞争说，他认为讲求公理良知是人类社会进化的互助原则。孙中山强调：“物种以竞争为原则，人类则以互助为原则。社会国家者，互助之体也；道德仁义者，互助之用也。”②因此，孙中山猛烈抨击“今日国际，唯有势力强权，不讲道德仁义”③的思想与行为，大力倡导人类应互助合作，以发挥群力，共同构建和谐美好的人类社会。

其次，倡导利他和服务的人生观。孙中山曾把人分为两种，一为利己，二为利他，并积极倡导国民培养利他和服务的人生观。他指出：“重于利人者，每每至牺牲自己亦乐而为之。”“人人当以服务为目的，而不以夺取为目的。聪明才力愈大者，当尽其能力而服千万人之务，造千万人之福。聪明才力略小者，当尽其能力以服十百人之务，造十百人之福。”④这种服务的人生观与利他主义相通，共同构成利他主义的人生观。从孙中山一生的革命生涯来看，他本人认真践行了这一利他和服务的人生观。正如他所言：“今日之我，其生也，为革命而生我；其死也，为革命而死我……以吾人数十年必死之生命，立国家亿万年不死之根基。”⑤他甘愿把自己的一生奉献给革命，为国家谋福祉的信念，成为他革命的无限动力。

二、民生主义与孟学

三民主义是孙中山学说里最精华、最辉煌的部分。自1906年12月在东京演讲《三民主义与中国民族之前途》中正式提出三民主义的主张后，孙中山的一切演讲，都以三民主义为中心思想。孙中山的三民主义以民生主义为最后目的，他理解的民生问题，就是“人民的生活，社会的生存，国民的生计”等问题。孙中山出身于普通的平民家庭，深刻感受着社会底层平民百姓的疾苦，“平民情结”萦绕于胸。青年时期，孙中山懵懂地希望得到当权者的赏识和举荐，以实践其改变民族生存环境的愿望。他认为，“以农为经，以商

①《孙中山全集》(第三卷)，25页，中华书局，1984。

②《孙中山全集》(第六卷)，195～196页，中华书局，1985。

③《孙中山全集》(第一卷)，233页，中华书局，1982。

④《孙中山全集》(第二卷)，298～299页，中华书局，1982。

⑤同注②，34页。

为纬,本末俱备,巨细毕赅,是即强兵富国之先声,治国平天下之枢纽”[①]。因此,民生主义成为孙中山关注的重要问题,这在他此后的民主革命生涯中一直占据着重要地位。民国肇造,百废待兴,民生问题一度成为孙中山关注的核心问题。例如在《实业计划》中,孙中山勾勒了一幅资产阶级共和国的宏伟蓝图,并提出了发展中国经济的10年远景规划,成为近代中国第一份全面发展经济的宏伟纲领。

孙中山自投身民主革命之初就深切关注民生问题,从他后来的历次演说以及所采取的各项整治措施来看,孙中山的民生主义表现出了浓厚的民本思想。我们知道,民本思想是我国传统儒家思想的重要组成部分,而这又以孟子最为突出。孟子的学说以强烈的人权意识而受到孙中山的关注,尤其是孟子重视人的生命权,尊重生命的存在,崇尚生命的价值及其实现,重视民生,以民为本,提倡“民贵君轻”、“薄税敛”、“取于民有制”,通过保障民众的“恒产”来保证民众的生存发展等观念,都或隐或显地对孙中山的民生主义产生了影响。

《孟子·梁惠王上》曰:“若民,则无恒产,因无恒心。苟无恒心,放辟邪侈,无不为已。”这里的“恒心”即指向善之心,孟子认为百姓如果没有固定的产业就不会向善,不向善就会为所欲为而导致社会混乱。“是故明君制民之产,必使仰足以事父母,俯足以畜妻子,乐岁终身饱,凶年免于死亡。”[②]所谓“制民之产”,即规定百姓拥有的固定田产。对于以农为本的古代中国来说,土地就是百姓赖以生存的根本,如果没有土地,就谈不上安心的生产和生活,社会也就不会稳定。孟子“制民之产”的思想,不仅使百姓可以获得土地,安居乐业,还有利于社会稳定和国家的长治久安,也可防止土地兼并,具有积极的意义。因此,在土地兼并严重、百姓流离失所的清末民初,重提孟子的“恒产”、“恒心”、“制民之产”观念,有十分重要的现实意义。

孙中山目睹了清末民生维艰的社会现实,对贫富差距和压迫深恶痛绝,因而极力主张均贫富和“平均地权”,以解决普通民众的生存问题。孙中山吸收了古代中国的大同思想和西方资产阶级的平等思想,并以此为思想武器来批评现实社会中的贫富悬殊现象。1921年12月,孙中山《在桂林军政学七十六团体欢迎会的演说》中说:“民生问题不解决,社会上的贫富总是不平均。从前孟子说,‘不患贫而患不均’。如果有了不均,三十年之后不革

① 《孙中山全集》(第一卷),6页,中华书局,1981。

② 《孟子·梁惠王上》。

命，五十年一百年之后一定要革命的。”[①]在孙中山看来，实现经济平等，避免贫富悬殊、阶级对立，才能使社会稳定发展，才能为子孙谋求永久幸福。否则，迟早会因贫富悬殊而导致社会动乱。

在《建国大纲》中，孙中山指出国家建设当以解决民生问题为首要任务，“建设之首要在民生。故对于全国人民食衣住行四大需要，政府当与人民协力，共谋农业之发展，以足民食；共谋织造之发展，以裕民衣；建筑大计划之各式屋舍，以乐民居；修治道路、运河，以利民行”[②]。食、衣、住、行可谓是人类生存所必需的四个基本条件，只有妥善解决好这些问题，才能在此基础上从事革命和其他建设。因此，国民党成立后推行“扶助农工”政策，以政府力量支持组织农民协会、农民自卫军，开办农民讲习所以培养农民运动干部等措施，都体现出了重视民生的基本思想。

孙中山晚年“以俄为师”，其思想政策中重视民生与工农力量的比重有所加强。受苏俄革命成功经验的影响，孙中山对动员工农参加革命表现出极大的兴趣。在农民和土地问题上，孙中山和国民党在几个月内发布了一系列命令、章程，孙中山本人也为此有多次演讲和谈话。1923 年 11 月 28 日共产国际执委会通过的《关于中国民族解放运动和国民党问题的决议》在讲到民生主义时说：“必须向缺乏土地的广大农民群众说明，应当把土地直接分给在这块土地耕种的劳动者，消灭不从事耕作的大土地占有者和许多中小土地占有者的制度。”[③]这个决议后来成为“中国国民党一大宣言”的蓝本。

三、民主革命政权建设与孟学

民主革命政权的建设问题，是孙中山在一生革命生涯中倾力探讨的一个重要问题。虽然孙中山早年曾致力于将民国建设成一个近代“法治”国家，但他晚年思想发生了极大转变，对三民主义进行了重新阐释，确立了“联俄、联共、扶助农工”三大政策，并且对“德治”问题也作了较多思考，主张发扬王道，以德治国。

中国古代儒家主张以德治天下，德治思想早已成为中华传统文化的精髓之一。在这方面，以孟子的仁义、德治说最具有代表性。孟子致力于建构以仁义为价值取向的德治学说，主张王道，反对霸道。孟子将这种仁义政治称为“仁政”，他把仁义设定为最高的政治价值，仁义是维护国家的原则。在《孟子·告子上》中孟子指出，“仁，人心也；义，人路也”，仁为人之内在善心，

① 《孙中山全集》(第六卷)，8 页，中华书局，1985。

② 《孙中山全集》(第一卷)，8 页，中华书局，1981。

③ 中国社会科学院近代史研究所翻译室编译：《共产国际有关中国革命的文献资料》(第一辑)，82～83 页，中国社会科学出版社，1981。

指向内在心性修养，义为外在规约要求，指向行为规范，并使仁义统一起来作为纲领性的行为规范和最高政治价值。对于统治阶级的德行，孟子说："天子不仁，不保四海；诸侯不仁，不保社稷；卿大夫不仁，不保宗庙；士庶人不仁，不保四体。""夫国君好仁，天下无敌。"[①]由此可见，孟子视仁义道德为个人安身立命、国家长治久安的条件，仁义道德是国家存在的基础，也是国家存在的目的。

孟子将仁义和正义作为维护国家的原则，以仁义原则行政即"仁政"。孟子对仁政进行了系统的论述。首先，仁政的实质在于以民为本。孟子提出"民为贵，社稷次之，君为轻"的思想[②]，告诫统治者要"重民"、"保民"。其次，仁政的根本在于富国裕民。孟子指出，"施仁政于民，省刑罚，薄税敛"[③]。孙中山使用"信义"的观念，来规范近代国家与国家、民族与民族之间的关系，他说："中国古时对于邻国和对于朋友，都是讲信的……中国所讲的信义，比外国要进步得多。"[④]由崇尚信义，孙中山发现了中国固有道德中的"和平"观念。他认为，中国更有一种极好的道德，是爱和平。中国人几千年酷爱和平，都是出于天性。论到个人便重谦让，论到政治便说"不嗜杀人者能一之"，和外国人便有很大的不同。在孙中山看来，中国固有的这种特别好的道德，便是中华民族的精神，"我们以后对于这种精神不但是要保存，并且要发扬光大，然后我们民族的地位才可以恢复"[⑤]。

在治道问题上，孟子强调道德在政治生活和国家治理中的作用，把政治秩序的建立和维护看做对伦理秩序的维护，突出强调道德的作用。孟子把依仗实力而假借仁义之名的治道，称做"霸道"，把依靠道德施行仁政的治道，称做"王道"。孟子在王霸之争中辩护王道，反对霸道，重德尚礼，重仁尚义，拒斥力与刑罚，认为仁义政治必须以"德教"、"德化"做保证。可以说，"王道"就是"仁义"之说的放大和扩充。"以力服人者，非心服也，力不赡也；以德服人者，心悦而诚服也，如七十子之服孔子也"[⑥]。这就是说道德和民心重于军事力量，王道胜于霸道。孙中山把这一儒家政治理念加以新的诠释，认为包含中国文化在内的东方文化是"王道的文化"，东方的文化"讲仁义道

①《孟子·离娄上》。
②《孟子·尽心下》。
③《孟子·梁惠王上》。
④《孙中山全集》(第九卷)，245～246页，中华书局，1986。
⑤ 同注④，247页。
⑥《孟子·公孙丑上》。

德”,“由正义公理来感化人”①,“多用和平的手段去感化人”②;而“西方的文化是霸道”,“主张功利强权”,“是用洋枪大炮来压迫人”,“是科学的文化,是注重功利的文化。这种文化应用到人类社会,只见物质文明,只有飞机炸弹,只有洋枪大炮,专是一种武力的文化”,即“霸道的文化”③。孙中山指出,“王道文化”由于其“仁义道德”、“正义公理”而是“真文化”,能使社会前进;“霸道文化”由于其“功利强权”、“压迫人”而不能“当作文化”,能使社会后退。

综上所述,孙中山提出的心性文明观、民生主义、民主革命政权的建设措施,都在不同程度上对孟学予以了继承,他将孟学具体化为现实政治的尝试是十分可贵的。

第三十一章 陈独秀、李大钊、鲁迅、胡适与孟学

五四新文化运动的爆发揭开了中国现代史的序幕,在这场狂飙突进的思想文化运动中,先进的知识分子开始深刻反思中国传统文化,要求输入西学的新鲜血液以重建中华文化。五四运动宣扬西方“民主”与“科学”精神,号召“打倒孔家店”,主张“全盘西化”。在这期间,以陈独秀、胡适、李大钊和鲁迅为代表的新文化运动的主将,对中国传统文化进行了深入的剖析和批判,力图打破中国旧有的封建专制文化传统。与此同时,他们又不约而同地对传统文化中尚有生命力的部分加以创新,使之与时代发展的步伐同步。但由于他们的立场和思想观念存在着差异,如胡适主张自由主义,陈独秀、李大钊倡导马克思主义,他们对待孟学的态度也就有所不同。

① 《孙中山全集》(第十一卷),405页,中华书局,1986。
② 《孙中山全集》(第九卷),215页,中华书局,1986。
③ 同注①,407页。

第一节　陈独秀与孟学

陈独秀(1879—1942),原名庆同,字仲甫,安徽怀宁(今安徽安庆)人。陈独秀自幼丧父,曾跟随祖父研习四书五经。光绪二十三年(1897),入杭州中西求是书院学习,开始接受近代西方思想文化。光绪二十七年(1901),因从事反清宣传活动,陈独秀受到清廷通缉,逃亡日本,入东京高等师范学校速成科学习。辛亥革命后,陈独秀任安徽省都督府秘书长。1913 年,参加讨伐袁世凯的"二次革命",失败后被捕入狱,出狱后再度赴日,并协助章士钊创办《甲寅》杂志,其间开始以"独秀"笔名写文章。1915 年 9 月,陈独秀在上海创办并主编《青年》杂志(一年后更名为《新青年》)。1917 年初,陈独秀受聘为北京大学文科学长;次年底,与李大钊等创办《每周评论》,开始以《新青年》、《每周评论》和北京大学为主要阵地,积极提倡民主与科学,提倡文学革命,反对封建的旧思想、旧文化、旧礼教,成为新文化运动的倡导者和主要领导人之一。

五四运动爆发后,陈独秀开始接受和宣传马克思主义,成为中国共产党的主要创始人之一和早期的主要领导人。后因其在思想路线上犯有严重错误,1927 年,陈独秀被撤销总书记职务,1929 年被开除出党,1938 年与中共彻底决裂。

陈独秀是我国现代史上的一位重要人物,他对我国历史文化的现代化起到了推动作用。一方面,作为我国新文化运动的发起者和健将之一,陈独秀高扬西方"民主"与"科学"这两面旗帜,对孟学进行了深入的剖析,通过吸收其合理内核,以破除落后僵化的思想和价值模式,对促进中国儒学的现代化进程起到了重要作用。另一方面,作为我国早期的马克思主义者,陈独秀积极探寻马克思主义与孟学等传统文化之间的内在相容性,从而推动了马克思主义的中国化。

一、陈独秀对孟学人权意识的体认

五四新文化运动在中国现代史上无疑是一场思想启蒙运动,它通过倡扬西方"民主"与"科学"精神,为中国走向现代化充当了舆论的先导。"我们现在认定只有这两位先生(按:即 Democracy 音译为"德先生",Science 音译为"赛先生")可以救治中国政治上、道德上、学术上、思想上一切的黑暗"①。在陈独秀看来,提倡"科学"是以西方近代自然科学的方法和逻辑归纳来瓦

① 陈独秀:《本志罪案之答辩书》,载《新青年》六卷一号,1919 年 1 月 15 日。

解中国的封建礼教及其思想控制，而弘扬“民主”则是为了争取民众的基本权利，通过批判君权和封建礼教来营造一个平等和谐的社会伦理环境。

因此，在新文化运动中，陈独秀对中国传统的纲常名教进行了尖锐的批判，“儒者三纲之说，为吾伦理政治之大原，共贯同条，莫可偏废。三纲之根本义，阶级制度是也……（名教、礼教）皆以拥护此别尊卑、明贵贱之制度者也”①。陈独秀指出，“三纲”、“名教”不过是统治阶级剥夺民众人权、维护阶级压迫的工具而已。“封建时代，君主专制时代，人民唯统治者之命是从”②，封建的伦理道德“以纲常立教，为人子为人妻者，既无个人独立之人格，复无个人独立之财产”③。只有彻底摧毁封建的纲常名教，才能还民众以自由、民主权利。这就是陈独秀把批判的矛头对准孔教的原因，也是新文化运动所力图完成的历史使命之一。

（一）对孟子“仁”的思想的体认

新文化运动倡导“民主”与“科学”精神，其实质就在于尊重人权和肯定人的价值。所谓人权，即人的权利，它是人应当享有和实际享有的并被社会承认的权利的总和。自人类诞生之日起，人权就与人自身的存在紧密联系在了一起。譬如在中国古代，孟子“仁”的思想就是我国早期人权意识的萌芽。孟子曰：“仁者，人也。合而言之，道也。”④就是说“仁”的内容就是关于人的问题，“仁”之道即“人”之道。在孟子看来，“仁”即尊重人，爱护人，维护人的权益，反对肆意践踏人权，孟子“仁”的思想具有浓厚的人权意识。

其一，孟子从“性善”论出发来构建其“仁”的思想。孟子进一步发展了孔子所提出的“仁”的思想，他认为人皆有善端，其中“恻隐之心”是“仁”的苗头，它超越一切现实计较，不为功过、利害、是非之心所浸染。因为有“恻隐之心”的存在，人们才能将善“推己及人”和“扩而充之”。这对于统治者来说，就是要“制民之产”、“与民同乐”，才能“得民心者得天下”。否则，“桀纣之失天下也，失其民也；失其民者，失其心也”⑤。因此，孟子的“仁”较之孔子个体成仁化的“仁”，更具有普遍的道德约束意义。

其二，孟子提出人在天赋人权面前是完全平等的，不存在等级贵贱之分。“尧舜与人同”，“圣人与我同类”⑥，孟子通过将个体的“我”与尧、舜等圣人比肩，意在表明人权对每一个社会成员来说都是平等的。

① 陈独秀：《吾人最后之觉悟》，载《青年杂志》1916(6)。

②《陈独秀著作选》(第一卷)，143～144页，上海人民出版社，1993。

③ 同注②，231页。

④⑤《孟子·离娄上》。

⑥《孟子·告子上》。

由此可见，孟子的"仁"具有深刻的人权思想内涵，它以"仁"为内核，重视人的存在，崇尚人的价值及其实现。孟子的人权意识，对现代人权思想的产生与发展具有十分重要的作用。

陈独秀对孟学人权意识的体认，主要体现在他对人的存在的重视和对个人权益的维护。陈独秀指出："社会是由个人集成的，除去个人，便没有社会，所以个人的意志和快乐，是应该尊重的……执行意志，满足欲望(自食色以至道德名誉，都是欲望)，是个人生存的根本理由，始终不变。"①他将人视为独立的个体，并认识到只有他们才是社会的有机构成部分，这相对于封建专制扼杀人的独立地位来说，具有明显的进步性。陈独秀强调个体对于社会构成的重要性，其目的在于肯定人的主体地位，这与孟子"圣人与我同类"的思想有异曲同工之妙。

对于维护个体的权益，陈独秀在《今日之教育方针》一文中指出："国家而非民主，则将与民为邦本之说，背道而驰。若唯民主义之国家，固吾人财产身家之所托。"②陈独秀十分注重维护广大民众的权益，他在猛烈抨击封建专制"损坏个人独立自尊之人格"的同时，鼓吹实行西方"由专制政治，趋于自由政治，由个人政治，趋于国民政治"③，因为这样的政治生活，要求人们"莫不发挥个人独立信仰之精神，各行其是，子不必同于父，妻不必同于夫"④。为此，陈独秀主张把个人自由权利载诸宪法，任何人都不应剥夺。"社会文明幸福，是个人造成的，也是个人应该享受的"。丧失了自我，其他一切都无从谈起。这种对人权的呼唤，引起了当时社会广泛的共鸣，不少人尤其是青年人大胆尝试，对个性解放、民族觉醒起了积极的启蒙作用。

（二）对孟子民本思想的体认

民本思想是孟子思想的重要构成部分，其基本内涵就是重视、承认民众在社会政治、经济、道德等生活中的重要地位和作用，以及重视和保护生产活动。具体而言，表现在三个方面。

其一，"民贵君轻"的思想。《孟子·尽心下》曰："民为贵，社稷次之，君为轻。"孟子看到了民众在推动当时社会进步中的作用，因而极力提高社会成员在社会政治中的历史地位，并大胆提出重视民众的思想。

其二，制民之产，省刑薄赋。孟子从"重民"、"保民"的角度提出，"使民养生丧死无憾也"，"明君制民之产，必使仰足以事父母，俯足以畜妻子，乐岁

---

①《陈独秀著作选》(第一卷)，347页，上海人民出版社，1993。

② 同注①，134页。

③ 同注①，177～178页。

④ 同注①，233页。

终身饱，凶年免于死亡；然后驱而之善，故民之从之也轻”，“施仁政于民，省刑罚，薄税敛，深耕易耨”①。在君臣关系上，二者是相对待的关系，“君之视臣如手足，则臣视君如腹心；君之视臣如犬马，则臣视君如国人；君之视臣如土芥，则臣视君如寇雠”②。

其三，与民同乐的思想。孟子以周文王和夏桀为正反例证，向魏惠王讲解了“与民偕乐，故能乐也”③的道理。在他看来，国君要想使百姓尊爱、归服自己，必先爱民，忧民之忧，乐民之乐。

陈独秀对孟子民本思想的认识，主要基于他对“民本”与“民权”的辨别。尽管如上文所述，孟子的民本思想包含着我国古代朴素的人权意识，但陈独秀指出，孟子的民本思想并非真正的民权。在他看来，孟子的民本思想并未能真正实现民众的平等，其理由在于孟子曾主张“劳心者治人，劳力者治于人”④，这是对民权的忽视甚至是扼杀。而且更为关键的是，“民本”体现的是上层统治者对民众的体恤，是统治者以“不忍人之心”，“行不忍人之政”的道德要求，亦即伦理道德对政治统治的要求和规避的结果，其根本出发点并非从制度上对民众权利的认定与维护；而“民权”则从民众的权利入手，要求重视民众的存在及其价值，并维护民众的各种权益。如陈氏所言，“所谓民视民听、民贵君轻，所谓民为邦本，皆以君主之社稷——即君主祖遗之家产为本位。此等仁民、爱民、为民之民本主义——皆自根本上取消国民之资格，而与以人民为主体，由民主义之民主政治，绝非一物”⑤。

综上所述，陈独秀对人的价值的肯定和对人权的重视，既是当时“民主”与“科学”思潮的产物，也是对孟学人权意识体认的结果。尤其是他对民众权益的注重，则更明显地体现出受孟子思想的影响，后来，陈独秀接受马克思主义，反对资产阶级的民主主义，主张无产阶级专政，也是为了真正维护人民的利益。

二、陈独秀对孟子国家学说的体认

孟子的国家学说是以“仁政”说为核心内容的，它以“性善”论为依托，拓展和延伸了“仁”的思想。孟子的国家学说包含两个层面的内容，即对内的“政治人性”论和对外不以力争的“王道”论思想。在《孟子·尽心下》中，孟子指出“诸侯之宝三：土地、人民、政事”。对此，焦循《孟子正义》注曰：“诸侯正其封疆，不侵邻国，邻国不犯，宝土地也。使民以时，民不离散，宝人民也。修其德教，布其惠政，宝政事也。”在古代农业社会里，土地与民众数量的多

①③《孟子·梁惠王上》。

②《孟子·离娄下》。

④《孟子·滕文公上》。

⑤《陈独秀文章选编》(上册)，533页，三联书店，1984。

寡是决定一个国家能否强大的两大要素，而政事的清明与否，则决定着该国家能否长治久安，能否真正称霸诸侯。孟子已经看到了“土地”、“人民”、“政事”对国家政权的重大意义，因而，他从“性善”论的角度出发，呼吁上层统治者将个体道德之“善”推及政治统治之“仁”，换言之，也就是由“仁人”而“仁政”。对此，我们可从以下两个方面来进行具体论述：

其一，“政治人性论”要求统治者从广义的“仁人”(以“性善”论为理论依托的个体人格修养)，具体化为现实政治的“德治”。“君仁莫不仁，君义莫不义，君正莫不正。一正君而国定矣”①。孟子将“仁”现实化、具体化到了政治治理的层面，即所谓“以不忍人之心，行不忍人之政，治天下可运之掌上”②，而且他还将“仁”与“政”直接结合起来，使“仁”成为“政”的直接思想基础，使“政”成为“仁”的直接政治实践。为了保证“仁”与“政”的最终完美结合，孟子又将“仁义”设定为最高的政治价值，他认为仁义是组成国家的基础和目的，也是维护国家的原则。在《孟子·告子上》中，孟子指出：“仁，人心也；义，人路也。”仁为人之内在善心，指向内在心性修养，义为外在规约要求，指向行为规范，二者统一起来，就成为了纲领性的行为规范和最高政治价值。

这种“政治人性论”反映在经济层面，就是倡导井田制以及通过各种“重民”、“保民”的措施以发展生产。在古代农业社会里，土地制度是社会经济制度的最基本制度，孟子从界定土地入手，可谓一语中的。“夫仁政，必自经界始。经界不正，井地不钧，谷禄不平……经界既正，分田制禄可坐而定也”③。而“重民”、“保民”以发展生产的措施莫过于“省刑罚，薄税敛”，使民众“仰足以事父母，俯足以畜妻子，乐岁终岁饱，凶年免于死亡”④。

其二，“王道”论包含对内和对外两个维度。对内只有实行“王道”，人们才会心悦诚服，国内秩序也才会安定；对外实行“王道”，才能“得道多助”，天下无敌，自然就会一统天下。孟子的“王道”论，与“政治人性论”具有相同的内核。但是，我们这里需要着重论述的是，孟子的“王道”论在处理国家关系方面具有重要作用。孟子认为，“行仁政而王，莫之能御也”⑤，“夫国君好仁，天下无敌”⑥。孟子在王霸之争中辩护王道，反对霸道，重德尚礼，重仁尚义，拒斥力与刑罚，认为仁义政治以“德教”、“德化”做保证，而霸道则“以力服人

①⑥《孟子·离娄上》。
②⑤《孟子·公孙丑上》。
③《孟子·滕文公上》。
④《孟子·梁惠王上》。

者，非心服也，力不赡也"[①]。这就是说道德与民心重于军事力量，王道胜于霸道。如果统治者一味耽于霸道，只会因暴力的泛滥而"失道寡助"，众叛亲离，天下不顺，而最终导致身危国削，亡国无日。

1904年，陈独秀在《说国家》一文中明确提出"三要素"说，即"土地、人民、主权"，这与孟子所言之"土地、人民、政事"是十分相近的。与孟学相比，陈独秀更强调"主权"意识，这既与西方现代国家学说影响有关，也与当时中国内忧外患的国情密切相关。然而，陈独秀的"主权"与孟学的"政事"是有相通之处的，孟学的"政事"包含主权。对于主权，陈独秀把握了其"对内最高"、"对外独立"与"主权在民"等现代国家的多重特征，并认识到主权对于国家的本体意义。陈独秀指出："主权原来是全国国民共有，但是行这主权的，乃归代表全国国民的政府，一国之中，只有主权居于至高极尊的地位，再没有别的什么能加乎其上了。"[②]国家主权"在国内办理多项政事，都有自己做主的权柄，决不受外国干涉"[③]。对于"人民"，陈独秀同样是十分关注的，与土地一样，因为它们是构成国家主权的两大基本要素。陈独秀猛烈抨击中国的封建主义对民众及社会的毒害，"一曰损坏个人独立自尊之人格；一曰窒碍个人意思自由；一曰剥夺个人法律上平等之权利；一曰养成依赖性，戕贼个人之生产力"[④]，并且进一步指出："国家之所祈求，拥护个人之自由权利与幸福而已，思想言论之自由，谋个性之发展也，法律之前，个人平等也。个人之自由权利，载诸宪章，国法不得而剥夺之，所谓人权是……此纯粹个人主义之大精神也。"[⑤]对于"土地"，陈独秀要求实行合理的土地制度，以保护民众生产和生活的基本权益，尤其当他接受马克思主义之后，对人民的土地问题就更加重视。

综上所述，陈独秀在全面吸收孟学精髓的基础上，阐明了有关现代国家理论，通过对中国封建专制及其黑暗现实的批判，积极探索了在中国实现宪政制度的具体途径，表现出鲜明的时代特色，代表了历史发展的方向。

第二节　李大钊、鲁迅与孟学

一、李大钊与孟学

李大钊(1889—1927)，字守常，河北乐亭人。1913年，李大钊入东京早

① 《孟子·公孙丑上》。
② 《陈独秀著作选》(第一卷)，55页，上海人民出版社，1993。
③ 同注②，67页。
④ 同注②，167页。
⑤ 同注②，166页。

稻田大学政治科，开始接触社会主义思想。1916 年，李大钊回国，积极参加新文化运动。俄国十月革命后，李大钊开始接受并宣传马克思主义，先后发表了《法俄革命之比较观》、《庶民的胜利》和《布尔什维主义的胜利》等文章和演说。1919 年，李大钊又发表了《新纪元》、《我的马克思主义观》、《再论问题与主义》等几十篇宣传马克思主义的文章。1920 年 10 月，李大钊等在北平组建共产主义小组。次年，中国共产党成立后，李大钊代表党中央领导北方工作。在中共二大、三大和四大上，李大钊均当选为中央委员。1927 年 4 月 6 日，李大钊被军阀张作霖逮捕；28 日，在北平英勇就义。

李大钊是我国早期的马克思主义者，为马克思主义在中国的传播起到了十分重要的作用。然而，从他思想的形成过程来看，李大钊早期的思想则可明显看出受西方民主政治与孟学影响的痕迹。

其一，李大钊"民德"说对孟学"性善"论的继承。早在 1916 年的《民彝》创刊号上，李大钊就发表了《民彝与政治》一文，对以孟子为代表的儒家"性善"论作出了具有现代政治意义的阐发。在该文中，李大钊率先提出了"民德"的概念。所谓"民德"，在李大钊看来，它类似于民众的社会意识，是介于民"性"和政治之间的概念。"民德"存在于民众的意识之中，通过民众的社会行为体现出来。李大钊把"民德"视为理解和批判社会的根本，认为"民德"的兴衰决定着社会的治乱。由此，李大钊指出，中国当时的主要问题是民众整体性社会意识缺失，其深层的根源就在于"民德"的衰落。关于"民德"的善恶问题，李大钊是倾向于"性善"的。在他这一时期的文章中，我们可以发现诸多有关人性问题的描述，诸如"良心"、"天良"、"灵明"、"本性"等。李大钊以孟子的"性善"论为依据来考察现代民众的社会意识，这方面突出的表现就是"民彝"概念的提出。

其二，李大钊的"民彝"思想与孟学的关系。所谓"民彝"，李大钊指出："《诗》云：'天生烝民，有物有则。民之秉彝，好是懿德。'言天生众民，有形下之器，必有形上之道。道即理也，斯民之生，即本此理以为性，趋于至善而止焉。"[①]在他看来，人秉"天理"而生，故"人性"也应由"天理"来决定，由于"天理"是至善的，所以人性也会"趋于至善而止"。

关于李大钊对"民彝"的解释，学界大致有四种不同的理解：一是"民主"、"自由"说。朱文通认为，"李大钊同志则以'民主'、'自由'的精神阐明民彝的含义"[②]。二是"人民法则"说。美国学者莫里斯·迈斯纳认为，"所谓

① 《李大钊文集》(第一卷)，42 页，人民出版社，1999。

② 《李大钊传》，20 页，人民出版社，1979。

民彝，就是‘人民的法则’”，民彝是“‘唯民’精神与政体代议制形式的结合”①。三是“人民意志、愿望”说。李龙牧认为，“这‘民彝’约略近于说人民的意志、愿望等。所谓‘通民彝于国法之制’，也就是指的更合乎民意的政治制度的意思”②。四是“人性”说。朱成甲在《李大钊早期思想和近代中国》中指出：“所谓‘民彝’，所谓‘民之秉彝’，它的实质也就是‘民之秉彝’、‘民常’、‘民性’，是具有一般的哲学抽象的。因此，实质上也就是‘人性’。”③

笔者认为，以上四种看法都有其合理性，但都失之片面。事实上，李大钊的思想是兼容了西方现代资产阶级政治学说和中国孟学精髓的。“民彝”的提出主要是反对中国的封建专制，这必然要求体现人民的权利和意志，这与西方现代政治学说不谋而合（或者说是受到西方政治学说的启发而提出“民彝”说），而自由、民主精神的高扬又以人民权利与意志的满足为前提。因此，“民彝”既反映“人民意志、愿望”，体现“人民法则”，又顺应了“民主”、“自由”的时代精神。此外，人民的意志又是一个涉及人性的形而上的问题。上文已述，李大钊是服膺于孟子“性善”论的，因而他以“民彝”来概括人民的意志，认为它也是善的。

那么，“民彝”如何会在现实生活中“趋于至善而止”呢？李大钊回答说：“悬于智照则为形上之道，应与事物则为形下之器，虚之则为心理之澄，实之则为逻辑之用也。”④李大钊把政治制度的评判标准和人性的“善良”结合起来，认为政治制度的好坏直接取决于是否体现了群体的“善良”，而且不只是要体现，还要从制度上保证群体“善良”可以完整地得到表达。“政治之良窳，视乎其群之善良得否尽量以著于政治；而其群之善良得否尽量以著于政治，则又视乎其制度礼俗于涵育牖导而外，是否许人以径由秉彝之诚，圆融无碍，而为象决于事理得失利害之余裕”⑤。由此可见，孟学的“性善”论是作为潜在因素存在于李大钊思想中的。

其三，李大钊从孟子的“养气”说及大丈夫的人格理想中，吸取构造人生哲学的基本素材。孟子提出“我善养吾浩然之气”⑥，主张人要有积极的精神状态，要有正气、骨气、气节，即所谓“富贵不能淫，贫贱不能移，威武不能

---

① ［美］莫里斯·迈斯纳：《中国马克思主义的源流》，见中共北京市委党史研究室编译：《李大钊与中国马克思主义的起源》（中译本），34页，中共党史资料出版社，1989。

② 同注①，35页。

③ 李龙牧：《五四时期思想史论》，55页，复旦大学出版社，1990。

④《李大钊文集》（第一卷），43页，人民出版社，1999。

⑤ 同注④，50页。

⑥《孟子·公孙丑上》。

屈”。对于孟子提出的这种大丈夫理想人格，李大钊也是十分钦佩的，传统文化作为民族心理的产物，成为李大钊构造人生哲学的基本素材。在李大钊看来，青年应该有积极进取、乐观向上的人生观，应该“为世界进文明，为人类造幸福，以青春之我，创建青春之家庭，青春之国家，青春之民族，青春之人类，青春之地球，青春之宇宙，资以乐其无涯之生”①。他倡导国民保持良好的生活方式，“衣食宜俭其享用，戚友宜俭其酬应，物质宜俭其消耗，精神宜俭其劳役”，“而后道义可守，节操可保，威武不能挫其气，利禄不能动其心，处困能安其朴素，出亦不易其清廉，俯仰天地之间，全无所于愧怍也”。②

其四，李大钊从孟学中吸取尊重自我、发展个性的思想。《孟子·滕文公下》曰：“舜，何人也，予，何人也，有为者亦若是。”《孟子·公孙丑上》又曰：“当今之世，舍我其谁也?”李大钊认为这两句话是“示人以有我”，认为“真能学孔孟者，真能遵孔孟之言者，但学其有我，遵其自重之精神，以行己立身、问学从政而已足。孔孟亦何尝责人以必牺牲其自我之权威，而低首下心甘为其傀儡也哉”③。这就从传统文化中寻出注重自我、发展个性的积极因素，以建立自我价值本位的社会评价体系。

其五，对孟学“仁政”学说的体认。李大钊认为统治者要代表民意，亦即“众庶之信仰”，必须以德治国，而不可以力服人。在他看来，“夫圣智之与凡民，其间知能相去不远。彼其超群轶类者，非由时会之因缘，即在众庶之信仰。秉彝之本，无甚悬殊也”④。由此可见，李大钊在治者与被治者的关系问题上吸收了孟学“仁政”的有益成果。

综上所述，李大钊主张批判地吸收孟学“仁爱”、“人道”、“重义”等思想，吸取传统文化以为自我性灵之发育的思想素材。譬如，李大钊提出的以“唯民主义为其精神，代议制度为其形质”的“民彝”政治学说，就是将现代西方的民主政治与孟学主张的“民本”、“仁政”传统紧密结合在一起的产物。李大钊在全面吸收孟学的优秀传统的同时，也对孟子作了比较正确的评价，一方面批评孟子“距辟杨墨”是“背于逻辑”，另一方面又肯定孟子“以论政名家，所言多与近代民政相符”⑤。

需要指出的是，李大钊对孟学的吸收有其自身的特点。一方面，李大钊是以民为本位的政治模式，而非孟学的以君王为本位的政治模式。尽管孟

① 《李大钊文集》(第一卷)，194 页，人民出版社，1999。

② 《李大钊文集》(第二卷)，118 页，人民出版社，1999。

③ 同注①，153 页。

④ 同注①，158 页。

⑤ 同注①，160 页。

子一再强调“民本”思想，但也正因为他对“民本”的强调而暴露出其政治模式仍然是以君王为本位。另一方面，李大钊是以西方民主政治——代议制为形式的，而非孟学赖以建构其理论根基的“君民”关系序列。用李大钊的话来说，民主政治就是“唯民主义为其精神、代议制度为其形质之政治，易辞表之，即国法与民彝间之连络愈易疏通之政治”①。这就用西方民主理论和中国孟学来构造了他的政治思想体系，从而在显现西方民主精神的同时又体现了传统文化的合理内容。

二、鲁迅与孟学

鲁迅(1881—1936)，原名周樟寿，后改名周树人，字豫才，浙江绍兴人。鲁迅自幼接受传统教育，勤学好问，博闻强记，尤喜野史笔记及民间文学书籍，打下了坚实的文化基础。光绪二十四年(1898)春，鲁迅考入南京江南水师学堂。翌年，改入江南陆师学堂附设的矿务铁路学堂。1902年，鲁迅被官派赴日留学，先后入东京弘文学院和仙台医学专门学校。1906年，因有感于国民的愚弱，鲁迅毅然弃医从文，以改变国民性为己任，完成了他人生道路的根本转折。

五四运动爆发后，鲁迅积极倡导新文化、新思想和新道德，猛烈抨击中国几千年来的旧文化、旧思想和旧道德。20年代中期，鲁迅先后参与创办《莽原》、《语丝》、《奔流》等刊物，以及组建未名社，领导中国左翼作家联盟等进步文学社团。同时，他还主编或参编《萌芽》、《前哨》、《十字街头》、《译文》等重要文学期刊，以团结和领导广大进步文艺工作者，与帝国主义、封建主义和国民党政府及其御用文人进行针锋相对的斗争。

作为一位反封建、反权势的斗士，鲁迅对以孔孟为代表的儒学采取了双面的态度：一方面，对其封建伦理三纲五常采取严厉的批判态度；另一方面，对其国家、民族的责任感以及个人修身等要求则又采取肯定态度，并以之作为自己的行动指导。同时，作为中国的“民族魂”，鲁迅还以对中国国民性的深入剖析而著称，他通过对国民性乃至整个人性问题的剖析和批判，力图改革中国社会和中国国民性。因此，对于鲁迅与孟学的关系，我们可以从四个方面来把握。

其一，鲁迅从反封建的立场上极力批判孔孟之道。我们知道，“内圣”是孔孟之道文化哲学的重要内涵。所谓“内圣”，即要求个人通过不断的自我反省、感悟，以透彻理解生命的真谛、价值与意义，使个体人格修养达到理想的圣境——个体的生命意识与天地宇宙相融通，进而使个体的生命价值从

①《李大钊文集》(第一卷)，150页，人民出版社，1999。

中获得不朽。这本是个体人格修养的极佳途径与方法，但后世封建统治者御用“内圣”这一途径作为思想统治的工具，使之成为一种既定的社会规范、社会共识，要求全体成员普遍遵循。因此，“内圣”一旦充当了统治阶级的工具，就变相地以社会化、政治化的方式来约束人的个性，切断个体的内在自由、追求与社会责任、使命之间的沟通。它通过个体的心理机制内在地约束、牵制人的外在社会活动，而且在更深的层次上影响整个社会面貌与历史进程。

鲁迅极其痛恨封建专制以社会化、政治化的道德约束来残害人的个性及自由。他青年时代即师从章太炎，并以其开创的道德批判来尖锐批判封建专制。鲁迅对封建专制主义的批判可谓力透纸背，他塑造了一系列具体形象的文学人物，通过他们来控诉孔孟之道(封建礼教)的“吃人”本质，并将中国几千年的封建专制的历史痛斥为“吃人”的历史，以呼唤重建中国现代新文化。而在小说集《故事新编》中，鲁迅则又重构了中国的文化史，重塑了那些被中国封建文人圣化了的历史人物，诸如孔子、老子、庄子、伯夷、叔齐等的形象，指摘孔孟等儒学先师的卑劣人格。

其二，鲁迅借鉴孟学人性论来剖析、批判中国的国民性。国民性是鲁迅长期关注的一个重要问题，在留日期间，他与朋友讨论最多的也是该问题，诸如：怎样才是理想的人性？中国国民性中最缺乏的是什么？它的病根何在？通过这种思考，鲁迅把个人的人生体验同整个中华民族的命运紧密联系在了一起。鲁迅对国民性的剖析与批判也是通过他的文学创作进行的。鲁迅这类作品“多采自病态社会的不幸的人们中，意思是在揭出病苦，引起疗救的注意”①。他塑造了孔乙己、华老栓、单四嫂子、阿Q、祥林嫂等一批最下层的普通人，通过他们的命运悲剧来揭示中国国民的愚昧和麻木。

不仅如此，鲁迅还对整个人性问题也进行了探讨。关于人性问题，20世纪二三十年代，鲁迅写了一系列批判资产阶级人性论的文章，回击梁实秋等人的“自然人性”论和对马克思主义阶级论的攻击。一方面，他坚决反对梁实秋等人的“人性即自然性”的观念。在《“硬译”与“文学的阶级性”》一文中，鲁迅驳斥道：“倘以表现最普通的人性的文学为至高，则表现最普遍的动物性——营养，呼吸，运动，生殖——的文学，或者除去‘运动’，表现生物性的文学，必当更在其上。”他认为人性如果只是自然性，那就把人降为了动物，人就不是“社会动物”，而成了“自然动物”。另一方面，鲁迅又驳斥了梁实秋的人类共同人性的谬论，指出人的性格感情虽有“天性”的一面，如友

① 《鲁迅全集·南腔北调集》(第五卷)，106页，人民文学出版社，1998。

爱、恻隐之心等，但人性又因受“支配于经济”[1]而带着阶级性。

此外，鲁迅还反对“人性不变”说。他指出：“人性是永久不变么……恐怕未来的人也未必会明白。”[2]在他看来，人的自然性与社会性，都是在发展变化的。鲁迅认为环境能改变人的天性，及至文学“能移人情”，也都是相信人性的可变。

其三，鲁迅对孟学理想人格的认同。孟子以“人性善”为基础，以“仁义”为价值内涵，构建了关于理想人格的理论，如他将“圣人”视为“人伦之至”，认为“圣人”乃“百世之师也”。那么，个体如何才能达到“圣人”的理想境界呢？孟子提供的答案是“存心养性”、“善养浩然之气”、“舍生取义”、“明善诚身”、“以天下为己任”。这些个体人格修养的措施，就成为实现理想人格的途径。鲁迅是一个精神至上主义者，就本质意义而言，鲁迅的精神至上主义，一是强调人格的作用，它的价值范畴就是“修身”，鲁迅始终相信人的质量就是社会和历史的质量，人是社会历史本质的根本所在；二是强调思想的历史功能，它的价值范畴就是“心”的内在思想经验的功能（道德功能），这也是鲁迅一直关怀国民性并致力于国民精神的救助的主要原因；三是强调心对修身的决定作用，鲁迅不仅认为人格和心性是可塑的，而且还很看重人格塑造与心性养成的重要性，鲁迅一生的追求目标就是通过改造人的思想——人心来实现社会的变革与历史的进步，这一思想特征事实上与儒家心学思想在本质上有着千丝万缕的联系。

其四，鲁迅在批判孔孟之道的同时，对孟学仍有肯定、褒奖之辞。鲁迅对《孟子》的肯定也可见诸他的言论之中。在《汉文学史纲要》中，鲁迅就随手征引了《孟子》言论多处，而且对孟子的态度也多有褒奖。譬如，《汉文学史纲要·老庄》篇中，鲁迅对《孟子》的文采给予了高度的评价：“（孟子）生当周季，渐有繁辞，而叙述则时特精妙，如墦间乞食一段，宋吴氏（《林下偶谈》）极推称之……”再如，鲁迅在分析百家蜂起的原因时说：“周室寝衰，风人辍采；故曰：‘王者之迹熄而诗亡。’志士欲救世弊，则穷竭神虑，举其知闻。而诸侯又方并争，厚招游学之士；或将取合世主，起行其言，乃复力斥异家，以自所执持者为要道，聘辩腾说，著作云起矣。”这里的引语就出自《孟子·离娄下》，而且鲁迅所谓“欲救世”之“志士”，显然是包括了孟子在内的诸子。此外，鲁迅还以《孟子》“知人论世”说来作为他的治学方法。鲁迅作《中国小说史略》，就是先考其书其人，复考其所交游，复考所交游者身世结局，复考

---

① 《鲁迅全集·二心集》（第四卷），202页，人民文学出版社，1998。

② 《鲁迅全集·而已集》（第三卷），537页，人民文学出版社，1998。

两者之关联，最后才谨慎地得出品题意见。

综上所述，鲁迅虽对孔孟之道进行了尖锐的批判，但他的根本目的并非要反儒学，而是通过批判以改造儒学。他不仅服膺于亚圣的个体人格修养及大丈夫的理想人格，而且他还从孟学中切实学到了思考人生、社会的方法。

第三节　胡适与孟学

胡适(1891—1962)，原名嗣糜，字希疆，学名洪骍，后参加留美考试时改名为胡适，字适之。出生于上海大东门外，世为安徽绩溪人。其父胡传(字铁花，号钝夫)，清岁贡生，官至淞沪厘卡总巡、台东直隶州知州。自5岁始，胡适在绩溪老家私塾接受了九年的传统教育。清光绪三十年(1904)，胡适入上海梅溪学堂求学，初步接触到西方新思潮，受到梁启超、严复思想的较大影响。宣统二年(1910)夏，胡适入选“庚子赔款”赴美留学，先期进入康乃尔大学农学院，后转入文学院。1915年，入哥伦比亚大学研究院，跟从实用主义哲学家杜威学习哲学，接受了杜威的实用主义哲学，并服膺一生。

1917年初，胡适在《新青年》第二卷第五号上发表《文学改良刍议》一文，引发了一场声势浩大且影响深远的文学革命运动。同年，胡适回国担任北京大学教授，并加入《新青年》编辑部，撰文反对封建主义，宣传个性自由、民主与科学，积极倡导“文学改良”和白话文学，成为当时新文化运动的重要人物。五四运动爆发后，胡适从实用主义出发，主张“多研究些问题，少谈些主义”，与李大钊等展开“问题与主义”的辩难。

抗战初期，胡适出任国民党的“国防参议会”参议员，1938年被任命为中国驻美大使。1946年，胡适出任北京大学校长。1949年，胡适经沪赴美，后定居台湾。在台湾，胡适先后出任台湾“光复大陆设计委员会”副主任委员，以及台湾“中央研究院”院长等职①。

胡适一生尽领风骚，他既是新文化运动的健将之一，也是我国现代著名的学者，他的思想兼容中西，既植根于中国古代传统文化，同时也受到西方现代民主政治学说的影响，因而在对待孟学的态度上，尽管对其进行了深入批判，但对孟学的精髓则又给予吸收和改造。本节从两个方面来进行具体论述。

① 关于胡适的生平资料，可参看刘梦溪：《中国现代学术经典：胡适卷》，河北教育出版社，1996。

一、胡适对孟学的认识与评价

在1919年出版的《中国哲学史大纲》中，胡适认为孟子摆脱了孔门弟子的片面性，提出了儒家有价值的新哲学。在胡适看来，孟学的核心内容在于其对人性问题的探讨。孟子提出人皆有恻隐之心、羞恶之心、辞让之心和是非之心，"性善"是普遍存在的，是人们区别于禽兽的重要标志之一。在此基础上，孟子进一步提出，"君子所性，仁义礼智根于心"①，"仁义礼智，非由外铄我也，我固有之也"②。孟子通过肯定人的"善端"的存在，将外在的道德伦理放大，以调节人的社会化与其自身的自然欲望之间的冲突，使社会道德融入到人性之中，并最终上升为人性论的终极价值。

针对孟子的人性论思想，胡适指出"性善"论可以看做孟学的中心。他认为，"孟子叫做'性'的，只是人本来的质料，所以孟子书中'性'字、'情'字、'才'字可以互相通用……孟子的大旨只是说这天生的本质，含有善的'可能性'"。而所谓"性善"包含两层意思，即"人的本质同是善的"，"人的不善都由于'不能尽其才'"③。

对于"人的本质同是善的"，胡适从"人同具官能"、"人同具'善端'"以及"人同具良知良能"三个层次来进行阐释。首先，"人同具官能"。胡适指出，"孟子以为无论何人的官能，都有根本相同的可能性"，因而才会有"凡同类者，举相似也"④。其次，"人同具'善端'"。胡适引董仲舒《春秋繁露》曰："性有善端，动之爱父母，善于禽兽，则谓之善，此孟子之善。"在胡适看来，董氏之言切中孟子大旨，"孟子说人性本有种种'善端'，有触即发，不待教育"。再次，"人同具良知良能"。《孟子·尽心上》曰："人之所不学而能者，其良能也；所不虑而知者，其良知也。"对此，胡适指出："孟子的知识论，全是生知一派，所以他说四端都是'我固有之也，非由外铄我也'。"最后胡适总结说："以上三种（按：官能、善端及一切良知良能）都包含在孟子叫做'性'的里面。孟子以为三种都有善的可能性，所以说性是善的。"

对于"人的不善都由于'不能尽其才'"，胡适认为，孟子分析的造成人的不善的原因有三，即"外力的影响"、"自暴自弃"和"'以小害大，以贱害贵'"。首先，外力能迫使人性发生扭曲。《孟子·告子上》曰："今夫水，搏而跃之，可使过颡；激而行之，可使在山。是岂水之性哉？其势则然也。人之可使不善，其性亦犹是也。"其次，个体因自身立场、态度的不坚定而对向善缺乏抱

① 《孟子·尽心上》。

②④ 《孟子·告子上》。

③ 胡适：《中国哲学史大纲》，210页，上海古籍出版社，1997。

持的态度。《孟子·离娄上》曰:"自暴者,不可与有言也;自弃者,不可与有为也。"胡适亦指出:"人若自己暴弃自己的可能性,不肯向善,那就不可救了。"再次,个体修养方向的偏离。《孟子·告子上》指出,"体有贵贱,有小大。无以小害大,无以贱害贵",而且耳目、心灵等官能也有不同,如果不善于发挥其功能,就有可能造成偏差。胡适指出:"其实这种议论,大有流弊。人的心思并不是独立于耳目五官之外的。耳目五官不灵的,还有什么心思可说?中国古来的读书人的大病根正在专用记忆力,却不管别的官能,到后来只变成一班四肢不灵、五官不灵的废物!"①

胡适从"性善"论这一核心论题来展开剖析孟学体系,认为可以从中引申出三个有价值的论点:其一,孟学提升了个体的位置,凸显了个体的独立地位。孟子十分看重个人的地位,并构建起了"大丈夫"的理想人格:"居天下之广居,立天下之正位,行天下之大道;得志,与民由之;不得志,独行其道。富贵不能淫,贫贱不能移,威武不能屈,此之谓大丈夫。"②胡适很欣赏孟子的"大丈夫"理想人格,并对此作出了评价:"因为他把个人的人格看得如此之重要,因为他以为人性都是善的,所以他有一种平等主义。"③

其二,孟学包含丰富的教育哲学思想。由于孟学的理论大厦建构的基础是人性本善,那么,后天的教育就是可行的。孟子不仅强调教育是主动而非被动、逼迫的,而且还强调教育应充分发挥个体本来的善性,教育的目标是辅助善性的自我实现。胡适对孟子的教育哲学评价也很高,认为孟子提出的这三大教育要点"都于后世的教育学说大有关系","这是标准的教育法的原理"④。

其三,孟学包含丰富的政治哲学思想。孟子认为,人在"性善"这一点上是平等的,那么,在处理君民关系时就当以"善"为最高原则,故孟子主张"民贵君轻"、"使民以时"、"制民之产",主张"以不忍人之心,行不忍人之政"⑤。胡适指出孟学的这些观念"带有民权的意味",其政治哲学比孔子的政治哲学深刻。为此,胡适还对孔、孟之政治哲学作了这样的比较:

> 孔子讲政治的中心学说是"政者,正也",他的目的只要"正名"、"正己"、"正人",以至于"君君、臣臣、父父、子子"的理想的郅治。
>
> 孟子论政治不用孔子的"正"字,却用墨子的"利"字。但他又不肯

---

① 胡适:《中国哲学史大纲》,210～213页,上海古籍出版社,1997。

②《孟子·滕文公下》。

③ 同注①,214页。

④ 同注①,214～216页。

⑤ 同注①,216页。

> 公然用"利"字，故用"仁政"两字……这是孟子政治学说的中心点。这可不是孔子"正"字的政治哲学了。若用西方政治学的名词，我们可说孔子的是"爸爸政策(Paternalism 或译父性政策)"；孟子的是"妈妈政策(Maternalism 或译母性政策)"。爸爸政策要人正经规矩，要人有道德；妈妈政策要人快活安乐，要人享受幸福。①

这就是胡适著名的"爸爸政策"和"妈妈政策"说，这一提法可谓形象生动地概括了孔孟之政治学说的区别。在胡适看来，"孟子的政治学说含有乐利主义的意味，这是万无可讳的。但他同时又极力把义利两字分得很严"②。由此可见，胡适对孟学的研究不仅深入，而且视野也与传统经学家完全不同，他从哲学的角度来考察《孟子》，给人们耳目一新的感觉。

二、胡适研究孟学的方法与视角

孟学在中国古代为儒家学者所尊崇，享有较高的地位。然而，胡适率先采用了西方近代哲学的体系与方法来研究孟学，把它重新放回到战国时期这样特定的历史条件下，用"平等的眼光"与诸子进行比较研究，破除了孟学被后世儒家尊奉的地位和神秘色彩，从而对还原孟学的本来面目具有积极影响。

胡适的比较研究法，主要是将孟子放回他所处的时代背景中，比较孟子与孔子，以及孟子与其年代相仿的诸子之间的关系。关于孔、孟之间的比较，如上文所述，胡适将孔、孟的政治学说分别称之为"爸爸政策"和"妈妈政策"。关于孟子与诸子之间的比较，主要是在孟子与墨子、荀子之间进行的。譬如，胡适指出孟子的思想实际上是受了杨墨两家的影响，其理由有二：一是孟子对杨墨多有攻击。"凡攻击某派最力的人，便是受那派影响最大的人。孟子攻击杨墨最力，其实他受杨墨影响最大。"③二是孟子不但尊重个人，尊重百姓过于君主，还要使百姓享受利乐。胡适认为，"这是老子、杨朱一派的影响。有这种无形的影响，故孟子的性善论遂趋于极端，遂成'万物皆备于我'的个人主义"④。在分析儒墨两家哲学方法的不同时，胡适指出儒家偏重于理想和结果，如"孟子说的'君子所以异于人者，以其存心也。君子以仁存心，以礼存心'。存心是行为的动机。墨子的方法恰与此相反。墨子处处要问一个'为什么'"。

再如，在比较人之"性"的问题时，胡适又将孟子与荀子进行了对比。他

① 胡适：《中国哲学史大纲》，216～217 页，上海古籍出版社，1997。

② 同注①，217 页。

③④ 同注①，216 页。

指出:“孟子把‘性’字来包含一切‘善端’,如恻隐之心之类,故说性是善的,荀子把‘性’来包含一切‘恶端’,如好利之心,耳目之欲之类,故说性是恶的。”胡适认为这都是由根本观点的不同而造成的结果,由于“孟子又以为人性含有‘良知良能’,故说性善。荀子又不认此说。他说人人虽有一种‘可以知之质,可以能之具’,但是‘可以知’未必就知,‘可以能’未必就能”。由此,胡适还进一步指出,孟子力主性善,因而他的教育学说偏重“自得”,而荀子主张性恶,故他的教育学说趋向于“积善”。

以上即为胡适研究孟学的比较法。胡适作为一名自由主义者,他的思想更多地受其导师——美国学者杜威实用主义的影响,因而他研究孟学的基本视角也是实用主义真理观,这种实用主义真理观主张以怀疑精神、实证精神来批判传统的独断论。一般认为,胡适的实用主义真理观应用于学术研究,其方法即可归结为“大胆的假设,小心的求证”10 个字。尽管仅此 10 个字,却“成为本世纪中国最响亮的学术口号”[①]。然而,“大胆的假设、小心的求证”如今已不只是一种方法,而成为了一种治学的精神和态度。

在《说儒》一文中,胡适提出了“儒是殷民族教士”的大胆设想。为此,他进一步分析说:“(儒者)靠他们的礼教知识为衣食之端,他们都是殷民族的祖先教的教士,行的是殷礼,穿的是殷衣冠。”胡适将“儒”的身份定位在殷族部落的文化传承者,由于从事的主要是文化事业,因而他们较之力田者或武夫来说是“柔懦之人”,而且还“逢衣博带的文绉绉的样子”。殷灭亡后,儒者成了保存和传承殷族文明的文化使者。孔子就是殷民族“悬记”而生的“救世主”,“他从一个亡国民族的教士阶级,变到调和三代文化的师儒”,孔子的最大贡献在于将殷民族部落性的“儒”扩大到“仁以为己任”的儒,把柔懦的“儒”改变到刚毅进取的“儒”,因而成为儒学的中兴者。[②]

胡适的这一系列大胆假说在当时是骇世惊俗的,而且他的论证也不够充分,因而在相当长一段时期内胡适的学说受到了非议和攻击。不过,后来的甲骨文研究证明了他的假设是完全正确的。

不过有一点可以明确,胡适并不盲目崇拜孔孟儒学,他认为“孔教不能适应时势需要”,“现在大多数明白事理的人已打破了孔教的迷梦”[③],辛亥革命后的中国社会进步,“不是孔夫子之赐,是大家努力革命的结果,是大家接受一个新世界的新文明的结果。只有向前走是有希望的,开倒车是不会成

---

① 陈平原:《中国现代学术之建立》,189 页,北京大学出版社,1998。

②《胡适论学近著》(第一集),5 页,山东人民出版社,1998。

③《胡适文存》(第一集),132 页,上海亚东图书馆,1921。

功的"[①]。与当时新文化运动的其他主将相同的是，胡适对儒家强调的"三纲五常"也持批判态度，"'三纲五伦'的话，古人认为是真理，因为这种话在古时宗法社会很有点用处。但现在时势变了，国体变了……古时的天经地义现在变成废话了"[②]。回顾胡适的一生，他对孔子与儒学的态度，正如他自己解释的那样："有许多人认为我是反孔非儒的。在许多方面，我对那些长期发展的儒教的批判是很严厉的。但是就全体来说，我在我的一切著述上，对孔子和早期的'仲尼之徒'如孟子，都是相当尊崇的。"[③]

由此可见，胡适的实用主义真理观是胡适用来批判儒家思想的主要的思想武器，正如他所言："真理原来是人造的，是为了人造的，是人造出来供人用的……我们所谓真理，原不过是人的一种工具。"[④]他甚至还直截了当地指出："一切主义，一切学理，都该研究，但只可认作一些假设的见解，不可认作天经地义的信条。"[⑤]这就凸显了一种相对主义的价值观，它为胡适推翻儒家绝对主义的价值观提供了理论依据。

然而，值得注意的是，胡适以实用主义的怀疑精神，批判传统儒家思想的独断，其目的在于试图用现代的哲学思维方式来改造传统的哲学思维方式。

> 我确信中国哲学的将来，有赖于从儒学的道德伦理和理性的枷锁中得到解放。这种解放，不能只用大批西方哲学的输入来实现，而只能让儒学回到它本来的地位；也就是恢复它在历史背景中的地位。儒学曾经只是盛行于古代中国的许多敌对的学派中的一派，因此，只要不把它看做精神的、道德的、哲学的权威的唯一源泉，而只是在灿烂的哲学群星中的一颗耀眼明星，那末，儒学的被废黜便不成问题了。[⑥]

胡适相信，儒学的许多价值取向尚有某些可取之处，只不过需要加以修改而已。儒学的精神一方面需要维系，另一方面需要补充新的内容。儒学需要做严格的自我考察和内部改造，而且要进一步延伸其意义与范围，以发挥其价值导引和规范之使命。在这一点上，胡适并非民族虚无主义者，尽管他曾主张"全盘西化"，但他对待民族传统文化还是主张有选择地加以吸收和改造的。

---

① 《胡适论学近著》(第一集)，236页，山东人民出版社，1998。

②④ 《胡适文存》(第一集)，101页，上海亚东图书馆，1921。

③ 欧阳哲生主编：《胡适文集》，418页，北京大学出版社，1998。

⑤ 同注②，189～190页。

⑥ 胡适：《先秦名学史》，8～9页，学林出版社，1983。

第三十二章　新儒家与孟学

“新儒家”这个称谓所表达的，首先是一种持守中国传统文化尤其是儒家的立场与信念，其次才是很宽泛意义上的一个学派。因此，新儒家就不包括那些仅仅对儒学进行对象化、客观化的学术研究的人，反之，对儒学的学术研究没有达到一定水准的人，也不应称之为新儒家。本章所选定的新儒家有六个，他们是梁漱溟、熊十力、冯友兰、徐复观、唐君毅、牟宗三。这里所选的新儒家人物基本是学界没有争议的，只是范围稍微小了一些。这里选冯友兰的原因，一方面是因为其学术贡献，更根本的原因是其晚年的回归。

孟学的阐释到了新儒家这里有了新的拓展，主要出现了两个方面的新变化：一是，以熊十力、牟宗三为代表的新儒家，发展出了与西方哲学相应的本体论和形而上学；二是，孟子的民本思想得到几乎所有新儒家的大力弘扬。

第一节　梁漱溟与孟学

梁漱溟(1893—1988)，原名焕鼎，字寿铭、萧名、漱溟，后以其字行世，广西桂林人。中国现代思想家，现代新儒家的早期代表人物之一。生于北京一个仕宦之家。曾受蔡元培之邀到北大讲授印度哲学。1931 年，在山东邹平进行乡村建设理论试验；抗战爆发后，在重庆北碚办勉仁书院。1940 年，参加发起“中国民主同盟”。1946 年，参加重庆政治协商会议，并代表“民盟”参与国共两党的和谈。1955 年，由于批评当时的农民政策等，遭到政治批判。以后，主要在家从事理论研究。梁漱溟对“文化大革命”以及后期开展的“批孔运动”明确表示反对。主要著作有《东西文化及其哲学》、《中国文化要义》、《人心与人生》等。

一、路向与意欲

孟学对梁漱溟影响很大。梁漱溟在继承孟子思想的同时，参照西方文化对孟子思想进行了一些引申，这要从梁漱溟立论的出发点说起。在全盘西化甚嚣尘上的时候，中国文化的出路何在？这是摆在当时的文化人面前的一个严峻问题。梁先生力排众议独抒己见，他寻求答案的办法，就是去求各个文化的根本或源泉。他认为："文化不过是那一民族生活的样法罢了。生活又是什么呢？生活就是没尽的意欲（will）……和那不断的满足与不满足罢了……然则你要去求一家文化的根本或源泉，你只要去看文化的根原意欲。"①因此，梁先生提出了"三路向"说，认为人类为自身生存而解决问题的方法，也就是生活样法，归结起来有三种：一是，遇到第一类问题（人对物的关系问题），需要持向前要求的态度，也就是奋斗的态度，即"改造局面，使其可以满足我们的要求"；二是，遇到第二类问题（人对人的关系问题），需要持"对于自己的意思变换，调和，持中"的态度，即随遇而安，不求奋斗，而是求自我的满足；三是，遇到第三类问题（人对因果必至之势的关系问题），需要持"转身向后去要求"的态度，也就是想根本取消这类问题或要求。可以看出，意欲就是梁先生立论的出发点。

梁漱溟认为，西、中、印三大文化体系分别体现了这三种生活态度，或者说，以上三种不同的人生路向（态度）必然开发出形态别致的三种文化，即西方文化、中国文化和印度文化这世界三大文化体系。具体而言，西方文化走第一路向，是以意欲向前为根本精神的；中国文化走第二路向，是以意欲自为、调和、持中为根本精神的；印度文化走第三路向，是以意欲返身向后要求为其根本精神的。

二、良知与直觉

这里且不论作为梁漱溟思想原点的"意欲"在西方及印度文化中的意义，就中国文化而言，那就是他所理解的孔子的"仁"。当然，意欲要显现出来才成其为人生态度。那么，意欲又是如何呈现出来的呢？这就涉及梁先生的另一个重要观念：直觉。意欲是在直觉中呈现出来的。又如何理解这里的"直觉"呢？梁漱溟有如下论述：

> 儒家说："天命之谓性，率性之谓道。"只要你率性就好了，所以就又说这是夫妇之愚可以与知与能的。这个知和能，也就是孟子所说的不虑而知的良知，不学而能的良能，在今日我们谓之直觉。这种求对求善的本能、直觉，是人人都有的；故孟子说："人皆有不忍人之心……所以谓人皆有不忍人之心者，今人乍见孺子将入于井，皆有怵惕恻隐之心，非所以内交于孺子之父母也，非所以要誉于乡党朋友也，非恶其声而然也。"又说："恻隐之心人皆有之；羞恶之心人皆有之；恭敬之心人皆有

① 梁漱溟：《东西文化及其哲学》，32页，商务印书馆，1999。

之；是非之心人皆有之。恻隐之心仁也；羞恶之心义也；恭敬之心礼也；是非之心智也。仁义礼智，非由外铄我也，我固有之也。"这种好善的直觉同好美的直觉是一个直觉，非二；好德，好色，是一个好，非二。所以孟子说："口之于味也有同耆焉；耳之于声也有同听焉；目之于色也有同美焉。至于心独无所同然乎？心之所同然者何也？谓理也，义也。圣人先得我心之所同然耳。故理义之悦我心，犹刍豢之悦我口。"①

这也就是说，孟子的良知良能就被梁先生解释为他自己的直觉。孟学的一些主要内容在梁先生这里得到了新的阐释和发展，揭开了孟学与西方文化融合的新篇章。当然，新儒家的"新"就体现在这里。新儒家的思想都是中西文化融合的产物，他们以中国文化为本，把西方文化纳入自己的视野，通过对西方文化的一些范畴、观念以及方法进行损益，返本开新，铸造出新的学说和思想体系。

梁先生把孟子的思想与柏格森的生命哲学进行对比和融合。梁漱溟自己也不讳言，他的思想根源之一就是西方生命哲学派。但是，梁漱溟与柏格森生命哲学对直觉的界定是有差异的。柏格森说："所谓直觉就是把自己置身于对象之内，是意志生命的交融。""我们只能在直觉中，直接地把握绵延。"②这就是说，直觉是个体生命对作为宇宙本体的生命绵延的把握。而梁漱溟认为，直觉就是仁的生发，就是说，直觉到的是仁爱的情感。正因为他如此理解直觉，所以他就认为孔子的性就是孟子的性善："要晓得孔子的性相近，习相远，其性近就是说人的心理原差不多，这差不多的心理就是善，孟子所谓人心之所同然者是也。"③因此，他同意宋儒的道统之说，认为孟子为孔子之真传。

三、继承与发展

早年的梁漱溟认为仁和良知就是意欲与直觉，并以此立论，但晚年的梁漱溟在检讨自己学术思想的时候却说：

我说孔子的仁是一种极其敏锐的直觉。孟子不是使用过"良知"这样的词么？这就是今天所谓的"直觉"。直觉在英文中称为 intuition。因此，从这个角度上说，我是用现代的名词来解释孔子和孟子的思想。现在，我感到我错了。这些现代名词(和仁)在意思上非常接近，但并不等同，也不是真正正确的。然而它们又不是完全不正确的。④

① 梁漱溟：《东西文化及其哲学》，130～131页，商务印书馆，1999。

② 柏格森：《形而上学导言》，67、71页，商务印书馆，1963。

③ 同注①，136页。

④ 艾凯：《最后的儒家——梁漱溟与中国现代化的两难》，246页，江苏人民出版社，2004。

这段话是发人深省的。当一些学者在用西方文化的新鲜名词阐释传统概念的时候，以为就是那么回事，可到后来却发现不完全如此，往往是既有相通的地方，又不完全相同。梁先生用一生的经历在告诉人们，继承和发展传统应深思熟虑。

在新儒家之中，只有梁先生认为，中国不能实现民主政治。中国不能民主化的原因，除了政治、经济、教育方面的原因之外，他认为，民主的精神条件，非中华民族所固有。在他看来，民主政治的运作，是基于人群的某种精神，这显然是从"民主是一种生活方式"的角度来立论的，确实也看出民主政治的一些端倪。除此而外，在制度设计方面，梁先生认为，民主政治的制度设计精神，在于牵制平衡，彼此监督，这是基于不信任人，亦即性恶论而来，而在中国的民族精神里，却是本乎孟子的性善论而发为信任人的政治制度，对于国家大事，尤其要以全副的心肝捧出来，出之以至诚无二之心，彼此之间崇敬对方，信托对方，有极高期望于对方。正因为有此认识，所以，他才进行乡村建设理论试验。

从总体上来说，梁先生以理性主义的态度在继承和发展孔孟儒学。他认为，孔子处处教人用心反省，即自己诉诸理性，孟子更是直接抉出以理性示人，所以强调"心之官则思"，"从其大者"，"先立乎其大则小者不能夺也"。但他对理性有独到的见解，他说："理智、理性为心思作用之两面，知的一面曰理智，情的一面曰理性……所谓理性者，要亦不外乎吾人平静通达的心理而已。"①

诚如孟子所言："颂其诗，读其书，不知其人，可乎？"②梁先生不仅在学术上对孟子多有继承和发展，在其真实生命中同样真切地践履了孟子的大丈夫精神。他倡导"刚"的精神，以之为中国文化的基本精神。孟子讲"富贵不能淫，贫贱不能移，威武不能屈"③，这样的大丈夫风范，就具体地体现在他的身上。牟宗三先生评介梁漱溟说：他（梁漱溟）独能生命化了孔子，使吾人可以与孔子的真实生命及智慧相照面，而孔子的生命与智慧亦重新活转而披露于人间。④ 对此评价有人心有疑虑。通观梁先生的一生，完全可以说，梁漱溟把孟学内化为自己的生命，尤其是孟子的大丈夫精神。

---

① 梁漱溟：《中国文化要义》，128 页，台湾里仁出版社，1982。

②《孟子·万章下》。

③《孟子·滕文公下》。

④ 牟宗三：《生命的学问》，112 页，台湾三民书局，1970。

第二节　熊十力与孟学

熊十力(1885—1968),原名继智、升恒,后改名十力,号子真,晚年号漆园老人。湖北黄冈人。中国现代著名哲学家和爱国民主人士,是新儒家的创始人之一。幼年家境贫寒,勤奋为学。青年时代曾投身湖北新军,参加反清革命,后追随孙中山参加护法运动。35岁后,转而从事学术研究,曾入南京支那内学院从欧阳竟无学习佛法,后任教于北京大学,主讲其新唯识论。抗战期间,讲学于复性学院、勉仁学院。其学说影响深远,在哲学界自成一系。著有《新唯识论》、《原儒》、《体用论》、《明心篇》、《佛家名相通释》、《乾坤衍》等书。

一、唯识与心性

孟子的思想铸造了熊十力思想的核心,同时熊十力也把它与佛家以及西方的本体论思想相贯通。熊十力归宗儒家以后,以《新唯识论》成名。他认为要讲唯识,必先破外境,如何破除外境呢?这就要联系到孟子"万物皆备于我"的思想。熊十力说:"吾国先哲对于境和心的看法,总认为是浑融而不可分的……孟子也说道:'万物皆备于我矣。'孟子盖以为万物都不是离我的心而独在的。因此,所谓我者,并不是微小的、孤立的、和万物对待着,而确是赅备于万物,成为一体的。这种自我观念的扩大,至于无对,才是人生最高理想的实现。"①这就是说,自我观念扩大以至于无对时,才能破除外境,归于唯识。

熊先生认为要破除外境,归于唯识,识得本体,必须涵着工夫来讲,这可以通过孟子"尽心则知性知天"的思想讲明白。他说:"本心即是性,但随义异名耳。以其主乎身,曰心。以其为吾人所以生之理,曰性。以其为万有之大原,曰天。故'尽心则知性知天',以三名所表,实是一事,但取义不一而名有三耳。尽心之尽,谓吾人修为工夫,当对治习染或私欲,而使本心得显发其德用,无有一毫亏欠也。故尽心即是性天全显,故曰知性知天。知者证知,本心之炯然内证也,非知识之知。由孟子之言,则哲学家谈本体者,以为是知识所行之境,而未知其必待修为之功,笃实深纯,乃至克尽其心,始获证见。则终与此理背驰也。"②

可以看出,在熊十力体用不二的哲学框架之中,其所谓本体就是孟子的

① 熊十力:《新唯识论》,273～274、252页,中华书局,1985。

② 熊十力:《新唯识论》,26页,中国人民大学出版社,2006。

本心，其新唯识论的儒家思想根源就在孟子这里，可以说其新唯识论就是新唯心论，唯孟子之本心而论。

二、良知与知识

作为现代哲学家，熊十力充分肯定科学与科学方法，但是他也指出，科学只是人类活动的一个方面，有其利亦有其弊，科学思维不能用本体认本体，不能用之发明本心。有鉴于此，晚年的熊十力提出了“智识合一”论。他说：“知识固是客观世界现实世界的反应，然知识之成毕竟有内在的主动力深入乎物、了别乎物，方成知识。此主动力即吾人本心天然发明，所谓智是也。”①因为他认为：“一切学术上之重大创见皆天机乍动而来，天机即是一点明几骤然开发……此一明几确是吾心天然本有的。”熊先生的这一看法，确实洞见了科学发现以及技术发明的本质。知识系统本身只是一种客观的反应，本身并无善恶可言，但是熊先生认为不能就此认定知识是价值中立的。他说：“保任良知做主，私欲不得乘间窃发，则一切知识之运用莫非良知之流行。”②反过来说，运用知识的人，如果没有良知做主，知识就会成为助纣为虐的工具。总之，知识的运用一定不能背离道德良知的制约，应该使知识的运用过程同时成为良知流行的过程。这是熊十力在现代化的过程中，面对价值理性和认知理性之间的紧张，对孟子的“良知”一词的新的发挥。

三、民本与民权

熊十力常用“大海水与众沤”来比喻体用不二，他不像清末洋务派的张之洞那样主张中学为体、西学为用。他说：

> 西洋政治思想、社会科学，皆非与吾人脑袋扞格不相入者。吸收西学，在今日固为理势之必然。而反之吾数千年来所奉为常道之六经，则西洋各种学术之端绪，吾未始不具，只未发展耳。西学在吾，既非绝无端绪，则因人之成功，而强起力追，固可事半功倍。中学既有其体，即有其用，而用有所未尽者，则取诸人以自广可也。若中学果为有体无用之学，则尚安用此死体为哉？③

在熊十力看来，西方的民主与科学，就其为用而言，中学之体也有其端绪，只是没有发展而已。如果通过对西学的吸纳，把中学之体的各种端绪开发出来，那么，中学也就可以呈现明体达用的局势。照此看来，儒学与民主科学之间表面上的紧张关系就会消于无形。

---

① 熊十力：《明心篇》，124、129页，上海龙门书局，1959。

② 同注①，175页。

③ 熊十力：《读经示要》，5页，台湾广文书局，1972。

正因为如此，曾经追随孙中山先生进行旧民主主义革命的熊十力，对民权思想有着深刻的体认。他在《读孟子》一文中写道："子舆论政，重教养，贵民。（当时列强对内行武断政策，对外持侵略主义，故孟氏提倡民权。）以学者为社会之中坚，而惧夫生心害政。故游说横议，诸持浅薄之论及挟异端者，皆与之力辩。（以公孙衍、张议为妾妇之道，谓'善战者服上刑'，又以杨墨为禽兽，唯攻墨为过。）识卓哉！当乱世，阅历人事至深，斯言之切也。"①把孟子贵民的民本思想解读为民权思想，这是熊十力在新的形势下对孟学的发展。

第三节　冯友兰与孟学

冯友兰（1895—1990），字芝生，河南唐河县人。北京大学哲学系毕业后，赴美国哥伦比亚大学研究院留学，获哲学博士学位。1947 年，任清华大学校务会议主席，维持清华校务。曾获印度德里大学和美国哥伦比亚大学名誉文学博士。1955 年被选为中国科学院哲学社会科学部委员、常务委员。冯先生著述甚丰，中、英文著作近 500 万言。20 世纪 30 年代编著两卷本《中国哲学史》，为中国哲学史学科的奠基之作；40 年代有《中国哲学简史》影响深远；耄耋之年，著《中国哲学史新编》。抗战期间，他撰有"贞元六书"，即《新理学》、《新事论》、《新世训》、《新原人》、《新原道》、《新知言》，期盼中华民族"贞下起元"。冯友兰"阐旧邦以辅新命"，最后遗言门人："中国哲学必大放光彩。"

一、王道与民主

冯友兰主要在中西比较的意义上来言说孟子，在对比中西文化后，他认为："孔子在中国历史中之地位，如苏格拉底之在西洋历史；孟子在中国历史之地位，如柏拉图之在西洋历史，其气象之高明亢爽亦似之。"②就在哲学史中的历史地位而言，这一比较符合实际。关于孟子的抱负，冯先生认为，孔子的一生是以继承文王周公为志业，孟子则以舍我其谁的气概，一生是为了继承孔子的事业。

对孟子的政治思想，冯先生做了充分的肯定，虽然，孟子"率由旧章"，"遵先王之法"以"分田制禄"，对"周室班爵禄"的制度基本是拥护的，但其根本的政治经济观点则与传统不同，传统的政治经济制度完全为贵族而设立，而在孟子则一切为民而设，这是孟子政治及社会哲学的根本观点，也是孟子

---

① 熊十力：《新唯识论》，23 页，中华书局，1985。
② 冯友兰：《中国哲学史》，86 页，华东师范大学出版社，2000。

王道政治的理想。王道与霸道是孟子政治思想中的两种不同的样态，王道的一切政治制度设计和政治举措，都是为了民众，所以民众都悦而从之，而霸道则只以武力征服人，强迫人们服从。王道与霸道之区分，影响深远，中国后来的政治哲学，都将政治分为这两种。冯先生用现代的政治术语说，民主政治就是王道，因为它代表着人民的自由结合；而法西斯政治就是霸道，因为它的统治是靠恐怖和暴力。

不仅政治经济制度都是为民而设，而且君也是为民而设。孟子认为，"民为贵，社稷次之，君为轻。是故得乎丘民而为天子，得乎天子为诸侯，得乎诸侯为大夫"①。治人者所以存在的理由，完全在于他们能"得乎丘民"，不能做到这样，就失去了其所以为君的理由，也就是非君。所以孟子说："贼仁者谓之'贼'，贼义者谓之'残'。残贼之人谓之'一夫'。闻诛一夫纣矣，未闻弑君也。"②这也就是孟子的正名思想，孔子正名而"乱臣贼子惧"，孟子正名则让乱君亦惧。孟子的这个思想，在中国的历史中，以至在晚近的辛亥革命和中华民国的创建中，曾经产生过巨大的影响。西方民主思想在辛亥革命中也发挥了作用，这是事实，但是，对于人民群众来说，本国古老的有权革命的思想的影响毕竟大得多。

从政治哲学的角度，冯先生认为孟子不是功利主义，他虽然主张义，反对利，然而对于义利之辨，没有作详细说明，也没有将公利与私利分开辩论，因此颇受后人的诘难。从孟子与墨者夷之辨论薄葬之说，可以看出其非功利主义之主要意义。孟子说："盖上世尝有不葬其亲者，其亲死，则举而委之于壑。他日过之，狐狸食之，蝇蚋姑嘬之。其颡有泚，睨而不视。夫泚也，非为人泚，中心达于面目，盖归反蘽梩而掩之。掩之诚是也，则孝子仁人之掩其亲，亦必有道矣。"③又说："古者棺椁无度，中古棺七寸，椁称之。自天子达于庶人，非直为观美也，然后尽于人心。"④墨家攻击儒家厚葬久丧，主张节葬短丧，纯粹从功利主义立论。而孟子则纯粹不从功利主义立论。厚葬久丧，对社会固然也有利，"慎终追远，民德归厚矣"。这是从功利主义立论以主张厚葬久丧。然而，孟子则认为厚葬是为了"尽于人心"，此儒家之精神也。

二、神秘主义

冯先生讲中国哲学有两条线索，一是新实在论哲学的理性主义，一是神秘主义。他一方面以理性的分析与概括为根本的哲学方法，另一方面以哲

①《孟子·尽心下》。
②《孟子·梁惠王下》。
③《孟子·滕文公上》。
④《孟子·公孙丑下》。

学达到的最高精神境界为神秘主义的境界。而且冯先生认为，未来的世界哲学一定比中国传统哲学更理性主义一些，比西方传统哲学更神秘一些。只有理性主义和神秘主义的统一，才能造成与整个未来世界相持的哲学。这也就是说，神秘主义才是中国哲学的特色。所以，在儒家哲学中他特别重视孟子。

冯先生认为，中国哲学中，孟子派的儒家和庄子派的道家，都以神秘境界为最高境界，以神秘经验为个人修养的最高成就。道家所用的方法，是以纯粹经验忘我，而儒家所用的方法，是以"爱的事业"去私，无我无私，个人乃与宇宙合一。万物皆备于我，就是我与万物本为一体，上下与天地同流，有神秘主义的倾向，孟子所谓浩然之气，即个人在最高境界中之精神状态。他说：

> 照孟子和儒家中孟子这一派讲来，宇宙在实质上是道德的宇宙。人的道德原则也就是宇宙的形上学原则，人性就是这些原则的例证。孟子及其学派讲到天的时候，指的就是这个道德的宇宙。理解了这个道德的宇宙，就是孟子所说的"知天"。一个人如果能知天，他就不仅是社会的公民，而且是宇宙的公民，即孟子所说的"天民"。

冯先生进一步从"万物皆备于我"这句话中，看到了孟子哲学中的神秘主义成分。他的理解是这样的：一个人也只有充分发展他的不忍人之心，他才内有仁德。要达到仁，最好的方法是行忠恕。通过行忠恕，他的自我、自私都逐步减少了。一旦减无可减，他就感觉到再也没有人与我的分别，再也没有人与天的分别。这就是说，他已经同天，即与宇宙同一，成为一个整体，由此就认识到"万物皆备于我"。

如何做到这一点呢？那就得养浩然之气。孟子养浩然之气的方法有两个方面：一个方面可以叫做"知道"。道就是提高精神境界的道。另一方面孟子叫做"集义"，就是经常做一个"天民"在宇宙中应当做的事。把这两方面结合起来，就是孟子说的"配义与道"。这也就是说，在孟子那里，儒家用"爱的事业"养浩然之气，最后做到"万物皆备于我"。

应该说明的是冯友兰的神秘主义不是一种宗教体验，而是一种境界哲学，是指承认有所谓万物一体之境界的哲学。在此境界中，个人与冯先生所谓的"大全"合而为一。所谓主观客观、人我内外之分，在此境界中俱已不存。因此，与神秘主义相关的就是天地境界，在他的四个境界（自然境界、功利境界、道德境界、天地境界）之中，天地境界是最高境界。他是这样定义的：

> 最后，一个人可能了解到超乎社会整体之上，还有一个更大的整

体，即宇宙。他不仅是社会的一员，同时还是宇宙的一员。他是社会组织的公民，同时还是孟子所说的“天民”。有这种觉解，他就为宇宙的利益而做各种事。他了解他所做的事的意义，自觉他正在做他所做的事。这种觉解为他构成了最高的人生境界，就是我所说的天地境界。①

所以，冯先生认为：哲学的任务在于提高人的精神境界。他说：

现在，如果有人要我下哲学的定义，我就会用悖论的方式回答：哲学，特别是形上学，是一门这样的知识，在其发展中，最终成为“不知之知”。如果的确如此，就非用负的方法不可。哲学，特别是形上学，它的用处不是增加实际的知识，而是提高精神的境界。②

正是因为有如此看法，所以冯先生特别重视神秘主义，在这一线索上，他也特别重视孟子。本来接着程朱理学讲的冯友兰，用正的方法在《新理学》中建构儒家形而上学的时候，不太重视以孟子发轫的心学，进一步的研究使他发现了神秘主义这一中国哲学的特质。虽然他的理性主义和神秘主义之间也存在一定的张力，但他为后来者进一步研究儒学，尤其是研究以孟子代表的心学留下了不同于他人的线索。

第四节　徐复观与孟学

徐复观(1903—1982)，原名秉常，字佛观，湖北浠水人。早年曾先后求学于湖北省第一师范学校、国学馆，以后又留学日本。回国后，他又组织“开进社”，试图以马克思主义与三民主义相结合，解决中国的问题。1943年，徐复观拜访了熊十力，并因读史问题受到了熊“起死回生的一骂”，心悦诚服地接受了熊氏“亡国族者常先自亡其文化”的教诲。徐复观以陆军少将的身份退役，办起了学术刊物《学原》。从1949年5月起，他在香港创办《民主评论》，他的思想中有传统主义与自由主义的双重品格。主要著作有《中国人性论史》、《两汉思想史》、《中国思想史论集》、《公孙龙子讲疏》、《儒家政治思想与民主自由人权》、《周官成立之时代及其思想性格》、《中国经学史基础》、《中国艺术精神》等。

一、心善与性善

徐复观认为中国传统思想始于殷周之际，以人性论为其主干，而孔、孟、老、庄及宋明理学家的人性论就是中国人性思想的主流，因此他特别重视孟

① 冯友兰：《中国哲学简史》，390页，北京大学出版社，1985。

② 同注①，387页。

子，认为孟子在中国文化中最大的贡献是性善说的提出。他说："在人性论的发展过程中，性善两字，直到孟子始能正式明白地说出。性善两字说出后，主观实践的结论，通过概念而可诉之于每一个人的思想，乃可以在客观上为万人万世立教。"①

徐先生认为，孟子所说的性善之性，指的是在生而即有的内容中的一部分，而这一部分，不是出自思辨的分析，乃指的是人的心的作用。所以，心善即是性善，而孟子便专从心的作用来指性善。这是因为，孟子在生活体验中发现了心独立而自主的活动，乃是人的道德主体之所在，这才能作为建立性善论的根据。因此，在徐先生看来，心善是性善的根据。因为心善是"天之所与我者"，所以心善即是性善，而孟子便专从心的作用来指证性善。孟子的四端为人心之所固有，随机而发，由此而可以证明"心善"。这可谓是徐先生独到的见解。这一见解所面临的问题，就是必须对心、性、情、才的关系有一个自己的说明。他说：

> 孟子曰："乃若其情，则可以为善矣，乃所谓善也。若夫为不善，非才之罪也。恻隐之心，人皆有之；羞恶之心，人皆有之；恭敬之心，人皆有之；是非之心，人皆有之。恻隐之心，仁也；羞恶之心，义也；恭敬之心，礼也；是非之心，智也。仁义礼智，非由外铄我也，我固有之也，弗思耳矣。故曰，'求则得之，舍则失之。'或相倍蓰而无算者，不能尽其才者也。《诗》曰，'天生蒸民，有物有则。民之秉彝，好是懿德。'孔子曰：'为此诗者，其知道乎！故有物必有则；民之秉彝也，故好是懿德。'"②

徐先生认为，这里"乃若其情，则可以为善"的情，即指恻隐、羞恶、是非、辞让等而言。从心向上推一步即是情；情中涵有向外实现的冲动、能力，即是才。性、心、情、才，都是环绕着心的不同的层次。

关于恶的来源，一直是理解孟子性善论的关键。徐先生认为，归纳孟子的意思，可从两点说明：一是来自耳目之欲，二是来自不良的环境，两者都可以使心失掉自身的作用。孟子并不轻视生理的欲望，而只是要求由心做主，合理地满足这种欲望。因为欲望本身并不是恶，只是无穷的欲望一定会侵犯他人，这才是恶。耳目的欲望虽然不是恶，但恶毕竟是从耳目等欲望而来。孟子说："耳目之官不思，而蔽于物。物交物，则引之而已矣。"③徐先生认为，孟子的这几句话，正说明这一点。其次，孟子非常重视环境对于一般人的影响。心虽然是善的，但若无适当的环境，则就一般人而论，心的思的

---

① 徐复观：《中国人性论史》，141页，上海三联书店，2001。

②③《孟子·告子上》。

作用发挥不出来，便失掉了心的自主性。孟子是针对着仅有知性活动而不能做主的心以言本心；本心即善，即是道德的心。道德之心呈现时，自然能为人的生活做主，而欲望自然会受道德理性的指挥，此时的欲望自然也不是恶，这就是孟子所说的“先立乎其大者，则其小者不能夺也”[1]的意思。

在徐先生看来，孟子的性善论意义重大，因为孟子的性善论完成了从宗教向人文的转化，由心之存养扩充的工夫可以尽心知性知天。他指出：

> “圣而不可知之谓神”的神，都指的是某种神秘实体的存在；至此就完全转化为心德扩充后的形容词。这一名词的转化，即表现从宗教向人文的转化的完成。经此一转换，凡是任何原始宗教的神话、迷信，皆不能在中国人的理智光辉之下成立。这代表了人类自我向上的最高峰。所以孟子的性善论，是人对于自身惊天动地的伟大发现。[2]

徐先生总结说：亲亲而仁民、仁民而爱物的根据是“万物皆备于我”，即我与万物同展现于无限的价值平等的世界。这是孟子性善论的真正内容，也是孟子性善论的起点与终点。

二、性善与民主

徐先生主张在中国文化中找出可以和民主衔接的内容，力图揭示历史上个人主义与专制政体、道德与政治的对立和冲突，强调对中国封建专制主义与传统思想文化应加以区分，认为儒家思想在长期专制压迫下必然会歪曲和变形，说明专制政体压歪和阻隔了儒家思想的正常发展，却不能说儒学就是专制的“护符”。他认为中国传统思想始于殷周之际，以人性论为其主干，而孔、孟、老、庄及宋明理学家的人性论就是中国人性思想的主流。他提出了一种不同于宗教恐怖绝望意识的“忧患意识”概念，认为正是在这种忧患意识的激发下产生了中国的道德使命感和文化精神，并成为中国传统文化的主流。

徐复观曾经也和许多人一样，以为孟子的“民贵君轻”思想只是民本思想，与民主思想尚有间隔，但后来他发现：

> 民治的制度实为孟子所未闻，但民治的原则，在孟子中已可看出端绪。《梁惠王下》：“国君进贤……左右皆曰贤，未可也；诸大夫皆曰贤，未可也；国人皆曰贤，然后察之（察其贤之事实）；见贤焉（见其有贤之事实），然后用之。左右皆曰不可，勿听；诸大夫皆曰不可，勿听；国人皆曰不可，然后察之；见不可焉，然后去之。左右皆曰可杀，勿听；诸大夫皆

① 《孟子·告子上》。

② 徐复观：《中国人性论史》，159页，上海三联书店，2001。

曰可杀，勿听；国人皆曰可杀，然后察之；见可杀焉，然后杀之。故曰国人杀之也……"这段话的意思，是说用人、去人、杀人之权，不应当由人君来决定，而应当由人民来决定。人民的好恶决定政治的具体内容，而对用人、去人、杀人的政治权力，又主张保留在人民手上，这怎么没有透露出"民治的原则"呢……由此一原则性的要求，便发展而为《礼记·礼运》大同章的"天下为公，选贤任能"的主张，这已向制度方面迈进了一大步。①

之所以有这样的看法，是因为徐先生认为，孟子政治思想的结构，就是要把政治从以统治者为出发点、以统治者为归结点的方向彻底扭转过来，使其成为一切为人民而政治。孟子不仅把当时统治者的利益从属于人民利益之下，由人民的利益来做一切政治措施得失的衡断，并且也把儒家所强调的"礼义"从属于人民现实生活之下，使"礼义"为人民的生活而存在。正是因为孟子坚持政治应以人民为出发点、为归结点，所以孟子明白无误地确定政权的转移应由人民来决定。孟子提出"天与"的观念来否定统治者把政权当做私产来处理的权利，而孟子之所谓"天与"实际上便是"民与"，并且孟子还认为人民的力量是政治上最大的力量。

徐先生认为，孟子代表了在中国政治思想史中最高的民主政治的精神，只是缺乏民主制度的构想。而他的政治思想，是与他的性善说有不可分的关系。他所构想的政治社会，是发于各人内心之善的互相扶助的社会，即个人与群体不是仅靠强制的法律融合在一起的社会。在这种社会中，才能真正使自由与平等合而为一。

第五节　唐君毅与孟学

唐君毅(1909—1978)，四川省宜宾县柏树溪人，病逝于香港九龙。在一个充满传统文化气氛的家庭的涵育下长大。父亲唐烺，深契于孟子，著有《孟子大义》一书，对孟子的心性之学身体力行。母亲被欧阳竟无比做孟母。由北京大学转入南京中央大学哲学系，并曾听熊十力先生讲"新唯识论"。1932～1949年，在国内多所大学任教。1949年后，赴港与钱穆等人共同创办新亚书院，兼任教务长一职。1958年元旦，由他负责起草，并与张君劢、牟宗三、徐复观等联合署名，发表了被称为海外当代新儒家思想纲领的《中国文化宣言》。1963年，香港中文大学成立，任文学院院长，哲学系讲座教授。

① 徐复观：《中国思想史论集》，113页，上海书店出版社，2004。

1975年，任台湾大学哲学系客座教授。是第二代新儒家的代表人物之一，被牟宗三誉为“文化意识宇宙的巨人”。主要著作有《道德自我之建立》、《心物与人生》、《人文精神之重建》、《中国文化之精神价值》、《中国人文精神之发展》、《哲学概论》、《中国哲学原论》、《生命存在与心灵境界》等。

一、孟学三变

唐君毅认为，在中国历史上，孟学有三大变。汉代的儒家学者，因为经学而肯定孟学的地位，汉儒言诗书之义，大多遵循孟子以意逆志之旨而言之。到了唐代，韩愈以为孟子醇乎醇，更有赵岐孟子注，特别是到了宋代，程朱象山诸儒皆以孟子言性善说本心而推崇孟子。因此自宋以后，就以孔孟并称，改变了唐以前以周孔并称的习惯。宋明以后，孟子乃称亚圣，其书亦列为经书之一。而孟子民贵君轻的思想，只到明末方为黄宗羲所重视，清末则更为变法革命者大加推崇。民国至今，孟子又成为中国民本、民主思想的宗师。民国至今，一切反专制集权的思想，皆有孟子民贵之义为其本。唐先生以其渊博的学识，为人们清晰地呈现了孟学的历史际遇。那么，这是否意味着孟学没有一个“一以贯之”的核心思想呢？对此，唐先生给出了否定性回答。

他进一步认为，与孔子的“仁道”、墨子的“义道”相比，孟学的核心就是“立人”之道。他说：

> 孟子之道，教人下别于禽兽，而向上奋起，以尽心知性、存心养性，以知天、事天，而尚友千古圣贤，更兴起人民旨心志，皆以“天民”自居，“天爵”自贵，若为训政则以“天吏”自任之道。此道之所在，即人之义所当行。是为人之配义与道之事……然于此须知孟子之言人之义，乃归本在人之仁。孟子言“仁者，人也；合而言之，道也”。人而能仁以有其义，而立此人之道，方为孟子之道之所存。①

这就是说，唐先生认为在孟学中，有一个兴起一切人之心志，以自下升高，而向上植立的“立人”之道，而且此道可以贯通历代孟学三大变之义旨。孟学三变乃是其历史遭遇，不变的“立人”之道才是孟学的义理根本。

二、尽性立命

孟子的思想铸造了唐君毅哲学思想的核心，为什么这么说呢？弄清楚唐先生晚年的煌煌巨著《生命存在与心灵境界》的核心思想就明白了。这本书从起念到完成，历时30年。早年他在写作《人生之体验》和《道德自我之建立》的时候，就有写此书的意愿。唐先生用一生的经历，在经过了《人生之体

---

① 唐君毅：《中国哲学原论——原道篇》，215页，台湾学生书局，1985。

验》之后，才有“接触道德价值之全体”的《道德自我之建立》，这就是唐先生自谓的“三十岁前的人生之本文”，最后才是“三十岁后的人生之注脚”的巨著《生命存在与心灵九境》。因此在《生命存在与心灵境界》中，他把自己的“道德自我”展开为人的整个生命存在与心灵活动，这个体系由三向九境组建起来。所谓三向，一是横观种类（事体、性相、功用），二是顺观次序（客观境、主观境、超主客观境），三是纵观层位。“纵观”其实就是“综观”，即横向三观与顺向三观的综合观照，如此的结果构成“九境”。所谓“心灵九境”，一、万物散殊境，二、依类成化境，三、功能序运境，此三境为客观境，称为前三境；四、感觉互摄境，五、观照凌虚境，六、道德实践境，此三境为主观境，称为中三境；七、归向一神境，八、我法二空境，九、天德流行境，此三境为超主客观境，称为后三境。这个体系展现了心灵由客观境界进至主观境界，然后通达超主客观境界的发展过程。他以“三向九境”的庞大体系，对中西印各文化精神做了判教式的总结，最终归结于心灵九境的最高境界——天德流行境。而此天德流行境与孟子有莫大关联。

唐氏哲学把天德流行境又称为尽性立命境。为什么是这样呢？依据唐先生的意思，他是本《中庸》的“天命之谓性”而说天德流行，解决性的形上根原，本孟子的“尽心知性知天”而说尽性立命，如此方可以立人道成教化。他说：

> 天只是性之形上根原。此形上根原之为何物，只能由人依其性而有之自命自令为何物而知之……故孟子谓尽心即知性知天也，尽心即尽此心之自命自令，而行之，亦即就此心自命自令之时，所视为当然者而行之，此亦即尽此天之所于我者，而立此命于我之生命存在之内也……因孟子之言命，或自外境之顺逆说。此外境之顺逆，乃另一义之命……而人于此可有其自命自令之命说。言外境之顺逆之事实，可即启示一义所当为，而见客观之天于人有所命，而人即由此以知所以自命，其义亦更有深于《中庸》之只言性命即天命者。[①]

这就是说，这个所谓天德流行境，乃是以人德之成就，同时是天德流行而说。显然，在此境中，首先是天德流行于人和物，其次是人尽性上达天命，所以，他称为天德流行境或为尽性立命境。那么，如何能见天德呢？他主张“于人德中见有此天德之存在”。这就是说唐先生是即人而言天。所以，唐先生特别重视孟子的“立人”之道。

因为其核心观念如此，所以唐君毅在论自由时，是以人文精神的实现为

① 唐君毅：《中国现代学术经典·唐君毅卷》，693页，河北教育出版社，1996。

第一义。他所说的人文精神，是指"对于人性、人伦、人道、人格、人之文化及其历史之存在与其价值，愿意全幅加以肯定尊重……以免人同于人以外、人以下之自然物"①。所以，唐先生第八个层次的自由，就是个人袒露实现此仁心，为真正的最高的由己，亦即最高的真正的自由，此自由就是孔子"为仁由己"的自由，也是孟子"立人"之道之根本精神。因此，唐先生批判英国式的消极自由，而比较认同德国式的积极自由。他进一步认为，作为现代民主核心的个人自由权利概念，应该以人文价值实现的基点而受到肯定，西方的民主精神，也是根源于其人文精神而来，所以，唐先生强调由孟子的性善论引申出的平等精神，可以作为与现代民主精神接榫的精神条件。

第六节　牟宗三与孟学

牟宗三(1909—1995)，字离中，第二代新儒家最主要的代表人物。出生于山东栖霞牟家疃，北京大学哲学系毕业。曾在华西大学、中央大学等多所大学任教，1949 年后在台湾和香港的多所大学任教，影响遍布港台，波及海外。牟宗三先生的哲学体系，是 5000 年中华文明史上第二次融合外来文化的一个阶段性成果，而且是这一阶段的主要成果之一。主要著作有《认识心之批判》、《历史哲学》、《道德的理想主义》、《政道与治道》、《中国哲学的特质》、《生命的学河》、《名家与荀子》、《才性与玄理》、《佛性与般若》、《心体与性体》、《从陆象山到刘蕺山》、《智的直觉与中国哲学》、《现象与物自身》、《圆善论》、《中国哲学十九讲》、《康德的道德哲学》。

一、十字打开

面对一个理性主义大行其道的时代，几乎所有的新儒家都非常重视孟子，而对孟子发挥最多、评价最高的则是牟宗三。他说：

> 孟子在战国时尽了他的责任，亦为精神表现立下一型范……殊不知孔子之全，若不经由孟子所开示之精神表现之型范，以为其"全"立一精神之系统，则孔子之全亦被拖下来而成为疲软无力矣。吾人说孔子为通体是文化生命，满腔是文化理想，转化而为通体是德慧。现在则说：孟子亦通体是文化生命，满腔是文化理想，然转化而为全幅是"精神"。仁义内在而道性善，是精神透露之第一关。浩然之气，配义与道，至大至刚，乃集义所生，非义袭而取，是精神之透顶。万物皆备于我，反身而诚，乐莫大焉，所存者神，所过者化，上下与天地同流。此是由精神

① 唐君毅：《中国人文精神之发展》，10 页，台湾学生书局，1988。

主体建体立极而通于绝对，彻上彻下，彻里彻外，为一精神之披露，为一光辉之充实。①

之所以有如此评价，是因为牟先生认为儒学要应对新的文化格局，必须要有新气象，因此，他提出了“第三期儒学”的概念。他以先秦原始儒家为第一期，宋明理学吸收了佛学为第二期，第三期则要吸纳西方文化。按照这个划分，新儒家显然属于第三期儒学，其目的也很明确，就是要吸收西方文化。正是在这个意义上，牟先生归宗儒家，遥契孟子，对接西方，提升康德，精心构筑了一个缜密而又庞大的哲学体系，其核心内容就是道德形上学。他以康德为健全理性的代表，因为康德讲道德自律，而孟子的基本义理正好是自律道德，而且很透辟。他还认为：“全部康德的道德哲学不能超出孟子的智慧之外，而且孟子之智慧必能使康德哲学百尺竿头进一步。”②他把孟子的一些思想与西方的形而上学（metaphysics）相贯通，创立了自己的形而上学体系。

牟宗三哲学是一个“十字打开”的体系，因为牟先生的形而上学是“一般说的形上学，它一定要讲存在，讲 being，这是 ontology；还要讲 becoming，这是 cosmology。形上学主要就是这两部分”③。being 就是讲存在者，是横着讲，这样讲的思想体系牟先生称之为横贯系统；becoming 讲生成论，是纵着讲的宇宙论生成模式，这样的体系则称之为纵贯系统，牟先生主要讲纵贯的道德生成论。这就是牟先生的“十字打开”。

这个思想体系的模式与孟子关系甚大。从中国文化传统来说，“十字打开”来源于陆象山对孟子的解读。陆象山说：“夫子以仁发明斯道，其言浑无罅缝，孟子十字打开，更无隐遁，盖时不同也。”④牟宗三认为，陆象山是孟子之后唯一能懂孟子，与孟子的智慧生命相应的人。其文本依据是，象山说过：“‘先生之学亦有所受乎？’曰：‘因读孟子而自得之。’”⑤因为“十字打开”，所以，牟先生特别重视孟子。进一步从义理上来说，纵贯系统应该有一个超越的根据，而在牟先生看来，儒家的超越根据与孟子有莫大的关系。他说：

儒家是彻底的纵贯系统，而且是纵贯纵讲……孔子论仁，孟子论性，都是讲道德的创造性。什么叫道德的创造性呢？用中国老话讲，就是德行之纯亦不已。分解地说，德行之所以能纯亦不已，是因为有一个超越的根据；这个超越的根据便是孟子所谓“性善”的“性”。这个性便

① 牟宗三：《历史哲学》，108 页，广西师范大学出版社，2007。

② 牟宗三：《圆善论》，53 页，台湾学生书局，1985。

③ 牟宗三：《中国哲学十九讲》，58 页，世纪出版集团、上海古籍出版社，2005。

④⑤《陆九渊集·语录》。

是道德的创造性。有这个创造性作为我们的性，我们才能连续不断、生生不息地引发德行之纯亦不已……“性”不是一个空洞的概念，而是有内容的，恻隐之心、羞恶之心、辞让之心、是非之心通通包括在内，孔子的仁也包括在内。①

这就是说，在牟先生看来，孟子的“性”是道德创造的出发点，是纵贯系统的顶点，他甚至把孔子的仁也包括在孟子的“性”之内，这也意味着孟子的“性”是牟宗三道德形上学的出发点。除此之外，牟先生基本是用孟子“十字打开”的模式，铸造了自己的思想模式，并进而网罗天下一切思想体系。

二、圆善论

所谓“圆善”，是牟宗三对康德哲学“至善”概念的借用和转化。康德所谓“至善”，即无条件的、至上的善，包括幸福与德性在内，它要求幸福与德性的统一，但是，经验却无法提供二者之间的必然联系，它们之间既不是先天分析的，又非后天综合。牟宗三认为哲学的究竟就是“圆教与圆善”问题，也就是说一个哲学体系到最后必须解决这个问题。

牟先生讲“圆善”的问题，是直接从孟子讲起。他说：“圆善，意思是整全而圆满的善。依孟子，天爵与人爵的综合，所性与所乐的综合，便是整全而圆满的善。”②简言之，“圆善”就是德福相配的问题，就是人们通常说的好人应该有好报。他所用的方法就是直接疏解《孟子》，他说这样做的原因有二个：“一因有所凭藉，此则省力故；二因讲明原典使人易悟入《孟子》故；三因教之基本义理定在孟子，孟子是智慧学之奠基者，智慧非可强探力索得，乃由有真实生命者之洞见发，为不可移故。”③

这就是说，在牟先生看来，孟子是智慧的奠基者。圆善问题，是哲学的究竟，是所有哲学体系必须要解决的最关键、最核心的问题，而这个问题的基本义理就定在孟子，所以他必须疏解《孟子》。这样做的目的还在于，让人们能够明白孟子所讲的道理，让人们能够看见孟子真实生命的智慧之光。

牟宗三又区分了孟子所言“性”的两种不同涵义，指出：“依孟子，性有两层意义的性。一是感性方面的动物性之性，此属于生之谓性，孟子不于此言性善之性，但亦不否认人们于此言食色性也之动物性之性。另一是仁义礼智之真性——人之价值上异于禽兽者，孟子只于此确立‘性善’。”④区分这两种性的意义就在于：“义理之性之定然的善亦有需于生而有的气性或才性，

① 牟宗三：《中国哲学十九讲》，334页，世纪出版集团、上海古籍出版社，2005。

② 牟宗三：《圆善论》，172页，台湾学生书局，1985。

③ 同注②，序言，11页。

④ 同注②，150页。

否则义理之性不能有具体而现实的表现。须知气性或才性之不定为善，但义理之性可使之成为善，而且亦有'能转化之使之成为善'之力量。义理之性本身就是一种动力，由此说的动力是超越的动力，是客观的根据。"①

那么，义理之性又如何转化生之谓性呢？牟先生用孟子的"性命对杨"来解决这个问题。"性者，气委下于个体，就个体之初禀，总持而言之之谓也；命者，就此总持之性之'发展之度'而言之之谓也"②。他认为："命是道德实践中的一个限制概念，道德实践须关联着两面说：正面积极地说是尽心以体现仁义礼智之性，消极负面地说是克制动物性之泛滥以使其从理。在此两面的工夫中都有命之概念的出现，因此命亦须关联着这两面说。"③命有受其正当的正命，也有受其不正当的非命，也就是牟先生所说的理命（义命）与气命（福命）。无论理命还是气命，都是与生俱来的，是外在于我的，是我所不能把握的。因此，要在"立命"中超越它。故牟先生说："它（命）首先因着'修身以俟'而被确立，其次因着孟子下文所说的'顺受其正'而被正当化。此皆属于'知命'，故孔子曰：'不知命无以为君子。'再进而它可以因着'天理流行'之'如'的境界而被越过被超化，但不能被消除。"④可见，圣人之所以能与天为一，就在于他能用义理之性转化生之谓性，使"生之谓性"通过"知命"而被正当化，并且在仁者的境界中被超越。

在他看来，哲学的终极处，就是用圆教成就圆善。就圆教而言，道德实践的超越根据就是人的性体（义理之性），那么，没有义理之性，圆教就没有了超越的根据，但仅此还不够，必须落实到生之谓性，"教"才是有意义的。他说："性体心体在个人的道德实践方面的起用，首先消极地便是消化生命中的一切非理性的成分，不让感性的力量支配我们；其次便是积极地生色践形、睟面盎背，四肢百体全为性体所润，自然生命底光彩收敛而为圣贤底气象；再其次，更积极地便是圣神功化，仁不可胜用，义不可胜用，表现而为圣贤底德业；最后，则与天地合德，与日月合明，与四时合序，与鬼神合吉凶，性体遍润一切不遗。"⑤

这里自然生命的非理性成分、生色践形等，是属于生之谓性的，而性体（义理之性）在生命（生之谓性）中层层进显，以转化生之谓性，那么，它显然就不是一个预设，而是必然要在道德实践中呈现出来，其终极呈现就是：与

① 牟宗三：《圆善论》，69页，台湾学生书局，1985。

② 牟宗三：《才性与玄理》，5页，台湾学生书局，1985。

③ 同注①，150页。

④ 同注①，144页。

⑤ 牟宗三：《心体与性体》（上），154页，上海古籍出版社，1999。

天地合德，与日月合明，与四时合序，与鬼神合吉凶，至此性体才能遍润一切存在而不遗。在此境界之中，“其所润生的一切存在必然地随心意知而转，此即是福——一切存在之状态能随心转，事事如意而无所谓不如意，这便是福。这样，德即存在，存在即德，德与福通过这样诡谲的相即便形成德福浑是一事”①。这就是牟先生的德福一致。

三、民主的内容

牟宗三认为，道德理性表现在政治上就是民主政治，而民主政治有内容和外延两个方面，像人权、自由、平等以及国家主权、政府权力的分配与限制等，都是外延的表现。至于民主的内容表现，牟先生归纳为三条：

其一，政道上确立推荐普选（天与人与）之“公天下”观念（随政权而言政道）；

其二，治道上确立“让开散开，物各付物”、“就个体而顺成”之原则（随治权而言治道）；

其三，道德上确立“先富后教”、“严以律己，宽以待人”之教化原则（此含政治上的教化之限度及政治与道德之分际）。②

对于这三条的阐释，牟先生主要取自于孟子。首先，对于孟子“天子能荐人于天，不能使天与之天下”③的一段话，他认为，这是孟子首先提出推荐这个观念，也就是今天的所谓竞选提名。“天与之”是通过“人与之”表现出来的，这无异于说，经过普选而得到人民的热烈拥护，这种经过推荐与普选而得天下，践天子位，完全是“公天下”的观念，是德的观念。

对于第二条，牟先生大量引用了《孟子·梁惠王下》的材料，来说明民主政治的内容应该是与民同乐，与民同富，保障人民有安定快乐的生活，总之，就是要行仁政。他引用《孟子》的话来说：“老而无妻曰鳏，老而无夫曰寡，老而无子曰独，幼而无父曰孤。此四者，天下之穷民而无告者。文王发政施仁，必先斯四者。”④他认为，仁政先斯四者，必不止于此四者，使人人皆得其所，各安其生，这种全幅让开、散开的精神，正是仁者的精神。以人治人，物各付物，才是民主政治的顺成原则。

第三条，也是牟宗三政治思想的关键一条，他引用孟子的话说：“不违农时，谷不可胜食也；数罟不入洿池，鱼鳖不可胜食也；斧斤以时入山林，材木不可胜用也。谷与鱼鳖不可胜食，材木不可胜用，是使民养生丧死无憾也。

① 牟宗三：《圆善论》，325 页，台湾学生书局，1985。

② 牟宗三：《政道与治道》，109 页，广西师范大学出版社，2006。

③《孟子·万章下》。

④《孟子·梁惠王下》。

养生丧死无憾，王道之始也。五亩之宅，树之以桑，五十者可以衣帛矣。鸡豚狗彘之畜，无失其时，七十者可以食肉矣。百亩之田，勿夺其时，数口之家可以无饥矣。谨庠序之教，申之以孝悌之义，颁白者不负戴于道路矣。七十者衣帛食肉，黎民不饥不寒，然而不王者，未之有也。"①牟宗三接着阐释说：

> 在政治措施上，就个体而顺成，生存第一……不但生存第一，畅达其物质的生活幸福，亦须畅达其价值意义的人生而为一"人道的存在"。故曰"谨庠序之教，申之以孝弟之义，颁白者不负戴于道路矣"。教者，即教此孝弟忠信，礼义廉耻之道。完整言之，即孟子所谓"父子有亲，君臣有义，夫妇有别，长幼有序，朋友有信"也……教者不过教此……故在内容的表现上，就生活之全而言之，牵连至此种教化的意义，不得谓为妨碍自由也。然在政治上所注意之教化亦只能至乎此，过此即非其所能过问，亦非其所应过问。此即政治上的教化意义之限度。此限度，在以前之儒者皆自觉地公认之。律己要严，对人要宽。此是一般地言之。若落在政治上，此对人要宽，第一是"先富后教"，第二是教以起码普遍的人道。②

综上所述，牟宗三不仅在其新内圣——道德形上学上遥契孟子，而且在新外王的民主政治方面亦主要取自孟子。可以说，孟子的思想铸造了新儒家的思想精魂，以牟宗三为最。

第三十三章　杜国庠等思想史家及罗根泽、陈鼎忠、胡毓寰与孟学

20世纪30年代，学术界出版了一批研究孟学的专著，如罗根泽的《孟子评传》(商务印书馆1932年版)、王治心的《孟子研究》(上海群学社1933年版)、陈鼎忠的《孟子概要》(民生印书馆1934年版)、胡毓寰的《孟子事迹考略》(正中书局1936年版)、杨大膺的《孟子学说研究》(中华书局1937年版)、

① 《孟子·梁惠王上》。

② 牟宗三：《政道与治道》，107页，广西师范大学出版社，2006。

张启祚的《孟子哲学》(和平印书局 1937 年版)等等。这些论著从一个侧面反映了当时学术界的孟学研究状况。

第一节　杜国庠等思想史家与孟学

在 1919 年至 1949 年新民主主义革命时期，杜国庠、郭沫若、范文澜、吕振羽、侯外庐、杨荣国等思想家和学者，运用马克思主义的立场、观点和方法，对孟学进行了研究和探讨，努力为新民主主义文化的建设服务。

40 年代初，杜国庠撰写了若干研究先秦诸子的论文。他在 1949 年出版的《先秦诸子思想概要》中，较系统地研究、评述了先秦儒、墨、道、法、名家的著名代表人物。他在评价孟学时指出，"孟子倾向于形而上学"，其思想是"道性善，言必称尧舜"，"道性善，表现了他的哲学倾向；言必称尧舜，则表现了他的政治理想"。他认为孟子的"民贵君轻"、"出乎尔者反乎尔者也，夫民今而后得反之也"和"诛一夫纣"等主张，"这固然由于他同情于人民，但也由于人民已经比春秋末叶更有力量的反映"①。

著名的中国近、现代思想家郭沫若，少年时代就熟读"四书"、"五经"等儒家典籍。他在抗日战争期间撰写的《十批判书》中，系统探讨了先秦诸子的思想。他说："我之所以比较推崇孔子和孟轲，是因为他们的思想在各家中是比较富于人民本位的色彩。"②他认为孟子的性善论"尚能自圆其说，而荀派则常常自相矛盾"。在谈到孟子对事物的认识时他指出："假使不是假物以致知，则孟子何必主张'博学而详说'呢?"③他在评论孟子"执中无权，犹执一也"的主张时认为："执一便是强定，'举一而废百'。孟子既反对'无权'，则他必然主张'有权'。权就是天平的砝码，无权者是不用砝码，把两端的轻重去取一下，使其画一。有权者是要用砝码，增加轻的一端，使与重的一端平衡。这样所得的平衡便是更高的一个阶段。"④

范文澜自幼熟读"四书"、"五经"，受到孟学的熏陶、影响。他在 1942 年出版的《中国通史简编》中，评论了孟子的政治、哲学等思想，认为孟子在当时思想界中产生了大的影响，晚年著述又给后世思想界极大的影响，确是孔子以后最大的一位儒学大师。孟子明快地驳斥许行的平均主义，是有重大意义的。孟子一生辩论，影响最大的在于辟杨、墨，但有较多进步意义的却

① 《杜国庠文集》，23～30 页，人民出版社，1962。

② 郭沫若：《十批判书》，424 页，人民出版社，1954。

③ 同注②，120～121 页。

④ 同注②，132 页。

是辟许行。他对儒家学派有极大的贡献。孟子的痛斥民贼、说汤放桀、重民轻君、限制君权等仁政学说,含有不少独辟的积极思想。孟子依据孔子及西周时敬天保民思想,大胆予以发挥,成为封建时代最可宝贵的一种政治理论。

中国思想史家吕振羽在1937年出版的《中国政治思想史》中,系统探讨了中国古代的政治思想,阐述了儒家学说的产生及演变。在评价孟子思想时,他认为孟子"并不是一位民权主义者,乃是一位初期封建制度的拥护者"。孟子大声疾呼,"要求息灭新兴封建地主的进步思想和农民的革命思想",他的性善论"有着人本主义因素",但"显然是先验主义的";孟子的君臣关系,"在本质上仍是绝对主义"①,他的"民贵君轻"、"诛一夫"等主张,具有相当的进步意义,但他并不是民权思想家或革命家,而是一个改良主义者。在他的思想体系中,客观上有着民主主义的进步因素。

抗日战争时期,著名的思想史家侯外庐在其主编的《中国思想通史》中,考察了孟子思想的承籍与渊源,认为孟子思想渊源于曾子并完成了儒学的唯心主义的放大。孟子的阶级立场是不主张在贫富关系上破坏以往的阶级制度,主张贫贱的人应该是永远不变的。他对统治阶级的地位是十分关心的,说出了一番贵族所以为贵族的理论,叫做"良贵"论。他的"体有贵贱,有小大"、"耳目之官不思"等主张划分出了统治阶级与被统治阶级的绝对鸿沟。孟子的"进贤"论是苦恼于新现实而又企图巩固旧现实,其仁政理想是企图恢复周制的论调。他的思想在一定条件下有着重视人民的因素。孟子的"正人心"是一方面寄托在贵族君子,另一方面却常同情着人民的饥寒。"在孟子的天论中减少了天的主宰性的成分","从'思诚'方面讲,则扩大了人性中的义理性,减低了天的宗教性"②。在侯外庐看来,孟子完成了先验主义的形而上学体系,使比附逻辑与先验主义相结合,正是孟子阶段的特点。

中国近代思想史家杨荣国,在20世纪40年代撰写的《中国古代思想史》中,考察了孟子的事迹,论述了孟子的仁义和仁政思想、对子思思想的发挥、孟子批驳杨、墨的旨意等问题,认为孟子的主张"与时代的发展是背道而驰的",孟子的"周室班爵禄"、"井田制度"是"从经济上与政治上来维护周统的两大'造说'"③;孟子进一步发挥了子思先验的"诚",加强内观功夫,以"求放心"、"存夜气"、"思诚"、"养浩然之气"等内观功夫,发挥先验的仁义礼智诸

---

① 吕振羽:《中国政治思想史》,上册,179～189页,人民出版社,1937。

② 侯外庐:《中国思想通史》,395页,人民出版社,1957。

③ 杨荣国:《中国古代思想史》,161～162页,人民出版社,1954。

善性，构成主观唯心主义体系；孟子言仁义，“对于当时被奴役的人民只是一个欺骗，骨子里却在于借仁义来加强统治者的宗族的团结”，所谓仁政，“在于维护这贵族的血族和巩固这族有的奴隶制国家”①。

上述思想家和学者对孟学的探讨和评价虽然各有差异，但从总体上看，他们对孟子的阶级属性、政治、经济、哲学、伦理以及对后世的影响等问题的剖析、评价，既不同于封建时代的思想家对孟子的尊崇和注疏，又不同于旧民主主义革命时期资产阶级学者打着孔孟旗号的“托古改制”，也不同于新儒家的“中体西用”，而是将孟学视为研究、评价的对象。他们运用马克思主义的阶级分析方法，揭示了孟学为地主阶级服务的阶级本质，继承、发展了孟学的积极方面，摈弃、否定了其消极方面，既吸取了前人的研究成果，又超过了前人的认识，这在当时条件下，不仅对批判封建思想和建设新民主主义文化有着积极的意义，而且至今对人们研究、评价孟学有着积极的启发作用。当然，我们也应看到，因时代等条件的限制，他们对孟学的分析评价，现在看来确有一定欠妥之处，在运用阶级分析的方法上亦存有形而上学倾向，等等。我们应积极吸取前人的经验、教训，既不能盲从，又不能苛求。

第二节　罗根泽著《孟子评传》

罗根泽(1900—1960)，字雨亭，河北深县人。早年家庭经济拮据，10岁以后才开始读书。1927年，考入清华大学研究院国学门，读诸子科。次年，考上燕京大学国学研究所，读中国哲学。当时，由顾颉刚、钱玄同等人发起的疑古运动正蓬勃展开。后来，罗根泽应顾颉刚之约主编《古史辨》的四、六两册，汇集了当时学术界在诸子学领域中的争辨。他对儒、墨、名、法、道、小说等各种学派的代表人物、著作都曾作过考辨，是古史辨派在诸子学方面著名的代表人物之一。主要著作有《诸子考索》、《孟子评传》等。

罗根泽著《孟子评传》，1932年由上海商务印书馆出版，系《国学小丛书》之一。作者在《自序》中说：

> 史公于孔子为《世家》详纪言行，于孟子则仅与诸子共传，寥寥百余言，略而且误。赵氏《题辞》，亦未详叙。后儒纷纷稽讨，或为《年谱》，或为《考略》，或为《传纂》，于是其行实略历，粗可考见。然孟子生卒，古籍不载，确定年月，势不可能，《年谱》之作，亦云荒矣。《考略》之流，又病

① 杨荣国：《中国古代思想史》，176～177页，人民出版社，1954。

割裂。《传纂》善矣,而今所传者,多载《外书》荒谬之言,《列女》、《韩诗》附会之说,至其道术政论,游仕大端,反缺焉,斯所谓倒植者也。根泽幸生后世,得窥魁儒硕士之所考订,参验比较,曲直见而史实出焉。愚不自揣,以暇时草为《评传》。于其学术思想,则提要钩玄,撮论其根核所在,渊源所自,与夫枝干之演化,后世之影响。于其出处行历,则依据《孟子》,参以诸儒之考证,信而有征者书之,荒谬怀疑者不录。冀使世人无论习《孟书》与否,籀此一文,即能略悉孟子之人格学问及事略之大概。唯立说所自,不标出处,去取微意,弗事说明,易滋疑团,且邻掠美;故凡所引书,降格书之;考案之语,又复降焉;庶读者遇有怀疑,有所稽览云。根泽齿稚学疏,误谬难免,匡正指教,敢望于赐读诸君也。

罗氏的《自序》主要概述了两个问题:其一,撰著《孟子评传》之缘由。他认为,司马迁《史记》因与诸子共传载孟子传记“略而且误”,赵岐《孟子题辞》亦未详叙孟子生平,“后儒纷纷稽讨”而为《年谱》、《考略》、《传纂》,但却存在着荒谬、割裂之言,“致其道术政论,游仕大端,反缺焉”。其二,撰著《孟子评传》的原则和方法。罗根泽提出的原则方法是“于其出处行历,则依据《孟子》,参以诸儒之考证,信而有征者书之,荒谬怀疑者不录”,从而达到使世人读此文后“即能略悉孟子之人格学问及事略之大概”。就《评传》的撰写方法而言,罗根泽撰写了近三千字的孟子传文,以简练、明快的语言概述了孟子的姓名、先世、里居、父母、生卒、战国社会状况、诸子百家之说、从师、志向、人格、学说、孔孟异同、游历顺序、晚年著述、孟学核心、后世影响等。传文所述之事,则引用前人的诸多考证和《孟子》所载事实予以验证,继而书写作者的“考案之语”,评判前人考证、资料之得失,使传文建立在资料翔实、结论公允的基础上,从而将传文、考证、结论融为一体。

通观罗根泽《孟子评传》,新意甚多,主要表现在以下几个方面。

一、孟子的名字、“三岁而孤”、生卒等

关于孟子的名字。罗根泽《孟子评传》传文说:“孟子名轲,字则未闻。”①罗根泽引用赵岐《孟子题辞》“孟子……名轲,字则未闻也”和焦循《孟子正义》所引王应麟《困学纪闻》和清梁玉绳《史记志疑·孟子荀卿列传》对孟子之字考辨,认为“孟子字,古书不载;载之自王肃《圣证论》始。《圣证论》乃王氏妄制以难马郑者,漂渺纰缪,不足为据。至傅子以为字子舆,盖车舆通用,仍袭王氏之误。《孔丛子》晚出伪书,更无足采。而辗转因循,久假成真,博

---

① 罗根泽:《孟子评传》,1页,商务印书馆,1932。

洽如梁玉绳，尤且信之，其他又何足云？甚矣，王氏作伪久祸人深也"[①]。罗氏借鉴前人之说，批驳了王肃等人之伪造。目前，"孟子名轲，字则未闻"已成为多数学者之共识。

关于"三岁而孤"。《孟子评传》传文说"惟谓'三岁而孤'，则不然也"[②]。清周广业《孟子出处时地考》批驳了孟子"三岁丧父"之说。罗根泽引述了周广业的考辨后指出："读此可知三岁丧父之说之无据矣。而任兆麟《孟子时事略》，施彦士《读孟质疑》，魏源《孟子年表》，俱引《列女传》云：'孟子三岁丧父。'周广业所见《列女传》无此说，今所见《列女传》亦无此说，而三君竟异口同声，谓《列女传》云此；《列女传》既有'衣其夫子'之言，何能又有'三岁丧父'之说？此盖由于一人失检，而他人辗转相抄，遂有此沿误耳。"[③]在这里，罗根泽及周广业否定了孟子"三岁丧父"之说，现已成为多数孟学研究者的共识。

关于生卒。《孟子评传》传文说：孟子"生卒年月，史传不载，稽古之士，群焉搜讨。或谓生于周定王三十一年，卒于赧王二十六年"[④]。罗氏又接着列举了关于孟子生卒的 7 种说法，逐一予以辨析后，在传文中指出："羌无古证，终属臆测，确定年月，实不可能。而约略言之，盖生于烈王初年，卒于赧王二三十年，当西历纪元前三百七十年左右，至二百九十年左右之间。"罗根泽又加考按之语说，孟子"生烈工初年，卒赧王二三十年，固亦均无古证，然按之七篇而皆通，准之情理而不悖，尚无有力之反证，不得不信以为据也"[⑤]。罗根泽的这一评说表现出认真求实的精神。目前，学术界通常认为孟子的生卒年为公元前 372 年至前 289 年，这与罗根泽之说是相吻合的。

二、孟子的志向、学说，孔孟异同

（一）孟子的志向

《孟子评传》传文说："其志大，其取则远，故能矗立于战国衰乱之世，俗愈卑而己愈高，众愈污而己愈洁，出处进退辞受取予之间，峻立防闲。尝曰：'居天下之广居，立天下之正位，行天下之大道，得志与民由之，不得志独行其道，富贵不能淫，贫贱不能移，威武不能屈。'盖自道也。"[⑥]罗根泽接着引证了孟子"古之人未尝不欲仕也，又恶不由其道。不由其道而往者，与钻穴隙

---

① 罗根泽：《孟子评传》，2 页，商务印书馆，1932。

② 同注①，7 页。

③④ 同注①，9 页。

⑤ 同注①，22～24 页。

⑥ 同注①，41～42 页。

之类也”①，“人之所以求富贵利达者，其妻妾不羞也，而不相泣者，几希矣”②和士“尚志”等言论，评论说：“孟子此类言论，举不胜举。又如不见诸侯，仕不受禄，齐馈金而不受，宋薛馈金则受，皆于出处辞受峻立防闲者也。”③

（二）孟子之学

《孟子评传》对孟子学说作了评述。传文说：“孟子之学，植基性善，而以仁为归宿。仁者何？孟子自释曰：‘仁也者人也，合而言之道也。’郑康成之释曰：‘仁，读如相人偶之人。’‘人也，施以人恩也。’然则仁之义无他，人与人相偶相亲之道也。及其倡行，则每辅之以义理礼智。义者，裁制事物之宜；理者，条分缕析使不爽，理以节文，智以察理，皆所以导人于仁也。”④为了阐明“孟子之学，植基性善，而以仁为归宿”，罗根泽在“考案之语”中论述说：

> 案孟子言性善言仁者，几于全书皆是，不胜枚举，必寻例证，则全书造端，即告梁惠王曰“亦有仁义而已矣”，初见滕文公，即对之“道性善”也。又案朱彝尊《经义考》载陈渊之言曰：“《孟子》七篇，专发明性善。”似之而非也。孟子之学，虽以性善为出发点，而非以性善为最终目的；最终目的，仁也。其所以谓性善者，为推行仁义也。《告子篇》告子曰：“性犹杞柳也，义犹桮棬也，以人性为仁义，犹以杞柳为桮棬。”孟子曰：“子能顺杞柳之性而以为桮棬乎？将戕贼杞柳而后以为桮棬也？如将戕贼杞柳而以为桮棬，则亦将戕贼人以为仁义与？率天下之人而祸仁义者，必子之言夫。”然则孟子所以谓性善，所以谓仁义为性所固有，以如此则可顺人之性以为仁义，可率天下之人而行仁义。盖怵于战国人心之险恶诈谲，而冀唤起其善性以渐至于仁也。不然，孟子岂不知人性亦有不善哉？《尽心篇》：“口之于味也，目之于色也，耳之于声也，鼻之于臭也，四肢之于安佚也，性也，有命焉，君子不谓性也。”则性有不善，孟子亦知之，特不言耳，恐言之而人藉口于性而不行仁耳。⑤

在这里，罗根泽论证了“孟子之学，植基性善，而以仁为归宿”，认为“孟子之学，虽以性善为出发点，而非以性善为最终目的”，指出孟子之学的最终目的是追求仁，其性善论是为了推行仁义。概而言之，孟子的性善论是其推行仁义的前提和基础。罗根泽的这一认识甚有见地。

那么，孟子“仁”的内涵是什么呢？罗根泽认为仁是“人与人相偶相亲之道”，并深入论证说：

---

①《孟子·滕文公下》。

②《孟子·离娄下》。

③④ 罗根泽：《孟子评传》，42页，商务印书馆，1932。

⑤ 同注③，43页。

清阮元《论语论仁论》:元窃谓诠解仁字,不必烦称远引,但举《曾子制言篇》:"人之相与也,譬如舟车然,相济达也;人非人不济,马非马不走,水非水不流。"及《中庸篇》"仁者人也"郑康成注:"读如相人偶之人"数语,足以明之矣。春秋时孔门所谓仁也者,以此一人与彼一人相人偶而尽其敬礼忠恕等事之谓也。相人偶者,谓人之偶之也。凡仁必于身所行者验之而始见,亦必有二人而仁乃见;若一人闭户斋居,瞑目静坐,虽有德理在心,终不得指为圣门所谓之仁矣。盖士庶人之仁,见于宗族乡党,天子诸侯卿大夫之仁,见于国家臣民,同一相人偶之道,是必人与人相偶而仁始见也。任公师《先秦政治思想史》:孔子曰:"仁者人也。"此言"仁"之概念与"人"之概念相函;再以今语释之,则仁者,人格之表征也。故欲知"仁"之为何,实先知"人"之为何。"人"何以名?吾侪因知有我,故比知有人。我圆颅而方趾,横目而睿心,因此凡见颅趾目心同于我者,知其与我同类,凡属此一类者,锡予以一"大共名"谓之"人"。人也者,通彼我而始得名者也,彼我通,斯为仁。故"仁"之字从二人。郑玄曰:"仁,相人偶也。"非人与人相偶,则"人"之概念不能成立。申言之,若世界上只有一个人,则所谓"人格"者决无从看出。人格者,以二人以上相互间之"同类意识"而始表现者也。既尔,则亦必二人以上交相依赖,然后人格始能完成。①

罗根泽征引了阮元《论语论仁论》、《礼记》郑玄注,较全面诠释了"仁"的内涵,认为仁是人与人之间的相亲、交往之道。在他看来,仁是"人格之表征","人格者,以二人之上相互间之'同类意识'而始表现者也"。这表明,仁既是人与人之间相亲、交往的道德规范和准则,又是人类所特有的内在的主体意识。

(三)孔孟思想差别

罗根泽在《孟子评传》传文中又概述了孔孟的异同,他说:"孔子罕言性,孟子则倡言性善;孔子止言仁,孟子则兼言理义。此固由于二圣之思想,微有不同。亦以孔子之时,时未大乱,人未尽浇,诱导使仁,即能收效于一二。及乎孟子,丧乱已极,人心益诈,纯恃诱导,不克有功,故不得不辅之以含有限制性之理义;言如此则可,背此则非,严厉督责,使之渐趋于仁焉。世人谓孟子并重仁义,其实不然。即其言性善者,亦怵于战国人士之丧心病狂,奸险恶狠,倡言性善,冀以唤起其良心,而依仁蹈义耳。乃至孔子唯不攻异端,孟子则大辟邪说;孔子且欲无言,孟子则哓哓争辩;亦因孔子之时,异端尚未

① 罗根泽:《孟子评传》,44~45页,商务印书馆,1932。

大炽，孟子之时，则群说杂出，欲昌己道，必辟彼说，所谓‘杨墨之道不息，孔子之道不著，是邪说诬民充塞仁义’者也。后儒不察二圣所处之时代不同，环境不同，而妄以此判其优劣。孟不及孔，固无待言，而以此为标准，则殊大谬。甚矣！不知其世，不可遽论其人也。”[①]在罗根泽看来，孔孟思想的差别有三：一是“孔子罕言性，孟子则倡言性善”；二是“孔子止言仁，孟子则兼言理义”；三是“孔子唯不攻异端，孟子则哓哓争辩”。究其原因，“二圣所处之时代不同，环境不同”。罗根泽强调应根据孟子“知人论世”的原则，弄清古人所处时代、环境之不同。就是说，由于二圣所面临的社会现实问题的不同，他们所提出的主张亦“微有不同”。对于“世人谓孟子并重仁义”的观点，罗根泽指出：“清阮元《孟子论仁论》：‘后儒谓孟子并重仁义，不知孟子大指以仁为重，义礼智但因四端而并言之。’案《公孙丑篇》曰：‘夫仁，天之尊爵也，人之安宅也。莫之御而不仁，是不智也。不仁不智，无礼无义，人役也。’然则不仁则不智矣，则无礼无义矣，益足证礼义智为仁之辅。”[②]在这里，罗根泽坚持了“知人论世”的原则，因而对孔孟思想不同的论述十分贴切。

在上述基础上，罗根泽概述说：

> 孟子之学，修身治国经世致用之学也，非空谈心性之学也；其论心性体相，为修齐治平之资助焉尔。[③]
>
> 案孟子言性善为推行仁义，已详论于传文注中。其政治本以仁为原则，不谓性善，足以戕害仁义，亦足以戕害政治。又一再言：“作于其心，害于其事，作于其事，害于其政。”则论心亦所以用于修齐治平。善乎昌黎韩氏之言曰：“其所以正心诚意者，欲将以有为也。”[④]

罗根泽的这一评说，揭示了孟子之学的主旨是“经世致用之学，非空谈心性之学”，认为孟子论述心性是为“修齐治平”而服务的，从而深入揭示了孟子心性之学与修齐治平的关系，凸显了孟子之学“经世致用”的特色。

除上述之外，罗根泽在《孟子评传》中以较长的篇幅评述、考察了孟子游历诸国的顺序，认为孟子于周慎靓王元年（前 320）始游梁，梁襄王元年（前 318）“去梁之齐”，周慎靓王四年（前 317）“丧母归葬于鲁”，周赧王三年（前 312），“秦楚构兵，孟子遇宋牼于石丘，盖于去齐之后，由邹赴宋”，“既而孟子去齐，由薛反邹”，后又之滕之鲁。关于孟子的游历顺序，自古以来，历代学者或从《史记》先齐后梁，或主先梁后齐，或认为两次游齐都是在齐宣王之

---

① 罗根泽：《孟子评传》，46～49 页，商务印书馆，1932。

② 同注①，47 页。

③④ 同注①，86～87 页。

时，或认为首次游齐在齐威王末年而再次游齐在齐宣王初年，等等。王其俊先生曾在前人考证的基础上，依据《孟子》一书和战国史之资料，概述了孟子的游历时间和顺序①。王其俊先生对罗根泽的考察有所取舍，并认为在诸多见解中罗氏的认识可备一说。

最后，为了全面了解罗根泽与孟学，还需要概述其《孟荀论性新释》一文。该篇五千余字的论文发表于1930年《哲学评论》第三卷第四期。后经作者"略有修改"收入1958年人民出版社出版的《诸子考索》中。罗根泽指出："孟子说性是'善'的，荀子说性是'恶'的，在理论上都是站不住脚的。但他俩的性说，本来都只是一种利用——利用它来推行他们自己的学说。虽然他们也想在理论上找些根据，但这里包蕴着不得不然的苦衷，并不是出于他们的知识上的真正见解。孟子说：'口之于味也，目之于色也，耳之于声也，鼻之于臭也，四肢之于安佚也，性也，有命焉，君子不谓性也。仁之于父子也，义之于君臣也，礼之于宾主也，知之于贤者也，圣人之于天道也，命也，有性焉，君子不谓命也。'这一段文字的意思，先儒都解错了，只有戴震《孟子字义疏证》的解释还差不多。他说：'谓犹云藉口耳，君子不藉口于性以逞其欲，不藉口于命之限之而不尽其材。'其实'谓'就是'说'，这一段的思想是说：口对于美味，目对于美色，耳对于美声，鼻对于美味，四肢对于安逸，是'性'也，但能否得到，却也'有命焉'，由是君子便利用这'有命焉'，说是'命'，不说是'性'。为什么不说是'性'呢？恐怕人'藉口于性以逞其欲'。仁对于父子，义对于君臣，礼对于宾主，知对于贤者，圣人对于天道，是'命'也，但也有'性焉'，由是君子便利用这'有性焉'，说是'性'，不说是'命'。为什么不说是'命'呢？恐怕人'藉口于命之限之而不尽其材'。因此，我们知道孟子说'性'、说'命'，完全是一种利用，看着说是'性'合适了便说是'性'，看着说是'性'不合适了便说不是'性'，而说是'命'。其实满不是那么一回事，他自己何尝不知道，不过为推行学说起见，为自己认为如此可以拯济斯民起见，不得不昧着良心说瞎话罢了。但既然要利用'性善说'来推行学说，便不能不想法给它在理论上找些根据，由是说什么人皆有'仁义礼智四端'（《公孙丑篇》、《告子篇》）。又说什么'人与圣人同类'、'礼义之悦我心，犹刍豢之悦我口'（《告子篇》）。又说什么'民之秉彝，好是懿德'（《告子篇》）。又说什么'孩提之童，无不知爱其亲者；及其长也，无不知敬其兄也。亲亲，仁也；敬长，义也'（《尽心篇》）。其实都是片面的理由，足以证明性有善，不足

① 王其俊：《孟子游历诸国概述》，见《孟学新探》，175～201页，济南出版社，1989。

以证明性无恶。”①

罗根泽接着引述了《孟子》书中“乃若其情”章、“人无有不善”章、“虽存乎人者”章等，经过辨析后认为：“至此我们可以完全明了了：孟子的所以说性善，不是别的，是为了可以‘利仁义’，为了可以‘率天下之人而行仁义’；是从价值论出发，不是从知识论出发。后人站在知识论上批评他或为他辩护，都是不关痛痒的废话。孟子并非不知道恶也是性，不过自他看来，假使恶也是性，则人可以借口于性以行恶，那就会戕害仁义，助长利欲。所以孟子学说的根本概念是‘仁义’，不是‘性善’；‘性善’是他用来推行仁义的工具。荀子说性是‘恶’的，虽然极端相反，但作用却又完全相同，——都是一种利用，都有利用它来推行自己的学说：孟子用来推行他的‘仁义’，荀子用来推行他的‘礼’……由孟荀的论性，进而考查孟荀的全部学说，可以看出孟子是先天论者，唯心论者；荀子是后天论者，比较有唯物论的倾向。孟子的根本概念是仁义。仁的意义，如郑康成《中庸注》所解释，是‘相人偶’，就是人与人相互间应守应尽的道理。《中庸》说：‘义者，宜也。’《释名》也说：‘义，宜也。’可见基本上只是一种歆动力、诱导力。性善说也例外，在把善归于性、把恶归于习以后，孟子劝人‘存其心，义其性’，说这是‘所以事天也’。在这话的前边还说：‘尽其心者，知其性也；知其性，则知天矣。’”②罗根泽认为戴震解释《孟子》“口之于味章”的话贴近孟子的本义，无疑是符合实际的。但他指责“孟子说‘性’、说‘命’，完全是一种利用，看着说是‘性’合适了便说是‘性’，看着说‘性’不合适了便说不是‘性’，而说是‘命’。其实满不是那末一回事”。这一指责是缺乏事实根据的。究其原因，是因为罗先生并未知晓孟子所言“性”、“命”的真正涵义。实际上，戴震已明确界定了孟子所言“命”的内涵。他说：“孟子曰‘性也’，继之曰‘有命焉’。命者，限制之名，如命之东则不得而西，言性之欲之不可无节也。”③他又说：“就孟子之书观之，明礼义之为性，举仁义礼智以言性者，以为亦出于性之自然。”④王其俊先生依据戴震对孟子“性”、“命”的诠解，对上述孟子的一段话曾作了辨析，认为戴震“将孟子的‘性’区分为追求声、色、臭、味、安佚自然生理欲望的本能之‘性’和‘举仁义礼智以言性’的人性善之‘性’即人善的本性两种含义，明确指出：‘命’是仁义礼智对声色臭味等自然生理欲望的限制和制约……在孟子那里，仁

① 罗根泽：《诸子考索》，377～378 页，人民出版社，1958。

② 同注①，380～383 页。

③ 戴震：《孟子字义疏证》卷上。

④ 戴震：《孟子字义疏证》卷中。

义礼智具有调节人际关系的规范的限制性和人善的本性、主体意识的双重性”①。因此，罗先生指责孟子说性说命“完全是一种利用”，“不得不昧着良心说瞎话”，有失偏颇。

至于罗先生所说“由孟荀的论性，进而考查孟荀的全部学说，可以看出孟子是先天论者，唯心论者；荀子是后天论者，比较有唯物论的倾向”，在此且不评论这一评说是否合理，但确实是“使中国哲学家披上西洋的外衣”。罗先生 1933 年 1 月 12 日在《古史辨》第四册《诸子丛考自序》中曾指出：“因为研究中国哲学的人，为什么总要仰赖于西洋哲学，最大的原因，就是没有《中国哲学名辞辞典》，所以不能不使中国哲学家披上西洋的外衣。我久想写一篇《由西洋哲学铁蹄下救出中国哲学》的论文，揭穿这种中货西装的把戏。但这是事实使然，不是空谈可以挽回狂澜的……假使能将所有的重要问题都研究清楚，则中国哲学则自然有独立的地位。”②由此看来，罗先生关于孟子是“先天论者，唯心论者”的评价，无疑是采用了西洋哲学的标准和概念而使孟子“披上西洋的外衣”，但这只能是不得已而为之，是当时的时代所使然。从 20 世纪 30 年代至 80 年代左右，中国哲学史界对中国哲学家关于唯物论与唯心论的划分，无不与采用西方哲学的概念、标准评判中国哲学有着密切的联系。

第三节 陈鼎忠著《孟子概要》

陈鼎忠，20 世纪 30 年代先后任东北大学、无锡国学专修学校教授。所著《孟子概要》由无锡民生印书馆 1934 年出版，该书为“无锡国学专修学校丛书之三”，约 3.5 万字。作者曾自述说：“余曩授经于东北大学，为总论及分论二书。总论通述历代经学之源流变迁，于式为纵，定名六艺，后论已印行，分论别著，各经之纲领条贯，于式为横，未及完而南旋，兹先将《孟子概要》印行，以存其梗概云。”

《孟子概要》依次概述了孟子的世里略谱、生卒年月、游事先后、师友传授、通经征实、著记定论、篇次大旨、外篇佚存、汉儒讲授、孙奭音疏、朱子集注、诸注略述、刺疑驳论、本书要义。通观作者的自述及《孟子概要》，本书当是为东北大学学生讲授而写，从一个侧面反映了 20 世纪 30 年代大学讲授经学的有关情况。本书依次对《孟子概要》的内容作一介绍。

---

① 王其俊：《亚圣智慧——孟子新论》，324～325 页，山东人民出版社，1996。

② 罗根泽：《诸子考索》，10～11 页，人民出版社，1958。

一、世里略谱、生卒年月、游事先后、通经征实

关于"世里略谱"。陈鼎忠引述了赵岐等历代注孟论述,赞同赵岐关于"孟子,邹人也,名轲,字则未闻"之说。他还引述了周广业《孟子出处时地考》之论证,否定孟子"三岁丧父"之说。

关于"生卒年月"。采周广业《孟子出处时地考》之说,"周安王十七年丙申生",周赧王己未卒,寿84岁,即前385年至前302年。陈氏认为,"按周氏说无确据,但孟子生卒年月,既无明证,而以此证之七篇所载,亦不甚远,姑以为准云"①。

关于"游事先后"。陈鼎忠认为,"明季本有《孟子事迹图谱》,谭贞默有《孟子编年略》,谭说多误,季说较确,而亦有未当。今据季为本,参证诸说,编次于左"②。具体而言,孟子游事顺序是:居邹40年,首仕于邹,后游齐,之宋,归邹,至滕,游梁,再次游齐,复游于宋,归邹,至鲁未遇,"遂归邹不复出,退而论集……著书七篇"③。

关于"通经征实"。陈鼎忠说:"《史记列传》云:'序《诗》、《书》,述仲尼之意,作《孟子》七篇。'似孟子只习《诗》、《书》者。《题辞》则云:'通《五经》,尤长于《诗》、《书》。'程子曰:'孟子言可以仕则仕,可以止则止,可以久则久,可以速则速,孔子圣之时者也,故知《易》者莫如孟子。又曰:王者之迹息而《诗》亡,《诗》亡然后《春秋》作。又曰:春秋无义战。又曰:《春秋》天子之事。故知《春秋》者莫如孟子。'尹氏曰:'以此而言,则赵氏谓孟子长于《诗》、《书》而已,岂知孟子者哉?'"陈鼎忠在引证诸说的基础上评论说:

> 按尹氏减去"通'五经'"三字,并一"尤"字,增"而已"二字,于八字之句失其半,以讥赵氏,岂不陋哉?今本赵说,以后儒诸说证之。④

陈鼎忠接着征引了王应麟、郝敬、陈澧等学者的评论和引用的资料,认为诸儒评说是"通'五经'之证","尤长于《诗》、《书》之证"。

二、孙奭音疏

陈鼎忠概述了自汉以来《孟子》注疏的情况,指出:"自汉以后,治孟子者,晋綦毋邃有注七卷。(七录作九卷,今依唐志。周广业云:邃世次行事无考,隋志载其《列女传》七卷,在皇甫谧后。邃又注《三都赋》三卷,撰《诫林》三卷,并梁有今亡。宋裴骃注《史记》两引其说,知为晋人)唐陆善经有注七卷。《崇文总目》:善经以轲书初为七篇,因删去赵岐章旨与其注之繁重者,

---

① 陈鼎忠:《孟子概要》,5页,民生印书馆,1934。

② 同注①,10页。

③ 同注①,12页。

④ 同注①,15页。

复为七卷。张镒有《音义》七卷。(宋志作三卷,今依唐志)镒字季权,苏州人,累官中书侍郎。丁公著有《手音》一卷。公著字平子,苏州吴人,累官礼部尚书。宋志别有四注孟子十四卷。《中兴艺文志》题扬雄、韩愈、李翱、熙时子四家注。其为依托无疑。以上各家,今俱不存。陆张丁诸说,散见孙奭《孟子音义》中。"①

陈鼎忠在概述自汉以来《孟子》注疏的大致状况后,又征引朱熹、王应麟等人之说和《四库全书总目·孟子正义》序等材料,进一步阐明收入《十三经注疏》中的《孟子注疏》非孙奭所作。他指出:"《宋史》孙奭字宗古,博州博平人。九经及第,大中祥符初,天下争言符瑞,奭上疏谏。仁宗即位,召为翰林侍讲学士,判国子监,迁兵部侍郎,龙图阁学士。以太子少傅致仕。卒,赠左仆射,谥曰宣。《孟子正义》十四卷,旧题孙奭撰。朱子曰:孟子疏乃邵武士人假作。蔡季通识其人。其书全不似疏体,不曾解出名物制度,只绕缠赵岐之说尔。王应麟曰:孙奭正义,《崇文总目馆阁书目读书志》皆无之。朱氏经义考云:赵岐注孟子,多引旧事以证之。如曰夭若颜渊,寿若召公。有不虞之誉。尾生本与妇人期于梁下,不度水之卒至,遂至没溺,而获守信之誉。有求全之毁。陈不瞻将赴君难,闻金鼓之声,失气而死。可谓欲求全其节,而反有怯弱之毁者也。非礼之礼。若礼而非礼。陈质娶妇而长拜之也,非义之义,藉交报仇是也。其为人也寡欲,虽有不存焉者寡矣。少欲而亡者,谓遭横暴。若单豹卧深山而遇饿虎之类也,然亦寡矣。其为人也多欲,虽有存焉者寡矣。谓贪而不亡,若晋国栾黡之类也,然亦少矣。不有者众。岐之所引,书偶失传,使《正义》出于宣公,必能元元本本。即或不然,亦当云未详。乃不曰《史记》之文而言之。则曰此盖史传之文,未免疏矣。至注'西子'。按《史记》云:西施越之美女,越王勾践以献之吴王夫差,大幸之。每入市,人愿见者,先输金钱一文。考《史记》,并无其文,不知何所依据。朱子谓为邵武士人作,似有可疑,不若《音义》之真也。《提要》云:考《宋史·刑昺传》,称昺于咸平二年,受诏与杜镐、舒雅、孙奭、李慕清、崔偓佺等,校定《周礼》、《仪礼》、《公羊》、《谷梁》、《春秋》传、《孝经》、《尔雅义疏》,不云有《孟子正义》。《涑水纪闻》载奭所定著,仅有《论语》、《孝经》、《尔雅正义》,则此书不出奭手,确然明矣。"②

陈鼎忠沿用朱熹等前人的观点,否定《孟子注疏》为孙奭所作。在此基础上,他又征用陈澧《东塾读书记》的论述,认为伪孙奭《孟子注疏》亦有精善

① 陈鼎忠:《孟子概要》,33~34页,民生印书馆,1934。

② 同注①,34~35页。

处，不可将其全部否定。他说：

伪孙疏亦有善者。陈《东塾》云："如《公都子曰》、《告子曰》章疏云：情性才三者，合而言之，则一物耳。分而言之，则有三名。盖人之性本善，而欲为善者非性也，以其情然也。情之能为善者，非情然也，以其才也。是则性之动则为情，而才者乃性之用也。所谓物者，自四肢五脏六腑九窍，达之于君臣父子夫妇兄弟朋友，无非物也。所谓则者，即仁之于父子，义之于君臣，礼之于夫妇兄弟，信之于朋友也。是无非有物则有则也。《形色天性章》疏云：惟圣人能因形以求其性，体性以践其形，故体性以践目之形，而得于性之明，践耳之形而得于性之聪，以至践肝之形以为仁，践肺之形以为义，践心之形以通于神明。凡于百骸九窍五脏之形，各有所践也，故能以七尺之躯，方寸之微，六通四辟，其运无乎不在，兹其所以为圣人欤。此二段，精善之至，不得以其伪而弃之也。[①]

陈鼎忠引用前人之说，尽管自己没有什么新见，但他坚持前人的正确见解，肯定了伪孙疏的精善之处，这种治学态度无疑是值得肯定的。

三、余论

陈鼎忠在书末"余论"中借用西方哲学中"惟心"与"惟物"之分，评述了孟子与荀子的异同。他说：

西人言哲学者，门户虽繁，要不出心物二派。释氏之心相二宗亦然。孔子之学，传于七十子，布于天下，四科八儒，区以别矣。要其归宿，不出孟荀二派。孟子惟心，故法先王，道性善，主良知，述仁义。荀子惟物，故法后王，道性恶，主劝学，述礼乐。考汉代言《毛诗》者始于毛公。毛公，荀卿弟子。言鲁诗者始于申公，申公受于浮丘伯，浮丘伯即包丘子，荀卿门人。《左传》传于张苍。苍，荀卿弟子。《谷梁》、《春秋》授于瑕丘江公。江公受于申公。申公，荀卿再传弟子。二戴记多取荀子。而其学又同出于孟卿，孟卿故兰陵人。兰陵荀卿所曾令者，则亦必为荀卿之传，即其不肖者若韩非、李斯，皆有超世之材。其门下之多才若此者。盖荀子之教，在于力学，积土成山，风雨兴焉。积水成渊，蛟龙生焉。善假于物也。若惟心之说，扩充良知，即为尧舜。以孟子之才，而又有学以济之，故能卓越千古。若其徒既无师之天资，而又不说学，附载于数十后车之中，滥分万钟之肥，以大恣哺啜，安能深造哉？故其门人无可称述。虽然，孟子当时授受之盛，虽不及荀子，而其书之位置，实冠于儒家。迨宋儒取以配《论语》，遂厕于《六经》之次。言道学者奉

① 陈鼎忠：《孟子概要》，35页，民生印书馆，1934。

为圭臬，又非荀子所能企也。孟子为宋学之宗，荀子为汉学之祖，说相反而道实相成，合而一之，尼山之真乃出。太史公以孟荀并传其见卓矣。①

陈鼎忠的这段论述主要说明了两个问题。其一，孟荀的区别。陈氏认为，孟荀的区别有二：一是"孟子惟心，故法先王，道性善，主良知，述仁义"，"荀子惟物，故法后王，道性恶，主劝学，述礼乐"；二是"盖荀子之教，在于力学，积土成山，风雨兴焉。积水成渊，蛟龙生焉。善假于物也"。孟子"若惟心之说，扩充良知，即为尧舜。以孟子之才，而又有学以济之，故能卓越千古"。在这里，陈鼎忠概述了孟、荀学说的主要内容及区别。这里的"惟物"、"惟心"，不同于今人以物质第一性、还是意识第一性为标准而划分的唯物主义与唯心主义。此谓"孟子惟心"，指孟子强调心的作用"扩充良知"，"又有学以济之"；"荀子惟物"，指荀子强调"力学"，"善假于物"。实际上，陈鼎忠谓孟、荀的区别，只是在相对意义上而言。譬如孟子"述仁义"，但并不否认"礼乐"；荀子"述礼乐"，但并不否认"仁义"，等等。其二，孟荀对后世的影响。陈鼎忠认为，《孟子》一书"实冠于儒家"，"厕于《六经》"，"言道学者奉为圭臬"，"为宋学之宗"；与孟子相比，荀子的影响不如孟子，"荀子为汉学之祖"。总之，孟、荀"说相反而道实相成，合而一之，尼山之真乃出"。陈氏的评说甚有见地。实际上，孟、荀是儒家的不同派别，两者虽有差异，但均共宗孔子，他们的学说既有"相反"的一面，又有"相成"的一面，最终而统一于孔子创立的儒家之学。

除上述之外，陈鼎忠在"师友传授"、"著记定论"、"篇次大旨"、"外篇佚存"、"汉儒传讲"、"朱子集注"、"诸注略述"、"刺孟驳论"、"本书要义"诸节中，采摘前人成说，对孟学予以概括的介绍。因其多采用前人之说而少有作者的新见，所以本书不再一一介绍。

综上所述，陈鼎忠的《孟子概要》尽管多采前人成说，但通观全书其仍不失有较高的学术价值。作者经过筛选、取舍而对孟子及其著作作出的介绍、概述，对后人的孟学研究仍有一定的启发，其中的多数观点仍为当前孟学研究者所采用。该书从一个侧面反映了 20 世纪 30 年代我国高等学校国学教育的一般状况，对我们研究近代国学及孟学的发展，仍有积极的借鉴意义。

① 陈鼎忠：《孟子概要》，76～77 页，民生印书馆，1934。

第四节　胡毓寰著《孟子事迹考略》

胡毓寰编著《孟子事迹考略》,1936 年南京正中书局初版,列为《国学丛刊》,全书约 5 万字。作者在 1934 年 3 月所写的"弁言"中概述了编著《孟子事迹考略》的缘由和方法。他指出:"自《史记》将孟子游梁仕齐次序颠倒,伐燕之役误系滑王十年,而叙孟子生平者,于孟子仕游先后,遂纷纭异说,莫衷一是。本书于孟子至梁之年,及宦游行踪,重新厘正;并参引群籍,证明史迁之说之不足尽信。清儒关于孟子事略,用力尚勤,如崔述《孟子事实录》及林春溥《孟子年表》二书,其见解大抵甚是。唯阎若璩《孟子生卒年月考》旧时微负盛名,而纰缪繁多,类不足据。本书于旧籍之是者录之,谬者正之,材料以《七篇》为准,孟子一生事迹,大体具见是矣。"

《孟子事迹考略》一书,除"弁言"、"附年表"外,共分 4 章:第一章"生长事迹",包括"生年"、"名字"、"里居"、"先世"4 节;第二章"学问渊源",包括"母教"、"师传"、"私淑"3 节;第三章"宦游踪迹",包括"时代"、"抱负"、"适梁"、"仕齐"、"之宋"、"返邹"、"如滕"、"至鲁"8 节;第四章"乐道生活",包括"独善"、"卫道"、"门徒"、"归宿"4 节。

一、关于"生长事迹"和"学问渊源"

关于孟子的"生年"。胡毓寰列举了《史记索引》等称孟子"生于周定王三十一年,卒于赧王二十六年"等 7 种不同的说法,经过辨析认为,"以上七说,主生定王时者,其误最显……中间四说,皆属臆测,且无甚理由;唯最后一说,谓生烈王四年,卒赧王二十六年,适得八十四龄之数,较为近理"①。

关于孟子的"名字"。胡毓寰征引了赵岐《孟子题辞》、《汉书·艺文志》、王应麟《困学纪闻》、焦循《孟子正义》等说,认为"《说文》:'舆,车舆也。'又曰:'轲,接轴车也。'名轲而字子舆或子车,依中国字义随名之习惯视之,本属近理。然先秦诸书无文,《史》、《汉》、《赵注》缺载;《孔丛子》、《圣证论》、《傅子》并魏晋后人所辑,取信之资自浅。则孟子字子舆、子车云云,亦只可视为近理,未可认为事实也"②。

关于孟子的"里居"、"先世"。胡毓寰经过辨析前人诸说,认为"孟子里居,当以邹国为正"③,"居今日而欲详孟子先代名字、姓氏,除地下可挖掘新

① 胡毓寰:《孟子事迹考略》,5～6 页,正中书局,1936。

② 同注①,8 页。

③ 同注①,12 页。

史料外，恐已不易求获确实证据矣。故结论仍不如周、何（指周广业、何异孙——引者注）二氏之言为允，曰：'父名字失考，母氏亦未详，娶谁氏，有几子，此阙疑也。'"①

关于"母教"。胡毓寰认为，"《列女传母仪篇》载孟子幼受母教，其言颇类故事传说，未足尽信，然亦不能证其为全属子虚也。至后世'三岁丧父'说，疑是由'幼受母教'演生之臆谈，全不足信。盖证之《七篇》言'前丧为士，后丧为大夫'，则孟子父殁时，已长而为士，其非幼孤可知也"②。"去妇事亦见《列女》，断机事亦见《韩诗》，唯词小异。此等故事性质之记载，只可视为或然事实，可信之资至浅也。唯其教子法，重视环境，教人自反，与孟子之教育哲学行为哲学，均有一致之倾向，似所记未可尽斥为虚；且言信言礼，纯属儒家口吻，岂孟母本亦儒家者流耶？假定此等故事有一部分可信，则孟学渊源，其来也远矣。"③

关于"师传"。胡毓寰通过比较、辨析诸家之说，认为"孟子之学由曾子、子思一派门徒传授，是也；谓《大学》、《中庸》之主要部分为孟子同系儒家即曾子、子思辈门徒所录，亦是也；唯谓曾子、子思手著《大学》、《中庸》以授孟子，则非事实矣"④。

关于"私淑"。胡毓寰征引崔述《孟子事实录》之言"孟子之学，恐不仅得之于一人，殆如孔子之无常师者然，故但云'私淑诸人'耳"，进而辨析说："按，崔氏之言是也。孟子之受业师，当非著名大儒，且或非止一人，故孟子不举其姓名，但曰'私淑诸人'。"⑤

二、关于"宦游踪迹"

关于"时代"。胡毓寰列举了几项特征：一是"中央政府无权，中国不统一，诸侯小吞于大，弱并于强"。二是"因大小兼并，强弱侵凌，而攻战之事起。因攻战之事起，于是大国尚霸讲武，小国亦增兵选将，此战国局面之所由成也"。三是"战争之事繁，而富国强兵之策起。盖战则图胜，兵必需财。故当时之治国者，皆尚功利，重赋税，以达其'府库充，战必克'之大政方针。于是人民积累两层重大负担：一为义务兵役，失业废农，一为苛税烦重，难于为生"，"重税榨取民财，以充府库，其用途：一方则消费于军事设备，一方则以供国君个人物质享乐。前者劳民伤财，后者且致君荒怠。而齐宣梁惠等犹以优处雪宫，顾鸿雁麋鹿，疑古贤王亦无此乐自诩，宜孟子之深抑之，且责

① 胡毓寰：《孟子事迹考略》，14 页，正中书局，1936。

② 同注①，14～15 页。

③ 同注①，16～17 页。

④⑤ 同注①，24 页。

之曰:‘庖有肥肉,厩有肥马,民有饥色,野有饿莩,此率兽而食人也。’想当日战争重税下,民生凋敝,事畜维艰,故曰‘民有饥色,野有饿莩。’二语当是纪实,或非孟子过甚之辞也”。四是“因互相攻战,竞图富强,于是列国政府不能不广求人材以佐大政,故国君卑辞厚币以招贤士”。五是“养士既成风,士各揣摩钻研,希求一艺之长,冀获广远之誉,以得时君优礼。于是专门学者辈出,处士横议之风以成”。六是“由养士需材之因,产生学术炽盛之果,此属于善果方面者也。至其他方面,则投机谄谀之徒辈出,酿成诡诈鲜廉之风,此则果之恶者也。《孟子》书中,关于此辈生活,亦略有论及。而《离娄篇》齐人妻妾一章,以乞丐之行踪喻当日亡耻政客之生活;居数千载下读之,战国社会黑幕内容,尚觉俨如影戏之活现也”。[①] 胡毓寰在概括战国时代的每一社会特征时,又征引若干条孟子的论述以证之,这就较全面地概述了当时诸侯兼并、战争频繁、苛税繁重、民生凋敝、养士成风、招揽人才、学术争鸣、诡诈风行等社会状况。

关于“抱负”。胡毓寰认为:“儒家于政治上分人类为‘治人’、‘治于人’两阶级。前者即统治阶级,亦可称贵族阶级,儒书中通称为‘大人’或‘劳心者’,如帝王卿大夫等政府干部人物是。后者即被统治阶级,亦可称平民阶级,儒书中通称为‘小人’或‘劳力者’,如农工商贾等操劳谋生之民众是。此二阶级中间,有一特殊阶级,既非贵族,又非平民,盖既未作官,又不操农工商贾等职务,只是读书立志,预习作官之事,是为智识阶级,亦可称作官预备阶级,儒书中通称为‘士’……言‘士’实无具体之职业,但高尚其志,预备作统治阶级之事而已。士之所事,既以预备大人为鹄的,则士之出路,亦当然以踏登政治舞台为正途。唯儒家之所谓仕,并非志在‘欲富’,如苏季子之多金炫嫂,盖欲将所学用世,以拯斯民于水火也。故孟子仕齐为卿,齐王拟特别优宠之,授以十万钟禄,孟子辞而不受,以表其‘仕在行道’之志。及致为臣而归,齐王尚欲以万钟禄使其弟子为卿,以羁留孟子。而孟子知齐王既无心行其主张之仁政,但欲以金钱养其门徒,使彼久居齐耳,故特辞曰:‘如使予欲富,辞十万而受万,是为欲富乎。’言齐王徒以谷禄虚拘彼,而不知彼并非志在‘欲富’也,故卒去齐而不可留……孟子去齐,盖非因礼貌衰而去,乃因礼貌未衰言弗能行而去也。故曰:‘恭敬而无实,君子不可虚拘。’无实,谓不能行其言也。虚拘,谓徒以礼貌拘留之也。孟子抱负,《七篇》纪之颇显:一,仕非为富,不以当时之政客官僚享受物质幸福为可羡;二,不枉道事人,国君须诚心听行其言;三,以安天下拯斯民任道统为怀,不愿小成而轻用于

① 以上论述见胡毓寰:《孟子事迹考略》,26～32页,正中书局,1936。

世。孟子曰：‘堂高数仞，榱题数尺，我得志弗为也；食前方丈，侍妾数百人，我得志弗为也；般乐饮酒，驱骋田猎，后车千乘，我得志弗为也。在彼者，皆我所不为也；在我者，皆古之制也。’景春曰：‘公孙衍、张仪岂不诚大丈夫哉？一怒而诸侯惧，安居而天下熄。’孟子曰：‘是焉得为大丈夫乎？子未学礼乎？丈夫之冠也，父命之；女子之嫁也，母命之，往送之门，戒之曰：往之女家，必敬必戒，无违夫子。以顺为正者，妾妇之道也。居天下之广居，立天下之正位，行天下之大道；得志与民由之，不得志独行其道；富贵不能淫，贫贱不能移，威武不能屈，此之谓大丈夫。’彼以公孙衍、张仪等政客官僚投机取位，威权煊赫，为妾妇之道，盖鄙其徒阿顺时君，不知正义，全无人格也。彼所谓大丈夫者，乃一种穷则修身治学，达则拯救斯民之伟大的贤哲。故彼常以投机谄谀，苟取富贵，为极可耻之事；以不由正道而仕者，犹钻穴隙相窥之类。又尝引曾子子路之言以明其不见诸侯之义，曰：‘胁肩谄笑，病于夏畦。’‘未同而言，观其色赧赧然。’由是观之，则君子之所养，可知已矣。孔孟之类似点极多，即此一层，其态度固全同矣。又曰：‘王如用予，则岂徒齐民安？天下之民举安……夫天未欲平治天下也，如欲平治天下，当今之世，舍我其谁也？’此亦犹孔子云：‘如有用我者，吾其为东周乎’同意。所谓‘以天下为己任’者，本儒家立志远大之事。惟孟子言之，词较露骨而微近夸浮耳。”①

胡毓寰的这段论述主要阐明了两个问题：

其一，士的阶级属性。胡毓寰为了阐明士的阶级属性，运用阶级分析方法说明孟子的“治人”与“治于人”、“大人”与“小人”、“劳心者”与“劳力者”是统治阶级与被统治阶级、贵族阶级与平民阶级的关系。这种分析在当时无疑具有积极意义，但现在看起来难免有形而上学的倾向。实际上，孟子的上述划分是从社会分工的意义上而言的，“治人”与“治于人”、“大人”与“小人”、“劳心者”与“劳力者”是管理与被管理的互助合作的关系，而不是有此无彼的根本对立的关系。

胡氏在上述划分的基础上，认为在统治阶级与被统治阶级“二阶级中间，有一特殊阶级，既非贵族，又非平民，盖既未做官，又不操农工商贾等职务，只是读书立志，预习做官之事，是为智识阶级，亦可称做官预备阶级，儒书中统称为‘士’”。胡氏所言“士”“只是读书立志，预习做官之事”，这只是“士”人职业的一个方面。实际上，战国时代的士并非全部进入封建官僚队伍，其中有的聚徒讲学、著书立说而成一家之言。士并非是一个独立的“智识阶级”，而是依附于不同阶级的一个阶层，士阶层中的多数有识之士，以知

① 以上论述见胡毓寰：《孟子事迹考略》，32～36 页，正中书局，1936。

识、才能、人格、道德活跃于社会舞台，以追求独立自主人格以及人身解放为要务。尽管胡氏的上述评说有失偏颇，但认为士的志向是“高尚其志”，这无疑是符合实际的。

其二，孟子的抱负。胡毓寰将孟子的抱负概括为三：一是“仕非为富，不以当时之政客官僚享受物质幸福为可羡”；二是“不枉道事人，国君须诚心听行其言”；三是“以安天下拯斯民任道统为怀，不愿小成而轻用于世”。他认为孟子“以公孙衍、张仪等政客官僚投机取位，威权煊赫，为妾妇之道，盖鄙其徒阿顺时君，不知正义，全无人格也”，赞扬孟子的所谓“大丈夫者”是“一种穷则修身治学，达则拯救斯民之伟大的贤哲”。这些评说揭示了孟子的宏大抱负和大丈夫气概。

关于游历顺序。胡毓寰认为孟子于前 320 年游梁，前 318 年去梁适齐，前 312 年离齐。王其俊先生曾对孟子的游历顺序做过全面考察，在游梁、仕齐、去齐的时间上与胡氏的见解是一致的。胡氏认为，孟子去齐之后，又之宋，返邹，如滕，至鲁，于前 307 年即 66 岁归邹，从此不再出游。王其俊先生认为，孟子在齐威王末年即前 329 年首次游齐，后离齐之宋，经薛返邹，至鲁，返邹，之滕，返邹，游梁，再次游齐，前 312 年即 61 岁离齐归邹，从此不再出游①。胡毓寰在考察孟子游历诸国踪迹的过程中对孟子政治主张的利弊得失亦作了一定的评述。他说：

> 在尹士以孟子中途濡滞望王追回为可鄙；在孟子则以动机之善为归，故毫不伪饰，径承中途濡滞，望王追回。盖志在取得齐政以安天下民，非欲苟图富贵利禄以享个人物质幸福也。如是则其恋恋齐王中途濡滞之行，固当为其动机纯洁与伟大谅也。尹士不知孟子志向之高，惟以当时游说之士之行比量孟子，是殆所谓以小人腹度君子心者欤？
>
> 孟子去齐，充虞路问曰：“夫子若有不豫色然。前日虞闻诸夫子曰：‘君子不怨天，不尤人。’”曰：“彼一时，此一时也。五百年必有王者兴，其间必有名世者。由周而来七百有余岁矣，以其数则过矣，以其时考之则可矣。夫天未欲平治天下也，如欲平治天下，当今之世，舍我其谁也？吾何为不豫哉？”
>
> 孟子去齐居休。公孙丑问曰：“仕而不受禄，古之道乎？”曰：“非也。于崇吾得见王，退而有去志，不欲变，故不受也。继而有师命，不可以请。久于齐，非我志也。”
>
> 孟子去齐，在其生命史上，实一重大事件。盖彼以齐为最易致“王”

① 参见王其俊：《孟子游历诸国概述》，见《孟学新探》，175～201 页，济南出版社，1989。

之国，宣王又一足用为善之君；一旦不得已去齐，深觉道之将于不行，故不禁慨然致叹天之未欲平治天下。后世儒者，皆为孟子不遇于齐惜。明人王世贞独持异论，以“不遇”为孟子庆。其所作《读书后》曰：“孟子幸而不见用于齐也。使宣王用之，其始受掣于文忌驩髡之辈，必不究稍究，而受忌于秦楚燕赵之君，兵交临淄之境，故将畏上刑而不出，必以诿孟子，翼以章、丑，必败。其胜之，而先移二周之鼎，天下之罪丛焉，则又败。惟不用，而后世以王佐目之，以不遇惜之，故曰幸也。”王氏之论，虽属推想之谈，然亦不为无理焉。盖孟子政治主张，多治本之策，少治标之方。治本者，其效多缓。如云“行仁政则可使民制梃以挞秦楚之坚甲利兵”，此本属一种理想的效果。纵令庶几事实，亦必经长久岁月，始可达其目的。且专重正义，不喜外交联合手腕；反对善战开垦，不言富国强兵。此种政策，假以时日，与以岁月，或可致天下平治；若于战国军事紧张之际，恐正义未申，王道未成，国土既为外敌武力所占，虽有仁政，亦将急无所施矣。中国数千年来之政府，在外患紧急之际，除割地和亲贡币外，从未见一种妥善之外交方策，以资取胜。故由汉迄今，匈奴五胡辽金元清以至日本、英法，侵扰边土，只有人胜我亏。明之亡也，一般儒士，只知尽忠死节，毫无救亡之方，足徵儒学及其政策于紧急之际之不适用也。故以孟子政治主张为知本，为富有正义和平之价值，可也；谓能于战国军事紧张中取胜利，则未必也。以孟子人格学问高出当时游说之士，可也；以孟子不遇时君，为孟子及天下惜，则殆可不必焉。①

胡毓寰在论述孟子“如滕”时，引用《孟子·梁惠王下》“齐人将筑薛”章、“滕小国”章孟子与滕文公的问答后指出：

儒家于外交御侮之事，重正义而轻策略，故无所谓国际间连强连弱远交近交等政策。一旦外患来临，只知死守勿去；死守亦并无何方略，只以死守为合乎正义而已。合正义，则国虽亡亦犹以为荣也。至云“不以养人者害人”，仁则仁矣；犹惜我仁而人不仁，我弃而人取之，终于人胜我败，人存我亡，则认为无可如何，聊以“为善子孙必王”自慰。想文公虽素信孟子，至是亦必以为迂而不切事情矣。《史记·列传》谓：“梁惠王以孟轲迂远而阔于事情。当是之时，秦用商鞅富国强兵，楚魏用吴起战胜弱敌，齐威王、宣王用孙子、田忌之徒，而诸侯东面朝齐。天下方务于合纵连衡，以攻伐为贤；而孟轲乃述唐虞三代之德，是以所如者不合。”其不枉道殉人，不投机取位，人格之高，固可贵矣；而所如不合，亦

① 胡毓寰：《孟子事迹考略》，63～64页，正中书局，1936。

事势之宜焉。①

胡毓寰的以上论述主要阐明了三个问题：其一，孟子离齐中途濡滞而行的动机。胡毓寰征引了《孟子·公孙丑下》"孟子去齐宿于昼"章、"不识王之不可以为汤武"章，进而评论说：尹士以孟子中途濡滞盼望齐王追回为可鄙；孟子则以"动机之善为归"，"盖志在取得齐政以安天下民，非欲苟图富贵利禄以享个人物质幸福"。此一评说，确实道出了孟子志在行道、兼善天下、拯救百姓出于苦难而非贪图富贵利禄的崇高、远大志向和节操。其二，剖析了孟子政治主张的二重性。胡毓寰认为，后世儒者皆为孟子不为齐宣王所用而惋惜，明人王世贞独持异论，"以'不遇'为孟子庆"。胡氏认为，"王民之论，虽属推想之谈，然亦不为无理焉"。他接着阐明了孟子政治主张的二重性，即"多治本之策，少治标之方。治本者，其效多缓……此本属一种理想的效果"，"孟子政治主张为知本，为富有正义和平之价值，可也；谓能于战国军事紧张中取胜利，则未必也"。这说明，孟子的政治主张具有理想性和迂阔性。就是说，孟子从新兴地主阶级治国平天下的长远利益出发，过多地看到以仁政治国、得民心、安天下的有利的一面，而忽视了当时的兼并战争和富国强兵在客观上促进封建统一的一面；孟子过多地看到了新兴地主阶级以仁政统一天下的长远利益，而忽视了各诸侯国图存自保的眼前现实利益。因此，胡毓寰谓"以孟子人格学问高出当时游说之士，可也；以孟子不遇时君，为孟子及天下惜，则殆可不必焉"。其三，在外交御侮问题上，孟子"重正义而轻策略"。胡毓寰引用滕文公与孟子的问答，认为孟子的回答"只以死守为合乎正义而已。合正义，则国虽亡亦犹以为荣也"。胡毓寰赞扬孟子"不枉道徇人，不投机取位，人格之高，固可贵矣"，同时又指出孟子"所如不合，亦事势之宜焉"。这一评说，无疑是公允的。

三、关于"乐道生活"

在"乐道生活"中，胡毓寰考察了孟子"独善"的生活态度。他说：

> 孟子之生活态度，在《七篇》中表现极为明显，即"穷则独善其身，达则兼善天下"。宦游，志在兼善也，所如不合，则独善矣。孔子曰："隐居以求其志，行义以达其道。"其旨正同。
>
> "居天下之广居，立天下之正位，行天下之大道，得志，与民由之；不得志，独行其道。富贵不能淫，贫贱不能移，威武不能屈，此之谓大丈夫。"大丈夫之定义如是：居仁由义，修身治学以俟时。得机会，则登政治舞台以安天下之民；无际遇，则修身求学以传诸后世。唯其不得志而

---

① 胡毓寰：《孟子事迹考略》，79～80页，正中书局，1936。

仍有学问传世之工作可求，故其游也，可以嚣然闲静，而不用如一般政客官僚之胁肩谄笑，献媚权要之门。

孟子谓宋勾践曰："子好游乎？吾语子游。人知之，亦嚣嚣；人不知，亦嚣嚣。"曰："何如斯可以嚣嚣矣？"曰："尊德乐义，则可以嚣嚣矣。故士穷不失义，达不离道。穷不失义，故士得己焉；达不离道，故民不失望焉。古之人，得志，泽加于民；不得志，修身见于世。穷则独善其身，达则兼善天下。"

唯其以德为可尊，以义为可乐，故其视人生伟大勋业，不必在得志为政；而穷居述作，修身治学，亦高贵而不朽之功绩焉。故曰："说大人则藐之，勿视其巍巍然。堂高数仞，榱题数尺，我得志，弗为也；食前方丈，侍妾数百人，我得志，弗为也；般乐饮酒，驱骋田猎，后车千乘，我得志，弗为也。在彼者，皆我所不为也；在我者，皆古之制也，吾何畏彼哉？"

孟子所以藐视贵人，而不愿如彼之享受物质幸福者，盖以其尚有比物质富贵更崇高之精神的快乐也。

孟子曰："有天爵者，有人爵者。仁义忠信，乐善不倦，此天爵也；公卿大夫，此人爵也。"

孟子曰："欲贵者，人之同心也。人人有贵于己者，弗思耳矣。人之所贵者，非良贵也。赵孟之所贵，赵孟能贱之。《诗》云：'既醉以酒，既饱以德。'言饱乎仁义也，所以不愿人之膏粱之味也。令闻广誉施于身，所以不愿人之文绣也。"

富贵利禄，求在外者，不可必得；惟仁义学问，求之在己，誉广德饱，亦至足乐。故穷亦嚣嚣，达亦嚣嚣；不投机苟取，不枉道殉人；必达可行于天下而后行之，此孟子一生所守之生活态度也。

"伊尹耕于有莘之野，而乐尧舜之道焉。非其义也，非其道也，禄之以天下，弗顾也；系马千驷，弗视也。非其义也，非其道也，一介不以与人，一介不以取诸人。汤使人以币聘之，嚣嚣然曰：'我何以汤之聘币为哉？我岂若处畎亩之中，由是以乐尧舜之道哉？'"

处畎亩中，研究尧舜治国修身之道，既觉享尽崇高的精神快乐；彼富贵利禄食前方丈之物质享受，未必真人生幸福也。孟子之言伊尹，殆以自写其生活态度焉耳。①

胡毓寰在阐述孟子"生活态度"的基础上，又进而征引《史记·孟子荀卿列传》所言"孟轲乃述唐虞三代之德，是以所如者不合；退而与万章之徒序

① 胡毓寰：《孟子事迹考略》，83～85页，正中书局，1936。

《诗》、《书》，述仲尼之意，作《孟子》七篇”和赵岐《孟子题辞》所言“孟子闵悼尧、舜、汤、文、周、孔之业，将遂湮微，正涂壅底，仁义荒怠，佞伪驰骋，红紫乱朱，于是则慕仲尼，周流忧世，遂以儒道游于诸侯，思济斯民。然由不肯枉尺直寻，时君咸谓之迂阔于事，终莫能听纳其说。孟子亦自知进不得佐兴唐虞雍熙之和，退不能信三代之余风，耻没世而无闻焉，是故垂宪言以诒后人。仲尼有云：‘我欲托之空言，不如载之行事之深切著明也。’于是退而论集所与高第弟子公孙丑、万章之徒难疑答问，又自撰其法度之言，著书七篇”，进而评论说：“回想当日与孟子同时之投机政客官僚，如公孙衍张仪之徒，虽则一怒而诸侯惧，安居而天下熄；然而时过境迁，既成历史上政客官僚纪录中之陈迹。而孟子则以《七篇》传世，数千载下犹受人之尊崇景仰焉。则伟大学者之独善其身，非徒然矣。”①

在这里，胡毓寰全面阐述了孟子“独善”的生活态度，即“穷则独善其身，达则兼善天下”。不论穷达，都与“善”紧密相联，“宦游，志在兼善也，所如不合，则独善矣”。不论是“兼善”，还是“独善”，都遵循仁义而行，即“居仁由义，修身治学以俟时。得机会，则登政治舞台以安天下之民；无际遇，则修身求学以传诸后世”。胡毓寰认为，孟子居仁由义，以德义可尊可乐，即“以德为可尊，以义为可乐”，“故其视人生伟大勋业，不必在得志为政；而穷居述作，修身治学，亦高贵而不朽之功绩焉”。孟子居仁由义，藐视权贵，不追求“物质幸福”，“盖以其尚有比物质富贵更崇高之精神的快乐也”。胡毓寰概括说：“富贵利禄，求在外者，不可必得；惟仁义学问，求之在己，誉广德饱，亦至足乐。故穷亦嚣嚣，达亦嚣嚣；不投机苟取，不枉道徇人；必达可行于天下而后行之，此孟子一生所守之生活态度也。”胡氏指出：与公孙衍、张仪等投机者相比，“孟子则以《七篇》传世，数千载下犹受人尊崇景仰焉。则伟大学者之独善其身，非徒然矣”。在这里，胡毓寰深刻分析了孟子的生活态度，正确评价了孟子对后世的影响，至今对人们深入研究孟学仍有积极的启示作用。

胡毓寰在阐述孟子的“乐道生活”中，还评析了孟子的“卫道”。他指出：“因政治势力失中心，学术言论解放之故，造成战国诸子并起百家争鸣之新时风。当孟子时，杨墨二家之说盛行，儒学有或被压倒之倾向。孟子以发扬儒学自任，故当日异家学说之盛，常慨然愤激剀切其词以辩之。”②他进而引用《孟子·滕文公下》“外人皆称夫子好辩”章和《孟子·滕文公上》“墨者夷

① 胡毓寰：《孟子事迹考略》，85页，正中书局，1936。

② 同注①，86页。

之"章、"有为神农之言者许行"章后指出:"曰'邪说诬民',曰'南蛮鴃舌',曰'是禽兽也',曰'无父无君,周公所膺',想当日孟子卫道心切,故言辞之间,不觉失之太粗,以至下举蛮鴃禽兽恶词以詈异派学者,使后世言主义树党派动辄如村妪反唇肆口慢诟他人者,无多让焉。揆诸学者应有态度,似非所宜矣。"①

除上述外,胡毓寰还评析了孟子"门徒"、"归宿"。他多引用前人资料和成说,缺乏一定新意。

综上所述,胡毓寰的《孟子事迹考略》对孟子生平及其学说作了全面、系统的评析,提出了许多新的见解,对促进 20 世纪 30 年代的孟学研究作出了积极的贡献,对后人的孟学研究具有积极的借鉴作用。

① 胡毓寰:《孟子事迹考略》,87~88 页,正中书局,1936。

第七篇

现代的孟学研究

第三十四章　现代孟学研究概述(上)

从1949年中华人民共和国成立至2006年底的近60年内,中国孟学研究领域发生了深刻的变化,取得了丰硕成果,呈现出繁荣的景象。

第一节　孟学研究概况

在近60年的时间内,大陆的孟学研究大体经历了两个阶段:即1949～1976年的探索阶段,1977～2006年的初步繁荣阶段。

一、1949～1976年的探索阶段

在这一阶段,又可划分为新中国成立至"文化大革命"、1966—1976年的"文化大革命"两个历史过程。

从1949年中华人民共和国成立至1966年"文化大革命"前的17年间,孔孟儒学丧失了作为统治思想的历史地位,学术界运用马克思主义观点将孟学作为历史文化遗产进行研究。王兴业编辑的《孟子研究论文集》[①]收录了从新中国成立到1983年报刊发表的研究孟学的32篇学术论文。其中,发表于20世纪五六十年代的有代表性的学术论文11篇。这些论文的作者有杨向奎、梁启雄、李荫农、汤一介、翟廷晋等。郭兰芳的《建国以来孟子研究中的几种基本观点》[②]一文,基本概括了当时的孟学研究状况。譬如关于孟子的阶级属性,有人认为孟子代表奴隶主贵族阶级的利益,政治上是反动的;有人认为孟子代表新兴地主阶级的利益,政治上是进步的。关于孟子的哲学思想的性质,约有四种意见:一是唯物主义;二是主观唯心主义;三是客观唯心主义;四是既有唯物主义成分,也有唯心主义成分。关于孟子的政治思想,有人认为孟子的"保民"、"养民"、"教民"的仁政思想是有进步意义的,

① 该书由山东大学出版社1984年11月出版。

② 郭兰芳:《建国以来孟子研究中的几种基本观点》,见《孟子思想研究》,422～432页,山东大学出版社,1986。

有人认为孟子的政治思想是逆潮流而动的，是落后的。关于孟子的历史观，约有三种不同的评价：一是认为孟子坚持宗教有神论的天命观；二是认为孟子的历史观是历史唯心主义的；三是认为孟子坚持“先知先觉”的英雄史观。孟子的天才论和循环论的历史观是其唯心主义思想体系的重要组成部分。

在这一阶段内，值得关注的是任继愈的《中国哲学史》[①]对孟学的评价。该书在“孟子的主观唯心主义哲学思想”一章中，评析了孟子所代表的阶级，认为在孟子的思想体系中充满着既要保存旧的、又要容纳一些新思想的矛盾。他的封建地主阶级的思想占主导地位。该书论述了孟子的仁政学说、义和利、劳心和劳力、性善说以及主观唯心主义的哲学体系——尽心、知性、知天，与杨朱、许行等人的辩论等。作者认为，孟子的仁政思想，重视劳动者的作用，是因为他看到了人民反抗力量的强大，所以被迫对人民做一定的让步，主张减轻人民的一些负担。他的“民为贵”思想，为其仁政学说服务，是为了加强封建君主地位的，不是为民争地位的。在义利关系上，孟子把义和利绝对对立起来，认为讲利必然危害了义，利是引起社会混乱的总根源。孟子的劳力与劳心，是比较系统地论证剥削制度合理性的学说，同时也涉及社会分工的一些初步理论。孟子的性善说是其仁政学说的理论基础，他认为人先天地具有统治阶级所要求的那些基本道德品质的萌芽。他的人性论是先天道德观念论，是唯心主义的学说，是一种抽象的人性论。告子在关于道德（仁义）起源的问题上，具有一些唯物主义观点，与孟子的唯心论是对立的，在反对孟子先天道德论的斗争中起了积极作用。关于孟子的哲学体系，该书认为孟子把他的世界观、人性论、仁政学说紧密地组织在一起，形成了先秦唯心主义哲学的一个重要派别。孟子表面上排除了比较原始的拟人化的宗教迷信形式，但保留了“天命”决定社会、人事的宗教内容。他宣扬的天命观念，起着麻痹人民反抗意识的作用。孟子的唯心主义浩然之气学说，是给宗教思想保留地盘。孟子的寡欲和养气都是对唯物主义学派，特别是宋、尹学派进行唯心主义的歪曲和改造。孟子的寡欲是教人摈除物质要求，安于命运。该书对孟学的评价，曾长期影响学术界对孟学的探讨，它无疑具有当时时代的鲜明特征。

总之，在这一阶段内，学术界在马克思主义原则指导下的孟学研究取得了一定的成效。但从整体上看，由于受“左”倾思想的影响，学术界存在着将马克思主义教条化、庸俗化、简单化的倾向。在孟学研究上，简单的条块分割，贴标签式地对孟学进行唯物与唯心、辩证法与形而上学的定性，往往限

① 该书由人民出版社 1963 年初版，1964 年再版。

制了人们的眼界和思维。

在1966—1976年间的“文化大革命”中，孔孟儒学遭到了空前的厄运，被全面否定和批判，造成了学术领域思想的极度混乱。孔孟儒学在十年动乱中所遭受的摧残和歪曲，许多学者作了全面、系统的评析①。1976年“四人帮”被粉碎后，结束了“文化大革命”的十年动乱。社会科学及孔孟儒学研究在新的历史时期内逐步恢复和发展。有的学者对新中国成立以来中国哲学史研究中存在的问题进行了深刻的反思和总结，指出：“新中国成立后的一段时期，在中国哲学史研究领域实际上也是‘一边倒’，即照搬苏联的经验，按照日丹诺夫关于哲学史的定义去解释中国哲学史。应当肯定，苏联在哲学史研究方面的成功经验和科学方法，不仅在当时，即使在现在也有借鉴作用。问题在于当时表现出来的相当大的盲目性。不要说苏联学术界的某些理论本身还不完善，甚至是错误的，即使它们是具有普遍意义的科学真理，也不能不顾中国哲学的具体情况，盲目照搬。至于对中国哲学史研究影响巨大的日丹诺夫定义，实践证明它远不是科学的。这个定义断定哲学史‘是科学的唯物主义世界观及其规律的胚胎、发生与发展的历史’，‘哲学史也就是唯物主义与唯心主义斗争的历史’。这个定义只讲唯物主义与唯心主义两者的斗争，不讲两者的统一，更否定辩证法与形而上学之间的对立统一。按照这个定义，研究哲学史不是去研究人类认识发展的曲折而复杂的过程及其规律，而是以分清唯物主义与唯心主义作为最高的任务。按照这个定义，研究哲学史在任何情况下都要以唯物主义作为发展的主线，用唯物主义发展史去代替人类认识的发展史。按照这个定义，研究者必须始终着眼于唯物主义与唯心主义之间的斗争，必须站在唯物主义一边而把唯心主义当做‘敌人’。这个定义不仅违背人类认识发展的基本规律，而且导致政治上的严重后果，即把认识上的是非问题归结为阶级斗争问题。原因很简单，这个定义是从斯大林时期的阶级斗争‘尖锐化’的理论出发的，是阶级斗争‘尖锐化’的理论在哲学史方面的具体运用。这个定义所追求的实际目的在于把哲学史的研究纳入阶级斗争扩大化的轨道。这个定义在中国运用的结果也充分证明了这一点。它成了‘以阶级斗争为纲’理论框架的一根支柱。因此，在我们抛弃‘以阶级斗争为纲’理论的时候，理所当然地要把这个定义放到它应该放的地方去。”②这里所总结的中国哲学史研究的经验教训，当然也包括建国以来的孟学研究。同其他社会科学的研究一样，这个阶段内的孟

---

① 参阅宋仲福、赵吉惠、裴大洋著：《儒学在现代中国》，325～351页，中州古籍出版社，1991。

② 谷方：《中国哲学史研究的四十年》，载《中国哲学史研究》，1989(4)，7页。

学研究也打上了时代的印记。

二、1977～2006 年的初步繁荣时段

从 1977～2006 年的近 30 年间，孟学研究同其他社会科学研究一样逐步得到恢复和发展，并初步出现了繁荣的局面。据粗略统计，大陆地区发表孟学研究论文约 1080 篇，相关论著约有 60 部[①]。

前已指出，王兴业编辑的《孟子研究论文集》收录了 1949～1983 年底报刊上发表的论文。其中，1980～1983 年发表的论文 19 篇。在这些论文中，引起学术界较大关注的当数严北溟先生对孟学的评价。

严北溟的《从评价孟子谈哲学的党性问题》[②]一文，全面分析了孟子的社会政治思想，认为从时代背景和孟子思想、言论、主张各方面看，他坚持新兴地主阶级立场，其基本倾向是朴素唯物主义。作者还针对学术界判定孟子是主观唯心主义的传统观点，剖析了孟子的性善论、万物皆备于我、浩然之气、尽心知性知天等哲学命题，指出不能以“超阶级的”、“抽象的”、“先验论的”等帽子将性善论打入主观唯心主义冷宫。作者指出：判定思想家的哲学性质属唯物或唯心，就要看哪个占主导地位而定。一概肯定或否定，盲目附和，宁“左”勿右，这根本不是一个真正坚持哲学党性原则者应有的态度。

严北溟的论文在学术界引起较大反响，许多人表示支持和赞成，也有人提出了不同意见。束景南《也谈孟子哲学的评价问题——与严北溟先生商榷》[③]一文，反对严北溟以一个哲学家的社会政治思想作为衡量其哲学体系性质的主要依据，评析了严文所列举的证据，列举了“最足以反映孟子社会政治思想是唯心主义的那些重要观点”，如“历史循环论”、“英雄史观”、“人性决定论”、“天命观”、“内心修养可外平天下说”、“剥削制度天然合理论”，坚持判定孟子是主观唯心主义者。

严北溟先生又发表了《再谈孟子评价与哲学党性问题》[④]，兼答束景南的商榷，认为束景南只是抓住《孟子》书中片言只语，就望文生义地给他戴上各种帽子，指出：“一定要把孟子那些富有人民性、民主性的思想倾向扣上一顶主观唯心主义的帽子而一概予以否定，这难道是一个历史唯物主义者应有的态度吗？”“孟子对人性问题的探索，在今天还有它的重要的学术价值，未可以主观唯心主义和抽象人性论等贬词而一概予以抹煞。”

---

① 据 2003 年 12 月中国社会科学出版社出版的山东师范大学齐鲁文化研究中心编《齐鲁文化研究论著编目(1901—2000)》、清华学术期刊网、中国国家图书馆网中相关资料统计。

② 该文载《哲学研究》1980 年第 9 期。

③ 该文载《哲学研究》1981 年第 4 期。

④ 该文载《哲学研究》1981 年第 7 期。

这场争论在学术界产生了较大反响。严北溟对孟学的评价实际上是对建国以来判定孟子是主观唯心主义者之传统观点的质疑和挑战，亦是对学术界“左”的倾向的批评。在此之后，肯定孟学积极因素的论文有逐年增多的倾向。譬如王棣堂《略论孟子对认识论的贡献》[①]、《试论孟子的历史观》[②]，都较多地肯定了孟子认识论、历史观中的唯物主义因素。王兴业的《孟子的庶民观》[③]指出，孟子是唯心主义的儒学人物，但在庶民问题上有许多看法超出当时诸子，对后世有着深远的影响。商聚德的《孟子哲学思想十题》[④]，初步探讨了孟子的天命、性善、尽心、养气、义利、穷达、中权、人和、民贵君轻、劳心劳力等10个哲学范畴，肯定了孟子思想中的积极因素。王国炎的《论孟子的朴素辩证法思想》[⑤]，认为孟子思想中充满着辩证法与形而上学的矛盾，他的辩证法是零碎的、杂乱的、未成体系的，带有浓厚的自发性、朴素性。除上述之外，还有不少论文肯定了孟学中的积极因素，因篇幅所限，不再一一列举。

1977年以来，全国各地陆续建立了研究孔孟儒学的学术团体和研究机构。1984年，成立了中国孔子基金会。山东省1986年成立了山东社会科学院儒学研究所，邹城市成立了孟子学术研究会和山东省孟母教子研究会。1998年，山东社会科学院孟子研究中心成立，山东社会科学院研究员王其俊任该中心主任。该中心深入开展孟学及中国孟学史研究，不断加强与邹城孟子研究会、韩国孟子学会等中外学术团体的交流与合作，取得了丰硕的研究成果。山东师范大学齐鲁文化研究中心，于2000年10月通过教育部专家组的评审，被确立为教育部省属高校人文社会科学重点研究基地，是一个独立的科研实体。2005年9月，山东大学儒学研究中心成立。它是一个学术性、专业性、开放性的学术实体，著名学者庞朴先生任该中心主任。该中心设立儒学原理、儒学历史、儒学文献三个研究室。近期内该中心打算依托郭店楚墓竹简，“重新认识思孟学派在先秦儒学史上的地位和作用，编写先秦儒学史。同时注意儒学当代价值的审视和研究，争取形成孟子学说研究和儒学与现代文明研究两个亮点，并逐步做成本中心的特色”[⑥]。除上述外，国内许多科研机构、高等院校还成立了儒学研究团体。上述学术团体和研究

---

① 该文载《东岳论丛》1980年第4期。

② 该文载《兰州大学学报》(哲社版)1981年第4期。

③ 该文载《山东大学文科论文集刊》1982年第1期。

④ 该文载《河北大学学报》1980年第3、4期。

⑤ 该文载《江西大学学报》1983年第1期。

⑥《山东大学儒学研究中心简介》，载《儒林》第2辑，308页，山东大学出版社，2006。

机构的成立，对促进儒学及孟学研究起了积极的作用。

近30年来，国内接连召开了各种类型的儒学及孟学研讨会，促进了孟学研究的学术交流。

1984年10月，山东中国哲学史研究会、山东社会科学院哲学研究所等六单位发起，在邹县召开了建国以来第一次全国规模的孟子学术研讨会，参加会议的全国各地学者有130余人，会议收到论文70余篇。代表们就孟学的民本、仁政、伦理、心性、天命、教育、法律等思想进行了有益的探讨。此次会议有两个显著特点：一是代表们就十年动乱中强加给孟学的各种罪名予以拨乱反正，充分肯定了孟学中的民主性的精华；二是探讨的问题广泛，从各种不同的角度肯定了孟学在中国思想史上的贡献。

1987年8月，中国孔子基金会与新加坡东亚哲学研究所在山东曲阜召开了儒学国际学术讨论会。许多学者对孟学进行了深入的探讨。从这时起，中国孔子基金会与各国各地许多科研单位、高等院校等多次联合主办了儒学研讨会。

1987年12月，由山东孔子学会、山东中国哲学史研究会等六单位联合发起召开了"孔孟荀比较研究"学术讨论会，会议收到论文70余篇。与会代表从天人关系、仁政、人道、心性、教育、文学、军事、音乐等不同的角度，探讨了孔、孟、荀对中国传统文化的贡献。

1994年5月，由邹城市孟子学术研究会主办，在邹城召开了"孟子学术思想"国际研讨会，来自韩国、日本、美国、德国及海峡两岸的学者30余人出席了会议，就孟子思想的历史价值与国际影响、孟学在儒学中的地位、孟学与现代经济文化建设等进行了探讨。这是建国以来首次召开的孟学国际学术研讨会。

1996年、1997年，邹城市孟子学术研究会与韩国孟子学会在邹城召开了两次中韩国际孟子学术研讨会。两国学者对孟学的仁政学说、伦理学说、人生哲学、教育思想、文学理论、后世影响等进行了深入的探讨。论文大多肯定了孟学的积极因素，对弘扬孟学精华和中华民族优秀传统文化产生了积极的作用。

2005年8月，邹城市孟子学术研究会召开换届选举暨孟子学术研讨会，聘请庞朴、孟祥才、王其俊先生为顾问。2005年9月，邹鲁文化论坛组委会、邹城市人民政府联合举办了"孟子思想暨邹鲁文化"研讨会，几十位国内学者参加了会议，探讨了邹鲁文化与孟学的关系、邹鲁文化产生的条件以及邹鲁文化对孕育孔孟儒学所产生的作用等。

2006年4月，山东大学儒学研究中心、邹城市人民政府联合主办了儒学全球论坛(2006)“孟子思想的当代价值”国际学术研讨会。来自美国、韩国、日本、大陆两岸的学者100余人参加了会议。这是1949年以来国内召开的规模最大的孟学国际学术研讨会,会议收到学术论文60余篇。代表们对孟学的心性学说、性善论、天人关系、民本思想、后世影响等进行了深入的探讨。

总之,近30年来各种规模的儒学及孟学研讨会,促进了中外学者的学术交流和合作,人们对孟学的认识不断深化,孟学在与现代社会意识相激荡的过程中,对促进中华文明和人类文明的发展,越来越产生积极的影响。

第二节　中国思想史论孟

近30年来,学术界出版了几十部中国思想史论著、人物评传,包括学术通史、哲学史、政治思想史、伦理学史、美学史、心理学史、教育思想史、无神论史、齐鲁文化史、邹鲁文化研究等。这些思想史论著主要有:孙叔平著《中国哲学史稿》(上海人民出版社1980年版),北京大学哲学系中国哲学史教研室编写《中国哲学史》(中华书局1980年版),辛冠洁、李曦编《中国古代著名哲学家评传》(齐鲁书社1980年版),徐大同等编著《中国古代政治思想史》(吉林人民出版社1981年版),萧萐父、李锦全主编《中国哲学史》(人民出版社1982年版),任继愈主编《中国哲学发展史(先秦卷)》(人民出版社1983年版),冯契著《中国古代哲学的逻辑发展》(上海人民出版社1983年版),李泽厚、刘纲纪主编《中国美学史》(中国社会科学出版社1984年版),方克著《中国辩证法思想史(先秦卷)》(人民出版社1985年版),沈善洪等著《中国伦理学说史》(浙江人民出版社1985年版),毛礼锐、沈灌群主编《中国教育通史》(山东教育出版社1985年版),刘蔚华、赵宗正主编《山东古代思想家》(山东人民出版社1985年版),李泽厚著《中国古代思想史论》(人民出版社1985年版),高觉敷等主编《中国心理学史》(人民教育出版社1985年版),杨宪邦主编《中国哲学通史》(中国人民大学出版社1987年版),敏泽著《中国美学思想史》(齐鲁书社1987年版),朱日耀主编《中国古代政治思想史》(吉林大学出版社1988年版),陈定闳著《中国社会思想史》(北京大学出版社1990年版),李书有主编《中国儒家伦理思想发展史》(江苏古籍出版社1992年版),牙含章、王友三主编《中国无神论史》(中国社会科学出版社1992年版),郭墨兰主编《齐鲁文化》(华艺出版社1997年版),王其俊主编《民本·概论篇》(齐鲁书社2000年版),萧萐父、李锦全主编《中国哲学史纲要》(外文出版社2000年版),蔡方鹿著《中国道统思想发展史》(四川人民出版社2003年版),北京大学哲学系中国哲学教研室著《中国哲学史》第2版(北京大学出版社2003年版),安作璋、王志民主编《齐鲁文化通史(春秋战国卷)》(中华书局2004年版),贾庆超等著《邹鲁文化研究》(中华书局2004年版),陆玉林著《中国学术通史(先秦卷)》(人民出版社2004年版),周山著《中国学术思潮史·卷一·子学思潮》(上海社会科学院出版社2006年版)等等。在这里,我们择其要者作一概述。

一、中国哲学史、哲学家评传论孟

(一)北京大学哲学系中国哲学史教研室编《中国哲学史》论孟

北京大学哲学系中国哲学史教研室编写《中国哲学史》上册,中华书局1980年3月出版。该书第二章"孟轲的'人性论'和唯心主义先验论"分三节论述孟子思想。

该书概述了孟子的生平、时代,指出孟子的政治主张和哲学思想代表了比较保守的由奴隶主世袭贵族转化过来的那一部分地主阶级的经济利益和政治要求。

关于"孟轲的仁政学说"。作者认为它是针对当时地主阶级激进派推行的"严刑峻法"的政治措施而提出来的。他要求限制新兴地主阶级暴发户的经济发展,反对土地买卖、开辟荒地和实物地租,主张劳役地租等,显然是一种保守、落后的思想。孟子重视生产,主张给百姓一定的生活上的满足,这对当时发展封建经济、巩固封建秩序也还是有一定意义的。孟子口头上拼命反对讲"利",实际上却是在维护最少数封建统治者的最狭隘的私利,是一种最虚伪的骗人说教。他把义与利对立起来,完全是为了欺骗人民群众,更好地保护统治阶级的私利。

关于"天赋道德的性善论"。作者认为孟子鼓吹天赋性善论,影响极大,流毒很深,必须进行彻底的批判。

关于"良知说的先验论和'劳心者治于人'的英雄史观"。作者认为孟子提出了一整套唯心主义先验论的认识论和英雄史观。孟子讲的知识、才能,主要是地主阶级的道德观念和统治才能。他的"万物皆备于我",即世界上万事万物都具备于我心中。孟子轻视感性认识,把理性认识与感性认识绝对对立起来,坚持的是一条从思想到物、从圣人头脑里的"原则"到客观事物的原则的认识论路线,是彻头彻尾的唯心主义先验论。他片面夸大人的主观理性思维作用,同时也大肆宣扬唯心主义的宿命论。他从社会分工在一定历史阶段的合理性出发,把分工和阶级对立说成是"天命"决定的,为剥削制度、阶级压迫的合理性和永恒性做了理论上的论证。

显然,该书的上述论孟受到当时"阶级斗争"、唯物与唯心之争的时代的影响，对孟学采取了不合理的贬斥和批判。可喜的是，随着时代的发展，人们对孟学的认识和评价也在发生着深刻的变化。该书2003年10月由北京大学出版社再版。在第二版中，尽管仍坚持认为孟子的性善论仍是一种抽象的人性论，认为孟子提出了一整套先验论的认识论和英雄史观，将孟子的"万物皆备于我"[①]仍解释为"世界上万事万物都具备于我心中"[②]，等等，但它进一步修改了原有的某些表述和提法，删除了对孟学激烈批判的言辞，这当是一种进步和提高。

（二）任继愈主编《中国哲学发展史（先秦卷）》论孟

任继愈主编《中国哲学发展史（先秦卷）》，人民出版社1983年10月出版。该书在"孟子对孔子思想的继承与发展"中，概述了孟子的生平、时代，认为孟子的阶级立场属于由奴隶主贵族转化过来的地主阶级，其思想具有托古改制的改良主义色彩。孟子的政治思想有利于强化封建伦理纲常，适合于封建中央集权制的建立和巩固。该书依次论述了孟子的仁政、哲学、性善论、义利之辨、历史地位等。

关于"仁政学说"。该书认为孟子把孔子的"德政"发展为更为完整系统的"仁政学说"，为后来中国封建社会的儒家奠定了政治思想的理论基础。孟子的仁政在经济上是要保持小农生产的相对稳定，适当满足小农的土地要求，他的"制民之产"对限制土地兼并和横征暴敛是有意义的，包含了为民请命的意思。其仁政的经济内容包括井田制、限制过分剥削、关心人民生产和疾苦、与民同乐等等。孟子不反对正义战争，不能认为孟子反对耕战。他是地主阶级伟大的思想家，比各国的当权者看得远些。尽管其学说未被当时君主所采纳，而在后世历代统治者则大多接受他的王道、仁政主张，以巩固中央集权专制制度。他提倡"舍生取义"，把士大夫知识分子的道德修养提到一个很高的境界。

关于"主观唯心主义的哲学思想"。作者认为孟子的"万物皆备于我"是个主观唯心主义命题，反身而诚和强恕而行是主观唯心主义解决物我关系的原则。孟子主张"心之官则思"是对的，但认为耳目之官不思，而蔽于物，排除感官的作用，便会陷入主观唯心主义。孟子吸收了孔子的客观唯心主义来充实他的主观唯心主义的哲学体系。孟子要人们自觉争取行动符合天命，不立乎岩墙之下，也还有某种主动性，并非完全的宿命论。孟子所谓尽心、知性、知天，无非是将主观的先验的道德律转化为宇宙的普遍法则而已。

---

① 《孟子·尽心上》。

② 北京大学哲学系中国哲学教研室编：《中国哲学史》，57页，北京大学出版社，2003。

关于“性善论”。该书认为孟子的仁义礼智等是天生的，是与生俱来的本性。孟子和告子在人性论上的争论反映了唯物主义与唯心主义两条思想路线的尖锐对立。在阶级社会里，孟子要把性善论推广到人人都接受，当然是不可能的。孟子认为老百姓不能保存善性而君子能保存善性，视百姓如同禽兽，对人民的这一恶意攻击，恰好暴露出孟子性善论的剥削阶级本质。

关于“孟子的历史地位”。该书认为孟子继承发展了孔子创立的儒家学说，奠定了封建社会的孔孟之道，是儒家一位集大成的思想家。孟子的思想主张对巩固发展新兴的封建制度和实现全国统一起了进步的推动的作用。他的仁政、“民为贵”等思想，重视人民的吃饭穿衣问题等，在后世封建社会中对反对暴政、横征暴敛，也有好的影响。该书指出，必须肯定孟子思想的积极方面，但从批判封建主义的角度看，孟子的仁义对强化封建纲常起了很大的作用，其义利之辨积极维护了封建的剥削压迫，其性善论及主观唯心主义思想则成为维护封建统治的理论基础。孔孟之道作为中国封建社会的精神支柱，它的影响是深远的。

该书对孟子思想进行了全面、认真的评析和探讨，肯定了孟子思想的积极方面，较客观地评价了孟子在中国儒学和封建社会的地位及影响等，但作者难以避免当时社会环境和政治色彩的影响，认为告子与孟子关于人性的辩论反映了唯物主义与唯心主义的斗争，对孟子性善论、哲学思想的总体评价有失偏颇。

（三）萧萐父、李锦全主编《中国哲学史》论孟

萧萐父、李锦全主编《中国哲学史》，人民出版社 1982 年 12 月出版。该书在“孟轲‘尽心知天’的天人合一思想”一节中，概述了孟子的生平、时代，认为孟子代表了由旧贵族转化过来的地主阶级的利益，他的“民本”思想在历史上曾起过积极作用，他鼓吹的“仁政”、“德治”有欺骗劳动人民的一面。

关于“性善论——仁政学说的哲学基础”。该书认为孟子主张人具有先验的善性，与具有唯物主义倾向的告子展开了辩论。孟子从性善论出发，提出了一整套唯心主义的修身养性的方法。孟子提出“心之官则思”是一大贡献，但他把感性与理性对立起来，片面强调理性的实在性，不懂得理性认识依赖感性认识，就必然走向唯心论。他对人性论的论证及关于道德修养的方法，始终贯穿着主观唯心主义的认识路线。这种抽象的人性论，是地主阶级道德论的理论基础。

关于“尽心、知性、知天的认识路线”。该书认为孟子继承了孔子的天命

思想，把天道观、性善论、仁政联系起来，构成了一套系统的唯心主义体系。孟子认识论上的特点，一是从主观出发，把认识看做对自己内心世界的探索，二是重理性而轻感官。

关于"英雄史观和历史循环论"。该书认为孟子的英雄史观被他纳入历史循环论的体系，并和天命思想紧密结合起来。他以社会分工为理由，提出"劳心者治人"的剥削阶级思想，用来说明剥削的"合理性"，吹捧封建统治者主宰历史的功勋。

该书在一定程度上肯定了孟子思想中的积极方面，但从总体上看，仍难以避免当时强烈的政治文化色彩的影响，对孟子思想多采取了贬斥和批判，其中对孟子性善论、认识论、历史观的评价也多有偏颇之处。

可喜的是，萧萐父、李锦全主编《中国哲学史纲要》(外文出版社 2000 年版)，设专章阐述了"孟轲对儒家哲学的深化"，该书删除了上述《中国哲学史》中论述孟子思想时所使用的大批判式的过时语言，采取了平实的语言论述孟子思想。但令人不解的是，经过近 20 年的社会变化，学术界对孟子思想的认识和评价发生了较大的变化，然而《中国哲学史纲要》却仍重复《中国哲学史》中的传统观点，对孟子思想缺少新的探讨和概括。

除上述外，其他中国哲学史、哲学家评传对孟子思想也作了一定的探析。譬如辛冠洁、李曦编《中国古代著名思想家评传》第一卷(齐鲁书社 1980 年版)，其中，钟肇鹏撰写的《孟轲》概述了孟子的生平和时代，论述了孟子的政治、经济、哲学思想和历史地位。在评价孟子的哲学思想时，作者认为孟子的性善论是抽象的人性论，其性善论以主观唯心主义世界观为基础。在认识论上，孟子是一个唯心主义先验论者，他认为一切感官的认识都是不可靠的，他无限夸大了心和思维的作用，他的主观唯心主义的哲学体系、性善论、历史循环论，都是违反科学的，其政治思想也富于幻想，多半是不切实际的。但他的"民贵君轻"的重民政治思想则是进步的。又如刘蔚华、赵宗正主编《山东古代思想家》(山东人民出版社 1985 年版)，其中，刘蔚华撰写的《孟轲》概述了孟子的时代和生平，论述了孟子的思想体系和历史地位，认为孟子继承、改造了孔子思想，形成了一个新兴地主阶级改良主义和主观唯心主义思想体系。为了扩充"本心"，孟子提出了摒弃闻见之知、禁绝耳目之欲等修养方法。孟子保留了孔子客观唯心主义的内容，但其主导方面是主观唯心主义的。天人合一本质上是合一于人，合一于自我。再如杨宪邦主编的《中国哲学通史》第一卷(中国人民大学出版社 1987 年版)，列入"中国人民大学丛书"。该书在"孟轲的唯心主义哲学"一章中，概述了孟子的生平，论述了孟子仁政学说、性善论、天人合一的哲学思想，认为孟子是代表由没落奴隶主阶级转化而来的新兴地主阶级上层的利益的政治思想家和哲学家。关于孟子的仁政学说，作者认为孟子“仁政”的经济基础是封建的土地私有制，他重视发展生产，让百姓丰衣足食，提倡王道，反对霸道，将义与利对立起来，崇尚义，反对讲利，重视劳动人民的力量对封建统治的重要作用；关于孟子的哲学思想，作者认为孟子继承了孔子的唯心主义天命观，认为“天”的权威不可抗拒，宣传君权天授，在天人关系上，主张天人合一，认为宇宙万物都存在我的心中，得出唯我论的结论。

从以上可以看出，20 世纪 80 年代中国大陆出版的中国哲学史、哲学家评传，由于受当时政治文化色彩的影响，虽然对孟子思想的评价较前有了一定程度的变化，但多沿用了以往学术界惯用的哲学史是唯物主义与唯心主义斗争的历史的观点和方法，对孟子思想仍以主观唯心论、先验认识论、抽象人性论、英雄史论、历史循环论等贬辞否认了孟子思想的积极方面。

二、中国教育、心理、美学、道统思想史论孟

（一）毛礼锐、沈灌群主编《中国教育通史》论孟

毛礼锐、沈灌群主编《中国教育通史》第一卷，山东教育出版社 1985 年 4 月出版。该书第三章第八节“孟子的教育思想”，概述了孟子的生平及教育活动，论述了孟子教育思想的理论基础、教育目的、作用、道德教育等。

关于“教育思想的理论基础——性善论”。该书认为孟子与告子关于人性之辩是唯心主义与唯物主义之争，孟子的性善论是地道的唯心主义见解。孟子从性善论出发，在认识论方面是个唯心主义的先验论者，认为一切感官的认识都是不可靠的，把理性、思维神秘化，过分重视理性认识而忽视感性认识，必然陷入唯心主义泥潭。他的认识论显然有利于封建统治阶级。

关于“教育的目的和作用”，该书认为孟子的教育目的在于申孝悌，明人伦，以实现其政治理想。

关于“道德教育思想”。该书阐述了孟子许多道德教育的方法与内容，如存心寡欲、反求诸己、知耻改过、求放心和存夜气、养浩然之气、磨炼意志等，认为孟子“养心莫善于寡欲”的主张把欲望的多少看做能否保存善性的关键，显然是偏颇的，是唯心的。孟子的“浩然之气”是一种凛然正气，是压倒一切的豪迈之气，它激励人们坚持信仰，甚至为之而献身。

关于“教学思想”。该书论述了孟子在教学论方面提出的一些很有价值的思想，如因材施教、坚持标准、由博反约、深造自得等。

该书的特色之一是较客观地评价了孟子的教育思想，分析了孟子的教学方法，肯定了孟子教育思想的积极因素和精华。但该书沿用学术界唯物主义与唯心主义斗争的框架判定孟子坚持唯心主义先验论，宣扬人生的富

贵贫贱都是命定的等观点，显然是偏颇的。该书对孟子“寡欲”、“反求诸己”等概念、命题的分析批判，存有望文生义之嫌。

(二) 高觉敷主编《中国心理学史》论孟

高觉敷等主编《中国心理学史》，人民教育出版社 1985 年 12 月出版。该书是受国家教育委员会委托编写的教材，供综合大学、高等师范院校心理学专业使用。该书在第一章第二节“孟子的心理学思想”中，阐述了孟子的性善论、智能观、学习说等，认为孟子是主观唯心主义哲学家和教育家。

关于“性善论”。该书论述了孟子人性的内涵、与告子的辩论、性善论的实质，认为孟子不承认人的自然本性是性，只承认人的社会本性是性。孟子与告子的人性论各有优缺点，孟子只讲社会性，不讲自然性，同样是片面的。孟子特别强调环境和教育在人性发展中的作用。

关于“智能观”。该书认为孟子是我国古代第一个明确提出智能问题的思想家。他既看到了智能的先天因素，也看到了智能的后天因素，但没有把二者结合起来考察。孟子的智能观在根本上是唯心主义的，但他认为人的智力是在认识、掌握并运用客观事物的规律性的过程中形成和发展起来的，由此看来，它又显然具有唯物主义的倾向。

关于“学习说”。该书认为孟子的学习心理思想属于唯心主义的内求说。他在学习心理方面的较大贡献，就是主张假外物以求知获智，非常重视学习的原则和方法，并肯定了孟子深造自得、循序渐进、博约结合、积极思维、专心致志、持之以恒等学习原则、方法的积极因素和贡献。

该书尽管坚持了孟子是主观唯心主义哲学家的传统观点，但其论孟的特点是较客观地肯定、评价了孟子心理学思想的积极因素和贡献。

(三) 李泽厚、刘纲纪主编《中国美学史》论孟

李泽厚、刘纲纪主编《中国美学史》(第一卷)，中国社会科学出版社 1984 年 7 月出版。该书探讨了孟子对个体人格美的认识和高扬，论述了孟子论美感的普遍性和审美活动的社会性，孟子对艺术作品特征的认识，评价了孟子美学对后世的影响。譬如在对人格美的认识上，作者指出孟子的贡献有五：一是孟子明确指出个体的人格、道德、操行能引起普遍必然的愉快感受；二是把人格美建立在具有社会伦理道德要求的人与只知满足生理欲望的禽兽的区别之上，彻底地把纯粹动物性的生理欲望的满足排除于美之外；三是从个体实现善的努力中去寻找美；四是人格美是日常现实中可感知的存在；五是区分了人格美的各个等级，丰富了中国美学对美的各个范畴、形态的认识。又如孟子美学对后世的影响，作者认为孟子不仅高扬了个体人格的主动性、独立性，而且十分强调个体的情感和意志的力量。孟子也讲“天命”，

但并不认为它有什么可畏，只不过把它看做一种不可避免的命运而已，基本上采取一种听其自然的态度。孟子美学对后世的影响不只是表现在它所提出的某些具体论点上，而且还表现在它所代表的一种积极肯定个体人格的自由和力量，不向任何外在的强大势力退让低头的倾向。在儒家美学中，孟子的美学富于批判性、进取性、开创性，具有鲜明的古代民主精神。孟子美学的思想内容和表现形式具有高度的统一性、一致性，对后世产生了强大的作用。

（四）牙含章、王友三主编《中国无神论史》论孟

牙含章、王友三主编《中国无神论史》（上），中国社会科学出版社 1992 年 5 月出版。该书在第十章“孟子”中考察了孟子的天与天命，论述了孟子入世主义的人事为本论。

关于“孟子论天与天命”。该书考察了孟子“天”的涵义，认为它有主宰之天、命运之天、义理之天等，指出：孟子的“主宰之天”只能看做传统之天的一种残余影响；命运之天是指对社会发展客观必然性的神化，它虽不同于主宰之天，但毕竟是属于神秘的意志之天的范畴；义理之天是说天成为人类社会伦理道德的最终根源和最高依据。孟子内在的义理之天通过把人心中所固有的道德观念直接说成是天所给予的手段，来说明仁义礼智的普遍性、必然性和天然合理性。它所强调的是天与人的一致性，因而较周人的外在的义理之大具有否定人格神的意义。

关于“孟子入世主义的人事为本论”。该书认为孟子虽然还未完全摆脱传统天命观的束缚和限制，但由于儒家积极的入世主义和面对现实的理性精神，所以能使孟子经常透过天命观的神秘迷雾而发现现实生活中的某些真理，这表现于他重视人，重视人的作用，强调人的主观能动性。孟子所讲的“命”，是指一种不可理解又不可抗拒的客观必然性。在人与自然的关系、社会治乱、国家盛衰等问题上，孟子强调在人不在天，对于历史变迁、王权更替，不是归结为“天意”和“神”，而是归结为“民心”和“人”，所表达的是不折不扣的无神论观点。孟子还强调对个体人格的追求。孟子的“浩然之气”是一种“正气”，是一种内在的精神力量；“大丈夫”是一种理想的个体人格标准。浩然之气和大丈夫都属于自觉的世界观的范畴。从普遍意义上讲，它是人类自觉的表现，因为自觉的世界观是人类所特有的，是人不同于禽兽的地方。孟子也十分重视人的社会性。他在强调主体能动性和提倡追求伟大个体人格的同时，总是与个人的社会责任和历史义务结合起来。孟子重视人的作用，强调人的主观能动性等等，虽然在字面上并没有明确否定天、神的意义，但实质上无疑对无神论思想的发展有着十分积极的作用。

从总体上看，该书对孟子做了比较客观的评价，肯定了孟子思想中的积极因素，这对深化现代的孟学研究具有积极的意义。

(五) 蔡方鹿《中华道统思想发展史》论孟

蔡方鹿著《中华道统思想发展史》，四川人民出版社 2003 年 6 月出版。该书在第三章第二节“孟子的仁义之道”中，概述了孟子的生平、时代，论述了孟子的道统思想，指出孟子的“民贵君轻”思想，主张民的地位在国家和君主之上，在君臣关系上，蔑视君主的绝对权威。他的“格君心之非”和“正君”主张，体现了对统治者的权力加以一定的约束的思想。

关于“以仁义为道”。该书认为孟子以仁义为道是对孔子仁礼为道的继承和发展，孟子将仁、义连用，把礼降低到从属于仁义的位置。孟子仁义之道的内涵，除以孝悌来界定外，还以人心、人路来表示。孟子将仁与人合称，作为道的规定性。仁不仅是人心，也是人的本质属性，从而突出了道的人本主义原则，即以仁为核心的道德理性原则。孟子从重仁义出发，倡仁义与利的对立，强调义的价值重于生命。他重视仁义的价值，在历史上熏陶教化了无数志士仁人，集中体现了中华民族的伟大精神境界。

关于“仁政与王道”。该书认为孟子的仁政和王道，体现了儒家道论与政治密切联系的思想特色，表明儒家积极参与政治，论道经邦，少有脱离时代政治和重大社会治理问题而空谈其道的传统。孟子主张仁政，提倡王道，反对霸道。仁政、王道都是以民为本，二者相互沟通，是其仁义之道推行于政治领域而提出的理论。

关于“心性论”。该书论述了孟子的性善论、尽心知性知天说，认为其心性论与仁义之道不可分割地联系在一起。孟子论性善与论心是相互联系的，开儒家心性论之先河。孟子把尽心、知性、知天三者沟通，心、性、天在加强道德修养、贯彻儒家伦理的前提下合而为一，体现出天人合一的思想。

关于“开道统说之端绪”。该书认为孟子丰富发展了孔子的思想，较为明确地提出圣人之道传授的统绪，实开道统说之端绪。他把“中”作为传道所掌握的一个原则。孟子的上述主张奠定了他在中华道统思想发展史上的开山地位。

该书较全面、客观地论述了孟子仁义之道的内涵以及与仁政、王道、心性的密切联系，评价了孟子在中华道统发展史上的地位、作用和影响，是近年来对孟子思想作出较公允、客观评价的论著之一，反映了作者对孟学的深入探讨。但该书论孟稍有瑕疵。如作者说孟子“名轲，字子舆。邹(今山东邹县）人”①。前代学者经考辨认为所谓“字子舆”系附会讹传。原山东邹县在1992年已改为“邹城市”。至于作者称孟子倡仁义与利的对立，也不合孟子本意。

除上述外，陆玉林著《中国学术通史（先秦卷）》，人民出版社2004年12月出版。该书第二章第四节“孟子学术思想”，对孟子的学术贡献作了新的评价。作者概述了孟子的生平事迹，论述了其仁政论、心性论、人格论，认为孟子的学术贡献主要在于将孔子的德政提升为王道仁政，将仁义安置于内在心性，发挥“士志于道”的精神，将其提升为“至大至刚”的理想人格。

第三十五章　现代孟学研究概述（下）

第三节　中国儒学史论孟

20世纪90年代，学术界出版了几部中国儒学史专著。其中，较有影响的有赵吉惠等主编《中国儒学史》，刘蔚华、赵宗正主编的《中国儒家学术思想史》，姜林祥主编的《中国儒学史》。

一、赵吉惠等主编《中国儒学史》论孟

赵吉惠、赵馥洁、郭厚安、潘策主编《中国儒学史》，中州古籍出版社1991年6月出版。这是国内外第一部全面、系统论述儒学产生、发展、演变史的专著。其中，由赵馥洁撰写的第三章第三节“继往开来的思孟学派”，概述了孟子的生平、时代，考察了孟子对孔子的继承发展，孟子辟杨墨、斥许行以及在中国儒学史上的地位。

关于“孟子对孔子学说的继承和发展”。作者认为主要有四：一是继承孔子“听天命，尽人事”思想，主张“尊天顺命”、重视人为的天命观；二是完善孔子的伦理思想，主张性善论；三是发挥孔子的道德价值观，主张“扩充善端”的伦理观；四是发展孔子的“为政以德”，主张仁政学说。就孟子的天命

① 蔡方鹿：《中华道统思想发展史》，184页，四川人民出版社，2003。

观来看，作者认为孟子讲尊天顺命，实际上更重视人为。孟子对传统天道观的利用，只是出于为自己的思想主张寻找根据的需要，并非出于对上帝的信仰。在天人关系上，孟子主要强调的不是"天"，而是人，是道德的作用或人的主观能动性。孟子的天人合一仅限于探讨道统（心、性）来源的问题。他对"天人相分"也有认识和表述。他对"命"的认识，也有对传统观念的继承和改造两个方面：一是仁义礼智等是天所赋予，称为"命"，二是指事物发展的客观必然性。就性善论来看，孟子反对忽视人的社会性而仅把自然性视为人性的观点。他对"性"与"人性"有严格的区分，认识到人的本质在于人的社会性。就孟子的伦理观来看，作者论述了孟子的道德规范、道德价值和道德修养，指出将孟子的"万物皆备于我"说成是天下万物都是由我的心产生的，是对孟子本意的曲解。实际上，孟子所强调的是道德的价值作用。就孟子的仁政学说来看，作者论述了孟子仁政的对象、内容、实施，尽管在当时没有实行，但一直被后世儒者视为理想的政治，对后世产生了重要影响。

关于"孟子在中国儒学史上的地位"。作者认为主要有五：一是继承发展了孔子的学说，建立了系统的儒学体系，是战国时代儒家正统思想的主要代表；二是阐扬孔子思想，排斥异端学说，使儒学成为战国时期的显学；三是阐发性与天道，深化了孔子思想，为宋明理学奠定了基础；四是继承孔子的"德治"思想，提出仁政主张，丰富发展了儒家的政治学说；五是发挥孔子的道德价值观，强调理想人格的培养，成为催人奋进的精神力量。作者认为，孟子是一位远见卓识的思想家，他的一系列主张代表了封建地主阶级的长远利益，为维护封建统治指明了方向。

总之，该书以认真、求实的态度对孟子思想做了较客观的分析和评价，论述周密，富有新意，是20世纪90年代对孟学作出较客观评价的论著之一，对深化孟学研究具有积极的意义。

二、刘蔚华、赵宗正主编《中国儒家学术思想史》论孟

刘蔚华、赵宗正主编《中国儒家学术思想史》，山东教育出版社1996年12月出版。该书是国家"八五"社会科学重点课题。其中，王其俊撰写的第四章"孟子对儒家学术的发展"，概述了孟子的生平与时代，探讨了孟子的儒学体系和孟子在儒学发展中的地位与作用。

关于"孟子的儒学体系"。作者在考察孟学内在整体联系的基础上，在学术界首次提出孟子的儒学体系是由个体论、社会论、天人论三个相互联系、相互作用的子系统构成的系统整体。这三个部分分别回答人与自身、人与社会、人与天的关系问题。孟子所追求的个体完善、社会协调、天人和谐，就构成了其儒学体系的主要内容。就"个体论"来看，作者探讨了孟子关于个体的发展、个体的需要、个体的本性等。譬如个体的本性,作者考察了孟子人性善的涵义和层次,认为孟子的所谓人性,就是指人之所以为人的本质属性,包括四心、四端、四德三个层次。孟子主张将食色之类的自然需要排除在人的本性之外,将道德观念、人伦和理性思维能力视为人之所以为人的本性,深化了对人本性的认识,在中国儒学史上具有积极的意义。就"社会论"来看,作者考察了孟子的家庭观、国与天下观、社会的控制等,探讨了家庭、国家的结构和功能,论述了孟子的政治控制、经济控制及思想意识控制,认为它是一个包括多层次的系统整体,对维持现代生活秩序的和谐,仍有一定的借鉴和启示作用。就"天人论"来看,作者认为它反映了孟子的世界观体系,他的一系列具体思想上升到天人论,达到了形而上的境界。作者进而探讨了孟子的天命观及在天人关系上所表现出来的认识论。孟子天命的主导方面是指自然之天、社会发展趋势之天和伦理之天。譬如伦理之天,一是既指仁义礼智本性的自然性,又指向善发展的必然性;二是指仁义礼智的最高标志。所言伦理之命,一是指仁义礼智对声色臭味的限制和制约,二是指生命的寿夭长短。作者在论述孟子的认识论时又指出:孟子肯定人有认识事物的能力,并将人的认识区分为以耳目之官"见"、"观"、"闻"、"察"、"听"的感性认识阶段和"心之官则思"的理性认识阶段。孟子并没有否认感官对认识的作用,而是主张人的认识来源于感觉经验。作者还分析了孟子心之官则思的理性认识,辨析了"良知"、"良能"概念,认为学术界判定孟子坚持先验论,似欠公允。除上述外,作者还评价了孟子在儒学发展中的地位和作用。

总之,该书的论孟采用了系统方法,探讨了孟子的儒学思想体系,对长期以来判定孟子坚持主观唯心论、先验认识论等传统观点,提出了质疑。作者对孟学的新探讨和新评价,是其长期探讨孟学的反映和表现。

三、姜林祥主编《中国儒学史》论孟

姜林祥主编《中国儒学史》(先秦卷),广东教育出版社1998年6月出版。王钧林著先秦卷。该书第五章"孟子对孔子仁学的继承与发展",概述了孟子的生平、时代,论述了孟子的仁政、性善论、修心论、道德人格论等。作者指出,孟子高举仁的旗帜,大谈心性问题,并最终得出了"万物皆备于我"的主观唯心主义结论。

关于"法先王的仁政学说"。作者考察了孟子仁政学说的思想基础(王霸之辨、民本思想、义利之辨)、仁政的内容(制民之产、取民有制、尊贤重教),认为孟子主张王道,反对霸道,将古代的民本思想发展到一个新的高度。在义利关系上,以往许多研究者认为孟子绝对排斥利而只讲求义,这种观点有失偏颇。孟子主张对利进行具体分析，并不完全排斥利。孟子的上述思想阐发了同一个主题：只有行仁政，才能保民而王。孟子宣扬的是“保民而王”，其出发点仍是“君”而不是“民”。其仁政主张，只是对其并不理想的君主统治进行策略性的改良而已。

关于“性善论”。作者认为孟子提出的性善论是其在儒家思想发展史上的重大贡献，是通过人禽之辨、心性之辨及性命之辨而形成理论体系的。孟子通过人禽之辨来界说“性”。他将人的社会性看做人的天赋自然本性。孟子所言“性”，从根本上说指的是人的“心”之性，而不是耳目之官之性。在某种意义上说，孟子的人性论比告子的人性论高明得多，在先秦诸子中是独树一帜的，在中国思想史上有着极其深远的影响。但其性善论毕竟是一种先验的人性论。

关于“修心论”。作者认为孟子的身与心构成了一种对立统一的关系，它已上升为孟子思想体系中最重要的伦理学范畴。孟子通过存心、养心，以求达到天人合一。

关于“道德人格论”。作者考察了由孔子到孟子“圣人”观念的演变，阐述了孟子理想人格之特征，分析了孟子的“大丈夫”精神和养“浩然之气”，认为孟子的道德人格论建立在性善论基础上。

总之，该书的论孟剖析了孟子的人禽、心性、性命之辨，提出了许多新的见解，譬如认为孟子并不完全排斥“利”，在义利关系上，不同的对象应有不同的侧重点。又如孟子主张“寡欲”，但决不主张禁欲等等。但该书又认为孟子大谈心性，并最终得出了“万物皆备于我”的主观唯心主义结论。该书对此命题未做具体分析。这一传统观点，许多学者早已提出质疑。实际上，孟子此言“万物”，不是指世界上存在的客观事物，而是指人内在的仁义礼智善性。该书称孟子，“字子舆”，前人已判其为附会之说。

除上述外，近年来随着邹鲁文化、齐鲁文化等地域文化研究的兴起，孟学与齐鲁文化、邹鲁文化关系的研究也出现了可喜的局面。譬如郭墨兰主编的《齐鲁文化》，在第三编第三章第三节中，概述了孟子的生平、时代，论述了孟子对孔子思想的继承和发展；在“台湾的齐鲁文化”中，概述了台湾的孟学研究。又如安作璋、王志民主编的《齐鲁文化通史（春秋战国卷）》，在第四章子思学说与“思孟学派”中，考察了孟子其人、其书及孟子思想。再如贾庆超等著《邹鲁文化研究》，在第四章中概述了孟子的生平、时代，阐述了孟子对儒家学说的贡献。

综上所述，在现代孟学研究中，各种思想史、儒学史、齐鲁文化史的孟学研究出现了新的局面，人们逐步摆脱、摈弃了哲学史是唯物主义与唯心主义斗争的历史等传统观念的束缚，对孟学予以新的审视和评价，对孟学研究中的许多传统观点予以澄清和剖析，提出了许多新的见解，从一个侧面表现出了现代孟学研究的深化和繁荣。

第四节　郭店楚墓儒简与孟学关系研究

1993年10月，湖北省郭店楚墓出土了一批竹简，除《老子》与《太一生水》外，其余的都属儒家简，共计14篇，它们是《缁衣》、《鲁穆公问子思》、《穷达以时》、《五行》、《唐虞之道》、《忠信之道》、《成之闻之》、《尊德义》、《性自命出》、《六德》和《语丛》4篇。学术界通常认为，郭店楚简的下葬时间应当在公元前300年上下①。据笔者考证，"《孟子》成书的上限和下限当在公元前296年至公元前238年之间"②。这样，楚墓竹简无疑早于《孟子》成书之前，它是孔子与孟子之间的儒家文献。

近年来，国内学术界不断召开各种类型的郭店楚简研讨会，不少学术刊物也发表了关于楚简的综述，现仅就郭店楚墓儒简与孟学关系研究的有关情况作一概述。

一、郭店楚简国际学术研讨会

由武汉大学中国文化研究院、美国哈佛燕京学社、国际儒学联合会、中国哲学史学会、湖北省哲学史学会联合主办的郭店楚简国际学术研讨会于1999年10月15～18日在武汉大学召开。美国哈佛大学杜维明教授、中国社会科学院庞朴研究员、武汉大学郭齐勇教授是这次会议的发起者。武汉大学郭齐勇、陈伟、徐少华教授等是这次会议的具体组织者。来自中国大陆和台港地区以及美国、德国、日本、新加坡的近百位学者参加了会议，提交论文80余篇。

胡治洪同志综述了郭店楚简国际学术研讨会会议的有关情况。关于学派归属，他综述说："吉林大学李景林教授着重考察了《成之闻之》、《尊德义》、《性自命出》、《六德》四篇的德目形式与思想内容，认为这四篇作为郭店儒家简的核心部分，均包含'性与天道'论内容，与《中庸》思想相通；至于《性自命出》中的重'乐'思想虽与子游'乐教'主张相关，但子游与子思之间实存在思想上的承转脉络；其余诸篇或接近于孔子，当为子思绍述孔子思想之作，或接近于孟子，当为孟子相先后的子思后学所述，因此郭店儒家简应属

① 湖北省荆门市博物馆：《荆门郭店一号楚墓》，载《文物》1997(7)，2页。

② 王其俊：《亚圣智慧——孟子新论》，78页，山东人民出版社，1996。

思孟一系作品。台湾清华大学杨儒宾教授探讨了郭店儒家简特别是《性自命出》的思想内容，认为《性自命出》整篇架构很像《乐记》，而《乐记》言喜怒哀乐又切近《中庸》理论；他如《尊德义》中有见于《缁衣》的语句，《语丛一》中有见于《坊记》的语句，凡此种种似均表明郭店儒家简出于子思学派。即使从《礼记正义》说将《缁衣》系于公孙尼子一系，由于公孙尼子与思孟学派具有明确的思想血缘关系，因此说郭店儒家简出于这两个思想相近的儒家流派是讲得通的。他还认为郭店儒家简中的'情'在许多地方作'情实'解而不作'情感'解，因此所谓郭简'情本体'之说实为子虚乌有。美国加州大学Jeeffrey K. Riegel(王安国)教授对于将郭店儒家简归于子思学派持保留态度。事实上，他一向怀疑《礼记》中的《缁衣》、《中庸》诸篇与子思相关，因为《子思子》早已残佚，而《礼记》实为汉儒作品。郭店简的发现在一定程度上减轻了他的怀疑，但他感到仍有许多问题尚未厘清，如南齐刘瓛将《缁衣》系于公孙尼子所作，《缁衣》几乎完全不引证《易经》，而这恰恰是子思学派的重要特征，等等。王博也认为将郭店儒家简断定为子思或子思氏之儒的作品是一件很危险的事情。他基于地域特点和内容分析，倾向于郭店儒家简的作者为南方儒家，具体说是子张氏之儒的观点。"

关于儒家简的思想内涵，他综述说："庞朴研究员指出，《五行》、《六德》中包含着'五行'(仁义礼智圣)、'四行'(仁义礼智)、'六德'(圣智仁义忠信)三套德目，分别对应于成圣、尽孝、为君三个层面的道德准则；三套德目基本相近表明，在儒家看来，圣人、孝子、贤君三重道德是相通乃至相兼的，天道、人道、君道是一体贯穿的，《孟子·万章上》对舜的论述即说明了这一点，因此可以说，郭店儒家简提供了完整系统的儒家道德学说。他还论析了儒家简中的天人观，认为《穷达以时》是天人为二或天人有分的代表，《五行》则主张天人合一。在这两种观点之外，还有一种介乎其间或超乎其上的看法，即天人非一非二、亦一亦二，这主要见于《性自命出》。《中国社会科学》编辑部李存山研究员梳理了简本《五行》、《中庸》、《孟子》、帛书《五行》的思想脉络，指出简本的特色是近乎曲折地论证了'圣智'尤其是'圣'的重要性，《中庸》中还可见到'圣'之'聪明睿智'含义，到《孟子》则更强调'仁义礼智'，并且突出仁义对礼智的统率地位，帛书则有意无意削弱了对圣智的重要性而提升了仁义的地位，由此可见思孟学派的思想变化。台湾辅仁大学郭梨华认为，《五行》中提出仁义礼智'四行'，虽然未如孟子所言乃人心之四善端，但确实谕示了四行之为善心的可能，由此开启了孟子的'心善论'。中国社会科学院刘乐贤研究员认为，《六德》中'为父绝君'、'为昆弟绝妻'、'为宗族杀朋友'、'门内之治恩掩义，门外之治义斩恩'等罕见于传世文献中的文字，确实证明儒家把血缘宗族关系看得重于社会政治关系，这正是儒家由家而国、家国同构主张的体现；而该篇将父子、夫妇、君臣之间规定为生、率、使的关系的说法，当为以后三纲说的滥觞。……郭齐勇教授考察了《性自命出》、《五行》等篇的身心和性情关系论说，认为《性自命出》将人之'一心'区分为无定志的血气情感之心、有定志的道德意志之心和介乎二者之间的思虑之心，其中意志之心起主导作用，与情气之心、思虑之心相互影响摩荡，使人总是有所不安。为求得心定身安，就必须辅以礼乐。礼教重在端正身形，乐教重在陶冶心灵，礼乐并举达致内外交修、身端心正。《五行》强调仁义礼智信诸德目通过身体力行、道德实践，可以返流于内心，成为君子内在德性，心通过道德体验的明觉精察或聪明圣智，又可使内在精神性的道德呈现并流动于人的情感、颜面、四体。《性自命出》、《五行》等篇所揭橥的人的'喜怒哀悲之气'及'好恶'之情实即仁义天命之性，天人之间，情为枢纽，此种性情禀赋自天。郭教授认为，理解'情'与儒家道德形上学的内在关系是至关重要的，四端七情恰恰是天人之际的纽带，《性自命出》、《五行》中的天命、性情论说是由《诗》、《书》、孔子走向孟子道德形上学的桥梁；《五行》因缺乏系统的气论和体论，故对于形体的精神化和精神的形体化未予充分论证，而这种道德的身心观在《孟子》中才基于其气论和体论而得以圆成；郭店儒家简关于心与思的表述、关于志与气的关系的讨论、关于礼乐教化促使形身与心灵互正的思想，都可以在《孟子》、《荀子》及《管子》四篇中得到印证。……美国哈佛大学程一凡认为，孔孟之间相距近两个世纪，从孔子'性近习远'到孟子'性善'，总使人感到难以连贯，郭店儒家简的出现为解决这一疑难提供了可能。分析起来，郭简与其后的孟子思想的关联是显而易见的。"①

二、郭店楚墓竹简研究述评

冯国超在述评中指出："自 1998 年 5 月《郭店楚墓竹简》一书出版以来，各种相关的学术研讨会、专题报告会层出不穷，大批研究论文、学术专著相继问世，内容涉及考古、文字、历史、哲学等众多领域，为中外学术界对中国古代思想史的研究带来了新的生机和活力。到今天，这场历时两年多的轰轰烈烈的学术研讨活动高潮已过，大多数学者已转入更深层次的研究和反思。在这种情况下，总结这次郭店楚墓竹简研究的成果，揭示它对中国学术思想史研究的巨大影响和意义，反映有关研究中存在的争议和问题，无疑是极为必要的。"

---

① 以上见胡治洪：《学脉探源儒道合，人文化成古今谐》，见《郭店楚简国际学术研讨会论文集》，684～686 页，湖北人民出版社，2000。

作者在述评"关于儒家简"时指出:"根据学者们较为一致的看法,郭店楚墓竹简中除《老子》与《太一生水》外,其余的都属儒家简,共计14篇。与对道家简的认识不同,学者们更多地是从填补学术史的空白的角度来认识儒家简的。在这方面,庞朴的观点较具代表意义。庞朴在《古墓新知——漫读郭店楚简》一文中指出:'这次郭店的楚简,虽说数量最少,若从学术史的角度来看,也许价值最高。因为,它填补了儒家学说史上的一段重大空白。'(见《中国哲学》第20辑)至于这段'重大空白'是什么,庞朴在《孔孟之间——郭店楚简中的儒家心性说》中说:'孔子之后,弟子中致力于夫子之业而润色之者,在解释为什么人的性情会是仁的这样一个根本性问题上,大体上分为向内求索与向外探寻两种致思的路数。向内求索的,抓住人之所以异于禽兽者几希处,明心见性;向外探寻的,则从宇宙本体到社会功利,推天及人。向内求索的,由子思而孟子而《中庸》;向外探寻的,由《易传》而《大学》而荀子;后来则兼容并包于《礼记》,并消失在儒术独尊的光环中而不知所终。儒家学说早期发展的主要脉络大抵如此,但是我们一直缺乏足够的资料来描绘它的细部……可以认定,这14篇儒家经典,正是由孔子向孟子过渡时期的学术史料。'(同上)那么,这批儒家简是如何填补从孔子到孟子之间学术发展的空白的呢?庞朴在《古墓新知》中指出:'楚简在孔子的性相近和孟子的性本善之间,提出了性自命出、命自天降、道始于情、情生于性、性一心殊等等说法,为《中庸》所谓的天命之谓性,率性之谓道,修道之谓教命题的出场,做了充分的思想铺垫,也就补足了孔孟之间所曾失落的理论之环。'郭齐勇也有类似观点。他认为:'楚简有较丰富的人性天命说的内容……是由《诗》、《书》、孔子走向孟子道德形上学的桥梁','是孟子心性论的先导和基础'。(郭齐勇:《郭店儒家简与孟子心性论》,载《武汉大学学报》1999年第5期)……在郭店楚墓的14篇儒家简中,最具代表意义的当属《性自命出》,学者们对儒家简的价值和意义的论述,大多是以《性自命出》的内容为依据的。丁为祥认为:'《性自命出》篇的最大特点是从多层次、多角度阐述了对人性的认识。《中庸》、《孟子》的人性论正是在此基础上形成的。'他还分析了先秦人性论的不同特点,以确定《性自命出》在其中的地位:'在先秦儒家人性论的发展轨道中,孔子代表着普遍人性的提出,竹简《性自命出》代表着普遍人性向天命之性的提升和跃进,《中庸》代表着人性超越性原则的确立,《孟子》则是普遍性原则与超越性原则的统一者和实现者。'(见韩旭晖:《〈郭店楚简〉与早期儒家思想研究的新拓展》,载《孔子研究》2000年第5期)"①

① 以上均见冯国超:《郭店楚墓竹简研究述评》(上),载《哲学研究》2001(3),74~77页。

作者在述评儒家简的学派归属时指出:“郭店儒简内容庞杂,搞清楚它们的学派归属,是思想史研究的一项重要任务。在这个问题上,李学勤较早提出了自己的见解。他在《先秦儒家著作的重大发现》一文中认为,这些儒家简都与子思有或多或少的关连,‘郭店简这些儒书究竟属于儒家的哪一支派呢?我以为是子思一派,简中《缁衣》等六篇应归于《汉书·艺文志》著录的《子思子》’。(见《中国哲学》第20辑)学界赞同李学勤观点的学者颇众。而且,由于《荀子·非十二子》中把子思、孟子之观点归为一类,许多学者又认为这些儒简属于思孟学派。如姜广辉在《郭店楚简与〈子思子〉》一文中就说:‘《荀子》曾将子思、孟子连称,学术界因此有思孟学派的说法。但有学者怀疑历史上有过思孟学派。郭店楚简的出土说明荀子之言是有根据的。’(见《哲学研究》1998年第7期)但是,把郭店儒简归为子思学派或思孟学派的看法遭到不少学者的反对。如李泽厚在《初读郭店竹简印象纪要》中认为,这批儒简中虽有《缁衣》、《五行》、《鲁穆公问子思》诸篇,‘却并未显出所谓思孟学派的特色(究竟何为思孟学派,其特色为何,并不清楚)。相反,竹简明确认为仁内义外,与告子同,与孟子反。因之断定竹简属思孟学派,似嫌匆忙,未必准确’。陈鼓应也认为,这些儒简中未见孟子性善说的言论,却多次出现告子‘仁内义外’的主张,与孟子心性论对立,‘不属于所谓思孟学派甚明’。(见陈鼓应:《〈太一生水〉与〈性自命出〉发微》)持类似观点的,还有钱逊、罗炽、王博等学者。正是基于对郭店儒简学派归属的不同认识,一些学者提出,最好的办法是不要把这些儒简先看做某一学派的资料,而是把它们看做孔子、七十子及其后学的思想资料来处理。看来,当把这些儒简归入某一学派缺乏令人信服的依据时,退而求其次,亦可算是一种明智之举。”①

三、郭店竹简与思孟学派研究座谈会

由美国哈佛大学燕京学社社长、山东大学儒学研究中心名誉主任杜维明先生提议、北京大学儒学研究中心和山东大学儒学研究中心共同主办、山东省邹城市孟子学会协办的郭店竹简与思孟学派研究座谈会,于2005年10月27日在北京大学哲学系召开。

山东大学儒学研究中心主任庞朴、北京大学儒学研究中心主任陈来共同主持座谈会。来自北京大学、清华大学、中国社会科学院、北京师范大学、武汉大学、山东大学、山东省社会科学院等单位的15名学者就郭店楚墓出土的14篇儒家简的学派的内在根据、郭店竹简中情性礼乐的内涵与思孟学派

① 冯国超:《郭店楚墓竹简研究述评》(下),载《哲学研究》2001(4),63页。

的关系、中国古代思想的发展等问题，进行了深入探讨。

山东大学儒学研究中心在《郭店竹简与思孟学派研究座谈会纪要》①中概述了座谈会的有关情况。在谈到“儒学简的学派归属问题”时，《纪要》指出：“郭店竹简儒家简，文献学术界大体认同的有14篇。但是这14篇文献究竟是哪位（或哪派）儒家人物的思想，尚不明确。”

李存山（中国社会科学院哲学所）认为，郭店竹简除了《太一生水》外，其他简都属于孔孟之间的儒家文献，这些文献都与子思、孟子思想有一定关系。思孟学派是当时儒家思想的一个枢纽，战国中前期思孟学派扮演了儒家学派枢纽的角色。郭店竹简中有一种现象，就是向思孟学派这个枢纽辐辏。郭店竹简与思孟学派都有很强的政治批判意识，这与孔孟之间的特殊历史环境有关。孟子生活的时代与孔子生活的时代有很大变化，孟子把以前的儒家思想吸收并消化了，成为一个思想的集大成者。辐辏不是等同，有的思想和思孟学派接近，甚至相同，但也有的与思孟学派相出入。这些文献不是都属于思孟学派。《缁衣》、《鲁穆公问子思》可以归于思孟学派，其他则与思孟学派有出入……郭店竹简儒家文献学派归属是分散的，不属于某一个学派，如果断言郭店儒家简都出于某一学派，自己宁信假说而不信断言。

李景林（北京师范大学哲学系）指出，所谓的学派都是后人总结的，某一学派内部之间也有可能在思想上有出入，应该注意到孔孟之间各个学派有没有一个大体取舍。李中华（北京大学哲学系）认为，郭店竹简儒家文献如果都归结到子思或思孟学派，会出现很多问题。学者们普遍认为《性自命出》和思孟学派有关，但仔细分析，《性自命出》轻“心”重“情”，与孟子“尽心知性知天”是矛盾的……把《穷达以时》归结于孟子思想不妥。梁涛（中国社会科学院历史所）认为，将《缁衣》、《鲁穆公问子思》归于思孟学派不妥，因为思孟学派的成立本身就是一个假说。《韩非子》中讲儒分为八，其中有子思之儒和孟氏之儒，而且他们取舍相反各不同，这说明子思和孟子思想是不一样的。另外，“五行”与“四行”在思想上没有本质的差异，只是各有侧重……《穷达以时》讲天人之分，是人和命运之分，“有天有人，天人有分”，“察天人之分而知所行矣”，天是一种穷达祸福的偶然性，天人的差别就是人要尽人之份，尽人事以待天命，这和孟子思想非常接近。孟子把天人之分发展为性命之分。孟子讲“口之于味也，目之于色也，耳之于声也，鼻之于臭也，四肢之于安佚也，性也，有命焉，君子不谓性也。仁之于父子也，义之于君臣也，

① 山东大学儒学研究中心：《郭店竹简与思孟学派研究座谈会纪要》，载《儒林》第2辑，313～319页，山东大学出版社，2006。

礼之于宾主也，知之于贤者也，圣人之于天道也，命也，有性焉，君子不谓命也”。杜维明指出，孟子是从情感中发现一种普世道德，从亲亲入手，“亲亲而仁民，仁民而爱物”。这种普世道德的根基就是人禽之辨的“几希”，“几希”就是普遍意义的道德情操。性善就是心善，心善就是心中四端的普世化的东西。《性自命出》中的性情并不一定直接导致性善理论，但可以为复杂的性善学说创造许多条件。从郭店竹简文献中是否能够看到思孟学派的枢纽和辐辏，尚不清楚。杜维明提出，这里面的另外一个问题是，孟子到宋明以后才突出，孟子在宋代的发展是否还是先秦时期的孟子？他指出，李泽厚明显看出了宋儒的孟子和先秦的孟子的区别。

在谈到郭店竹简“仁内义外”说与思孟学派的关系时，《纪要》称：“郭店竹简《六德》篇提出：‘仁，内也。义，外也。’……孟子与告子还就‘仁内义外’问题进行了辩论。《六德》篇的‘仁内义外’与孟子思想是什么关系？王博（北京大学哲学系）指出，郭店竹简的‘仁内义外’和孟子的‘仁内义外’实质上是一个道德根基问题。《五行》篇讲形于内与形于外，以五行说为整体，是一个跟心有关的标准。五行可以和心有关，也可以无关。如果这个说法成立，那么，仁义都可以是内的，也都可以是外的。这和子思之儒有出入。这样，思孟学派成立就更有问题了。从先秦到孟子，其实是一个道德内在化的过程，‘仁内义外’是一个很重要的步骤。孔子虽然与宰我讨论三年之丧时将心安作为一个准则，但没有完全提内外的问题。‘仁内义外’有两个方向：一个是子思氏之儒，实质上是提出形于内与形于外的关系；另一个方向是将仁义内在化的倾向，这与子思是不同的，这个方向到孟子完成了内在化。《五行》中‘形于内’表述的是扎根的过程，而孟子这里已经是根了。李中华认为，郭店竹简中的内外更多的是门内门外，孟子把血缘内外区分当做心的内外区分，所以要‘根于心’，把内外加到‘心’里。这体现了孟子对郭店竹简五行说的发展。庞朴指出，郭店竹简为我们提供了非常好的儒家道德形而上学。儒家道德有三重：第一层是家庭伦理或情感伦理，《六德》篇讲的就是这个问题，夫妇、父子、君臣六位之中，人一定占据一位，有六位就有六职，有六就有六德。六德只处理内部问题，即家庭问题。‘子为父隐，父为子隐’、‘父子不责善’就是根源于此。第二层是社会道德。社会道德是‘四行’，有个责善问题，在社会中使用。第三层是宇宙道德，是‘五行’，在‘四行’中加了一个圣，是最高的道德，解决的是天地、宇宙和终极关怀问题。三个层次的道德分别处理不同问题。郭店竹简提供的道德理论在孟子那里都能落实。”

《纪要》谈到“思孟学派能否成立以及荀子批判思孟学派的内在根据”时

说："《荀子·非十二子》对子思、孟子进行批判时指出：'略法先王而不知其统，犹然而材剧志大，闻见杂博。案往旧造说，谓之五行，甚僻违而无类，幽隐而无说，闭约而无解。案饰其辞而祗敬之，曰：此真先君子之言也。子思唱之，孟轲和之，世俗之沟犹瞀儒嚾嚾然不知其所非也，遂受而传之，以为仲尼、子游为兹厚于后世。是则子思、孟轲之罪也。'荀子为何把子思和孟子放在一起？其批判的内在根据是什么？王博指出，如何理解韩非子和荀子对子思和孟子的划分？《韩非子》的'儒分为八'中有子思之儒、孟氏之儒，荀子又把他们放在一起。应该说，韩非子对子思和孟子的认识是模糊的，荀子则是内行的。荀子把孟子和子思放在一起批判，可能是在一个特定的系统中把子思和孟子看成是思想相近的两个人物，而不是严格意义上的学派。梁涛指出，直接提思孟学派是很晚的事情。侯外庐这样提过，任继愈提时则从反面指出该学派不成立。《荀子·非十二子》中没有肯定子思和孟子是一个学派，只是把两个人物放在一起批判。这说明放在一起的两个人物不一定是一个学派，但肯定有联系。王其俊（山东省社会科学院孟子研究中心）也对思孟学派的成立提出质疑，认为孟子虽然对孔子和子思都崇拜，但他直接表述对孔子思想的传承，而没有表述对子思思想的传承。学者们普遍认识到，荀子批判思孟的关键是他们的'五行'。梁涛认为，郭店竹简《五行》与孟子有差别，中间有一个发展过程……王博指出，讨论'五行'，应该将子思的'五行'与传统'五行'联系起来。一方面，'五行'之间相生；另一方面，'五行'之间相合。'五行'之间的生成关系，即圣生智，智生仁义礼，这正是传统'五行'说的基本特点。荀子不讲仁义礼智，他认为仁义礼智属不同的类，孟子把不同类的东西放在一起讲太荒诞。孟子谈心和性联系，《五行》篇很可能是孟子讨论道德内在化的一个根据。从郭店竹简到帛书'五行'必须经过孟子'五行'学，不经过孟子'五行'学是无法独立实现的。从这个意义上说，思孟学派可以成立，思孟'五行'说以某种形态出现，延续到《汉书》、帛书、贾谊。子思和孟子的关系错综复杂，其中有若干的交叉……王其俊认为，孟子在四个方面发展了郭店竹简《五行》：一是孟子强调了'五行'的内在性与外在性统一、超越性与现实性统一；二是以仁义为本，用仁义来统摄'五行'；三是将'五行'放在天人贯通的道德境界讲；四是从心官与耳目口鼻的关系讲仁义礼智圣。"

关于"郭店竹简中情性礼乐的内涵与思孟学派的关系"，《纪要》指出："杜维明认为，孟子的人性论可能是早期儒家人性论的一种。现在看郭店竹简，讲到情与性的关系，讲人的好恶等都是自然的事情，这与荀子而不是孟子更接近。假如我们认定孟子观点是当时很多选择当中的一个，孟子的选择很武断，而且选择了以后就有了很大的影响力。那么，孟子的这个选择到底是怎样的选择，它和其他儒家的选择到底是什么样的关系，为什么孟子选择了以后其他的选择就不重要了。另外一个问题是荀子看出孟子思想的缺陷，批判孟子，如果站在孟子的立场上，有没有可能对荀子的批判进行回应……李景林认为，孟子的性善论和性恶论有微小的区别，这个区别就是在情里边有没有道德含义、情里边有没有道德内容。情的道德意义是后来加上去的，先秦对情就是讲的真实情感。《乐记》直接表达的就是情，'乐不可以谓伪'，郭店竹简也讲'孝不可以谓伪'，说的都是情是不可以做假的。孔子讲'刚毅木讷近仁'、'巧言令色鲜矣仁'说的也是情感表现出来是真实的。'情实'是后期的。'实'的含义，孟子讲性善，认为'乃若其情'，认为情就情感，这个情感是真实的。《中庸》讲'诚'也是真实。庞朴指出，《性自命出》中说'道始于情'，道怎样始于情，可惜《语丛二》里许多字不认识。从情到道，中间有许多层，可否分为一级情、二级情、三级情……情是主观的、非理性，道是客观的、理性的，将道始于情解释清楚，是非常有意义的事情。"

第三十六章　孟学研究论集

近30年来，学术界出版了几部孟学研究论文集，大多集纳了数次孟学学术研讨会的论文，从一个侧面反映了近年的孟学研究概况。

第一节　谢祥皓编《孟子思想研究》

谢祥皓编《孟子思想研究》，山东大学出版社1986年12月出版。该论文集是山东中国哲学史研究会等六个单位于1984年10月在邹县举办的"孟子学术思想讨论会"的论文选集，收录了参加该讨论会的国内学者的47篇论文，约35万字。这些论文大致探讨了孟子的哲学思想、仁政民本思想、心性学说、伦理道德思想等。

一、哲学思想

对孟子哲学思想的性质，论文作者存在着较大的分歧，归纳起来，约有以下几种不同的观点。

刘鄂培、羊涤生在《孟子的哲学是主观唯心论，还是客观唯心论》一文中，探讨了用什么标准判断孟子的哲学和孟子的天道观思想等，认为孟子哲学的最高范畴是天。孟子固然讲心，但他将心归属于天，而不是将天归结为心。所谓"万物皆备于我"，决不是讲万物在我心中，孟子承认万物的存在，又把天作为万物的本原，作为社会政治、人事的主宰，他的哲学属于客观唯心主义，这是毫无疑问的。划分哲学唯物主义、唯心主义，不能以人性论为根据。

王其俊在《关于孟子哲学的几个问题——与裴大洋同志商榷》一文中，针对裴大洋在《陕西师大学报》1984 年第 2 期发表的《孟子的哲学是客观唯心论》一文，提出了不同意见。作者全面论述了先秦哲学之天，考察了孟子"天之生物也，使之一本"的命题，分析了孟子天命与时、势，天命与人性论、伦理观，进而从孟子哲学的范畴体系的分析入手，认为孟子是从自然之天出发，沿着"天—物—命—性—心—行"的逻辑顺序，展开了其哲学范畴的逻辑进程，认为孟子之"行"是其哲学范畴体系的归宿和终点，孟子是一位朴素唯物主义哲学家。

孙国珍在《要全面评价孟子哲学思想》一文中，考察了孟子天道观中唯物主义与唯心主义的对立、认识论中唯物主义与唯心主义的对立、认识论中"内省"与"外求"的矛盾，认为孟子不是一个纯粹的唯物论者和唯心论者，而是一个以唯心主义为主、兼有唯物主义思想的哲学家。

苗润田在《阐述孟子认识论的唯物主义因素》一文中，认为孟子认识论的总体性质是唯心主义先验论。在孟子那里，既有唯心论的先验论，也有唯物论的反映论，这种矛盾状况因受其整个哲学体系的唯心主义性质的制约和阶级的局限，反映论不能充分展示，先验论占了主导的方面，从而决定了其认识论的唯心主义的基本性质。

二、仁政、民本思想

李伯勋在《从孟轲的仁政学说看新兴地阶级内部斗争》一文中，认为孟子的仁政学说是脱离实际的空想，其哲学基础是"性善论"，是"不忍人之心"，是主观唯心主义的；其"正经界"、"复井田"，实际是恢复奴隶制社会的世官世禄制度；他还要求亲近"故国"、"世臣"，要师法先王，"不得罪于巨室"，这都是引导人们向后看，所以，"仁政"的实质是历史的倒退。司马迁在

《史记》中说:“当是之时,秦用商君,富国强兵;楚、魏用吴起,战胜弱敌;齐威王、宣王用孙子、田忌之徒,而诸侯东面朝齐。天下方务于合从连横,以攻伐为贤,而孟轲乃述唐、虞、三代之德,是以所如者不合。”①这一评论是符合历史真实的。孟子法先王,行仁政,不合时代潮流,游说诸侯,四处碰壁,成为不合时宜的人。

丁永志在《论孟轲的仁政说与性善论》一文中,认为孟子的仁政学说是顺应历史潮流而提出的一系列进步主张,他一生为实现封建统一而奔走游说,控诉了那些“率兽食人”的统治者,同情“憔悴于虐政”之下的广大人民,其“仁政”的措施与方案,均在替黎民百姓着想。孟子的主张实际就是两条:一条是要发展农业生产,一条是要改善人民生活。孟子是我国历史上第一个大声疾呼“为民请命”的政治活动家和思想家,因而应该肯定其仁政学说的进步性质。

陈启智在《孟子民本思想述评》中,考察了民本思想的渊源,分析了孟子民本主义的政治特色——仁政说、伦理特色——性善论和民本主义的历史观,认为孟子提出的“民为贵”的学说,是先秦时代最鲜明的民本思想,是中国古代哲学中最突出的民主性精华,是孟子超越前人和同时代人的独到的贡献。孟子要求“制民之产”,“取于民有制”,既不使人民挨饿受冻,还要“与民同忧同乐”,都充分表现了孟子对于“民”的关怀。孟子提出“民为贵,社稷次之,君为轻”的命题,更表现了他对“民”的高度重视。孟子的民本思想,是西周以来陆续出现的重民言论和民本学说的系统总结与发展。因此,对孟子民本思想的重大历史意义必须给以充分的评价。

谢祥皓在《由两个命题看孟子之“民”》一文中,分析了孟子的“民贵君轻”和“劳心者治人,劳力者治于人”两个命题,考察了民何以为贵、民的社会分工,认为虽然孟子的民本思想是相当充分的,对于它的历史地位与作用,确实应该给以充分的评价,然而,更应该看到它的实质所在。孟子的民本思想是其政治思想体系的一个组成部分,而孟子政治思想体系的核心是王道政治。孟子要求行仁政,讲民本,其出发点与落脚点均在于王道,几乎在孟子的每一段关于“民本”或“仁政”的说教中,都要归结于“王”。实现“王道”或“王天下”,始终是孟子追求的目标。“保民”的目的在于“王”,而不在于“民”。因此,孟子的民本主义虽然相当充分地表现了他对于人民群众之历史作用的清醒认识,对于人民之疾苦的关怀,但是,它毕竟是新兴地主阶级的一种政治理论,归根到底,还是为了新兴地主阶级的政治统治。他的特殊

①《史记·孟子荀卿列传》。

之处，只是在于他比较清醒地看到了封建地主阶级的长远利益。

三、心性学说

谢祥皓在《一九八四年山东省邹县孟子学术讨论会概述》一文中，概述了学者们围绕孟子心性问题讨论的状况，同时也对该论文集中关于心性问题的几种观点进行了概述。他指出："心性学说是孟子思想体系的主要支柱，其中心内容就是性善说。由于它直接构成了孟子政治思想与伦理思想的哲学基础，又在一定程度上决定着孟子哲学基本倾向的归宿，因而也引起了人们的深入探讨。"

（一）孟子性善说产生的历史必然性

该文指出：多数人认为，中国战国时期之所以能够产生较为系统也较为成熟的人性论学说，决非偶然。人性问题，是人们对于作为"类"的人之本性的认识，在中国思想史上人性问题的提出与深入探讨，正是随着"人"的地位与价值之被初步重视而提到了议事日程并且逐步展开的。孟子的"仁"是中国思想史上对"人"开始重视的第一个重要标志，然而孔子只是朦胧地认为"性相近也，习相远也"（《论语·阳货》）；对人性的本质，他并未深入探讨。由春秋到战国，正是中国社会由奴隶制向封建制变革的时期，由于奴隶的解放和地主阶级登上政治舞台，作为封建社会之基础的"人"的价值和地位，也显然有了较大的提高，这就迫使人们对人的本质作必要的论证。孟子的性善论，就是对于当时之社会历史所提出的课题的回答。所以，孟子心性学说的产生，既是对孔子以来之人性问题的继承，也是适应于战国时期社会历史变革的需要而向纵深的开拓与发展。

有人还通过与西方哲学史的比较，特别是孟子与苏格拉底的比较，从认识论发展之规律的角度，论证了孟子性善论产生的历史必然性，并认为孟子的性善论完成了中国哲学史上从自然（被宗教形式歪曲的）到人类的第一次转折。古希腊智者是从本体论的研究中，通过怀疑人的认识能力的认识论途径，才转到苏格拉底的伦理哲学；而先秦儒学则是以改良由外在的神学天命观所维系的宗教伦理为目的，通过"天命靡常"（《诗·大雅·文王》）、"天道远，人道迩"、"吉凶由人"、"民，神之主也"（《左传》昭公十八年、僖公十六年、桓公六年）等疑天命重人事的无神论途径，产生出孔孟的伦理哲学，使宗法理论由外在的人格神之天的绝对命令，变成温情脉脉的人类内在本性。这表明，就哲学发展由外在到内在、从自然到人的必然性而言，性善论的出现不仅有社会政治原因，也是认识发展的必然环节。

对于孟子之所以提出性善论，有人还提出孟子自身经历的特殊原因……因而孟子从小就必然会体验到深深的母爱，"孩提之童，无不知爱其亲也；及其长也，无不知敬其兄也”（《尽心上》），这对于性善论的形成显然是有一定影响的。

（二）心性学说在孟子思想体系中的地位

该文指出，关于这方面的讨论，意见可集中为两条：

（1）心性学说是孟子政治思想体系的根基，也是孟子伦理道德思想的根基。就政治思想而言，孟子的基本观点就是仁政学说，而仁政的起点就是“不忍人之心”。孟子说：“人皆有不忍人之心。先王有不忍之心，斯有不忍人之政矣。以不忍人之心，行不忍人之政，治天下可运之掌上。”（《公孙丑上》）

就伦理道德而言，“不忍人之心”又是所谓“四德”的发端，亦称“四端”。孟子说，“恻隐之心，仁之端也；羞恶之心，义之端也；辞让之心，礼之端也；是非之心，智之端也”（同上）可见，其伦理道德的根基也在于“不忍人之心”。还有人用历史和逻辑相统一的方法把心性学说和政治思想、伦理思想的关系表示为：不忍人之心——四端说——四德说——性善论——仁政论。所以，心性学说是孟子政治思想和伦理思想的共同根基。

（2）心性学说是孟子哲学思想体系的核心。孟子的哲学思想体系，包括天命观、心性论和认识论等。“天”主要表现为世界万事万物的本原，是事理的最后的归宿，是一种外在的必然性力量，而心性说则是孟子整个思想体系的实际出发点，在“尽心”、“知性”、“存心”、“养性”，一切善良的本性，都是人所固有的。所以，心性说乃是孟子哲学思想的真正核心。①

四、伦理道德思想

该论文集中有数篇文章论述了孟子的伦理道德思想，谢祥皓概述了其基本观点。他指出：

“关于孟子道德哲学的基本观点，有人认为道德哲学涉及的范围虽然很广，需要回答的问题虽然很多，但最基本的问题只有一个，就是‘利益’和‘道德’的关系问题。孟子在这方面的言论与其思想实质表现了一定的矛盾。孟子说：‘何必曰利，亦有仁义而已矣！’‘王曰何以利吾国，大夫曰何以利吾家，士庶人曰何以利吾身，上下交征利而国危矣。’（《梁惠王上》）孟子把‘仁义’放到了‘利益’之上，认为立足于‘利’，则必然危及国家的安全，只有建立在‘仁义’的基础上，才能稳定其政治统治。‘未有仁而遗其亲者也，未有义而后其君者也’（同上），如果君臣、父子、兄弟等都能按仁义之道而相处，国

① 以上均见谢祥皓：《一九八四年山东省邹县孟子学术讨论会概述》，见《孟子思想研究》，417～419页，山东大学出版社，1986。

家就可以实现君君、臣臣、父父、子子的和谐稳定的局面。从形式上看，孟子是把'仁义'置于'利益'之上，让'利'服从于'义'，然而从实质上看，孟子所屈抑之'利'，乃是个体之人的'小利'，而其申扬'仁义'的目的，乃在于为了实现阶级之'大利'。所以，孟子虽然口头上否定物质利益，但其实并未脱离物质利益，他恰恰是以'仁义'去维护统治阶级的根本利益。"

关于仁、义、礼、智的关系，"与会者一致认为：仁义礼智是孟子伦理道德的基本内容；仁义礼智四德并举，也始自孟子。但四德并非同等重要。一般地说，'仁义'是其伦理思想的中心，是其道德观念的实质所在。孟子多次以仁、义并称：'仁，人之安宅也；义，人之正路也。旷安宅而弗居，舍正路而不由，哀哉！'（《离娄上》）又说：'仁，人心也；义，人路也。舍其路而弗由，放其心而不知求，哀哉！'（《告子上》）显然，仁义是其道德思想与行为的基本内容与准则。在仁义之中，'仁'又是最为根本、最为核心的东西，它是发自内心的、与血缘宗亲紧相联系的一种内在的思想感情。孟子说，'仁之实，事亲是也'（《离娄上》），这表明'仁'的实质乃是血亲关系的直接表现。而'义'，则是'仁'的延伸与扩展，'义之实，从兄是也'（同上），'从兄'曰义，事君、交友、敬长、爱幼，均为'义'行。这就是把'仁'的思想品德推及于家庭、亲友、社会。而'智之实'，则是'知斯二者弗去是也'；'礼之实'，又是'节文斯二者是也'（同上）；所以，礼、智又是'仁义'的表现形式与判别能力。这样，仁、义、礼、智四者就形成了有主有辅、有内有外、层次分明而又相互关联、相互制约的一个整体。"

关于孔孟伦理道德的基础或来源，"多数人认为，孟子的道德学说，来源于其先天的性善论。孟子说：'恻隐之心，仁也；羞恶之心，义也；恭敬之心，礼也；是非之心，智也。仁义礼智，非由外铄我也，我固有之也。'（《告子上》）这话十分明确，无须解说。也有人不满足于这种答案，而进一步考察了仁义礼智的社会基础，认为'仁'与'礼'的统一，正是孔孟哲学的基点，而这个基点的现实依据不是别的，正是氏族奴隶制下的社会情态；'仁'与'礼'的结合，则正是血缘亲情与等级统治的结合，因而，决不可离开氏族奴隶制的社会现实来考察孔孟哲学。"①

除上述外，有些论文还论述了孟子的教育、法律、农业思想等。

总之，该文集对孟子思想作了新的探讨和评价，不少论文论述和肯定了孟学中的积极因素。但由于受当时各种条件的限制，不少论文仍未摆脱哲

---

① 以上均见谢祥皓：《一九八四年山东省邹县孟子学术讨论会概述》，见《孟子思想研究》，415～417页，山东大学出版社，1986。

学史是唯物论与唯心论斗争历史的观念的束缚，仍以主、客观唯心论、先验认识论、英雄史观等贬辞对孟学予以批评和贬斥。

第二节　赵宗正等编《孔孟荀比较研究》

赵宗正、谢祥皓、高晨阳编《孔孟荀比较研究》，山东大学出版社 1989 年 9 月出版，全书约 25 万字。

该书收录了 1987 年 12 月山东孔子学会等 6 个单位联合召开的“孔孟荀比较研究”学术讨论会的 28 篇论文，大致划分为孔孟荀的天人观，仁、仁政、人道、人格，心性学说、教育、生态思想等。

一、天人观

高晨阳在《孟荀天人关系思想异同比较》一文中，通过比较孟荀天道自然层面、天命层面、宇宙本体层面、人性层面的差异，认为两者的差异实际由他们所理解、规定、着眼的不同对象处于不同的层面而致。如果将主体的对象限定在同一层次或层面，两者对天人关系的认识又表现了某种相似性、一致性。两人对天人关系的认识，既有异，也有同，异中有同，同中有异。

王其俊在《试论先秦儒家天人和谐观》一文中，考察了先秦儒家天人范畴的内涵及其区别和联系，认为天具有自然性、社会性、伦理性，人具有自然性、社会性、伦理性和理智性。作者进而考察了先秦儒家天人物质生活、社会生活、精神生活的和谐及其异同，认为孔孟从天人的统一性原则出发，重点强调了以人法天、顺天的天人合一；荀子从天人之间的差别性出发，重点强调了以人制天的天人相分。孔孟荀的天人和谐思想既有同，又有异。他们的天人和谐观就是在这种异中有同、同中有异的过程中不断得到深化和发展的。

二、仁、仁政、人道、人格

王海明在《孔孟荀仁学之比较》一文中，考察了孔孟荀的人生目的论、道德准则论，论述了仁的定义、心理原因、经济原因、原动力，论述了他们的道德定义、目的、准则等，认为三者的分歧仅在一点，即人性的善恶，抑或是无所谓善恶。孔子创立的仁学大厦，孟子充实的主要是人生目的论，荀子充实的主要是道德准则论。

愚夫在《孔丘、孟轲、荀况的“仁学”简析》一文中，分析了先秦儒家仁的含义，认为孔子的仁学对于百姓而言，它不仅没有解放人，使人成为人，而且是束缚人们思想的精神桎梏和枷锁。从本质上看，孔、孟、荀的“仁学”是束缚劳动人民的枷锁，但对它们的进步作用要作具体和多方面的分析。

孙聚友在《孔孟的人格思想探析》一文中，考察了孔孟的人格思想，认为孔孟关于人性和人格的理论，强调了人性平等，提出了人格完善的可能性和方法，这对当今社会人格的修养和健康发展，也有着积极的意义。

三、心性学说

陈启智在《孟荀思想体系异同的基点及其影响》一文中，考察了性善论及孟子思想体系的逻辑展开，性恶论及荀子思想体系的影响，认为孔子的人学还不是一个系统完整的体系，孟荀弥补了孔子的不足，从人的本性上论述了儒学的合理性与必然性。由于孟荀在人性论上的迥异，造成了他们各有侧重的理论特色，从而形成了儒家学说中两种不同的人道——人文主义思想派系。

刘宗贤在《孟荀心性学说的不同倾向》一文中，考察了性善与性伪之分，尽心知性与心知道，"万物皆备于我"与"虚壹而静"，认为孟子主性善，人先天具有封建社会的仁义礼智四德，孟子把道德看做先验自生的，认为道德是人心中的固有意识，不是从客观存在的外部世界中取得的。孟子从内心体验出发，强调道德的主观内在性；荀子从经验事实出发，强调道德的客观外在性，等等。该文还阐明了孟荀心性之学对宋明理学的影响。

四、教育、生态思想

刘示范在《孔孟教育哲学散论》一文中，分析了孔孟荀教育目的的异同，论述了师术和师表，认为孔孟荀的教育哲学思想内容丰富而精深，与其政治思想相比较，其教育哲学更具有真理性。

丁原明在《简论孔孟荀的生态意识》一文中，考察了孔孟荀人类依赖于自然的思想，生态系统中互相联系的思想，保持和维持生态平衡的思想，认为上述孔孟荀思想既与我国古代农业文明紧密相联，又与他们的哲学思想分不开。孔孟的"天人合一"思想尽管在本质上是唯心主义的，但却隐含着主观与客观、自然与社会相统一的思想，容易使人把人类社会和自然界作为一个连贯的整体加以认识。批判地继承孔孟荀的这一思想，对当今生态学的建设和服务于社会主义现代化建设，是有借鉴意义的。

除上述外，有些论文还探讨了孔孟荀的君道论、文学审美观、军事思想、音乐思想等。

该论文集从先秦儒学发展的历史轨迹中探讨孔孟荀三位儒学大师的异同及相互联系，使人们更清楚地认识孟子在先秦儒学发展过程中的地位及作用。这一比较研究，深化了人们对孟学的认识，对促进现代的孟学研究具有积极的意义。

第三节　丁冠之主编《孟子研究论文集》

丁冠之主编《孟子研究论文集》，山东大学出版社1997年7月出版，全书约18万字。

该书收录了1994年邹城“孟子学术思想”国际研讨会的19篇学术论文。该书前置谷牧的贺电，张岱年、任继愈及中国墨子学会的贺信。该文集的主要内容大致可分为三个方面。

一、孟子思想的历史价值

张岱年先生在贺信中指出：“孟子是孔子的主要继承人，大力宣传孔子学说，提出‘仁义礼智’、‘孝悌忠信’的道德范畴体系，更提出‘富贵不能淫，贫贱不能移，威武不能屈’的大丈夫的人格标准和‘浩然之气’的精神境界，对于中华民族的精神文明的发展作出了重大的贡献。我们建设社会主义的精神文明，必须研究孟子的学说。”任继愈先生在贺信中说：“中国先秦诸子百家并出，二千多年来对社会影响深远的只有儒、道两家。儒家代表人为孔、孟，道家代表人为老、庄。儒家由孔子创立，得孟子而光大。孟子性善说成为中国传统人性论的主流；他的王道、仁政学说，历代王朝奉为施政准则；他的良知说，启发了宋明理学的革新派；他的养气说，为后来心性论提供了可贵的思想资料；他的仁者无敌、得道多助、失道寡助的思想，为后世外交军事的最高指导原则；他关心农业生产，使人民不饥不寒，千年来为政者奉为圭臬。这些基本思想，今天还活在人们生活中，还在起作用。”韩国岭南大学孔庆信教授说：“世人言儒，皆以孔孟并举，人称孔孟学说。孔子一言而为天下法，学术思想继往开来，后世尊之为‘至圣先师’。孟子系孔子以后集儒学大成之人，道性善，称仁义，重气节，以民为贵，以君为轻，其学乐观进取，诚为儒学之正宗，大有贡献于后世人群者也。”美国哈佛大学杜维明教授认为，孟子继承了孔子对人所作的深刻反思，建立起了人文精神，树立了知识分子的自我意识。他的“四端说”为儒家身心性命之学建构了理论和实践的基础，他的“深造自得说”为以人为目的的道德哲学取得了源头活水，他的大丈夫风骨和浩然之气的胸怀为人的价值实现提供了典范。①

二、人性论、人生价值观、义利观

刘蔚华在《孟子的人性内在超越价值观》一文中，考察了孔孟人性内在

---

① 参见刘培桂：《94年邹城孟子学术思想国际研讨会综述》，见《孟子研究论文集》，207～208页，山东大学出版，1997。

超越价值观的基本内容，认为孟子是紧随孔子之后诞生的伟大思想家、政治家与教育家，儒家学派的弘道者。在中国历史上，习惯地把儒家学说简称为“孔孟之道”，足见孟子学术思想的显要地位。孟子建立了人性内在超越价值观，对儒学发展的历史产生了极其深远的影响，这就是他创立的“性善论”。他认为，在婴儿朴素的心性中存在着能够成为人而“异于禽兽”的“良知”、“良能”，有可以萌发“仁义礼智”四种道德的种子，即“善端”，“仁义礼智根于心”，这是人之心性所独具的可塑性、对价值规范的可接受性，是人格得以完善的、可靠的内在根据。充分发挥人的理性自觉，最大限度地扩充自己的善性，才能完成内在的超越。在人的观念与行为之间，只有当人们把社会的价值体系作为自我完善的内在需要，而不是作为强加于自己的束缚和负担时，才能真正成为支配人们行为的坚强信念。这正是孟子人性内在超越价值观中所包含的合理因素和积极意义。

韩国赵骏河在《孟子基本思想与礼》一文中，考察了孟子思想与礼的关系，指出在中国思想史上，孟子是第一位系统地阐述了人固有的“本质属性”的人，回答了其本质从何而来、性质如何等问题。孟子主张性善论。孟子以为人之本性即为天所赋予的，亦则绝对善。这天是道德的根据，同时也是礼的本源。本性即礼的内在根据。修养之核心在于礼，政治就是礼的实现。如此，孟子思想虽然继承了传统思想，但是不可否认的是孟子对斯学有很大的贡献。

张延龄在《也说性善论》一文中，考察了孟子的性善论以及荀子的性恶论，认为孟子与告子对“性”分歧的原因，是孟子在“性”中注入了道德的内涵。宋儒为坚持“性善论”，对性进行曲解，分为“本然之性”与“气质之性”，在客观上开启了探索人性善恶的门径。“本然之性”是指人的自然属性。人为满足求食求偶的欲望，无所节制，便会互相侵犯，互相危害，从这个意义上说是恶的。人性本善的宣传，解除了人们自我保护意识的武装，弱化了古代中国人尤其是士人。孟子主性善，是以一双善良的眼睛看世界而得出的，其动机是出于救世，这是应该肯定的。

王钧林在《从孔子到孟子的儒家“修己”思想》一文中，考察了孔子的“修己”和孟子的“修心”，认为在孔子那里，所谓“修己”往往只详于“修身”而略于“修心”。孟子强调“修心”，将“身”、“心”构成了一种对立统一的关系，上升为孟子思想体系中最重要的伦理学范畴。在这一发展过程中，曾子上承孔子，下启孟子，起到了一种很关键的中介性作用。

聂为生在《孟子义利观评析》一文中，认为孟子的义利观，实际上是价值观，义与利的关系实际上是道德价值与经济价值、社会正义与社会功利的关系。孟子并不反对利，而是主张先义后利，以义统利，见利思义，反对后义而先利，见利忘义，放弃仁义而去追求物质财货。

韩国吴锡源在《孟子的义理思想》一文中，结合现代社会论述了孟子的义理思想，指出义理思想认为世界包含事实与理论两方面，在相对的现实世界中，当涉及物质与道德两种价值时，义理思想的特征是把精神的道德价值置于优先地位。这并非意味着否定物质的价值性，而是在强调经济的重要性的同时，告诫人们为了美满的生活不要丢掉道德的人格性，留有一定比重的道德价值观。把握义理思想的真正价值，以人类的人格性与主体性为基础的、与物质相调和的义理思想，将在充满物质与本能的现代社会里成为克服现代社会弊病的原动力。

王彦在《孟子的人生价值观刍议》一文中，探讨了孟子人生价值观的基本内容及修养方法，认为孟子对浩然之气的培养，威武、富贵、贫贱不可夺志的大丈夫气概，舍生取义的价值选择，早已融入中华文化的血脉，成为民族精神的脊梁。2000 年来，这一人生价值成为鼓舞人们为实现自己的信仰而英勇奋斗的精神力量，对后世许多刚直不阿、忠贞不渝的志士仁人的性格塑造，产生了积极的影响。今天，现代人的人生价值观趋于多样化，对于和平时代的普通人来说，也许很难侈谈“治国平天下”，但是，个人自身的修养却无需论及时代，须臾不得离。因此，孟子的人生价值标准仍具有很强的现实意义。

三、国内外影响

王其俊在《孟子在封建社会的影响》一文中，全面、系统地阐述了孟子在后世封建社会中的政治影响和思想影响。在政治影响上，主要阐述了历代封建帝王、政治家对孟子的推崇、褒奖、封祀和《孟子》一书地位的升高；在思想影响上，概述了后世思想家对《孟子》一书的注疏、释解和对孟子思想的继承、发展、引申或改造。作者还探讨了历代的疑孟、贬孟思潮。

丁冠之在《戴震、丁茶山对〈孟子〉的阐释》一文中，考察了戴震的《孟子字义疏证》对孟学的阐释和韩鲜学者丁茶山《孟子要义》对孟学的诠释，论述了他们对理、人性的诠释，评析了戴震的人性血气心知说和丁茶山的性嗜好说等，认为丁茶山所言“实践实用”之学以及戴震的有关论述，都强调道德与事功的统一。“实学”是包括事功和道德建设两个内容，二者是不可分割的整体。主张道德与事功的统一，是儒学的优良传统。宋儒的心性之学丢弃了儒家的传统。

赵宗正在《孔孟儒家伦理对日、韩、越的影响》一文中，概述了孔孟伦理思想对日、韩、越的影响，指出孟子提出的“父子有亲，君臣有义，夫妇有别，长幼有序，朋友有信"等伦理行为规范，几千年来不仅深深地影响了中国，也深深地影响了日本、韩国、越南。日本自 4 世纪末由百济博士王仁传入《论语》，至 7 世纪初，儒家伦理已深入人心。现代韩国仍为保持儒家伦理最多的国家之一，成均馆的儒道会总部及其所管辖的 200 多处乡校，仍以弘扬儒家伦理为宗旨，对青少年进行礼仪教育。越南历代王朝沿袭中国制度，设立学校，开科取士，《孟子》为命题经书之一。日本大东文化大学的山崎秀穗女士指出，虽然孟子思想在日本影响深远，江户时代尤为推崇，但《孟子》一段时间曾被列为禁书，不能随便看。这从另一侧面说明了孟子的民本思想对专制政权的威胁。

王轩在《孟子思想在国内外的深远影响》一文中指出，欧洲的普卢开在法国革命前夕，曾引用孟子的"性善说"作为反对霍布士"性恶说"的理论根据。法国的民主派在反对君主专制时认为，即使最先进的理论，也没有孟子的"民为贵，社稷次之，君为轻"更为激进。孟子的"民贵君轻"说，成了法国资产阶级革命的理论武器。

总之，该论文集主要探讨了孟学的历史价值、人性论、人生价值观、义利观以及在国内外的影响等。许多论文提出了一些新的见解，促进了孟学研究的深化。

第四节　邹城市孟子学术研究会编《孟学研究》

山东邹城市孟子学术研究会编《孟学研究》，山东人民出版社 1998 年 6 月出版，全书 23 万字。

该书收录了 1996、1997 年两次邹城市中韩国际孟子学术研讨会的部分论文 30 余篇。邹城市孟子学术研究会聘请王其俊负责书稿的统编、修改和校阅。

该书前置田健贺辞和杨乃新撰"前言"。该书内容大致划分为总论、仁政、人性、人生哲学、教育、文学及孟子林墓、碑刻、族谱等。

一、总论、仁政

王其俊在《孟子思想概说》一文中，概述了孟子的生平、游历顺序、著作，考察了孟子思想产生的政治、经济、思想意识等社会条件，论述了孟学体系的三个组成部分即个体论、社会论、天人论，认为孟子论述了人与自身、人与社会、人与天的关系，极力追求个体完善、社会和谐、天人协调。作者还论述了孟子的散文创作，考察了《孟子》一书的文学价值，认为《孟子》一书展现了孟子济世救民、兼善天下、仇视暴政、同情民苦、刚直不阿、藐视权贵、不畏艰难、积极进取的精神风貌和形象，阐述了孟学对后世的影响。作者认为孟学是中华民族优秀文化遗产的一个组成部分，在中国迈向21世纪的今天，继承、发扬包括孟学在内的中华民族优秀文化传统，对建设社会主义新文化无疑具有积极的意义。

韩国刘明钟在《孟子的王道之民主思想》一文中，分析了孟子的王道政治、王道经济、王道教育，认为孟子的仁政即为王道，它不是指已经没落下去的周王室之统治，而是指尧舜的圣王学，是以百姓为根本的仁政。作者认为王道主义对建设一个民本的、道德的协同社会，其贡献是重大的。

李军在《孟子民本思想泛论》一文中，考察了民本思想的历史源流，论述了以性善论为基础的"仁心"理论，以"仁政"为核心的实践特色，阐述了孟子民本思想的意义和影响，认为孟子的民本思想在中国传统文化中占有重要地位，是儒家政治哲学的一项重要内容，达到了我国古代思想理论所能达到的高度，并对后世长久地发挥着积极的作用。

二、人性、人生哲学

韩国赵骏河在《传统的人性教育与孟子的人性论》一文中，论述了孟子的人性论，考察了传统社会中的人性教育，指出在当今社会，传统的人性教育其血脉被切断由来已久，许多人连基本术语也感到生疏了。然而，作为教育工作者，我们应该重新审视和深刻理解传统的人性教育。

孙聚友在《论孟子的人生哲学思想》一文中，考察了孟子人生的本质特征、人生的行为方式、人生的价值取向，认为孟子的人生哲学思想，是中国传统人生哲学的重要组成部分，曾经产生过巨大的精神力量，并已熔铸于民族精神之中。他对人生本质特征和人生价值取向的阐发，高扬了人的自我完善的理性精神，彰显了人生的意义，展示了中国传统文化对人生的理性认识。

三、教育、文学

胡新立在《孟子教育思想简论》一文中，论述了孟子的道德教育、家庭教育、教学教育思想，认为孟子反复告诫人们要树立仁义为本的道德意识，自觉地以仁义约束自己的道德行为，培养仁爱之心，将内在的同情仁爱之心外化成治国平天下的动力。

李欣在《简论孟子的家庭思想》一文中，考察了孟子有关家庭的产生、关系和功能的思想，认为孟子的家庭观，既表现了他深邃的理性思考，又深化了古代人们对家庭的认识。孟子把家庭置于"个体—家庭—国家—天下"系统的整体联系中，认为家庭不是脱离社会系统而存在的，而是修身、齐家、治国、平天下中的一个重要环节。这种整体思维方式，表现出深刻的辩证法思想。孟子论述的父子、夫妇、长幼等家庭关系,家庭的生育、经济、教育、情感等功能,对我们维护家庭的和谐仍有一定的借鉴意义。

杨海文在《试析孟子的解〈诗〉读〈书〉的方法论》一文中,认为孟子解《诗》读《书》的方法论包括三个层面:一是“知人论世”,注重历史经验的还原;二是倡言不尽信《书》,超越文本的误区;三是“以意逆志”,追求两种视域的融合。其中,“以意逆志”是这一方法的纲领。创造性地运用孟子“以意逆志”为纲领的解《诗》读《书》的方法论,有助于实现中华元典精神的现代转换,有助于在消弥“文化殖民主义”的同时弘扬中华人文精神。

刘健《读“齐桓、晋文之事章”》,滕一民、陈建军《充塞天地的浩然正气——“夫子加齐之卿相章”赏析》,王岩梦《中国古典散文的名篇——谈“神农之言者许行章”》,叶建华《气势磅薄的论辩——“外人皆称夫子好辩章”评鉴》四篇论文,对上述《孟子》书中结构完整、语言生动、妙趣横生、富有气势的著名篇章,予以鉴赏和评析。这组论文既从文学上分析了孟子散文的特点、表现手法和对后世的影响,又从理论上分析了孟学体系中的个体论、社会论、天人论,指出孟子散文中的著名篇章写得一波三折,妙趣横生,开阖自如,笔走龙蛇,在战国时代及整个中国古代文学史上都是不多见的。

四、孟子林墓、碑刻、族谱

刘培桂在《孟子林墓何以千古不泯》一文中,考察了历代修葺孟子林墓的大致状况,指出孟子墓自宋代孔道辅访而复彰,虽孟庙迁徙,王朝更迭,风雨剥蚀,屡经倾圮,然或邑宰重修,或族众补葺,或朝廷赐田,或后儒捐祭,终使坟茔愈来愈高大,松柏愈来愈苍劲,享殿屡屡从废墟中崛起,且守护有人,祭祀有田,烝尝不断,拜谒者络绎不绝。这绝非一般帝王将相、达官显贵所及。究其委原,实因孟子思想功被万世,乃至其林墓千古不泯。

张延龄在《孟子林庙祭祀之我见》一文中,考察了历代祭祀孔孟的大致状况,认为通过祭祀这种传统的纪念形式,来表达对圣贤的尊敬与怀念,这对普及传统文化知识,发扬儒家学说的积极方面,恢弘传统道德,都具有积极意义。

谢建在《孟庙碑刻概况》一文中,概述了孟庙现存的各种碑刻,主要包括御制碑、祭祀碑、谒庙碑、孟子宗族世系类碑刻和修建孟庙碑等,认为孟庙碑刻群包罗宏实,内涵丰富,内容涉及到社会政治、经济、思想、文化、军事、自然灾害等各个方面,为研究古代社会、孟子思想、孟氏宗族的发展等,都提供了可靠翔实的历史资料,具有重要的历史价值。同时,它又是集书法、绘画、雕刻为一体的艺术宝库,凝聚了众多艺术大师的心血,成为一座社会、历史、艺术性的综合博物馆,是邹城熠熠闪光的文化财富。

孟祥居在《孟氏族谱简介》一文中，全面考察了孟子世家谱、孟子世家流寓支谱(外迁徙居支派)以及近年来续修族谱之简况、徙居国外孟氏后裔状况等，指出孟子世家谱记载了两千多年间孟氏后裔从宗到派、从派到户的繁衍、迁徙及一些重要历史事件，对研究社会变迁，弘扬优秀传统文化，具有积极的意义。

第五节　儒学全球论坛(2006)“孟子思想的当代价值”国际学术研讨会论文简介

由山东大学与山东省邹城市人民政府共同举办的儒学全球论坛(2006年)“孟子思想的当代价值”国际学术研讨会于2006年4月26～28日在孟子故里——山东省邹城市举行。中国、美国、日本、韩国等国家的100余位学者参加了会议。这是新中国成立以来的一次大型孟子国际学术会议。与会学者围绕着孟子的心性学说、孟子的人性论、孟子的政治思想、孟子的批判精神、孟子思想的当代价值、历代孟子思想研究以及孟子思想的海外传播等问题展开了热烈的讨论。会议收到论文60余篇。会议结束后，山东大学儒学研究中心主办的《儒林》收录了30篇论文。为反映此次孟子研讨会的全貌，本文参考《儒学全球论坛(2006)：孟子思想的当代价值国际学术研讨会综述》①，对上次会议的主要论文作一概述。

一、孟子的心性学说

钟肇鹏在《孟子的心性学说及其影响》一文中认为，孟子讲心性论的要旨有三个方面：一是孟子讲心性贵在培养扩充，二是孟子第一次提出“良知”、“良能”、“良心”、“浩然之气”等一系列心性论的哲学范畴，三是孟子认为人通过心性的修养可以进入圣域。何晓明在《孟子的心性说》中认为，孟子的“心性”之说，是一个逻辑严密、结构宏大、内涵丰富的理论体系。它从论证人之所以区别于动物的“心”的思维功能开始，进而揭示“心”的内涵为仁、义、礼、智“四端”，又从“四端”中引出“性”概念，认为性在于心。“心”是“天之所与我者”，因而“性”也就是人所固有的本质，即“人性”。人性的仁、义、礼、智均为“善端”，虽然是生而有之，但如若不注意保护，也会丢失。据此，孟子又着力探求“存心养性”之道，以为世人指点迷津。作为一种理论体系，孟子的心性说在战国时期即成为“显学”，其后经过汉、唐、宋、明历代诸

① 该文发表于庞朴主编《儒林》第3辑，山东大学出版社，2006。

儒的大力阐扬，对中国传统社会生活的方方面面，产生了重要影响。就社会政治而言，它在教化民众遵循伦理道德，启发统治者推行仁政维护统治秩序方面，发挥了切实的功效。就学术思想而言，历代诸儒对“心性”问题的探究，使中国哲学在内省的深入和思辨的精微程度方面，不断向前推进。

林启屏在《孟荀心性论与儒学意识》一文中，考察了孟子心性论与儒学意识之间的关系，指出先秦儒学发展史上的两座高峰，无疑是非孟子与荀子莫属。但从文献上来看，两位伟大思想家的人性论立场，却看似南辕北辙。两人“心性”的主张虽不同，然细绎其说，却仍有可相补相辅之可能。孟子道心性，强调践行功夫下的价值开显；荀子则重在价值之客观化上，故重视社会实践下的道德行为。两人均是一种“化成世界”的观点，而且是以“价值世界”为“生活世界”的意义所在。因此，我们可以说这是两人的最大公约数。在这最大公约数的基础上，孟子内化伸展的学说取向，深化了儒学价值根源的理论深度；荀子则于外向实践的主张里，客观化了价值实践的具体可能。刘宗贤在《孟子心性论对儒家内圣之学的发展及其意义》一文中指出，儒家“内圣外王”思想由孔子奠定基础，而“内圣”的人格挺立却是由孟子的心性说开其源流。孟子的心性论是对孔子仁学的继承和发展。孟子以性善论为核心形成一套心性论的思想体系，将孔子的仁学向内在德性发展，同时也就是对孔子所奠定的儒学内圣外王说的发展。丁原明在《先秦人学思想的成熟——孟子心性学管窥》一文中，论述了孟子的人性论与先秦人学思想的关系，认为孔子的“仁学”奠定了古代人学理论的基本框架，但由于它具有实用化的倾向，并缺乏一种人性论上的支持和超越意识，故其未能将人之自我的主体性真正呈现出来。孟子对古代人学理论的贡献，在于他以性善论为特点的心性学诠释有关人的问题，透过“性善”高扬了人之为人的本质，透过“尽心”凸显了人之主体自我，透过“知天”确立了“天人合一”的精神境界，并将人的主体性体现在这个最高境界中。因此，较之孔子的道德伦理型人学思想，孟子的人学思想则属于心性本体论人学，它弥补了孔子“仁学”理论上的缺憾，促使先秦人学思想趋于成熟，并影响着后世人学思想的发展。

二、孟子的人性学说

日本池田知久在《性三品的形成与发展》一文中论证中国思想史上“性三品”说的形成与发展时指出，中国的性的思想，与其说是围绕人性是什么、成为何种样态这些事实的解释方面，毋宁说是围绕性是善是恶即人是否具有足以实现国家、社会中所必要的道德、政治之性这种价值评价而展开的。对人性进行正式的论述是在战国时代，现在保留关于性的最古的议论的书是战国中期儒家的《孟子》。孟子提倡人生就是善的性善说，他不是将“四端”作为天赋的东西以天的理论来说明，而是力图将“四端”作为生来就固有的东西用来进行确认。性善说是在战国中期的现实中为由王道政治可能实现天下和平统一提供根据的理论。丁四新在《世硕与王充人性论思想研究》一文中指出，孟子申述自己的性善主张，显然是以“为善”与“为不善”二词为基础展开论述的。在他看来，为不善乃出自后天的人为心动。孟子并不否认“为善”与“其情”的关系，也即是说由于性之善因，所以才有使为善者。

杨泽波在《“性”的困惑——以西方哲学研究儒学所遇困难的一个例证》一文中认为，2005 年社会科学文献出版社出版的江文思、安乐哲合编的一个集子《孟子心性之学》，记录了近十多年来美国汉学界关于如何理解孟子之“性”展开的一场争论，其中虽然不乏相当有价值的观点，但也生动反映出海外汉学界在不同哲学背景之下研究儒学所遇到的诸多困难。孟子之“性”既不能译为“Nature”，又不能译为“Essence”，既不只是生物学的，又不只是文化学的，集中反映了儒学的特质，隐含着极深的哲学道理。对此，我们只能从中国哲学本身加以理解，而不能归之西方哲学的任何一种学说，否则，必然遇到理解方面的困难。近十多年来西方汉学界关于孟子之“性”的这场争论，就是这方面的一个有代表性的例证。而要走出这种困境，唯一的方法就是真正回归到儒学自己的传统上来。

韩国赵骏河在《孟子人性论之现代价值》一文中认为，2000 年来，东方各国之所以持续出现和平环境，原因即在于伦理道德力量，其中尤以孟子性善说教诲的力量为最大。孟子的人性论，即性善说，认为人性本来就是善良的，使人相信人们应当过善良人生，也使得东方宗教、国家与民族彼此间都尊重道德，从而过上幸福、安宁的生活。孟子的人性论，对现代年轻人学习如何做人具有重要的价值。重新学习孟子的学说，弘扬孟子性善理论，是当代学者义不容辞的使命。冯浩菲在《孟子性善说的理论建构及其意义》一文中认为，孟子性善说的理论建构比较完善、系统，既强调了性善说的前提，又强调了它的出发点，接着提出了其核心理论“四心——四端”说，并对它做了类比印证，最后还提出了性善说的持养论。该学说的学术意义成为哲学史上的一个重要论题。该学说在中国历史上产生了深远影响，对中华民族善良美德的形成和发展起了重大作用；在当前形势下，仍具有强烈的现实意义。

三、孟子的政治思想

李存山在《略论孟子的政治思想》一文中认为，孟子的政治思想大体包括“仁政”思想、王霸之辨、民本思想、“格君心之非”四个方面。郭齐勇在《孟子与儒家的正义论》一文中，从四个方面考察了孟子与儒家的正义论，指出从正义的角度来讲，孟子及儒家正义论包括四个方面：涉及生存权、财产权的“制民恒产”论及土地、赋税、商业政策之平等观；养老、救济弱者、赈灾与社会保障的制度设计及其落实；教育公平、平民参与政治的制度安排及作为村社公共生活的庠序乡校；尊重民意、察举与官员自律、防止公权滥用的思想及革命论。蔡德贵在《孟子民本思想的形成及其当代意义》一文中认为，孟子的民本思想与他长期在稷下学宫有关。他在稷下学宫与各大思想家切磋学术，不断吸收当时各家的先进思想，从而提出了比较系统的民本思想。孟子的“忧民之忧”及“与民同乐”的思想，是一种天下为公的情怀，把民本思想演变成一种文化信念及精神境界，对中国传统知识分子产生了深远的影响，在今天更具有难以估量的现实意义。王其俊、孙萌在《孟子的民本思想》一文中认为，孟子的民本思想包括民贵君轻、利民富民、教民向善、取信于民四项内容；孟子的民本思想突出地表现出人文主义、理想性与现实性两个显著特征；孟子的民本思想的历史作用在于肯定民众在社会生活中的重要作用和地位，关注、重视民生，追求美好理想社会；孟子的民本思想对现代社会发展有着重要的启示。冯建国、孙雪霄在《世上疮痍，笔底波澜——论杜甫的民本思想》一文中，肯定杜甫在特定的时代背景下继承并发展了孟子的民本思想。在杜甫的诗歌中，民本思想与他的爱民情节、非战主张及君王观融合在一起，并借助杜诗沉郁顿挫的诗风、与内容完美结合的诗体及灵活多变的艺术表现手法得到了艺术化的生动展现，对后世产生了深远的影响。

四、孟子的批判精神

颜炳罡在《孟子士的品节与中国现代知识分子精神》一文中认为，孟子所处的时代，“士”的地位空前高涨，难免鱼龙混杂，品类不一。“士”何以为“士”？进一步说，如何才能成为“士”？士的精神、风骨、品格、气节是什么？成为时代急切需要回答的问题。孟子立足于儒家立场，对士之所以为士的精神、品格、气节进行系统的批判和反思。这些批判和反思通过孟子的人生实践，对后世知识分子产生了巨大影响。重温孟子对士的反思，对现代知识分子依然具有警醒、启发意义。韩星在《孟子的批判精神及其现代价值》一文中认为，孟子以天人合一、仁民爱物的理想对兼并战争进行批判，以道高于势、德尊于位的人格挺立对霸道政治进行批判，以浩然正气培养出的大丈夫人格对纵横之士进行批判，以辟杨墨、息邪说、正人心为职志进行学术思想批判，这些对历代知识分子影响甚巨。今天我们所持守和发扬的应该是儒家建设性的批判精神，以纠正近代以来的思想偏颇和应对现实问题。周锋利在《思孟的抗议精神》一文中通过对郭店竹简《鲁穆公问子思》和《孟子》等相关文献的考察，指出以子思、孟子为代表的早期儒家知识分子具有十分强烈的抗议精神。儒家的抗议精神不限于政治批判,还包括社会和文化批判。早期儒家知识分子的独立人格与自觉意识体现了战国士人的精神风貌,并对后世知识分子影响深远。

五、《孟子》经文考及对《孟子》的诠释

庞朴在《试析仁义内外之辨》一文中,从《孟子》中告子与孟子关于"仁内义外"的争论分析仁义内外之辨,指出告子所持的仁内义外说不是说仁出自内心、义起于外物,而只是叙说了仁义的施行范围之别;告子主张仁内而不仁外,肯定爱吾弟而不爱秦弟,以及他所谓的以我为悦等等,是说仁于族内而不仁于族外。爱吾弟而不爱秦弟,带有浓厚的保护与繁衍自我族群的自然色彩;义于族外而不义于族内,显然便是消灭异己、扩张自我以图族群自下而上发展的武力要求。仁内与义外,一个爱一个杀,一个对我一个对敌,正是以此形成相互补充、共同促进、对立统一的正反两手,维持着上古族群的艰辛存在与缓慢绵延。从《孟子》一书的材料来看,无论是孟子还是告子,都并没有"义"乃杀戮的说法;他们所争论的义内还是义外,从举例来看,仅仅限于尊敬族外长者一事,全无任何血腥气味。日本井上亘在《上博楚简〈内礼〉与孟子思想》一文中,考察了上博楚简《内礼》与孟子思想的关系,指出《内礼》与曾子、子思、孟子思想有着密切的相互关系。《内礼》前半部分(首章)被认为是主张君臣、父子、兄弟双向性关系的见解,这个双向性关系的主张在《孟子》中也提到过。但是,也不能因为《内礼》首章的内容有与《孟子》相似的内容,就认为《孟子》有关思想出于《内礼》。俞志慧在《〈孟子〉旧注商兑九则》一文中,选取《孟子》旧注中至今尚存疑误的九个问题进行探讨,涉及"我欲中国而授孟子室"之"中国"、"舍皆取诸其宫中而用之"之"舍"字、"不由其道而往者与钻穴隙之类也"之"与"字、"继之以六律正五音不可胜用也"之"正"字、"博学而详说之将以反说约也"之次"说"字、宋牼之"牼"的音读、"独孤臣孽子其操心也危"之"危"字、"墨子兼爱摩顶放踵"以及"君子之厄于陈蔡之间"等,或揭其形讹,或释放其本义,或示其正音,或删其衍文。

董洪利、李峻岫在《董仲舒孟学思想探析》一文中,考察了孟子思想对董仲舒的影响,认为董仲舒是《春秋》公羊学大师,其学说是以《春秋》学为基点而建立的,而公羊学家传述孔子作《春秋》的微旨,极力夸大孔子作《春秋》的用意,在很大程度上正是延续了孟子的说法;董仲舒在批判、吸收孟荀二家性论的基础上,立基于其天人哲学,建立起了性善情恶的二元人性论说;法先王的王道理想与仁政爱民思想更是与孟子的思想品格一脉相承;董仲舒的伦理学说也与《孟子》存在着承继关系。张富祥在《宋人疑〈孟〉略述》一文中，考察了宋人对《孟子》的态度，指出《孟子》一书，到宋代始被尊为儒家经典。而与此同时，宋人对先秦诸子的辨伪亦以疑《孟》为最著。宋人疑《孟》，其始尚以诸子学视之，侧重文献辨伪；然于删存去就之间，已或疑其言有不合于经旨者。宋人疑《孟》、诋《孟》诸家每出于党争意气，解《孟》多有不实之词，然亦可反映宋代辨伪思潮的一个侧面。其间不无新学与理学的对立因素，但正宗的程朱派学者少有非议《孟子》之言。南宋初年的尊《孟》为政治权力所左右，已不同于新学的尊《孟》。此后随着理学道统的高张，《论》、《孟》并驾之势成，《孟》学的研究也逐渐全体纳入了经学的范畴。魏长宝在《戴震的孟子研究与清代儒学新诠》一文中认为，自近代以来，学术界普遍推崇戴震的新理学，甚至认为清代学者自遗民之后，有哲学或思想者唯戴震一人。戴震新理学的革命性，不仅仅在于他所建立的新理学本身，更重要的可能还在于他建立新理学的方法，即他的“字义疏证”学。戴震用“字义疏证”的方法推翻了宋明理学，一方面使得过去神圣不可侵犯的经典本身以及至高无上的儒学权威遭受越来越严峻的攻击和挑战，六经的独尊地位陨落了，圣人的神圣光辉黯淡了，中国哲学和中国思想也就开始走出传统的樊篱，步入现代的境域。另一方面，“字义疏证”学在整理传统典籍，重构古代文化，批驳宋儒经说的过程中，成为破旧立新、考古述今的普遍的文化批判方法。李凯在《孟子的诠释方法及其应用》一文中，论述了孟子的诠释方法，指出从孟子“圣贤易地则皆然”的真知灼见中，我们可以透视出一种以直觉为依托的诠释方法，这种诠释方法鲜明地展现在孟子的“以意逆志”说及“知人论世”说中。不仅如此，孟子的“不以文害辞，不以辞害志”的方法及“知言”说均可以被视为诠释方法，而且其诸种诠释方法之间有着内在的关联，可以被整合为一个有机的理论整体。在诠释《诗》、《书》等经典文本的过程中，孟子普遍运用了其诠释方法。

六、孟子学说体系及其时代价值

郭沂在《孟荀两系溯源》一文中对孟荀两系进行考察，指出自20世纪末郭店楚墓竹简等地下之材料出土，参之以“纸上之材料”，又叹孔、孟、荀并非孤山独峰也。自孔至孟，由孔及荀，乃水之两系，山之两脉，清晰可辨矣。周立升在《孟子价值论初探——对孔子价值体系的传承与推展》一文中，从价值领域对孟子如何传承和推展孔子的价值思想进行探讨，认为人性本善是孟子推展孔子思想的价值根据，唯义是取是孟子推展孔子思想的价值取向，理想人格和理想社会是孟子所追求的价值理想。蒙培元在《为什么说孟子哲学的基本问题是天人关系问题》一文中认为，天人关系是中国哲学的基本问题，也是孟子哲学的基本问题。在孟子学说中，天有三个层面的意义：一是物理层面的意义，即客观必然性；二是生命层面的意义，即生命创造的目的性；三是价值层面的意义，即人的生命价值的终极来源。与此相应的命，具有二重性，即命运之命与性命之命。前者不可改变，是一种限制；后者则由人自己做主，是自由的问题。两种命并不是截然分离，更不是二元对立，如同天的不同层面的意义不是完全分离和对立一样，但其意义却不相同。在此基础上的天人合一，则是实现生命整体意义的心灵境界。郭振香在《情与孟子的反本求真之学》一文中，考察了情与孟子的反本求真之学，认为孟子之说多循本而发，且以本为贵。孟子中的四个“情”字即为孟子在追求物、事、人之本的致思中所开辟出的一个重要哲学范畴，它泛指存在的本真之实，对《孟子》“情”之真义的识别与对孟子反本求真致思向度的把握，既可以相互参佐，亦可谓相得益彰。路德斌从伦理学的角度考察了孟、荀努力之方向，指出孟学与荀学，同宗孔子却形同水火，千百年来，双方一直处在一个彼此相非、势不两立的态势当中，抑扬沉浮，争讼不已。但是，不管是孟子所言之道德，还是荀子所言之道德，皆各有其适用的范围和发挥作用的限度。它们是不同的，但却不是对立的，因为两者都是人类生活所不可或缺的。人们需要做的并不是要在两者之间选其一，而是要学会执中用权，能够随时因应境遇的不同和变化，以作出相应的道德判断和抉择，该像孟子言时像孟子言，该如荀子言时则如荀子言，如此而已。刘示范在《论孟子以义制利的价值观》一文中认为，以“义”制“利”是孟子的价值观，孟子“重义”并不“轻利”，孟子反对“见利忘义”，孟子坚持以“义”制“利”，以这种义利观据守和追求最大、最根本、最长远、最大多数人的“公利”，它的出发点和归宿是“以人为本”的“民本主义”，政治上反对专制和独裁，主张“民贵”、“君轻”和“仁政”。人类的实践似乎已经告诉现代人：这种价值观在人类历史的长河中具有超越时空的积极的普世性的借鉴价值。王春在《天人之际视野下的孟子哲学》一文中认为，孟子的哲学尤其是其心性理论大致可由必然与自由、自然与人为这两条线索予以理清，而这都可以归为“天人之际”的问题。一方面，孟子以仁义礼智出乎人性，遂赋名教以自然之义，由是践仁由义之有为即顺遂自性之自然；另一方面，孟子破“在外者”而立“在我者”，重“天爵”而轻“人爵”，明天人之际，而示可为之途，从而为人生确立起一种求则可致的价值方向。

黄俊杰在《21 世纪孟子学研究的新展望》一文中，考察了 20 世纪中外学者有关孟子学的研究成果，指出这些学者的研究进路可分为“内在研究法”与“外在研究法”两大阵营，但两者缺一不可，互为补充，互相发明。他认为未来孟子学研究的三个可能的新方向为：孟子思想中的身心关系论与修养工夫论，东亚孟子学的发展及其思想的同调与异趣，全球化时代孟子思想的普世价值。身心关系论与修养工夫论是向内挖掘孟子思想的重要方向，并可与近20年来日益受到注目的身体哲学互相切磋。东亚孟子学的发展及其思想的同调与异趣及全球化时代孟子思想的普世价值，可以落实“后东亚出发思考”的策略，在21世纪全球化时代中，为东亚知识界取得较为扎实的发言地位。

七、国外的孟子学研究

韩国崔英辰、郑渊友在《朝鲜后期儒学者对〈孟子〉“生之谓性”章的解释：人与自然的道德性问题——以巍岩、南塘和茶山为中心》一文中认为，《孟子·告子上》篇集中概括了孟子的人性论，而其中韩鲜后期的儒者们关心和争议最多的部分是第三节“生之谓性”章。这一章与朝鲜后期最大的学术论争——湖洛论争有着密切的关系。这场论争与四端七情论争一样，是中国的朱子学在韩国实现本土化过程中产生的、深化并发展了儒学思想的学术论争。这场论争与当时的政治情况以及对清意识密切相关，后来发展成为韩国的实学思想。韩国刑丽菊在《韩鲜时期儒学者对孟子“四端说”的阐释——以退溪、栗谷、茶山为中心》一文中认为，中国的传统儒学者大都从心性、道德的层面来阐述孟子的四端说，很少将“四端”、“七情”并举。而朝鲜时期的儒学者们则大都将“四端”、“七情”并举，在两者对比中阐述“四端”，并且将它们归属于理气问题。性理学的代表人物退溪强调理气不杂，认为“四端”为“理发而气随之”；栗谷则强调理气不离，认为“四端”为“气发理乘一途说”；实学家茶山认为“四端”并非内在于人的心性中，而是行为之后的结果。他们各自的主张与当时的时代背景是紧密相关的。

此外，有的论文还探讨了孟子的文化人格、历史哲学、道德形而上学、孟子对墨学的批判与吸收、儒家的“为己之学”、儒学与齐鲁文化的双向互动、顾炎武的孟子注解等等。

总之，此次孟子国际学术研讨会论文对孟学作了多层次、多侧面的探讨，提出了许多新的见解，促进了现代孟学研究的深入发展。

除上述外，王轩主编的《孟子家世》(中国文史出版社1991年版)、刘培桂著《孟子与孟子故里》(中国文史出版社2001年版)等，搜集了大量关于孟学研究的基础性资料。

王轩主编的《孟子家世》，书前置张岱年1991年8月作的序，次为正文，收录了40篇论文，书后附录有《历代孟子研究著作综述》、《历代学者对孟子学说的抑扬与弃取》、《建国以来孟子研究概述》、《题孟诗选》。

该书的主要内容包括两个方面：一是概述了孟子的生平、年谱，历代对孟子的封赐与尊崇，孟氏后裔世系与历代袭封，孟子后裔流寓国内外概况；

二是孟氏后裔著名人物介绍；三是关于孟府、孟林、孟庙文物、史迹的介绍，譬如孟庙历代修葺概况，孟子林庙祭祀制度，孟庙从祀先贤，孟府档案，孟子游齐、梁、滕等遗迹简介等。该书的突出特点是以史料为主，图文并茂，突出了孟子故里的地方特色。这是一部重要的史料汇集，对学术史、文化史研究都具有重要的意义，具有较高的参考价值。

刘培桂著《孟子与孟子故里》，收录了作者近年来发表或参加学术讨论会的24篇论文，主要内容包括孟子概括、漫话孟子故里、“邹”的历史沿革、孟子先祖考、孟子周游列国年代考、孟子弟子考、孟庙建制沿革考、孟庙配享从祀考、孟子林庙历代题咏概览、历代对孟母的尊崇与封谥等。总之，该书概括地介绍了孟子的生平、思想学说、后世影响，以及孟子故里的悠久历史、灿烂文化、文物古迹，对历史上长期存疑或争论不休的问题，如孟子先祖、周游列国年代、弟子等，在严密考证的基础上，提出了全新的观点；对留存于孟子故里的孟子林墓、祠庙，孟母三迁处、断机堂，子思书院、子思祠等作了详尽的考察与记述；对孔子及其弟子在汉代画像石刻中的形象作了独到的探讨。本书引用资料大部分采自石刻、方志，许多观点独树一帜并得到学术界的认可。资料原始，记述翔实，论证严谨，观点新颖，且图文并茂，雅俗共赏，是本书的特色。

除此之外，刘培桂的《孟子林庙历代题咏集》（齐鲁书社2001年版）、《孟子林庙历代石刻集》（齐鲁书社2005年版），对孟子林庙中的题咏石刻进行了搜集和整理。尤其是他的《孟子林庙历代石刻集》收录了宋代至民国时期的石刻，主要范围集中于孟子故里的孟子林庙以及其他相关遗迹，涉及孟子祖籍、家族世系、母教、师承、历代封祀、尊崇等各个方面。由于石刻本身所具有的原始性和权威性，因而为研究孟学的流变、发展、影响等提供了可靠的历史资料。

第三十七章　孟学研究论著（上）

1977～2006年的近30年间，大陆学术界的孟学研究出现了空前的繁荣，出版了十余部有较高学术价值的学术著作，主要有：吕涛著《孟子评传》

(山西人民出版社 1987 年版),王其俊著《孟学新探》(济南出版社 1989 年版),谭承耕著《〈论语〉、〈孟子〉研究》(湖南教育出版社 1990 年版),翟廷晋著《孟子思想评析与探源》(上海社会科学院出版社 1992 年版),廖名春著《孟子智慧》(延边大学出版社 1992 年版),杨国荣著《孟子评传——走向内圣之境》(广西教育出版社 1994 年版),杨泽波著《孟子性善论研究》(中国社会科学出版社 1995 年版),何晓明著《亚圣思辨录——孟子与中国文化》(河南大学出版社 1995 年版),王其俊著《亚圣智慧——孟子新论》(山东人民出版社 1996 年版),王成儒著《亚圣风范——孟子的智慧》(四川教育出版社 1996 年版),蒋国保、余秉颐、李季林著《孟子外传·孟子百向》(安徽人民出版社 1997 年版),张奇伟著《亚圣精蕴——孟子哲学真谛》(人民出版社 1997 年版),刘鄂培著《孟子大传》(清华大学出版社 1998 年版),董洪利著《孟子研究》(江苏古籍出版社 1998 年版),杨泽波著《孟子评传》(南京大学出版社 1998 年版),杨泽波著《孟子与中国文化》(贵州人民出版社 2000 年版),王其俊著《孟子解读》(泰山出版社 2004 年版),等等。上述孟学研究论著各具特色,有的对孟学研究全面系统、观点新颖,有的转换视角、论述深透,有的推陈出新、雅俗兼顾。从总体上看,这些论著对孟学作了深入可贵的探讨,将现代的孟学研究推向了一个新的阶段。现择其要者,作一概述。

第一节　王其俊著《孟学新探》

王其俊,山东滕州人,1969 年毕业于山东大学政治系哲学专业,任山东社会科学院研究员、孟子研究中心主任,兼韩国孟子学会学术理事、山东邹城市孟子学术研究会顾问。长期从事先秦儒学、中国民本思想、中国古代和谐思想的研究,其中重点研究孟子思想和中国孟学史。

著作有《孟子新探》(济南出版社 1989 年版)、《孔子要义》(光明日报出版社 1996 年版)、《亚圣智慧——孟子新论》(山东人民出版社 1996 年版)、《孟子解读》(泰山出版社 2004 年版),主编《批而不倒的儒》(国际文化出版公司 1997 年版)、《民本·概论篇》(齐鲁书社 2000 年版)、《民本·为民篇》(齐鲁书社 2001 年版)。另外在《兰州大学学报》、《东岳论丛》、《孔子研究》,台湾《孔孟学报》、《孔孟月刊》、《鹅湖》、《哲学与文化月刊》,韩国《孟子研究》、《退溪学报》、《退溪学》等中外刊物上发表论文 60 余篇。

《孟学新探》全书 16 万字。

该书前有刘蔚华 1989 年 8 月作的序,次为正文,收录了作者 1980 年以来的 14 篇论文,书末置后记。这是作者研究孟子思想的第一阶段的成果。

一、孟子与士阶层

孟子生处战国中期，他的思想究竟代表了哪一种社会力量？已有的看法，主要有三种：一为代表奴隶主贵族的利益，二为代表由奴隶主贵族转化为地主阶级的利益，三为代表新兴封建地主阶级的利益。当然，在这三说中又可细分出保守、改良、激进等不同派别属性。作者摆脱了这种分析方法，在《孟子与士阶层的崛起》一文中提出，战国时期士阶层的崛起为学术上的百家争鸣奠定了基础，孟子的思想内容表现了符合士阶层特征的思想风貌。他认为，这样理解，才能较切近于现实地贯通解析孟子思想的各个方面。这种看法，不失为一说。

二、孟子思想的研究方法及其哲学思想

《系统方法与孟子思想研究》、《孟子的天命范畴和天命观》、《孟子的认识论范畴及其基本性质》3 篇文章，主要探讨了孟子的哲学思想。作者试图用系统方法剖析孟子的思想体系，提出孟子思想的整体结构由个体—社会—天人三个子系统及若干层次与因素所构成，借以揭示其理论建构的框架。这是一种有益的尝试，由于思考问题的角度变化了，往往可以产生一些新的论点。作者把孟子所说的天命，分成自然之天、社会趋势之天命、伦理之天命几个层面，从分析孟子对天命产生背景的认识及其对天命的运用中，得出孟子天命观的基本倾向是朴素唯物主义的结论。同样，作者分析孟子的认识论时，也从天、人、心、物、性、命、知、行诸范畴的含义与关系及其发展的逻辑进程，提出孟子主张的是既重视感官活动，又重视心官思维的朴素唯物主义认识论。这种看法有一定的新意。

三、孟子的个体论

《孟子论个体的发展》、《孟子论个体的需要》、《孟子的个体价值观》、《孟子的性善说》4 篇文章，着重探讨了孟子关于个体即关于人的学说。作者认为孟子是士阶层的代表，因而十分重视个体的价值与发展，从这引申出他的性善说、伦理道德观和教育思想等等。这也是个新的角度。从本书各篇文章立论的内在联系来看，是合乎逻辑的构思。作者发前人所未发，提出了许多新见解。譬如在《孟子论个体的需要》中作者认为，个体需要就是指人在一定生活条件下对客观事物的需求。孟子多将它们称为“欲”、“期”、“好”、“悦”等。孟子的个体需要包括三项内容。一是饮食、男女的自然生理需要。它是维持个体生命存在和世代繁衍的吃、喝、性行为等生理机能的最基本需要。二是人际交往需要。它是不同个体之间、个体与群体、社会之间建立一定关系而实现相互沟通的需要，其中包括家庭交往需要和社会交往需要两个方面。三是追求真、善、美精神生活的需要。它包括三个方面：其一，在理性思维上发挥心官的思维作用，能认识星辰、四时运行之“故”，禾苗、草木、五谷、禽兽生息之“时”，水下流之“道”，即认识、顺应自然规律而获得五谷、材木、鱼鳖等物质生活资料，还能认识、顺从社会发展必然趋势或规律性，即“天”、“命”、“势”、“时”，进而效法先王，施行仁政，获得民心，统一天下。其二，追求高尚道德的需要。孟子认为，仁义礼智的主要内容是指爱人事亲、尊上敬长、调节修饰仁义和通晓仁义固守勿失。孟子强调“仁义礼智，非由外铄我也，我固有之也”①、“君子所性，仁义礼智根于心”②。这表明，仁义礼智既是调节人际关系的道德规范，又是人内在的主体意识和自觉的理性要求。个体“饱乎仁义”的过程，就是追求高尚道德需要的过程。其三，追求审美愉悦的需要。在孟子看来，一方面，自然、社会事物作用于人的感官，就能满足其审美愉悦的需求；另一方面，仁义等道德精神和情操能引起个体的审美愉快。在此基础上，作者进而考察了个体各需要之间的调节以及不同个体需求之间的调节，概括了孟子个体需要的具体客观性、丰富多样性、共同性与差别性、协调和谐性等基本特征，指出孟子的个体需要至今对人们有深刻的启示作用。

又如在《孟子的性善说》中，作者探讨了孟子关于性、人性、人性善的含义，认为孟子所言“性”具有两层含义：一是指人生而具有的自然生理欲望，即耳目口鼻四肢追求声、色、臭、味、安佚的自然之性；二是指人内在的主体意识、道德精神和善的本性，即他所谓“仁之于父子也，义之于君臣也，礼之于宾主也，知之于贤者也，圣人之于天道也，命也，有性焉”③之“性”。在孟子那里，仁义礼智既是调节父子、君臣、宾主等人际关系的道德规范而具有限制、制约的意义，即“命也”，同时又是人内在的主体意识、善的本性和能动性，因而具有外在性与内在性的二重性。作者进而论述了人性善的三个层次、基本特征，并评价了孟子的性善论。作者指出，在孟子那里，人性是区别于动物之性的类概念，表现出人的特殊性。人具有仁义礼智等道德观念，父子、君臣、夫妇、长幼等“人伦”和“心之官则思”的理性思维能力，这是区别于禽兽的根本标准。孟子所言“人性善”，是以“善”对人性作出的综合评价和判断，它是相对于“兽相食”的兽性恶而言。在对人之本性的认识上，孟子的观点较之孔子的“性相近，习相远”之说向前迈出了重要的一步。作者认为，孟子的人性善是一个包括四心、四端、四德三个由低到高层次的整体系统。

① 《孟子·告子上》。
② 《孟子·尽心上》。
③ 《孟子·尽心下》。

三个层次之间的相互联系、相互作用，构成了人性善的结构，并表现出由低级向高级的发展状态。就是说，四心是个体主观的情绪体验和心理情感，它是人性善系统的最低层次；四端是仁义礼智的萌芽和端绪，它是由四心不断上升为四德的中介环节和桥梁，因而是人性善系统的中间层次；四德是个体用于协调人际关系的规范和准则，同时又是个体高度自觉的主体精神，因而是人性善系统的最高层次。由于个体的发展是一个不断变化的过程，所以从上述三者发展的时间程序来看，四心、四端是四德的前提和基础，四德是四心、四端发展的必然结果。但在现实生活中，三者之间不是单纯的直线式的因果关系，而是相互交融和渗透。就是说，四心此心理情感的产生，离不开四德道德观念的支配；缺乏对仁义礼智四德的道德认识，就不可能产生四心的心理情感；而仁义礼智四德中又含有四心的心理情感的因素，等等。在这里，孟子的人性善是在上述三个层次的相互联系、相互作用的整体上而言的，它既表现为从内在到外在的发展过程，又表现为由低层次向高层次发展的过程。如果孤立地抽取其中某一层次而否定其他层次，就难以对人性善作出客观评价。就人性善的基本特征来看，作者认为它体现了自然性与必然性、可能性与现实性、普遍性与特殊性的统一。

四、孟子的社会论

《孟子的家庭观》、《孟子的理想》、《孟子的和谐观》3 篇文章，按照作者关于三个子系统的构架的理解，当然是从个体置身于社会的角度，进一步探讨了孟子的家庭观、社会理想和道德理想，说明孟子对个体、社会、天人的和谐统一的追求。如作者在《孟子的家庭观》中，探讨了孟子关于家庭的涵义、产生、关系、结构、功能，指出孟子所谓家庭，既包括从事体力劳动的一家一户的个体劳动者家庭，又包括从事治国为政等脑力劳动者所在的家庭，它是男女通过婚姻关系结合在一起而形成的。家庭中包括父子、夫妇、长幼三种关系。家庭具有繁衍后代的自然生育功能、经济生活功能、教育功能、情感功能。作者指出，孟子家庭观所提出的父慈子孝、兄友弟恭、夫妇和顺等道德观念及行为准则，已深深渗透于中华民族的民族心理、社会习俗、道德风尚之中，对丰富中华民族尊老事亲、敬长慈幼、推己及人、反求诸己等优良传统的宝库作出了积极的贡献。又如在《孟子的和谐观》中，作者概述了孟子和谐思想产生的社会条件和思想文化根源，探讨了孟子的个体和谐、社会和谐、天人和谐以及三者之间的关系，认为在孟子那里，个体和谐是社会和谐的基础，而社会和谐又是天人和谐的基础；天人和谐促进、影响社会和谐，社会和谐又促进、影响个体和谐，三者相互联系，相互影响。

五、孟子游历诸国及与先秦儒家的关系

《孟子游历诸国概述》、《先秦儒家的道德理想》、《先秦儒家天人和谐统一思想》等文章，是上述几组文章的展开和延伸，阐述了孟子周游列国的生平事迹以及与先秦儒家思想的关系。作者在《孟子游历诸国概述》中指出，孟子游历诸国的时间和顺序，长期以来是学术界重视的一个问题。自司马迁谓孟子"游事齐宣王，宣王不能用。适梁"①的先齐后梁之说以来，历代学者或从《史记》，或主先梁后齐，或谓两次游齐均在齐宣王时，或称两次游齐分别在齐威王末年和齐宣王初年，或言游滕、鲁在第二次离齐归邹之后，等等，众说纷纭，莫衷一是。作者认为，孟子游历诸国，是其政治、学术活动的一个重要阶段，他的一些重要政治观点和学术主张，多是在此时提出和阐发的，因而其思想的产生、发展和演化的时间性程序与其游历诸国是紧密相联的。作者依据战国史之资料和《孟子》一书，对其游历诸国作了系统概述。

作者认为，孟子的生卒为前372年至前289年，并将孟子的政治、学术活动划分为居邹为士、首次游齐、出游宋滕、出游魏国、再次适齐、晚年归邹等几个阶段。

作者指出，孟子15岁左右(前358)，怀着对孔子的仰慕之情赴鲁求学，私淑孔门后学，且勤学不息近20年，逐渐成为一名颇有影响的儒家学者，为其后来游说诸侯打下了基础。

近40岁时，孟子主要在邹鲁一带从事讲学，广招弟子，宣扬儒家仁义之说，成为邹鲁一带著名的学者。邹穆公闻孟子贤名，约在孟子40岁(前333)时举其为士。不久，邹与鲁发生冲突，遂有孟子答邹穆公之问。孟子居邹为士，其父去世，便以三鼎之礼葬其父，行三年之丧。齐威王二十八年(前329)，孟子率领弟子首次游齐。齐威王三十一年(前326)，孟子在齐丧母，自齐归葬于鲁，行三年之丧，复返齐。齐威王三十四年(前323)，孟子因与威王政见不和而去齐，出游宋国，两次会见出使楚国的滕太子。前322年，孟子离宋返邹，途经薛。是年，鲁平公即位。孟子欲会见鲁平公，未遇，遂返回邹国。前322年，受滕文公之聘，孟子前往滕国。孟子居滕两年有余。孟子对滕国面临强国兼并的危险亦无能为力，于前320年返回邹国。梁惠王后元十五年(前320)，孟子适梁。前319年，梁惠王卒。次年，梁襄王即位。孟子谒见襄王，见其是一个无所作为之君，便于前318年离开魏国。齐宣王二年(前318)，孟子"自范之齐"，再次出游齐国。齐宣王八年(前312)，孟子的学说、主张不为齐王所用，便离齐归邹，时年61岁，从此结束了近20年的游说生

① 《史记·孟子荀卿列传》。

涯，在邹聚徒讲学和著述，寄希望于后人，终老于邹，享年 84 岁。

作者在《先秦儒家的道德理想》中，探讨了孔孟荀的道德规范体系和理想人格，比较了孔孟与荀子追求道德理想的不同趋向和方式，阐述了其道德理想对后世的影响。在《先秦儒家天人和谐统一思想》中，概述了先秦儒家天人和谐统一思想产生的思想根源，考察了先秦儒家天人的内涵，论述了他们追求的天人物质生活、社会生活、精神生活的和谐，并将孔孟与荀子作了比较，阐述了二者的异同，概述了先秦儒家天人和谐统一思想的整体性、系统性、理论思辨性等基本特征。

从总体上看，该书具有两个特点：其一，作者将系统方法用于孟学研究，把孟学看成是一个由个体、社会、天人三个子系统构成的大系统，各子系统内部又包含许多层次和基本因素，这样分析起来方便得多，更容易把握庞大、复杂的孟子思想体系的整体和全貌，有利于层层深入地揭示孟子思想的深刻内涵。其二，变换角度，提出新见解。由于孟学研究代不乏人，建国以来对孟子思想中的政治、经济、哲学、教育、伦理、逻辑等几大块，都有较深入的探讨。如果再沿循老路，要想有所创新、突破是很困难的。因此，作者十分注意新角度的选取和观点的创新。如从"士"这一角度分析孟子思想特点及其阶级属性；从个体论入手剖析孟子的人学思想体系，将孟子关于人的本质问题、个体价值、个体需要和个体发展，以及个体、社会、天人三者之间的关系，揭示得清楚明白。

当然，该书也有缺点和不足。如论文集的形式造成了全书外部逻辑联系的欠缺，若不看完全书，从目录上很难看出其内在的有机联系；系统方法的运用尚欠娴熟，有的留有焊接痕迹。

第二节　谭承耕著《〈论语〉、〈孟子〉研究》

谭承耕，湖南师范大学教授。《〈论语〉、〈孟子〉研究》一书包括《论语》研究、《孟子》研究两部分，全书 17 万字，《孟子》研究约 6 万字。

该书前有张岱年 1989 年 5 月"序"。作者所撰《引言》——"两部有世界影响的书"，概述了两书在国内外的影响，归纳、总结了两书的积极因素以及在教育、文学方面的许多名言，提出了研究两书的主要方法。

该书《孟子》研究部分共分 6 章，下面依次作一概述。

一、孟子其人、《孟子》其书

该书第一章概述了《孟子》的作者、体例和历代研究情况。

关于《孟子》的作者。作者列举了历史上的三种不同说法。一是司马迁之说，即《孟子》是孟子与万章、公孙丑共同记述，而主要作者是孟子；二是赵岐之说，即《孟子》是孟子本人的著作；三是韩愈之说，即《孟子》是孟子的门徒万章、公孙丑在孟子死后共同记述。作者通过考察，认为司马迁的说法较为可信。

关于孟子的生平。作者认为孟子生于前385年，卒于前304年。孟子约于齐威王时第一次游齐，后至宋，返邹，至鲁，游滕，游梁，齐宣王时再次游齐。因齐伐燕事件，去齐返邹，因年事已高，不再出游，专心致力于学术研究。

关于《孟子》的体例和历代研究情况。该书认为，《孟子》的体例与《论语》相同。各章篇幅虽然比《论语》各章稍长，但章与章之间也无逻辑关系。积章成篇，每篇都取第一章第一句的几个字作为篇名。作者还概述了历代《孟子》的研究状况，认为历代研究《孟子》者，仅专著近300种。这些研究使《孟子》的影响日渐扩大，地位日益提高。历代对《孟子》的研究，一直贯穿着尊孟与反孟的斗争。

二、孟子的仁政、哲学、伦理思想

该书第二章“民本思想发展的高峰”探讨评价了孟子的仁政思想，内容包括：一是充分重视人民的力量与作用；二是关心人民疾苦，号召统治者与民同乐；三是企图解决土地问题，注意发展生产；四是坚持社会分工，重视商业活动；五是反对战争，但不反对正义的统一战争。作者还指出了孟子仁政思想的局限性，即只注意长远利益，严重忽视眼前利益；对旧势力采取妥协态度，有一定的保守思想。

该书第三章“对旧的局限的初步突破”探讨了孟子的哲学思想，评析了孟子的天命观、认识论、方法论。

作者认为，孟子的天命观包括三个方面：一是承认命定论，但强调事在人为，强调发扬主体能动性；二是用天命观解释历史，认识了历史发展的必然性，强调人民的巨大作用；三是已意识到自然之天，并认为它是可以认识的。

作者认为，孟子的认识论主要是主观唯心主义。其一，提倡先验的良知良能，认为人的知识、仁义礼智等是人心所固有的，是天赋的。其二，过分强调理性认识的作用，完全否定感性的作用。作者认为，孟子的认识论，也有一定的唯物主义因素，譬如他能看到环境对人思想学习的影响。

作者认为，孟子的方法论，主要继承了孔子中庸哲学的“过犹不及”，他提出了“中”、“权”、“时”三个范畴。

该书第四章“对道德起源和道德修养的深入探讨”，考察了孟子的伦理思想。它包括四个方面:一是重视道德伦理的社会作用,二是先义后利的义利观,三是性善的道德起源论,四是“尽心、知性、知天”的道德修养论。作者分析了孟子存心养性、寡欲、思诚、养气、客观环境的磨炼、求天爵而不求人爵等道德修养方法。

三、孟子的美学、文艺思想及《孟子》的文学价值

该书第五章“卓越的美学见解”评析了孟子的美学及文艺思想,认为孟子对美与善辩证关系的论述有新的发展,孟子论述了美感普遍性、共同性和审美活动社会性,提出了怎样欣赏文学艺术作品的“知人论世”、“以意逆志”主张。

该书第六章“形象的政论与哲理”探讨了《孟子》的文学价值。作者通过《孟子》与《论语》的比较,认为《孟子》是春秋战国时期语录体的继续发展,描述了以孟子为中心的人物群象,运用了形象的议论,具有独特的语言风格。

该书是 20 世纪 90 年代初出版的孟学研究专著之一,对《孟子》的作者、历代研究情况、仁政、哲学、伦理、美学及文艺、文学价值等作了较全面的考察,在当时孟学研究专著尚不多见的形势下,对促进孟学研究的深化具有积极的作用。

作者采用了传统的划分几大块的做法,对孟子思想的内在联系缺乏新的深入探讨。作者认为,孟子“过分强调理性认识的作用,完全否定感性的作用”①,在道德修养上,“孟子认为,作为君子,应该是求天爵,不求人爵”②,似有偏颇。实际上,孟子并没有否认感性的作用,主张君子以“天爵”制约“人爵”,保持二者的和谐统一,而不是求天爵,不求人爵。

第三节　翟廷晋著《孟子思想评析与探源》

翟廷晋,河南民权人,上海社会科学院哲学研究所研究员,曾任《周易》研究中心副主任、硕士生导师、中国哲学史学会理事等,曾参加编写《哲学大辞典·中国哲学史卷》(副主编)、《中国近代哲学史》(副主编)等书。

《孟子思想评析与探源》全书 24 万字。该书前有冯契 1992 年 1 月作的序,次为前言,中为正文 10 章:第一章,孟子思想的时代背景;第二章,天道观;第三章,认识论;第四章,人性论;第五章,历史观;第六章,伦理观;第七章,仁政论;第八章,审美观;第九章,价值观;第十章,名实观。书末有结束

① 谭承耕:《〈论语〉、〈孟子〉研究》,151 页,湖南教育出版社,1990。

② 同注①,175 页。

语、后记。

一、孟子思想的时代背景、天道观、认识论

作者概述、考察了战国时期的经济变革与政治风云、科学技术的发展和学术文化的繁荣，认为历史上思想家所处的社会实际及其实践活动，是形成其思想的“源”；他所依据的先驱思想家的思想资料，是形成其思想的“流”。作者依据前人的资料，考察了孟子的身世和师承，认为孟子自幼受儒学的熏陶，受业子思之门人，服膺孔子、曾子和子思的思想，对儒家思想作了一些新的阐发，在局部领域进行了某些新的突破，但在一些基本观点上仍然坚持早期儒家的传统，因而他在认识和分析问题时，难免既具有儒家之长，又兼有儒家之短。

作者探讨了孟子天道观的三个方面：一是天道观中的神学残迹，二是“命运之天”与人的主观能动性，三是天道观中的唯物主义因素。他认为，“在孟子的天道观中，唯心主义倾向是主导方面”。孟子“把天道人道化，把天看成是人性和道德规范的渊源，有时甚至还保有某些神学的残迹。这是孟子天道观的保守方面”；“另一方面，孟子也对天人关系作了一些新的探索，他在没有扬弃‘天命’论的前提下，探讨了如何发挥人的主观能动作用去认识自然的必然性问题，并且运用某些科学知识去探讨天道问题，从而迸发出一些唯物主义的思想火花”①。

就孟子的认识论来看，作者评析了孟子先天的理性思维和后天的知识积累，孟子对认识的层次和知行关系的探索，孟子对认识的检验问题，认为孟子对人的认识问题作了多方面的探讨，“他的历史功绩，在于对人的理性认识的肯定和对某些理性思维规律的论证，并对他以前的经验论作了某些批判，推动了中国古代认识论的发展；但是，他的先验论和轻视感官经验的唯理论，也给后世对人的认识的研究带来不少消极的影响”②。

二、人性论、历史观、伦理观、仁政论

作者从三个方面考察了孟子的人性论：一是孟子人性论中反映出来的对人的重视，二是孟子的性善论与其仁政学说的关系，三是孟子人性论的伦理化和唯心主义本质。作者认为，孟子在人性问题上改变了孔子谨慎的和模棱两可的态度，直截了当地提出了人性皆善的观点。他论证人性善的一个突出论据是把人作为一个类来考察，并从人的类本质出发，推演出人在“类”面前一律平等。在性善论与仁政学说的关系上，性善论是其仁政学说

---

① 翟廷晋：《孟子思想评析与探源》，63页，上海社会科学院出版社，1992。

② 同注①，91页。

的理论基础。孟子的仁政思想是从性善论出发的，充满了理想主义色彩，同时也具有一定的欺骗性。作者又认为，孟子坚持人的善性是先于经验而存在的，是与生俱来的；在天命与人性的关系上，其基本观点是天人合一，人性源于天命，因而要服从天命；当二者发生矛盾时，这时又只得强调人性，而暂时撇开天命。孟子认为，善性是天赋予人的一种品德，同时又是理性思维的产物。孟子的人性论是一种抽象的人性论。

关于孟子的历史观。作者认为，从总的方面来看，孟子的历史观是唯心史观，他认为人类的文明是英雄人物创造的，同时他的历史观中还存在有某些神学的残迹。孟子认为，圣君贤相创造历史的活动，不是根源于客观的社会历史本身，而是根源于他们的良好愿望。他认为，人类社会历史的发展总是一治一乱交替前进的，不是循环的，更不是倒退的。在社会分工问题上，他把国家机构的出现，社会分工的扩大，国家官员和知识分子脱离直接生产，脑力劳动与体力劳动的分离，看成是人类社会历史向前发展的表现，同样是符合历史实际的。但他又将人类社会中出现的人剥削人、人统治人的暂时的现象，视为天经地义、永远合理的，这是其阶级局限性的明显表现。总之，不能简单地将孟子的历史观归结为历史倒退论。

关于伦理观。作者认为，孟子是道德先验论者，他把道德看成是天赋的，他割裂了思维器官与感觉器官的关系，把二者对立起来，过分夸大了理性的作用。孟了虽然把道德规范溯源到人的先天本性中去，但他又认为人要成为高尚的人，还得靠后天的努力和经过艰苦持续的修养。孟子的居仁由义，是其培养理想人格的基石。他主张用居仁由义来培养人的理想人格，总的来说是一种脱离社会实践的唯心主义的道德修养方法，他的善养浩然之气的方法，还带有一定的神秘性。但他把道德修养看做一个艰苦锻炼、逐渐积累的过程，不能放任自流和急于求成；在道德情操上，发挥人的主观能动性，重视气节，不为生死利害所动摇，在必须做出牺牲时，自觉地以身殉道，舍生取义。他高度推崇理性自觉与矢志不移的伦理观，有可取之处和值得肯定的一面。作者又进而论证了维护宗法纽带是孟子伦理观的核心。

关于仁政论。作者认为，它是孟子政治思想的核心。作者通过考察西周春秋以来民本思想的产生和发展，认为孟子的仁政论是早期民本思想在战国中期的新发展。孟子的仁政思想带有理想主义色彩，因为他的“与民同乐”、“使有菽粟如水火”等设想已经超出了地主阶级在实际政治活动中所能接受的范围。作者在考察孟子君臣、君民关系的基础上，指出孟子的仁政论要求适当限制君主的权力，具有一定的民主性、人民性。孟子仁政论中最坏的一点，就是利用宗法制、宗法思想维护地主阶级的政治统治，同时，又以政治权力来强化宗法制度和宗法思想的影响，直到今天仍谬种流传，必须认真地批判。

三、审美观、价值观、名实观

关于审美观。作者认为，孟子坚持美善统一和美高于善的观点。他探讨了人的美感的共同性、差异性，提出了“知人论世”、“以意逆志”等文学评论方法，从而奠定了儒家正统审美观的理论基础，对当世及后世美学思想的发展产生了重大影响。

关于价值观。作者认为，孟子的价值观表现为主观唯心主义。作者考察了孟子实现自身价值的条件、方式，探讨了孟子价值取向的多层次原则和价值取向的最高标准——“中道”，评析了孟子在矛盾冲突中实现自身价值，并考察了儒道两家在价值观上的同异，认为儒家对人类文明的进步有所肯定，这里有积极的一面，但他们看不到社会文明进步过程中出现的社会异化现象，这是其价值观的消极方面。

关于名实观。作者认为，孟子在名实关系上继承了孔子的正名论，主张以名正实，希望通过正名达到正政的目的。孟子的名实观，已自发朦胧地接触到名实问题中的种属关系、事物属性中一般与个别的关系问题。孟子论述了“知类”和“求故”，重视对类概念的辨析和类比推理的运用。作者将《孟子》书中的大类譬喻区分为三类：一是广义的类比推理，二是形象化的比喻，三是无类比附。作者认为，有的学者将孟子运用的譬喻一概视为无类比附是不妥的。作者还从名实、言意之辨的角度考察了孟子的“知言”。作者认为，孟子的名实观上承孔墨，对战国中期以后的名辩家产生了一定影响，在先秦名辩思潮发展过程中起到某些承前启后的作用。

在书末结束语中，作者概述了孟子的仁政王道学说、性善论、道德修养方法对后世的影响。

从总体上看，该书具有以下几个特点：

第一，对孟子思想作了全面考察。孟子是孔子以后儒家学派最著名的代表人物。“五四”运动以来，儒学屡遭批判。建国后，在相当长的时期内，由于受极“左”思潮的影响，儒学被简单地指斥为维护复辟倒退的工具，因而学术界无法对儒学进行实事求是的研究。拨乱反正以来，极“左”思潮得到纠正，儒家思想的研究受到学术界的重视。首先是对孔子思想的研究日趋活跃，各种研讨会和学术论文日渐增多，并有学术专著问世。但相对来说，对孟子思想的研究比较冷落。本书作者长期从事中国哲学史研究，搜集了大量有关孟子的资料，并初步写成书稿。20 世纪 80 年代初，作者曾将本书初稿作为教材向本专业的研究生讲授。这是一部运用马克思主义观点和方法全面系统探讨孟子思想的学术著作。

第二，本书分析论证了孟子在与诸子百家的争鸣中，吸收了道家和墨家的某些思想观点，表明诸子百家在当时相互争鸣中，已经开始出现“殊途而同归，一致而百虑”的趋向。因此，孟子的思想不像有的学者所认为的那样，只是继承了孔子的思想，“讲道德，说仁义”，“道性善，称尧舜”，仅限于政治和伦理道德方面，没有什么哲学思想。其实不然，孟子为适应当时社会政治经济的激烈变革，在与其他学派的辩难论争中，既捍卫儒家学派的基本立场和观点，又注意吸收其他学派的观点，使孔子创立的儒家学派适应战国时期新形势的需要。本书从多方面对孟子的思想进行了分析论证，说明孟子的思想体系是一座“富矿”，而不是一座“贫矿”，应深入开展研究。

第三，本书就孟子对待科研的态度及其在科学思想方面的成就提出了独到的见解，对学术界的传统观点有所突破。许多研究中国哲学史和思想史的学者认为，儒家轻视科学技术，只有道家才重视科学技术。本书作者运用具有说服力的材料，分析论证了孟子对天文历法和人体生理知识方面的重视，特别是对天文历法方面的论述，在一定意义上概括了当时中国天文学发展的成就。这种观点对人们具有深刻的启示。

第四，本书对孟子历史观的分析，在有些方面突破了学术界的传统观点。过去学术界普遍认为，孟子的历史观是复古倒退的。本书作者经过全面分析孟子对社会发展变化的论述，认为孟子主张人类历史是不断向前发展的。他所追求的人人“五十衣帛，七十食肉”的理想社会，在古代并不存在，而是要实行他提出的“仁政”、“井田”才能达到的。在当时来说，这种理想固然是一种幻想，但是，他并未把这种理想寄托于古代，而是寄托于未来。因而不能简单地把孟子的历史观归结为历史倒退论。

除上述之外，作者对孟子价值观、名实观的评析亦有不少新意。但由于受某些条件的限制，本书亦有一定的不足。一是本书沿用了新中国成立以来学术界长期沿用的分门别类的考察方法，把孟子思想划分为天道观、认识论、人性论、历史观、伦理观、仁政论等几大块进行考察，但在客观上却忽略了考察孟子思想的内在整体联系。二是作者的某些提法是否符合孟子本意，值得商榷。譬如作者认为，孟子主张人的声、色、臭、味、安佚等生理需求“哪些能满足，哪些不能满足，以及满足到什么程度，都得听从天命的安排”①。在这里，作者将孟子“口之于味也，目之于色也，耳之于声也，鼻之于

① 翟廷晋:《孟子思想评析与探源》，114页，上海社会科学院出版社，1992。

臭也，四肢之于安佚也，性也。由命焉，君子不谓性也”①之“命”视为“天命”，并不符合孟子本义。又如作者认为，孟子割裂了思维器官与感觉器官的关系，“把思维和感官对立起来……强调思维器官要脱离感觉器官而独立发挥思维的作用”②。再如作者判定孟子坚持“唯心主义世界观和先验的认识论与人性论”③，等等，都是值得商榷的。

第四节　杨国荣著《孟子评传——走向内圣之境》

杨国荣，浙江诸暨人。1988 年获博士学位，1991 年晋升为教授，现为华东师范大学哲学系主任、哲学研究所所长、博士研究生导师，上海哲学学会中国哲学专业委员会主任委员。1994～1995 年在牛津大学做访问研究，1999 年赴哈佛大学做学术访问。

著作有：《王学通论》（上海三联书店 1990 年版），《孟子新论》（台北开今文化事业有限公司 1993 年版），《善的历程》（上海人民出版社 1994 年版），《孟子评传——走向内圣之境》（广西教育出版社 1994 年版），《心学之思》（生活·读书·新知三联书店 1997 年版），《理性与价值》（上海，1998），《科学的形上之维》（上海人民出版社 1999 年版），等等。其中《王学通论》被译为韩文，于 1994 年在汉城出版。另有论文 100 余篇，发表于《中国社会科学》、《哲学研究》、《二十一世纪》等海内外学术刊物上。

杨国荣著《孟子评传——走向内圣之境》全书 10 万字。该书列入张立文主编《中华历史文化名人评传·儒家系列》丛书，该丛书列入国家“八五”重点图书规划。

该书前置戴逸 1994 年 5 月写的总序，次为前言。中为正文，划分 11 个问题：一、孔子之后的一代大儒；二、天人之辨的价值内涵；三、主体自由与外在天命的对峙；四、理性原则的重建与强化；五、自我的完善与群体认同；六、义利之辨；七、权变的注重与独断的倾向；八、现实与理想的二难：面向往古；九、人格境界；十、性善说与成人之道；十一、历史中的孟子。

作者在该书前言中指出，孟子继承了孔子的思想，从天与人、主体自由与超验之命、自我与群体、道德原则与具体境遇、功利与道义、理想人格等方面，对原始儒学做了多方面的引申和发挥，并使之进一步系统化。孟子价值

① 《孟子·尽心下》。

② 翟廷晋：《孟子思想评析与探源》，147 页，上海社会科学院出版社，1992。

③ 同注②，265 页。

追求的逻辑归宿是内圣境界。他将人的自由限定于自我的道德选择，凸出道义的内在价值，强调自我意识（良知）的功能，以求其放心为学问之道，等等，都处处展示了一种内圣的定向。

作者概述了孟子的少年时代、与诸子的争鸣、奔走列国、潜心教育、孟子的个性，认为孟子对儒学的振兴，表现为两个方面：一是通过发挥与深化儒家的基本观点，使儒学逐渐趋于完备和定型；二是“息邪说”、“放淫辞”，即通过论战拒斥儒家之外的各种学说与观点。孟子的个性可概括为二：一是知言，即善于分析别人的言辞；二是善养浩然之气，即培养一种道德境界。

一、天人之辨、主体自由与超验之命

作者在“天人之辨的价值内涵”中，考察了孔子的天人关系，认为其基本的思维趋向是突出人文价值（仁道原则）。孟子对人文价值作了自觉的肯定，并以仁道作为文明社会的基本价值原则，进而从心性与外在社会政治关系上，对仁道原则作了多方面的发挥，提出了性善论与仁政论，并以此否定了法家的暴力原则。但因强化仁道原则，又多少将儒学引向泛道德主义。

作者在“主体自由与外在天命的对峙”中，探讨了孟子关于力与命的关系，认为孟子空前高扬了人的作用与力量，同时人的作用又受到一种自己无法控制的力量的支配。为了探讨孟子的力与命的关系，作者又剖析了孟子“在我者”与“在外者”的关系，认为孟子将人的自由主要与自我的德性联系起来，这意味着将自由内在化：人人肯定主体安定天下的作用，到“求在我者”，表现出个体自由向个人的道德实践与心性涵养的靠拢。

二、理性原则、个体与群体

在“理性原则的重建与强化”中，作者认为孟子对理性问题的考察，以孔子、墨子、老子的认识论思想为历史前提。作者概述了孔子、墨子、老子对认识论的贡献，考察了孟子的“重建理性主义”，认为孟子在人的认识能力上区分了心官与耳目感官两种不同的认识功能，肯定了理性对感性的制约，同时又忽视了理性对感性的依赖性。孟子以理性为认识的起点与终点，把理性视为人之所以为人的本质规定，明显强化了理性主义原则，将它进一步系统化。在孟子那里，理性的原则体现在人的行为之中，便表现为自觉的品格。孟子肯定自觉原则与理性原则的统一，则自有其见地。孟子将理性与行仁义的道德行为融合为一，体现了将知识伦理化的倾向。相对于孔子的兼容性而言，孟子对理性的强化多少带一些片面性，但其重建理性主义的历史意蕴，则是不可忽视的。

在“自我的完善与群体认同”中，作者还探讨了孟子的个体与群体关系。作者概述了墨家、杨朱和老庄道家对上述问题的回答，认为墨家突出了群体的原则，杨朱突出了利己的原则。孟子通过拒墨而深化了个体性原则，通过辟杨而高扬了群体的原则，强调“穷则独善其身”与“达则兼善天下”的统一。作者进而比较了孟子与荀子在群己关系上的异同，认为从总体上看，孟子强调通过自我内在德性的涵养及人格境界的提升，以达到群己的和谐统一。

三、义利之辨、权变与独断

作者在“义利之辨”中简略追溯了从孔子到墨子，再到早期法家（如商鞅）的义利之辨。在义利关系上，孟子一方面更多地注意物质利益与道德的关系；另一方面，孟子将恢复道德的尊严视为己任，强调以义制利。作者认为，尽管孟子对人的感性需要采取简单排斥的态度，但他视感性为“小”而“贱”，毕竟又蕴含了重理（理性要求）轻欲（感性欲望）的价值取向，这是孟子在义利观上强调“惟义所在”的逻辑结果，对后世儒家及宋明新儒学的理欲之辨产生了重要影响。

在“权变的注重与独断的趋向”中，作者追溯了孟子关于经权关系的源头，认为在孟子那里，经与权相互联系，但二者又有主次之分，权在总体上从属于经。在孟子看来，权的作用主要在于通过各种具体规范的适当调整，使道（最高规范）的运用更为完善，而不是从根本上偏离道（普遍原则）。道被提到了至上的地位，为人们的政治、道德行为规定了一个不可超越的界限，从而蕴含着导向独断论的契机。

四、现实与理想、人格境界

在“现实与理想的二难：面向往古”中，作者考察、探讨了孟子的社会批判思想，并通过比较孟子与老庄的异同，认为孟子的社会批判最终归于文明的完善，避免了使社会批判流于消极的否定或反文明，从而使儒家形成了一种不同于道家的批判传统。作者通过评析孟子与农家在社会分工问题上的分歧，认为孟子明确地将社会分工视为文明存在与发展的必要条件，无疑较农家更多地体现了历史的要求，表现出一种超乎同时代人的眼光。作者进而指出，孟子的理想社会是在往古和执著于圣王传统。这种浓重的传统情结对中国文化产生了复杂的影响，它在为现实的社会批判提供根据的同时，也多少抑制了开创未来的意向。

作者在“人格境界”中，考察了孟子对人格的设定，认为孟子对人格的内涵做了更多的展开，将人格与德性联系起来，使作为基本规范的仁具体化为仁义礼智等品格。孟子肯定内在的我与外在的我之统一，体现了儒家人格健康的一面。在孟子那里，理想人格表现为善、真（信）、美相统一的完整形象，蕴含着无形的道德力量，孟子的“人皆可以为尧舜”的观念是激励人们不断实现道德升华的内在动力。孟子的理想人格主要表现为一种内圣的品格。与荀子相比，孟子在抑制外王规定的同时，较多地注意到人格境界的内在价值。

除上述之外，作者还探讨了孟子的性善说与成人之道，概述了孟子在后世的影响。

综上所述，该书通过对孟子天人之辨、主体自由与超验之命、群己关系、义利之辨、人格理想等问题的探讨，勾勒了孟子思想走向内圣之境的历程，从而使儒家的内圣走向获得了其历史的源头。作者以"走向内圣之境"为主线，将孟子的天人论、认识论、义利观、社会批判论、人性论等贯通起来，在广阔的视野上揭示描述了孟子走向内圣的历史轨迹，读来令人耳目一新。

当然，该书对孟子一些言论的阐释尚有商榷之处。譬如作者将孟子所言"大人者，言不必信，行不必果，惟义所在"①解释为"有德行的人，说话不一定要守信，行为不一定要考虑是否带来实际的效果，只要遵循义即可"②。照作者的解释，显然孟子主张言而无信，行而无果，这就与孟子强调的说话守信、做事始终如一的主张发生了矛盾。朱熹释之甚精，指出："必，犹期也。大人言行，不先期于信果，但义之所在，则必从之，卒亦未尝不信果也。尹氏云：'主于义，则信果在其中矣；主于信果，则未必合义。'"③我们认为，朱熹的阐释甚合孟子本义。

第五节　王成儒著《亚圣风范——孟子的智慧》

《亚圣风范——孟子的智慧》全书 18 万字。该书列入舒大刚主编的《诸子百家智慧宝库》丛书。

该书前有作者引言，次为正文，划分 14 个问题：一、乃所愿，则学孔子也——孟子生平；二、由书至传至经——《孟子》历程；三、五十步笑百步——譬喻哲学；四、施仁政于民——王道政治；五、无恒产则无恒心——经济思想；六、民为贵，君为轻——民本思想；七、人皆可以为尧舜——性善法则；八、吾善养吾浩然之气——修养原理；九、论天说命——天道哲学；十、知性知天——知论程序；十一、中权得宜——中庸方法；十二、先义而后利——价值判断；十三、得天下英才而教育之——教育构想；十四、充实之

① 《孟子·离娄下》。

② 杨国荣：《孟子评传——走向内圣之境》，73 页，广西教育出版社，1994。

③ 朱熹：《孟子集注》卷八。

谓美——美学识见。

一、孟子生平,《孟子》历程、政治、经济思想、民本思想

作者概述了孟子的姓名、生卒、家世、少年时代、师承受业,介绍了孟子游齐、至宋、返邹、至滕、之梁、适齐、晚年归邹聚徒讲学和从事著述的政治、学术活动概况,阐述了孟子所处的时代背景。该书还概述了《孟子》一书的作者,介绍了《孟子》由子书到传记再到经书的政治地位日渐提高的历史过程以及《孟子》注疏简况。

作者认为,孟子智慧的一个突出特征就是机智巧妙地将譬喻运用于谈话、说理和论辨之中。作者剖析了孟子"杀人以梃"与"食人以政"、"杀人以战"与"杀人以兵"、"五十步笑百步"等譬喻及其蕴含的深刻哲理。

作者评析了孟子以仁政为核心的王道政治,探讨了孟子王道政治所包含的必自经界始、天下定于一、行仁政而王、贵德而尊士、君与民同乐五项内容。作者进而论述了孟子的经济思想,评析了其社会分工、制民之产、取于民有制、勿夺民时等主张,论述了孟子民本思想的内涵,即得民心者得天下、保民而王、民贵君轻、天视自我民视,指出孟子将先秦民本思想发展到了极点。

二、性善法则、修养原理、天道哲学、知论程序

作者列举了孟子之前的几种人性学说,进而从人之异于禽兽者、人之有四端、人为不善非才之罪、四端扩充为四德等几个方面论述了孟子的性善论。在修养原理上,作者论述了孟子求放心、养心与养气、思诚与自反、居仁行义、舍生取义等道德修养方法,认为孟子根据性善论而提出的以"尽心、知性、知天"为核心的道德修养论,为儒家学说在道德修养方面作出了积极的有意义的探索。在天道哲学上,作者剖析了孟子天、天道、命、天命的内涵,认为孟子言"天"包括意志之天、并非完全人格化之天、自然之天诸义;所言"天道",一是指客观必然性、规律性,二是具有道德属性;所言"命",具有客观必然性、富贵利达和饮食男女之欲、仁义礼智道德观念三种含义;所言"天命",具有人事的必然结果、民众意愿的体现等含义。在知论程序上,作者认为孟子的认识论是以先验论、唯理论,甚至唯我论倾向为基本特征,但其中不乏有合理的因素。作者考察了孟子良知、良能、心之官则思、万物皆备于我、专心致志等认识论概念和命题,认为孟子是以我心作为认识的主体、认识的对象和检验认识的标准,其认识论属于唯理论的先验主义,仍具有许多注重外在条件的影响作用,注重顺应事物状态、法则和循自然规律办事的思想。

三、中庸方法、价值判断、教育构想、美学识见

在中庸方法上，作者考察了孟子的中道原则、执中有权、执中有时，探讨了孟子中、权、时三个范畴的内涵，认为孟子的中庸方法主要继承了孔子"过犹不及"的思想，对孔子的中庸方法进行了重要的补充与发展，充满着机智的辩证因素。在价值判断上，作者认为，孟子的价值判断主要以义利辩证、人生价值为核心内容而展开。孟子的义利观实质是先义而后利，其人生价值主张实现自身价值在于居仁、行义、立礼，强调在矛盾的冲突中实现自身价值。在教育构想上，作者探讨了孟子"明人伦"的教育目的和以身作则、因材施教、自求自得、闻过即改等教学原则和方法，认为这是孟子长期从事教学活动的经验总结，具有许多合理因素。在美学识见上，作者分析了孟子的目有同美、心有同悦、充实之谓美等美学命题和美学思想，认为孟子承认审美的共同性和审美的普遍性，突出重视了人的精神美、内在美。作者考察了孟子"以意逆志"的读诗方法和"知人论世"的欣赏原则，认为它们基本上是科学的，表明孟子对诗歌及其他艺术作品的艺术特征是有一定程度的正确认识。

本书的最大特色是采用孟子的名言、警句、命题作为标题，并紧紧围绕这些标题阐述孟子思想，有利于读者更准确地把握孟子思想的本义。本书的另一个特色是融学术性、通俗性于一体，在阐述孟子的思想时，作者采用了通俗易懂、平实、流畅的语言，既阐明了孟子思想所蕴含的深刻哲理，又增强了本书的可读性，从而融学术性与通俗性于一体，有利于扩大本书的读者范围，对传播中国优秀传统文化无疑具有积极的意义。

当然，本书亦有一定的不足。譬如关于《孟子外书》前人已辨其伪，明末姚士粦伪造的《外书》四篇更是伪中出伪，它不能成为研究孟子思想的资料，这已成为学术界多数学者的共识，而作者却引用《孟子外书》说明孟子信奉母教，接受慈母教诲①，似有不妥。再如作者阐述孟子天爵与人爵的关系时，判定孟子主张"修其天爵，不求人爵"②，似与孟子本义不合。实际上，在孟子看来，天爵与人爵具有主次、轻重、先后、高下的区别，应该以天爵制约人爵，而不是"不求人爵"。又如作者将孟子"莫非命也"解释为"所有的一切无不是命运"③，并不合孟子本义。最后，作者阐述孟子的"天道哲学"时，考察了孟子天、天道、命、天命的内涵，但并没有进而探讨孟子的天人关系，理论上似欠深透。

---

① 王成儒：《亚圣风范——孟子的智慧》，7页，四川教育出版社，1996。
② 同注①，149页。
③ 同注①，171页。

第三十八章　孟学研究论著(下)

第六节　王其俊著《亚圣智慧——孟子新论》、《孟子解读》

一、《亚圣智慧——孟子新论》

《亚圣智慧——孟子新论》全书42万字。该书前有赵宗正1996年6月作的序,次为前言,后为正文。第一篇,孟子生平、时代、著作概述。包括四章:第一章,孟子生平;第二章,孟子思想产生的普遍原因;第三章,孟子思想产生的特殊原因;第四章,孟子的著作。第二篇,孟子的个体论。包括四章:第五章,个体的发展;第六章,个体的需要;第七章,个体的心理;第八章,个体的本性和价值。第三篇,孟子的社会论。包括四章:第九章,家庭观;第十章,国与天下观;第十一章,社会的控制;第十二章,“一治一乱”的社会变迁观。第四篇,孟子的天人论。包括三章:第十三章,天人论的构成要素;第十四章,天人的和谐;第十五章,孟子的认识论。第五篇,孟子思想的整体结构和对后世的影响。包括五章:第十六章,孟子思想的整体结构和基本特征;第十七章,孟子与先秦儒家;第十八章,孟子与先秦诸家;第十九章,孟子在国内的影响;第二十章,孟子在国外的影响。书末有附录孟子生平简表和后记。

作者在前言中概述了古今孟子研究概况及存在的问题,阐述了本书的写作动机和目的,认为从孟子思想的内在整体联系上客观地阐述孟子思想产生的普遍原因和特殊原因,系统地揭示其思想各组成部分的有机构成及联系,探讨孟子思想的整体结构,阐述其历史地位和对中国古代文化及世界文化的贡献,进而弘扬中华民族的优秀传统文化,当是十分必要的。作者进而阐述了运用系统方法研究孟子的必要性及内在依据,指出:“研究孟子思想,当坚持实事求是和历史与逻辑相一致的原则,这是没有疑义的。在这里,笔者并不否认孟子思想中包括政治、经济、哲学、伦理、教育、心理等方面的内容,但如果我们离开这种分门别类考察的传统模式,从新的角度、层次上,对孟子思想予以新的综合分析,不仅可以产生一些新的论点和认识,而且能客观地揭示出孟子思想理论建构的框架，公正、客观地评价其历史地位和影响。这样，为学术界所重视的系统方法，为我们深入研究孟子提供了新的角度，应当予以借鉴和吸取……在这里，以系统方法研究孟子，并不是猎奇和以新的方式裁剪古人的思想。事实上，尽管古代的孟子不可能运用'系统'的概念，但他思想中的系统思维及体现出来的古代朴素系统观，恰恰与现代系统论是相通的。通观孟子思想，他主张'天下之本在国，国之本在家，家之本在身'，'人人亲其亲，长其长，而天下平'，'居下位而不获于上，民不可得而治也。获于上有道，不信于友，弗获于上矣。信于友有道，事亲弗悦，弗信于友矣。悦亲有道，反身不诚，不悦于亲矣。诚身有道，不明乎善，不诚其身矣。是故诚者，天之道也；思诚者，人之道也。至诚而不动者，未之有也；不诚，未有能动者也'[①]，人们加强修养，'老吾老，以及人之老；幼吾幼，以及人之幼……故推恩足以保四海，不推恩无以保妻子'，'入以事其父兄，出以事其长上'[②]，等等。孟子的上述主张阐述问题的角度虽有所不同，但其表现出来的系统思维在本质上却是一致的。孟子的上述主张将给我们下列启示：其一，如果将孟子所讲的'明善'、'诚身'视为个体的范围，那么，'悦亲'、'亲其亲'、'老吾老'、'长其长'、'幼吾幼'等则属于家庭的范围，而'信于友'、'获于上'、'治民'、'保四海'、'天下平'等则属于国家、天下的社会的范围。从空间上看，从个体到家庭、再到国家和天下，显示出由近及远、由小到大的有序性。其二，孟子关于天下的基础是国家、国家的基础是家庭、家庭的基础是个人的思想，将个体、家庭、国家、天下视为一个紧密相联、层层递进的有机统一的整体，从而显示出一定的系统性。本书认为，一部《孟子》所论问题甚多，但从孟子思想的内在整体联系上考察和从空间上划分，不外乎个体问题、社会问题和天人问题。这样，孟子思想是由从小到大的个体论、社会论、天人论三个相互联系、相互作用的子系统构成的系统整体。这三个组成部分分别回答了人与自身、人与社会、人与天的关系问题。孟子致力追求的个体的和谐、社会的和谐、天人的和谐以及三者之间的和谐，构成了其思想的主要内容。它是我们运用系统方法研究孟子思想的内在依据。"[③]

作者在上述基础上，又阐述了写作本书的原则和要求，指出："从孟子的生平及所处时代出发，历史地、合理地阐明孟子思想产生的政治、经济、思想根源，论述古人坚持'论其世'、'知其人'[④]，而不是对其误裁妄断；以孟子思

① 《孟子·离娄上》。

② 《孟子·梁惠王上》。

③ 王其俊：《亚圣智慧——孟子新论》(前言)，5页，山东人民出版社，1996。

④ 《孟子·万章下》。

想的内在整体联系和系统方法为主线，吸取政治、经济、哲学、伦理、教育、心理、美学、社会学等有关学科的研究方法，对孟子思想进行多角度的综合分析，使其呈现出由个体到社会，再到天人的内在有机联系和血肉丰满的形象，而不是囿于某一学科和单方面、单层次地孤立阐述而陷于机械、单板或人为的割裂；从人类历史发展的长河中，考察孟子在先秦儒家、先秦诸子、中国思想史、世界文化史等不同层次系统中的地位及影响，而不是孤立地就孟子而论孟子；着力于分析、说理而历史、公正地评价孟子，而不是对其盲目尊崇或贬斥；借鉴、吸取前人的成果而有所发现，有所前进，而不是拘泥或否认前人。所有这些，虽不敢自谓是本书的特色和已经达到，但主观上力图朝此方向努力。"①

（一）孟子生平、时代、著作

作者在借鉴前人成果的基础上，经过自己的系统考察，概述了孟子的名字、里居、家世、生卒，考察了孟子的青少年时代及游历诸国的顺序，认为孟子 40 岁曾居邹为士，在齐威王末年首次游齐。齐威王三十四年（前 323），离齐之宋。后至鲁，游滕。梁惠王后元十五年（前 320），适梁。前 318 年去梁再次游齐。前 312 年，去齐归邹，时年 61 岁，在邹从事讲学和著述，终老于邹，享年 84 岁。

作者系统考察了孟子思想产生的普遍原因和特殊原因，分析了孟子所处战国时代的政治结构、经济结构和意识形态结构，认为这些条件是孟子思想产生、发展的最现实的社会土壤。作者指出，孟子所处邹国地理环境、家庭环境、坎坷经历的影响及其思想渊源是其思想产生的特殊原因，坎坷经历促使孟子形成了仇视暴政、向往仁政、同情民苦、兼善天下的思想情感和抱负，进而养成了崇尚仁义、刚直不阿、藐视权贵的高尚情操和气节，古史传说中的氏族首领遗风、原始人道主义、民主精神和道德观念，对孟子产生了重要影响。

关于《孟子》的成书，作者认为《孟子》是由孟子与万章、公孙丑之徒共同记述而成的，而主要作者是孟子本人，其成书的上限和下限当在前 296 年至前 238 年之间。

（二）孟子的个体论

作者认为，个体论是构成孟子思想体系的第一个重要的子系统，是其社会论、天人论的基础和出发点。作者探讨了孟子个体的发展、个体的需要、个体的心理、个体的本性和价值。譬如在"个体的发展"中，论述了孟子关于

---

① 王其俊：《亚圣智慧——孟子新论》（前言），6 页，山东人民出版社，1996。

个体发展的三个阶段（幼年期、成年期、老年期）和个体发展的自然前提——生理形体构造，阐述了环境是促进个体发展的重要条件，教育是促进个体发展的重要手段，力行践履是个体发展的主要途径。又如在“个体的心理”中，论述了孟子关于饮食、男女的心理活动，“怀仁义以相接”的心理活动，心悦理义的心理活动，以及个体心理活动的个别差异。作者认为，孟子关于个体自然生理需要的心理活动，是一个包括认识、情感、意志行为的心理活动过程。与个体的对食、色感性认识相适应，就会表现出满意、喜悦的心理情感和“取之”、“慕之”的意志行为；当低级生理需要与高级精神生活需要产生矛盾时，就会以较高级的认识、情感、意志控制较低级的认识、情感和意志。在“怀仁义以相接”的心理活动中，包括家庭人际关系的心理活动、社会人际关系的心理活动两个方面。孟子高扬了人际关系的和谐相容性，批评了人际关系的不相容性，不仅促进、丰富了古代人们对个体内心活动的认识，而且丰富了中华民族追求和谐相容人际关系的优良传统，对后世产生了积极影响。心悦理义的心理活动，包括认识自然、社会事物的心理活动、道德自我完善的心理活动和追求审美愉悦的心理活动三个方面。作者进而论述了孟子个体心理活动的个别差异，即能力、气质、性格的差异。作者认为，孟子对个体心理的探讨，促进了古代人们对个体内部精神世界的认识，在中国古代心理学史上占有重要地位。

（三）孟子的社会论

作者考察了孟子的家庭观、国与天下观、社会的控制、社会的变迁。作者认为，在孟子的“家—国—天下”社会系统中，国与天下是建立在家庭基础之上的两个重要层次。国是家庭的扩大和延伸，天下是国的扩大和延伸。譬如作者在“国与天下观”中，考察了孟子关于国与天下的内涵，论述了国与天下的三个根本要素（土地、人民和政事）和经济、政治、思想文化三个结构，论述了诸侯国家的内部功能及外部功能。在“社会的控制”中，作者探讨了孟子的政治控制、经济控制、思想文化控制。在政治控制中，包括居上位者对居下位者的层层控制、任免官吏、惩罚犯罪、礼仪制度等方面；在经济控制中，包括实行社会分工和产品交换制度、“恒产”土地制度、“薄其税敛”的财政赋税制度等；在思想文化控制中，包括先圣之道、社会习俗、道德与教育、社会心理四个方面。在“一治一乱的社会变迁观”中，作者考察了孟子社会变迁的基本内容、原因和方式。关于社会变迁的基本内容，作者认为它包括自然环境、人口的变迁、社会生产状况、物质生活条件等社会物质生活的变迁，还包括社会精神生活的变迁，即朝代更替、政权转移和土地制度、税收制度、关卡制度、教育制度、礼乐制度等变化以及社会习俗、道德观念的变化。

作者进而指出，孟子关于社会变迁的原因，主要有三：一是人类物质生产活动及物质生活需要推动了社会变迁，二是治国者顺应社会发展的必然趋势和民心促进了社会变迁，三是古圣先贤促进了社会变迁。作者考察了孟子的"天下之生久矣，一治一乱"和"五百年必有王者兴，其间必有名世者"两个著名命题，认为它体现了一定的变迁方式。经过系统的考察，作者认为孟子的社会变迁思想反映了人类社会不是停滞的，而是在治乱交替中由低级向高级发展的，学术界有人判定孟子坚持历史循环论或复古倒退论的观点是偏颇的。

（四）孟子的天人论

作者认为，在孟子那里，个体及社会的存在和发展，离不开对物质生活、精神生活的需求，而这种需求又必须在协调人与自然的关系的过程中才能得以实现。作者考察了孟子天人的内涵，天的含义主要指自然之天、社会发展趋势之天、伦理之天；人的含义指具有自然性、社会性、伦理性、理智性。就社会趋势之天来看，它一是指社会发展的一定趋势，二是指势、时是天命的具体表现，三是指社会发展的一定偶然性，四是指民意取代天意，即民即天。孟子的伦理之天，一是指天是人之善性存在的自然性及其发展的必然性，二是指天是仁义礼智的最高标志；孟子的伦理之命，一是指生命的寿夭长短，二是指仁义礼智对自然欲望、富贵利禄的限制和制约。作者进而探讨了孟子天人物质生活、社会生活、精神生活的和谐。

关于孟子的认识论。作者通过考察孟子耳目之官与心之官的不同功能和联系、知与行的关系，辨析了孟子的"良知"、"良能"，认为孟子的认识论，既包括对自然、社会等客观事物及规律的认识，又包括对人的形体、欲望、言论、美丑、善恶、生死、道德、人性等问题的认识。从基本倾向看，孟子坚持了朴素唯物主义认识论，促进了人类认识的深化。就耳目之官的功能来看，作者针对学术界有人认为"孟轲认为一切感官的认识都是不可靠的"和"否认感官对认识的作用"[①]的指责，全面考察了孟子对耳目感官功能的论述，这表现为：一是耳目感官丧失正常的生理机能，就不能获得一定的感性认识；二是只有以感官接触外物，才能获得认识；三是依靠感觉经验可以获得新的认识。总之，孟子坚持人的认识来源于感官与外物的接触，不能不说是唯物主义的感觉论。就"心之官则思"的理性认识来看，作者考察了孟子关于心与物即人认识自然万物，心与天、命、势、时即人对社会发展规律及必然性的认识，心与性、天、命即人在道德领域的认识。作者进而考察了孟子"自反"、

① 钟肇鹏：《孟轲》，见《中国古代著名哲学家评传》第一卷，298～299页，齐鲁书社，1980。

“反求诸已”的道德修养方法所体现出来的认识论倾向，探讨了孟子知与行的含义及二者关系，对“良知”、“良能”作了辨析，认为在孟子那里，“良知”、“良能”这种感物而知、触物而能的能力为人的发展提供了一定的前提条件，孟子将它与后天的教化、践履紧密结合成一个整体，将个体的“亲亲”之仁和“敬长”之义的主体意识，高扬为“达之天下”的为人们认同、接受的人类同类意识，恰恰是对人之所以为人的本质特征的认识的深化。

（五）孟子思想的整体结构和对后世的影响

在探讨孟子个体论、社会论、天人论的基础上，作者又进而概括了孟子思想的整体结构及其基本特征，认为孟子思想表现出多样性、有序性、开放性的基本特征。作者全面考察了孟子在先秦儒家系统中对孔子的继承发展以及对荀子的重要影响，认为在先秦儒家系统中，孟子思想是上承孔子、下启荀子的一个重要发展阶段。如果说孔子初步奠定了儒学的总体发展方向，那么，孟子和荀子则从不同的方面发展、完善了先秦儒家思想体系。儒学在先秦时代成为“显学”，与孟子的重要贡献是分不开的。就孟子与墨家、道家、法家、农家等先秦诸家的关系来看，作者考察了孟子与上述诸家的对立、冲突以及相互吸取、融合，指出孟子与先秦诸家的对立、冲突表现出一定的改造环境的能力，而与各家的相通、包容又表现出一定的适应环境的能力。孟子与先秦诸家的对立、冲突和包容、相通告诉人们，先秦诸子由于代表了不同阶级、阶层的利益，认识问题的立足点不同，因而产生了不同的学说和主张。从总体上看，他们从不同的侧面反映了当时的社会现实，对各种理论问题做了不同的探讨，在中国古代思想史上各自作出了独特的贡献。

关于孟子在国内的影响。作者全面、系统阐述了孟子思想对后世的政治影响和思想影响。其中，政治影响主要指历代封建统治者对孟子的尊崇、褒奖、封祀和《孟子》一书政治地位的日益提高，思想影响主要指历代思想家对孟子思想的注疏、诠释、继承和发展。由于孟子思想是由多子系统、多层次、多因素组成的系统结构，所以对后世的影响不是单一的、直线式的，而是通过多种渠道和方式渗透、影响于政治、经济、思想文化等社会生活的若干方面，产生了治国安邦、化民成俗、协调家庭、安定社会、道德修养、人伦日用等多种功能和影响，这些影响往往紧密相联、交织在一起。

作者还概述了孟子在近代（1840～1949 年）的影响。近代又划分为旧民主主义革命时期和新民主主义革命时期。在旧民主主义革命时期，孟子思想对龚自珍、魏源、洪秀全、孙中山等一大批先进的中国人以及封建顽固派、洋务派的代表人物都产生了一定的影响。但由于他们具有不同的阶级利益和世界观，因而从孟子思想中继承什么、吸取什么以及最终目的皆有明显的不同。一般地说，前者继承、吸取了孟子思想中凝聚、积淀着体现中华民族优秀传统和民族心理素质中积极、有利的部分，为改革封建弊政、维护中华民族的生存和推进中国社会的前进服务，后者则是利用孟子对中华民族影响的传统势力，宣扬封建纲常名教，维护封建专制统治。

在新民主主义革命时期，孟子思想对五四新文化运动的倡导者、新儒家、中国共产党人及史学工作者、资产阶级代表人物等不同阶级、阶层、派别、集团的人们都产生了一定影响。由于他们在解决其面临的各种社会现实问题时，都必须回答和解决现实与传统儒学的关系问题，这就必然产生了对孟子思想的臧否或褒贬，这是孟子思想对人们影响的共同性；另一方面，由于人们立场、观点、方法的不同和受多种社会关系、历史因素的制约，对孟子思想所持的态度，继承、吸取、扬弃的具体内容以及动机和目的，亦会表现出明显的差异。其中，对孟子的同一命题、论点、主张，不同阶级、阶层、集团的人们固然会作出不同的理解、引申和发挥；即使是同一阶级、阶层、集团的人们，由于观察问题的角度不同和依据材料的差异，也会作出不同的评价。对孟子思想的整体分析，亦呈现出千差万别的状况。这就是孟子对后世影响的差异性。这种共同性和差异性表明，在人类历史上作出贡献的思想家，对后世社会生活的各个方面都要产生潜移默化的影响。

关于孟子在国外的影响。作者概述了孟子在朝鲜、日本、新加坡等东方国家的影响和在德国、西班牙、法国、美国等西方国家的影响。作者指出：总之，近三、四十年来，孔孟儒学引起了西方学者的浓厚兴趣。在他们看来，儒学作为中国文明这一巨大的人类成就中心的传统，值得人们重视和尊重，儒学向人们提供了为人立极之学。譬如华裔学者杜维明教授盛赞孟子“以私淑孔子，承接儒家人文精神的道统为终极关怀，体现了具有中国特色的知识分子的风骨”，孟子思想是“融合主体性、社会性和超越性为一有机整体的学说”，是“两千多年来在中华民族的历史长河中曾激励过无数志士仁人的文化资源”[①]。时下西方学者多主张要使中国孔孟儒学适应世界现代化生活的需要，中国儒学不仅属于中国，而且属于全世界，预言中国儒学将改革而重生，不仅在思想方面，而且在精神方面将茁壮不朽，为新时代而效命。目前在西方出现高度物质文明的同时，环境污染、个人的孤独与非人化、家庭崩溃、人际关系紧张、色情泛滥、吸毒犯罪许多社会问题日益严重的情况下，不少有识之士和学者将中国孔孟儒学的仁爱精神、个体的和谐、人与社会及人与自然的和谐思想，视为医治西方社会危机的手段和希望。另外，随着我国

① 杜维明：《孟子：士的自觉》，见《儒学国际学术讨论会论文集》（下册），806页，齐鲁书社，1989。

国际威望的不断提高，海外华裔学者不断增强文化认同感和寻根意识，在国际上努力弘扬中国孔孟儒学，中西文化交流日益深入发展和西方从同情了解的方面来掌握儒学的人越来越多，以孔孟为代表的中国儒学在西方和全世界将产生愈来愈广泛的影响。

综上所述，作者始终将孟子思想视为一个紧密联系的整体，从新的角度和层面，对其作了全面、系统的研究和评价，提出了许多独到的见解，确实超越常谈，读来令人耳目一新。其特点有四：

第一，整体把握，系统探讨。该书把孟子置于当时的历史文化背景去考察，坚持"知人论世"和具体历史分析的原则，概述了孟子的生平、著作，考察了孟子思想产生的普遍原因和特殊原因，阐述了孟子的基本精神风貌。全书利用 3 篇共 11 章的篇幅，全面、系统和重点考察了孟子思想的三个有机组成部分，即个体论、社会论、天人论以及三者的内在有机联系。又在第 5 篇用 5 章的篇幅，概述了孟子思想的整体结构和基本特征，进而探讨了孟子对孔子的继承、发展及对荀子的影响，孟子与先秦墨、道、法、农诸家的关系，系统考察了孟子在封建社会的政治、思想影响及在近代的影响，概述了孟子对东、西方国家的影响。书末附 3000 多字的孟子生平简表，为读者概览孟子生平提供了方便。这样，作者把孟子思想放在特定的历史时期和广阔的社会背景下，予以整体把握和系统探讨，纵横交错，点面结合，从而在更高的层次上向人们展现了孟子思想的内在整体联系和多种外部联系，而不是孤立地就孟子而论孟子。这种对孟子思想的全面把握和多层次、多侧面的理性分析，在已出版的孟子研究论著中是不多见的。

第二，开拓创新，富有新意。正确评价一项科研成果，一个重要的方面就是看其是否具有新材料、新方法、新观点、新结论。大致说来，该书的新意表现在两个方面。其一，方法新。该书从孟子思想的内在整体联系出发，运用系统方法，并将政治、经济、哲学、伦理、社会学等学科的方法融为一体，从新的视角和层面对孟子思想作了多角度的综合理性分析。由于转换新的方法和视角，因而全书整体构思和体例编排新颖，论述不拘常谈。诚如作者在《前言》中所说："以系统方法研究孟子，并不是猎奇和以新的方式裁剪古人的思想。事实上，尽管古代的孟子不可能运用'系统'的概念，但他思想中的系统思维及体现出来的古代朴素系统观，恰恰与现代系统论是相通的……孟子致力追求的个体的和谐、社会的和谐、天人的和谐以及三者之间的和谐，构成了其思想的主要内容。它是我们运用系统方法研究孟子思想的内在依据。"这样，作者将孟子思想的内在整体联系视为运用系统方法的内在依据，从而将研究方法的转换建立在理性、客观分析的基础上。其二，内容观点新。这具体表现在：一是对孟子思想的整体联系作出了新的概括。作者在前言中概括指出："一部《孟子》所论问题甚多，但从孟子思想的内在整体联系上考察和从空间上划分，不外乎个体问题、社会问题和天人问题。这样，孟子思想是由从小到大的个体论、社会论、天人论三个相互联系、相互作用的子系统构成的系统整体。这三个组成部分分别回答了人与自身、人与社会、人与天的关系问题。"作者对孟子思想的总体概括，在学术界独树一帜。二是探讨了他人未曾涉足的许多新问题。譬如孟子思想产生的特殊原因，孟子的基本精神风貌，孟子关于个体的发展、个体的需要、家庭观、国与天下观、社会的控制、社会的变迁、天人的和谐等。此外，孟子在国内外的影响，学术界虽有论著涉及，但多简略不详。作者在第 19 章、第 20 章中较全面、系统地论述了后世封建统治者对孟子的尊崇、褒奖、封祀及《孟子》一书地位的升高，历代思想家对孟子思想的注疏、释解、继承和发展，近代孟子思想对不同政治派别、社会势力和思想家的影响，新儒家、中国共产党人及史学工作者对孟子思想的剖析、评价，孟子对东、西方国家的影响，等等，向读者展现了孟子思想的历史地位、贡献和局限。

第三，立足说理，积极争鸣。长期以来，在孟子研究中存在很多不同意见。该书对判定孟子宣扬主、客观唯心论、唯心主义认识论、先天道德观、英雄史观和历史循环论等观点，明确提出了不同意见。即使对中国哲学史界赫赫名家的不同观点，也在尊重其学术见解的前提下，深入论证，据理辩驳，评判是非，有实事求是之意，无哗众取宠之心，表现出严肃认真的治学态度和求实求真的科学精神。譬如第 12 章分析了"天下之生久矣，一治一乱"和"五百年必有王者兴，其间必有名世者"两个著名命题，认为孟子主张人类社会是在治乱交替中从低级向高级发展的，圣贤在推动社会变迁的过程中，只是关系社会治乱的诸因素中的一个重要因素，而不是唯一的决定因素，将孟子判为坚持历史循环论和英雄史观是偏颇的。又如第 15 章剖析了孟子"反求诸己""自反"的道德修养方法，探讨了孟子"知""行"的含义及关系，辨析了"良知""良能"等命题，指出孟子不是坚持唯心主义认识论，而是坚持既重视感性认识，又强调心官理性思维和知行统一的朴素唯物主义认识论。不仅言之成理，持之有据，而且说理透彻，客观辩证。这对孟学研究无疑是一种深化。

第四，资料丰富，论据充分。充分占有史料是研究的基础。该书作者为写此书，首先在搜集资料上下了功夫。据了解，作者仔细研读历代研究孟子的专著达百余部，书中引用古今中外有关资料 300 余种。作者还数次到孟子的故乡邹城市实地考察，搜集口碑和地方志资料。在论述孟子对后世的影响时，作者运用了邹城地方史志的若干资料，使内容更加充实。

总之，《亚圣智慧——孟子新论》是一部独具特色、富有新意、具有较高学术价值的专著，代表了孟学研究的新水平。当然，本书还存有一定的不足。作者如能使用生动活泼、明白流畅、平易通俗的语言阐述，使具有中等文化程度的人读懂，无疑会增强该书的可读性，扩大读者面，从而提高其社会效益。①

二、《孟子解读》

《孟子解读》全书 44 万字。该书前有导言，次为正文，对《孟子》全书 7 篇 260 章作了全面、系统的解读。书末有后记、主要参考书目。

作者在导言中，概述了孟子的生卒、家世、游历诸国顺序、《孟子》一书的篇章、孟子思想产生的时代背景及思想根源、孟子思想体系。介绍了《孟子》一书的文学价值，其表现有二：一是刻画了众多的人物形象，其中刻画得最为丰满而有立体感的是孟子本人。它多层次、多侧面地表现了孟子崇尚仁义、坚守信念、济世救民、兼善天下、仇视暴政、同情民苦、刚直不阿、藐视权贵、不畏艰难、积极进取等性格、气质和特征。二是采用丰富多彩的议论。《孟子》书中有许多结构完整、语言生动、精工严整、意味隽永、感情充沛、气势奔放的论说篇章，呈现出浓厚的文学色彩。《孟子》一书丰富多彩的议论主要表现为：引经据典，增强说理；善用譬喻，辩论是非；善设机巧，诱人入彀；笔法灵活，起伏变化，等等。

就本书的解读方法来看，作者指出：为了帮助中等文化程度以上的读者读懂《孟子》，有利于读者重视中华文化元典，继承中华民族优秀传统文化，作者在多年研究孟子思想的基础上，借鉴、吸取历代治孟大家的有关研究成果，对《孟子》全书 260 章逐一作了全面、通俗的解读。在解读每一章时，先对原文中的生僻字词标出汉语拼音，并用汉字注明读音，对其作出简要注释，继而用简洁的语言概括出该章的主旨，简述其背景，解读其义理(包括政治、经济、哲学、道德、社会、心理、美学等)，分析其篇章结构和文学特色，指出其现代价值和启示。总之，该书对《孟子》一书及孟子作了全方位的概述和介绍，有利于读者对《孟子》一书的整体把握。

(一) 保持学术观点的一致性

作者从 1989 年出版《孟学新探》，到 1996 年出版《亚圣智慧——孟子新论》，再到 2004 年出版《孟子解读》，前后经历了 15 年，这三部著作反映了作

① 参见郭墨兰：《独具特色，富有新意——评〈亚圣智慧——孟子新论〉》，载《孔子研究》1997(3)，123～124 页。

者研究孟子的历程。如果说《孟学新探》代表了作者对孟学的专题研究，那么,《亚圣智慧——孟子新论》则是对孟学的综合研究,《孟子解读》则是对孟学的新的分析研究，三者展现了作者对孟学研究的分析—综合—新的分析的过程。尽管三部书对孟学研究的角度、层面不同，但作者对孟学基本观点的评价都保持了前后学术观点的一致性。长期以来，在孟学研究领域存在着许多不同意见。作者在解读孟子“五百年必有王者兴，其间必有名世者”、“天下之生久矣，一治一乱”等著名命题时，对判定孟子坚持历史循环论、英雄史观、先验认识论等传统观点，深入论证，据理辨析，认为孟子主张人类社会是在治乱交替中从低级向高级发展的，圣贤在社会变迁过程中是关系社会治乱的一个重要因素，而不是唯一的决定因素，因而将孟子判为坚持历史循环论和英雄史观是偏颇的。又如本书剖析了孟子“反求诸己”、“自反”、“知”、“行”、“良知”、“良能”等命题和概念，指出孟子坚持的不是先验认识论，而是既重视感性认识又强调心官理性思维和知行统一的朴素唯物主义认识论。上述解读，言之成理，持之有据，保持了学术观点前后的一致性。

（二）重点突出，繁简适宜

《孟子》一书共 260 章，各章篇幅大小不一，长者 1700 余字，短者不足 10 字。作者对《孟子》书中许多结构完善、语言生动、感情充沛、气势奔放和在中国古代文学史上占有重要地位的著名篇章，都给予全面、精炼的解说。如作者解读“齐桓晋文之事”章时，首先概述了孟子第二次游齐时的齐国状况，其次分析、评说了本章的五部分内容，再次探讨了本章在政治学、哲学、社会学等方面给予人们的理论启示，最后分析了本章的文学特色，指出它是在中国文学史上占有重要地位的名篇。作者分析透辟的近 6000 字的解读，向读者全面展现了本章的整体结构、丰富内涵和文学特色。又如作者在解读“有为神农之言者许行”章时，运用近 8000 字的篇幅，首先概述了孟子在滕国批判农家许行否认社会分工主张的背景和缘由，从而使读者了解孟子与农家论战的起因，接着分析了该章的三部分内容：第一部分批评许行、陈相否定社会分工的主张，阐明了劳心者与劳力者的社会分工论。为了论证实行社会分工的论点和批驳许行关于国君“与民并耕而食”的主张，孟子采用多层次反复证明的方法，一连运用三段文字，辅叙描述了尧舜禹等圣贤的功德，进一步将论证推向高潮，击中了许行否认社会分工的要害，从而驳倒了对方。第二部分，阐明了以夏变夷论。孟子从先进文化与落后文化比较的层面上，剖析了许行、陈相否认社会分工的主张，提出了“用夏变夷”而不能“变于夷者”的思想，这就增强了辩论的理论深度及色彩。第三部分，驳斥了许行不区分产品的精粗优劣而使它们价格一致的主张，阐明了等价交换的原则。在上述基础上，作者又阐述了本章所表现出的社会分工论、用夏变夷论、产品交换论、孟子与农家的对立和包容四个理论问题，这就从更高的理论层面上揭示了孟子抨击农家的进步意义。最后，作者又分析了孟子对训诂的运用，认为孟子所说“分人以财谓之惠，教人以善谓之忠，为天下得人者谓之仁”，是用正文形式出现的训诂，用来解释“惠”、“忠”、“仁”三个词的意义，并用来比较它们的不同。孟子的这种训诂，加强了论辩的说理性，突出了尧舜圣贤选拔贤才的重要意义。

作者对《孟子》书中短小的篇章也予以了简明扼要的评说。作者的解读，当长则长，当短则短，显示出重点突出、繁简适宜的特色。

（三）雅俗兼顾，通俗易懂

作者的解读，既注重学术性、理论性，又注重实用性、通俗性。譬如《孟子》一书所蕴涵的政治、经济、哲学、心理、美学、文学等思想，作者都作了深入的探讨和评析。为增强可读性，作者多将《孟子》原文译成通俗的白话，尽量采用生动活泼、明白流畅、平易通俗的语言阐述各种理论问题，从而使具有中等文化程度的人能够读懂，做到了融学术性、科学性、通俗性于一体。

第七节　董洪利著《孟子研究》

董洪利，1975 年毕业于北京大学中文系古典文献专业，留校任教。后又师从金开诚先生攻读博士研究生，获文学博士学位，现为北京大学中文系古典文献专业教授。主要从事于中国古文献学、先秦诸子学和训诂学等学术方向的研究。已出版的主要著作有《古籍的阐释》、《楚辞集解》点校、《抱朴子选注》、《屈原集校注》、《离骚纂义》、《天问纂义》(后三种与人合作)。

《孟子研究》全书 27 万字。该书列入金开诚主编《中国古文献研究丛书》。书前置《古文献研究丛书》编委会 1991 年 6 月总序，次为正文。“上编”包括：第一章，孟子生平事迹；第二章，孟子的政治思想；第三章，孟子的性善论；第四章，孟子的文学思想和文学成就；第五章，孟子的教育思想。“下编”包括：第六章，《孟子》的成书；第七章，汉代的孟子研究；第八章，魏晋隋唐的孟子研究；第九章，宋代的孟子研究；第十章，元明两代的孟子研究；第十一章，清代的孟子研究。

本书内容大致分为两个部分。

一、孟子生平及思想

关于“孟子生平事迹”。作者考察了孟子的生卒当为前 385 年至前 303 年或 302 年，认为就目前可见的材料看，只能对孟子的生卒进行大致的推测，不可能指出其确切的年代。关于孔子与孟子间的承传关系，作者将其概括为孔子——曾子——子思——子思门人——孟子。关于孟子游历诸国，作者认为孟子 40 岁以前并没有远离家乡而在邹鲁一带活动，在齐威王的早期或中期首次游齐，后离齐之宋，经薛返邹；前 322 年左右，游滕；前 321—320 年前后，游梁；前 320 年齐宣王即位，再次游齐；前 312 年之后，去齐返邹，从事讲学和著述，约于前 300 年在邹去世，终年 80 余岁。

关于"孟子的政治思想"。作者考察了孟子的仁政学说、以仁德为标准的尚贤思想、法先王思想，认为孟子的仁政学说与孔子的仁学有着极为深刻的渊源关系。考察了孟子仁政思想的具体内容：一是民本思想；二是制民之产；三是减轻赋税，使民以时，保护生产力，发展多样化的农业生产；四是重视商业生产；五是普及学校教育，培养封建道德；六是反对兼并战争，主张仁义之战。作者认为，孟子以仁德为标准的尚贤思想主张首先用地位尊贵、关系亲近的人，即"世臣"、"亲臣"。孟子主张的实质就是任人唯亲的尚贤路线。他的任人唯亲的尚贤思想，实际上只能起到阻碍进用贤才的消极作用。

关于"孟子的性善论"。作者认为孟子性善论的基本观点是：其一，人类有着共同的本性，它是以仁、义、礼、智等道德意识为内容的社会属性；其二，人的善性是先天固有、与生俱来的，而不是后天形成的；其三，"人皆有之"的善性，最初只是一种道德的萌芽，必须经过自我修养，扩而充之，最终发展为完美的道德。在性善论的评价上，作者认为孟子的性善论是一种抽象的人性论和唯心主义的道德先验论。作者又认为，性善论仍然有不少值得肯定的价值和积极的影响。

关于"孟子的文学思想和文学成就"。作者考察了孟子的知言养气说、知人论世说、以意逆志说，阐述了孟子散文的特色。

关于"孟子的教育思想"。作者论述了孟子教育的目的和作用，以仁义为核心的教育内容和修养方法，教学的原则和方法，其修养方法包括尚志寡欲、反求诸已、知耻改过、在艰难困苦中磨炼意志等方面。

二、《孟子》的成书及历代的孟子研究

关于"《孟子》的成书"。作者考察了《孟子》的作者，赞同司马迁之说，认为孟子死后，其弟子对《孟子》一书加以修订，把已经变化了的历史情况做了技术上的改动。作者还概述了《孟子》的篇数，辨析了外书的真伪，认为赵岐所见《孟子外书》已疑为伪书，据瞿灏的考证今天所见的《孟子外书》是出于明人手笔的伪中之伪，绝不可作为研究孟子思想的资料。

关于"汉代的孟子研究"。作者概述了汉代的孟子研究状况，指出孟子及《孟子》一书在西汉的地位是不高的，到了东汉人们对孟子开始重视，出现了研究《孟子》的专著，对孟子的评价开始提高。作者概述了赵岐的《孟子章句》，指出赵岐注的优点一是在训诂方面保存了不少古义，注释大体较为精到；二是用力勤苦，非常认真，能在别人不甚注意的地方挖掘孟子的深意；三是将《孟子》各篇分出章次，每章之后以“章旨”概括全章大意，读来篇目清晰，井井有条。作者认为赵岐注的主要缺点是对孟子的哲学思想所知甚浅。

关于“魏晋隋唐的孟子研究”。作者概述了该时期的孟子研究状况，论述了韩愈“道统说”对孟子学术地位的影响，指出韩愈所提倡的道统，具体内涵就是孔孟的仁义道德。中唐以后，人们开始将孔孟连在一起而合称孔孟。作者还简要介绍了唐代陆善经《孟子注》、张镒《孟子音义》、丁公著《孟子手音》、林慎思《续孟子》、刘轲《翼孟》等，认为中唐以后对《孟子》思想内容的研究没有取得新的进展。

关于“宋代的孟子研究”。作者考察了宋代理学的勃兴与孟子研究的发展，认为宋代的《孟子》研究是《孟子》学术史上的一次飞跃，其表现有三：一是研究《孟子》的专著骤然增多；二是研究范围扩大；三是孟子的地位有了显著提高，出现了质的变化。作者还论述了“合四书”对孟子研究的影响，孟子偶像地位和《孟子》经书地位的确立，辨析了收入《十三经注疏》中的《孟子注疏》是一部伪作，论述了朱熹及其后学的孟子研究，概述了其他理学家的《孟子》著述，包括游酢《孟子解义》、张栻《南轩孟子说》、张九成《孟子传》，论述了两宋间的尊孟与疑孟的斗争。此外，作者还介绍了经学之外的孟子研究，如苏辙《孟子解》、王应麟《困学纪闻》等。

关于“元明两代的孟子研究”。作者考察了孟子其人和《孟子》一书在元明两代的地位，概述了金履祥、许谦的孟子研究和陈天祥对朱熹的批评，介绍了元代宗主朱熹的著作群，包括赵悳《四书笺义》、张存中《四书通证》、袁俊翁《四书疑节》、史伯璿《四书管窥》，评析了明代的《四书大全》，介绍了明代以资料为主的孟子综合研究。

关于“清代的孟子研究”。第一，作者考察了清代学术思想的变迁与孟子研究的发展，认为明末清初学术思想发生了巨大的变化，从明朝那种空疏、虚妄、迂腐的八股道学，转变为务实的、以训诂考据为主要特征的汉学研究，在学术上形成了盛极一时的高潮。第二，概述了清代孟子研究的特点：一是着重《孟子》汉注的研究；二是治学态度较为严谨，研究问题较为深入，治学方法较为细密；三是出现了不少研究《孟子》某个专门问题的著作；四是利用解释孟子思想的形式，批判旧的学术传统，阐发新思想。第三，概述了以批判宋明理学为宗旨的研究孟子的著作，如黄宗羲的《孟子师说》，戴震的

《孟子字义疏证》。第四，介绍了牛运震的《孟子论文》，认为它是研究经典散文艺术的首创之作。第五，概述了清代考据性的孟子著述：一是清代前期的考据性著作，二是乾嘉以后的考据性著作，三是关于孟子生平事迹考证的著作。第六，论述了清代孟子研究的集大成之作——焦循的《孟子正义》，认为《孟子正义》所做的工作主要有四：一是正赵注之误，二是补赵注之缺，三是疏通阐发赵注，四是阐释原文义理。作者还概述了《孟子正义》的特点：一是征引详博，二是考证精审，三是阐释义理时有精辟透彻之论。作者还指出，焦循《孟子正义》对宋明理学家解说《孟子》的观点一概不予收录是一个不小的缺憾。这个缺点在一定程度上削弱了《孟子正义》作为封建时代孟子研究集大成之作所应有的价值。

综上所述，该书依据《古文献研究丛书》编委会的要求，在广泛掌握实际材料和前人成果的基础上，提供以考证为主的具有创新意义的研究成果。该书的突出特点是资料丰富，较全面介绍了汉代至清代《孟子》研究的主要论著，概述了其作者、版本流传、主要内容等，评析了其思想理论建树及不足。从总体上看，该书"下编"优于"上编"。"上编"对孟子思想的分析尚缺乏应有的理论深度。

第八节　刘鄂培著《孟子大传》

刘鄂培，湖南平江人。1952 年毕业于清华大学哲学系；1953 年，中国人民大学研究生毕业。任清华大学教授，岳阳大学客座教授。从事中国思想史、中国哲学史的教学和研究。

主要学术著作有：主编《张岱年文集》6 卷，合著《中国唯物论史》(任副主编)、《周易知识通览》。研究孟子思想的著作有《孟子选讲》、《孟子大传》等。

《孟子大传》全书 35 万字。该书前有张岱年 1995 年 7 月序，次为导论，再次为正文。第一篇包括四章：第一章，生年述略；第二章，游说诸侯；第三章，聚徒讲学；第四章，《孟子》其书。第二篇包括九章：第五章，先秦"仁"学体系的奠立及孟子的贡献；第六章，孟子的"性善论"与"良贵"说；第七章，孟子的"民本"思想；第八章，孟子的国家、社会学说和经济学说；第九章，孟子的道德观及精神境界说；第十章，孟子论心、性、天、命及"天人合一"观；第十一章，孟子的认识论——反映论，可知论；第十二章，孟子的教育思想；第十三章，孟子的美学思想与中国传统美学。第三篇包括两章：第十四章，孔孟对中国文化的主要理论贡献；第十五章，中国文化及儒家学说的发展与展望。书末有后记、孟子生平行迹年表。

作者在导论中概述了三个问题：第一，孟子的生平及《孟子》一书。第二，介绍了孟子的光辉思想，包括四个方面：一是儒家"仁"的学说体系的建立与孟子的"性善论"、"良贵"说和"民本"思想，二是孟子的道德观、精神境界说和"天人合一"观，三是孟子的"天道观"和认识论，四是孟子的美学思想。第三，回顾与展望。作者回顾了中国传统文化的光辉历史，指出孔孟对中国古代文化的重大理论贡献有三：一是"仁"——建立了以"仁"为核心的儒学；二是"和"——奠定了重"和"的宇宙观和思维方式；三是"公"——创立了"尚公"的社会学说。作者还对中国新文化的发展作了展望，认为中国未来的新文化将综合成一种新的文化：既是中国传统文化的继续，又高于原有的中国传统文化；既是世界文化的一部分，又具有中国文化的特色。作者预言，中华民族的智慧和能力已创造出光辉灿烂的传统文化，我们坚信，中华民族必将迎来更加光辉灿烂的新文化的来临。

作者在正文中全面考察了孟子的生平、著作、思想体系及对后世的影响，主要内容有三个方面。

一、孟子的生平及《孟子》一书

作者全面考察了孟子的生平事迹，通过比较各家之说，认为孟子的生卒为前 372 年至前 289 年，籍贯为邹国人。关于孟子与稷下学宫，作者认为孟子参与稷下学宫和孟子在齐任大夫(卿)之职，本来就是一个问题。如果否定孟子参与稷下学宫，就难以理解孟子为齐卿。作者考察了孟子的母教和师承，指出孟子幼年受到良好的母教，他一生以孔子为师，但他同孔子一样"学无常师"，司马迁称孟子"受业于子思之门人"之说较合情理。

关于孟子游历诸侯的时间和顺序。作者考察了关系到孟子游历顺序的四个焦点问题：即梁惠王在位年数及卒年、马陵之战等三个战役的具体年代、魏惠王从安邑迁都大梁的年代、齐伐燕的年代，认为孟子在齐威王末年第一次游齐，离齐之后至宋，再经薛、邹、鲁至滕，由滕而至梁，离梁后第二次到齐，正是齐宣王在位之时。孟子游说诸侯的历程，从他 40 岁(前 333 年，齐威王二十四年)至齐开始，到 64 岁(前 309 年，齐宣王十二四年)离齐返邹为止，总共 25 年。

关于聚徒讲学。作者通过探讨孟子的教学相长，将孟子的学术生涯划分为三个时期：一是通道时期，即从 30～40 岁时，在邹苦读经典，聚徒讲学，为以后游说诸侯做好学术思想方面的充分准备；二是游历诸侯的成熟时期，在此期间宣扬孔子"仁"、"和"、"尚公"学说；三是归邹讲学著述的总结时期。作者还简要介绍了 19 位孟门弟子的事迹。

关于《孟子》一书。作者认为，《孟子》成书或基本成书于孟子逝世之前，作者即孟子本人。作者还概述了《孟子》一书的传播及版本，较详细地辨析了《孟子外书四篇》的真伪，认为《孟子外书四篇》虽为明姚士粦所伪撰，但伪书中有不伪，其中所搜集的材料并非全伪，有一部分是古代孟子逸文，正是今人研究孟子的资料。为了方便读者了解孟子的思想，作者将清刊本《拜经楼丛书》中的《孟子外书四篇》，略加按语，刊载于书中。

二、孟子思想体系

（一）儒家仁学体系的建立，孟子的“性善论”、“良贵”说和“民本”思想

关于儒家仁学体系的建立及孟子的贡献。作者全面考察了先秦天人观及重人思想的形成、发展，指出孔子创立的“仁”的学说是中国古代“重人”思想的提炼和升华。孟子的最大贡献就是使孔子首创的“仁”的学说发展为“仁”的学说体系。其表现有二：一是孟子的“性善论”、“良贵”说使“仁”的学说在理论上更臻完善；二是孟子的“民本”思想将“仁”的学说延伸至社会、政治、经济等方面，使之体系化。

关于孟子的“性善论”与“良贵”说。就“性善论”来看，作者认为，从“四端”来说是先验论，从重视后天教育和培养来说，则又是唯物论。从“性善论”的整体来看，唯物论的成分又大大超过先验论。就“良贵”说来看，作者认为它是“性善论”的一个组成部分，但两者又有一定区别：“性善论”主要探讨的是人之所以为人、人与禽兽的区分问题，亦即是人的本质属性问题；“良贵”说是专门探讨人的“尊贵”之所在，即人的价值问题。

关于孟子的“民本”思想。作者考察了古代民本思想的发端，论述了孟子民本思想的主要内容：王道政治哲学、仁政原则和措施、“民贵君轻”说等，认为孟子的“民贵君轻”说是贵民与尊君的统一，仁政的基本原则是“仁民”、“保民”，其中保民包括“富民”和“教民”。作者指出，孟子重视人民道德水平的提高以及先“富”后“教”的措施，将对当代中国精神文明建设及解决全人类当前面临的难题——物质文明提高而精神文明下降的矛盾，提供有益的启示。

在上述基础上，作者进而探讨了孟子的国家、社会学说和经济学说。作者考察了孟子对国家的界说、国家的组成结构、社会分工说、经济分工说、土地改革的蓝图——井田制，认为劳心与劳力的分工是人类社会发展、进步的必然产物，它给人类带来了古代文明的繁荣。孟子充满了对人民疾苦的同情和对人民深厚的爱，在他那里不存在鼓吹“剥削有功，压迫有理”和“为统治者残酷剥削行为辩护”的思想。

（二）孟子的道德观、精神境界说和“天人合一”观

关于孟子的道德观。作者考察了孟子的道德起源说和后天的教育、环境对道德的作用，反求诸己——自省的道德修养方法，“尚公”的道德观，指

出孟子的义利之辨，反对“先利后义”，倡导“先义后利”。义利之辨实为公与私之辨，将国家、民族、社会的公利置于第一位，强调个人对国家、民族、社会的责任。孟子的道德观具有“尚公”的特征。

关于孟子的精神境界。作者指出，孟子的精神境界包括：其一，“乐以天下，忧以天下”——尚公的精神境界；其二，“浩然之气”、“舍生而取义”——人生境界；其三，“万物皆备于我”——最高的理想精神境界。作者认为，孟子“万物皆备于我”的命题，已肯定了客观世界的规律和主观思维规律的一致性，自然规律和思维规律的一致性。这个命题并不神秘，更不是唯心论，它谈的是自然与人的统一，体现了孟子的“天人合一”宇宙观。作者还概述了孟子“生于忧患”从艰苦磨炼中提高精神境界的方法。作者指出，孟子的精神境界说并非如流行观点所说的是不可实现的幻想，如孟子“乐以天下，忧以天下”的精神境界是中华民族的民族魂和中华民族赖以生存、延续、繁荣、富强的重要精神支柱。

关于“天人合一”观。作者考察了孟子心、性、天、命的涵义，认为孟子的“天人合一”观，强调以人为本及天人之间的和谐、均衡、统一，它是孟子哲学中的宇宙观、方法论，贯穿于孟子“性善论”、“万物皆备于我”、天命与人为、“民贵君轻”说、“仁民爱物”等主要学说和命题中。归纳起来，孟子的“天人合一”观具有三个主要特征：一是追求天人之间的和谐、均衡、统一，二是“天”是自然法则与道德法则的统一，三是孟子的宇宙观、价观值和方法论。

（三）孟子的认识论、教育思想、美学思想

关于认识论。作者在辨析了孟子认识论的两个著名命题后指出：“尽信书，不如无书”的命题，重视直接经验，充满了反对教条主义的革新精神；“登泰山而小天下”的命题，具有统观全面、避免片面性的深刻哲理。作者进而分析了孟子“心之官则思”等论述，认为孟子的认识论是反映论、可知论，既区分认识的主体和客体，又十分强调思维在认识中的能动作用，尽管保留了“良知”、“良能”、“良贵”等先验论的残余，但其认识论是唯物的。孟子认识论所提出的一些光辉命题，以及在“可知论”、“反映论”的论述中，思想活跃、深邃，充分体现出其反对教条主义，具有创新精神和科学、唯物的哲学思想。孟子不愧为中国古代智慧超凡的哲学家。

关于教育思想。作者考察了孟子“以其昭昭，使人昭昭”、“申之以孝悌之义”、“仁且智”等命题，指出孟子强调教育者必先受教育，重视道德教化，提倡道德教育与知识教育相结合，探讨了孟子“来者不拒”、因材施教、“教亦多术”的教育方针，论述了孟子独立思考、持之以恒、重视环境影响、反对“自暴自弃”等教育方法。

关于美学思想。作者探讨了孟子对美的界说，在孟子看来，美是真与善的统一，是顺乎天性的发展，是和谐、统一。作者在此基础上又探讨了孟子的美学思想对中国传统美学的影响，这表现为质与文并茂、情与景交融、神与形兼顾。

三、孔孟对中国文化的主要贡献及中国文化的发展与展望

关于孔孟对中国文化的主要理论贡献表现有三：一是建立了以“仁”为核心的儒学，二是树立了重“和”的价值观及思维方式，三是创立了“尚公”的社会学说。

关于中国文化的发展与展望。作者将中国传统文化的发展划分为三个时期：一是春秋战国至两汉，二是隋唐至宋明，三是明末清初至今。作者进而论述了中西文化之短长，认为中西两种文化产生的背景不同，经历时代有异，并从“仁”、“和”、“公”三个方面考察了中西文化的差异。作者还考察了中国历史上的两次中外文化大交流，即第一次印度佛教传入中国，第二次明末传教士来华的“西学东渐”。作者展望未来文化教育的发展，认为当今时代已进入一个文化综合的新时代。这种新的综合与历史上的综合不同，它超出了过去国与国、民族与民族之间文化综合的界限，进入世界范围的大综合，综合的领域也从过去单一领域的综合扩大到政治、经济、社会、哲学等思想文化的全面综合。中国新的文化体系，既是中国传统文化的继续，又高于传统的文化；既具有中华民族的文化特征，又是世界文化的一个组成部分。

通观《孟子大传》，作者充分吸收了古今学者的研究成果，从当代中国和世界文化发展的角度，对孟子思想进行了新的阐发，提出了许多深刻独到的见解。譬如，在以往的孟学研究中，有的学者判定孟子坚持主观唯心论、先天道德论、唯心主义认识论等；作者对上述观点，立足说理，积极争鸣，提出了自己的创见，认为孟子的认识论是可知论、反映论。

第九节　杨泽波著《孟子评传》、《孟子与中国文化》

杨泽波，河北省人。长年坚持自学。1985 年通过中央电视大学中文专业大专自学考试，翌年以同等学历考取复旦大学哲学系中国哲学史专业研究生，1989 年获硕士学位，同年直升攻读博士，1992 年毕业，获博士学位。现任复旦大学哲学系教授。多年来潜心孟学研究，其博士论文《孟子性善论研究》列入中国社会科学博士论文文库（中国社会科学出版社 1995 年版）。主要著作有《孟子评传》、《孟子与中国文化》，并在海内外发表关于孟子以及其他方面的学术论文40余篇。

一、《孟子评传》

《孟子评传》全书38万字。该书列入匡亚明主编《中国思想家评传丛书》。书前有匡亚明1990年10月"《中国思想家评传丛书》序",次为正文。"生平篇"包括:第一章,孟子生平事迹;第二章,《孟子》作者考辨。"思想篇"包括:第三章,王霸之辨;第四章,经权之辨;第五章,义利之辨;第六章,舜跖之辨;第七章,人性之辨;第八章,孟子思想的其他方面。"影响篇"包括:第九章,孟子思想的历史影响;第十章,孟子历史地位的变迁。书末有附录(孟子年表、参考书目)、索引(词语索引、人名索引、文献索引)、后记。

(一) 生平篇

作者在生平篇中,尽量吸取前人的研究成果,并经过自己的辨析、考证,全面考察了孟子的名字、故乡、先世、师承、弟子、游历、生卒、著作等,对有争议的问题,勇于提出自己的观点。

关于孟子的名字,作者认为应从赵岐之说,孟子"名轲,字则未闻"。关于孟子的故乡,作者经过考证认为孟子为邹国人,而非鲁国人。关于孟子丧父,作者认为"三岁丧父"不能成立。关于孟子的师承,作者作了认真的辨析,认为子思并非师承曾子,孟子并非师承子思,孟子受业于子思之门人的说法较为合理。为了阐明子思对孟子的影响,作者又用较长的篇幅考证了《中庸》的作者,认为今本《中庸》由两个不同部分组成,前19章在时间上要早一些,可能是《礼记·中庸》之原文,为子思所作;首章和后13章,在时间上要晚一些,可能是《汉书·艺文志》中所列的《中庸说》,为秦汉人士所为。

关于孟子的游历,作者在前人基础上,参以己意,将孟子的游历划分六个阶段,即:一是在邹出仕(前333年至前324年),二是齐威王时首次游齐(前330年至前324年),三是之宋过薛归邹赴鲁游滕(前324年至前320年),四是游梁(前320年至前319年),五是齐宣王时二次游齐(前319年至312年),六是归邹(前312年至孟子卒)。关于孟子的生卒,作者列举了自古以来关于孟子生卒的九种不同的说法,辨析了钱穆关于孟子生卒的观点并对其做了几点修正,认为孟子的生卒之年为前372年至前289年,寿84岁。关于《孟子》的作者,该书通过辨析几种不同的观点,考察《孟子》行文的特点,认为《孟子》一书由孟子与弟子合作而成。关于《孟子外书》,作者通过辨析和征引陈顾远综合诸说而证《外书》之伪的"十证",认为今《外书》为伪书已成为学术界定论。

(二) 思想篇

作者认为,社会辩论的主题常常是社会思潮的热点,应根据孟子"好辩"

的特点来把握他的主要思想。孟子的“好辩”主要集中在王霸、经权、义利、舜跖、人性等五个方面，因此，应从王霸之辨、经权之辨、义利之辨、舜跖之辨、人性之辨入手研究孟子的思想。

关于王霸之辨。作者在考察王霸之辨的过程中，首先考察了王霸之辨的缘起，包括王霸之辨的时代精神、两种不同的平治方略和孟子黜霸道而扬王道；其次，论述了孟子王道主义的前提，即孟子关于君、君与臣、君与民的主张；再次，论述了孟子安民、养民、教民的王道主义措施；最后，对学术界理解孟子王道主义存在的问题即将孟子之学仅仅限定为心性之学，认为王道主义只是人治，孟子的王道主义是“民为政治主体论”，进行了认真的辨析。

关于经权之辨。作者认为，孟子的政治理想是以“理想化的君本论”为基础。为适应不断变化的社会形势，就要对自己的政治方案予以调整，这就涉及到权的问题。孟子明确将礼与权对举，具有“反经”之说。礼与权同经与权，在思想上一脉相承。因此，将孟子的礼与权思想统称为经权之辨。作者继而阐述了经权之辨的“理论前导”，探讨了“孟子论经权”，包括孟子主张反经也赞成行权，反经与行权的关系，行权标准与价值衡定原则，孟子经权说的理论意义，论述了孟子的义与命，认为孟子的安身立命思想对形成中华民族健康向上、积极有为的社会心理发挥了重要作用。

关于义利之辨。作者考察了孟子义、利的含义，进而论述了孟子义利之辨的三种含义，即治国方略意义的义利之辨、人禽之分意义的义利之辨、道德目的意义的义利之辨，并对孟子“只准言义，不准言利”作了辨证，认为严格区分孟子义利之辨的三种不同含义，牢牢把握人禽之分、义利之辨的价值选择关系，彻底摈除以公私论义利的错误而又僵死的模式，是探求孟子义利之辨真义的重要途径。

关于舜跖之辨。作者指出，从理论上说舜跖之辨的实质是追求理想人格。孟子开展舜跖之辨，就是要培养、建构、追求理想人格，引导人们成为像舜一样的圣人。作者进而探讨了孟子理想人格的层次、典范、实践、动力，认为孟子开展舜跖之辨的意义有二：一是坚持了做人的最高道德标准，二是提供了实践这种标准的实例。

关于人性之辨。作者首先阐释了孟子性善论使用的心、性、情、才、思、反、诚、约等概念的含义，论述了孟子性善论的基本思路，它包括只以良心本心论性、良心本心人人固有、良心本心是性善的根据、恶在于不能尽其才、性善是事物的法则、性善是一个过程六个方面。这六条可用牟宗三“仁义内在，性由心显”八个字加以概括。作者进而考察了孟子性善论的四个基本原则，即存心养性、先立其大、无愧于心、知之必行。作者还在“性善论的现代诠释”中首先分析了良心本心的三个特点：其一，它是人所固有的，是人的良知良能；其二，它包含丰富的内容，不是单调的形式；其三，它是当下呈现，体用无间。然后作者提出了“伦理心境”的概念，并以此阐释孟子的良心本心。作者认为，“伦理心境”包括以下内容：其一，它来源于伦理道德范围内社会生活和理性思维在内心的结晶，它只指社会生活对人的影响的好的方面，不包含坏的方面；其二，它是心的一种境况，有相当程度的稳定性，具有“公理”性质；其三，它是心的一种境界，促使人不断向上，奋进不止。最后作者在此基础上进而论述了孟子的良心本心是“伦理心境”，考察了“孔孟心性学说的分岐”，认为孔子心性之学有欲性、仁性、智性三个方面，但孟子的心性之学只有欲性、仁性两个层面，少了智性的层面，与孔子有严重分歧。

作者在“孟子思想的其他方面”，考察了孟子论美、气、诗、辩和《孟子》的文字特色。譬如作者在“孟子论气”中，全面诠释了《孟子·公孙丑上》“知言养气”章，作者不同意李明辉将“不得于言，勿求于心”改写成“得于言，乃可求于心”的观点，认为“不得于言，勿求于心”与“不动心”是两个完全不同的问题，两者之间没有直接关系，“不得于言，勿求于心”并不是告子“不动心”的原因。作者指出孟子将气赋予了道德的意义，其道德性的浩然之气说，在中国气论发展史上是破天荒的。又如作者在“孟子论辩”中指出孟子所辩的内容大致包括政治性辩论和学理性辩论两类。政治性辩论的对象主要是当时各国的君主，学理性辩论的对象主要是当时的其他学派，包括拒杨朱、斥墨翟、远农家、贬兵家、批纵横、非法家。孟子辩论有两个显著特点，一是巧接话题，二是善用比喻。作者还分析了《孟子》的文学特色。

（三）影响篇

在“孟子思想的历史影响”中，作者概述了孟子王霸之辨、经权之辨、义利之辨、舜跖之辨、人性之辨对后世的影响。譬如王霸之辨的影响，作者认为尽管孟子的王道主义没有真正实现，但孟子严辨王道与霸道，倡导王道政治，有着重要的历史意义。它在“现实政治”之外，另立一种“理想政治”与之抗衡，使现实政治受到一种无形力量的制约和限制，使其不至于向恶的方向无限度地发展，这将有利于加深对中国两千年政治发展史的理解。中国两千年的政治发展史证实了这样一个规律：凡是“理想政治”与“现实政治”之间的张力比较大的时候，就是这个社会治理得比较好的时期；凡是“理想政治”与“现实政治”之间的张力比较小或完全没有张力的时候，一定是政治黑暗、社会腐败的时期。

在“孟子历史地位的变迁”中，作者比较全面地概述了孟子历史地位的变化和提高，认为孟子在汉至唐初地位不高，并阐述了这一时期注《孟》的大致情况。作者在“唐宋以来逐渐升格”中，考察了孟子升格运动的原因，认为孟子思想中的论道统、辟异端、谈心性、明浩然、辨王霸等适应了时代的需要。作者还考察了孟子升格运动的过程，认为从唐代立国到安史之乱爆发前，孟子的地位仍处于不著不察状态。唐宝应二年(763)，礼部侍郎杨绾上疏，开启了《孟子》由“子”升“经”的先声。韩愈揭开了孟子升格运动的序幕。北宋庆历前后，孟子升格运动进入初期；宋神宗熙宁、元丰年间(1068～1085年间)，孟子升格运动达到高潮；宋南渡之后，孟子升格运动进入尾声。作者在“孟子升格运动中的逆流”中，考察了两宋时期的疑孟、非孟思潮，认为这股思潮在尊孟的大背景下显得势单力薄，不大合乎时宜，是孟子升格运动中的逆流。作者认为，自孟子升格运动完成后，除明太祖罢孟子祀之外，孟子的地位在明清两代没有发生根本性的变化，基本上是平顺发展。

附录“孟子年表”，逐年简述了历史大事和孟子事迹。

自古以来，在孟学研究领域存在着许多争论，仁者见仁，智者见智，人们不仅对孟子生平事迹争论繁多，就是对孟子思想也多有歧解。本书的显著特色是一方面尽量汲取前人的成果，对孟子生平事迹中诸如师承、生卒、游历、著作等重要问题，勇于提出自己的观点，尽可能澄清有关的争论；另一方面，又不局限于前人的注疏，努力返回本经，探求孟子思想的本意，尽可能消除对孟子民本、经权、义利、人性、养气等问题的误解。此外，本书将孟子思想列为王霸、经权、义利、舜跖、人性等五辨进行讨论，打破了一般从政治、经济、哲学等方面研究孟子的呆板模式，较好地把握了孟子思想的特色和原貌，体现了作者刻意求新、一丝不苟的治学态度，读后给人以严谨有序、耳目一新之感。

当然，本书还存有尚需完善之处。一是将孟子思想列为王霸、经权、义利、舜跖、人性五辨予以探讨，颇有新意，但孟子思想的内在有机联系是什么，本书尚未作出清晰的论述。二是本书提出“伦理心境”的概念，有的学者指出，这“不失为解释孟子性善论极具启发的概念”，但它“到底是作为一种工夫论或是作为一种境界语？换言之，所谓‘伦理心境’一词，到底是一种修身养性的方法论，还是对个人成圣成贤优入圣域之后的境界的描述语”①。三是对孟子某些言论、命题的诠释尚需推敲。譬如作者解释孟子“莫非命也，顺受其正”时依据朱熹《孟子集注》所注而阐释说：“据此，本章是说，无一不是命，但顺进而行，接受的便是正命。”②作者的解释可自备一说，但不如焦

① 黄俊杰：《孟学思想史论》卷二，23～24页，台湾“中央研究院”中国文哲研究所筹备处，1997。

② 杨泽波：《孟子评传》，221页，南京大学出版社，1998。

循所释更贴近孟子本义。焦循释曰:“非命二字相连,莫字不与非字连也。”“非命二字相连,即下非正命……莫非命,禁戒之辞,谓不可非命而死也。”①在这里,比较朱熹、焦循二人的阐释,我们认为焦循所释为优。

二、《孟子与中国文化》

《孟子与中国文化》全书20万字。该书列入李宗桂主编《大思想家与中国文化丛书》。书前置各章内容提要,次为正文。第一部分“孟子的生平和地位”包括:第一章,孟子的身世;第二章,孟子的游历;第三章,孟子的作品;第四章,孟子的地位。第二部分“国家应该如何治理”包括:第一章,王道主义及霸道主义;第二章,王道主义对君臣的要求;第三章,王道主义的天和君和民;第四章,王道主义几项重要措施;第五章,王道主义的际遇与命运;第六章,孟子政治思想与中国文化。第三部分“人们应该如何生活”包括:第一章,为什么讨论这个问题;第二章,利的生活,食色层次;第三章,利的生活,事业层次;第四章,义的生活,道德层次;第五章,义的生活,天地层次;第六章,为什么追求高层次的生活;第七章,孟子君子之道与中国文化。第四部分“道德应该如何成就”包括:第一章,理论前导与问题;第二章,性善论基本思路;第三章,性善论可否成立(一);第四章,性善论可否成立(二);第五章,成就道德的方法;第六章,孔孟思想的差异;第七章,孟子人性思想与中国文化。书末有结语、后记、附录一(主要参考书目)、附录二(20世纪孟子研究述要)。

本书第一部分所述孟子生平、游历、作品、地位等与作者所著《孟子评传》中“生平篇”观点一致,此处不再赘述。在此仅概述其余三部分的有关内容。

(一) 国家应该如何治理

作者首先阐述了孟子王道主义与霸道主义的区别,认为生于乱世的孟子,坚决反对霸道主义,倡导王道主义,希望通过王道主义的办法,实现平治天下的伟大目标。其次阐述了王道主义对君臣的要求。王道主义的君应该是仁君,王道主义的臣应该是仁臣。仁臣的重要任务之一是格君心之非,扮演着“王者师”的角色。作者指出王道主义中天和君的关系并不重要,天和君和民的关系实际上只剩下君和民的关系。孟子借用天抬高民,民的地位大大上升,这样就有了“民贵君轻”之说。“民贵君轻”说,是孟子关于天和君和民关系思想的最后归宿。

实现王道主义的重要措施,主要包括保民以安、制民之产、取民有制、用民以时、教民孝悌、养民孤老等。作者进而探讨了孟子王道主义的际遇和命

① 焦循:《孟子正义》卷二十六。

运，认为孟子虽然不反对对一些具体问题进行调整，但对于王道主义这个原则问题丝毫不让步。王道主义作为一种治国方略，在当时不合时宜，归于失败是不可避免的。失败不等于死亡，随着时间的发展，王道主义反倒成为常讲常新的话题。作者还论述了孟子政治思想与中国文化，指出如何理解王道主义历来有争论，"民主政治主体论"用于解释王道主义是不能成立的。王道主义在本质上是一种"理想化的君本论"，它代表着"理想政治"，并与"现实政治"相抗衡。"理想政治"和"现实政治"的张力是帮助读懂中国政治发展史的一把钥匙，保持这种张力对当代政治仍然具有重要意义。

（二）人们应该如何生活

作者认为，与西方哲学不同，儒家哲学关注的重点是人，是怎样才能成为一个好人的问题，从理论上分析，这也就是人们应该如何生活的问题。义利双重生活是孔子实际生活的基本框架。孟子对孔子思想进一步细化，其人生思想可具体分为食色、事业、道德、天地四个层次。

作者指出，在食色、事业等利的生活上，孟子并不排斥食色利欲，并不是不准人们享受利的生活。人禽之分、治国方略、道德目的属于三种完全不同的义利问题，其中又可分两种不同的性质，人禽之分的义利属于价值选择关系，治国方略和道德目的的义利属于彼此对立关系。不能分别三种不同意义的义利问题，把价值选择关系置换为彼此对立关系，是造成义利混乱的根本原因。在孟子那里，每个人都有事业上的需要，事业需要高于利欲需要。

作者认为，在道德需要上，孟子以人禽之分的方式解决了人为什么有道德需要的理论难题。孟子的大丈夫精神是义的生活的生动写照。孟子主张道德需要高于事业需要。在天地需要上，它的实际含义就是指人与天地合而为一的需要，亦即是天人合一的境界。从理论上分析，天地层次本质上是超道德层次。从我国原始思维的传统中可以找到孟子天人合一思想的源头。作者指出，人为什么追求高层次的生活？高层次的生活是更为幸福的生活，人人都有自然向上的力量，这是人们追求高层次生活的根本原因。孟子君子之道可以概括为四个字："求乐"和"向上"。

就孟子君子之道与中国文化来看，作者认为"求乐"使中国文化成为一种典型的乐的文化，尤其重视成就道德后的愉悦，使人们乐于积德行善，成就道德，但在后世，人们背离了原始儒家的真精神，不敢承认食色利欲之乐，只剩下道德之乐唱独角戏。"向上"使中国文化有着强烈的积极进取精神，努力学做圣人，特别强调先做人后立业，重视摆正道德需要和事业需要的关系，但"向上"的标准过于单一，也有所不足。

（三）道德应该如何成就

作者认为，孔子首先系统地提出了如何成就道德的问题。孔子之后爆发了关于人性的大论战。孟子主张人性善。孟子论性善的基本思路包括：只以良心本心论性，良心本心人所固有，良心本心是性善的根据，恶在于不能尽其才，性善是事物的法则，性善是一个过程。这六个方面可以进一步概括为"仁义内在，性由心显"。孟子以不忍、亲情、同然论性善。孟子关于性善论的论证，在形式逻辑的意义上是很难立得住的。性善论立论的核心不是理论论证，而是生命体验，是通过各种方法诱导人们对自己良心本心的体认，仅仅依靠形式逻辑是读不懂性善论的。作者指出，良心本心的最大特点是"先在的"。从理论上说，作为"先在的"良心本心，是社会生活和理性思维在内心结晶而成的心理境界和境况，简称为"伦理心境"。肯定"伦理心境"并不意味着完全排除性善的生物根源。将"伦理心境"和生物遗传根源结合起来，最终解开性善论之谜的前景灿烂而辉煌。

作者进而阐述了孔孟思想的差异。孔子心性学说有欲性、智性、仁性三个层面，全面而完整。孟子心性之学保留了欲性和仁性两个层面，但缺少了智性一层，形成了孔孟心性之学的分歧。孔孟心性之学的分歧隐藏得很深，但对两千多年儒学发展史有着根本性的影响。

作者还阐述了孟子人性思想与中国文化，认为对中国文化发展方向的影响，孟子之功不在禹下。性善论的最大功绩是使人明白了人人都有良心，做事要讲良心，不然即为禽兽，讲良心已成为中国文化的一个根本特征。良心也有容易趋于保守的缺点，要克服这个缺点，需要大力发扬智性。孔孟心性之学的分歧，不得不使我们重新考虑向孔子心性学说回归的问题。

作者在本书内容简介中指出："展现在读者面前的，是一部专门写给社会大众特别是青年朋友的书。本书的可贵之处在于，它充分考虑到读者的定位，在写作方式方法上做了多方面大胆而有益的尝试。本书打破惯例，将孟子思想结晶为国家应该如何治理、人们应该如何生活、道德应该如何完善三个问题，深入浅出地介绍了孟学的精华及其对中国文化的深刻影响。"从总体上看，该书融理论性、学术性、科学性、通俗性于一体，雅俗兼顾，文笔生动，对普及中华传统文化当有积极的意义。

除上述之外，作者还著《孟子性善论研究》（中国社会科学出版社 1995 年版），因作者《孟子评传》中"人性之辨是《孟子性善论研究》若干重要章节的压缩和改写"①，为避免重复，不再赘述。

---

① 杨泽波：《孟子评传》，295 页，南京大学出版社，1998。

第八篇 港台地区及海外学者的孟学研究

从20世纪40年代末至本世纪初的50多年间，我国港台地区和海外学者的孟学研究取得了可喜的进展，获得了丰硕成果，为深化中国传统文化研究作出了积极的贡献。

为简要概述港台地区50多年来的孟学研究概况，就要了解该地区人文研究的历史背景。譬如台湾地区，“第一个值得我们注意的背景是：最近40多年来（指1945～1987年，引者注），台湾在经济快速发展下，教育及学术研究随之日趋蓬勃。在台湾6岁以上总人口中，不识字人口所占比例从1952年的42.1%下降到1989年的7.1%，而接受中学以上教育的人口占总人口比例也从1952年的8.8%上升到1989年的44.9%。战后台湾居民教育水准的提升，是学校数量扩增的结果。在1950～1951学年度，台湾每1000平方公里平均只有41.8所学校，但到1986～1987学年度，则增加为179.51所学校。在战后台湾教育的发展之中，最值得注意的是高等教育的扩增，统计资料显示：民国三十九年至民国七十二年（1950～1983）之间，大学院校数增加了7倍，学生数增加30.4倍，各大学研究所数目增加了83倍，研究生数目增加了1698.4倍。研究所教育在整个高等教育结构所占的比例由民国三十九（1950）学年度的万分之九增加到民国七十一（1982）学年度的2.5%。高等教育的发展，意味着有相当数目的战后新生代接受了完整的教育，奠定了从事学术研究的基础。近年来的统计很能反映这种发展趋势：1982学年度台湾各大学设有博士班的研究所共有75所，博士课程学生只有975人，硕士班的研究所有248所，学生共7157人；但到了1986学年度，前者增为118所，学生2143人，后者则增为300所，在校学生共有11294人。在台湾高等教育逐渐扩张的同时，从美国、日本及欧洲各国学成回国的留学生数目也急速增加，从1950年的6人，增加到1971年的362人，1981年的937人，到1986年增加为1583人。这些与日俱增的归国留学生，大多分布在各研究机构及大学，从事研究及教学工作。在研究人口激增的背景之下，近年来国际学术交流的日趋频繁……以上这项背景，虽与儒学研究没有直接关系，但是却是战后台湾人文研究的共同背景。”①由此看来，台湾高等教育的发展，为台湾地区儒学研究的发展提供了良好的社会条件。

台湾学者钟彩钧教授亦指出，台湾有关儒学的教学与研究主要在大学里的中国文学系、历史系、哲学系里进行。80年代，设有这些科系的大学有台湾、台湾师范、政治、淡江、辅仁、东吴、文化、中央、中兴、东海、成功、高雄

---

① 黄俊杰：《战后台湾关于儒家思想研究的回顾与展望》，见《中国文哲研究的回顾与展望论文集》，449～450页，台湾“中央研究院”中国文哲研究所筹备处，1992。

师范等大学（中国文学系各校都有；哲学系仅台湾、政治、辅仁、文化、东海大学有；历史系的数目在两者之间）。80年代以后，当局对高等教育及学术研究有较多的支持，于是有新大学成立，其中包含文史哲系所的有中山、中正、华梵，及筹设中的东华、暨南等大学。旧有大学而增设文史哲系所的，有东吴、中央、清华、逢甲、彰华师大。至于新增硕士班或博士班的就更多，无法一一细数了。1989年"中央研究院"也设立了中国文哲研究所筹备处，翌年开始聘用研究人员。

80年代后期，台湾学术会议的举办蔚为风气，几年来各校逐渐形成自己的特色。如中山大学自1989年起，每两年召开一次清代学术研讨会，陆续汇集了有关清代经学以及思想家如陈确、唐甄、刘逢禄、戴震、章学诚、魏源等人的研究论文。高雄师范大学自1992年起，每两年召开一次先秦学术研讨会，也累积了一些有关经学及先秦诸子的论文。东海大学是徐复观先生曾任教的学校，1992年6月徐复观学术思想研讨会在此召开。清华大学1991年5月底召开中国古代思想的气论及身体观研讨会，1992年9月召开东亚儒学与近代学术讨论，都是环绕着主持人杨儒宾的研究而展开的。"中央研究院"中国文哲研究所1992年5月底召开朱子学会议，1994年5月召开孟子学会议，可看到研究人员的兴趣。又在1992年12月召开清代经学研讨会，1995年12月召开明代经学研讨会，对历代经学史作了逐步的研讨。辅仁大学在1993年6月召开王船山学术研讨会，以及两岸学术会议——中国哲学在中国历史的回顾与发展讨论会，1994年召开第二届两岸会议——中国哲学的回顾与展望研讨会，5月召开中国人的生死观学术研讨会，约略看出以两岸交流为重点。中国文化大学自1991年起，每两年召开一次东西哲学比较研讨会，其中也包含对儒家哲学的讨论，然而是以中西比较的角度从事的。台湾师范大学在1994年4月底召开第一届经学研讨会，可以预见将继续下去。

除了学校与研究机构外，还有几个团体值得介绍。（一）鹅湖月刊社。这是推动新儒学研究的主力。50年代，牟宗三先生曾任教于台湾师大及东海大学，曾教导一批学生，他们主要从事传统儒学的研究，但也为台湾的新儒学研究打下了基础。70年代中期，唐君毅、牟宗三先生自港来台讲学，唐先生病逝后，牟先生仍往返港台之间讲学。其门人以创办鹅湖月刊的方式结合起来，如今许多已进入各校哲学系或研究机构。近几年又成立东方人文学术研究基金会，出版《鹅湖学志》。自1990年12月起，每两年召开一次当代新儒学研讨会，其研究重点，一是当代新儒学各家的研究，二是儒学在现代社会中的发展，三是儒学与西方古典和当代哲学的比较研究。（二）孔孟学会。该学会是当局支持的，办有《孔孟学报》、《孔孟月刊》。该学会不曾办学术会议，活力似不及鹅湖月刊社，然而《孔孟月刊》由各大学中文系轮流主编，轮值的中文系，其教师与研究生有机会也有义务撰写文章，对鼓励写作有贡献；此外，又定期举办中学生孔孟学说论文竞赛、中华文化复兴论文竞赛（分社会人士、中小学教师与大专院校学生三组）、中小学教师国学研究会等，对儒家思想的普及与向下扎根有很大的帮助。（三）汉学研究中心。该中心是附属于中央图书馆的联络与资讯机构，出版《汉学研究》、《汉学研究通讯》，资助海外汉学家来台作研究，并定期主办会议，其中和儒学有关的如 1991 年 5 月举办的中国人的价值观研讨会。（四）《联合报》系文化基金会。该基金会支助一些学术研究与活动，两岸学术交流亦是重点之一，例如在 1993 年 5 月，与台湾大学、政治大学、中国社会科学院、北京大学的哲学系所合办传统中国文化与未来文化发展学术研讨会。①

上述黄、钟二位先生所介绍的台湾地区的学术机构、团体、研讨会等，尽管是指广义的人文研究、儒学研究，不言而喻，其中当然包括孟学研究。台湾地区的孟学研究是其儒学研究的一个重要组成部分。

就港台地区的学术出版物来看，各大学、学术机构、团体都有自己的出版物，譬如《清华学报》、《台湾大学文史哲学报》、《台湾大学历史学系学报》、《哲学与文化月刊》、《鹅湖》、《中国文化月刊》、《东海学报》、《师大学报》、《汉学研究》、《中华文化复兴月刊》、《幼狮学说》、《幼狮月刊》、《科学发展月刊》、《台湾师范大学国文研究所集刊》、《中国文哲研究集刊》、《孔孟学报》、《孔孟月刊》、《香港中文大学中国文化研究所学报》、《新亚书院学术年刊》等。这些刊物经常发表中外学者关于孟学研究的论文。除此之外，港台地区出版社出版了数量可观的孟学研究专著，譬如温晋城著《孟子会笺》（台湾正中书局 1964 年版），李曰刚著《孟子释义》（台湾志成出版社 1962 年版），陈森甫著《孟子学术思想探源》（台北，刘善暄印行 1968 年版），李明凯著《孟子思想与中国文化》（台湾商务印书馆 1970 年版），史次耘注译《孟子今注今译》（台湾商务印书馆 1972 年修订二版），周绍贤著《孟子要义》（台湾文景书局 1973 年版），陈立夫著《孟子之政治思想》（台湾中华书局 1973 年版），王孺松著《孟子论性与修为学》（台湾教育文物出版社 1974 年版），陈顾远著《孟子政治哲学》（台湾新文丰出版公司 1975 年版），薛保纶著《孟子的哲学》（台湾弘道文化事业公司 1976 年版），唐迪风著《孟子大义》（台湾学生书局 1976 年版），唐林泉

① 以上文字均见钟彩钧：《台湾地区近五年来的儒学研究》，载《国际儒学研究》第 2 辑，285～287 页，中国社会科学出版社，1996。

著《孟子政治思想新论》(台湾商务印书馆1978年版),陈宝泉编撰《孟子时事考征》(台湾广文书局1978年版),苑觉非著《孟子大义》(台湾中华书局1978年版),骆建人著《孟子学说体系探赜》(台湾文津出版社1979年版),王恩洋著《孟子疏义》(台湾新文丰出版公司1979年版),陈大齐著《孟子的名理思想及其辩说实况》(台湾商务印书馆1980年版),陈圣勤著《孟子文辞今析》(台湾正中书局1980年版),陈大齐著《孟子待解录》(台湾商务印书馆1981年版),吴康等著《孟子思想研究论集》(台湾黎明文化事业公司1982年版),滕春兴著《孟子教育哲学思想体系与批判》(台湾正中书局1983年版),陈训章著《孟子管窥》(台湾黎明文化事业公司1984年版),王支洪著《孟学的现代意义》(台湾东大图书公司1984年版),王基伦著《孟子散文研究》(《台湾师范大学国文研究所集刊》第29号,1985年版),王邦雄、曾昭旭等著《孟子义理疏解》(台湾鹅湖出版社1985年版),陈立夫著《孟子之道德伦理思想》(台湾正中书局1986年版),叶经柱著《孟子之民本主义》(台湾正中书局1990年版),黄俊杰著《孟学思想史论》卷一(台湾东大图书公司1991年版),袁保新著《孟子三辩之学的历史省察与现代诠释》(台湾文津出版社1992年版),黄俊杰著《孟子》(台湾东大图书公司1993年版),李明辉著《康德伦理学与孟子道德思想之重建》(台湾"中央研究院"中国文哲研究所筹备处1994年版),李明辉主编《孟子思想的哲学探讨》(台湾"中央研究院"中国文哲研究所筹备处1995年版),黄俊杰主编《孟子思想的历史发展》(台湾"中央研究院"中国文哲研究所筹备处1995年版),黄俊杰著《孟学思想史论》卷二(台湾"中央研究院"中国文哲研究所筹备处1997年版),李明辉著《孟子重探》(台湾联经出版事业公司2001年版),等等。

除上述之外,港台地区出版的许多部中国政治思想史、哲学史、伦理学史、学术思想史、儒家思想史、教育思想史等专著,大都设立专章论述孟学。20世纪50～80年代,大陆与港台地区学术交流较少,由于受客观条件的限制,笔者对港台地区孟学研究论著的搜集可能挂一漏万。现仅依据笔者掌握的材料,对港台地区的著名学者、孟学研究论集、孟学研究论著及杜维明、成中英、余英时等海外学者的孟学研究作简要叙述,以期大致描绘出港台地区和海外学者的孟学研究轮廓。

第三十九章 钱穆的孟学研究

钱穆(1895—1990),原名恩鑅,字宾四,江苏无锡人。当代著名国学大师、史学家、教育家。少年时代家境贫寒,7岁入私塾,中学未卒业。1912~1922年,在无锡任小学教师10年。1922~1930年,在厦门、无锡等地任中学教师9年。在中小学任教期间,他治学严谨,着力探索,多次发表关于先秦诸子、儒学研究的论著。1930年后,被燕京大学、北京大学、清华大学、西南联大等高等学校聘为讲师、教授。1949年,前往香港创办新亚书院(今香港中文大学的前身)。1947年定居台湾。他对中国历史、哲学、文化均有深湛的研究,著述甚丰。他认为:"民族之抟成,国家之创建,胥皆文化演进中之一阶程也。故民族与国家者,皆人类文化之产物也。"他热爱祖国,热爱祖国的悠久文化,反对全盘西化的民族虚无主义,指出"环顾斯世,我民族命运之悠久,我国家规模之伟大,可谓绝出寡俦,独步于古今矣。此我先民所负文化使命价值之真凭实据也"①。他认为应努力了解中华民族文化之优良传统,才能从西方文化传统中撷取长处。他认为中国的儒道两家,一正一反,是中国文化结构中的两大支柱,中国人生两大精神之所在。孔子是民族圣人。他的思想,对于中国形成为一个和平的大一统的国家,形成有绵延悠久文化的国民性,起了很重大的作用。《论语》、《孟子》等儒家典籍,是中国文化传统的结晶所在。他的重要学术著作,大都与儒学有关。第一部公开出版的著作《论语文解》,成名作《刘向歆父子年谱》,都是研究儒学的专著。其儒学专著或与儒学有关的重要学术著作还有《论语要略》、《孟子要略》、《国学概论》、《先秦诸子系年》、《国史大纲》、《中国文化史导论》、《宋明理学概述》、《两汉经学今古文平议》、《论语新解》、《论语新探》、《朱子新学案》、《宋代理学三书随札》等。钱穆的孟学研究大致表现于三个方面:一是撰著《孟子研究》,二是《先秦诸子系年》对孟子生平事迹的考订,三是中国文化视野中的孟学研究。

① 钱穆:《国史大纲》引言,1页,商务印书馆,1947。

第一节 《孟子研究》

钱穆所著《孟子研究》，原名为《孟子要略》，1928 年由上海群学社刊出版，1948 年上海开明书店出版时更名为《孟子研究》。

该书前置作者 1947 年所撰弁言，次为正文。正文共七章，依次是：第一章，孟子传略，附录：孟子年谱；第二章，孟子对于当时政治之主张，附录：孟子之政治思想；第三章，孟子对同时学者之评论，附录：孟子对当时从事政治活动者之批评；第四章，孟子与门弟子对于士生活之讨论；第五章，孟子之性善论；第六章，孟子之修养论；第七章，孟子尚论古先圣哲及自道为学要领。全书约 6 万字。

一、关于“弁言”

作者在“弁言”中概述了孟学对后世的三大贡献。

（一）孟子发明性善之义

钱穆认为，孟子“发明性善之义。此乃中国传统政教纲领，亦即中国传统文化精神之所依著”。接着，钱穆比较了它与宗教、法律的不同，“苟非人性之善，则人类社会，不过一功利权力欺诈杀伐之场，能以法律暂维于不溃，斯为郅治升平矣。而法律之效终有际限，乃弥缝以宗教，博爱慈仁，皆出帝意，人生与罪恶俱来，非皈依上帝，即无以自赎，亦无以得救，则宗教与法律，实相辅相成也。若果不信斯世之外尚有一上帝，则如印度有释迦，中国有老庄，惟有破弃人类，归之虚无寂灭”。他指出，唯有中国传统政教大纲“既不仰赖宗教，又不偏仗法律，而汲汲为斯世大群谋福利，亦不蹈老释之悲观与消极，则惟以主人性本善故”。在他看来，孟子发明性善，既可以消除“法律终为在外之钳制”的弊端，又可以避免“老释之虚无寂灭”，孟子所创性善能激励人类向往光明，“善无终极，斯世界无末日，人生不虚无，而政教有所企向，文化有所期望”。

（二）孟子言养气

在钱穆看来，“人类之于宇宙，个人之于社会，其小藐焉，其暂忽焉，而孟子曰：我善养吾浩然之气，其为气也，至大至刚，以直养而无害，则塞于天地之间。夫而后小者有以见其大，暂者有以见其久，于何能尔？亦曰我一人暂尔独然之气，有以合乎众人千古同然之性，斯即所谓配义与道也。道者，人群千古之所同。义者，我一人暂尔之所独。何以我一人暂尔所独而谓之曰义？曰：惟此一人暂尔之独，有以会乎人群千古之同，故以谓之义也。浩然之气则集义所生。夫使其人暂尔之所独，无不有合乎大群千古之所同，则其气浩然矣。斯言也，斯行也，皆其人一时暂尔之气之动，果其无当于千古人群之性之同，则是藐焉忽焉者，又何道而得浩然塞天地乎？故非善养气，即无以尽其性之善，人之不能尽其性而极乎善者，皆其养气之功有不至也。孟子道性善，指大群千古同然之本体，孟子言养气，指小我暂忽所独之工夫，必兼二者，而后表里备，本末俱，此孟子养气之学所为有大贡献于后世人群者又一也”。就是说，孟子的性善与养气是本体与工夫的关系，只有兼备本体与工夫，才能达到“表里备，本末俱”的和谐统一。

（三）孟子言知言

钱穆指出：“当孟子之时，群言龙杂，是非淆乱，家家自以为大道，人人自以为正义，而不知其皆藐焉忽焉特一气之动而已。使我而无以知道义之正，定是非之宗，则终亦自陷于藐焉忽焉之一气之动而止，又何以得浩然者而养之乎？故知言者，又养气之工夫也。若何而知？曰：知之以大群千古之所同，凡其无当于大群千古之所同者，皆其人暂尔之独，是皆一气之动，非所谓道与义也。孟子道性善，言必称尧舜，拒杨墨，而曰乃我所愿则学孔子。尧舜孔子，乃人群千古之同，杨墨则暂时一人之独。此何以知？知之于千百年之后，孔子之道大行，杨墨之言已熄，则易。知之于千百年之前，杨墨之言盈天下，天下不之杨则之墨，当时天下皆不知而孟子独知之，则难。故曰：能言拒杨墨者，皆圣人之徒也，是孟子亦知其难矣。而孟子独何以知？曰：孟子亦知之以人性，知之以人性之皆善而已。墨氏兼爱，是无父也，杨氏为我，是无君也，无父无君，是禽兽也。不知人性自有仁，故外假天志而侈言兼爱，不知人性自有义，故退就一己而昌言为我，兼爱为我非不是，其病特中于昧人性。人性自有仁义，此人性之所以善，仁义原本人性，此仁义之所以为善，杨墨违人性背仁义而言兼爱为我，孟子拒之，亦所以发明人性之善也。故曰：诐辞知其所蔽，淫辞知其所陷，邪辞知其所离，遁辞知其所穷，生于其心，害于其政，发于其政，害于其事。诐淫邪遁，其先皆病于心。己心既病，则无以见人性之同。孟子之知言，亦在乎知人心而已。《诗》曰：他人有心，予忖度之；执柯伐柯，其则不远。故孟子曰：思则得之，不思则不得也。人莫不有心，心莫不能思，先立乎其大者，则小者不能夺也。故曰：归而求之有余师；又曰：人皆可以为尧舜。上求之千古群心之同，近反之一己当心之独，而有以见其会通焉，斯可以证人性之善而知言之学亦尽于此矣。故孟子之论知言，其实即心学也。孟子曰：尽心可以知性，尽性可以知天。夫曰可以知天，又何论乎知言哉。人必能知言而后可以卓然自出于群言之表，不夺不惑，有以养其浩然之气，而尽吾性以极乎善也，此孟子知言之学所为有大贡献于后世人群者三也。”在钱穆看来，孟子的知言是其养气之工夫。孟子的知言，在于拒杨墨即抨击杨墨之言的偏颇。为什么“孟子独何以知”？这是因为“孟子亦知之以人性，知之以人性之皆善而已”。杨墨的“兼爱”、“为我”违背了儒家的仁义，即“不知人性自有仁”，“不知人性自有义”。在孟子那里，“人性自有仁义，此仁义之所以为善，仁义原本人性，此仁义之所以为善”，孟子知言以拒杨墨，“亦所以发明人性之善也”。钱穆又认为，“孟子之论知言，其实即心学也”。在谈到性善、养气、知言的关系时，钱穆认为，“人必能知言而后可以卓然自出于群言之表，不夺不惑，有以养其浩然之气，而尽吾性以极乎善也……此三者其实则一，皆所以尽人心而发明性善之旨也”。在这里，钱穆认为孟子之所以言性善，就是因为人具有仁义。质言之，仁义是人善的本性。这就揭示出孟子性善论的本质。就性善、养气、知言的关系来看，“故非善养气，即无以尽其性之善，人之不能尽其性而极乎善者，皆其养气之功有不至也”，“故知言者，又养气之工夫也”。这表明，只有知言，才能进而养气；在知言、养气的基础上，才能极尽人善的本性。三者兼备，就能发挥孟学拨乱反正以达太平之世的功效，如他所说“孟子生乎乱世，外则发明人性之善，内则自尽吾心，以知言养气为务，必孟子之学昌，而后拨乱世而反之治者可期，亦必遵孟子之涂辙，而后可以得孔学之真趋”。

二、孟子传略及政治主张

关于孟子游齐的时间，自古以来学术界争论甚多。钱穆认为，“孟子当齐威王时已游齐”①。此说在学术界已成定论。

作者指出，孟子离齐后曾居宋，后去宋过薛，鲁平公时至鲁，未遇。孟子至滕，去滕后遂游梁，时值梁惠王后元十五年(前320)，齐宣王元年(前319)，孟子去梁返齐。关于孟子的生卒，《孟子研究》所附孟子年谱未明确标出，但钱穆称“今考孟子年岁，其至梁在惠王后元十五年，时惠王在位已五十一年，计其年寿殆及七十，或已过之，而称孟子曰‘叟’。‘叟’是长老之称，则孟子之年，亦当近及七十也，至是去齐，又逾七八年，孟子已老”②。梁惠王后元十五年，当是前320年，据此推算，钱穆谓孟子生年当为前390年。

作者阐述孟子的政治主张时，往往是称引孟子与邹穆公、滕文公、梁惠王、齐宣王的答问，然后以简炼语言概括其主旨。譬如作者征引《孟子·梁惠王上》“齐桓晋文之事”章后评析说：“此孟子教齐宣王以为政重在经济民生，而归其本于推广其一己仁民爱物之心也。”又如征引《孟子·梁惠王下》“齐宣王见孟子于雪宫”章后评论说：“此孟子教齐宣王以为政重在经济民生

① 钱穆：《孟子研究》，2页，开明书店，1948。

② 同注①，11～12页。

而要其极于上下之同乐也。”①再如作者征引《孟子·梁惠王下》“汤放桀”章和《孟子·万章下》“齐宣王问卿”章后，分别评论说：“此孟子论人民有革命之权利也”；“此孟子论人臣有变易君位之责任也。在孟子时，贵族阶级之制度，尚未泯绝，故孟子专以易君之责归之贵戚之卿。自秦以后，贵族制度既破，更不必有贵戚之卿、异姓之卿之别。则为人臣者，皆有变易君位之责任。惜乎后人未能阐明孟子此意，遂使专制之毒，历二千年之久也”。作者在最后又总结说：“今综述孟子论政大意：盖本其性善之旨，谓人人皆可以为善，其陷于为不善者，皆非其人本身之罪，或由于教育之不明，或由于生计之不裕，而生计之关系为尤大。故为政者，当先注意发展国民之生计，次之以教育，则上下同乐，各得遂其所欲矣。否则国民以暴君苛政之故，不免于死亡，则陷于刑辟非其罪，背国叛君非其过。其君为匹夫，为其臣者可以去，可以易其位，可以诛其人。其论实较孔子正名复礼之主张为进步矣。惟孟子始终未明倡平民革命之说，则以限于时代，见不及此，不足为孟子病也。”②

作者在附录“孟子之政治思想”中，又择其要者列举了孟子九条言论和论述，进而概括说：“今再综述孟子论政思想，要不出两大纲。一曰‘惟民主义’。舍民事则无政事，而尤以民生为重，一也。二曰‘惟心主义’。为政者当推扩吾心之仁，以得民心之同然，而归极于天下皆仁，二也。一言以蔽之，则‘推仁心，行仁政’是也。其他凡言政治，胥可以是义通之”③。

三、孟子对同时学者之评论

钱穆认为，弄清孟子对同时一辈学者之评论，就能知孟子时代之学风和孟子学说之地位。作者接着列举了孟子与当时学者的十项辩论或评说，即一是“论许行并耕之说不可行”，二是“论白圭二十税一为貉道”，三是“论陈仲子苦行为不能充其类”，四是“论夷之爱无差等之说为二本”，五是“论宋牼以利害说时君之不当”，六是“与淳于髡辨礼”，七是“与淳于髡辨仁”，八是“答任人问礼”，九是“与告子辨性”，十是“答孟季子问义内”。作者首先列举《孟子》书中的有关论述，然后予以评析。譬如作者评析孟子“论许行并耕之说不可行”时，比较了许行学说与墨子之学的异同，评论了许行否认社会分工的主张，认为“孟子之说，为较切近于人事”，指出：“许行理论，盖分三点：(一)人人自食其力，无分贵贱，都须劳动也。(二)人类劳动，以分工互助为目的，故主以工品直接交易，而打破资产牟利之制也。(三)人类既尽能以劳

① 钱穆：《孟子研究》，24页，开明书店，1948。

② 同注①，28～30页。

③ 同注①，35页。

动相互助，则可以无政府之设施也。孟子则谓既从事于政治，即无暇业生产，其言根据历史事实，无可非难。故苟主并耕之说者，非打破人类之政治组织不可，尤非证明人类，可以无治不可。今许行谓并耕而治，非无治也，则宜为孟子所驳矣。《汉书·艺文志》称农家者流，以为无所事圣主，则孟子劳心者治人，劳力者治于人之说，农家当根本否认，不知许行当时已有此论，而《孟子》书中，略不之载欤？抑自许行以后，乃始更进一步而为无治之主张欤？今亦不可考定矣。同时有庄周，力唱人类可以无治之说，实可为许行张目。然无治之论，至今犹为高调，未可见之实施。则孟子之说，为较切近于人事矣。"①

作者在本章之附录"孟子对于当时从事政治活动者之批评"中，又列举了孟子对公孙衍、张仪、慎子、白圭等人的批评，概括指出："此见孟子持论，皆以全体人民之利害为本，而不拘泥于一国之得失，故于当时功利之臣，皆抱反对之态度也。"②

四、孟子之性善论

作者认为，考察了孟子对于当时政治社会之主张后，应"进而推求其学说之本源"，为此，"不可不明孟子性善之旨。性善者，孟子学说精神之所在。不明性善，即为不知孟子。故凡研究孟子者，于其性善之说，不可不深注意也"。作者在引述《孟子·滕文公上》"滕文公为世子"章后评论说："朱子云：'近看孟子，见人即道性善，称尧舜，此是第一义。若于此看得透，信得及，直下便是圣贤，便无一毫人欲之私，做得病痛。若信不及，又引成眮、颜渊、公明仪三段说话，教人如此发愤，勇猛向前，此外更无别法。'(《答梁文叔书》)今按朱子此说，发明孟子性善之旨，最为简尽。盖孟子道性善，其实不外二义，启迪吾人向上之自信，一也。鞭促吾人向上之努力，二也。故凡无向上之自信，与向上之努力者，皆不足以与知孟子性善论之真意者也。爰特揭此二义于先，以为考论孟子性善论之大纲焉。"作者接着又征引《孟子·告子上》"性无善无不善"章而评论说："此章公都子列举当时论性诸说，而孟子总答之，实可为孟子道性善之总论也。陈澧云：'孟子所谓性善者，谓人人之性皆有善，非谓人人之性皆纯乎善也。其言曰：恻隐之心，人皆有之；羞恶之心，人皆有之；恭敬之心，人皆有之；是非之心，人皆有之。父母之心，人皆有之。非独贤者有是心也，人皆有之。今人乍见孺子将入于井，皆有怵惕恻隐之心。人皆有不忍人之心。人皆有所不忍，人皆有所不为，孟子言人性皆有

① 钱穆：《孟子研究》，42页，开明书店，1948。

② 同注①，67页。

善，明白如此。又曰：虽存乎人者，岂无仁义之心哉。无恻隐之心，非人也；无羞恶之心，非人也；无辞让之心，非人也；无是非之心，非人也。其言人性无无善者，又明白如此。公都子曰：或曰有性不善，以尧为君而有象。孟子答之曰：'乃若其情，则可以为善矣，乃所谓善也。'此因有性不善之说而解其惑，谓彼有性虽不善而仍有善。何以见之？以其情可以为善，可知其性仍有善，是乃我所谓性善也。如象之性诚恶矣，乃若见舜而忸怩，则其情可以为善，可见象之性仍有善。是乃孟子所谓性善也。若论尧之性，岂得但云可以为善而已乎？盖圣人之性纯乎善，常人之性皆有善，恶人之性仍有善，而不纯乎恶；所谓性善者如此，所谓人无有不善者如此。后儒疑孟子者，未明孟子之说耳。'(《东塾读书记》)今按陈氏之说，甚为明晰。吾所谓启迪吾人向上之自信，与鞭策吾人向上之努力者，必自深信人性皆有善与人皆可以为善始也。否则自暴自弃，不相敬而相贼，而人类乌有向上之望哉？《伪孙疏》云：'情性才三者，合而言之则一物耳；分而言之，则有三名。盖人之性本善，而欲为善者非性也，以其情然也；情之能为善者，非情然也，以其才也。是则性之动则为情。而才者乃性之用也。'今按孟子本情才以验性，即就其已发而推论其可能，使人人有以自证，人人有以自信，而牖启其向上之志，此孟子道性善之意也。"①

作者征引了朱熹、陈澧对孟子人性善的论述，认为朱熹之说"发明孟子性善之旨，最为简尽"，陈澧之说"甚为明晰"。作者深入剖析了孟子性善的内涵和功用，认为"孟子道性善，其实不外二义，启迪吾人向上之自信"，"鞭促吾人向上之努力"。作者认为，孟子的人性善包括彼此相连的两个方面：一是人人之性皆有善；二是人皆可以为善。前者与"启迪吾人向上之自信"相对应，后者与"鞭促吾人向上之努力"相对应。这样，使"人人有以自证，人人有以自信，而牖启其向上之志"，"此孟子道性善之意也"。

为了论证自己的上述观点，作者又征引《孟子》书中"富岁，子弟多赖"章、"人皆有不忍人之心"章、"人皆可以为尧舜"章、"人皆有所不忍"章、"自暴者不可与有言"章、"无惑乎王之不智"章、"仁之胜不仁"章、"舜发于畎亩之中"章等，进而评论说："圣人，人类之优秀特出者。孟子即指人类优秀之先例，以明示人人有追求优秀之可能也。此即彼推我以证明性善之说也……恻隐、羞恶、辞让、是非之心，人类心理高尚之表现也。孟子即指人类高尚之心的表现，以明示人人有超入高尚之可能也。此即暂推久以证明性善之说也，故孟子论性善，在于举一人以推之于人人，指一时以推之于时时，实

① 钱穆：《孟子研究》，79～82页，开明书店，1948。

为吾人立一最高之标的，而鼓励吾人尽力以趋赴之者也……曹交问人皆可以为尧舜有诸，而孟子答以亦为之而已矣。是吃紧在一为字，即吾所谓向上之努力，非此则不足以尽其才也……孟子言‘为’，又言‘充’，充者即为之之方也。孟子明举尧舜，以为人类最高之标准，使吾人有所企向，而尽力以为之；而为之之方，则反而求之于己，又明举恻隐羞恶之心，人人之所具有者，即本此推广，以为所以达其标准之道。故‘为’者，为此人人之所可能，‘充’者，充此人人之所固有也。凡欲明孟子性善之真义者，亦在乎‘有为’与‘能充’而已，此外则无他道也。孟子之所谓性善者，既系乎其人之有为与能充，则反而言之，苟其人不能有为与不能充其善端者，终必流为不善之归，此又至明之理也……人性皆可以为善，而卒至于不善者，自暴自弃，一也；失其本心，二也。自暴自弃，则不足以有为者也；失其本心，则不能善为扩充者也。本心者，其本可以为善之心也。”①

综合钱穆的上述评说，主要说明了两个问题：一是人人之性皆善。孟子以圣人为“人类优秀之先例，以明示人人有追求优秀之可能”，“孟子论性善，在于举一人以推之于人人，指一时以推之于时时，实为吾人立一最高之标的，而鼓励吾人尽力以趋赴之者也”，“孟子明举尧舜，以为人类之最高之标准，使吾人有所企向，而尽力以为之”。简言之，孟子谓性善是人类最高标准。二是人皆可以为善。人怎样才能为善？即“为之之方”，“达其标准之道”，就是要“有为与能充而已，此外则无他道也”。所谓“为”，“为此人人之所可能”；所谓“充”，“充此人人之所固有也”。这里的“人人之所可能”和“人人之所固有”，就是孟子所说的“恻隐、羞恶、辞让、是非之心”。孟子“又明举恻隐羞恶之心，人人之所具有者，即本此推广，以为所以达其标准之道”。作者认为，“人性皆可以为善，而卒至于不善者”，一是由于“自暴自弃”，二是由于“失其本心”，人如果“不能有为与不能充其善端者，终必流为不善之归”。总之，在作者看来，孟子的性善论一是为人树立“最高标准”，二是提出“达其标准之道”。

在上述基础上，作者又征引《孟子》“仁，人心”章、“今有无名之指”章、“钧是人”章等，进一步诠释了孟子的“学问与求放心”。在诠释过程中，他还引用焦循、顾炎武等人的论述，指出：“今按顾、焦二氏之说，皆足以发明孟子之意。盖孟子所谓性善者，在本乎吾心之所固有，极乎人道之所可能。非反而求诸心，则其为善不信；非学问以求之人，则其为善不大。人必学问而后知尧舜之为善；人必反求诸己而后知尧舜之所以为善者，于吾乃固有之也。

① 钱穆：《孟子研究》，83～89页，开明书店，1948。

故学问之与求放心，乃合内外而一之之道也……勿思与勿为者，吾人不能为善之二大病源也。勿思则不知轻重大小；不知轻重大小，则不能扩充其善端，循至失其本心而为恶人之归矣。故孟子所谓求其放心者，亦指其可以为善之心而言也。"①在此基础上，作者总括说："人能善择最高之标准，而孜孜焉勉以为之；又能反求诸己，而知此标准为吾心之所固有所可能，而慎思焉以即吾心而充之；则孟子性善之旨也。读者求明孟子性善之说，当努力于此二者，以求自证自悟焉。若以空论反复，则终不足以明孟子性善之说也。"②

在这里，钱穆将"孟子性善之旨"概括为两个方面：一是"人能善择最高之标准，而孜孜焉勉以为之"，它包括"最高之标准"和"达其标准之道"即"孜孜焉勉以为之"；二是"反求诸己，而知此标准为吾心之所固有所可能，而慎思焉以即吾心而充之"，它包括反求诸己而求放心和慎思扩充其善端。作者认为，读者只有全面把握和"努力于此二者，以求自证自悟"，才能称为"明孟子性善之说"。钱先生对孟子性善说的诠释，深得孟子之精义。

除上述外，作者在"孟子之修养论"中，评析了孟子的修养方法，指出："孟子主张性善之精神，既在提高吾人向往之标准，而促起吾人之努力矣；则其论修养者，当亦无越乎此旨也。以其发扬蹈厉，足资警策"③，"孟子论修养者，凡分四事：一曰志道自得，二曰知耻寡欲，三曰明善诚身，四曰尽性知命，皆与其性善之论相关，学者所当熟诵深思，身体而力行之，乃可以得其精意之所在也"④。作者还评析了"孟子尚论古先圣哲及自道为学要领"，指出："孟子论性善，既主建树一最高之标准，而即扩充吾心之所固有，以为证合。则其自身为学之所向往者固何在乎？此即就其书对于古先圣哲之所评骘高下趋舍从违而可以得之。盖其书中凡所抗论古人，称述先民，娓娓乎其言之，屡道而不厌者，皆足以征其平日精神志趣之所归，而可以见其为学用力之大端也。学者求识孟子学说之渊源，则于此亦不可不潜心焉。"⑤作者在评析"人之所以异于禽兽"章的过程中，探讨了孟子关于人与禽兽、君子与庶民的区别，指出："饮食男女，人有此性，禽兽亦有之，未尝异也，而今谓人之性善，异于禽兽者，正以有恻隐、羞恶、是非、辞让之心耳。庶民不知恻隐之心为善，因去之而为不仁；君子知之，故存其恻隐之心而遂为仁矣。是君子之于庶人，非善与恶之别，乃明与昧之分也。舜为大知，故明于庶物，察于人

---

① 钱穆：《孟子研究》，91～92页，开明书店，1948。
② 同注①，94页。
③ 同注①，95页。
④ 同注①，110页。
⑤ 同注①，111页。

伦，既知仁义之为美，又识吾心之固善，因而存之，率由以行，故曰由仁义行也。庶民不知，圣人教之以仁义，尚不能反身而诚，知仁义之备于我，而因从圣人以为行，则是行仁义耳，非由仁义行也，故仁义虽出乎吾性，而由仁义行者，先贵乎明之也。反之而明，则知存之矣。”①

在作者看来，人异于禽兽之处在于人之性善而“有恻隐、羞恶、是非、辞让之心”；君子与庶民之间“非善与恶之别，乃明与昧之分”，这是因为“庶民不知恻隐之心为善，因去之而为不仁；君子知之，故存其恻隐之心而遂为仁”。就是说，君子与庶民的区别是聪明与愚昧之别，而不是善与恶之别。作者认为，庶民虽然愚昧，圣人教之以仁义，进而反求诸已，就能保存仁义而为善。在这里，作者关于孟子的君子与庶民的区别是“明与昧之分”与其所概括的孟子的性善论“启迪吾人向上之自信”和“鞭促吾人向上之努力”是一致的，目的是鼓励人们效法圣贤，加强修养，自觉保持人善的本性，不断达到高尚的道德境界。

第二节 《先秦诸子系年》论孟

钱穆所著《先秦诸子系年》，商务印书馆 1935 年初版。列为大学丛书。它是先秦诸子世年及事迹考辨之书。全书共分 4 卷，考辨了孔子、老子、墨子、孟子、荀子等 163 个问题。上溯孔子生平，下至李斯卒年，对前后历经 200 年间的先秦学者都有详细的考辨。它是研究先秦诸子事迹及思想学说的有价值的参考书，在海内外学术界有较大影响。该书中涉及孟子的有：卷二第六三“孟子生年考”，卷三第七六“孟子不列稷下考”，第九八“孟子在齐威王时先已游齐考”，第一一〇“孟子至宋过薛过邹考”，第一一一“孟子游滕考”，第一一二“鲁平公欲见孟子考”，第一一五“孟子游梁考”，第一一七“孟子自梁返齐考”，第一二二“孟子去齐考”。在此对上述问题作一概述。

一、孟子生年和首次游齐

作者认为，“孟子生年，最早当在安王之十三年，最晚当在安王二十年”。“知人论世，贵能求其并世之事业，不务详其生卒之年寿。今谓孟子生于烈王四年，或谓生于安王十七年，前后相去不越十五年，此不过孟子一人享寿之高下，与并世大局无关也。苟既详考孟子游仕所至，并世情势，及列国君卿大夫往来交接诸学士，则孟子一人在当时之关系已毕显，可无论其年寿之

① 钱穆：《孟子研究》，117 页，开明书店，1948。

或为七十或为八十矣。无征不信，必欲穿凿，则徒自陷于劳而且拙之讥”①。钱穆这种重时代背景和游历而轻具体生卒的做法，坚持了孟子倡导的“知人论世”原则，受到了学术界的重视。据钱穆的推算，孟子生年当在前389—前382年之间。

关于孟子的游历顺序，自古以来，争论繁多，或主孟子先齐后梁，或主先梁后齐，或主孟子两次游齐均在齐宣王之时。上述诸说在论证上都存在一定的漏洞，与战国之时的历史事实存有出入。钱穆认为孟子在齐威王之时首次游齐，作《孟子在齐威王时先已游齐考》。他说：

> 齐王馈兼金一百，孟子以谓未有处而不受，此必威王之时，孟子犹未仕齐也。若至宣王时，孟子致为臣而归，而宣王馈金以赆行，则君臣之间，又何云无处而馈哉？此孟子威王时先已游齐之证一。
>
> 《公孙丑下》：“孟子为卿于齐，出吊于滕。”季本《孟子事迹图谱》云：“其与王驩使滕，为文公之丧也。非大国之君，无使贵卿及介往吊之礼。此固重文公之贤，亦孟子欲亲往吊以尽存没始终之大礼。”此说虽若无据，而实可信。何者？若谓定公之丧，则其时孟子在邹，固不为齐卿。若谓吊丧犹在定公前，或尚在文公后，则益远于事实。谓所吊非君薨，又不应有使贵卿及介往吊之礼。推此言之，其为吊文公之丧可知。则孟子见滕文公，固在仕齐宣王之前。而其游宋，又在见滕文公前。而游齐尚在游宋前。此孟子当威王时先已游齐之证二……
>
> 《离娄下》：“公都子曰：匡章，通国皆称不孝焉，夫子与之游，又从而礼貌之，敢问何也？孟子曰：夫章子，子父责善而不相遇也。父子责善，贼恩之大者。夫章子岂不欲有夫妻子母之属哉？为得罪于父，不得近，出妻屏子，终身不养焉。”其事又见于《齐策》。“威王使章子将而拒秦。章子母为父所杀，埋于马栈之下。王谓曰：全军而还，必更葬将军之母。章子对曰：臣非不能更葬母。臣之母得罪于臣之父，未教而死。臣葬母，是欺死父也。故不敢。后章子胜秦而返。”全祖望《经史问答》云：“孟子所云责善，盖必劝其父以弗为已甚，而父不听，遂不得近。此自是人伦大变。章子之黜妻屏子，非过也，然而孟子以为贼恩，何也？盖章子自胜秦以前，所以处此事者本不可以言过。然其胜秦而还，则王必葬其母矣，而章子之黜妻屏子终身如故。是在章子亦以恫母之至，不仅以一奉君命得葬了事，未尝非孝。而不知是则似于扬父之过。自君子言之，以为非中庸矣。’又谓：‘章子之事，未必在威王之世。”全氏既误以章

① 钱穆：《先秦诸子系年》，188页，台湾东大图书公司，1986。

子为不在威王世，又不知孟子当威王世已先游齐，故所拟议多误。公都子之问，孟子之答，其事当尚在章子将兵胜秦之前。通国皆称不孝者，为其母葬马栈之下，而章子不为更葬也。黜妻屏子，终身不养者，孟子据其前以为言，非要其终以言之也。孟子力辨章子之非不孝，孟子深谅章子之处变而不获已，未尝谓章子之非中庸。自章子胜秦归，威王既明称其不欺死父，又必为之更葬其死母，而章子益见亲重于齐。（观其后之屡为齐将可知）不应通国犹称其不孝。意其时从游而礼貌之者必多矣，公都子亦何疑于孟子而有此问？余与全氏之说，虽同属推想，而余说似较有理。此孟子当威王时先已游齐之证三。

《尽心篇》："孟子曰：不仁哉梁惠王也！仁者以其所爱及其所不爱，不仁者以其所不爱及其所爱。公孙丑曰：何谓也？孟子谓：梁惠王以土地之故，糜烂其民而战之，大败，将复之，恐不能胜，故驱其所爱子弟以殉之。"此其语似发于梁败马陵之际。公孙丑齐人，盖其时孟子已游齐，而丑方及门，故记其一时之问答云尔也。此又孟子当威王时先已游齐之证四。

钱穆所列孟子在齐威王之时首次游齐的四个证据极有价值和说服力。此说已普遍为学术界所接受。至于钱先生所说："至孟子究以何时来齐，以何时去，则书缺有间，无可详说。今据匡章事，定孟子游齐当在齐威王二十四年前。（参读考辨第九四）据宋偃称王，定孟子去齐当在齐威王三十年后。则孟子当威王世，留齐至少亦得十八年，此则差可推说耳"①，当被视为一说。

二、孟子去齐后的游历顺序

前已指出，钱穆考证孟子在齐威王时已游齐。在此基础上，他对孟子去齐后的游历顺序作了颇多考证。作者在《孟子至宋过薛过邹考》中指出："今姑定孟子游宋在宋王偃之十三四年间，即宋偃称王之第四五年也。"②作者指出：孟子离宋过薛归邹至鲁。"鲁平公元当齐威王之三十六年。乐正子言于平公而欲见孟子，必在平公初即位之年，或初称元年之年也……孟子既不得志于鲁，未久遂至滕，淹留三年而至梁"③。关于孟子游梁的时间，作者指出："又按《年表》，孟子至梁书于惠王三十五年，盖是后元十五年，而史公误后元谓襄王，乃移之三十五年耳。今推《年表》致误之迹，依江说，定孟子至梁在慎靓王元年也。"④钱穆依据《竹书纪年》修正了《史记·六国年表》的错误，确

① 钱穆：《先秦诸子系年》，316～317页，台湾东大图书公司，1986。

② 同注①，345页。

③ 同注①，350～351页。

④ 同注①，356页。

定孟子游梁在惠王后元十五年，即周慎靓王元年(前320)。作者在《孟子自梁返齐考》中指出：孟子“见襄王，谓其不似人君，乃遂至梁返齐。则威王已死，正宣王之初立也”①。作者在《孟子去齐考》中说：“孟子去齐，当在周赧王三年，齐宣王八年，燕人畔齐之后，此前人已多为是说者。”“孟子去齐，居于休……从此孟子归隐不复出矣。”②

综合钱穆的上述考证，孟子去齐后的游历顺序大致是：孟子约在前322年前游宋，约在前321年自宋过薛返邹，鲁平公元年(前322)至鲁未遇，不久，至滕，周慎靓王元年(前320)至梁，约于周赧王三年(前312)离齐返邹，从此不再出游。

综上所述，钱穆对孟子游历顺序的考证，将孟子重要的政治学术活动与当时的社会实际紧密联系起来，有利于人们从当时的社会变迁中去考察孟子思想发展的轨迹。尽管有的学者不同意钱穆关于孟子的生卒以及孟子首次居齐有18年之久的说法，但他关于孟子去齐至宋，去宋过薛返邹、至鲁，游滕，至梁，去梁返齐，离齐返邹的考证，已得到多数学者的认可。当然，对作者的《孟子不列稷下考》，有的学者列举若干证据，认为钱说不能成立③。

第三节　中国文化视野中的孟学研究

钱穆孟学研究的又一个重要内容，就是从20世纪40年代起将孟学研究置于中国文化的大视野中，将孟学研究与中国文化研究视为一个紧密联系的整体，从而开阔了视野，增强了孟学研究的理论深度。

什么是文化？钱穆指出：“我可以说文化是民族的生命，没有文化，就没有民族。文化是一个民族生活的总体，把每一民族的一切生活包括起来称之为文化。文化不是指每一个人的生活言，也不是指学术生活，或经济生活、物质生活、精神生活等言。它是一切生活的总体。”④他又指出，中国文化以人文为中心，以人生为本位，最富人文意识，最重人文精神，中国文化本质上就是一种人本文化，它特别注重人与人的相接相处。他说：“中国文化，简言之，乃以人文为中心。人文二字，指的是人群相处的一切现实及理想。中国文化之表现与成就，都围绕着这人文精神作中心。故中国文化体系能融

---

① 钱穆：《先秦诸子系年》，357页，台湾东大图书公司，1986。

② 同注①，372～374页。

③ 参见孙开太：《孟子事迹考辨》，载《中国哲学》第15辑。

④ 钱穆：《从中国历史来看中国民族性及中国文化》，13页，香港中文大学出版社，1982。

通合一，莫不围绕此中心，而始见其意义与价值。”[①]在钱穆看来，中国文化的人文精神，亦即中国文化的内倾性，主要表现为道德精神，它注重人的德性修养，旨在追求一种完美的理想人格。所以，中国文化的内倾性，主要表现为从理想上创造人、完成人，要使人生符合于理想，有意义，有价值，比较偏重于道德、人格等精神方面。他认为，研究中国文化不能与研究中国学术相分离，“欲考较一国家一民族之文化，上层首当注意其学术，下层则当注意其风俗。学术为文化导先路。苟非有学术领导，则文化将无向往，非停滞不前，则迷惑失途”[②]，欲了解中国文化传统，不能不了解中国的学术传统。他说：“儒学尤为中国学术之中心，四部之学，莫不以儒为主。亦可谓儒学即是中国文化精神之中心。明于儒学古今之流变，即知中国学术文化古今之变，与夫其为变之所在矣。”[③]“中国文化，本以孔孟学说为中心，中国社会本以孔孟学说为基础。”[④]“讲到中国文化，便会联想到儒家学术。儒学为中国文化主要骨干。”[⑤]从钱穆的上述论述中不难看出，儒学是中国文化之中心，孔孟是中国文化之中心。这样，钱穆凸显了孔孟儒学在中国文化中的中心地位和作用。在这里，钱穆关于中国文化视野中的孟学研究是多方面的，因限于篇幅，在此仅概述钱穆对孟学和谐观、性善论的诠释。

一、和谐观

所谓和谐，就是指同一事物的不同方面或不同事物之间的和合相配，协调统一，它是事物存在和发展的相对稳定状态。钱穆曾概括了中国传统文化的和谐观。他说：

> 惟中国人又认为宇宙一切万物乃及人类，皆由于此最高存在之天而有，因此，宇宙一切万物及人类，其相互间，应有一原始和谐乃及终极和谐之一境界。至于过去，现在，及将来，宇宙一切万物及人类相互间，种种纷乱和冲突，此等现象，只该从一切万物及人类本身求解答，决不能谓出于天心和天意。
>
> 若求解消此宇宙间一切万物及人类相互间之种种纷乱和冲突，就人类自身立场言，应从人类之自求和谐开始，乃能企及于一切万物之终极和谐。
>
> 同样道理，就人类中各个人之立场言，欲求人类和谐，应从人类中各个人之自求和谐始。人类中各个人之自求和谐，应该从各个人之自

① 钱穆：《世界局势与中国文化》，331页，台湾东大图书公司，1977。

② 钱穆：《中国学术通义》序，3页，台湾学生书局，1975。

③⑤ 同注②，8页。

④ 钱穆：《中国文化丛谈》第二册，236页，台湾三民书局，1969。

> 求其内心和谐始。
>
> 中国人认为人类之各自有其心灵，亦由于此最高存在之天而来。因此个人之内心，乃及于全人类之心与心之间，亦必有其原始和谐乃及终极和谐之一境。中国人认为，必由各个人先求内心和谐，然后乃可企及于人类相互间之和谐。必由人类自身和谐，乃可企及于宇宙一切万物之大和谐。
>
> 此在中国人理想中，谓之“天人合一”。
>
> 天为人所不可知，而各人之内心，则各人可以自知。若自心和谐，则觉安。若自心不和谐，则觉不安。因此，中国人认为，只要我心安，便是有合于天了，此之谓“心安理合”。
>
> 中国人认为，一切理，也是出于此最高存在之天，而作为宇宙间一切万物与人类之最后主宰者。因此，不合理便不能安。心安了，便知理得了。
>
> 因此中国人认为天与理一，而欲求知天，则不是纯粹信仰的问题。欲求知理，亦非纯粹理智与思辨的问题。欲求知天与知理，重要乃是人的修行问题。重要须从各自内心之和与安处求，重要须从人与人相交之和与安处求。
>
> 求得各自内心之和与安，求得人与人相处之和与安，进而企及于人与物相处之和与安，乃始当于理而合于天。
>
> 这是一个心性修养的问题，这是一个道德行为的问题。因此中国人极看重道德行为。道德的主要标准，仍在各自内心之和与安。各自内心之和与安与否，即为是否合于道德的一种最亲切而最简易的考验。
>
> 中国人认为世界各民族各派宗教，只要在期求各自内心之获得和与安，期求人与人相处之获得和与安之上有贡献，则正不妨可以并存。①

在这里，钱穆从整体上描绘了宇宙万物及人类和谐的相互关系。就是说，“各个人先求内心和谐，然后乃可企及于人类相互间之和谐。必由人类自身和谐，乃可企及于宇宙一切万物之大和谐”。如果说将“各个人先求内心和谐”及“求得各自内心之和与安”视为个体和谐，“人类相互间之和谐”及“求得人与人相处之和与安”是社会和谐，那么，“宇宙一切万物之大和谐”则谓之“天人合一”即天人和谐。在钱穆看来，个体和谐是社会和谐的前提和基础，社会和谐是天人和谐的前提和基础，即是说欲求天人和谐，应从社会和谐始；欲求社会和谐，应从个体和谐始。

---

① 钱穆：《中国文化丛谈》第二册，228～229页，台湾三民书局，1969。

钱穆基于对中国文化和谐观的认识，高扬了孟学的“天人合一”。他说：

儒家则谓人类文化虽似违离自然而展出，但实质上则是由人逆转而还归于天，人类文化始是自然展出之最高点，而使文化与自然合一，人道与天道合一。此则须赖有人之修养。故孟子曰：尽心可以知性，尽性可以知天。①

人类处在此宇宙大自然之内，与万物并存。孔孟所指点出的人生大道，从这一端讲，乃是人人之所易知易行，从那一端讲，则此人生大道，可以通乎地，宜于万物，使人类文化得与天地大自然融凝合一……孔孟学说则并非一专门学说可比，孔孟学说乃求会众异而达一同，把握住人道之中心基点，而又为人人所易知易行者。若使孔孟学说，能发挥光大，得成为世界人类文化之共同中心，得成为世界人类社会之共同基础，则凡随时兴起之各项专门知识与技能亦将能会归一极，相得益彰，其贡献于人类大群者将益大，而其相互间种种不必要之冲突与阻碍，皆可避免。②

中国传统文化，虽是以人文精神为中心，但其终极理想，则尚有一天人合一之境界。

此一境界，乃可于个人之道德修养中达成之……个人能达此境界，则此个人已超脱于人群之固有境界而上升到宇宙境界……在此人群中，只求有一人能超越此境界，便证人人能超越此境界。

能超越此境界而达于天人合一之境，此始为大有德之人，中国传统则称之为圣人。

圣人乃人中之出类拔萃者。然正为圣人亦是人，故证人人皆可为圣人。

人人皆可为圣人，即是人人皆可凭其道德修养而上达于天人合一之境界。

具此境界，谓之德。循此修养，谓之道。

故德必然为同德，而道必然为大道。中国传统文化之终极理想，乃使人人由此道，备此德，以达于大同太平，而人人心中又同有此天人合一之境界，则人类社会……成为一理想宇宙之缩影。③

在钱穆看来，中国传统文化及孟学“天人合一”，实质上是指天道与人道、自

① 钱穆：《中国文化丛谈》第二册，219～220页，台湾三民书局，1969。

② 同注①，233～235页。

③ 钱穆：《民族与文化》，31～32页，台湾联合出版中心社，1960。

然与人文的和谐统一，亦即是人类文化与天命自然的合一，它表现了自然与文化意识的融合。他将"天人合一"视为中国道德精神所要达到的最高境界，同时也是中国文化的最高理想和基于精神的集中体现。钱穆所说"此一境界，乃可于个人之道德修养中达成之……个人能达此境界，则此个人已超脱于人群之固有境界而上升到宇宙境界"，就是在个体和谐、社会和谐的基础上而达到的人生最高境界，即"天人合一"境界或"宇宙境界"。

钱穆在诠释个体和谐与社会和谐时曾说：

> 小人之心，乃是一种自私的小己个我心，起于躯体物质，固亦为有生之伦所同具，唯在禽兽即以此为满足……但人类自原始人进入于文化人即不然。君者群也，所谓君子，乃于小己个我心之上，又展演出大群团体心。中国古人，分前一为人心，后一为道心。亦可说前一乃自然心，后一乃人文心。食色为自然心。但人类食则知味，男女交媾则知爱，知味斯知有饮宴之欢，知爱斯知有婚姻之防。人文之礼，即由此起。一心满足，可推拓使他心亦获其满足。此乃人类之共通同然心，须文化演进至深度，此心始日益显著……但人类之自然心，小己个我心，既属与生俱有，亦复不可铲除。①
>
> 人类有自然心，饮食男女，亦如禽兽，易得满足。但从自然心衍生出小己个我心，此心在原始人类物质生活低级要求的时代已有，但不为害。待到在人类大群文化之复杂社会中而此心仍不断渐滋暗长，自私自利无限发展，对大群则无利有害，而且永不得真满足。于是转对当前现实人生感淡漠、感厌倦、感空虚。宗教哲学科学之分途进展，皆由此起，然仍不能对现实人生给予真满足。惟中国古人，于小己个我心之外，更郑重指出人类之大群团体心，如发而为仁义礼智之恻隐心、耻恶心、恭敬辞让心、是非心，乃为人类共通同然之心。人人具有，而亦可以彼我相同。人类之生命内容由此扩大，由此延长。孟子曰：人之异于禽兽者几希，小人去之，君子存之。又曰君子以仁存心，以礼存心。恻隐心，羞恶心，恭敬辞让心，是非心，即由人类之大我群体心中生出。此心可以反求自得，自获满足，不待向外更寻求。若使人类之自然心与文化心，小己个我心与大群团体心，身生活物质人生与心生活精神人生，两相调协，各得满足，此始是人心全体之满足。此心始是人类之全心，此人生亦是全人生。小我之与大群，以安以和，以乐以足。此乃人生终极理想所在，亦人文演进途程中之最高指标。就个人言，并可得之当前，

① 钱穆：《中国学术通义》，155～156页，台湾学生书局，1975。

反求自有，不必待之于久远。纵使在天地闭，贤人隐，晦盲否塞小人道长之时代，为君子者，仍可无入而不自得，以获得其个人内心单独之满足，而为人类命脉保全生机，静待发展。此即孟子所谓穷则独善其身，达则兼善天下之旨。①

钱穆的上述诠释阐述了下述两个问题：其一，自然心、人文心的内涵。"自然心"亦称"人心"，"食色为自然心"。就是说，自然心指人的饮食、男女的自然生理欲望和情感，它"与生俱有，亦复不可铲除"，"亦如禽兽，易得满足"。人的这种自然生理欲望与禽兽无别，它是维护人类生存、发展的必不可少的物质欲求。所谓"人文心"亦称"道心"或"文化心"，它是人之所以为人之道，是"人类之共通同然心"和"人类之大群团体心"。这种"人文心"，就是"孟子曰：人之异于禽兽者几希，小人去之，君子存之。又曰君子以仁存心，以礼存心。恻隐心，羞恶心，恭敬辞让心，是非心，即由人类之大我群体心中生出"。简言之，"人文心"就是指人类独自具有的仁义礼智等道德观念和内在的主体意识，它是人与禽兽区别的根本标准。"自然心"属于人类自然生理欲望、情感的低级需求，"人文心"是人类道德精神生活的高级需求。这样，钱穆以"自然心"与"人文心"对孟学的人禽之辨作出了新的诠释。其二，"自然心"与"人文心"的关系。钱穆认为，人之"自然心""与生俱有，亦复不可铲除"，这就承认了人之"自然心"的必要性及合理性。但这种"小己个我心"如果"不断渐滋暗长，自私自利无限发展，对大群则无利有害"。由此看来，人之"自然心"与"人文心"存有冲突、对立的一面。但另一方面，人"一心满足，可推拓使他心亦获其满足。此乃人类之共通同然心"，"此心可以反求自得，自获满足"。就是说，人在具有自然心的基础上，进而采取反求诸己、推己及人之道，就可具有"人文心"。"若使人类之自然心与文化心、小己个我心与大群团体心、身生活物质人生与心生活精神人生，两相协调，各得满足，此始是人心全体之满足"。显而易见，保持自然心与文化心，小己个我心与大群团体心，身生活物质人生与心生活精神人生的"协调"和谐的过程，就是由后者制约前者而保持个体和谐的过程。所谓"小我之于大群，以安以和，以乐以足。此乃人生终极理想所在"，就是在个体和谐的基础上进而追求社会和谐的过程。钱穆所谓"以获得其个人内心单独之满足，而为人类命脉保全生机，静待发展。此即孟子所谓穷则独善其身，达则兼善天下之旨"，显而易见，是以"获得其个人内心单独之满足"诠释孟子的"独善其身"，以"为人类命脉保全生机"诠释孟子的"兼善天下"，这样，孟子的"独善其身"，实际上就

① 钱穆：《中国学术通义》，157～158页，台湾学生书局，1975。

是追求个体和谐的过程；“兼善天下”，实际上就是追求社会和谐的过程。

二、性善论

钱穆认为中国文化是一种以道德精神为最高领导的文化，中国文化精神在本质上体现为一种人文的道德精神，如他所说“中国传统文化，乃一种特重于道德精神之文化，亦可谓道德精神，乃中国文化精神中一主要特点”①。在钱穆看来，中国文化的道德精神主要是把人的道德修养和个体人格完善置于首位，把道德的自我确认和自我满足视为人生的第一需求，由此引导人们去追求高尚的理想人格而达到圣贤的境界。

为了诠释中国文化的道德精神，钱穆把孟学的性善论视为这种道德文化的基础和主要内容。他说：

> 但在中国文化传统之基本信仰上讲，中国人是信仰性善的。惟其宇宙一切万物乃及人类，全从此最高存在之天而来，既然宇宙是一个原始谐和，而又必是终极谐和的，因此宇宙整体便是一个善。
>
> 善是原始的，恶是后起的。善是终极的，恶是暂发的。
>
> 善恶之辨，主要在人心上。各人的心，自知有不和与不安，又自知从不和中求和，不安中求安，那即是善端发露。人心永远如此，永远向和与安而前进，因此说人性善。
>
> 人心此项永远向和与向安之性之善，亦自此最高存在之天而来，故中国人信仰，认为善源于天。至于种种不和与不安之起始，只是起始于宇宙万物乃至人类相互间事象之变动与关系之复杂，这正赖人类理智为之作种种之安排与调和。
>
> 若此种安排与调和失其所，遂使人心感到不和与不安，而于是有所谓恶。即如人之求食，根本并非恶，但因求食而起之种种不当的安排而始引生了所谓恶。人之求偶，根本亦非恶，但因求偶而起之种种不当的安排而始引生了所谓恶。因此说：善是原始的，恶是后起的。善是终极的，恶是暂发的。
>
> 从中国传统文化的立场来说，也可说善是天道，恶是人事。但只可说人事中引生有恶，却不该说人性本是恶。人性由天道中来，因此说人性善。
>
> 若说人性本是恶，则必毁灭了人性来回复到天道，那与中国人信仰的天人原始合一、终极合一之理想不相容。
>
> 天人原始合一，这是一信仰，天人终极合一，这又是一信仰。这两

① 钱穆：《中国学术思想史论丛》(一)，192页，台湾东大图书公司，1976。

个信仰，远在宇宙原始与宇宙终极之两极端。至于在人类的智识范围以内，则只见有人，不见有天。无论过去、现在与将来，好像永远有善恶冲突，永远有不和不安，这是尽人可知的。但人又是永远在不和不安中求和求安的，这便是永远在背恶向善的，这又是尽人可能的。中国人的传统文化，则是永远把握着此两极端，而只在其中间阶段，就其尽人可知可能处，来教导人为善去恶，这即是中国人所谓的“中庸之道”。①

在钱穆看来，中国传统文化信仰人性善，它激励着人们“永远向和与安而前进”，“教导人为善去恶”；否则，相信人性为恶，“则必毁灭了人性来回复到天道，那与中国人信仰的天人原始合一、终极合一之理想不相容”。概而言之，中国传统文化信仰人性善，它能激励人们向往和谐、光明、安定和美好，从而保持宇宙万物及人类的和谐。

钱穆在《中国思想史》一书中又论述了孟子的性善论。他说：

孟子思想的新贡献，在他的性善论。孟子说：“人之所不学而能者，其良能也。所不虑而知者，其良知也。孩提之童，无不知爱其亲者，及其长也，无不知敬其兄也。亲亲，仁也。敬长，义也。无他，达之天下也。”爱与敬是人心所固有，所同有。从爱生仁，从敬生义。只要把仁与义推扩到全人生，人生问题也没有不能解决的。爱与敬便是孟子之所谓善。但孟子并未说人心所固有同有者全是善，孟子只说善亦从人心所固有同有中出。什么是善呢？孟子说：“可欲之谓善。”人心之所同然者之谓善。“心之所同然者何也？谓理也义也。圣人先得我心之所同然耳。故理义之悦我心，犹刍豢之悦我口”。此项人心之所同以为然而觉得可欲者，又为尽人内在所皆有。“恻隐之心，人皆有之。羞恶之心，人皆有之。恭敬之心，人皆有之。是非之心，人皆有之。恻隐之心，仁也。羞恶之心，义也。恭敬之心，礼也。是非之心，智也。仁义礼智，非由外铄我也，我固有之也”。故一切善皆从人心中来，皆从人心中自然演出。不必像墨翟杨朱般，另提出一个高深的理论来教人所难能，只就人心所同以为然，所大家喜欢，而又大家能之的，来提醒指点便是……孟子曰：“水信无分于东西，无分于上下乎？人性之善也，犹水之就下也。人无有不善，水无有不下。今夫水，搏而跃之，可使过颡。激而行之，可使在山。是岂水之性哉？其势则然也。人之可使为不善，其性亦犹是也。”这是孟子就人性之倾向言。孟子未尝不知人性也可使为不善，但就人类文化历史演进之大趋势看，从人之内心之真实要求看，我

① 钱穆：《中国文化丛谈》第二册，230～231页，台湾三民书局，1969。

> 们不能不承认人性在向善的一边发展。只有向善的一边发展是更属自然的。所以孟子说："乃若其情，则可以为善矣，乃所谓善也。"我们尽可说人性开始并不善，但到底终不能说人性是不能为善呀！人性可为善，也可为恶，但就人类历史文化之长程大趋势而言，人性之向善是更自然的。此即孟子性善论的根据。人性之趋恶，是外面的势。人性之向善，则是其内在之情。①

在钱穆看来，孟子的性善论是对中国传统文化的新贡献。从人类文化历史演进之大趋势和人之内心之真实要求看，人性向善是自然的。孟子人性善的理论，是"以人心相同为其一切理论主要之出发点"，认为人的善性内涵于人性之中，"一切善皆从人心中来，皆从人心中自然演出"，人生来就具有向善的天性，具有内在对善的追求。只要把人内在固有的善端扩充开来，把内在于人性中的道德之源扩展开来，通过道德的修炼、提升，便可成圣成贤。钱穆对孟子"人皆可以为尧舜"的观点作了这样的解释："此是主张性善论者所必有之结论。除非我们信仰人类根本不能有善与德，善与德只在上帝身边，如西方宗教之所说，否则孟子的性善论，实在有它颠扑不破之真理。然而孟子也只说人皆可以为尧舜，乃若其情则可以为善，孟子并未说天地生人全都是尧舜，人性全都是善。孟子只说可以为善，还得要我们自肯有为。"②在他看来，孟子所谓"人皆可以为尧舜"，并不是指人人皆可成为一政治领袖，而是说每一个人的人格、德性可做一"理想至高之善人"。基于道德根于人性，人性本善，人皆具有成圣成贤的潜能的理解，钱穆认为中国文化本质上就是一种以求善为本的道德型文化，人们对善的追求，无非是在追求天赋的道德能力，完成人的固有德性。因此，对人性内在善的肯定，求索人类至善的信仰，正是中国文化道德精神的集中体现。对此，他总结道："孟子主张人性善，此乃中国传统文化人文精神中惟一至要之信仰。只有信仰人性有善，人性可向善，人性必向善，始有人道可言。中国人所讲人相处之道，其惟一基础，即建筑在人性善之信仰上"③，"整个中国民族一部中国史主要精神主要向往，大可用一'善'字来概括……此一'善'字，正是儒学中至为契重的一字"④，它实为中国文化"最要精义所在"。正因为孔孟儒学最重视善，故"从'善'字上发展出中国传统文化中最具重要性之道德精神"⑤。

---

① 钱穆：《中国思想史》，27～33页，台湾学生书局，1988。

② 同注①，35页。

③ 钱穆：《民族与文化》，25页，台湾联合出版中心社，1960。

④ 钱穆：《中国历史研究法》，78页，台湾东大图书公司，1988。

⑤ 钱穆：《世界局势与中国文化》，78页，台湾东大图书公司，1977。

除上述外，钱穆在阐述中华民族的“克难精神”时，对孟子的“浩然之气”予以了深入的诠释，指出：“现在要问的，上文所谓克难精神，究竟是哪样一种的精神？换言之，中国人惯常凭藉着何种样的精神来克服诸艰？我们可以直截了当地说，主要的是凭仗着一股气。气不壮，气不足，非难亦难，气壮气足，难亦非难。旧说称之为一股气，新说则称之为一股精神。我们要克服困难，最重要的还是凭仗这一股气。人生也只凭仗一口气，没有那一口气，又如何克得难？宋末文天祥国亡被俘，在牢狱中写了一首正气歌，中间列举许多历史人物，全是在极度艰难的处境下发扬正气，虽然在当时只是大节不移，临危授命，但天地间只要有正气流行，自然邪不克正，一切艰难只是由邪恶之气所鼓荡，所激成，正气发扬了，邪气自然消散。这一种天地正气，在孟子书里则称之为浩然之气。浩然之气由积义所生，至今在中国社会上还流行着‘义气’二字，我们可以说，义气便是我们今天所要提倡的克难精神。”① 钱穆接着又阐述了“义”的内涵，阐明了义利之辨和义命之辨，论述了培养浩然之气的方法，并深情地告诫世人说：“大家崇奉公道，奖励正义。历史上那些守死善道激扬正气的人物，像文天祥《正气歌》中所举，皆当衷心崇拜，刻意推敬。社会上朋辈中只要是守公道奉正义的人，吾们都该竭力敬重，加意阐扬。只有大的刚的直的可以发生力量，打破难关。一切小计较，阴柔气，歪曲相，都该扫除。如是由一人推到十人百人，由一团体推到十百团体，社会正气日张，公道日宏，一切难关，无不可以打破，无不可以克服。人心感召，极快速，极坚强。舍此之外，更无其他妙法奇计，命运永远将摆布人，捉弄人，人人只得面对着害的失的危的死的路上一步步的挨近。这是当前事实，明白告人，还不值得我们的警觉吗？这不是一人两人的责任，却是大家的责任，所谓天下兴亡，匹夫有责。我们要提倡克难精神，只有发扬民族正气。”② 总之，在钱穆看来，孟子的浩然之气是激励人们超越利害得失安危生死局限而勇往直前、战胜困难的巨大精神力量，它是至大至刚以直而塞于天地之间的民族正气。

综上所述，钱穆的孟学研究对扩大中国传统文化在国内外学术界的影响，促进中华民族的伟大复兴，都产生了积极的作用，一代学术大师倾毕生精力弘扬中国传统文化和孟学，对促进中国学术思想的发展作出了重要贡献。

① 钱穆：《中国文化丛谈》第二册，340 页，台湾三民书局，1969。

② 同注①，345 页。

第四十章　孟学研究论集

第一节　钱穆等著《论孟研究论集》

钱穆等著《论孟研究论集》，亦称《论孟论文集》，台湾黎明文化事业公司1981年出版，全书约31万字。

该书列入台湾孔孟学会主编《孔孟学说丛书》。书前置陈立夫撰弁言，次为正文，收录了钱穆等17位作者撰写的研究孔孟思想的19篇论文。其中，论述“四书”2篇，合论《论语》、《孟子》2篇，论述《论语》及孔子思想11篇，其余4篇论述《孟子》及孟子思想。在此只概述论述《孟子》及其思想的4篇论文。

一、《仁内义外说斠诠》

王礼卿所著该文划分为下述六个部分：其一，“仁内义外说之创始者”。作者指出：仁内义外之说，是否始于告子？抑为古代流传之学说？欲答此问，可征之资料有三：即《管子》、《墨子》和《孟子》。翟灏《四书考异》谓“告子此言（按谓仁内义外之言），远本管子，而近受自墨子”。作者综合了历代学者的评析，考察了《孟子》一书的记载，认为“仁内义外”之说当为告子所创，而无取于翟灏“远本管子，近受墨子”及朱熹“昉于管子”之说。其二，“在名学上之谬误”。作者认为，仁内义外说之误，纯属名学法则之舛忤，即因明学能所混淆之误。作者指出：告子一则重其主观爱之之心，认之为能，谓为内；一则重其客观事物之宜，蔑其断制之能，认之为所，谓为外。致触犯名学矛盾律。故以后所引比喻，所持论据，均犯此失。其三，“墨家评论之诠释”。作者指出：墨者评论仁内义外之失，谓仁为爱，义为利。其所以有仁内义外之误者：偏举在此之能爱，故谓之内；偏举在彼之所利，故谓之外。一则举能，一则举所，能所混淆，斯内外牴牾。其四，“义外说与告子论性”。作者认为，义外说之失由于能所之混淆，之所以如此，实源于告子之论性。告子主张“性无善，无不善”，仁义系由贤者所揉造，非本性所具有。告子的仁内义外之说，自破其论据，由彼视性为人物所同然。告子论性，见人物之所同，而不识其所异；知情欲出于天赋者为性，而不识理义亦为天赋之性。故终流为性无善无不善及义外之说。其五，“孟子义内说与人生之关系”。孟子破义外说而主义内，主要原因有三：一是述孔子性近习远之绪，其学之中心为性善；二是孟子之次一发明，在养浩然之气，而养气资于集义；三是称孔子为圣之时者，其妙用全在随时变通而得其宜。

二、《〈孟子〉七篇的编者和〈孟子外书〉的真伪问题》

该文由屈万理著，它划分为两部分。作者在“《孟子》七篇的编者问题”中，列举、考察了司马迁、赵岐、应劭、张籍、韩愈、朱熹、晁公武、钱穆等学者的观点，认为钱穆在《孟子研究》和《先秦诸子系年》中对孟子生卒年代、孟子游梁和再次适齐等考证大都可信。作者还评论了钱基博在《四书题解及其读法》中的阐释，认为钱氏之论不合事实，《孟子》一书绝不是孟子自著。作者认为梁启超关于《孟子》的成书年代最早在周赧王十九年（前296）梁襄王卒之后，上距孔子卒180余年，下距秦皇并六国70余年的观点，是“大致可信的”。作者在“《孟子外书》的真伪问题”部分中，考察了历代出现《孟子外书》的概况，认为汉代人所见的《孟子外书》，唐代初年还存在。由于《唐书·艺文志》没有将它著录，此书约在唐代中叶以后已失传。对南宋出现的《孟子外书》，作者评析了孙奕、刘昌诗之说及清代翟灏的《四书考异》，认为宋代出现的这个伪本，只是昙花一现，不久即失传。明代出现的《孟子外书》系姚士粦所伪造。丁杰逐条驳斥其伪。翟灏在《四书考异》中列举八验三证，判其为伪托之书。作者认为，今本《孟子外书》显然出于姚士粦的伪托。

三、《孟子与所谓齐学之研讨》

该文由熊公哲著。作者阐述了七个问题。一是先秦学术，诸子争鸣，大约分为三宗，即孔子代表的鲁学，管子代表的齐学，老庄代表的楚学。二是引述梁启超对先秦诸子流派的分析，认为先秦诸子凡以利为教者，皆是齐学。三是荀子认性为恶，否定人性，言义而兼利，根本原因在于其染于齐教。四是孟子为圣人之徒，其正人心，息邪说，距诐行，以继承大禹、周公、孔子的事业为己任；荀子为哲学家，主性恶，重在知识，故极力非难诸子。五是墨学实出自齐教，墨子以利为义，其原实出于太公尚功之遗，齐学要当以墨子为中坚。六是申论荀子性恶之说，其弊必至相恨之心胜。七是比较孟子与荀子在人性论、政治论上的异同，认为孟子主性善，则兴五教，贵伦常，荀子主性恶，则去五教，息伦常；孟子论政，尊王贱霸，称仁义，道尧舜，提倡仁者无敌，荀子王霸杂陈，强调国君隆礼尊贤而王，重法爱民而霸。作者进而申论荀子为哲学家。最后，作者综述、概括了先秦诸子百家的主张及特点，认为墨家以利为教，兴盛一时，而秦竟灭学。作者认为，孟子所言“墨氏兼爱，是无父也”，尚亦有见于以利为教，其弊必至于是也。

熊公哲又著《如何研读孟子》一文。作者认为，朱熹的《孟子要略》纯为义理之学，其书凡六卷，分为六类；主旨在使学者切己反求，知所自力。今取朱熹此编，稍加斟酌，增为六卷六类，别自为书，名曰孟子入门读本，亦以义理为归，以利于读者读懂《孟子》。

第二节　吴康等著《孟子思想研究论集》

吴康等著《孟子思想研究论集》，由台湾黎明文化事业公司1982年出版，全书约20万字。

该书列入“国学研究丛书”。书前置吴兴、陈立夫1982年撰弁言，次为正文，收录了《孔孟学报》1961年4月第1期至1978年4月第35期所刊发的研究孟子思想的15篇论文。这些论文大致划分为总论、心性论和修养论、政治思想、教育思想等几个方面。

一、总论

吴康著《孟子哲学思想》一文，大致论述了下述几个问题：一是孟子略传。概述了孟子的名字、生卒、里居、师承和《孟子》一书的篇章。二是性善及仁义。作者认为孟子倡导性善说，以仁义礼智四德为基本观念。孟子据同类相似之义以证明其说，圣人充满义理，故性必善，圣人与我同类，则我亦必性善。据同类相似，心所同然之义，证明人皆有理义，其详目为仁义礼智四端。其中，德以仁为首，义礼智皆从之，故言仁而众善咸至。三是知言养气。作者认为，孟子之学，辩智存乎知言，立德在于养气。前者究精知识，后者充实德性，二者交互为用，以构成完善之人格。四是天、心、性、命的内涵。作者认为孟子言天与孔子相类似，有宗教之天、道德之天、物质之天等义。孟子道性善，以仁义礼智皆性也，固有之物也。性即心，故四端即心之四态也。孟子谓尽心即知性，知性即知天。以天为最高主宰，万有之所从出，故存心养性，所以事天，谓循天之自然法则而活动行事。万物皆备于我，我与天合，即我为万有主宰。于此成为一极纯粹之理性化的主观主义或个人主义之说。五是仁义内外辩。作者认为，孟子与告子关于仁义内外之辩观点不同，皆可成立。告子说以主体认识外界物象而下判断，形色爱憎，待外物而决定，注重点在外物，故其说可称客观主义，近于实在论。孟子则以立判断者乃吾心，好恶去取，由吾心决定，注重点在主体，其说可称主观主义，近于观念论。二者皆持之有故，言之成理。六是人格修养。孟子以仁义为本，以礼智为用，居仁由义，乐善不倦，礼以节文，智以行事，会合以造成理想中之自我，于是使其说为一极纯正之个人主义。此是其在道德哲学上的伟大贡献。七是教育思想。孟子的教育方法在顺应自然，发展人之本性，讲明人之伦理，以造成合理的生活之社会。八是政治思想。它发端于不忍人之心，而施行仁政，制民之产，确立经界，明人伦，班爵禄，以实现其理想之王道政治。最后，作者在"结论"中认为孟子之学应包括道德哲学、心灵哲学、形上思想、知识概念、教育思想、政治思想诸义。孟子之中心思想在性善，其功能发舒可总括为心、天、我三大观念。揭橥此三主要观念，综合融汇，使孟子学说成为一极纯粹之理性的主观论或个人主义。

赵海金在《孟子思想蠡测》一文中指出，孟子思想以性善论为中心，由此产生民本之政治论，扩充之修养论，尽性之立命论，自得之教育论。在性善论上，孟子以仁义礼智之性人所独有而谓异于禽兽者。存之，则为人；舍之，为禽兽。唯仁义礼智之性为人之性。耳目口鼻之欲，食色之性，虽生而具有，然此乃人与禽兽所共有，孟子将其排除人性之外。在政治论上，孟子强调重民轻君，保民而王，认为政权转移、政治设施等，莫不以民为本。在人生修养上，主张扩充固有之善端，以求人格完美如尧舜。孟子所言存心养性、知耻寡欲、反身自省、集义养气等修养方法，皆所以求存此善端而扩充之。在立命论上，以人之寿夭固由天所安排，然必存心养性修身以俟之，所以全其天命而不以人为害之。尽人事，安天命，既不听天由命而陷于消极，亦不动辄怨天尤人。在教育论上，以性善论为本，人性皆有善端，仁义礼智皆根于心。教育之道应顺其本性，使自动扩充，自得至圣贤之境。

二、心性论、修养论

《孟子思想研究论集》中有4篇文章论述了孟子的心性论、修养论。

王甦在《孟子的心学》一文中认为，"圣贤之学，心学而已"，孟子的心学，上继洙泗之正传，下开宋明之心学，大有功于学者。首先，该文探讨了孟子"性善之论证"，认为孟子以心善证性善；恶之由来，是由于"不能尽其才"而"陷溺其心"。性善论之价值，即在拔邪树正，以提高人之地位，兴起人之心志，使人贵其良贵。其次，考察了孟子"心学之实践"，包括"心之抉择"（人禽之辨、义利之辨）、"心之自反"（知耻、立诚）、"心之存养"（求放心、寡欲、从大体、存夜气、养气、知言）。再次，评析了孟子"心之扩充"，认为由存养而扩充，乃由本而末，自内而外之层层展开，步步上达。孟子心学循此原则，身体力行，以求心性之自尽。最后，作者得出结论说，自古心性之学，其详始于孟子。论本原，则以道性善为要；论工夫，则以求放心为先。合而言之，则是"尽其心，知其性"。

蔡仁厚的《孟子心性论之研究》一文，主要内容有三个方面。一是“对于性善的论证”。作者指出，性善是孟子思想的核心。孟子对性善的论证，不是纯外延的逻辑论证，而是内在的义理论证：在本质上，它是生命的反省；在方法上，是一种亲切的指点。孟子对性善的论证可分三步：一步是人禽之辨，以透显人的本质之所在；二步是说明善心善性是天生本具，人皆有之；三步是说明人人皆可为圣贤之根。此外，孟子又从人由于放失、梏亡、陷溺其心为不善，以反证人性之善。二是“即心见性：以心善言性善”。性不可见，由心而见。道德端绪，具于人之心。所谓性善，实际指心善。心之所以为善，是因为“心之官则思”。此“思”，是反省义（省思），是求诸内。仁义为人所固有，一念反省自觉，便能当下呈现出来。“思”是心的自我发现，它是自觉地摆脱生理欲望的裹胁，而呈现其独立的活动，孟子称之“本心”。四端是本心活动的四种基本形态。孟子的心、性、才、情在内容上是同一的。“乃若其情”之“情”，是指恻隐等四心而言。心向里收即是“性”，向外发用即是“情”，心是本心，情是本情。“才”是为善之能。随着恻隐、羞恶、辞让、是非之情，进而要求实现仁义礼智的能力即是“才”。所以，性、情、才是环绕心之不同层次的异名，并无实质的不同。心既是善的，性、情、才亦自然是善的。三是“仁义内在”。欲辨“义内”、“义外”，须把握三个要点：其一，爱敬内发，非由外铄。其二，实然与应然。对实然之事只能成立知识上对错之判断，不能成立道德上应当不应当之判断。“义”是道德的应然判断。义者，宜也，它不在事物本身，而在人对事物处置之合理（合宜）上。其三，能所之判。所敬在外，能敬在内。仁义（爱敬）是“能”，不是“所”。故仁义内在。最后，作者在“结语”中指出：孟子主性善，然则恶从何来？一是来自耳目之欲，二是来自不良环境影响。梁漱溟更就“为善心安，为恶心不安”以证“善之有根，恶之无根”，其言亦简易真切。孟子“道性善”，不能只作为一套理论看，性之本善，乃是人人所可反己体察而自证的。

蔡仁厚在《孟子的修养论》一文中指出，“心性”与“修养”，是内外本末通贯为一的。该文分为四节分别考察了孟子的尚志、尚友，存养、充扩，知言、养气，诚身、立命。作者认为，孟子的尚志，是居仁由义、成己成物之志；所言尚友，即可超越自我之限制，而宛如涌身于历史文化之大流，而进入一交光互映之人格世界。在“存养、充扩”一节中，作者考察了孟子的平旦之气、养心寡欲、养其大体、扩充四端。在“知言、养气”一节中，谓“知言”为言由心发，以心知言，它是对言论思想的是非、善恶、诚伪、得失之精察明辨；谓“养气”为气由心持，以心养气，它是指涵养道德的勇气，树立自信，以期担负历史重任而无所畏惧。“养气”之道，包括自反、持志、直养、集义四项内容。在“诚身、立命”一节中，考察了诚身、立命的内涵，认为诚身工夫即是尽心知性、存心养性的功夫。作者认为，“尚志尚友”是要确立人生之正大志向——始乎为士，终乎为圣人；“存养充扩”是达致此正大志向之学养工夫——养仁；“知言养气”是培养完成此正大志向之大智大勇；“诚身立命”则是学养工夫进到反身而诚、身与理一，以树立人格生命之真宰。

孟子的性善论是在与告子人性论的争辩中发展起来的。欲全面把握孟子的心性学说，就应弄清孟子与告子在人性问题上的分歧。高葆光在《孟子告子对于性的争辩》一文中对此作了全面的考察。就性的内涵而言，孟子以人有恻隐羞恶辞让是非之心，故谓性善。此四端是情，即心性所发生的作用。情善，性亦善。孟子以情言性。他引用《诗经》“天生烝民，有物有则”。物是有形的血气，则是指无形迹的理。仁义礼智全是理，也全是性。人的心性，即是义理。心、性、天全是理，以其无声无臭为人物之主宰，则称做天；以其为人所以生之理，叫做性；其主于吾身，叫做心。孟子将天理解为理，并将心性全摄在理内。告子与孟子不同，他将食色视为人性的内涵。人要想做到仁义，必用外力改造人的本性。作者进而对《孟子·告子上》“食色性也”章、“何以谓义内也”章作了全面的诠释，认为告子“仁内义外”的错误，就是以知识的物理当做道德的理，物白，人长，全是人物的质性，属于事实的判断；但告子所讨论的是道德上的义，乃是价值的判断。二者不可混而为一。告子举年长以证义，显然未能分清道德上的理与知识上的理之区别，从而将物的质性当做道德的本体。

杨一峰的《孟子浩然之气浅测》一文，对《孟子·公孙丑上》“夫子加齐之卿相”章中“浩然之气”所涉及的有关概念作了全面的诠释，认为“浩然之气”与“不动心”、“勇”有关。唯其具有浩然之气，故能不动心和构成大勇。志与气是相关的，相互影响的。就浩然之气之景象而言，认为修养之功到了极致，胸中自必具有“与天地同流”之气象，浩然之气是一股磅礴雄伟的气概；就浩然之气的由来而言，是“集义”而成，即平日有所不为之心在每一件事上的扩充，而绝非偷袭巧取而冒充得来；就养浩然之气的功夫而言，是即“必有事焉”，即“必以集义为事”。作者还进而探讨了《孟子》书中所言“气”与“大丈夫”之相互关联，认为居仁、立礼、由义，养气之功备。

三、政治思想

在该文集中，有四篇论文阐述了孟子的政治思想。

吴康《孟子之政治思想》一文主要内容有四。一是“仁政释名”。作者认为仁政亦曰王政、王道，即先王之道。二是“仁政条目”。作者依次阐述了孟子仁政实施条目，即制产、经界、明人伦、班爵禄。三是“仁政目的”。作者指出，孟子仁政目的在为人民谋幸福，所谓保民而王是其政术归趣。为政之道，首在保爱人民，其要义包括民贵君轻、诸侯三宝、取得民心、取决民意、君臣平等、反对战争、劳心劳力等方面。四是“理想政治”。作者认为，孟子的理想政治称为仁政、王政、王道，亦曰先王之道，以尧舜文王之道为其理想标准。最后，作者概括说：孟子政治思想，以仁政为总纲，以保民为目的，以王道为理想。凡诸侯制民之产，确立经界，明人伦，班爵禄，皆其行事之条理次序，举措以觇民意，平等以论君臣，发民权之滥觞，辨心力之分界。

孙宝琛在《孟子的政治思想》一文中指出，孟子的政治思想系由其伦理哲学思想推演而来。孟子是主张性善的民本主义者，因而演变成他的民本政治思想，由此再推演成民意政治、责任政治及贤能政治等思想。作者依次论述了孟子的民本政治、民意政治、责任政治、贤能政治、养民政治等。

沈忱农在《孟子政治思想的研究》一文中指出，言孟子的政治思想，如以近代民主思想来衡量，当然尚有一段距离。虽然他主张政治以养民教民为本，行政用人以舆论为依归，但迄未能触及“主权在民”的观念。作者从三个方面探讨了孟子的政治思想。一是“民本主义的思想”。孟子认为统治者系为服务人民而存在，人民为国家之本，统治者只是为民服务，才能存在；否则，就应予以更换。二是“民生主义的政治思想”。孟子认为政治的基本要求在于养民和发展国计民生。三是“人格主义的政治思想”。孟子认为君主、臣民在政治责任上虽有差等，但在法律地位上应该有其同等的人格，即具有同一的人格价值，采取平等对待的态度。

谭煊吾在《孟子的民本思想》一文中，概述了孟子时代的社会状况，考察了孟子民本思想的渊源、本质，阐述了孟子对民本政治的努力，比较了孟子民本思想与世界民主思潮的异同，概述了孟子思想对后世的影响等。

四、教育思想、超功利主义

刘宗烈在《论孟子教育思想》一文中认为，孟子的教育思想皆以性善为出发点，必须存性扩性，保持善端，顺乎自然，更须注意教育环境，重视感染作用，一切以居仁由义为依归，从事品德之涵养，鼓励学者振奋志气，向上发展，以臻完善之境地，教育之能事始毕，教育效果始见。作者全面考察了孟子教育思想之要义，即注重心性修养、环境教育、示范教育、励志教育、学习方法，指出遵循孟子的教育原则和方法，自可长善救失，克收宏效。

高葆光的《孟子的超功利主义》一文，评析了王充、李觏及明代陈第等人关于孟子义利问题的评说，认为评论比较恰当的当推司马迁、程颐、朱熹三氏。作者进而辨析了孟子利、仁义的意义性质及作用，考察了孟子人生哲学中的超功利言论、超功利思想发生的渊源，认为孟子超功利主义并不轻弃结果。作者最后对孟子超功利主义的作用作了展望，认为近来西方有识之士深知功利思想为害之烈，他们主张研究东方文化补西方文明之短。作者预言说世界情势愈紧张，儒家的超功利思想越是解救的良药。

除上述外，该论集还刊载了陈大齐的《孟子性善说与荀子性恶说的不相抵触》、卓秀严的《孟子论异端》。

总之，该文集从一个侧面反映了台湾20世纪60～70年代的孟学研究状况，对孟子的心性论、修养论、政治思想、教育思想等都作了深入的诠释和探讨，提出了许多深刻的见解，对深化孟学研究具有积极的意义。但因受时代等条件的局限，有人认为孟子主张“君臣平等”，此观点似有偏颇。有人认为“唯有实现我们孔孟之道，仁义而已，才可使天下太平，人类幸福”，“舍跟从孟子的思想前进，便别无他道可循”①，显然夸大了孟学的作用和影响。

第三节　李明辉主编《孟子思想的哲学探讨》

李明辉主编《孟子思想的哲学探讨》，由台湾“中央研究院”中国文哲研究所筹备处1995年出版，约21万字。

该书为台湾“中央研究院”中国文哲研究所筹备处主持的《孟子学研究丛刊》之二。书前置李明辉1995年撰写的导论，次为正文。本书所收入的9篇论文是台湾“中央研究院”中国文哲研究所筹备处推动的“孟子学主题研究计划”之部分成果。这项主题研究计划自1993年5月开始执行，由李明辉、钟彩钧先生共同主持。研究计划有3项具体目标：第一，在计划执行的第一年，平均每个月举办一次小型讨论会，每次邀请文哲所及其他大学的中生代学者1～3位，发表有关孟子学的论文，固定参与讨论的学者共有11位。第二，举办一场“孟子学国际研讨会”。此会已于1995年5月20～21日在台湾“中央研究院”举行。第三，编一套《孟子学研究丛刊》，收罗此项计划参与人员及其他学者在这方面的研究成果。本书所收入的9篇论文均涉及孟子思想中的哲学问题，故辑成一册，题为《孟子思想的哲学探讨》。这些论文依其内容可分为3组，即“通论”、“心性论”、“文化观”。该书主编在导论中说：孟子思想的核心是其心性论，以此为基发展出其文化观，这正符合儒家思想

---

① 谭煊吾：《孟子的民本思想》，见《孟子思想研究论集》，262页，台湾黎明文化事业公司，1982。

"内圣外王"的思想格局。故本书之分类系以孟子思想的特点为依据。

一、通论

属于"通论"性质的论文共有两篇,即《孟子——士的自觉》和《孟子哲学与秩序的未决性》。

(一)《孟子——士的自觉》

美国哈佛大学中国历史与哲学教授杜维明所著《孟子——士的自觉》一文,对孟子思想作了一个综述。他分别从三个方面阐述了孟子思想的特性。其一,"位——客观价值"。孟子的"良贵"说,就是肯定人人本身固有、任何权势都不能剥夺的内在仁义的价值。孟子为建立士的客观价值,采取了多侧面、多层次的分析,对士阶层的自处、定位、生存、发展和扩大进行了全面深刻的反思,为士(君子、大人、大丈夫)即中国智识分子的社会功能,作了很有说服力的辩解。杜维明用"智识分子"而不用"知识分子",是要突出智慧和见识之类的道德素质,以区别于职业分工的知识分子。孟子以德抗位的批判精神,在塑造中国智识分子"自我意识"上起了积极的作用。其二,"志——主体意识"。作者认为,更能凸显孟子精神的是主体意识。智识分子的自我理解、自我定义、自我期许,是体现士君子和大丈夫风骨的根本理由。孟子的"无恒产而有恒心者,惟士为能",突出了士能超越环境限制(包括经济条件)而安贫乐道的志趣。孔子强调的"匹夫不可夺志"的主体理念,正是孟子突出主体意识的理据。孟子的性善论为人禽、夷夏、义利之辨建立了形而上的基础,彰显了人类的本质、文化的特色和道德的灵魂。孟子是从道德觉悟凸显主体意识、继承孔门"为己之学"而发扬光大的杰出代表。他虽然没有充分展现"己"的内涵,但自觉、自律、自主和自立的理念在他阐释士、君子、大人和大丈夫的文字中层出不穷。在孟子那里,主体意识是自知之明的基础,建立主体意识以道德觉悟为前提。他的"浩然之气",正是刻画智识分子由主体意识所引发的自强不息的天地精神。其三,"道——天地精神"。在孟子那里,智识分子的主体意识拥有丰富的文化资源,其来自四大源头,即良知良能的勃然而兴,民之所好,天之所予,先圣之道。其中,先圣之道为智识分子的主体意识提供了历史的文化资源;天之所予则展现了孟子"内在超越"的思想特色,为士的道德自觉建立了先验的基础。智识分子从上述源头引发出丰富的文化资源,才能充分凸显既有群体基础又有批判精神的自我意识。

(二)《孟子哲学与秩序的未决性》

美国夏威夷大学曼诺阿分校哲学系教授安乐哲所著《孟子哲学与秩序的未决性》一文,提出了一个诠释孟子思想的方法论问题。他过去一贯强调中国思想的独特性，因而不遗余力地对西方学者及部分中国学者以西方概念诠释中国思想的取径提出方法论的质疑和批评。在他与郝大维(David L. Hall)合著的《孔子思想探微》一书中，彻底发挥了这种见解。在此文中，安教授进一步将这种观点延伸到对于孟子思想的诠释上。他提醒我们不要轻易地借用西方的概念来诠释孟子思想中的“性”、“命”、“天”等概念，因为这将扭曲孟子的本意。安教授的看法将孟子学乃至整个儒学的诠释问题引入了当代诠释学(hermeneutics)的视域之中。

对安乐哲的上述观点，本书主编李明辉教授在导论中曾作了中肯的评析。他说：“笔者一方面承认：安教授的观点当做一种方法论的提醒来看，有其积极的意义，因为它提醒我们在诠释中国古代思想时应注意其有异于西方思想的独特性、以及诠释学的基本问题。但在另一方面，他的看法似乎不无矫枉过正之嫌。因为根据当代诠释学的观点，为某一文本(Text)寻找完全‘客观’的诠释，是无意义之事；因此，我们可以承认：不同的文化系统或概念系统之间无法完全转译。但吊诡的是，诠释之必要性正是建立在这种不可转译性之上。所有的诠释都是一种转译，完全的转译固然是不可能的，但我们仍必须转译。一切诠释工作都是建立在这种‘不可能转译’与‘必须转译’的辩证关系上。在笔者看来，安教授的看法过于强调中国文化(当然包括孟子思想)的独特性，而忽略了其普遍性，这使他有陷入文化相对主义之虞。巧的是，刘述先教授的论文也提到了卜爱莲(Irene Bloom)教授最近在一篇论文中对安教授的上述论点有所辩驳，读者可以一并参阅。”①本书赞同这一评说。

二、心性论

第二组四篇论文均涉及孟子的心性论。

(一)《孟子心性论的再反思》

香港中文大学哲学系讲座教授刘述先所著《孟子心性论的再反思》一文，对孟子心性论的渊源、涵义、论证、践履、影响等作了深入的分析和反思。

在“孟子心性论的渊源”上，作者不同意西方学者芬格雷关于孔孟思想之间存有矛盾的观点，以《论语》、《孟子》为依据，阐述了孔孟思想的联贯性，认为孟子自觉地继承孔子的睿识而发展出他的心性论。

在“孟子性善论的涵义”上，作者评析了卜爱莲对葛瑞翰、安乐哲关于孟子性善论辩的“三个步骤”和“几个要点”，指出孟子只是在经验层面指点出一些常见的端倪，只要我们由此加以扩充和进一步追索，自然而然就会在我

① 李明辉主编：《孟子思想的哲学探讨》，5页，台湾“中央研究院”中国文哲研究所筹备处，1995。

们性分中找到深厚的根源。孟子的"仁义礼智根于心"是其最重要的判断，但这不能通过外在归纳来证明，只能通过内在的相应来体证。人之所以能向善，是因他在性分禀赋中有超越的根源。

在孟子心性论的"践履"和"影响"上，作者认为孟子的性善论肯定了内在于吾人的生命中超越的禀赋，为吾人行善或向善的根据。要发挥这种禀赋，还必须做不动心、知言、养气、存养等修养工夫。孟子的践履并不仅限于内圣方面，也十分注重外王方面。作者还概述了孟子心性论对后世的影响，认为孟子思想在当代的影响决不限于新儒家，大陆及台湾不少学者提倡气节而回归孟子的传统。

(二)《孟子的人性论——〈孟子·告子上〉第六章疏解》

美国加州大学柏克莱分校哲学系教授信广来撰《孟子的人性论——〈孟子·告子上〉第六章疏解》一文，采用了西方分析哲学的方法，对《孟子·告子上》第六章中的"性"、"情"、"可以"、"能"、"才"等主要概念作了极为细密的分析。就性和情而言，作者列举了朱熹、戴震、俞樾等人对"情"的三种解释，探讨了《左传》、《国语》、《墨子》、《吕氏春秋》等古籍中"性"、"情"的意义，认为"情"作"实"解或作"性"解两种解释其实差距不大:"情"在古籍中与"实"同义，指一物的特征或其真实的状况;而当"情"所指的是该物的一种特征性的趋向时，则"情"所指的也可称为"性"。这是《孟子·告子上》第六、八章中"情"字的用法。虽然"情"与"性"可以互换，但它们的意思并非完全一样，"情"所强调的是一物有某种趋向，而此趋向是该物的特征，"性"则强调此趋向是该物的构成部分。就"可以"、"能"与"才"而言，孟子的"可以"并不是纯粹的可能性，而是与"能"一样，依赖于人所具备的为善的趋向。"才"是指人所具备的这种为善的趋向。"才"和"情"是相关的，因为人具备为善的才是人之情;"才"与"可以"也是相关的，因为有为善的"才"，人便"可以"为善。最后，作者概述了《孟子·告子上》第六至第八章孟子的性论与另外三种性论的不同。

(三)《〈孟子〉知言养气章的义理结构》

台湾"中央研究院"中国文哲研究所筹备处研究员李明辉著《〈孟子〉知言养气章的义理结构》一文，同时从语法和义理两个层次，对《孟子》知言养气章作了深入的诠释。作者的诠释主要表现于以下几个方面:其一，心、气的内涵及关系。作者评议了赵岐、朱熹、周群振对孟子"动心"的注释，考察了北宫黝、孟施舍的"不动心"，认为"知言养气章"中的"心"是指人的理性生命(此处偏重于道德性)，"气"是指人的感性生命，"心"与"气"之关系相当于孟子言"大体"与"小体"之关系。对孟子而言，"心"在主体的整个结构中居于核心的地位，为真正的自我之所在；相形之下，“气”居于次要的或边缘的地位，其意义、价值必须透过它对于“心”的关系来决定。其二，告子何以主张“不得于言，勿求于心；不得于心，勿求于气”？孟子何以说“不得于心，勿求于气，可；不得于言，勿求于心，不可”？作者不同意冯友兰依据朱子之说对告子不动心之道的诠释，评析了赵岐、朱熹、毛奇龄及近人徐复观等人的诠释，认为徐复观对于告子的“义外”说与“不得于言”等16字的诠释之间，存在着一个逻辑的缺口。这是以朱注为本的传统诠释最不能令人释然之处。作者为了另求新解，从分析这16个字的语法入手，认为可以将告子的话改写成“得于言，乃可求于心；得于心，乃可求于气”，也可用“除非”或“非得”来取代原句中的“不”字，而改写成“除非得于言，勿求于心；除非得于心，勿求于气”。作者进而从义理层次将告子的两句话诠释为：凡在思想或主张中能成其理者，我们便可以之要求于心，作为心之圭臬；凡能为心所接纳之理，我们便可以之要求于气，使之下贯于气。作者认为，孟子与告子所说的“心”并不相同：告子言“心”基本上是认知心，它可以认识外在的客观的道德法则及价值；孟子言“心”是道德心，它本身是道德法则及价值的根源。借用康德之语来说，告子强调理论理性之优先性，孟子突出实践理性之优先性。其三，“知言”、“养气”工夫。作者诠释了孟子的“知言”、“养气”工夫，认为它们均以“心”为主宰，“知言”是以心定言，“养气”是以心御气，主要工夫均在“心”上做，其效果则分别表现在“言”和“气”上。“知言养气”章虽主要说明孟子的工夫论，但却牵连到其整个义理系统。

(四)《尽心与立命——从海德格基本存有论重塑孟子心性论的一项试探》

该文系台湾“中央大学”哲学研究所教授袁保新所撰。李明辉教授在导论中评论说：“近20年来，由于牟宗三先生的影响，康德哲学成为台、港哲学界在诠释孟子思想时所凭借的主要西方思想资源。牟先生思想的系统庞大，架构完整，一旦钻进去，就不容易跳出来，令人有难以超越之感。近几年来，在牟先生的门墙之内逐渐出现较为不同的声音，尝试在牟先生既有的学问规模之下另辟蹊径。本书的作者当中，袁保新、杨儒宾、蒋年丰三位便代表这个思考方向。顾名思义，袁教授此文试图根据海德格(Matin Heidegger)的基本存有论来重构孟子的心性论。他希望借此照明孟子心性论中不易透过康德哲学展现出来的另一面相。过去陈荣灼教授也曾尝试藉海德格来诠释儒、释、道三家的思想，而撰有《海得(德)格与中国哲学》一书；此文可说是这种尝试之延续。"[①]袁教授该文主要内容有:其一,心性论与形上学。作者评论了劳思光、牟宗三对《孟子·尽心上》"尽其心"章的诠释,认为他们对"形上学"的认知与态度,自始即存着歧见。劳思光反对孟子有形上学蕴含。牟宗三用以彰著孟子形上智慧形态的观念——"道德的形上学",虽凸显了儒家从道德实践契接形上根源的理路,但当他仍然沿袭西方传统形上学"超越实体"的观念来说明"天"的内涵时,这个论断又模糊了他对孟子许多精辟的诠释。其二,海德格基本存有论的理趣及其哲学涵蕴。作者为了更清楚地展示海德格哲学与孟子心性论在哲学理趣上的相干性,简要概述了海德格"基本存有论"的问题取向、概念架构及其哲学的特殊涵蕴,认为海德格在西方形上学史上截断众流、另辟蹊径的思考方式,为西方哲学世界指出一条新的思考方向,一条可能是与中国哲学更接近的思路。其三,孟子的"心""性""天""命"的再诠释。作者从海德格基本存有论的观点,对孟子的心、性、天、命等概念重新作了诠释。作者指出,本文企图参考海德格基本存有论的架构重塑孟子的心性论,目的是藉海德格对西方哲学的批判,让我们表述孟子的心性论时,拥有一套更恰当的理解模式。

三、文化观

本书第三组三篇论文均涉及孟子的文化观。本书主编认为,孟子的文化观是在其心性论的基础上发展出来的,可视为其心性论的延伸。

台湾清华大学中国语文学系教授杨儒宾所著《儒家身体观的原型——以孟子的践行观及荀子的礼义身体观为核心》一文,"基本上是从一个理论前提出发:孟子思想、甚至整个儒家思想,并不预设一套笛卡尔式的身心二元论,而是将身体与心灵视为一个连续体的两极……在此文中,杨教授综述了先秦儒家有关身心关系及其文化意涵的三种理论原型,可视为他近年来的相关研究之总结"[②]。杨教授论文的主要内容大致有以下几个方面:其一,儒家身体观的起源。作者依据《左传》等古籍考察了西周春秋"威仪观"与"血气观"的产生、发展,认为它是儒家思想的两个源头,触及了身体与礼、身体与心(或心气),甚至隐约间也触及了身体与自然(自然之气)的领域,后世儒者对身体的诸种解释都是沿此源头发展出来的。其二,孟子的践行观。作者认为,孟子的践行观是儒家身体思想自"威仪观"、"身气观"以后的另一次大突破,它建立在身体与意识的亲和性之基础上,孟子的"践行"是由"养气"导引出来的,而"养气"则是"尽心"工夫的产物。在孟子形—气—志的身

① 李明辉主编:《孟子思想的哲学探讨》,7页,台湾"中央研究院"中国文哲研究所筹备处,1995。
② 同注①,8页。

体结构中，其工夫论的重点放在“志”上。其三，荀子的身体观。作者认为构成荀子身体观的要因有三：一是自然的感官——气之身躯，二是虚一而静的大清明统类心，三是依礼义而行的完美身体之行为法则。自然提供了材质，心灵提供了动力，礼提供了形式与目的。

此外，台湾东海大学哲学系教授蒋年丰的《孟学思想“兴的精神现象学”之下的解释学侧面——从马浮论诗教谈起》一文以及台湾大学中国文学研究所林启屏先生所撰《孟子思想中道德与文学的关系》一文，李明辉教授在导论中曾作了全面的评价。他说：蒋年丰一文“系根据民初大儒马浮的诗教论来重构孟子思想里心性与诗教的关系。自从诠释学兴起以来，在当代西方哲学的发展中有所谓的‘典范转移’之说，亦即由‘意识哲学’的典范（paradigm）转移到‘语言哲学’的典范。笔者对此说虽持保留的态度，但是当代西方哲学的重点确有逐渐由意识哲学转向语言哲学的趋势。蒋教授此文显然是受到这种新的问题意识之启发。诚如他在文中所述，牟宗三先生透过康德哲学家重构了孟子思想中‘无限心’的形上学意涵，他自己则有意凸显其中属于人之有限存在的语文性、历史性和体制性。在儒家传统思想中，有限与无限、道与器、体与用之间始终存在一种张力，但也同时存在一种连续性。换言之，儒家思想一方面具有一个超越的向度，而在另一方面，其超越性又不能完全脱离人的现实性与历史性。故离事而言理，为儒家之大忌。套用当代新儒家的用语，这是一种‘既超越又内在’的思想形态。故在肯定无限心的前提下，探讨这种无限心在人文世界中的展现，原本就合乎儒家思想之内在要求。因此，蒋教授的论文和杨儒宾教授的论文一样，都呈现出孟子思想的另一面相，即其心性论在人文世界中的开展。同样的，林启屏先生的《孟子思想中道德与文学的关系》一文也应放在这个脉络中来理解。《孟子》书中包含一些有关文学的见解，这些见解虽不属于一般意义的‘文学理论’，但对后世的文学理论与文学批评却有深远的影响。孟子论《诗》，是在其道德哲学的整体脉络（包括心性论及工夫论）中进行，故我们不可能脱离这个脉络去理解他的相关论点。林先生此文在若干细节上虽与笔者的理解有所出入，但他对于各个理论环节与整体脉络间的关系有相应的理解。此文实可以弥补孟子学研究中向来较被忽视的一个问题领域”①。

① 李明辉主编：《孟子思想的哲学探讨》，10～12 页，台湾“中央研究院”中国文哲研究所筹备处，1995。

第四节　黄俊杰主编《孟子思想的历史发展》

黄俊杰主编《孟子思想的历史发展》，由台湾“中央研究院”中国文哲研究所筹备处1995年出版，约17万字。

该书为台湾中国文哲研究所筹备处主持的《孟子学研究丛刊》之三。书前置黄俊杰1995年撰写的导论，次为正文。本书所收集的8篇论文，除陈熙远的论文之外，其余各篇均曾在1994年5月20～21日台湾“中央研究院”中国文哲研究所筹备处主持的“孟子学”国际研讨会上宣读。各篇论文主题不一，论述范围互异，但基本上都是站在广义的思想史立场，探讨孟子思想的历史发展。其内容分为通论、宋代孟子学、清代孟子学、国外孟子学四个方面。

一、通论

“通论”部分所收入的两篇论文都环绕孟学中的圣贤典范展开论述。

（一）《孟子思想与圣贤传统的关系》

台湾“中央研究院”中国文哲研究所筹备处研究员钟彩钧所撰《孟子思想与圣贤传统的关系》一文，首先扼要分析了孟子论述圣贤的三种方式：客观陈述圣贤言行，讨论问题时引证圣贤言行，自述言行而与圣贤一致。作者接着分析了孟子道统说中最重要的三位圣贤：舜是性善说的典范，文王是诸侯的模范，孔子则为孟子自身所取法。作者指出，圣贤典范的建立在孟子学中居于极高之重要性，因为人生而具有内在善苗，孟子以圣贤作为最高道德标准，呈现了人人皆有的可能性，但孟子的“圣贤的事实”是由自明的人格理想来肯定的，因此不必靠外在的现实的存在来支持。

（二）《圣王典范与儒家“内圣外王”的实质意涵——以孟子对舜的诠解为基点》

美国哈佛大学历史系暨东亚语言系联合课程博士候选人陈熙远所著《圣王典范与儒家“内圣外王”的实质意涵——以孟子对舜的诠解为基点》一文，对以往学术界常将“内圣”与“外王”视为两截工夫，并往往理解成“由内而外”、“因圣而王”的本末关系的传统观点提出质疑，并力图通过对儒家圣王典范的具体分析，为儒家“内圣外王”的实质意涵提供一个新的理解角度。作者依次论述了“儒家典范与义理的相互涵摄”、“道德修养的主观努力与客观限制”、“修齐治平的连续性与互动关系”、“德治与王政”、“德性修养与德行实践的共时性”。通过上述论述，作者在结语中指出，虽然尧舜圣王的圆满境界，并非人人可以臻至，但是，孔孟之所以肯定“人皆可以为尧舜”的真谛，正在于肯定人人皆可以在各个特殊的时空环境与人际脉络中，完成一己进德修业的“内圣外王”。个人道德生命的圆满完成，与整个人类福祉的臻至完善，必然是相互涵摄而同步开展的。虞舜之所以成为儒家“内圣外王”的典范，并非因为他既“圣”且“王”——分别完成内在的道德修养与外在的政治成就，也不是根据他因“圣”而“王”——凭藉着完美至善的道德感召力量来平治天下，而是由于他不断反求诸己，为政施仁。孔、孟对舜的肯定，正是在于他终能即“圣”即“王”——在竭力“博施于民，而能济众”的过程中，舜既造就天下福祉，使人人各安其位，同时也在扩充“不忍人之心”的过程中，使德性光被四表；对舜而言，个人道德生命的充融圆满与整个人类社群的臻至完善，是在相互涵摄中同步完成的。黄俊杰教授在导论中指出：这篇论文所提出的新解释，不仅理清了先秦儒学“内圣外王”的涵义，而且对宋明儒家的孟子学解释中所涉及的尧、舜问题的探讨，也有一定的贡献。

二、宋代孟子学

本书第二部分所收的三篇论文都以宋代孟子学作为研讨的范围。

（一）《宋儒对于孟子政治思想的争辩及其蕴含的问题——以孟子对周王的态度为中心》

台湾大学历史学研究所教授黄俊杰所著《宋儒对于孟子政治思想的争辩及其蕴含的问题——以孟子对周王的态度为中心》一文，全面分析、论述了“宋儒之孟子争议的引爆点”、“王霸之辨：理想与现实的对立”、“君臣关系：相对性与绝对性之辨”、“宋儒的尊孔与‘道’的新诠释及其颠覆性”。作者通过对宋儒关于政治思想的争辩以及在争辩往复之中所蕴含问题的探讨，认为“宋儒对孟子政治思想争辩的引爆点在于孟子不尊周王并游说诸侯以一统天下的行为。孟子不尊周王之所以成为引爆点，实有其北宋政治史的特殊背景在焉。从北宋建国以来的大环境来看，孟子不尊周王这件事实所潜藏的王霸异质论与君臣相对说，对北宋以降中央集权的政治体制，以及尊王的政治思想，均形同水火。而就王安石变法特别标榜孟子作为精神标竿而言，孟子无形中为王安石新法运动背书，遂不免激起反新法的人士的批判。在这两大政治史因素的辐辏作用之下，孟子的不尊周王终于成为众矢之的，引爆了宋儒的孟子学争议……在宋儒的孟子学争议中呈现三大问题：(1) 王霸之辨隐涵着理想主义与现实取向两种政治态度的对立。拥护孟子尊王黜霸的宋儒，大致都抱持理想主义，以理想中的‘三代’作为论政的标准，以尧、舜作为取法的对象，王安石就是典型的代表。反之，批判孟子的宋儒倾向于将三代、秦、汉、隋、唐一体视之，从现实角度论政，司马光即为代表人物。(2) 君臣之分问题起于孟子所持‘大有为之君必有所不召之臣’的主张。孟子的君臣相对说实本于战国时代士气高涨而国君多好战好利之徒之历史背景，但却在宋代的历史脉络中批判孟子，例如司马光就基于他以名分论为基础的政治思想，以及反王安石新法的政治立场，对孟子大加挞伐。(3)宋儒不论是尊孟或非孟双方，在争辩中都奉孔子为最高权威，引孔子之原始教义以支持各自的论据。但支持及批判孟子的双方对孔子所传的‘道’，却有不同的解释。批判孟子的宋儒指出孔子之‘道’及‘君君臣臣’之道，是支持宋代上下阶层秩序的‘道’；而支持孟子的人如朱子则认为孔子之‘道’乃是‘仁义’之道，人人皆可得而行之。朱子为了替孟子辩护而提出对‘道’的新诠释，与朱子对历史的解释思路一贯，对于宋代的既成权力结构具有相当的挑战性……孟子的不尊周王而被宋儒加以议题化的这三大问题之间，有其连环性，三者环环相扣，交互渗透，不可分割。”①

(二)《朱子对孟子学的诠释》

台湾“中国文化大学”哲学系教授杨祖汉所撰《朱子对孟子学的诠释》一文，通过对孟子思想中“关于义利之辨的讨论”，“对‘四端’及‘求其放心’的分析”，“论知言养气”，论述了“朱子学的重智之特色”。作者在结语中概括指出，朱子对孟子的“义利之辨”的解释，大抵合于孟子及儒学通义。朱子所谓真正的道德行为，必须是为了义之故而行，而不是只求行为合于仁义之意所能掌握的，但并不能据此便说朱子的思想全合于孟子，而为自律的伦理学。朱子对孟子言心性的说法，大体是依他自己特殊的思路来理解，常常是曲解了孟子。在这一部分中，朱子亦有一些说法表面看是合于孟子所说的本心之义的，但其实只是貌似，朱子的想法仍是不同于孟子。朱子论知言义气处，则在文义的解释上，虽有不合于原文脉络之意义，但却对孟子思想有进一步的阐明、引申之功劳，即表面不合孟子，但却是将孟子蕴含之意义表而出之。以上所论，或可视做朱子对孟子义理的理解之三个面相，即有合于原义的，有不合于原义的，有表面不合而却有阐微之功的。这三个面相，加上论朱子学的以主智为其特色一义，大概对朱子之孟子学可有相当之概括性。

(三)《论张九成〈孟子传〉中的义利观》

台湾“中央研究院”中国文哲研究所筹备处助理研究员蒋秋华著《论张九成〈孟子传〉中的义利观》一文，概述了张九成的生平与著作，考察了《孟子传》的写作背景与动机，从“王霸之别”、“格物致知”、“天理人欲”等几个层面

① 黄俊杰：《宋儒对于孟子政治思想的争辩及其蕴含的问题——以孟子对周王的态度为中心》，见《孟子思想的历史发展》，123～125页，台湾“中央研究院”中国文哲研究所筹备处，1995。

论述了张九成对孟子“义利之辨”的诠释。作者在“结语”中总括说，张九成撰《孟子传》，并非完全为了反驳批评孟子的学者，但是他义正辞严地批判历来怀疑和詈骂孟子的人，却鲜明地表达了护卫与推崇的立场。作为孟学主要宗旨的义利之辨，也透过他的反复申说，更加突显了孟子提倡此说的苦心孤诣。

张九成《孟子传》中所呈现的义利观，基本上是承袭《孟子》书中原有的观念，再配合北宋理学家所提出的天理、人欲来析论，同时也与他重视的《大学》的格物说有密切的关系。二程所开启的义利之辨，经由杨时的传授，对张九成必然有所影响。因为天理、人欲对待而言，并用以作为义、利的分判，正是洛学一派所特别注重的。张九成援引发挥，运用在注解《孟子》一书当中，对于传递与宣扬洛学，应有其相当的贡献。然而，他的这项功勋，却未受到后人的重视。这是因为以承续二程学统为志的朱子，虽然也基于洛学的天理、人欲相对待的观念来论述义利之辨，但是他不满张九成的思想杂有释氏之学，所以不仅没有显扬张氏推尊孟子和阐明洛学的功勋，反而极力辟斥他的学理，将其排除于正统儒学之外。

三、清代孟子学

该部分收录了研究清代孟学的两篇论文。

(一)《戴震孟子学的基础》

台湾“中央大学”中国文学系教授岑溢成撰《戴震孟子学的基础》一文，概述了戴震义理四书与《孟子》，论述了孟荀抉择与戴震的《孟子》学和从《绪言》的荀子评论看孟、荀抉择，探讨了性善论与一本论。作者指出，“性善论”是戴震《孟子》学的基础，“一本论”则是掌握戴震“性善论”的基础。戴震的人性论，重点就在于：自然的天性禀赋以必然的礼义为极则，则必然的礼义乃自然的天性之具体的充分实现。礼义的充分实现就在人自然的天性禀赋的充实和完成。饮食情欲，都是人自然的天性禀赋。礼义的充分实现，必须包含这些天性禀赋的充实和完成，而不是对这些天性禀赋的排斥或否定。这样的观点，可以分为实质与形式两个方面。强调礼义为天性禀赋的实现和完成的，是实质的方面；强调“必然为自然之极则”的，是形式的方面。这是戴震人性论的一体两面。形式的方面，实则就是所谓的“一本论”。实质的方面，就是所谓的“性善论”。戴震的人性论在形式上则为“必然为自然之极则”的“一本论”，在实质上则为礼义为天性禀赋的实现和完成的“性善论”。这种意义的性善论必以“一本论”为其形式，这种意义的“一本论”也必以“性善论”为其实质。

（二）《焦循〈孟子正义〉及其在孟子学之地位》

台湾"中央研究院"中国文哲研究所筹备处研究员林庆彰著《焦循〈孟子正义〉及其在孟子学之地位》一文，概述了近年来焦循研究的大致状况，阐述了《孟子正义》编纂之经过，论述了焦氏撰述《正义之动机》和焦氏《正义》之训释方式，认为其疏解方式有以下数端：一是指出《孟子》经文之根据，二是校勘经注中之异文，三是审释经、注中之字词，四是考明经、注中之人物、史事，五是考证山川、地名，六是考证草木、农谷，七是考证典章制度。作者还论述了焦氏对孟子人性论和养气说的疏释，及后代学者对《正义》之补正和焦氏《正义》在《孟子》学之地位。作者指出，焦循的《孟子正义》已符合注疏体的几个条件：其一，既是疏体，旨在疏通经文和注文。焦氏所根据的注文，是赵岐的《孟子章句》，所用的版本是当时焦氏所认定的善本，则用以作疏的基本条件已相符合。其二，既是疏体，就应广纳诸家之说，来证成经文和注文。焦氏《正义》广采清人60余家之多，所采诸家皆为清代最具功力之学者。虽有学者批评其轻视宋儒，未将宋人说《孟子》之可采者纳入，但在当时乾嘉时代汉学高涨的学风下，焦氏的"偏见"，似仍可原谅。焦氏《正义》，既广纳时贤之说，则已可免见闻鄙陋之讥。此其合疏体之要求者二。其三，焦氏所采诸家之说，既是一时之选，则其《正义》视之为清嘉庆以前学者研究《孟子》之资料汇编亦不为过。既如此，《正义》中所录有关草木虫鱼、典章制度、性道天命等诸家之说，也成为检验清人学术造诣最方便之资料库。其四，焦氏受戴震之影响甚深，其治学也一如戴震，考证和义理兼修。今焦氏《正义》有关孟子论性善、论仁义、论道之章节，也有焦氏自己的见解。是则焦氏《正义》，也是研究其思想不可或缺的材料。

焦氏《正义》既有如此多的重要性，以目前的情况来说，学术界还未对该书付予应有的重视。此种现象有待关心清代学术，或研究《孟子》的学者共同来改善。

除上述之外，本书在"国外孟子学"部分中，收录了最后的一篇论文《韩国朝鲜时代的孟子学研究》。该文由韩国汉阳大学校哲学系教授金炳采撰著。作者概述了韩国接受与发展儒学的历史状况，阐述了朝鲜时期性理学的发展。作者依据韩国成均馆大学大东文化研究院编的《韩国经学资料集成》之《孟子》部分，简要介绍了朝鲜时期研究、诠释、翻译《孟子》的著作。作者还概述了韩国接受儒学的特色，指出韩国接受儒教的历史很悠久，其内容也很丰富，并且也形成了自己的特色。这也就是说，韩国人以自己的意识和思想的基础来吸收儒教和中国文化，所以有其特色。跟韩国人比较起来，中国人可以说从先秦以来就一直重视孟子的思想。如按照历史资料来说，韩国人并不太重视《孟子》这本书。直到朝鲜时期，朱熹的性理学传入以后，韩国人才开始重视《孟子》而对它有些诠释。后来到朝鲜后期，主张实学的学者才高度重视《孟子》。这也可以说是韩国接受儒学的一种特色。本书主编黄俊杰教授在评价该文时指出："金炳采这篇介绍性的文字最大的贡献在于启示我们：包括《孟子》在内的儒学典籍，是东亚思想史上思想家思考问题的共同文化资源。我们应从比较思想史角度出发，将东亚思想史作为一个整体加以研究，而不必像过去传统学者一样地仅以中国、日本、韩国为范围，划地自限，陷于'见树不见林'之窠臼而不自知。因此，如何拓展视野，开拓'东亚儒学'研究之新领域，实在是我们应加深思的课题。"①

综上所述，台湾出版的四部孟学研究论集，主要反映出港台地区作者20世纪60～90年代研究孟学的大致状况。从整体上看，上述研究呈现出不断深化的趋向，对深化孟学及中国传统文化研究产生了积极的作用。港台地区的孟学研究受到了大陆学者的关注。譬如杨泽波教授针对李明辉教授著《〈孟子〉知言养气章的义理结构》所提出的观点，提出了商榷。他指出："李明辉在《〈孟子〉知言养气章的义理结构》一文中提出一种新的观点，认为可将'不得于言，勿求于心'改写成'得于言，乃可求于心'，意思是说'凡是思想或主张中能成其理者，我们便可以之要求于心，作为心之圭臬'。由此可以推知'不得于言，勿求于心'与告子'不动心'的内在关联：'根据告子道德实在论底观点，道德之价值与是非有其外在的客观标准，心之作用在于衡量并判断各种思想或主张是否合于此客观标准；只要相合，便可奉之为原则，而信守不疑。这种情况下，由于心有守，自然可以不受其他外在因素之影响，而得以不动。'李明辉的看法读起来感到十分高深，但细细想来也有不少问题。"杨泽波不同意李明辉将"不及黄泉，无相见也"改写成"及至黄泉，乃可相见也"，指出："如果将原句改为'及至黄泉，乃可相见也'，是把前件变成了后件的充分条件，意思是说'到了黄泉就可以见了'，这显然违反了逻辑规则，不能成立。既然这种观点的前提存在问题，其整个论点的价值也就值得考虑了。"②由此看来，两岸学者的相互商榷和争鸣有利于深化孟学研究。

---

① 黄俊杰主编：《孟子思想的历史发展》，12～13页，台湾"中央研究院"中国文哲研究所筹备处，1995。

② 杨泽波：《孟子评传》，364～365页，南京大学出版社，1998。

第四十一章　孟学研究论著(上)

第一节　王濡松、王支洪的孟学论著

一、王濡松著《孟子论性与修为学》

王濡松著《孟子论性与修为学》,台湾教育文物出版社 1974 年 4 月出版,全书约 9 万字。

该书前置作者自序,次为正文。全书共四章:第一章,论性;第二章,修为学;第三章,孟子论性及修为学;第四章,如何实践中庸之道。

关于"论性",作者从训诂、义理两个方面论述了性的涵义。从训诂方面而言,作者引用《说文解字》、《左传》、《荀子》等古籍对"性"的诠释,认为生与性之别,生为性命,性乃生命中所蕴藏之欲望、能力、作用等,此乃生而即有,非由外铄,故可称本能或本性。作者还引述了牟宗三对性的诠释。从义理方面而言,作者将性诠释为气命之性、义理之性两个方面。关于"修为学",作者探讨了修为学的本义、内容,从道统、天道、伦理、心理四个方面,阐述了修为学的途径。关于"孟子论性及修为学",作者认为孟子既主性善,其修为术,不外养气扩充四端,致良知良能。作者指出,孟子既以心善证性善,心之四种活动即为情。由心向上推即为性,从心向下落即为情;情中涵有向外实现之冲动、能力即为才;孟子谓恻隐、羞恶、辞让、是非之心,即是恻隐、羞恶、辞让、是非之情。横渠谓心统性情。就孟子言,心统性、情、才;心为善,性、情、才亦为善。作者还考察了孟子与告子的辩论,评析了恶的来源和"修为学"的方法(寡欲、从其大体),阐释了"从其大体"所包含的求放心、存夜气、心之存养、扩充四端、养浩然之气等道德修养方法。

作者在自序中指出,本书采用演绎法剖析各项问题,务求理论与实际结合,藉示实践之途径。从总体上看,该本偏重于结合道德修养中的各种社会实际问题,因而具有一定的通俗实用性,对人们在现代社会中如何吸取孟学的精华加强道德修养,具有一定的启示。

二、王支洪著《孟学的现代意义》

王支洪，江西临川人，毕业于台湾私立淡江文理学院中国文学系，曾任编审，也执过教鞭。酷爱文学，撰写散文、小说、广播剧和电视剧。

作者著《孟学的现代意义》，台湾东大图书公司 1984 年 12 月出版，全书约 12 万字。

该书列入东大图书公司的《沧海丛刊》。书前置作者自序，次为正文，包括七章：第一章，绪论；第二章，孟子传略；第三章，孟子的中心思想——性善论；第四章，孟子的王道思想是世界大同的根本；第五章，孟子的民本主义是国家建设的根本；第六章，孟子的道德主义是社会建设的根本；第七章，孟子的教育思想是健全个人的根本。书后有历代孟子注疏表、参考书籍。

关于"绪论"。作者阐述了中国道统的形成，论述了孟子与中国道统，认为正式提出"道统"二字并予以具体解释的是朱子，指出中国道统是中国五千多年来古圣先贤在长期的艰苦奋斗中，反观、内照，不断创新所得的经验教训，累积成高度的智慧结晶，传之永恒，以作为我们后世子孙求生存、光大生命的至当原则。孟子生平的奋斗，有两个目标：一是要从思想上发扬儒学，一是要从政治上推行仁政，把儒家的理想具体实践出来。

该书概述了孟子的家世、游学、时代背景、生活阅历等，评述了性善论的根源，为何肯定人性为善，人性善的论证，孟子与告子对人性的辩论，概述了孟子的王道思想、民本主义、道德主义、教育思想等。对孟子思想的论述，作者多采用前人之说，缺少新的考证和结论，但本书的重要特色在于凸现和论述孟学的"现代意义"。作者从孟子的上述基本主张出发，结合社会现实，对孟学予以引申、发挥和现代诠释，读后给人一定的启示。譬如作者评述孟子性善论的重要意义时指出，孟子的性善论"提供了人们一条真实道路，唤起了人的内在冲力，使人了解自身的价值和对社会政治的自然责任，敢去面对他的一切命运，无所忌怯；亲身体验所遭遇的一切忧患，适足增益其所不能，并认定社会和文化的危机，都源自于人，解脱危机的唯一力量，也是在人。因此，人的尊严和人的价值获得肯定"①。又如作者在诠释孟子尊贤使能、"立贤无方"②的用人主张时引申说："近百年来，我们很多游学外国的学者，看到近代西方的民主政治，认为他们的制度，远胜过我们的，我们只要学习到他们那一套制度，一切问题都解决了。岂不知这样带来了很大的流弊。过分看重制度，但如忽略了制度背后的人物，忽略了作为人物骨干的德性，

① 王支洪：《孟学的现代意义》，34 页，台湾东大图书公司，1984。

②《孟子·离娄下》。

忽略了一个人物所必需具备的良心与勇气，那仍会带来很多弊端。因为人的德性逐步堕落，尽在制度上求改变，正是‘徒法不能以自行’，何况还要知法玩法，钻法律漏洞以自肥，种种扰攘动乱之来，何尝不是种因于此。”①再如作者论述孟子的道德思想后，联系台湾的社会现实说：“但是，不可讳言的，现代西方社会所患的病象，我们已感染到了。因为心理上缺乏道德习性的防护作用，对西方功利主义、个人主义、自由主义的渣滓，几照单全收。工业化所带来的物质生活改善，并未使精神生活更为充实；个人所得提高，并不意味着生活实质的提高，一般说来，是今日的社会价值观变了。金钱的势力超过一切，个人社会地位的高低，全以钱财的多寡来判定；为人正大，操守清白，在世俗人眼中，是迂腐的、好笑的。”②

当然，作者在对孟学予以现代诠释的过程中，譬如将孟子的王道、民本、道德、教育思想视为世界大同、国家建设、社会建设、健全个人的根本，这显然夸大了孟学的影响。又如关于孟子“字子舆”的说法，前人已做过考证是附会之说，这在学术界已成为定论，但作者在“孟子传略”中称“孟子名轲，字子舆”，无疑是沿用了前人的错误说法。

第二节　王基伦著《孟子散文研究》

王基伦，山东黄县(今龙口市)人，台湾师范大学教授。作者所著《孟子散文研究》载于台湾《师大国文研究所集刊》第二十九号，全文约17万字。

该文前置作者1984年撰写的叙例，次为正文，共10章，依次是：第一章，绪论；第二章，孟子其人其书；第三章，孟子成书之缘由；第四章，孟子散文之涵义；第五章，孟子散文之思想；第六章，孟子散文之体类；第七章，孟子散文之作法；第八章，孟子散文之评价；第九章，孟子散文之影响；第十章，结论。后有参考书目举要。

作者在绪论中概述了自古以来对孟子文辞研究的简况，评析了台湾20世纪六七十年代至80年代初研究孟子文学思想的有关论著，申明了研究孟子散文应坚持的“知人论世”、“以意逆志”的原则，阐述了撰写该文的主要思路。除绪论和结论外，二至九章为本论，其主要内容大致划分为四个方面。

---

① 王支洪：《孟学的现代意义》，69页，台湾东大图书公司，1984。

② 同注①，118页。

一、孟子其人其书,《孟子》成书之缘由

关于孟子其人其书。作者参酌史籍,取材七篇,明列前贤成说,会通近人见解,较详细考证了孟子的名氏、里居、家世、生卒、游历、晚境和《孟子》一书的作者、篇章、成书年代、外书存佚等,指出孟子,名轲,字则未闻,谓其"三岁丧父"为妄说,生卒当为前372年至前289年,游历为先梁后齐。因齐宣王伐燕事件,孟子去齐后,之宋,过薛,游滕,至鲁,晚年归邹。《孟子》一书作者"谓之师生共著",成书年代当在前286年至前245年之间。

关于《孟子》成书之缘由。作者概述了"时代风气之省思"、"地理环境之影响"、"传统思想之沿承"、"立志行道之精神",指出孟子悯时风之惨烈,学儒者之仁义,两相激荡,遂有救世之心,而其面对现实,复须取合诸侯、抨击异端,一心志在行道,故有不得已之心,发为正义之言。

二、孟子散文之涵义,孟子散文之思想

关于孟子散文之涵义。作者论述了散文的名称、定义、与古文的区别及孟子散文之成立,指出:《孟子》一书,就行文观之,为不用对偶之单笔;就内容观之,为质朴之言;就价值观之,为实用之文;就形式观之,为不受声调羁束之作。《孟子》为诸子散文,且以意为质,富有哲理,因而文意充沛,辞理俱佳,且能散行以达意,堪称散文之佳作。

关于孟子散文之思想。作者论述了孟子的心性论、修养论、处世论、政治论,指出:孟子确立人禽之辨,仁义礼智为内在于心之本体,又可发用为正路大道之行止,实即心性至修养之关键。故仁义内在于心,行于天下,则大人之事备,修身之道成,此即孟子心性论之要旨。孟子之修养论,承心性之学而来,保持"平旦之气",养其大体,扩充四端,乃能完成德行修养;修养重在身心,为个人心灵之陶冶,处世重在行止,为言语行动之发用,二者互为表里。具有完善人格修养,则其出处进退,无不合宜。孟子的政治论以仁心为本,以民意为贵,以政教为辅,力行仁政而达于王道。

三、孟子散文之体类,孟子散文之作法

关于孟子散文之体类。作者论述了《孟子》一书散文的分类,即论辨体、序跋体、典志体、寓言体四类。作者认为,论辨之作,在于发自内心蔼然仁义之言,以圣学道统为念,挟之以辞锋锐气,以贵能破理为务。又如作者在论述寓言体时,列举《孟子》书中"揠苗助长"、"齐人乞墦"、"校人烹鱼欺子产"、"弈秋诲弈"、"重为冯妇"等,深入分析其寓意,认为孟子论政事、修养、处世等常以寓言成其说,故能取譬浅近,托意深远,切合寓言做法。

关于孟子散文之作法。作者拟分四节,依次评述了孟子散文之"字法"、"句法"、"章法"、"篇法"。就孟子散文之字法而言,作者结合《孟子》原文和综述前人评说，概述了孟子散文字法的七种方式，即以重出见长，以虚字行气，配字以成词，省笔以避繁缛，换字以避重复，转品以求活用，借代以求生动。通过上述评说，“以明孟子散文长于炼字”。就孟子散文之句法而言，作者又从五个方面评述了孟子文句的表现技巧，即取譬以明事（譬喻包括明喻、隐喻、借喻），繁复以要功，排比以成势，层递以贯珠，协声气而有音韵。就孟子散文之章法而言，作者认为孟子以“前后照应”、“正反对比”的技巧恰当处理段落之间的关系，孟子章法中，不论长短段落，皆重对比。尤以正反两面立说，既可反复论辩，互相发明，更能展开文思，剖析利害。就孟子散文之篇法而言，作者探究了孟子谋篇布局五种方式，即设为问答、先疑后决、夹叙夹议、先分后总、总提分应。作者进而概括说，孟子文体以论辩居多，故其作法以议论见长，篇法有五，章法有二，皆为议论之作，并以譬喻佐之，排句助之，文句遂生动、明畅，难以比拟。

四、孟子散文之评价，孟子散文之影响

关于孟子散文之评价。作者综合前人评论，认为孟子散文的特色有四：一是英气激越。作者认为，孟子之文，出于“不得已”之情怀，而有立志行道之精神，是以驰说诸侯，抨击异端，故多论辩之辞。见诸文章，则英气激越，锋芒在目，确有受时气际遇影响者。二是义理精醇。“义理精醇”为思想上之评价。作者指出，孟子之文，章法整齐变化，有连贯统合之妙，无非是源于“义理精熟，一以贯之”之仁义思想。出乎醇正之学，而有光明之文，故其文之义理精醇，契合其思想故也。三是简明平易。此为作法上之评价。作者认为，孟子不托诸谲怪人笔法、巉刻之厉言，乃以平易近人之浅语，取譬于人情事物中，出之若家人常语然。四是理懿辞雅。作者认为，就孟子散文之义理、作法二者合并而言而表现出的文章风格可谓理懿辞雅。质言之，它是内容与形式的统一而表现出来的文章风格。

关于孟子散文之影响。作者评析、论述了其对文学思想、理论、创作的影响。就对文学思想之影响而言，作者综述了韩愈、柳宗元、欧阳修、王安石、苏洵等文学家、思想家对孟子仁义之道的崇尚。就对文学理论之影响而言，作者论述了孟子“知言养气”、“知人论世”、“以意逆志”对后世的影响。譬如作者指出曹丕主才气，刘勰言志气，韩愈谈气势，皆由个性才情而来。其后苏辙、陈绎曾倡言养气，恽敬另起一帜，并言孔孟之文学主张，具可见知言养气说影响后世甚大。就对文学创作之影响而言，作者认为，喜读孟子书，朝夕吟咏其间，自易受其影响；作文篇章结构之中，不斯然之摹仿生焉。作者进而列举司马迁《史记》、贾谊《过秦论》、韩愈《争臣论》、范仲淹《岳阳楼记》、欧阳修《丰乐亭记》等所受孟子之熏陶和影响。

在上述论述基础上，作者在“结论”中指出：文学作品之研究，应有史学、哲学、文学之素养。史学重在考证，所以知人论世，研讨作品之外缘问题。哲学即是义理之学，归纳其思想，合为一贯之道。文学用在词章，分析作法为要旨。此外尚有评价、影响，综合文史哲三方面之分析，从而可知作品与后世之关系。如此方能上溯古人之时势，下贯其文之久传，绵亘古今，成其条贯统序。孟子散文足以对我们产生启迪者有二：一是矫正文风，必须发扬孟子；二是提升文学，必须发扬散文。孟子散文有精要宏博之思想内容，可以陶镕心神，增广见识；有平正之文章轨范，可以效法声气，加强文势。

综上所述，该文显著特点有二：

第一，将文学研究与哲学、史学研究紧密结合起来。本文的主旨是研究孟子散文，当属文学研究的范畴。其中，孟子其人其书，《孟子》成书之缘由等，以考证史实为主，当属史学研究的范畴；孟子的心性论、修养论、处世论、政治论等，以阐述义理为主，当属哲学研究的范畴。作者将上述研究融为一体，从不同的角度、层面揭示孟子思想的内涵，既揭示了孟子的深邃义理，又展现了《孟子》一书的文学特色。

第二，层次清晰，论述周密。譬如该文第七章孟子散文之作法，依次论述了孟子散文之学法、句法、章法、篇法。这样，由论字到论句，再到论段，最后论篇，层层分析，前后保持严密的逻辑联系，读后给人留下深刻的印象。

第三节　叶经柱著《孟子之民本主义》

叶经柱著《孟子之民本主义》，台湾正中书局 1990 年 3 月出版，全书约 18 万字。

该书前置任卓宜 1989 年 11 月写的序和作者 1990 年 2 月写的自序，次为正文。全书共八章。第一章，绪论；第二章，孟子之生平与时代背景；第三章，民本主义之思想渊源；第四章，民本主义之政治；第五章，民本主义之经济；第六章，民本主义之教育与军事；第七章，孟子民本主义对后世之影响；第八章，结论。书末附录有陈立夫撰“增补中华道统十五赞”，及主要参考书目。

一、绪论，孟子生平与时代背景，民本主义思想渊源

作者在“绪论”中阐述了“中国道统”和“民本主义”的内涵，认为孟子是中国道统论的先驱。中国道统，就是一种以民本主义为中心的政治哲学，道统的中心就是仁，就是民本主义。作者考察了学术界对孟子以民为本、民贵君轻之政治思想的不同称谓，大致有民本思想、民主政治、民本主义、民本学说、民本精神、民权思想或民意政治、民本政治等说，认为最为恰当合宜者，

莫如民本主义。作者指出，民本主义是一种以人民利益为目的之政治思想。详言之，它是一种以民为本为重，讲求爱民利民，重视民心民意的政治思想。作者进而论述了民本主义的六项内涵，即民为邦本、民贵君轻、必须爱民、讲求利民、尊重民意、重视民心。

关于孟子的生平与时代背景。作者概述了孟子的里居、先世、生卒、父母、师承、游历、弟子、著作等。作者的评说多综合、引述前人之说，没有新的考证和结论。作者还从政治、君主、社会、思想四个方面概述了孟子所处的时代背景。

关于民本主义之思想渊源。作者概述了孟子之前，即从尧舜禹到文、武、周公、孔子等34位圣贤、君主、政治家、思想家的民本思想的事迹、资料和主张，认为孟子是继承上古圣哲的民本思想而发扬光大的集大成的民本主义思想家。

二、民本主义政治、经济、教育与军事

关于民本主义之政治。作者认为孟子民本主义之政治基础是其性善说，论述了四心、四端、与告子的辩论、人皆可以为尧舜、善性的存养等，还进而论述了民本主义的政治原则，即人民至上、革命权利、崇尚王道、实行仁政、取得民心、尊重民意、任用贤能，指出能做到此七项基本原则，人民的意志受尊重，人民的权益有保障，君仁臣义，就会造成一个政治修明、人民安乐的世界。

关于民本主义之经济、教育和军事。作者论述了民本主义之农业制度和财经政策(包括财政、土地、农业、工商等方面)，论述了民本主义之教育意义、目的、内容、方法等，考察了孟子赞成仁义之师、主张自卫之战、反对不义之战、渴望仁者统一等民本主义军事。譬如在概括民本主义经验时，作者指出:实行减轻赋税，实行什一之税;在土地方面，实行井田制，使耕者有其田;在农业方面，春耕秋获，适时补助农民，纾解民困，不违农时，关注水产养殖与山林保护，使民养生丧死无憾;在工商业方面，实施轻税或免税，关卡无阻交通便利，物价不强求一致，使百工相互竞争，货畅其流，经济繁荣，人民富足，一个安乐的社会就会实现。

三、孟子民本主义对后世之影响

作者论述了孟子之后从战国末期到近代的荀子、王节信、荀仲豫、韩文公、柳子厚、范文正、李泰伯、陆象山、王阳明、黄宗羲、孙中山等16位思想家、政治家的民本思想，评述了他们的政治、经济、教育等民本思想，其中，重点是黄宗羲和孙中山，认为上述思想家大都受到了孟子民本主义的影响。

在以上论述的基础上，作者在“结论”中探讨了民本主义的特殊地位及民本主义与三民主义的关系，认为民本主义为中华道统之中心，孟子是民本主义集大成思想家，黄宗羲是光大孟子民本主义之第一人，孙中山为民本主义之实行家，指出孙中山的三民主义皆以民为本，亦即三民主义皆由民本主义来，“更直截了当地说，三民主义就是民本主义”①。

该书全面、系统、通俗地阐释了孟子的民本思想。其中，阐释孟子民本思想的思想根源和对后世的影响时，评述了50位政治家、思想家的民本思想的事迹、资料、主张和观点，显示出论述全面、资料丰富的特点。当然，本书亦存在一定的不足。譬如作者认为孟子“字子舆”、孟子主张“人民至上”、“三民主义就是民本主义”等观点，都是欠妥的。所谓孟子“字子舆”之说，前人称之为附会之言。所谓“人民至上”，显然是将孟子的“民贵君轻”说予以了发挥和引申，并不符合孟子的本义。所谓“三民主义就是民本主义”，显然是将孟子的民本思想等同于资产阶级革命家孙中山的民本思想，在客观上有拔高孟子民本思想之嫌。

第四节　黄俊杰著《孟学思想史论》卷一、《孟子》

黄俊杰，台湾高雄人，毕业于台湾大学历史学系及研究所，美国华盛顿大学(西雅图)博士。曾任台湾大学历史系讲师及副教授、台湾清华大学历史研究所教授、美国华盛顿大学客座教授、新泽西州立大学客座教授、马利兰大学客座教授，现任台湾大学历史学系教授。

主要著作有《孟学思想史论》卷一(台湾东大图书公司 1991 年版)、《孟子》(台湾东大图书公司 1993 年版)、《孟学思想史论》卷二(台湾“中央研究院”中国文哲研究所筹备处 1997 年版)、《儒学与现代台湾》(中国社会科学出版社 2001 年版)，主编《孟子思想的历史发展》(台湾“中央研究院”中国文哲研究所筹备处 1995 年版)等。

一、《孟学思想史论》卷一

《孟学思想史论》卷一全书约 49 万字。该书前有作者 1991 年写的自序，次为正文，包括两大部分，一是“论述篇”，二是“集释篇”。“论述篇”包括七章：第一章，序论：孟子思维方式的特征；第二章，孟子思想中的生命观；第三章，孟子后学对身心关系的看法——以马王堆汉墓帛书《五行篇》为中心；第四章，孟子思想中的群己关系；第五章，义利之辨及其思想史的定位；第六章，孟子的王道政治论及其方法论预设；第七章，结论。该篇后附参考书目。

① 叶经柱：《孟子之民本主义》，232 页，台湾正中书局，1990。

“集释篇”包括：第一篇，《孟子·告子上》集释新诠；第二篇，《孟子》知言养气章集释新诠；第三篇，《孟子》义利之辨章集释新诠；第四篇，《孟子》王霸三章集释新诠。后有附录，一是中国古代的爨及其文化史意义，二是马王堆帛书《五行篇》“形于内”的意涵——孟子后学身心观中的一个关键问题。

（一）论述篇

关于孟子思维方式的特征。作者论述了孟子思维方式的两大特征——“具体性思维方式”和“联系性思维方式”，考察了具体性思维方式的运用及其所蕴含的人的“历史性”与“超越性”存有的紧张关系，联系性思想方式所展现出的“自然”与“人文”、人的“身”与“心”、“个人”与“社会”之间的联系性。作者指出，“具体性思维方式”与“联系性思维方式”是孟子进行论述的重要基础。前者使孟子在铺陈他的论点时，能以具体性展现多样性与复杂性，并使抽象原则皆有其具体之理据，即事而言理，达到理事圆融之境界。这种思维方式的展现，又可细分为“类推论证”和“历史论证”两类，孟子灵活运用，证成他的主张。后者则使孟子能看到生命的复杂性与超越性，使他论述中的人不沦为现实的奴役，而能自我提升，“上下与天地同流”。这两种思维方式的交互运用，加强了孟子的说服力，千百年以来读者展读《孟子》这部书，仍为孟子的盈胸浩气与无碍辩才所感动兴发。

关于孟子思想中的生命观。作者将《孟子》及帛书《五行篇》作为基本史料，考察了古代的“六气”说及气的四条发展线索，论述了孟子“浩然之气”的内涵及思想史的定位，探讨了孟子“心”与“气”的关系及“践行”理论，认为孟子思想中人的本质，有其整体性与复杂性。人不仅仅是社会人或政治人、生物人，人是整体人，而且更有其超越性。人透过存心养气的工夫，不但可以“践行”，以道德生命转化自然生命，而且可以从“有限”跃人“无限”，进入到“上下与天地同流”的境界。就人的超越性而言，孟子思想中的人仍具有部分的宇宙人的性格。

从广泛的文化史的立场来看，孟子思想中的生命观与战国时代思想家对人的概念有其互通之处，孟子思想中的人，是一种多层次、多面向的存在。人的本质，表现了自然秩序与人文秩序之间、心理层与生理层之间、宇宙的无限性（所谓“天命”）与经验世界的有限性之间的连续性。孟子思想中的人，并不是宇宙中孤零零的存在，人的最高本质是可以与宇宙的本体感应互通的。

关于孟子后学对身心关系的看法。作者以马王堆汉墓帛书《五行篇》为中心，考察了《五行篇》心与身的分野及统一，论述了“心”的特质，对比了“中心”与“外心”，探讨了“思”与“慎独”及其思想史意义。作者指出：孟子生命哲学中关于“养气”、“存心”到“践形”的这一套思想以及“大体”、“小体”的说法，都在孟子后学中保留了下来，而且更加细致化。孟子后学强调以“心”统率“身”，并将“心”分为“中心”与“外心”，认为“中心”比“外心”更为基本而具有普遍必然性，强调通过“思”与“慎独”的工夫，来完成“心”对“身”的统摄。从《五行篇》中我们看到了孟学的“内转”——从孟子的内圣外王兼顾转而讲求“心”的内敛反思及专一。

从思想史立场看，孟子后学所呈现的思想的“内转”，与秦汉之际儒家思想之朝向宇宙论或本体论发展的思想倾向是互有关连的，前者可以视为后者的一种表现。就其内容而言，《五行篇》与《礼记》中的《大学》及《中庸》两篇的思想（尤其“慎独”概念）有相当密切的关系，很值得进一步探讨。

关于孟子思想中的群己关系。作者论述了孟子“个人”与“社会”的连续性及其构成基础，认为孟子从个人、家庭、社会到国家、天下，是层层展开的同心圆，个人是这个同心圆展开过程中的核心。作者论述了孟子“个人”与“社会”的冲突及其解消，认为当“私人领域”与“公共领域”出现“责任的不相容性”问题时，孟子提出了两条抉择原则：一是血缘原则，二是“可取代/不可取代”原则。作者指出，孟子思想中的“个人”与“社会”之间构成了一种连续体，而这个连续体的构成基础，则在于“个人”的“心”之作为价值意识的泉源之普遍必然性。但是，由于孟子认为“个人”有自主性而“社会”没有自主性，所以他认为前者可以统摄、影响或支配后者。对孟子思想中“个人”与“社会”关系的分析，涉及“个人”的“主体性的客观化”这一极具关键性问题。在孟子思想中，“私人领域”之所以有其自主性，之所以可以支配或转化“公共领域”，乃是因为作为价值意识的创发者的“心”，是“私人领域”的基本质素，但是，孟子思想中的“心”不是静止不动的空间之物，“心”是既存有而又活动的道德心。因此，孟子社会思想体系就会面临一个问题：道德心的活动如何从“私人领域”跃入“公共领域”？换言之，具有自主性的道德心如何在同样具有自主性的“社会”中进行其实践活动？这个问题是孟子社会思想体系中最大的困局。

关于义利之辨及其思想史的定位。作者论述了孟子义利观念的提出、论辩的对象、源流，考察了荀子与先秦儒家义利思想的转折，进而探讨了先秦儒家义利观念演变的思想史涵义。作者指出，先秦儒家义利观创发于孔子，孟子拓深了“义”之人性论根据，强化了“意志自由”与“价值内在”的主张。荀子承孔孟余绪，提出了“公义”观念，大力强调“以义制利”，将孔孟原指人的自律性的内在秉赋的“义”，一转而成为外在的强制性的工具，这是先秦儒家义利思想演变中的重要转折。“义”的来源从孔孟到荀子的转变除了具有从“内在”向“外在”发展的意义，尚有从“个人”走向“群体”的意义。在孔孟思想中，“义”与“仁”的关系较为密切，孔孟皆在“仁”的脉络中来掌握“礼”，社会规范基本上是个人人格的扩大与绵延，“义”基本上是属于个人修身的范畴。但荀子思想中的“义”则与“礼”具有密切的关系，荀子的“义”是属于群体生活范畴的事物。在荀子眼中，作为人类群体生活安排者的天子应特别注意“以义制利”的问题。因此，从“义”观念的发展历程里，我们看到了儒家修身问题的反省从“个人”走向了“群体”，其着眼点与视野都有所转变。

关于孟子的王道政治论及其方法论预设。作者探讨了王道政治论的内涵、运作、逻辑、方法论预设和严王霸之辨的历史背景，指出孟子的王道政治论以民本为基础，以德治为运作逻辑。孟子针对战国时代急功近利的弊病，求治本而不求治标，高标“三代”圣王的理想，以与现实相对照，作为批评现实的工具，确实充满了高度理想主义的色彩，所以，历代许多学者对孟子王道政治论的可行性多加质疑。实际上，理想主义正是孟子批导现实政治最有力的武器，也是他的政治思想千百年来一直成为中华民族“永恒的乡愁”的主要原因。孟子的王道政治论的根本问题在于：第一，由于孟子将政治领域视为道德领域的延长，因此，他认为政治领域的运作逻辑，基本上受道德领域的逻辑的渗透与支配。第二，孟子的王道政治论隐含一种整体论的方法学立场。孟子之学广大悉备，其指数千，然其本实归于心学。这种以心学为宗旨的孟子学典范，在政治思想上表现而为一种整体论立场。孟子将“政治”视为提升人类道德福祉的场所，企求一种全面而彻底的政治改革。这种改革不是诉诸于外在的制度的改良主义，而是反求诸己，这是孟子所谓的“求其放心”，尤其诉之于统治者的良心发现，从统治者的心灵深处，激发其“良知”，从而带动社会政治经济的全面改革。在孟子的政治思想中，一切作为“部分”的政治制度或措施，都只有联系到作为“整体”的“心”之觉醒——也就是人性的全面解放——这个中心理想时，才取得意义，“部分”的作用也才能适当地发挥而不再流为“率兽食人”的工具。这是一个极为典型的整体性的方法学立场。

除上述之外，作者在该书第七章结论中对以上各章探讨所获得的基本看法，略加综合申论。为避免重复，在此不再赘述。

（二）集释篇

“集释篇”每篇引《孟子》原文后，摘录赵岐《孟子章句》、朱熹《孟子集注》、焦循《孟子正义》之注疏。此后“日韩注疏”中，举荦荦几家为要，举其精华，条札于各段经文之后，以便读者参考。在此基础上，列作者“札存”或“新诠”。前者系作者平日读书笔记，偶有一得，皆加札记，以备省览；或就历代注孟言论有所商兑，其一时未有能有所定论者，则存之以俟后日。“新诠”系就平日理会玩索心得，在历代注疏之外，特就思想史立场别立新见，其于疏通孟学有所裨益。

关于《孟子·告子上》集释新诠。作者就《孟子·告子上》20章详加集释，创为新解。认为《孟子·告子上》全篇，义蕴丰富，前后贯通，自成体系，孟子内圣学之精义，尽粹于此。全篇20章环环相扣，宗旨明确，曲畅旁通，前六章所论价值意识内在说，尤为全篇精神之所在。孟学重大课题，譬如圣凡之殊、义利之辨、夷夏之防、王霸之分、人禽之辨等，皆可从《孟子·告子上》中获得判断之依据。

关于《孟子》知言养气章集释新诠。该章系《孟子·公孙丑上》第二章“夫子加齐之卿相”章，人们通常又称之为“知言养气”章。作者指出，该章是《孟子》书中义蕴极为丰富，面向最为广袤的篇章。它反复讨论治气养心之术，对心与气、气与形之关系等古代思想史重大课题，析论精微，曲畅旁通，确为先秦儒学史之重要文献。

关于《孟子》义利之辨章集释新诠。该章系《孟子·梁惠王上》第一章“叟不远千里而来”章，人们通常又称为“义利之辨”章。作者在“札存”中，简略考察了孟子见梁惠王之历史时势，继而扣紧思想史之脉络，旁搜密察，探讨义利观念之源流。作者认为，义利之辨不仅是孟学核心问题之一，也是中国思想史一大课题。就思想史表现的事实来看，义利之辨与“公”、“私”观念之间关系最紧密。孔孟提倡“公利”，认为义不废利，利之宜者即为义。

关于《孟子》王霸三章集释新诠。作者取《孟子》书中论王霸三章，即《孟子·公孙丑上》“以力假仁者霸”章、《孟子·告子下》“五霸者三王之罪人”章、《孟子·尽心上》“尧舜性之”章，加以集释，为之新诠。作者指出，孟子政治思想以民本位为其核心，重申周初重民贵民之思想于战国乱世，以人民之福祉为政治目的，以人民为政治之主体，其“民贵君轻”论成为历代儒家论政之根本要义。孟子所持民本位之政治思想蕴涵要义有三，即义利之辨、公私之分、王霸之别。三者相互联系，不可分割。孟子尊王黜霸，意在顺乎战国局势，尊新王以促成统一之新局，建立民本位之王道政治，以救生民出于水火。

综上所述，该书论述周密，资料丰富。作者考证、论述每一问题时，大量引用前人研究成果，概述有代表性的学术观点，然后予以分析、评说，在此基础上得出自己的新见。从总体上看，该书的突出特色是从整体上把握了孟子思想的整体结构和内在有机联系，将孟子思想视为由“个人”、“社会政治”、“宇宙”三个层次构成的系统整体。作者指出，孟子思想结构最重要的特质，乃是“个人”、“社会政治”及“宇宙”等三个层次之间构成一种连续性的关系。所谓“连续性”的涵义有二。第一是“连续性”之作为一个动态发展历程：从“个人”到“社会政治”到“宇宙”，是一个连续开展的阶段性历程，每一阶段都是下一个阶段的基础，孟子称之为“本”（所谓“天下之本在国，国之本在家，家之本在身”），三个阶段连续展开而不可切断。任何一个阶段的断裂，在孟子看来都是生命的欠缺。“个人”的充实，是“社会政治”健全的基础；而“个人”及“社会政治”福祉的提升，都有其宇宙论的根源。从一方面看，“天命”下贯而为人性；从另一方面看，民心在政治上的向背也反映而为“天命”的移转。孟子思想中这种将“个人”、“社会政治”及“宇宙”视为连续性发展历程的特质，可以具体地展现中国文化中的“天人合一”或当代学者所说的“既内在又超越”的特质。这个意义下的“连续性”可以称为“发展的连续性”。第二是“连续性”之作为一种存在的本质状态：“个人”、“社会政治”及“宇宙”等三个层次之间，存有一种互相渗透、交互作用的关系。首先，具体地说，“个人”在孟子思想中并不是如告子所说的与“社会”切断联系的孤独的个体，而是与“社会”密切互动、与“社会”中的每一个个体共生共荣共感的整全的人。在这种“个人”与“社会”或“政治”共生共感的连续性中，当然会有某种“私人领域”与“公共领域”之间的紧张性。但是孟子认为这种表面上的紧张性，可以通过“心”之作为价值主体所具有的普遍必然性，加以泯除于无形之中。孟子心学的精义，也于此透露无遗。其次，“社会政治”层次与“宇宙”层次，也因同具道德之质素而存有感应关系。孟子引用《尚书》在“天听”、“天视”与“民听”、“民视”之间建立连续性，凡是切断这种连续性的统治者，孟子斥之为“一夫”。复次，孟子思想中的“个人”与“宇宙”之间也存有一种感通的连续性。所谓“尽心”→“知性”→“知天”，在孟子思想中是一个连续的发展历程，“天道”与“人道”透过“诚”而取得互动关系……而论证人具有“四端之心”或“良心”，这种“心”并有其超越性的根源。孟子的整个思想体系，确已臻乎熊十力先生所说“即体神化不测之妙，于人伦日用之间，乃哲学最高境界”。这个意义下的“连续性”，可以称为“结构的连续性”。

在孟子思想中，“个人”、“社会政治”及“宇宙”之所以能够维持“发展的连续性”或“结构的连续性”，主要是透过人心的“扩充”来完成的……孟子认为人的内在善苗（“四端之心”），经由不断的“扩充”，可以布乎四体，使德润身，完成“践形”，更可以与“社会”大众声气相求，可以“知言”，可以“与民同乐”，求天下之大利。孟子在社会生活上讲求“同”，在政治生活上讲求“推恩”，都是本于“扩充”这个概念。① 总之，作者对孟子思想的整体把握及其内在联系的探讨很有新意，在港台地区近年来的孟学研究中是不多见的。

二、《孟子》

黄俊杰所著《孟子》一书约21万字。该书列入傅伟勋、韦政通主编《世界哲学家丛书》。书前置傅伟勋、韦政通1986年5月写的总序及作者的自序，次为正文，总计10章：第一章，“予岂好辩哉？予不得已也”——孟子和他的时代；第二章，“当今之世，舍我其谁也”——孟子的游历生活；第三章，“我知言，我善养吾浩然之气”——孟子理想中的生命形态；第四章，“民为贵，社稷次之，君为轻”——孟子的政治思想；第五章，“天下之本在国，国之本在家，家之本在身”——孟子思想中的“私人领域”与“公共领域”；第六章，“教者必以正”——孟子的教育理想；第七章，历代孟子学诠释的流变(一)——战国时代至唐代；第八章，历代孟子学诠释的流变(二)——宋代；第九章，历代孟子学诠释的流变(三)——清代；第十章，结论——孟子与中国文化。书后有孟子年表、参考书目、索引。该书内容大致包括下述几个方面。

(一) 孟子所处时代及游历

关于孟子所处时代。作者考察了孟子的生命情调、战国时代的世局及孟子对时代的认知，认为孟子具有特别突出的人格特质：一是强韧的生命力，二是强烈的使命感，三是刚直的气概。作者指出，春秋战国时代是中国历史上社会、经济、政治秩序变动最激烈的时代之一。孟子对时代的认知主要有三：一是急功近利风气的弥漫，二是政治的黑暗与堕落，三是战争的残酷与人民的痛苦。

关于孟子的游历。作者依据古代史料及钱穆等学者的考证，考察了孟子炽热的心灵及对理想的追寻，认为孟子更希望成为一个改变世界的经世思想家与政治家。孟子在齐威王之时约前335年曾首次游齐，约前328年以后离齐。约于前326年与前324年的几年内，从齐辗转来到宋国。约前322年离开滕国返回邹国。前320年孟子见梁惠王。约前319年孟子去梁，第二次游齐。约前311年孟子离齐归邹，正式结束了他的游历生活。

(二) 孟子的生命形态、政治思想、个人与社会关系、教育理想

关于孟子理想中的生命形态。作者认为孟子对人的生命境界的讨论，以“气”、“心”、“形”三个概念为中心，考察了从自然的“连续性”到人文的“连续性”——中国古代“气”的思想史，认为孟子的“知言养气”章从自然生理的血气论到“浩然之气”的提出，打破了以往思想家的范围，建立了一套以人性

① 黄俊杰：《孟学思想史论》(卷一)，185～186页，台湾东大图书公司，1991。

为基础的道德哲学。作者还探讨了孟子道德心与生理活动的互动与统一，论述了孟子"心"的内涵、"心"与"气"的关系，评析了孟子的"践行"理论及其思想史意义。由此作者得出结论说：孟子的生命情调所开展出的理论走向，实际上是证明了人的存在是一种整体性的存在。更值得注意的是，人更有超越性，可以与大化的宇宙相互契合，所以，人可以从自然生命转进道德生命，进而由"有限"跃入"无限"。从文化史的角度出发，我们可以发现孟子思想中的生命观与战国思想家对人的认识是有相通之处的。因为不管是孟子或庄子、管子，他们都共同体会到人与宇宙的关系是一种连续性的关系，并将此种连续性的思维模式表现在自然秩序与人文秩序之间的连续性、心理层与生理层之间的连续性，最后扩大推至人的有限性存在与宇宙天命无限性的连续性。所以，可以说孟子思想中的人，在宇宙中并不是孤零零的存在，人的永恒回归是人本质与宇宙本体的共通感应。这种对于人的概念，丰富了人的生命，使人的存在不再只是物理的存在而已，而是更存有一种"交感交流"的联系。

关于孟子的政治思想。作者考察了孟子政治思想的主要内容"德治"与"民本"，认为"德治"是孟子政治思想的基础，"民本"则是其最后之依归。作者论述了孟子政治思想及其思维方法，考察了孟子的有机体论、联系性宇宙观与思维方法，指出《孟子》是一部在苦难的时代里为人民伸张正义的福音书。《孟子》书中的政治思想体系，含有强烈的理想主义色彩。例如从孟子有机体论立场看政治问题，他以"三代"的理想来论政，这都对专制王朝的统治者及龌龊的现实政治产生了有力的批判效果。理想主义不是孟子政治思想的缺陷，而是孟子之所以在几千年的东亚历史上不断地对历代专制政权产生批判、造成压力的重要原因。从这个角度来看，理想主义反而加强了孟子的批判力。从我们现代人的立场来看，孟子政治思想的局限性不在于他的理想主义，而在于他把政治生活只当做一种"道德的社区"，他从不认为政治领域是许多不同阶级或团体的利益之冲突、协调的场所。他不太重视政治活动的"自主性"，他一向强调只要将道德领域里的程序建立起来，那么，政治领域内的各种秩序就自然随之而转化。这种说法如果从"政治必以道德为基础"这个观点来看，也是不能成立的。但是，孟子在强调道德的优先性的时候，不免相对忽略了制度建构的重要性。孟子只注重主体自由，而未能进一步论证主体自由的制度性保障。

关于个人与社会的关系。作者评析了孟子"私人领域"与"公共领域"的连续性及其基础，剖析了"私人领域"与"公共领域"断裂的可能及其伦理困境，认为两者之间的关系就是个人与社会的关系。孟子认为两者之间构成一个连续的互摄互融的关系，个人是社会的基础与起点，社会则成为个人之终极目的地与充分实现其理想的领域。作者指出，孟子认为个人与社会，正如同身与心、自然与人文，构成了一个连续体，虽然其间仍有些冲突，但终究是连贯一体的，其间之冲突也终究可以克服。个人与社会的统一基础在于个人的“心”，这是孟子的独到见解，但也同时暴露了其理论的弱点。过度强调个人之心的自主性，使孟子忽略了社会本身一旦形成也具备了自主性，成为不能以个人意志加以转移的客观实体。孟子则认为个人之心足以统摄并影响社会。在政治领域，孟子更把这种思想归结为“格君心之非”，以为一旦格了君心之非，天下一切问题都可迎刃而解，他忽略了社会本身的一些结构性的问题不是主观意愿能够解决的。

孟子认为人心之同，是形成社会的基础，每个人从他的本心出发，自然而然就与社会连成一气并为他人着想，为社会贡献力量。这是孟子性善论的反映。但是，问题在于人有失其本心的时候。孟子对此也并非不察。个人与社会的联系统一，只是就起源来说才是如此，但是在个人与社会之各自的发展中，却可能产生互相抵触的地方，如个人在其发展中，可能出现反社会的行为，而社会在其发展中，也可能出现压制个人的法制。但是，孟子论个人与社会的统一，就像他论人性之本善那样，都是就其基源或本质状态而论，而不考虑发展的过程，这就使得他对个人与社会之关系的考察显得不够全面。孟子的这种主体论的、唯心论的立场在其政治思想中发挥得更为彻底。而事实上，孟子的民本思想之所以在先秦政治中无法实践，也与孟子的思想性格有密切的关系。

关于孟子的教育理想。作者论述了孟子教育事业的风格，教育的本质、目的，教育哲学的人性论基础，认为孟子的教育本质是一种内省的自得之学，教育的目的在于促成“自我”的主体性的觉醒，孟子的教育思想以其人性论为理论根据。作者进而阐释了孟子的教育方法论，一是心的粹炼，二是因材施教，三是教者必以正。在教育这项人文活动上，孟子也认为透过“心”的被唤醒以及“扩充”的过程，可以使孤独的个体融入群体的流衍不尽的大生命之中，而使个人生命的意义为之彰显。

（三）历代孟子学诠释的流变、孟子与中国文化

关于历代孟子学诠释的流变。作者在第七、八、九章分别阐述了从战国至清代中国古代思想家对孟子思想的诠释。具体而言，作者阐述了荀子对孟子的批判，孟子后学对孟子思想的繁衍与拓展，汉唐时期的孟子学，宋代知识分子对孟子的争议，朱子对孟子思想的解释，戴震对《孟子》的新阅读，康有为对《孟子》的诠释等。这些问题作者在《孟学思想史论》(第二卷)中有

全面、细密的论证。笔者将在下文中作介绍。

关于孟子与中国文化。作者在对上述各章要点归纳总结的基础上，进而从“继往”、“开来”两个角度探讨了孟子及其思想在中国文化史上的历史地位。第一，从“继往”的角度来看，一是孟子所凭借的是从新石器时代以来中国远古文明中天人沟通的文化基盘。这个远古以来的文化基盘历史悠久，内涵丰富，尤其是以“气”为中心概念而展开。在孟子以前各种关于“气”的学说，多半是将“气”当做一种自然的存在来处理。孟子在这个文化基盘上加以创造转化，提炼出“养浩然之气”的理论，赋予自然意义的“气”以价值涵义。这是孟子在继承文化之后作出的新贡献。二是孟子受到孔子的启发，深深地浸透在孔学的精神之中。譬如孟子那种“以道自任”、不屈道以从君、“自反而缩，虽千万人，吾往矣”的精神，就深受孔子精神的洗礼。第二，从“开来”的角度看，孟子对中国文化的贡献主要有三：一是孟子的政治思想高举“人民主体性”的大旗，成为中国历代有良心的儒者论政的标竿。从政治思想史的立场来看，孟子是黄宗羲、孙中山以前中国最能站在人民立场发言的思想家。孟子所坚持的这种“人民主体性”，在中国文化史上具有重大的历史意义。自从秦汉大一统帝国出现在中国历史舞台以后，几千年来中国的政治体制一直是以“君主主体性”为中心而建立的。虽然在数千年来的专制政体的压制之下，孟子的“民本位”的政治思想始终未能获得全面实践的机会，但是，孟子的这一套政治思想一直成为中国文化中最充实而又光辉的瑰宝。二是孟子在人性论上向内挖掘，主张人与生俱来有其“良知”、“良能”、“四善端”，人只要善于培养其内在的善苗，就可以成为善人，而且愈能深入于自己的内在善良本心的人，就愈能了解人性本善的涵义，也愈能与宇宙的德性本体遥契。孟子这一套人性理论，确实拓深了中国文化人的生命的深度，使中国人在现实生活之中能“反求诸己”，使每个人在理论上都可以经由自己的修养工夫而成为一个自主性的德性主体，不但在外可以傲公卿，鄙王侯，而且在内则可以建立自己内心的宁静海。所以，历代许多思想家对孟子这一套人性论莫不为之怦然心动，起而丰富繁衍其内涵，其中宋代的陆象山和明代大儒王阳明，顺着孟子的“良知”、“良能”的思路进一步发挥，成就了中国儒家心学传统的高峰。当然，我们对孟子学说的局限性也应该予以反省。三是孟子拓展了中国人的社会观与人生观的广度与高度。孟子不仅认为人的生命有其宇宙论的高度，人可以与宇宙最终实现互相感通，而且人的“心”与“身”也可以交互影响，人的内心修养可以使人格美外在化、具体化，达到他所谓“践形”的境界。更值得我们注意的是，孟子也指出，个人与社会整体或历史文化传统之间，也构成了一个不断裂的同心圆关系，从个人的“自我”向外层层推展，透过“扩充”工夫，使个人与空间上的社会其他人或时间上的历史文化传统形成了共生共感的共同体。

本书的特色诚如作者在本书自序中所指出的那样，以较为通俗的笔调撰写，以便符合《世界哲学家丛书》注重可读性及通论性的要求，因此使读者读来感到语言流畅，通俗易懂。

本书第三、四、五章所阐述的孟子的生命观、政治思想、群己关系等问题，与作者《孟学思想史论》(卷一)前后照应，互为表里，既保持了学术观点的统一，又有利于不同层次读者的需求。

第四十二章　孟学研究论著(下)

第五节　黄俊杰著《孟学思想史论》卷二

《孟学思想史论》卷二全书约44万字。本书为台湾“中央研究院”中国文哲研究所筹备处主持的《孟子学研究丛刊》之五。书前置作者的自序，次为正文。全书共11章：第一章，序论；第二章，孟学诠释史中的一般方法论问题；第三章，荀子对孟子的批判：“思孟五行说”新解；第四章，宋儒对孟子政治思想的争辩及其蕴涵的问题：以孟子对周王的态度为中心；第五章，朱子对孟子知言养气说的诠释及其回响；第六章，王阳明思想中的孟子学；第七章，黄宗羲对孟子心学的发挥；第八章，戴震的孟子学解释及其涵义；第九章，康有为对中西思想的调融：以《孟子微》为中心；第十章，当代儒家对孟子学的解释：以唐君毅、徐复观、牟宗三为中心；第十一章，结论：兼论中国诠释学的特质。书后附录孟学诠释史文献选编注释。书末有参考书目、《孟子》篇章索引、名词及主题索引、人名索引。

该书的主要内容有以下几个方面：

一、孟子学研究的回顾，孟学诠释史中的方法论

关于孟子学研究的回顾。作者认为，当代学者对孟子学的研究基本上可以区分为两大阵营：一是哲学/观念史的研究进路，二是历史/思想史的研究进路。前者在研究方法上将《孟子》视为与社会、政治、经济变迁无关的哲学文献，并有意无意间假定孟子思想体系内各个观念或概念具有某种自主性，在这个假设上解剖孟子学中的重要概念。后者则将孟子及其思想放在历史或文化史脉络中加以考虑，尤其注意分析孟子学在思想史中之浮沉变化。这两种研究进路虽然取径不同，方法互异，但是相辅相成、交光互影之处极多。作者概述了从哲学/观念史进路研究孟子学的当代学者如李查兹、钱穆、徐复观、唐君毅、牟宗三等在性善论、心身关系论、知言养气论方面的研究成果，概括了采取历史/思想史进路研究孟子学的当代学者如徐复观、胡毓寰、金谷治、黄俊杰等在孟子思想的历史脉络、宋代和清代孟子学等方面的研究成果。在此基础上，作者对孟学诠释史研究课题做了新的展望。

关于孟学诠释史的方法论问题。作者以《孟子》一书为例，探讨了诠释者的历史性、问题意识的自主性、诠释的循环性三个一般性的方法论问题。作者指出，中国思想史上孟子学的升迁变化，与这三个方法论问题有密切关系。就历代儒者解释《孟子》之言论观之，这三个方法论上的因素常在不同程序内、也在不同意义上交互作用，因果相逐，《孟子》这部经典始终是所有的论述最终的根据，是历代孟学诠释者思想的源泉。孟子之学深受孔子启发，就其内圣面而言，孟子养气之学以“至大至刚”形容“浩然之气”，即本于孔子所提示的“刚者”之生命气象；就其外王面而言，孟子民本之政治理念则源于孔学人本主义之精神。孟子的思想与中国专制政治的现实根本矛盾，甚至水火不容，但这也正是孟子之学所以历经数千年而深获人心的重要原因。

二、荀子对孟子的批判，宋儒对孟子的争议，朱子对“知言养气”的诠释

关于荀子对孟子的批判。作者论述了“思孟五行说”中的“心”及其特质，“道”的内在化，对“案往旧造说”作出了新的诠释。作者以传统典籍及1973年出土的帛书《五行篇》为基本史料，通过解析认为荀子之所以痛斥思孟五行说，理由有二：一是思孟所强调的“道”的内在化与荀学所重视的“道”的客体化有本质上的差异。孟子以“诚”作为“天道”与“人道”之中介物，《五行篇》更以“德”指“天道”。荀子更关心“道”在“世界”的展现问题，从荀子的立场来看，思孟五行说的“道”忽略“道”与“世界”的联系，未能正视人在成德过程中所必然涉及的种种社会、政治现实问题，所以，他直斥之为“僻违而无类”，实在有他自己的哲学立场。二是思孟的“心”的内涵与荀学歧异甚大。思孟的“心”具有“自我立法”的能力，是价值意识的创发者，而且这种特质更有其超越性的根据。在思孟系统中，天道观与心性论构成一个“存在的大链锁”。但是，荀子的“统类之心”则以建立社会、政治之礼法制度为其归趋。

荀子较少谈“心”的存有论或宇宙论根据，他所强调的是“心”对于“有可知可能之理”的文采教化的知解而达到“大清明”的状况。

关于宋儒对孟子的争议。作者系统论述了宋儒在孟子不尊周王、王霸之辨、君臣关系等问题上的争议，探讨了宋儒的尊孔与“道”的新诠释及其颠覆性。作者指出，孟子不尊周王这件事所潜藏的王霸异质论与君臣相对说，对北宋以降中央集权的政治体制以及尊王的政治思想，均形同水火。而就王安石变法特别标榜孟子作为精神标竿而言，孟子无形中为王安石新法运动背书，遂不免激起反新法的人士的批判。在这两大政治史因素的辐辏作用之下，孟子的不尊周王终于成为众矢之的，引爆宋儒的孟子争议。孟子不尊周王、王霸之辨、君臣关系这三个被宋儒加以议题化的问题之间，有其连环性，三者环环相扣，交互渗透，不可分割。从宋儒对孟子政治思想的争辩及其议论的展开之中，可以获得一项结论性的看法：经典与它的解读者之间构成某种“互为主体性”的关系，其中读者的主体性优先于经典的主体性而成为整个经典诠释行动中的核心。

关于朱子对“知言养气”说的诠释。作者概述了后儒对朱子关于知言养气之解释的批评，论述了“知言”、“养气”的内涵及朱子诠释中所蕴涵的问题，探讨了朱子对孟学的诠释，概述了朱子对知言养气的诠释在后世中日韩学者中所引起的回响。作者认为，“知言养气章”在孟学系统中居于关键地位。孟子以“我知言，我善养吾浩然之气”一语，具体指出了所坚持的个人与社会的交互依存性、生理与心理活动的不可分割性，以及自然与人文世界感应的互通性，真是言简意赅，通天人而贯物我。朱子之诠释方向，乃在于通过“穷理”以达“知言”，由此而臻于“养气”之境界。朱子大致是本乎《大学》“格物致知”之立场，以重新诠释孟学之精义于儒学复兴之宋代。由于与朱学的这种基本歧异，所以，朱子将“心”与“理”析而为二，并讲求“心”对“理”之知解统摄。朱子以二元论之立场，析论孟子学一本通贯之系统，自易引起后代儒者不满，攻排不遗余力。朱子释孟以及诸家攻朱，均与《大学》及其中心观念“格物致知”有深刻关系。造成这种现象的主要原因，就是朱子的知识论是以《大学》“格物致知”为中心而展开，朱子主张“推极吾之知识”，就能“穷知事物之理”。

三、王阳明、黄宗羲、戴震、康有为对孟学的诠释

关于王阳明思想中的孟子学。作者探讨了王阳明如何诠释孟子思想、王阳明孟子诠释学的特质和“言后之意”，认为王阳明对孟学的诠释坚持“讲之以身心”的原则，是一种将解经者的精神体验融入经典世界之中而与经典共呼吸、与经典精神相往来的中国式的诠释学。王阳明对孟学的诠释，以

"主客交融"为其特征，解释者在精神境上的主观体验与经典中的客观记述（其内容也是经典撰写人的心路历程的记述）交相辉映，互为创造。王阳明孟学的诠释极具系统性，对经典解释自成一封闭而完足的系统，对经典具有极高的解释力，但它对于不同的诠释系统常具有极大的排斥效应。当王阳明解释孟子学时，常常批评"世儒"、"先儒"的言论，凡此皆是针对朱子及其学派而发，王阳明对孟子的诠释，于是就发挥排击朱子的"言后"效果。王阳明思想的形成与发展，与朱子学的"典范"有不可分割的关系；但是，王阳明终于告别朱子，并透过他对古典孟学的重新解释，还孟子以原貌。王阳明透过释孟以攻排朱子，显示思想史上新的诠释"典范"的兴起，不仅是由时隔世异而造成的"语言性"的断裂，更由于不同时代或系统的思想家之间思想的"脉络性"的断裂。

关于黄宗羲对孟子心学的发挥。作者论述了孟子心学的特质、内涵，并以黄宗羲的《孟子师说》为中心，探讨了黄宗羲解释孟子心学的基本立场以及对朱子学的批判，认为孟子思想以心学为其核心。孟子思想中的"心"是人类一切价值意识的根源，具有进行价值判断的能力。心具有三项特质：一是普遍必然性，二是超越性，三是连续性。黄宗羲则站在"理气心性统一论"的立场上发挥孟子心学，他所论述的是"心"与"气"、"性"、"理"之间的同质性。他对孟子心学的解释代表了心学的某种"内转"。黄宗羲通过重新解释孟子而挞伐朱子学，特别批判朱子的孟学解释中之两项命题：一是"心"与"理"是二而非一，二是"知言"先于"养气"。黄宗羲对朱子学的批判，主要原因乃是前者的内在一元观点与朱子的理气二元之说出入甚大。基本立场既异，其孟子学解释乃难以相契也。黄宗羲以重新诠释孟子学并回归孟子心学的方法，批驳朱子对孟子之诠释，就是中国思想史常见的作为"护教学"的诠释学。他结束了宋明理学的传统，又开启了从心学迈向经世致用之学的新道路。

关于戴震的孟子学解释及其涵义。作者探讨了戴震孟子学的理论基础及其内涵，论述了戴震孟子学的护教学性质及方法论。作者得出结论：戴震对孟子的解释依恃的理论基础是"一本论"，即将"自然"与"必然"视为同源循环之关系。在"一本论"照映之下，戴震将人性理解为人的生物性的生存本能，并斩断宇宙秩序（孟子所谓"天道"）与人间秩序（孟子所谓"人道"）的联系，从而解构孟子学中的超越性层面。戴震解释孟子学所采用的是训诂学的方法，他将诠释学问题转化为训诂学的问题。由于这种方法论上的翻转，使他在清儒中别树一帜，自成体系。戴震的孟子学虽然有心于经由释孟以驳宋儒，但是，方法论的限制使他未进入孟子学与宋儒的"诠释之环"，遂使他的孟子学变成为不成功的护教学。

关于康有为对孟学的诠释。作者概述了《孟子微》的写作背景及基本立场，论述了康有为以注孟为手段调融中西思想的主要内容：一是民主、自由与平等，二是社会进化与经济发展。作者探讨了《孟子微》在儒学思想史上的历史意义和康有为释孟的诠释学涵义，指出康有为以入世的精神，透过注孟调融中西思想。康有为的思想世界广大悉备，中西兼采，新旧会通，诚为“去种界，同人类”之理想在思想史上的具体实践。他将西方近代的民主、自由、平等、社会达尔文主义、重商思想等观念，与孟学传统互相融合折衷“化合”成新的思想质素。康有为援西学入儒家，使先秦孟学获得了它在20世纪的新生命，为儒家思想传统注入了新血液。这一番创新工作，使康有为足以担“儒家思想的现代化者”之名而无愧色。孟子学传统中许多隐而未发的思想质素，例如民本、平等、主体自由等观念，在与近代西学思潮接触之后，获得了充分的舒展。经过康有为的努力融贯中西，这些旧观念都与新思潮化合，而以崭新面目出现，为中国的近代化提供了思想上的基础。就这点而言，儒学传统对中国近代化的正面贡献远大于其负面影响。

四、当代新儒家对孟子学的解释及本书结论

作者以唐君毅、徐复观、牟宗三为中心，探讨了三位学者的思想取向与治学方法之异同，论述了他们对孟子心性说、政治思想的新解释。作者指出：徐复观除了以思想史的观点对孟子心性论提出新解释之外，更重视孟子外王学的实践问题；而唐、牟则基本上继承宋明以来的“心学”传统，别创新见。从他们的思想倾向来看，徐复观是回归先秦儒学以立论，唐、牟则比较继承宋、明以来600年的新传统。他们都可以称“儒学的现代化者”，但是，他们的研究进路、侧重点与思想倾向则异大于同。他们所面对的问题，与近代以前儒学的解释者所面对的问题迥然不同。作为现代社会成员的“自我”，与作为传统儒学价值传承者的“自我”之间，如何取得动态的平衡问题，是传统的《孟子》注疏者未尝意识到，但却极具时代意义的课题。从他们解释孟子学的言论来看，唐、牟在重新解释孟子的“心”学时，特别强调“心”的自主性、自发性以及“自我立法”的功能，凡此种种议论可以与现代健全的“个人主义”接榫。徐复观所一再申论阐扬的孟子政治论中的“人民主体性”，也可以与现代民主政治互通声气。他们的诠释对孟子学的现代化都有重大的贡献。他们以对孟子学的疏解显示孟子“心”学中的“道德主体的自由”等相关问题，在20世纪中国的思想界仍获得高度的重视，但“主体性如何客观化并落实在实践领域”这个问题，则相对地尚未受到充分的重视。

关于本书“结论：兼论中国诠释学的特质”。作者论述了孟子、《孟子》及其诠释者之间的辩证，进一步探讨了中国诠释学的特质，并从诠释学的角度对本书各章之旨做了进一步概述。作者将中国诠释划分为三个类型：其一，作为解经者心路历程之表述的诠释学。许多儒者透过注经以表示企慕圣贤之境界这一心路历程。其二，作为政治学的诠释学。儒者通过经典注疏之学术以寄寓其经世济民之政治理想。其三，作为护教学的儒学诠释学。总之，中国诠释学的基本性质是一种实践活动，而认识活动只是中国诠释学的外部形式，中国诠释学实以"经世"为本。所谓"实践活动"，兼摄内外二义：一是作为"内在领域"的"实践活动"，是指经典解释者在企慕圣贤、优入圣域的过程中个人困勉挣扎的修为工夫。经典解释者常常在注释事业中透露他个人的精神体验，于是经典注疏就成为回向并落实到个人身心之上的一种"为己之学"。二是作为"外在领域"的"实践活动"，则是指经典解释者努力将他们精神或思想的体验或信念，落实到外在的文化世界或政治世界之中。"实践活动"的内外两个面向，正与孟子学传统之内外两领域相呼应。由此观之，从孟子学所见的中国诠释学在知识活动的表象之下，实潜藏着深刻的动机，而且"知识"是被"实践"所渗透转化的，它与经典解释者的生命绝不析而为二。

总之，本书的突出特色是全面、系统、深入探讨了历代著名思想家（包括荀子、宋儒、朱子、王阳明、黄宗羲、戴震、康有为及当代新儒家）对孟学的诠释，对创建中国经典诠释学提出了许多深刻的见解。诚如有的学者评论的那样："他的研究的可贵且我认为也是最值得倡导之处，就是他结合自身深度的孟子学诠释实践来发论，并非架空之谈，用他自己的话来说，'从孟学诠释史之具体发展经验中，体显出具有中国文化与思想特质的中国诠释学'。他的论述读来每每使人掩卷沉思，有着很强的启示性。""黄俊杰还总结出儒学诠释学有三种类型……总之，中国诠释学的基本特征在于它是一种实践活动，而认识活动只是中国诠释学的外部形式。认识从属于实践，这是中国诠释学有别于西方诠释学的一大特色。这种分析很有创意，为西方诠释学所疏漏，确实体显出中国诠释学的特色。"①

本书的另一个特色是论述深透，资料丰富。所谓论述深透，就是作者对古代著名思想家关于孟子学诠释的成败得失、意义、方法、回响、诠释学意义等，都予以深入的分析、评说，在此基础上进而提出自己的见解，新意迭出，不胜枚举。所谓资料丰富，作者在论述时广征博引，融贯中西，既掌握中国

① 张广保：《近年来有关中国经典诠释学研究的个案述评》，载《中国思想史研究通讯》2005(3)，7～8页。

古今思想家、学者的诠释和论述，又洞察西方学者及韩国、日本等国学者对孟学的诠释。譬如作者论述黄宗羲对孟子心学的发挥，就搜集中外关于黄宗羲的研究论著50余项。作者在时贤研究成果的基础上，特就黄宗羲对孟子心学的发挥加以探讨，以弥补当前研究成果之不足。

当然，对本书关于中国经典诠释学的构想及论述，有的学者作了一定评述，指出："我们还是回到黄俊杰的儒学经典诠释学，看看学术界的回应如何。黄俊杰的儒学经典诠释学也受到一些学者的批评。如刘昌元指出，黄俊杰在论述其诠释思想时存在自我矛盾，他赞成E.D.赫许的作者意向说，认为作者的意向是文本意义终极的、也是唯一的标准，并引用朱子'学者必因先达之言以求圣人之意，因圣人之意以达天地之理'和孟子'以意逆志'，以说明中西诠释思想有相同性。这诚然不错。然而，黄俊杰忽略了赫许还区分说话主体与实际主体。赫许认为文本意义终极的判准是文本中说话的主体，而不是在历史中实际存在的主体，前者只是后者非常有限的部分。这点与孟子、朱子的思想显然是矛盾的，因为孟子、朱子并不区分文本与实际主体，而是认为诠释者借助一些手段的辅助可以获知经书作者的原意。刘昌元的批评确实触及黄俊杰诠释思想的模糊之处。另外，据拙见，黄俊杰教授的儒学诠释学似乎还存在一些不足，如对西方传统诠释学与当代诠释学缺乏明确区分。一方面他宣称赞成赫许的诠释学思想(这是一种方法论色彩很浓的诠释学)，另一方面又大量运用伽达默的哲学诠释学原则(例如在分析诠释者的历史性时)，而没有意识到二者可能并不兼容。因此，对西方诠释学的发展脉络及各家的思想差异，以及在何种程度上对建立中国诠释学有启示，似应清楚地分判，不能笼统地使用西方诠释学概念。""虽然黄俊杰对于儒学诠释学的一些基本问题例如诠释者的历史性，以及儒学论述中的历史叙述与普通理则等有所论述，但要全面建立起儒学诠释学，仍然有不少基本问题没有触及。例如下面要谈到的儒学经典作为文本的特殊性、工夫作为基本诠释形式在诠释文本时的重要性等均未触及，而这正是儒学诠释学可能回应西方诠释学的魅力所在。因此如何发掘儒学诠释学不同于西方诠释学的特质是研究者需要进一步思考的。"①

综上所述，黄俊杰所著《孟子》、《孟学思想史论》(卷一、卷二)对孟学作了全面、系统、多层次、多侧面的探讨，提出了许多新的见解，对深化孟学研究及中国经典诠释学研究具有积极的意义。近年来黄俊杰教授多次赴大陆

---

① 张广保：《近年来有关中国经典诠释学研究的个案述评》，载《中国思想史研究通讯》2005(3)，9页。

进行学术交流，并积极邀请大陆学者赴台交流，对促进海峡两岸的学术交流和弘扬中华传统文化作出了积极贡献。黄教授的上述三部孟学专著相互呼应，相互贯通，对深入揭示孟学的构成、内部联系、历史影响等都具有积极的意义。美玉微瑕，上述三部论著在论述某些问题时，譬如《孟学思想史论》(卷一)与《孟子》关于孟子生命观、政治思想、群己关系等问题的论述，《孟子》与《孟学思想史论》(卷二)关于孟学诠释流变等问题的论述，读后给人重复之感。

第六节　李明辉著《康德伦理学与孟子道德思考之重建》、《孟子重探》

李明辉，台湾省屏东县人，生于台北市。台湾政治大学哲学系毕业，台湾大学哲学研究所硕士。1982 年获德国学术交流总署(DAAD)奖学金，赴德国波昂(Bonn)大学进修，1986 年获该校哲学博士学位。曾任台湾大学哲学系客座副教授、"中国文化大学"哲学系专任副教授，现任台湾"中央研究院"中国文哲研究所筹备处研究员暨台湾大学三民主义研究所教授，专研康德哲学、儒家哲学及伦理学。著作有《康德伦理发展中的道德情感问题》(波昂大学博士论文，1987；台湾"中央研究院"中国文哲研究所筹备处 1994 年版)、《儒家与康德》(台湾联经出版公司 1990 年版)、《儒学与现代意识》(台湾文津出版社 1991 年版)、《康德伦理学与孟子道德思考之重建》(台湾"中央研究院"中国文哲研究所筹备处 1994 年版)、《孟子重探》(台湾联经出版公司 2001 年版)等。

一、《康德伦理学与孟子道德思考之重建》

《康德伦理学与孟子道德思考之重建》全书约 12 万字。本书为台湾"中央研究院"中国文哲研究所筹备处主持的《孟子学研究丛刊》(一)。该书前置作者序言，次为正文，共八章：一、导论；二、道德思考中的隐默面向；三、西方传统哲学中的隐默之知；四、康德的道德思考；五、先秦儒学中的隐默之知；六、孟子道德思考中的隐默之知；七、孟子道德思考之重建；八、对于孟子"性善说"的误解及其澄清。书后附录康德的"根本恶"说——兼与孟子的性善说相比较；书末还有参考文献、人名索引、概念索引。

(一) 西方哲学的隐默之知及康德的道德思考

作者在一至四章中论述了西方哲学的隐默之知及康德的道德思考。下面对其作一概述。

关于导论。作者概述了孟子"性善说"所面对的质疑和道德思考中的论证问题，认为孟子将“性”提上一层，从超乎自然之性的超越层面去把握性。近年来，大陆出版的几部《中国哲学史》和台湾殷海光所持的实证论都严厉批评孟子的性善论是虚构的，而非以“事实”为基础。作者认为，除非我们能提出一套策略，为孟子的性善论辩护，否则，儒家的道德普遍主义很难不受到质疑。康德像儒家一样，也持道德普遍主义的观点。他在伦理学中提出的一套完整的论证策略，系以“纯粹实践理性的事实”一概念为中心（既是论证的出发点，又是其归结点），通常被简称为“理性的事实”。康德的这套论证策略可以证成道德普遍主义的观点，其“理性的事实”之概念亦可用来诠释孟子的道德思考。康德认为透过“推证”能同时超越怀疑论和独断论。

关于道德思考中的隐默面向。作者论述了理性的事实与隐默之知、隐默之知与道德思考及波兰尼论隐默之知，指出康德将基本的道德法则称为“理性的事实”，因为道德法则虽然直接呈现出于我们的意识中，但却非以经验为根据。普遍的道德法则之基础在于作为隐默之知的道德洞识中，故道德思考的目的仅在于抉发和确定隐默的道德法则，将它提升到哲学反省的层面上。透过这种哲学反省之提炼，我们可以稳住我们的道德洞识，使它不致因外来的影响而变质，这也正是道德教育的真正目标。作者还将波兰尼对隐默之知的分析和康德对道德哲学必要性的说明联系起来，因为这种由丧失而恢复而提升的过程，正可以说明道德反省之必要性及其实践意义。一般人在作道德判断时，并未清楚地意识到他自己的道德概念及其所依据的道德法则，但这无碍于其道德判断之正确性。我们可以说，此时他的道德意识是一种隐默之知，相对于其道德判断而为一种辅助觉识。道德反省即是将注意的焦点转移到隐默的道德意识，抉择其中隐含的道德法则。在这种情况下，他也会体会到因“意义丧失”而使行动的意志瘫痪之经验。但是，当他将注意力重新投注于道德判断本身时，其道德意识便得到进一步的提升而益形稳固。道德哲学之实践意义即在于此。

关于西方传统哲学中的隐默之知。作者考察了苏格拉底与柏拉图、笛卡尔、莱布尼兹对隐默之知的认识，认为柏拉图借苏格拉底之口所提出的“回忆”说其实也包含了隐默之知的概念。笛卡尔承认天生知识的存在，但是我们要认识这种天生的知识，必须凭借“分析法”去做哲学的反省，剥去一切由感觉形成的成见，使原始的意识呈现出来。因此，这种天生的知识显然包含一个隐默的面向。莱布尼兹认为，天生的知识并非不需要学习；天生的知识未必立即为我们所察觉，要察觉它们，必须凭借极大的注意力和适当的方法。我们由前面的讨论不难了解：如果天生的知识是一种隐默之知，这种知识便不是不可学习的；只是在这种情况下，“学习”并非意味获得新知识，而是意味对既有的“隐默之知”的反省与提示。因此，这种“学习”显然只能凭借笛卡尔所谓的“分析法”。

关于康德的道德思考。作者探讨了康德道德论证中的分析法与综合法、理性的事实与道德论证及康德伦理学的论证策略，指出：首先，康德的道德论证不会陷于无穷回溯，因为他将道德法则视为“理性的事实”，以它作为伦理学探讨的绝对起点。其次，他也避开了循环论证。康德的论证过程虽包含一项“循环”，但论证的结果却非回原先的起点，而是进一步证成了这项“理性的事实”之事实性，因此，这不是循环论证。最后，康德的论证可以免于独断论的嫌疑，因为他也藉哲学的反省对作为其论证的起点的定言令式作了一项“推证”。总而言之，康德为道德普遍主义所作的道德论证同时避开了“闵虚豪森三难之局”中三种可能的结果，为有效的道德论证提供了一个绝佳的典范，也为孟子道德思考之重建提供了足堪凭借的基础。

（二）以康德的论证策略，重建孟子的道德思考

作者在本书五至八章中探讨了以康德的论证策略，重建孟子的道德思考，包括四个方面。

关于先秦儒学中的隐默之知。作者经过对《易传》、《大学》、《中庸》的考察，认为《易传》、《大学》、《中庸》的作者均注意到“隐默之知”的存在，而且在不同的认知阶段见到“隐默之知”：它不但存在于反省之前的阶段，亦存在于反省之后的阶段。这与波兰尼关于“隐默之知”的理论正好不谋而合。在这个思想背景之下，我们可进而讨论孟子道德思考中的“隐默之知”。

关于孟子道德思考中的隐默之知。作者认为，哲学上的先天论者几乎均强调思想的隐默面向，而将先天原则之学习视为抉发其“隐默之知”的过程。作者考察了《孟子·尽心上》“行之而不著”章、“人之所不学而能”章（即“良知良能”章）、“舜之居深山之中”章等所蕴涵的“隐默之知”，批评了孙星衍、焦循、俞樾对孟子良知的曲解和忽略良知隐默面向的错误，指出良知本身即涵有自求实现的力量，因而即是良能。藉着这种“苏格拉底式的方法”，孟子要使齐宣王的良知从不自觉的隐默状态中警醒，并且自觉到他自己确有实现良知要求的力量。这正是孔子所谓“我欲仁，斯仁至矣”之意。由此可知，对于良知本身这种力量的肯定，不但不曾使道德教育与道德教化成为多余，反而是其可能的先决条件。

关于孟子道德思考之重建。作者考察了孟子的道德普遍主义观点，认为孟子承认道德的普遍性和人格尊严，他的“大体”、“小体”之说包含着对人的双重身份的肯定。作者指出，孟子道德思考虽然不像康德伦理学那样包含一套以“理性的事实”为中心的完整的论证策略，但是透过以上的探讨我

们可以确定,康德从"理性的事实"中抉择出的道德意涵——定言令式、道德的普遍性、目的自身、自律、自由、现象与物自身之区分——均包含于孟子的道德思考中。在这个意义之下,我们即可将康德伦理学的论证策略视为重建孟子道德思考的依据。当然,笔者无意否认孟子与康德的伦理学在哲学人类学方面的基本差异,但这方面的差异并无碍于"孟子与康德的伦理学同属自律伦理学"这项事实。只要这个论点能成立,孟子"性善说"所面对的质疑自然也可藉康德伦理学的论证策略得到化解。因此,笔者根据这套论证策略重建孟子的道德思考,并无牵强之处。

作者在本书"对于孟子'性善说'的误解及其澄清"中,驳斥了陈大齐、傅佩荣关于孟子主张人性向善论,认为他们的观点基本上不出焦循、孙星衍、俞樾的窠臼。作者指出,"人性向善论"并非一个新的论点,因为对孟子心性论的这类误解由来久矣。这类误解基本上建立在一个错误的假定上,即如果我们承认良知本身为具足,将使道德之修证、学习及教化成为无意义之事。但本文的探讨已显示:既然孟子的心性论属于道德先天论,我们自不能忽略其中的隐默面向;而透过"隐默之知"的概念,我们足以否定上述的假定。因为纵然孟子肯定人人均本具可以随时呈现的良知,这并非意谓人人均是现成的圣人;因为在一般人,良知之"知"仅是一种未经反省的"隐默之知",有待于自我修证或学习,始能在自觉中贞定其自己。这种修证或学习的工夫不但不足以否定自身具足的"见成良知",反而必须以之为依据。

总之,该书凭借西方哲学的概念和理论,对儒家传统重新加以诠释和定位。台湾学者黄俊杰教授曾对作者的上述研究作了评述,指出:"李明辉以当代新儒学的代表人物(尤其是牟宗三先生)及其主要问题为例,说明当代儒学如何透过西方哲学来进行自我转化。在这种现代关怀的动机的驱动之下,李明辉论述孟子性善论,以康德伦理学与儒家思想在本质上的接合点——两者均肯定道德自律——为起点,运用牟宗三先生的研究成果为基础,进一步比较两者之同异,提出一种创造性的诠释。李明辉在此书中所采取的论述策略,系透过康德哲学中'理性的事实'之概念来诠释孟子的道德思考,藉康德伦理学的论证策略来证成孟子心性论,并且澄清有关孟子学的各种误解和质疑。这部书中所提出之诸多论点有破有立,所立者能自成一家之言,所破者则多能发人深省,如驳贝克解释康德'理性的事实'之不当;如驳孙星衍、焦循、陈大齐及傅佩荣所持'孟子主张人性向善论'之说法,都很能澄清包括葛瑞姆等人在内的当代学者对孟子性论的误解。"①

① 黄俊杰:《孟学思想史论》(卷二),20页,台湾"中央研究院"中国文哲研究所筹备处,1997。

二、《孟子重探》

《孟子重探》全书约13万字。该书前置作者序言，次为正文，收录了作者近年发表的五篇论文。作者在自序中指出："以上五篇论文虽是在不同的机缘下先后撰成，却有一贯的思考线索，即是从现代的观点与问题意识重新诠释孟子的思想，故以《孟子重探》为总标题。"这五篇论文依次是《〈孟子〉知言养气章的义理结构》、《孟子王霸之辨重探》、《焦循对孟子心性论的诠释及其方法论问题》、《再论牟宗三先生对孟子心性论的诠释》、《性善说与民主政治》。书后有参考文献、人名索引、概念索引。

《〈孟子〉知言养气章的义理结构》在本书第四十章第三节中已作了介绍，在此只概述其他四篇论文。

(一)《孟子王霸之辨重探》

作者考察了历代学者对孟子关于王霸之辨的不同诠释，认为其主要观点有二：一是王霸之间只有程度差别的"王霸同质论"，二是王霸有本质差别的"王霸异质论"。后者最主要的代表人物是朱子。作者接着评述了朱子与陈亮关于汉、唐的辩论，认为在伦理学的层面，朱子坚守孟子的义利之辨，代表"存心伦理学"的立场；陈亮认为义不能脱离利，反对无功利内容的义，因而代表"功效伦理学"，甚至可以说是"功利主义伦理学"的立场。在德国伦理学的讨论中，"功效伦理学"主张一个行为的道德价值之最后判准在于该行为所产生或可能产生的后果；反之，存心伦理学则坚持判断一个行为之道德意义时所依据的主要判准并非该行为所产生或可能产生的后果，而是行为主体之存心。朱子从"存心伦理学"的立场将王霸之辨理解为义利之辨在政治领域中的逻辑延伸，认为王者未必不计及功利，甚至可能会将功利(尤其是公众之利益)之追求视为已任。作者指出，以孔孟为代表的儒家主流思想基本上包含两个伦理学面向，它们分别对应于康德的"存心伦理学"与韦伯的"责任伦理学"。孟子从政治理想主义的观点将王霸之分视为本质上的区分，实无疑于他同时承认现实政治的运作原则。我们将孟子的王霸之辨理解为一种基于义利之辨的政治理想主义。孟子的存心伦理学并不否认功利原则可以作为衍生的道德原则，其政治理想主义亦承认政治领域可有其相对的独立性及特有的运作逻辑。孟子的王道政治其实不如一般人所想象的那样不切实际。这是我们以"德治"或"道德政治"来概括孟子政治思想时不可忽视的一个面向。可惜的是在朱子的诠释中，孟子思想的这个面向始终未受到应有的注意。

(二)《焦循对孟子心性论的诠释及其方法论问题》

作者不同意大陆学者姜广辉笼统地以"实学"、"反理学"、"启蒙思想"等说法概括晚明至清初儒学发展的明显转折，概述了焦循撰写《孟子正义》的背景及经过，认为焦氏此书的方法和实质观点受戴震影响很大。作者指出，在心性问题上，焦循同戴震一样赞同孟子的性善论，但他们反对像宋儒那样从超越的层面理解性善之义，而代表一种自然的人性观，即“气性”的传统。焦循“以欲为性，以情为性”的观点是他继承“气性”传统的必然结果，从而否定了“性”之超越性。焦循《性善解》对孟子性善论的诠释，将“理义之悦我心”与“刍豢之悦我口”归于同一层面。宋儒对“天地之性”(义理之性)与“气质之性”、“闻见之知”与“德性之知”的区别，对焦循而言是无意义的。作者论述了焦循引《易》传以诠释孟子，他的训诂方法非但无法帮助他理解孟子的义理，反而由于他对孟子义理的隔阂，而影响到其训诂工作的可靠性。焦循等人认为汉字去古未远，又有家法，通过汉字的训诂才能掌握先秦典籍的原义。但由于他们欠缺诠释学的反省，碰到义理问题时，无法凭其抽象思考的能力去建立基本概念，而不自觉地将汉人的思想附会到先秦文献中。在此情况下，焦循对孟子心性论的误解也就不足为奇了。

（三）《再论牟宗三先生对孟子心性论的诠释》

作者概述了黄进兴1984年著文质疑牟宗三以康德的“自律”概念诠释儒家(特别是孟子)的做法和作者本人1987年撰文对黄进兴的质疑作出的回应。作者进而概述了顾昕在《黑格尔主义的幽灵与中国知识分子——李泽厚研究》一书中，在讨论李泽厚对孟子伦理思想的诠释时，提到的李明辉与黄进兴的那场辩论。在引述了李泽厚、李明辉对孟子心性论的诠释后，顾昕对李泽厚提出了批评，同时对牟宗三的孟子诠释也表示怀疑。李明辉剖析了牟宗三与李泽厚对孟子“四端之心”诠释的重大分歧，对李泽厚关于孟子道德本体是先验的，四端之心是经验的、感性的，二者是合一的说法提出了质疑。

该文继而指出，继顾昕之后，注意到李明辉与黄进兴辩论的还有大陆学者杨泽波。杨泽波在1995年出版的博士论文《孟子性善论研究》一书中有一章《附论牟宗三性善论研究的贡献与缺失》。杨泽波既不完全同意黄进兴的看法，也不赞成李明辉的反驳，对牟宗三关于将孟子的伦理学归入“自律伦理学”提出批评，认为牟宗三没有讲清楚“本心本体到底是什么”。李明辉对杨泽波的上述批评一一作出回应，认为杨泽波对牟宗三的哲学理论有相当严重的误解，批评应该基于恰当的理解。

（四）《性善说与民主政治》

作者概述了20世纪50年代当代新儒家与中国自由主义者之间开展的关于中国传统文化(尤其是儒家传统)与民主政治的论战，阐释了西方“欧陆传统”、“英美传统”的差异，指出就哲学背景而言，前者较富有思辨性，与形上学关系密切，往往采取理性论或先天论的立场；后者通常从常识出发，与形上学较为疏远，往往采取经验论立场。就理论内涵而言，前者以“人民主权”的概念为核心，后者则侧重“政治契约”的概念。这仅是就这两个概念在两种民主观中的相对重要性而言。当代新儒学与中国自由主义间的差异基本上反映了欧陆传统与英美传统间的差异。这种差异反映在关于中国传统文化与民主政治的问题上，便形成了另一个争论焦点：中国传统文化（尤其是儒家传统）在中国究竟是推展民主政治的阻力还是助力。作者进而分析了中国自由主义的第三代与当代新儒家之间的原则性歧见，这主要表现在“内圣外王”的思想架构上。作者还论述了新儒家代表人物徐复观、牟宗三等人在1958年发表的《为中国文化敬告世界人士宣言》中所隐含的建立在性善说基础上的民主理论，进而阐述了牟宗三、徐复观、唐君毅等关于性善说与民主政治的理论关联，认为这与他们强调政治自由需以道德自由为基础有关，均代表一种与英、美民主传统大异其趣的民主理论。作者进而分析了康德的民主理论，认为他将“善的意志”视为民主政治成立之最重要条件，与当代新儒家以性善说作为民主理论之依据，实有相同的理论意涵，以性善说为基础的民主理论并非不可能成立，这种民主理论亦有向现实层面开展的可能性，它的重要意义还表现在，它可以针砭过分相信民主机制的制度论者。传统儒家并非不重视制度，但亦不相信制度是万能的。这种态度对于民主政治之维持是必要的。

综上所述，该书借助西方哲学的概念、方法重新诠释孟子思想，提出了许多新的见解。诚如作者在概述《孟子重探》的主要内容时所指出的那样：宋代以后，孟子思想在儒家传统中取得正统的地位。但自清代以来，孟子的性善说已不大能为学者所理解，不时有人对此说提出质疑乃至批判。民国以来，在西方文化的强烈影响下，孟子思想在中国的知识界更乏解人。本书作者相信，孟子的心性论乃至道德哲学，纵使放在现代学术的脉络中，仍是极具意义的一套思想；但这需要经过一番重建的过程，透过现代学术的概念将孟子思想纳入现代学术的脉络中，使它与现代人的问题意识相激荡。从这个信念出发，作者先后撰写了本书所收录的五篇论文，从现代的观点与问题意识重新诠释孟子的心性论、道德哲学与政治哲学。本书是作者继1994年出版的《康德伦理学与孟子道德思考之重建》之后，第二部专论孟子思想的著作。作者的上述探讨，对深化孟学研究无疑具有积极的意义。还应看到，海峡两岸学者对孟学中的一些理论问题存有不同认识和产生争鸣，是学术领域中的正常现象。争鸣是两岸学术交流的一个重要方面，对深化孟学及中国传统文化研究将大有裨益。

第四十三章　当代海外学者的孟学研究

当代海外许多学者对孟学进行了深入的探讨和研究。在这里仅介绍杜维明、成中英和余英时的孟学研究。

第一节　杜维明与孟学

杜维明，祖籍广东南海，生于昆明，1957 年入台湾东海大学中文系，师从徐复观。1961 年前往哈佛大学，取得东亚研究硕士，历史及东亚语文博士学位。先后任教于普林斯顿大学、加州大学伯克利分校，1981 年至今任教于哈佛大学，1988 年获选美国人文社会科学院院士，1990 年借调夏威夷东西文化中心任文化与传播研究所所长，现为哈佛大学讲座教授，达沃斯世界经济论坛成员，联合国推动文明对话杰出人士小组成员，并自 1996 年出任燕京学社社长至今，被认为是新儒家第三代的代表人物之一。主要著作有《三年的畜艾》、《中与庸：论儒学的宗教性》、《仁与修身：儒家思想论集》、《今日的儒家伦理：新加坡的挑战》、《儒家思想——以创造转化为自我认同》、《儒学第三期发展的前景问题》、《儒家自我意识的反思》、《三重和弦：儒家伦理、工业东亚与韦伯》、《道、学、政：论儒家知识分子》、《现代精神与儒家传统》等。

一、儒学复兴与第三期儒学

杜维明一面在思想上殚精竭虑地规划着“儒学的理论体系与发展前景”，一面在行动中风尘仆仆地“为儒学的发展不懈陈辞”。前一个方面，他致力于探索“儒学第三期发展的前景问题”，这可说是杜维明整个思想的一个聚焦点；后一个方面，他把不同文明之间的“文明对话”视为“21 世纪新儒家的新使命”，这是一种“全球化语境中的儒家论说”，是应对全球化与文化多元化的产物。同时，他将儒教中国与儒家传统的区分，使儒家传统意义上的“儒学复兴”说成为当时文化讨论中的一派显学。从一定意义上说，现代新儒学在中国大陆绝响 30 年后，重新引起人们的注意和兴趣，与杜维明是分不开的。杜维明说：

> 我心里有数，在这个现代西方以动力横决天下，西学大盛，家国天下事事错综复杂的末法之世，一个对儒家身心性命之学稍有“体知”的人，不得不效法亚里士多德学派的“漫步讲学”(Peripatetic)，状似逍遥的不厌其烦的走动，说话。①

这也就是说，要想使儒学大白于天下，不唱不行，这颇有点孟子的担当精神：“予岂好辩哉？予不得已也！”②不如此，就很难想象儒学能够在国内日趋升温，在国际上日见影响。

当然，在当今条件下推行“儒学复兴”的工作，“原教旨主义”的态度与全盘西化一样是不可取的，必须要对传统儒学进行现代性转化，这必然要求应对现代性条件下的“全球化”、“文化多元化”等问题。那么，儒学必然要解决与西方文化之间的关系，以及儒学的重新定位这两个问题。如何应对西方文化呢？杜先生说：

> 我们这一代学人与牟宗三、唐君毅先生那一代不一样，他们大都着眼于儒学自身发展的内在逻辑及其精神方向，但外界对我们这一代的要求更多，我们做学术的空间也很大，是在世界文明对话的大背景下做研究，更开放一些，可以开拓很多论域。③

这就是说，应对西方文化的办法就是对话。杜维明所探讨的儒学第三期发展的前景问题，这本身就是对话的产物，具体说来，就是“针对列文森在《儒教中国及其现代命运》一书中断定儒家传统业已死亡这一结论而发”④。列文森的“儒学博物馆”论或“儒学幽灵”说认为，在欧风美雨的冲击下，中国社会正经历着由传统向现代的转变，随着作为儒学根基的小农经济的崩溃和封建家长式的政治制度的摧毁，儒学最终成了“博物馆”的展览品，只是作为“幽灵”存在于人们的心里；与此相应，西方文化从依附于传统儒学的新“词汇”，变成了中国现代取代传统儒学的新“语言”。这个观点在当时颇有影响力，并且很有代表性。

虽然前辈们也试图和西方展开对话，但是他们更多地倾向于中西之间的比较。有鉴于此，杜维明指出，真正站在儒家的立场上和西方比较杰出的思想家进行公平的对话，这种现象目前还没有出现……同国际学坛第一流的思想家进行彼此有益的对话，确是我们这一代人义不容辞的责任⑤。

---

① 杜维明：《为儒学的发展不懈陈辞》，载《读书》1995(10)，35页。

②《孟子·滕文公下》。

③ 朱汉民、萧永明编：《杜维明：文明的冲突与对话》，88页，湖南大学出版社，2001。

④ 杜维明：《儒学第三期发展的前景问题》，见《杜维明文集》第1卷，418页，武汉出版社，2002。

⑤ 岳华编：《儒家传统的现代转化》，14页，中国广播电视出版社，1992。

第一、二代现代新儒家尽管也主张学习西方，但却有着严重的判教心理。如牟宗三虽然承认中、西方各种思想流派的各自成就，但又主张严格判教，认为只有儒家思想才能成就一种道德形而上学，是“圆善”之教。那么，第三代现代新儒家则“从容忍、共存、参照、沟通，逐步提升到尊重、了解和学习的祥和之境”①。学习西方，首先就要倾听西方，不能掩耳盗铃或偏听偏信。杜维明就是一个生动的“以学心听”的例子。

另一方面，杜维明认识到在现代社会中儒学不再可能取得原来的独尊地位，而应自觉地将自己作为多元文化形态中的一元，与其他思想潮流展开对话。因此，他认为儒学不必、也不可能取得过去那种独尊的地位，不仅如此，儒学要想重新发挥作用，还必须参与到广泛的对话中来，由理论系统的创建转向问题研究，那么，所面对的中心课题就相应变化为如何重建儒家与实际的多元化的活生生的生活世界的关系。对话与判教的实质性差异在于：判教的心态是仍然相信某种思想理论有其完全超越于现实之社会历史过程的完满性，而对话则必须承认思想理论的生命力来自于生活本身，来自于面对现实生活情景及其问题的调整与修正、解构与重构。

儒学若有第三期发展的可能，它不仅是中国的和东亚的，也应该是世界的精神资源。既然在外缘中找到了儒学的新的生长点，儒学当然可以不仅是中国的、东亚的，也应该是世界的。但是，如何才能利用好这种资源，以便为儒学在外缘中真正地生根发芽、发展壮大，乃至最后的康庄回乡，才是这一步骤的关键问题。对此，杜维明展开了“文明对话”的论域，他说：

> 面对21世纪，我们要积极参与关于儒学与宗教、儒学与生态环保、人权、政治自由主义、新马克思主义、女性主义或女权运动、人文精神、全球伦理的对话，尊重并响应各方面对儒学和现代新儒家的批评，倡导儒学的精神在当代学术、商业、企业、媒体、民间社会、社会运动、政治制度与意识形态等各领域、各层面发挥积极作用。②

正是在这种文化认同与“文明对话”的基础上，杜维明同时也将“传统”与“现代”的问题融合起来，从一个全新的角度应对时代问题，进行着“返本开新”的工作。然而，“返本开新”毕竟不仅仅只是一个口号，而且作为引领时代观念的哲学思想的现代性转化，必须需要在具体的形上以及形下层面有所给出。

---

① 杜维明：《新轴心时代的文明对话》，见《杜维明文集・自序》，2页，武汉出版社，2002。

② 杜维明：《对儒家人文精神的多元观照——美国哈佛大学著名学者杜维明教授访谈》，载《中国教育报》2004年11月11日。

二、"深造自得"的道德主体性

杜维明致力于儒学的"返本开新",他首先要回答的问题就是儒学有没有一个"本"——只有肯定并且确定儒学的"本",然后才谈得上解决如何"返本"的问题。杜维明认为这个"本"当然是有的,那就是孟子所确立的人的主体性。他认为:"人的主体性不是从外面添加的,更不是由上面恩赐的,而是靠自己汲取那'源泉混混,不舍昼夜,盈科而后进,放乎四海'(《离娄章句下》)的有本之源,进行存心养性的内在积聚和知言养气的身体力行而证成的。"[①]杜维明进一步认为只有通过儒学的这种个体道德的修养,通过这种儒家"进入世界"的根本途径,才能够更好地应对现代社会下的思想危机和价值危机。正如他所言:

> 它以生活在此时此地的具体的人作为出发点。这个表面看来似乎具有特殊的、短暂的、世俗的和个人主义倾向的观点,却是建立在人性至善的见解基础之上的。这种见解不仅超越自我中心、裙带关系、种族中心主义、国家主义和文化主义,而且超越人类中心主义。确实,儒家所谓"与天地万物为一体"的见解,正是这样一种意义上的人类宇宙学见解,即自我的完全实现,也就是人性的充分现实化,需要天人合一。[②]

显然,儒学这种道德观念是建立在孟子所讲的"性善论"的基础上,"孟子道性善,言必称尧舜"[③],就是要找到人性根据和确立道德典范。进而,杜维明认为"为己之学"是表现共同人性的最好方式。他说:

> 孟子之学首先关心的,是寻求自我意识。而寻找失去的心是一种精神训导,它依靠诸如恻隐、羞恶、辞让等原发情感和是非意识等转变成仁、义、礼、智等道德品质。不过,如果由此认为在孟子那里,知已失去了它的客观价值,自知不过是转换中的自我的自我意识,那就不对了。比如说,孟子把"内在性"("内")放在突出地位,这既不是对自私的关心,也不是要获取个性。毋宁说,它说明个人的知识是通向真正的交往和自我理解的可靠道路。这与儒教的下述训条是一致的,即以自己的情感为导向的能力存在于人际交往的过程中,为己之学是表现共同人性的最好方式。[④]

---

① 杜维明:《孟子:士(知识分子)的自觉》,见《儒学第三期发展的前景问题》,321页,台湾联经出版事业公司,1989。

② 杜维明:《儒家思想新论——创造性转换的自我》,5页,江苏人民出版社,1996。

③《孟子·滕文公上》。

④ 同注②,70页。

这就是说，在杜维明看来，“儒家传统的根本关怀就是学习如何成为人。关键不在于那与自然和天道相对反的人，而是寻求那与自然和谐以及与天道相感应的人……通过不断的努力，使我们身心健康灵敏、精神纯洁闪光。修身本身是一个目的，并且，它的基本目标也是自我实现”①。

而在人如何自我实现的问题上，杜维明确立起一套具有现代性的“体知”路径。他说：

> 从语言学的角度看，“体知”是一个复合词。中文里有“体会”、“体悟”、“体验”、“体味”、“体察”、“体谅”等常用的和“体”相关的复合词。根据古代汉语的文法，在这些复合词的结构里，“体”是当作动词使用的，即“身体力行”的“体”，含有“亲身体验”或“设身处地着想”的意思。因此，“体之于身”可以直截了当地说“体之”。②

也就是说，杜维明认为只有自家体贴才能真正把握到“心性”之根本。但同时他也赋予了现代性的意义，他在现象学意义上来谈道德和体知之间的关系和意义。他说：

> 严格地说，道德或精神性不是由学习内化的，而是通过学习表现出来的。因此，在孟子传统中，学习做人被看成是内在道德和社会规范的“相互滋养”，而不是把外在价值强加给无教养的心灵。事实上，心既是认知器官，又是情感器官，既象征着意识，又象征着良心的功能。因为它不仅反映现实，而且在理解现实时也构想和创造现实对自身的意义。③

在这里，杜维明抛弃了传统形而上学意义上的主客架构观念，在现象学意义上来理解儒家“体认”这个概念。也就是说，体认不再是一个主体对于一个客观存在的外在天理或内在心性的追求认知，而是一个道德的主体是被“体认”这一活动给出来的，只有在体认的过程中道德的主体才会显现出来。这种对于儒家心性之学的言说方式无疑是新颖且具有开创性意义的。

杜维明认为儒家思想不仅有孟子所确立的人的主体性这个“本”，而且这个“本”还具有普遍性：

> 儒家坚持认为自我实现的过程始于自我的具体经验，这不应被解释成它主张以有限的、历史的和特定文化的东西去排斥无限的、超历史的和普遍性的存在。按照一种比较宗教学的观点来看，儒家学习做人

---

① 杜维明：《东亚价值与多元现代性》，120页，中国社会科学出版社，2001。

② 同注①，56页。

③ 杜维明：《儒家思想新论——创造性转换的自我》，21页，江苏人民出版社，1996。

的方案，其意义就在于它洞察到在人被置身于无法摆脱的尘缘和巨大的自我超越的潜能之间，存在着具有创造性的紧张关系。①

在他看来，正是儒家的心性之学所确立的这个“本”对于当代社会有着重大意义。当今所出现的科学至上主义所带来的“生存论危机”以及价值多元化所带来的“绝对的相对主义”的价值观混乱等问题，西方的知识精神很难从根本上去解决。他说：“我虽钦佩西方哲人‘为知识而知识’的精神，但更欣赏敢于面对现实、勇于战胜自己并且能够开拓人生境界的‘知识之士’。”②这也就意味着，在他看来，要解决当今问题，必须把人们从科学至上的实用主义价值观中解脱出来，使人们有一种人文主义的关怀和时代的责任感，而只有儒学才能做到这些。

由此，他认为，只有从儒家所提倡的“深造自得”的个体修养出发，才能更好地给予当代的“绝对的相对主义”的价值观念以根本打击，重新建立起一套支撑现代人生活的价值观念。他说：

孟子主张，人心的无限的感受力为无止境的自我成长提供了基础。通过我们人的感受性的充分实现，我们就能真正地理解我们的本性；而通过对我们的本性的理解，我们就能知天。由于单个人的自我修养不仅被当作人的自我认识的根本，而且被视为获得天赐良知的根本。因此，孟子认为，自我的最终转换不是个人对其内在精神的孤立追求，而是人们的一项共同的行动。也就是说，人际关系是个人追求精神实现的不可缺少的组成要素……这种逐次扩大的人际关系场必定是通过自我、家庭、国家和天下等层次结构而发展起来的；它也必定超越自私、任人唯亲、种族中心主义和人类中心主义而保持自己的动力和真确性。自我的这种扩展和深化的特征，用孟子的话来说，就是“大我”的显现以及随之产生的“小我”之消融。③

这就是说，这个“本”不仅是人的本性，而且也是天赐良知的根本。这就要求人们不仅要致力于个人的修养，还要通过自我、家庭、国家和天下等层次结构而发展起来，这样才能超越种族中心主义和人类中心主义。

而要超越人类中心主义，就必须要超越启蒙心态，同时能为新轴心文明时代提供思想资源。因此，杜先生说：“假若儒家人文精神的重建能继承启蒙精神（自由、理性、法制、人权和个人尊严的基本价值）而又超越启蒙心态

---

① 杜维明：《儒家思想新论——创造性转换的自我》，5页，江苏人民出版社，1996。

② 杜维明：《杜维明文集・三年的畜艾》，25页，武汉出版社，2002。

③ 同注①，11页。

（人类中心主义、工具理性的泛滥，把进化论的抗衡冲突粗暴地强加于人，自我的无限膨胀），并充分证成个人、群体、自然与天道面面俱全的安身立命之坦途，应能为新轴心文明时代提供思想资源。”①

第二节　成中英与孟学

成中英，祖籍湖北阳新，1935年生于南京，1955年毕业于台湾大学外文系，1958年获华盛顿大学哲学与逻辑学硕士学位，并入哈佛大学深造，1963年获得哲学博士学位。后任教于夏威夷大学，同时任多所大学的客座教授。他致力于中国哲学走向世界，并作出重大贡献，是《中国哲学季刊》的创立者和主编，国际中国哲学学会、国际易经学会、中国哲学高级研究中心、远东高级研究学院等国际性学术组织的创立者和主席，国际中国管理与现代伦理文教基金会的奠基人，国际儒学联合会第一届、第二届理事会副会长。他所创立的“本体诠释学”的哲学理论，在海内外有相当广泛的影响，被视为“第三代新儒家”代表人物之一。主要著作有《中国哲学与中国文化》、《科学真理与人类价值》、《知识与价值：对和谐、真理与正义的探讨》、《中国哲学的现代化与世界化》、《文化、伦理与管理》、《论中西哲学精神》（又名《世纪之交的抉择》）、《儒家与新儒家哲学的新维度》（英文版）、《合外内之道——儒家哲学论》、《C理论：中国管理哲学》、《当代中国哲学》（英文版）等。

一、本体诠释学

成中英的“本体诠释学”是就重建中国哲学的问题而提出来的一套理论构想。就他的理论视野而言，不只是重建中国哲学的问题，而是重建哲学，说到底其实是在现代化的条件下重建价值。因为他清醒地看到了知识在没有价值理念约束的情况下所带来的危机。他说：

> 西方现代社会重科技知识而有迷失道德价值的危机，中国当代社会也因科技与经济的发展而有迷失文化传统的危机……如果能从知识与价值的平衡互基及互生原理着眼，或许我们能够更深入地理会与认知中国传统文化的价值所在；其价值就在其为道德而不为科技与经济，也正是为解救发展科技与经济而陷社会及文化于无序所需。他的世界性含义也正是因其面对着西方与世界的知识爆炸、价值失落所引发的

① 杜维明：《新轴心时代的文明对话——兼论二十一世纪新儒家的新使命》，载《南洋商报》（马来西亚）2001年1月1日。

社会失衡、文化变质的严重危机。①

这就是说，知识与价值在人们生活乃至人类社会生存与发展中是互相依存的，知识与价值是平衡互基与互生的。认识到这一点，就能够更深入地理会与认知中国传统文化的价值所在，这有助于我们摆脱科学至上的束缚，克服价值失落以及迷失文化传统的危机。

那么这就涉及到"中西体用"的问题。在成中英看来，在现代情形之下，必须重新确立体，也必须重新确立用，而且要在体用互动互用的理解与思考中发展新的体用关系，也就是以西学文化之体用结合中国文化之体用以发展一个整体的两个体用相互作用与相互补充的过程，最后形成一个有机的整体，也创造了一个内在的新的体用。成先生说：这样的过程是一个中西文化融合的过程，也是一个彼此对话、彼此批评与彼此充实的过程。在此过程中，"中国文化获得了现代化定位，也提升了社会与个人的功能，并向西方与世界贡献了中国文化传统的价值生命……中西文化的融合意味着人类知识体系与人类价值体系的整合，也就意味着任何一个具有生命力的文化传统必须在一个开放的体系中追求知识与价值的平衡及谐和与互生互长"②。

正是因为有了这样的视野，针对如何重建中国哲学的问题，成中英的回答是：吸收、理解西方哲学，藉以解析、批评中国哲学，再用已现代化的中国哲学对西方的哲学进行批评及解释。

因此，成中英提出了重建中国哲学的问题。他认为："中国哲学必须把传统的形式与内涵转化为现代的中国思考方式，亦即转化为适合现代生活的思考方式，并且能够充实及指导现代人生活的思考实质。重建的要求，当然是因应现代生活的调整而引起的……'重建'至少表示我们要对中国哲学有现代化的了解和现代化的表达方式。"③

而重建的关键就在于对中国哲学进行理性的了解，可以分为三个部分，其中最重要的是"第一部分，可名为本体性的理解(ontological understanding)，亦即透过中国哲学中最基本、最原始的价值本体思想及形上原理，产生价值的体会及认识。这种体会及认识又可分为意义和价值两面，一方面我们要深入了解其意义，一方面我们要体会其价值，进而在意志上对其作肯定及承诺。这种本体性的理解又可称之为'本体诠释学的理解'(onto－herme-

① 成中英：《合外内之道》，2页，中国社会科学出版社，2001。

② 同注①，10页。

③ 成中英：《如何重建中国哲学》，见《中国哲学的现代化与世界化》，1～16页，台湾联经出版事业公司，1985。

neutical understanding)，亦即基于本体的思考来诠释及了解哲学思想”①。第二部分叫知识诠释学，它是方法性的理解，需要透过对理性的知识训练来达成。第三部分为语言诠释学，哲学思想必须凭借深厚有力的语言来表达，语言不只是表达概念的工具，也是延伸思考的媒体，所以，哲学语言的讲求及发展一定和哲学的本体及方法的发展互为因果。

而要在现代化的条件下，重建价值，建立一套新的哲学体系，就必然需要中西哲学的双向互动。他说：“中国哲学的名词显然不能用西方哲学的语汇来翻译。世界上也许没有任何一套语文可以完全翻译成另外一套语文。所以，我们不可把‘道’、‘理’、‘气’、‘德’、‘仁’这些名词定于一项翻译，我们只能透过比较、分析、训诂、诠释、疏解，把这些名词代表的概念引进到西方哲学中，作为西方哲学新创的思想及概念。”②这就是说，我们既然可以把西方的哲学、逻辑、形而上学、本体论等西方的概念引进来，用柏拉图、康德、黑格尔的思想来阐述中国哲学的基本观念，自然也可以把“道”、“理”、“气”、“德”、“仁”这些概念引入西方哲学中，用中国哲学阐述柏拉图、康德、黑格尔的思想。只有这种中西哲学的双向互动的良性循环，才有可能建立一套具有普世性的哲学体系。

二、孟子的思想体系

如第二代新儒家一样，成中英对孟子思想的认同度很高，这也许是由于师承关系的原因吧。他曾经对孟子的思想进行了提纲挈领的描述，内容分为五个部分：甲、孟子的生平大略；乙、孟子论辩的内容与形式；丙、孟子的性命之说和性善论；丁、孟子的仁政理想；戊、孟子对同时代诸子的批评③。

在生平大略中，他依据元朝以及明朝人的孟子年谱，以为孟子生于周烈王四年（前372），卒于赧王二十六年（前289），据此，孟子受业子思之门人，是极为可能的。孟子周游列国，希望有机会实现他的仁政的理想。孟子以天下为己任，认为“如欲平治天下，当今之世，舍我其谁也”。当尹士批评他的时候，他说了下面一段话：“夫尹士恶知予哉？千里而见王，是予所欲也；不遇故去，岂予所欲哉？予不得已也。予三宿而出昼，于予心犹以为速，王庶几改之！王如改诸，则必反予。夫出昼，而王不予追也，予然后浩然有归志。予虽然，岂舍王哉！王由足用为善；王如用予，则岂徒齐民安？天下之民举

① 成中英：《如何重建中国哲学》，见《中国哲学的现代化与世界化》，3～4页，台湾联经出版事业公司，1985。

② 同注①，9页。

③ 成中英：《战国儒家与孟子思想体系》，见《中国哲学与中国文化》，83～135页，台湾三民书局，1985。

安。王庶几改之！予日望之！予岂若是小丈夫然哉？"[①]由此可见孟子用心良苦。

孟子论辩的内容可分为四个部分：一是仁政和王道，二是性善和知言养气，三是关于尧、舜、禹、汤、文、武、伊尹、伯夷、周公、孔子的历史事实，四是驳斥杨墨和许行之徒。孟子论辩的方法有三：一是直觉体验法，二是充情知类法，三是正名、定义法。

孟子的性命之说和性善论把儒家思想带进了一个新的境界，为孔子的学说提供了一个内在的原则和形上学的体系。

关于孟子的仁政理想，成中英认为，孟子从历史上看到了暴君的灭亡，也从同时代的政治社会的情况中看到了以利立国、以力服人的危险性，因此提出了自己的仁政理想。孟子明言君权来自人民，人民是统治权的来源，是国家的基础，实行仁政的基本原则是顺天爱民，尊仁重义。除了任用贤能之外，孟子还提出了两个具体的原则：一是不嗜杀人，一是与民同乐。反之，如果统治者由于残贼仁义，使民不聊生，便可以被废除，这是孟子富有革命性的政治思想。成中英认为，虽然孟子的仁政理想有它创新的理论基础，但孟子"制民之产"的具体方案却未免太泥古了。

关于孟子对同时代诸子的批评，成中英认为，孟子对墨子的一般批评，并不是针对其"治天下"和"非攻"的目标，而是针对他的方法和手段。此外，孟子还批评了杨朱、许行、陈相、陈仲子，当然还有告子。

三、"本体理性"与中道

成中英说："孟子的'自反'、'自得'的'本体理性'活动开拓了一个新的人性观及人心观，也就为人的生命及人的整体存在作了更深一层的定位。"[②]在他看来，孟子的道德哲学也就更能够建立在他的自我省觉与自我判断中。他说：

> 在孟子那里自我省觉明显成为发现自我、实现自我能力，以及实现自我、发挥自我能力的方法了。在运用这一方法的过程中，人的内部结构与本性也就实现出来。故孟子是最能开拓天道性命之学的哲学家。孟子强调"反"而"求之"以及"反其本"都来自求事之源与真实基础的意思。"自反"就是探求自我的根本与真实，也就是"求诸己"以求事情的根本缘故和解决之道。[③]

---

① 《孟子·公孙丑下》。
② 成中英：《文化、伦理与管理》，83页，贵州人民出版社，1991。
③ 同注②，79页。

他进一步对这一“自反”活动与康德的“纯粹理性”和“实践理性”做了区分，认为他并非两者之一。在他看来，“自反”并不是以理论的了解自我而达到自律，也不是想要建立什么必然的道德律，它是以呈现自我、发挥本然的潜能为目标的，因此它所含摄的活动是更加广大而精微的。在此意义上，他将“自反”称之为“自我体认”，并且此一“自反”活动并非立刻即能达致最后的目标，而是要经过磨练、修养的过程，到了一定的火候才自然呈现为一完全自然的本体。但其实现的轨迹则大致是“自反”以“自得”的道路①。同时，这一活动也并不是完全封闭的，必须应对所面临的经验世界，并借助反省的智慧来解决问题。正如他所说：

> 一人对世界的经验与德行的实践也就可看作“自反”以“自得”的机缘与动力了。由此一了解，“自反”的成果可以用之于实践理性、理论理性及实践行为，由此等活动，再自反求更深与更广的自我实现与世界把握……吾人以孟子为儒家道德哲学发展第二阶段中的范型。在此范型下，德行不但可在社会面肯定，也可在人性面肯定。此可称为德行的人性化。但孟子也是第三阶段的发展者，亦即把德行透过人性根植于天道，因为把人提到更高一层加以定位，这就是在大化流行的宇宙中定位。在此定位中，先秦儒家就得以完成其天人合一、天人合德的最高理念。②

在这里，成中英对孟子“反身而诚”的思想进行了现代性转换，他将这种“自反”、“自得”的活动定名为“本体理性”。这样做的目的，是为了标示出其与理论理性和实践理性的不同，同时突出“自反”彰显自我、涵盖世界的功能。用他的话说就是：

> “自反”、“自得”以开拓自我及世界之真实为鹄的，而其活动也能自证其开拓功能，故名之为本体极为当。又因其含摄理论理性与实践理性之作用，从事分析及综合、既用博且约，故名之为理性也是恰当的。因其理性活动显示本体，亦即显示自我界定本体、本体界定自我的活动，故可名之为“本体理性”。“本体理性”显示的就是自我本体的构成、自我本体根源以及依之而推演出来的本体之德与其德之行。此一德与其行既是自由，又是自然，既是目的，又是责任。③

成中英提出“本体理性”的目的，是想在更加本源的地方寻求价值根据。但

---

① 成中英：《文化、伦理与管理》，81页，贵州人民出版社，1991。

② 同注①，89页。

③ 同注①，82页。

要重建价值，仅找到内在的价值之源是不够的，还应该强调孟子的"中道"思想。在孟子思想中，"中道"有名词、动词两种用法。就名词而言，孟子的中道相当于孔子所说的"中行"，而动词的中道恰恰就是指"行中道"、中于道、切合于中道。在成中英看来，"孟子对于中道的追求就是要在不同的特殊环境与不同的特殊关系中，实现一个普遍的、一贯的道理，这也就是孔夫子所说的'随心所欲不逾矩'的境界。孟子将之表述为：深造之以道，欲其自得之也。自得之，则居之安；居之安，则资之深；资之深，则取之左右逢其原，故君子欲其自得之也"①。

成中英进一步说："孟子称孔子为'圣之时者'（《万章下》），意即谓孔子是集大成者。故中道可视为集大成的道理，集清、任、和及其他德行的大成；中道就是能综合各种不同的道理的大成之道，而于不同的环境中表现不同的德行。"②这就是说，中道是大成之道，更加具有指导性的意义。因此，"我们应该在两个极端之间，分辨出人性本身真正的需求，然后再择善而固执，同时要依具体的事实求实行，也就是要执中而有权。这是就切合道、实践道的'中'的意义上来讲中道"③。

第三节　余英时与孟学

余英时，祖籍安徽潜山，生于天津。1949年考入北平燕京大学历史系，但并未在燕京大学待多久，当年就离开北京去了香港。1950～1955年就读于香港新亚书院及新亚研究所，师从钱穆先生。1955年就读于哈佛大学历史系，1962年获得历史学博士。曾任密西根大学、哈佛大学、耶鲁大学教授，香港新亚书院院长兼中文大学副校长，普林斯顿大学讲座教授。主要著作有《士与中国文化》、《方以智晚节考》、《论戴震与章学诚》、《朱熹的历史世界》、《历史与思想》、《史学与传统》、《中国思想传统的现代诠释》、《文化评论与中国情怀》、《中国文化与现代变迁》、《历史人物与文化危机》、《中国近代思想史上的胡适》、《现代儒学论》等。

一、春秋大义

余英时继承了钱穆先生"从历史上去寻找中国文化的精神"的治学理念，通过中西、古今的融合贯通，在史学背景下阐释儒家文化的精义，同时又在儒家文化的当代诠释中寻求新的史学学术范式。晚清以来，近代中国的

---

①②③ 成中英：《合外内之道》，125页，中国社会科学出版社，2001。

历史学界和哲学界发生了翻天覆地的变化，传统的“经学范式”被彻底颠覆，继之而来的是科学式的史学，以科学研究的方法来记载、研究史料，发现社会发展规律，从而使得中国“经学范式”下的“春秋之学”变成了史料学。

在“经学时代”，史学作为经学的附庸，它本身就是经学的展开，从《春秋》到“廿四史”，每部书无不是在经学的支撑下，在儒家“王道政治”、“正统”等这一套儒家正义观念之下展开的，是有着价值承担的。如果没有这些根本观念的支撑，传统史学就必然会沦为为帝王修家谱的身份了。

余英时观察到两个关乎史学生存与发展的根本问题：其一，传统经学价值观念在现代史学范式下的缺失，使得史学不再能承担起“人文价值”，这使得史学本身存在的价值亦受到质疑。其二，现代史学的背景观念——“科学主义”本身出现了很大问题，“认识论危机”对主客架构下“认识何以可能”的质疑，科学技术能力的强大与本身无力约束自身发展产生的两难，使得科学精神不再能够承担起史学发展的引导功能。

他又进一步说：“这种方法学说象征着一种新的学术风气的可能到来。半个世纪以来，西方的学风是一直向分析的途程迈进的，因此在哲学上我们的时代已被称作‘分析的时代’。但分析太过则使人只见树木不见森林。这一弊病现在愈来愈明显，以至西方学人亦渐感到学术有趋向整合的必要。”①

因此，余英时感到必须在历史学中重新确立一个符合现代性要求的新的史学观来解决这一问题，使现代史学摆脱“史料学”的图圄，重新发现史学价值。

在《一个人文主义的历史观——介绍柯林伍德的历史哲学》一文中，余英时提出了自己的史学观，他说：“柯氏的历史哲学的根本特点在于他处处以人为中心，处处要将人从一般自然事物中超拔出来，以显示人在宇宙间特有之尊贵。我之所以称他的思想为‘人文主义的历史观’，其故便在此。因此，柯氏开宗明义便提出人性问题。”②所谓“人文主义的历史观”，其实就是余英时自己的史学观。

于是乎，他认为“要确定历史学是研究人性的不二法门，我们必先肯定历史是人类所独有的”③。他认为，“历史家在研讨任何过去事件时，对于该事件都采取外在性与内在性两方面看。所谓外在性便是这一事件的物质状态，如陈胜、吴广与戍卒等起事于大泽乡，李世民于玄武门剪除建成、元吉之

① 余英时：《一个人文主义的历史观》，见《文化传统与文化重建》，24页，三联书店，2004。

② 同注①，2页。

③ 同注①，4页。

势力等；内在性则是一事件中人之思想状态，如王安石变法时代新旧两党对于新政看法之冲突，戊戌政变时代维新派与清朝旧臣在思想上的矛盾”①。

他认为历史家可以从发现外在事件入手，但是绝不能仅仅停留于此，而是要把他的思想深入该行动之中，以了解历史人物的思想状态。于此，他将“自然科学”与“史学”的根本区别定义为“外在性”与“内在性”的区别，认为“历史家绝不能只注意一方面，而必须双方兼顾。因此柯氏认为历史家所探讨的不是单纯的事件（即只有外在性而无内在性），而是行动，行动是一事件外在性与内在性的统一。历史家不妨先从发现外在事件入手，但他绝不能停留于此。他的思想必须深入该行动之中，以了解历史人物的思想状态”②。

在此基础之上，他肯定了柯氏“一切历史都是思想的历史”的提法，对这句话，他加了一个注，引用了章实斋《文史通义》卷五的一段话：“夫事即后世考据家之所尚也，文即后世辞章家之所重也。然夫子所取不在彼而在此，则史家著述之道，岂可不求义意所归乎？”由此可见，余英时所说的“思想”并不仅仅是柯氏所说的那个“人类思维”，而是儒家义理。

二、内在理路

余英时继承了钱穆“从历史上去寻找中国文化的精神”的理念，不断在传统文化与当代社会文化现实之间寻求契合点，意欲在当代社会思想大转型的今天，重新找到儒学的现实意义，直承孔孟道统，复兴儒学。

他的这种思想在《论戴震与章学诚》一书中表露无疑。正如他所言，这本书“是为了解答为什么宋、明理学一变而为清代经典考证的问题”③。他说：我在罗钦顺的《困知记》中读到一段话，大意是说“性即理”和“心即理”的争辩已到了各执一词、互不相让的境地，如果真正要解决谁是谁非，最后只有“取证于经书”。我在这句话里看到一线之明：原来程、朱与陆、王之间在形而上层面的争论，至此已山穷水尽，不能不回向双方都据以立说的原始经典。我由此想到：为什么王阳明为了和朱熹争论“格物”、“致知”的问题，最后必须诉诸《大学古本》，踏进了文本考订的领域？现代学者一致强调顾炎武“经学即理学”那句名言是乾、嘉经学家的指导原则，这自然是事实。但我在方以智为《青原山志略》所写的《发凡》中也发现“藏理学于经学”一句话，和顾炎武的名言如出一辙。这岂不说明：从理学转入经典考证是16、17世纪

①② 余英时：《一个人文主义的历史观》，见《文化传统与文化重建》，5页，三联书店，2004。

③ 余英时：《朱熹的历史世界》，见《“余英时作品系列”总序》，1页，生活·读书·新知三联书店，2004。

儒学内部的共同要求吗?[①] 这就是说,他认为这种学术转变不仅仅是外缘因素的结果,而是有其"内在理路"的。

在余英时看来,儒家思想之所以没有能够开出"民主"、"科学",就是因为对于心性的注重,而忽略智识这一纬度。近代学者在时代冲击之下,开始反省这一问题,在此基础之上形成了"儒家智识主义",清学的考证即是这一背景下的产物。他肯定这种转变的必要性,说:"我们必须承认,儒学的现代课题主要是如何建立一种客观认知精神,因为非如此便无法抵得住西方文化的冲击。传统儒学以道德为'第一义',认知精神始终被压抑得不能自由畅发。"[②]

然而,这并不是最终落脚点,他并没有忘记智识主义、科学精神所带来的种种问题和矛盾,因此,他把视线投向了戴震和章学诚。原因很简单,戴震和章学诚在考据功夫上都堪称泰斗,而同时他们恰恰都在清人斥之为虚玄无用的"义理"方面有着非常巨大的成就。

戴震作为乾嘉学派的领军人物,考据实学功夫自是不在话下,但是他自己的关注点却恰恰是在义理,《原善》、《孟子字义疏证》这样一贯的义理之学才是戴震真正的得意之作。而章学诚在其代表作《文史通义》开篇《易教上》便提出"六经皆史也。古人不著书,古人未尝离事而言理。六经皆先王之政典也",从而将重心倾向史学,意图绕过清儒的考据路径,在其重新定义下的史学中寻求真正的儒家之"道"。这两人在发展儒学现代性意义上可以说是殊途同归的,他们都在正视智识主义的基础上,将"儒家义理"作为最根本的目标。这一点也正是余英时所想要的。余英时寻求一种"人文主义观念",正是儒家春秋大义的当代展现,以便能够解决当前史学界所面临的危机。

三、士人精神与儒者气象

"士"是中国古代社会中最活跃、最变动不已的阶层,作为一个传统在历史上并未间断。余英时在《士与中国文化》一书中引用了杜牧《注孙子序》中"盘之走丸"的比喻,认为"'士'的传统可比之于盘,而'士'在各阶段的活动,特别是那些断裂性的发展,则可比之于丸"[③]。在历史上,"士"因时代不同而有着不断变化的轨迹,但是,这种变动并没有超出"士"人传统的范围之外。同时,"士"作为连接上层官僚执政集团和下层庶民百姓集团的中介,他们在社会生活中发挥着极其重要的作用。正由于如此,作为一名"士",其品德操

---

① 余英时:《"余英时作品系列"总序》,2 页,生活·读书·新知三联书店,2004。

② 同注①,7 页。

③ 余英时:《士与中国文化·新版序》,6 页,上海人民出版社,2003。

守、能力才智是至关重要的。早在孔夫子那里就已经开始对士人的人格进行规范建构，到了孟子时，他除了强调士人应该有远大志向和为道义、理想奋斗的精神外，还大量地讨论了“士”的进退出处之道、独立人格和气节。

在余英时看来，孟子继承了《论语·泰伯》中曾子“士不可以不弘毅，任重而道远。仁以为己任，不亦重乎？死而后已，不亦远乎”的“士志于道”的精神，并将其进一步发展，把“士”与“道”的关系扣得更加紧密。而士人不论穷达皆以道为本的思想，自然会使得士人产生一种尊严感，于是就有了“居天下之广居，立天下之正位，行天下之大道；得志，与民由之；不得志，独行其道。富贵不能淫，贫贱不能移，威武不能屈，此之谓大丈夫”[①]的独立人格，以及“乐其道而忘人之势”[②]的儒者气象。

余英时谈“士”正是从孟子所重的这种士人的独立人格和气象上来谈的。他曾引用张栻《南轩集》中一段话：“嗟呼！秦汉以来，士贱君肆，正以在下者急于爵禄，而上之人持此以为真足以骄天下之士故也。”[③]说明宋代儒者自始至终的奋斗目标就是打破“士贱君肆”的成局，而寻求儒者独立人格。

他认为，以最有代表性的理学家如朱熹和陆象山二人而言，他们对儒学的不朽贡献虽然毫无疑问是在“内圣”方面，但是，他们生前念兹在兹的仍然是追求“外王”的实现，他们转向“内圣”也主要是为“外王”的实现作准备的。[④]

这也就是为什么理学家对王安石的学术“虽然评骘甚严，但对他的‘德行’则十分推重，而尤其神往于他能推动神宗重建治道的气概”。同时他还列举了朱子和陈亮之间的“王霸之争”和道学家“辟佛”这两个例子。朱子正是基于对“士贱君肆”，尤其是南宋以来君臣之势益加悬绝的不满，看到如果把陈亮“功到成处，便是有德；事到济处，便是有理”推到其逻辑终点，则必然会使得“势”凌驾于“道”之上，这是与孟子“乐其道而忘人之势”的宗旨不符的，所以，使出浑身解数与陈亮力辩“王霸”。至于道学家排佛，原因有很多方面，但最根本处却是佛家“本无”与孟子“亲亲而仁民，仁民而爱物”[⑤]的宗旨背道而驰，这种背弃人伦的思想在道学家看来是万万不能忍受的。出于以天下为己任的情怀，道学家们“攻乎异端”，力图将圣人“道统”重新确立起来。

---

①《孟子·滕文公下》。

②⑤《孟子·尽心上》。

③ 余英时：《朱熹的历史世界·自序二》，9页，生活·读书·新知三联书店，2004。

④ 同注③，12页。

这两点恰恰契合了余英时的想法，他对于这方面的研究就是力图在传统文化之中找到现实情况下的“士人”精神和儒者气象，以便在现代性境遇中儒者们能够有能力承担起儒学复兴的大任。正如他所说的：“士的传统虽然在现代结构中消失了，士的幽灵却依然以种种方式，或深或浅地缠绕在现代中国知识人的身上。”现代知识人虽然不在他研究的范围之内，但是他“所探讨的对象虽是历史陈迹，它所投射的意义却可能是现代的”①。

① 余英时：《士与中国文化·新版序》，6页，上海人民出版社，2003。

主要参考文献

赵岐.孟子章句.四部丛刊本

阮元校刻.十三经注疏.北京:中华书局,影印本

孙奇逢.四书近指.《四库全书》本

李颙.四书反身录.《李二曲先生全集》本

毛奇龄.四书誊言.台北:台湾商务印书馆股份有限公司《景印文渊阁四库全书》本

梁漱溟.东西文化及其哲学.北京:商务印书馆,1922

梁启超.饮冰室合集.北京:中华书局,1930

罗根泽.孟子评传.北京:商务印书馆,1932

朱熹.四书章句集注.北京:中华书局,1933

王治心.孟子研究.上海:上海群学社,1933

陈鼎忠.孟子概要.无锡:民生印书馆,1934

温晋城.孟子会笺.南京:正中书局,1936

胡毓寰.孟子事迹考略.南京:正中书局,1936

杨大膺.孟子学说研究.北京:中华书局,1937

张启祚.孟子哲学.北京:和平印书局,1937

钱穆.国史大纲.北京:商务印书馆,1940

钱穆.孟子研究.上海:开明书店,1948

钱穆.中国文化史导论.台北:正中书局,1951

郭沫若.十批判书.北京:人民出版社,1954

钱穆.先秦诸子系年.香港:香港大学出版社,1956

杨伯峻.孟子译注.北京:中华书局,1960

冯友兰.中国哲学史.北京:中华书局,1961

陈大齐.孟子名理思想及其辩说实况.台北:正中书局,1974

李贽.四书评.北京:中华书局,1975

王夫之.读四书大全说.北京:中华书局,1975

魏源.魏源集.北京:中华书局,1976

陆九渊.陆九渊集.北京:中华书局,1980
戴震.戴震集.上海:上海古籍出版社,1980
杨宽.战国史.上海:上海人民出版社,1980
程颢、程颐.二程集.北京:中华书局,1981
司马迁.史记.北京:中华书局,1982
范晔.后汉书.北京:中华书局,1982
张岱年.中国哲学大纲.北京:中国社会科学出版社,1982
班固.汉书.北京:中华书局,1983
崔述.崔东壁遗书.上海:上海古籍出版社,1983
杨伯峻.孟子译注.北京:中华书局,1984
钱穆.中国学术通义.台北:学生书局,1984
庞朴.儒家辩证法研究.北京:中华书局,1984
王兴业编.孟子研究论文集.济南:山东大学出版社,1984
侯外庐、邱汉生、张岂之主编.宋明理学史.北京:人民出版社,1984
黄汝成.日知录集释.北京:中华书局,1985
黄宗羲.黄宗羲全集.杭州:浙江古籍出版社,1985
二十二子.上海:上海古籍出版社,1986
陈立夫.孟子之道德伦理思想.台北:正中书局,1986
李泽厚.中国古代思想史论.北京:人民出版社,1986
张载.张载集.北京:中华书局,1987
焦循.孟子正义.北京:中华书局,1987
康有为.孟子微.北京:中华书局,1987
杨伯峻.孟子导读.成都:巴蜀书社,1987
林毓生.中国传统的创造性转化.北京:三联书店,1988
王其俊.孟学新探.济南:济南出版社,1989
韩愈.韩昌黎全集.北京:中国书店,1991
南怀瑾.孟子旁通.北京:国际文化出版公司,1991
黄俊杰.孟学思想史论(卷一).台北:台湾东大图书公司,1991
赵吉惠等主编.中国儒学史.郑州:中州古籍出版社,1991
王应麟.困学纪闻.上海:上海古籍出版社,1992
王阳明.王阳明全集.上海:上海古籍出版社,1992
翟廷晋.孟子思想评析与探源.上海:上海社会科学院出版社,1992
廖名春.孟子的智慧.延边:延边大学出版社,1992
黄俊杰.孟子.台北:台湾东大图书公司,1993
李明辉.康德伦理学与孟子道德思考之重建.台北:台湾"中央研究院"中国文哲研究所筹备处,1994

杨国荣.孟子评传——走向内圣之境.桂林:广西教育出版社,1994

黄俊杰主编.孟子思想的历史发展.台北:台湾“中央研究院”中国文哲研究所筹备处,1995

李明辉主编.孟子思想的哲学探讨.台北:台湾“中央研究院”中国文哲研究所筹备处,1995

杨泽波.孟子性善论研究.北京:中国社会科学出版社,1995

吕不韦.吕氏春秋.北京:中华书局《诸子集成》本,1996

王其俊.亚圣智慧——孟子新论.济南:山东人民出版社,1996

王其俊.孔学要义.北京:光明日报出版社,1996

刘蔚华、赵宗正主编.中国儒家学术思想史.济南:山东教育出版社,1996

牟宗三.中国哲学十九讲.上海:上海古籍出版社,1997

牟宗三.中国哲学的特质.上海:上海古籍出版社,1997

张岂之.中华人文精神.西安:西北大学出版社,1997

王其俊主编.批而不倒的儒.北京:国际文化出版公司,1997

黄俊杰.孟学思想史论(卷二).台北:台湾“中央研究院”中国文哲研究所筹备处,1997

韩国孟子学会编.孟子研究.第1辑,1997

郭墨兰主编.齐鲁文化.北京:华艺出版社,1997

刘鄂培.孟子大传.北京:清华大学出版社,1998

山东省邹城市孟子学术研究会编.孟学研究.山东人民出版社,1998

姜林祥主编.中国儒学史(先秦卷).广州:广东教育出版社,1998

杨泽波.孟子评传.南京:南京大学出版社,1998

杨海文.心灵之邀——中国古典哲学漫笔.合肥:安徽文艺出版社,2000

王其俊主编.民本·概论篇.济南:齐鲁书社,2000

王其俊主编.民本·为民篇.济南:齐鲁书社,2001

李明辉.孟子重探.台北:台湾联经出版公司,2001

周广业.孟子四考.顾廷龙主编《续修四库全书》本.上海:上海古籍出版社,2002

蔡方鹿.中国道统思想发展史.成都:四川人民出版社,2003

王其俊.孟子解读.济南:泰山出版社,2004

陆玉林.中国学术通史(先秦卷).北京:人民出版社,2006

张栻.癸巳孟子说.台北:台湾商务印书馆有限公司《景印文渊阁四库全书》本,2008

朱彝尊.经义考.台北:台湾商务印书馆股份有限公司《景印文渊阁四库全书》本,2008

附录一

孟子年表

公元前	周	魏	齐	鲁	宋	燕	孟子年龄	历史大事①	孟子主要事迹
372	烈王4	武侯24	桓公3	共公11	桓公9	简公43	1	赵伐卫，攻取了乡邑73个。魏败赵于蔺。	孟子出生于邹国（今山东邹城）。
371	5	25	4	12	10	44	2	魏伐楚，攻取鲁阳。	居邹
370	6	26	5	13	11	45	3	魏武侯卒，公仲缓与莹争立。	居邹
369	7	惠王元	6	14	12	桓公元	4	韩、赵助魏公仲缓争立，围魏莹于浊泽。其后韩因与赵不和而退兵，于是魏莹战胜赵师与公仲缓，自立为君，即魏惠王。	居邹
368	显王元	2	7	15	13	2	5	赵和韩联合攻周。齐伐魏，攻取观。	居邹
367	2	3	8	16	14	3	6	西周威公死，公子根在东部争立，赵、韩用武力加以支持，从此西周分裂为西周、东周二小国。	《韩诗外传》、《列女传》载“孟母三迁”、“断织劝学”故事，大致反映了孟子幼年家贫和得到母亲良好教育的境况。
366	3	4	9	17	15	4	7	魏、韩两国国君在宅阳相会。魏在武都筑城，为秦所打败。	居邹
365	4	5	10	18	16	5	8	魏伐取宋的仪台。赵攻取卫的甄。	居邹

① 历史大事均引自杨宽《战国史》增订本（上海人民出版社1998年第3版）之《附录三　战国大事年表》。

公元前	周	魏	齐	鲁	宋	燕	孟子年龄	历史大事	孟子主要事迹
364	5	6	11	19	17	6	9	秦战胜魏于石门,斩首六万,赵救魏于石门。	居邹
363	6	7	12	20	18	8	10	秦攻魏少梁,赵救魏。	居邹
362	7	8	13	21	19	9	11	赵成侯和韩昭侯在上党相会。秦伐魏少梁。	居邹
361	8	9	14	22	20	文公元	12	魏在四月甲寅(即初三)徙都大梁。魏惠王和韩昭侯在巫沙相会。	居邹
360	9	10	15	23	21	2	13	魏导河水入圃田泽,又开大沟引圃田泽的水。	居邹
359	10	11	16	24	22	3	14	卫鞅进说秦孝公变法。	居邹
358	11	12	17	25	23	4	15	魏将龙贾率师筑长城于西边。楚引河水灌韩长垣。	《三迁志》、《圣门志》称:孟子15岁时赴鲁国求学,“受业子思之门人”。孟子在鲁求学历经几年,其间返邹几次,因缺乏证据,无查考。
357	12	13	18	26	24	5	16	韩魏交换土地,魏得首垣(即长垣)、郑鹿等邑。魏围攻韩的宅阳,魏惠王和韩昭侯在巫沙结盟,解宅阳围。	居邹
356	13	14	威王元	27	25	6	17	鲁恭侯、宋桓公、卫成侯、韩昭侯朝见魏惠王。赵成侯和齐威王、宋桓侯在平陆相会,和燕文公在阿相会(“阿”一作“安”)。秦用卫鞅为左庶长,下变法令。	居邹

公元前	周	魏	齐	鲁	宋	燕	孟子年龄	历史大事	孟子主要事迹
355	14	15	2	28	26	7	18	邹忌以鼓琴进说齐威王改革。魏惠王和秦孝公在杜平相会。	居邹
354	15	16	3	29	27	8	19	魏救卫，进围赵都邯郸。秦攻取魏的少梁。	居邹
353	16	17	4	30	28	9	20	魏攻入赵都邯郸。	居邹
352	17	18	5	31	29	10	21	秦进围魏的安邑，安邑降秦。	居邹
351	18	19	6	32	30	11	22	秦在商筑塞，围攻魏的固阳，固阳降秦。魏归赵邯郸，魏赵在漳水上结盟。	居邹
350	19	20	7	康公元	31	12	23	齐扩建堤防为长城。秦从雍迁都咸阳，并普遍设县。	居邹
349	20	21	8	2	32	13	24	秦在县初设秩史。	居邹
348	21	22	9	3	33	14	25	秦“初为赋”。魏惠王和赵肃侯在阴晋相会。	居邹
347	22	23	10	4	34	15	26		居邹
346	23	24	11	5	35	16	27		居邹
345	24	25	12	6	36	17	28		居邹
344	25	26	13	7	37	18	29	魏惠王称王，召集逢泽之会，并率诸侯朝见周天子。秦派公子少官率师参与逢泽之会。	居邹
343	26	27	14	8	38	19	30		居邹
342	27	28	15	9	39	20	31	魏攻韩，战胜于梁、赫，齐救韩伐魏。	居邹

公元前	周	魏	齐	鲁	宋	燕	孟子年龄	历史大事	孟子主要事迹
341	28	29	16	景公元	40	21	32	齐将田忌大败魏军于马陵，魏将庞涓自杀，太子申被俘。	居邹
340	29	30	17	2	剔成元	22	33	齐、秦、赵三国攻魏。秦卫鞅用计擒魏公子卬，大破魏军。	居邹
339	30	31	18	3	2	23	34	魏在大梁北郭开大沟，以通圃田之水。	居邹
338	31	32	19	4	3	24	35	秦孝公去世，卫鞅被车裂而死。秦败魏于岸门，俘虏魏将魏错。	居邹
337	32	33	20	5	君偃元	25	36	楚、韩、赵、蜀四国之君入秦朝见。	居邹
336	33	34	21	6	2	26	37	魏韩二国之君朝见齐威王于东阿。	居邹
335	34	35	22	7	3	27	38	魏韩二国之君朝见齐威王于甄。	居邹
334	35	惠王后元	23	8	4	28	39	魏惠王采用惠施的策略，朝见齐威王于徐州，尊齐为王，齐亦承认魏称王，即所谓“会徐州相王”。	孟子在邹聚徒讲学，成为颇有名望的学者，但他毕竟是未入仕途的庶人。邹穆公大概不以礼召孟子，孟子拒绝前往。《孟子·万章下》载孟子回答万章“敢问不见诸侯，何义也”的问话，约在此时。

公元前	周	魏	齐	鲁	宋	燕	孟子年龄	历史大事	孟子主要事迹
333	36	2	24	9	5	29	40	楚围攻齐的徐州，大败齐将申缚。	周广业《孟子出处时地考》称："孟子之仕，自邹始也。时方隐居乐道，穆公举之为士。孟子乃传贽为臣，得见于公，会与鲁哄……《礼》云：'四十曰强，而仕。'又云：'四十始仕。'"《孟子·梁惠王下》载："邹与鲁哄。"孟子答穆公之问即在此时。
332	37	3	25	10	6	易王元	41	魏献阴晋给秦，秦更名宁秦。齐、魏联合伐赵，赵决河水灌齐、魏联军。	孟子在邹国为士，其父亲去世，实行三鼎之礼，守丧三年。《孟子·梁惠王下》载乐正克称孟子以士之礼葬其父，即指此事。《四书人物考》等书称"孟子三岁丧父"，周广业《孟子出处时地考》认为是妄说无据。
331	38	4	26	11	7	2	42	义渠内乱，秦派庶长操前往平定。	居邹为士
330	39	5	27	12	8	3	43	秦打败魏于雕阴，擒魏将龙贾。魏献河西地给秦。	居邹为士

公元前	周	魏	齐	鲁	宋	燕	孟子年龄	历史大事	孟子主要事迹
329	40	6	28	13	9	4	44	秦攻取魏河东的汾阴、皮氏及焦等地。魏攻取楚的陉山。	徐干《中论·亡国》:“昔齐桓公(田午)立稷下之宫,设大夫之号,招致贤人而尊宠之。自孟轲之徒皆游于齐。” 齐威王二十八年(前329),孟子率领弟子首次游齐,被威王任为稷下大夫。 《孟子·离娄下》载:孟子与“通国皆称不孝”的匡章交游。《孟子·公孙丑上》载孟子答公孙丑“夫子当路于齐,管仲、晏子之功,可复许乎”和“夫子加齐之卿相,得行道焉”等问,孟子分析齐国行仁政、王天下的有利条件和阐述“四十不动心”、“善养吾浩然之气”等思想,当在居齐之时。
328	41	7	29	14	10	5	45	秦开始设置相邦,张仪为秦相。魏全献上郡15县(包括少梁)给秦。	游齐为卿
327	42	8	30	15	11	6	46	秦更名少梁为夏阳,归还给魏焦、曲沃等地。	游齐为卿
326	43	9	31	16	12	7	47	赵肃侯去世,秦、楚、燕、齐、魏各派锐师万人来参加葬仪。	孟母在齐病逝,孟子“自齐葬于鲁”①,以五鼎之礼厚葬其母,行三年之丧。

①《孟子·公孙丑下》。

公元前	周	魏	齐	鲁	宋	燕	孟子年龄	历史大事	孟子主要事迹
325	44	10	32	17	13	8	48	魏惠王会韩宣惠王于巫沙，尊韩宣惠王为王。	居鲁守丧
324	45	11	33	18	14	9	49	魏惠王和齐威王相会于东阿。	居鲁守丧
323	46	12	34	19	15	10	50	楚柱国昭阳攻魏，攻破襄陵，得八邑。公孙衍发起燕、赵、中山和魏、韩“五国相王”。	《孟子·公孙丑下》载：孟子行三年之丧毕，“反于齐，止于嬴”，答充虞“木若以美然”之问。 孟子居齐，积极宣传王道、仁政。齐威王一心想振兴齐桓公的霸业，不采用孟子的仁政主张。孟子与齐王产生隔阂，便拒绝齐王所赠“兼金一百”，离开齐国至宋。 孟子居宋，曾答万章“宋，小国也，今将行王政，齐楚恶而伐之，则如之何”之问。《孟子·滕文公下》载孟子与宋臣戴不胜、戴盈之的谈话。孟子先后两次会见出使楚国而经过宋国的滕太子①。

①《孟子·滕文公上》。

公元前	周	魏	齐	鲁	宋	燕	孟子年龄	历史大事	孟子主要事迹
322	47	13	35	平公元	16	11	51	魏采用张仪的策略，改用张仪为相，把惠施逐走。秦伐取魏的曲沃、平周。	孟子认为宋国缺乏治国行政的贤人，便接受赠金 70 镒而离开宋国。 孟子离宋，中途经薛，接受赠金 50 镒，返回邹国。 孟子居邹。鲁平公即位，“鲁欲使乐正子为政”。孟子闻之，“喜而不寐”。大约经乐正子的引荐，鲁平公“将见孟子”。因臧仓的阻挠，孟子未能如愿①。 《孟子·告子下》载孟子与慎子的对话和抨击为君主“辟土地，充府库”、“约与国，战必克”的事君者，当是在鲁国之时。孟子在鲁未遇，不久返回邹国。 孟子居邹。滕定公死，滕世子两次派然友至邹向孟子请教丧葬之礼，孟子力主实行三年之丧。 滕定公丧毕。孟子受滕文公之聘至滕。
321	48	14	36	2	17	12	52	张仪兼相秦魏。西汉南越王墓出土有“王四年相邦张义(仪)戟”。	孟子居滕二年有余。“孟子初至滕，文公即位未逾年，称之曰子，其后称曰君，知在滕二年余也”②。孟子与滕文公多次答问，系统阐述了重视生产、赋税有制、加强道德教化等仁政理论。 孟子批驳农家许行取消社会分工的主张，系统阐述了“劳心者治人，劳力者治于人”的社会分工论、产品等价交换论等社会约制思想。

① 《孟子·梁惠王下》。 ② 周广业:《孟子出处时地考》。

公元前	周	魏	齐	鲁	宋	燕	孟子年龄	历史大事	孟子主要事迹
320	慎靓王元	15	37	3	18	王哙元	53	秦假道韩魏攻齐，齐威王使匡章为将应战。秦伐义渠，攻取郁郅。	孟子的仁政主张虽被滕文公所采纳，但滕是处于齐、楚中间的弱小之国。孟子对滕国将被大国吞并的现实感到无能为力，约于此时返回邹国。 孟子居邹。任国国君之弟季任代理国政，送礼与孟子交友，“受之而不报”。不久，孟子“由邹之任，见季子”①。 《史记·魏世家》：“惠王数被于军旅，卑礼厚币以招贤者。邹衍、淳于髡、孟轲皆至梁。”孟子为实现治国、平天下的抱负，于是年“不远千里”从邹至梁。 孟子与梁惠王多次交谈，阐述了先义后利的义利观，国君“与民偕乐”的君民关系，关心百姓经济生活和加强道德教化的仁政措施，诸侯国家“施仁政于民”的国内功能和“制梃以挞秦楚之坚甲利兵”②的国外功能等主张。 孟子批评公孙衍、张仪之徒是“以顺为正”的“妾妇之道”，高扬了“大丈夫”③精神；与淳于髡进行“男女授受不亲”④的辩论；与白圭论治水和十分抽一的税法；答周霄“古之君子仕乎”⑤之问。

①《孟子·告子下》。 ②《孟子·梁惠王上》。 ③⑤《孟子·滕文公下》。 ④《孟子·离娄上》。

公元前	周	魏	齐	鲁	宋	燕	孟子年龄	历史大事	孟子主要事迹
319	2	16	宣王元	4	19	2	54	齐、楚、燕、赵、韩等国支持公孙衍为魏相。惠施回魏。	孟子在梁虽受礼遇，但仁政主张不被采用。他批评说："不仁哉，梁惠王也。"① 是年，梁惠王卒。
318	3	襄王元	2	5	20	3	55	宋王偃自立为王。 魏、赵、韩、楚、燕五国合纵攻秦，不胜而回。 燕王哙把君位禅让给相国子之。	梁襄王继位。孟子认为襄王是个无所作为的君主，"望之不似人君，就之而不见所畏焉"②。是年，离开魏国适齐。 周慎靓王元年（前 320），齐威王卒。次年，齐宣王即位。《史记·儒林列传》："于威、宣之际，孟子、荀卿之列，咸遵夫子之业而润色之，以学显于当世。"《盐铁论·论儒》："齐宣王褒儒尊学，孟轲、淳于髡之徒，受上大夫之禄，不任职而论国事。盖齐稷下先生千有余人。"孟子离梁"自范之齐"③，曾"处于平陆"。齐国卿相储子致送礼物与孟子交友，孟子"受之而报"④。 《孟子》一书载孟子与齐宣王的谈话有 16 章之多。孟子较全面、系统地阐述了对社会进行政治、经济、思想意识约制、调节的主张。 孟子在齐备受宣王的礼遇，被任为客卿。

①《孟子·尽心下》。 ②《孟子·梁惠王上》。 ③《孟子·尽心上》。 ④《孟子·告子下》。

公元前	周	魏	齐	鲁	宋	燕	孟子年龄	历史大事	孟子主要事迹
317	4	2	3	6	21	4	56	齐联合宋攻魏，打败魏于观泽。	游齐为卿
316	5	3	4	7	22	5	57	秦派司马错伐蜀，蜀亡。 秦攻取赵的中都、西阳。	约于此年，滕文公卒。“孟子为卿于齐，出吊于滕”①。季本《孟子事迹图谱》说：孟子“与王驩使滕，为文公之丧也。非大国之君，无使贵卿及介往吊之礼，此固重文公之贤而隆其数，亦孟子欲亲往吊以尽存没始终之大礼也”。
315	6	4	5	8	23	6	58	燕发生内乱，将军市被、太子平进攻子之。	游齐为卿

①《孟子·公孙丑下》。

公元前	周	魏	齐	鲁	宋	燕	孟子年龄	历史大事	孟子主要事迹
314	赧王元	5	6	9	24	7	59	燕子之反攻，杀死将军市被、太子平。齐派匡章伐燕，五旬攻下燕国。赵召燕公子职于韩，派乐池送入燕，立为燕王，即燕昭王。	齐宣王乘燕国内乱，令匡章“将五都之兵，以因北地之众以伐燕”①。齐伐燕之前，齐大臣沈同曾以私人身份征求孟子意见。孟子认为，燕民陷于苦难，齐国行文武之道，征诛燕国暴君，安抚百姓，赞成伐燕②。 齐人伐燕，大获全胜。齐宣王询问孟子是否吞并燕国，孟子认为“取之而燕民悦，则取之……取之而燕民不悦，则勿取”③。 齐国吞并了燕国，杀戮燕国百姓，掠夺财物、宝器，引起燕民反抗。秦、赵、魏等“将谋救燕”，孟子劝齐王立即停止其暴行和从燕撤军，尚能来得及使各国停止兴兵攻齐。 齐伐燕加剧了孟子与齐王在战争、仁政等问题上的分歧。齐伐燕失败，齐王后悔不听孟子忠告，“吾甚惭于孟子”。孟子批驳陈贾为齐王的错误辩护④。

①《战国策·燕策一》。 ②④《孟子·公孙丑下》。 ③《孟子·梁惠王下》。

公元前	周	魏	齐	鲁	宋	燕	孟子年龄	历史大事	孟子主要事迹
313	2	6	7	10	25	8	60	秦派樗里疾攻赵,俘虏赵将赵庄,攻取蔺。	孟子的学说不为齐王所用,准备辞去客卿之职而离齐。淳于髡责难孟子说:“夫子在三卿之中,名实未加于上下而去之,仁者固如此乎?”孟子驳斥淳于髡不识贤者仁义之心和儒家的去就之道①。
312	3	7	8	11	26	9	61	齐、宋围魏煮枣。秦、魏、韩攻齐到濮水之上,俘虏声子(或作赘子)。	孟子辞去客卿之职,拒绝齐王“欲中国而授孟子室,养弟子以万钟,使诸大夫国人皆有所矜式”②的挽留,约于是年离齐归邹。 孟子离齐途中曾“宿于昼”、“居休”,先后答齐人尹士和弟子充虞、公孙丑之问③。
311	4	8	9	12	27	昭王元	62	秦樗里疾助魏伐卫。	孟子归邹后不再出游,晚年广招弟子,从事教育,比较详细地阐述了教育对人的成长、社会约制的重要作用,论述了多种多样的教育方法。 孟子晚年,与万章、公孙丑等高足弟子“序《诗》、《书》,述仲尼之意,作《孟子》七篇”④。

①《孟子·告子下》。 ②③《孟子·公孙丑下》。 ④《史记·孟子荀卿列传》。

公元前	周	魏	齐	鲁	宋	燕	孟子年龄	历史大事	孟子主要事迹
310	5	9	10	13	28	2	63	秦伐义渠、丹犁。	居邹著述讲学
309	6	10	11	14	29	3	64	秦初置丞相，樗里疾、甘茂为左右丞相。	居邹著述讲学
308	7	11	12	15	30	4	65	秦攻取韩的宜阳。	居邹著述讲学
307	8	12	13	16	31	5	66	赵武灵王实行“胡服骑射”。秦开始设置将军，以魏冉为将军。	居邹著述讲学
306	9	13	14	17	32	6	67	赵攻中山到宁葭，攻略胡地到榆中。楚灭越，设郡江东。	居邹著述讲学
305	10	14	15	18	33	7	68	赵攻中山，攻取丹邱、华阳、鸱之塞、鄗、石邑、封龙、东垣，中山献四邑请和。	居邹著述讲学
304	11	15	16	19	34	8	69	秦、楚在黄棘会盟，秦归还楚上庸。	居邹著述讲学
303	12	16	17	20	35	9	70	齐、魏、韩攻楚，楚派太子入质于秦，秦救楚。	居邹著述讲学
302	13	17	18	文侯元	36	10	71	魏襄王、韩太子婴入秦朝见。	居邹著述讲学
301	14	18	19	2	37	11	72	齐派匡章，魏派公孙喜，韩派暴鸢，共攻楚方城，杀楚将唐昧，韩、魏取得宛、叶以北地。	居邹著述讲学

公元前	周	魏	齐	鲁	宋	燕	孟子年龄	历史大事	孟子主要事迹
300	15	19	湣王元	3	38	12	73	秦攻楚，拔新城，杀楚将景缺。赵再攻中山。	居邹著述讲学
299	16	20	2	4	39	13	74	孟尝君田文入秦为相。	居邹著述讲学
298	17	21	3	5	40	14	75	孟尝君由秦回齐。齐、韩、魏联军攻秦到函谷关。	居邹著述讲学
297	18	22	4	6	41	15	76	齐、韩、魏联军继续攻秦。	居邹著述讲学
296	19	23	5	7	42	16	77	齐伐燕，“覆三军，获二将”。赵灭中山，迁中山王于肤施。	居邹著述讲学
295	20	昭王元	6	8	43	17	78	燕昭王使苏秦入齐，助齐攻宋。	居邹著述讲学
294	21	2	7	9	44	18	79	齐用秦五大夫吕礼为相。齐田甲劫王，孟尝君出走。	居邹著述讲学
293	22	3	8	10	45	19	80	秦左更白起大胜韩、魏联军于伊阙，斩首 24 万，虏魏将公孙喜。	居邹著述讲学
292	23'	4	9	11	46	20	81	秦大良造白起攻魏取垣。	居邹著述讲学
291	24	5	10	12	47	21	82	秦左更司马错攻魏取轵，攻韩取邓。	居邹著述讲学
290	25	6	11	13	48	22	83	魏献给秦河东地方 400 里。	居邹著述讲学
289	26	7	12	14	49	23	84	秦攻取魏 61 城。	孟子卒于邹，享年 84 岁。

附录二

系统方法与孟子思想研究

孟子是战国中期儒家的著名大师，新兴地主阶级的思想家。1949年中华人民共和国成立以来，在对其思想研究中，从生平年代、游历顺序、阶级属性、政治思想、经济思想，到天命观、哲学思想、人性论、历史观及对后世的影响，几乎每一个重要问题都有较大的争论。这无疑是学术研究中的正常现象。随着对孟子研究的深入，争论还会继续下去。在以往的研究中还存有不尽如人意的地方，譬如一些思想史、哲学史论著通常将孟子思想公式化地分割为政治、经济、哲学、人性、历史观等几大块，判定其哲学思想性质，或曰客观唯心论，或曰主观唯心论，仁者见仁，智者见智，各执一说，争论不休。这就不能不给人们提出一个值得思考的问题：为什么大致根据同一本《孟子》而结论却大相径庭？笔者认为，这除了对原始材料的不同理解、分析论证外，孤立静止、分门别类地考察孟子思想的各个方面而忽略各组成部分相互联系、相互作用的传统研究方法的局限，不能不说是一个重要的原因。本文运用系统方法对孟子思想做一整体性分析，以就教于学术界同仁。

一

本世纪20年代开始兴起的系统论，经过半个多世纪的逐步丰富和发展，突破了传统分析方法的局限性，促进了自然科学与社会科学各学科的日益相互渗透和融合，在自然科学和社会科学的研究中取得了令人鼓舞的成就。随着系统科学的蓬勃发展和跨学科研究的迅速崛起，人们的思维方式和科学研究方法也随之发生了相应的变化，这不仅为社会科学研究展示出新的前景，也为我们深入研究孟子思想提供了一定的新的方法和条件。

现代系统论认为，系统是由若干相互联系、相互作用的要素(部分、层次、子系统)组成的具有特定功能的有机整体。在哲学意义上，作为辩证思维的系统方法就是从系统的观点出发，从系统与要素、要素与要素、系统与外部环境之间的相互联系、相互作用中，考察复杂的客观对象，以达到最佳处理问题的科学方法。在这里，整体性是系统方法的根据、出发点和最重要的基本原则，它要求把复杂的客观对象始终作为一个有机联系的整体，从对象本身所固有的各个方面和联系上去考察它。就是说，系统整体离不开要素或部分，要素、部分的性质并不简单地等于各要素、部分或子系统的性质之总和，而具有各要素、部分、子系统所没有的新功能，即“非加和性”。依据系统方法的整体性原则来分析孟子思想，我们将看到它具有内部联系和外部联系的双重性。

整体性原则是系统方法的第一个最重要的基本原则，是系统方法的根据和出发点，它认为客观对象始终是一个有机联系的整体，离不开要素或部分。从内部联系上说，它是由若干因素所构成；在外部联系上说，任何系统又是更大系统中的一个子系统，就是说，系统之上有系统，形成连续的系统等级结构。因此，整体性原则要求对系统采取综合的层次分析，即在整体的基础上研究部分，在各部分相互联系的基础上研究整体。按照这一原则，孟子思想是由空间上从小到大的三个子系统即个体论、社会论和天人论所构成。这三个子系统相互联系、影响和制约，从而在整体上决定了孟子思想的性质和特色。

个体论是构成孟子思想的第一个子系统。尽管孟子对个体未作出严密、清晰的界说，但通观其有关言论可以看出，在他那里，个体是指既有饮食、男女等自然属性，又与犬马动物"不同类"①而具有一定社会属性、道德观念和理性思维活动的人。对此，孟子多称之为"人"、"予"、"我"、"身"或"士"、"君子"、"圣人"等。在孟子那里，个体论子系统包含物质生活需要、人际交往需要、精神生活需要三个层次，而每一个层次又由若干因素所构成，譬如精神生活需要层次包含着理性思维活动、道德追求和审美愉悦诸因素。

社会论是构成孟子思想的第二个子系统。在孟子看来，个体不是脱离社会的独立存在物，而是与他人"同类"并且发生血缘、政治、经济、道德等联系。他曾说："天下之本在国，国之本在家，家之本在身。"②这样，孟子就将个体、家庭、国家、天下视为一个紧密相连、层层递进的有机统一的整体，其中，家庭、国家和天下是其社会系统的三个层次。就家庭层次而言，它是以婚姻、血缘关系和共同的财产组成的社会的细胞和基本单位。为了保持家庭的和谐以利于世代的繁衍和生存，一方面必须具备最基本的物质生活资料，另一方面，要以道德观念调节家庭成员之间的相互关系，以维持父子、兄弟之间的血缘情感和夫妇之间的婚姻情感。这样，物质生活和道德精神生活就构成了家庭层次的两个最基本因素。就国家和天下两个层次而言，孟子极力追求建立一个政治清明、天下"定于一"③、君仁臣义、君民同乐、施行仁政、省刑薄敛、实行分工、发展经济、道德高尚、民风淳朴、人人"中心悦而诚

---

①《孟子・告子上》。

②《孟子・离娄上》。

③《孟子・梁惠王上》。

服”①的理想社会。为实现这一美好的社会理想，必须采取一系列得民心的政治、经济、道德教化、知识教育、化民成俗等措施。因此，孟子的国家和天下两个层次，又包括政治、经济、道德、教育、民俗、社会心理、历史观等因素，而每一因素内均包含若干方面。

天人论是孟子思想的第三个子系统。在孟子那里，个体和社会都不能离开对物质生活的需求，而对物质生活的需求，又必须在协调人与自然的关系过程中才能实现。孟子在赋予天以自然性、社会性、伦理性等含义的同时，又赋予人以自然性、社会性、伦理性和理智性，人与天二者既有联系，又有区别。在孟子那里，如果说保持人与天在物质生活、社会生活上的协调统一是维护人类生存和社会发展的需要，那么，保持二者精神生活的和谐协调则是人类追求高尚道德境界的需要。这样，天人子系统就包括二者物质生活、社会生活和精神生活和谐三个层次。就精神生活的和谐来看，它包含人与自然比德的美学思想和天人协调的道德理想境界两个因素，等等。

通过以上概述可以看出，在孟子思想的内部联系上，它是由个体论、社会论、天人论三个子系统构成的多层次、多因素的有机整体。就其外部联系来看，孟子思想又是先秦儒家思想系统中的一个子系统，而先秦儒家又是先秦诸子思想系统中的一个子系统，等等。当然，由于划分系统的相对性，不必将孟子思想所归属的全部系统都要罗列出来，而只把与问题有关的联系(主要指先秦儒家和先秦诸子两个大系统)抽取出来。这就要求我们不能孤立地研究孟子思想的某一个方面，而应从其内外联系的总体出发，将上述不同层次系统、诸层次、诸因素的联系综合起来，辨别其相互联系和影响，进行纵与横、宏观与微观的多层次、多因素、多角度、多联系的整体综合分析，才能进而得出较客观的评价。当然，这是一个很大的课题，并非本文所能囊括。在此结合学术界评价孟子哲学思想的两种传统观点，谈些自己的看法。

有的同志以孟子“心之官则思，思则得之，不思则不得也。此天之所与我者”的话为据，判定孟子哲学思想是“以天为最高范畴”、“最高实体”、“天是心的来源，在心之上”的“客观唯心论”②。有的则认为，孟子是个主观唯心论者，其“思想核心，是要发挥人的善性和良知良能，把‘四端’扩而充之，从尽心、知性到知天，讲修身以立命，发挥先验的主观精神，加强道德修养，以求做到天人合一”③。显而易见，前者将“此天之所与我者”之“天”视为主宰

①《孟子·公孙丑上》。

② 张岱年:《中国哲学史方法论发凡》，60～61页，中华书局，1983。

③ 李锦全:《是吸取宗教的哲理，还是儒学的宗教化》，载《中国社会科学》1983(3)，119页。

之天，并以孟子天心关系的某一命题为主要立论根据；后者以孟子人性论、伦理观中的所谓“发挥先验的主观精神”为立论根据。尽管他们的结论有所不同，但无疑都是对孟子哲学思想的总体评价。从方法论上讲，总体评价显然不能脱离孟子思想的核心和总体特征，此二者成为全面、正确评价孟子思想的前提和基础。

二

确定孟子思想的核心和总体特征，不能脱离他一生的主要政治、学术活动和当时的社会实际。孟子生于与鲁相连的邹国，自幼深受孔子思想和鲁国礼教、风俗的熏陶及影响。约 15 岁时，他赴鲁私淑孔门诸人，“治儒术之道，通《五经》，尤长于《诗》、《书》”①，这就为他坚定匡正时弊、济世救民的志向和抱负奠定了一定的思想基础。

孟子从事政治、学术活动的战国中期，社会经历了深刻的变革，新兴封建制度在各诸侯国已基本确立，封建大一统的任务逐步提上日程。在此形势下，是施仁政“定于一”，还是逞“霸道”统天下，就成为新兴地主阶级及其思想家共同关注和解决的重要问题。年约 40 岁的孟子，目睹连年战争和统治者聚敛民财、穷奢极欲给人民造成的“杀人盈野”、“杀人盈城”②、“民有饥色，野有饿莩”③的严重灾难，怀着对百姓苦难的深深同情和“当今之世，舍我其谁”④的以天下为己任的自觉的责任感、使命感，率领弟子，游说诸侯。他借鉴三代兴衰存亡的经验教训，抨击时弊，倡导仁政，积极宣传“为政得民”、“保民而王”⑤的政治主张，历时 20 余载。他的主张虽被急功近利的当权者视为迂阔而不见用，但仍“不怨天，不尤人”，坚信仁义在胸，进退穷达皆“绰绰然有余裕”⑥，晚年归邹，聚徒讲学，著书立说，寄希望于后人。

孟子在其一生活动中坚持的一个根本原则是：得志，“与民由之”，“泽加于民”，“兼善天下”；不得志，“独行其道”，“独善其身”，“修身见于世”⑦。所谓“独行其道”、“独善其身”，并非消极避世，遁迹空门，而是坚持原则，砥砺人格，不丧失节操。在这里，如果说孟子的“独善其身”是“内圣”，那么，“泽加于民”、“兼善天下”则是“外王”。内圣是外王的前提和手段，外王是内圣

① 赵岐：《孟子题辞》。
②《孟子·离娄上》。
③⑤《孟子·梁惠王上》
④⑥《孟子·公孙丑下》。
⑦《孟子·尽心上》。

的归宿和结果。韩愈认为，孟子“所以正心诚意者，欲将以有为也”①。章学诚谓：“夫子为东周，而孟子王齐梁。”②罗根泽指出：“孟子之学，修身治国经世致用之学也，非空谈心性之学也；其论心性体相，为修齐治平之资助焉尔。”③通观孟子一生的主要活动，结合上述评说，可以看出，治国平天下的政治思想是孟子思想的核心。孟子道性善，谈心性，讲修身，都是为“有为”、“王齐梁”、“经世致用”、治国平天下的根本目的服务的。

政治思想是孟子思想的核心，它必然以一定的哲学思想为理论基础。孟子哲学并非空谈心性，而是注重力行践履。他力图在社会实际活动中利用哲学原则认识、改造社会，努力追求和建立一个政治清明、天下太平、君民同乐、百姓“亲睦”、风尚淳朴、道德高尚的美好社会，这就使哲学与政治结成一个紧密相联的有机整体，二者相互融合，相互渗透，从而表现出政治哲学的总体特征。有些学者在谈到包括孟子在内的中国古代哲学的总体特征时指出，“中国哲学毫无例外地同时也就是政治思想”，儒家的“哲学和政治思想交织成一个有机整体”④，“先秦各派哲学基本上都是社会论的政治哲学”⑤。这些深刻的见解，对我们认识孟子思想的总体特征是有启发意义的。

确定孟子思想的核心和总体特征，无疑有利于从整体上确定孟子哲学思想的性质。舍此，就会只强调孟子讲性善、修身的一面，而忽略其更重要的治国、平天下的一面。当然，确定其思想核心和总体特征，并不能代替对其哲学思想性质的划分。哲学的基本问题在我国先秦时代具体表现为对天人关系的回答。在孟子那里，天人关系主要包括人与自然之天、人与社会发展趋势之天、人与伦理之天三个方面。笔者认为，尽管孟子受到宗教天命论的一定影响，但他主要用天表示自然万物、人类社会、人性及伦理观念存在的自然性和发展的必然性，将天视为认识、利用、掌握的对象，而不是顶礼膜拜的主宰⑥。就上述第一种观点所列举的那段话来看，孟子对天与心的关系并没有做细密严谨的逻辑论证，要确定“此天之所与我者”之“天”的含义，就不能孤立地看待这一命题，而应联系他的有关言论。

在孟子看来，日月星晨、云雨虹露、禾苗草木、五谷禽兽等自然万物的产

---

① 韩愈：《原道》。

② 章学诚：《文史通义·内篇三·辨似》。

③ 罗根泽：《孟子评传》，86～87页，商务印书馆，1932。

④ 金岳霖：《中国哲学》，载《哲学研究》1985(9)，43页。

⑤ 李泽厚：《孙、老、韩合说》，载《哲学研究》1984(4)，46页。

⑥ 王其俊：《论孟子的天命范畴》，载《东岳论丛》1985(4)，86页。

生是自然而然的，如他所说："天之生物也使之一本。"[①]就是说，万物源于自然之天之"一本"，人是自然界的一部分，皆以父母为"本"。孟子又说：人之"形色，天性也"[②]。意即人的身体、容貌与生俱来，自然而然。作为人体重要部分的心官之"大体"和耳目感官之"小体"，也无疑是本于父母，生而具有。正是在此前提和基础上，孟子为了答公都子"钧是人也，或从其大体，或从其小体，何也"[③]之问，才讲了"心之官则思"那段话。在这里，孟子高扬了人的理性自觉，强调指出心官与耳目之官具有不同的职能和作用。他认为，以理性思维制约声色臭味生理欲望即"养其大"、"从其大"、"立其大"者为"大人"；舍弃理性思维和放纵耳目之欲，即"养其小"、"从其小"、"立其小"者为"小人"。显而易见，君子与小人的不同，并非由主宰之天所命，而是在于人的主观努力，即他所谓"从其大体为大人，从其小体为小人"[④]。

基于上述分析，笔者认为"此天之所与我者"之"天"是自然之天，而不是神秘的主宰。只有这样理解，才能与孟子关于自然万物的产生是自然而然的和人发挥主观努力、以理性思维制约耳目之欲而成为君子的主张保持一致。如果照上述同志所说，此天是有意志的主宰，那就意味着君子和小人都必须服从天的意志，受天支配的心的思维职能无疑有不可动摇的绝对权威。如此看来，"思则得之"和"立其大"的大人固然服从了天的意志，维护了它的神圣地位，然而，"不思"而"立其小"、只求口腹之欲的小人，却违背了主宰之天的旨意，动摇了它的神圣地位。这样，天自然会失去主宰一切的最高地位，结果必然会陷入既是"最高实体"、最高主宰，又可被违背、动摇的"二律背反"。

就上述第二种观点来看，我以为有两个问题须辨别清楚。

首先，孟子的善性、四端等属于人性论、伦理观的范畴。他的天人合一道德境界并不能代替对天人关系的全部回答，而仅是其中的一个方面。除此之外，还包括人与自然之天、人与社会趋势之天两个方面。其中，人与社会趋势之天又是孟子政治哲学的核心。对孟子的天人关系及其他哲学范畴的基本含义和内在联系，我曾做了初步探讨，认为他基本上坚持了朴素唯物主义认识论[⑤]。如果说他的循天道、顺农时、依时而作可获得物质生活资料的主张反映了人与自然的和谐统一，那么，人们遵循社会发展的一定必然性天、命、势、时，行仁政，王天下，建立君仁臣义、君民同乐的理想社会，则表现

---

①《孟子·滕文公上》。

②《孟子·尽心上》。

③④《孟子·告子上》。

⑤ 王其俊：《论孟子认识论范畴体系》，载《湖南师大学报》1985(4)，55～59页。

了人与社会及人际关系的和谐统一的实现，不是乞求于神灵的启示，也不是发挥先验的主观精神的臆想，而是在承认自然、社会客观事物及其发展规律或趋势离心而存在的客观前提下和发挥耳目感官作用及心官思维的基础上，使知、行结合和统一的结果。上述同志撇开孟子对上述问题的正确回答，孤立地将人与伦理之天从其天人关系的整体中抽取出来，这种舍其二、取其一的做法，很难说是一种全面分析的观点。

其次，对孟子善性、四端等应做具体的分析，不可以“先验的主观精神”之贬辞而抹煞了其中正确的一面。我们知道，孟子为了实现治国平天下的宏大抱负，极力追求高尚的道德境界。而这又以人禽之辨为前提。他认为，恻隐、羞恶、恭敬、是非之“四端”“人皆有之”[①]，若无四端“非人也”[②]。“人之有道也，饱食、暖衣、逸居而无教，则近于禽兽。圣人有忧之，使契为司徒，教以人伦，父子有亲，君臣有义，夫妇有别，长幼有叙，朋友有信”[③]。这说明人之所以异于禽兽者，不仅在于有四端，而且更重要的是有仁义等道德观念和人际关系之“人伦”。而四端、道德观念和人伦又是紧密相联的。四端仅是仁义礼智的萌芽。就其最根本的四端之首的恻隐之心来看，孟子说：“所以谓人皆有不忍人之心者，今人乍见孺子将入于井，皆有怵惕恻隐之心。”[④]王夫之释云：“当乍见孺子入井之时，则恻隐之心，因目而动。若其当未见孺子入井之时，君子之思以存夫仁者，岂如思食者之幻立一美味于前，思色者之幻立一美色于前，而亦幻立一孺子入井之事，而作往救之观耶?”[⑤]这种解释甚合孟子本义。从认识论上讲，恻隐之心或不忍人之心的产生是“因目而动”，即孺子将入于井此外界客观事物作用于人的感官，在“见”的基础上而产生的一种爱人的心理情感，而不是“幻立一孺子入井之事”的无中生有和主观心灵的想象。这与把心理情感说成是脱离客观存在的主体之自我感受的先验唯心论是有区别的。

孟子认为，在四端产生于一定经验事实的前提下，只有经过“谨庠序之教，申之以孝悌之义”[⑥]、“教以人伦”的道德教化，充分发挥心官的思维作用，“思则得之”、“知皆扩而充之”，和“修其孝悌忠信，入以事其父兄，出以事其长上”[⑦]的道德修养及力行践履，才会使四端变成处理现实人际关系的仁义礼智“四德”，进而才能成为尊亲、忠君、敬长、慈幼、信友的君子。在这里，四

---

①《孟子·告子上》。
②④《孟子·公孙丑上》。
③《孟子·滕文公上》。
⑤ 王夫之:《读四书大全说》卷十。
⑥⑦《孟子·梁惠王上》。

端、教化、思知、修行构成了一个紧密相联的完整的知、行系统。从有四端到成为君子，主要是发挥人的理性自觉、接受教化、加强修养、力行践履的结果，而不是什么“发挥先验的主观精神”。在此基础上，以圣贤为榜样，自觉地“深造自得”和正义的经常积累，就能贯通天人，即“尽其心者，知其性也。知其性，则知天矣”[①]。此谓“天”，既指人性善端产生于自然，又指人的道德修养和精神境界要符合天之必然。在孟子看来，充分发挥心官的思维作用，就能认识人性善端系自然而然；顺从此自然，加强修养，使人之为善符合天之必然。如此，短命、长寿皆不怀疑，合乎自然规律而死谓之“正命”，主动掌握自己的命运即“立命”[②]，逐步攀登上“人皆可以为尧舜”[③]、“上下与天地同流”[④]的天人合一的圣贤境界。这种境界，是一种符合自然而又超越自然的高度自由的境界。这种境界的实现，是靠现实的力行践履，使天地化了的人格与人格化了的天地浑然一体、相互交融的物我、知行、天人、真善美和谐统一的境界。它不仅在道德上是善的，认识上是真的，而且在美学上又是崇高、伟大、至妙的，既给人道德上的激励和鼓舞，又给人美的愉悦及享受。

当然，孟子不可能懂得人性或人的本质在现实性上是一切社会关系的总和，他的人性论和伦理观不可避免地存在着唯心主义杂质，这无疑从一方面反映出他哲学思想的唯心主义因素。但问题在于，哲学与人性论、伦理观的研究对象和划分其性质的标准毕竟有所不同。人性论、伦理观的性质并不能代替其哲学性质。如果不从孟子思想的多因素、多层次、多侧面的整体联系上去考察，孤立地将人性论、伦理观中的某些主张视为孟子思想的核心并以此作为判定他是唯心论的主要依据，势必以子系统的性质简单等同于整体系统的性质。

三

为了全面评价孟子思想，根据系统方法的要求，还应考察其内部结构和外部功能。

孟子思想的结构就是指各子系统相互联系、相互作用的比较稳定的方式和顺序。他的天下的基础是国，国的基础是家，家的基础是身，这一由修身、齐家、治国、平天下四个层次或环节彼此相联的稳定的方式和顺序恰恰是孟子思想系统的内部结构，而这一结构又恰恰是与他的思想核心——政治思想相适应的，它大致包括横向联系和纵向联系两个方面。

---

①②④《孟子·尽心上》。

③《孟子·告子上》。

就其结构的横向联系来看，从修身、齐家到治国、平天下显示了由近及远、由个体到群体的联系方式。在孟子看来，身或个体是本于父母的自然界的一部分，同时又是家庭的一个成员。家庭则是依据共同的血缘、婚姻和财产建立起来的社会的细胞及基本单位。为了维持个人的生存、家庭的世代繁衍及和谐，一方面必须具备最基本的生活资料，种谷植桑，饲养家畜，使人们得以事父母，畜妻子；另一方面，还要治礼义，以道德观念调节家庭成员之间的相互关系，彼此怀仁义以相接。而治国、平天下必须以修身、齐家为基础。治平过程中的君臣、君民、朋友等社会关系实际是家庭关系的扩大和延伸。人们由近及远，推己及人，"老吾老，以及人之老；幼吾幼，以及人之幼"①，就能由个人的修身进而达到家庭、社会群体之间的和谐，即家齐、国治、天下平。

就纵向联系来看，孟子将上自国君、下至百姓置于一个既有职业分工"或劳心，或劳力"，又彼此联系，互相依赖，"无君子，莫治野人；无野人，莫养君子"②的宝塔式的政治结构和社会结构之中。在君臣关系上，他主张君仁臣义，各守其道，各尽其职，即君守仁义，任贤使能，恭俭礼下，谏行言听，过则改之，臣则"莫不仁"、"莫不义"③；在君民关系上，国君摈弃霸道，施行仁政，省刑薄敛，爱民如子，与民同乐，民则乐其乐、忧其忧，仰之"若父母"，"悦而愿为之氓"④。

上述孟子思想结构的纵横联系并不是各不相干的。在修齐治平的横向联系中，包含着父子、君臣、君民等上下纵向联系；在君臣、君民的上下纵向联系中，又包含着"亲亲而仁民"⑤、老老幼幼及他人之老幼的推己及人的横向联系，从而整体上呈现出纵横交错、相互贯通的状态。由此我们可以看出，在这个修齐治平紧密相联、层层递进的有序结构中，修身、齐家是治国、平天下的前提和基础，治国、平天下则是修身、齐家的最终目的和结果。

就孟子思想三个子系统之间的彼此联系和作用来看，也表现出一定的有序性，具体表现为：欲求天人和谐，要从社会和谐始；欲求社会和谐，要从个体和谐始。换言之，个体和谐是社会和谐的基础，而社会和谐又是天人和谐的基础；天人和谐促进、影响社会和谐，社会和谐又促进、影响个体和谐。

由于孟子思想是一个多层次、多因素、多方面的纵横结合的立体网络结

---

①《孟子·梁惠王上》。

②《孟子·滕文公上》。

③《孟子·离娄上》。

④《孟子·公孙丑上》。

⑤《孟子·尽心上》。

构，自然产生了治国安邦、化民成俗、协调家庭、安定社会、道德修养、人伦日用等多种功能和影响，而此功能和影响又通过各种方式，渗透于封建社会政治、经济、心理、民俗等若干方面，其中，积极与消极、精华与糟粕并存。譬如在政治上，他将心理学、伦理学上的爱人与政治上的治国平天下结合起来，以伦理、心理情感将君臣、君民上下关系沟通起来，从而使人际关系罩上了温情脉脉的伦理、心理情感的纱幕，显示出原始人道主义和民主精神的温和性色彩。这不仅有利于当时新兴地主阶级完成统一天下的大业，而且有利于此后封建统一政权的巩固、发展和各民族之间的团结、交流及融合。在经济上，当时遭受战乱之苦的各国人民迫切要求休养生息，安定生活，各大国统治者为称霸诸侯，统一天下，也注意发展生产，增强经济实力。孟子的思想不仅反映了地主阶级的根本利益，而且在一定程度上反映了人民的愿望和要求。后世自给自足的封建自然经济得到长足进步和发展，与孟子的影响亦有着紧密的联系。在家庭和人际关系上，他强调的敬老慈幼、严己宽人、忠诚守信、温和礼让，更符合封建家庭制度和人际关系的需要，促使中华民族形成了各亲其亲、各子其子、内向含蓄、协调合作等民族心理和习俗；他的“浩然之气”和大丈夫气概曾激励后世无数志士仁人为维护民族尊严、气节而献身。但他思想中宗教天命论的痕迹，作为统治者的“君子”与被统治者的“庶民”、“小人”在道德观念和礼乐修养等方面均有高下贵贱不同的追求等唯心主义糟粕和地主阶级的偏见，也的确在历史上产生了消极的影响，无疑在摈弃之列。

最后还需指出，为了对孟子思想作出全面、客观的评价，还应将它置于先秦儒家、先秦诸子等更高一层的大系统中予以考察。就先秦儒家系统来看，孟子思想是上承孔子、下启荀子的一个不可缺少的重要的子系统。孟子对孔子的思想既有继承，又有改造和发展，其中，最突出的就是将孔子的“仁”发展为“仁政”，建立了一套完整的“民贵君轻”、“为政得民”的仁政学说。战国末期的儒家集大成者荀子，在孔孟思想的基础上提出王霸兼施、隆礼重法的主张。孔孟强调的德治、仁政偏重于得民心的内在道德教化，荀子强调的礼法偏重于不同的等级名分和以上制下的外在强制，两者相互补充，相辅相成。秦汉以后的封建统治者无不“霸王道杂之”[①]，德治与刑法并用，与先秦儒家的影响是密不可分的。在先秦儒家系统中，孔、孟、荀虽同属于新兴地主阶级思想家，但他们又有一定的差别。如果说孔子还受到奴隶主阶级的一定影响而表现出一定的保守性，那么，孟子勾画和追求的政治清

①《汉书·元帝纪》。

明、天下统一、君仁臣义、君民同乐的治平之世则显示出浓厚的理想性，为地主阶级统一天下而提供理论根据的荀子则表现出强烈的社会现实性。这种由保守性到理想性、再到现实性的发展过程，反映了先秦儒家思想的不断深化。就孟子与先秦诸子思想的关系看，他虽激烈抨击墨家的"爱无差等"，但又吸取了其"尚贤"主张而主张尊贤使能；虽反对道家的"俗人昭昭，我独昏昏"①"信言不美，美言不信"②，但又吸取了道家的崇尚自然思想，主张人与自然的和谐统一；虽反对法家的崇尚霸道和刑法，但又吸取了其治国不可无法的思想，主张先教后诛，等等。上述表明，孟子思想并不是一个封闭系统。他既竭力维护儒家学派，又吸取其他学派之长，表现出一定的适应环境、改造环境的作用和能力。

综上所述，对孟子思想的研究不能按照传统的简单的线性因果关系的方法，而应当从其整体出发，对其内外联系进行多层次、多角度、多因素的综合分析，才会避免先入为主及以偏概全的片面性。当然，运用系统方法并不意味着排斥或舍弃中哲史研究中的校勘、训诂、范畴分析、阶级分析、理论分析等方法，而应当在马列主义根本原则的指导下将它们有机结合起来，以期得到客观、满意的效果。

（本文发表于 1988 年 5 月《东岳论丛》增刊）

---

①《老子》第二十章。

②《老子》第八十一章。

附录三

山东方志中的孟子形象

——以《邹县志》为中心

一、引言

编修方志是中国悠久的文化传统。中国方志起源于春秋战国，至魏晋时期初具规模，隋唐时期获得较大发展，两宋时代其内容、体例逐渐定型化。明、清两朝，特别是清朝，中国方志的纂修进入了全盛时期。中国方志，以地域为单位，按一定体例，综合记载了一定历史时期的政治、经济、军事、文化及自然等方面的发展变化，具有鲜明的地域性特征。就是说，由于各地域具有特定的地理范围，其自然、人文状况千差万别，因此记载这些内容的志书，便呈现出鲜明的地方特色。这是其他任何书籍所无法代替的。

邹县，战国时代的邹国所在地，孟子的故乡。在孟子死后的2000多年间，从战国之时的百家争鸣和《孟子》被列为子书，到汉代被立为传记博士和对《孟子》一书的注音释义、考释名物典制、分章断句、串释义理，宋代被列入《十三经》和探其微言、阐发义理，再至明、清时代《孟子》政治地位的日益提高以及对《孟子》典章名物的训诂考证、道德义理的阐述，历代帝王、政治家、思想家对《孟子》的尊崇、注疏、释解等史不绝书。这些历史资料，对后人研究、评价孟子思想提供了重要依据。同时，我们还看到历代山东方志中保存了大量有关孟子的珍贵资料。据《中国地方志联合目录》统计，保存至今的方志有8264种，其中，山东方志约600种。在这些山东方志中，尤以邹县方志对孟子的记载最为全面、丰富和集中。据邹县地方史志编纂委员会办公室考察，邹县方志的编修始于明代。从明成化十三年(1477)至民国三十一年(1942)的460多年内，邹县共修志19种。可惜的是，其中，刘凌修于明成化十三年(1477)、许恩修于明万历八年(1580)、王一桢修于明万历二十二年(1594)和娄一均纂修于清乾隆五十五年(1790)的《邹县志》，已佚。董纯修修于清道光初年、臧家祷修于民国二十三年(1934)的《邹县志稿》，均未刻印，原稿今无存或下落不明。现存的《邹县志》仅有9种①。尽管如此，它们

① 它们分别是戴光修、谢秉秀纂修于明嘉靖四年(1525)的《邹县地理志》，胡继先纂修刻于万历三十九年(1611)的《邹县志》，朱承命修、陈紫芝纂刻于清康熙二十年(1681)的《邹县志》，娄一均纂修刻于清康熙五十四年(1715)的《邹县志》，吴若灏修刻于清光绪十八年(1892)的《邹县续志》，胡继炜修刻于清光绪三十三年(1907)的《邹县乡土志》，张丕矩修刻于民国六年(1917)的《山东邹县地理志》，陈寿卿修、唐柯三纂于民国二十四年(1935)的《续修邹县志稿》，张丕矩修于民国三十一年(1942)的《山东邹县地理志》。

仍保存了明以前以及明、清至民国时期邹县政治、经济、军事、地理、自然等丰富的历史资料，同时又保存了历代关于孟子的丰富资料。它既与汗牛充栋的经史子集联璧再现了邹县的辉煌历史，又为我们多层次地考察孟子形象提供了依据。

笔者曾撰文指出，《孟子》一书，描述、刻画了众多的人物形象，其中，刻画得最为丰满而有立体感的是孟子本人。它多层次、多侧面地表现了孟子崇尚仁义、坚守信念、济世救民、兼善天下、仇视暴政、同情民苦、刚直不阿、藐视权贵、不畏艰难、积极进取、循循善诱、教书育人的高大形象①。那么，邹县方志中的孟子形象是怎样的呢？探讨这一问题，是正确评价孟子思想及其对后世影响的一个重要方面。目前国内外学术界尚未有专文对此作出考察。本文依据邹县方志的诏书与祭文、修建孟庙等记文、县志序跋三个方面，对孟子形象之变迁作一探讨，以就教于海内外方家同仁。

二、诏书与祭文

在孟子死后的2000多年间，历代著名政治家、思想家和开明帝王多充满了对孟子的仰慕之情。封建帝王对孟子的尊崇、褒奖、封祀接踵而至。当然，孟子及其政治地位的日益提高经历了一个历史过程。在两宋以前，孟子的地位一直不高。汉代统治者崇尚黄老之学。东汉赵岐在《孟子题辞》中称孟子为“命世亚圣之大才”，但“亚圣”的称号并未得到当时最高统治者的认可。魏晋南北朝时期，玄学的兴起和佛教的传入，对儒学造成了严重打击和挑战，从而造成了儒学的中落。隋唐时期，中国社会结束了分裂和动荡，社会出现了统一安定的局面。这时，儒学再度兴起。中唐以后，统治者逐渐从社会现实中认识到需要大力提高儒学的正统地位。唐代宗宝应二年(763)，礼部侍郎杨绾上疏，建议皇帝“以《论语》《孝经》《孟子》兼为一经”②。此事虽未被采纳，却开启了《孟子》入经的先声。稍后的韩愈，挺身疾呼尊崇孔孟，最先把孟子的名字升到了孔子之后，认为孔子死后孟子是儒家正统学派的继承人，并首次提出了儒家的“道统”说，明确树立起孔孟的旗帜，使儒学有了正统的权威性和理论根据。唐末进士皮日休上书请废《庄子》《列子》，以《孟子》为主，科选视明经。

宋王朝是中国历史上实行高度中央集权的封建帝国。自宋仁宗以来，思想界出现了尊孟的热潮。统治者对孟子的诏封、尊崇接踵而至。仁宗景祐四年(1037)，兖州守龙图阁学士、孔子第35代孙孔道辅，授予孟子45代孙

① 王其俊：《孟子思想概说》，见《孟学研究》，11～13页，山东人民出版社，1998。

②《新唐书·选举志》。

孟宁为邹县主簿，并于邹县东北四基山访孟子墓，依墓冢建庙。仁宗嘉祐六年(1061)，以篆、隶两体撰刻的《论语》、《孟子》等"九经"竣工。神宗熙宁四年(1071)，王安石将《孟子》所论土地诸法作为变法的依据，朝廷正式以《论语》、《孟子》同科取士。元丰六年(1083)，宋神宗从吏部尚书曾孝宽奏请，诰封孟子为"邹国公"。戴光《邹县地理志》详细记载了宋神宗诏封的过程。宋神宗赞扬孟子"自孔子殁，先王之道不明。发挥微言，以绍三圣"的功绩，其功德"万世所宗"，应"追加爵号，以示褒崇"。这是在孟子死后1300多年间，首次被封建帝王诏封为"邹国公"。这表明，孟子已经在政治上获得朝廷的支持和褒奖。

元丰七年(1084)，宋神宗从晋州州学教授陆长愈奏请，诏定孟子首次配享孔庙，自国子监及天下学庙皆塑邹国公像。同年，神宗又从李椟奏请，诏定按国公的享爵孟子服九旒衣九章，增修孟子庙。封建王朝首次出资修孟子庙，诏定孟子塑像的具体服饰。徽宗政和五年(1115)，朝廷诏令乐正子配享孟子，公孙丑以下17人从祀，以侯、伯封孟子弟子19人。徽宗宣和年间，将徙建于城东门之外的孟庙"徙建南门之外，重门夹户，壮丽宏伟，规制大备"①。

南宋时期，统治者完全接受了尊孟。宋高宗御书《孟子》于屏，凡10扇，后又将所书《孟子》刻石国子学，并颁墨本于诸路州学。光宗绍熙年间(1190—1194)，将《孟子》列入经部，印刷《十三经注疏》合刻本。庆元四年(1198)，宋宁宗撰写《配祀宣圣祭文》说：

> 皇帝遣官敢昭告于邹国公曰：惟公后生孔子百有余岁，其知圣人，如亲见之。辟辟杨墨，三圣是承。扶世导民，以登配祀。仅以制币牲醴粢盛庶品，式伸常典，从祀配神，尚享。②

宋王朝的祭文赞扬孟子"其知圣人，如亲见之""辟辟杨墨，三圣是承""扶世导民"的功绩，就是颂扬孟子继承、捍卫、发展了孔子创立的儒家学说，认为孟子批驳杨朱、墨家的异端学说，继承了大禹、周公、孔子的业绩，扶助社会，引导百姓，化民成俗。这既反映了宋王朝实行的尊儒崇孟的文化政策，又表现了孟子在宋代的深远影响。

在中国历史上，金、元少数民族统治者进入中原后，亦学习、继承中国传统思想文化，崇尚孔孟儒家学说，《邹县志》对此亦有记述。与南宋王朝对立的金王朝沿袭宋神宗封孟子为"邹国公"。金世宗大定十四年(1174)，下诏

---

① 娄一均：《邹县志》。
② 戴光：《邹县地理志》。

将孔庙中的孟子塑像由后堂移至正殿，位于孔子塑像之右①。元成宗元贞元年(1295)，诏免孟氏子孙差役②。元仁宗皇庆二年(1313)，规定科举之制必须在《孟子》等"四书"内出题，设问采用朱熹《四书章句集注》之文③。元仁宗延祐三年(1316)，诏封孟子父母。诏书说：

上天眷命，皇帝圣旨：朕谓由孔子至于孟子百有余岁，而道统之传独得其正。虽命世亚圣之才，亦资父母教养之力也。其父夙丧，母以三迁之教励天下后世。推原所自，功莫大焉。稽诸往代，实阙褒崇。夫功大而位不酬，实著而名不正，岂朕所以致怀贤之意哉？肆颁宠命，永贲神休。可追封其父为邾国公，母为邾国宣献夫人。④

元王朝诏封孟子父母，也是对孟子的赞扬。诏书称"道统之传独得其正"，无疑称颂孟子是孔子的正传；所谓孟子"资父母教养之力"，说明孟子的成长离不开父母的教养之功。

元至顺元年(1330)，加封孟子为邹国亚圣公。元文宗颁旨说：

孟子，百世之师也。方战国之纵横，异端之充塞，不有君子，孰任斯文？观夫七篇之书，惓惓乎致君泽民之心，凛凛乎拔本塞源之论。黜霸功而行王道，距诐行而放淫辞。可谓有功圣门，追配神禹者矣……英风千载，蔚有耿光，可加封邹国亚圣公。⑤

这就是说，孟子生活于仁义衰落、纵横捭阖、异端横行、处士横议的战国时代，他挺身而出，斥责时弊，抨击暴政，弘扬王道，驳斥异端，强调君行仁政，施泽于民，担负起兼善天下的历史重任，"可谓有功圣门，追配神禹"，其影响深远，"英风千载，蔚有耿光"。这样，在中国历史上，孟子首次被封建帝王尊封为仅次于"至圣"孔子的"亚圣"，从而将封建帝王对孟子的诏封推向了极致。

在元代，一些高级官吏曾撰写祭文颂扬、祭祀孟子。至正二十一年(1361)，御史帖木儿撰写祭文称："惟公养气知言，推明性善，攘辟异端，以承三圣。"⑥

明王朝初期，曾发生了一场罢黜孟子配享的风波。娄一均《邹县志》记载说："太祖览《孟子》'草芥'、'寇仇'之语，谓非人臣所宜言，诏去其配享，有谏者以大不敬论，且命金吾射之。刑部尚书钱唐抗疏入谏，舆榇自随，袒胸当箭。且云：'臣为孟轲死，死有余荣！'太祖见其情词剀切，遂复孟子祭，命太医疗唐箭疮焉。"洪武十三年(1380)，燕王朱棣途中经邹，撰《祭亚圣公祝

①③ 娄一均：《邹县志》。
②④⑤⑥ 戴光：《邹县地理志》。

文》说："惟公学继孔子，德为亚圣。兹者钦承上命之国，道经于此。谨遣奉祠副余清远以牲醴致祭。"①洪武十七年(1384)，颁科举取士式，规定"四书"采用朱熹所注。次年，明太祖颁诰："孟子传道，有功名教。历史既久，子孙甚微。近有以罪输作者，岂礼先贤之意哉？其加意询访，凡圣贤后裔输作者，皆免之。"②明景泰二年(1451)，"诏以孟子五十六代孙孟希文世袭翰林院五经博士。孟裔世职自此始。是年，上躬幸太学，钦取三氏(指孔、颜、孟——引者著)观礼陪祀。著为例。六年从都察院右佥都御史徐有贞请，给孟庙祭田二十顷，佃户十户，蠲其征……复幸学，取三氏子孙陪祀观礼，赐宴，赐衣。"③明世宗嘉靖元年(1522)，巡抚山东右副都御史撰祭文称赞孟子说："禹抑洪水，周驱夷狄，孔作《春秋》，其揆惟一。惟我夫子，讵诐辟邪，以承三圣，厥功则遐。七篇之书，仁义性善。尧舜可学，千载始见。"④嘉靖九年(1530)，"奉孟子为亚圣孟子，改去公爵，从大学士张璁议也"⑤。

从《邹县志》的上述记载来看，尽管在明初出现了罢黜孟子配享的一场风波，但不久朱元璋认为"孟子辨异端，辟邪说，发明孔子之道"，下令"配享如故"⑥。明王朝十分尊崇孟子，极力颂扬孟子的功德，并诏免孟子后裔的差役、税粮，赐孟庙祭田、佃户，使孟子后裔享受各种优厚待遇。

清王朝统治者沿袭前代尊儒崇孟的风尚，对孟子的赞誉日盛。清顺治九年(1652)，钦取六十三代孙孟贞仁并四氏学生员陪祀。随送生员孟闻贞、闻芳入监读书。康熙七年(1668)，"钦取博士孟贞仁并四氏学生员陪祀，随送生员孟贞蘭、孟贞啚入监读书"⑦。康熙二十五年(1686)，康熙帝立巨碑于孟庙，称赞孟子说：

> 尼圣既往，夐矣音徽。后百余岁，圣绪浸微。尚异实繁，杨墨兢煽。陷溺之祸，酷于昏垫。惟子舆氏，距诐放淫，以承三圣，以正人心。述舜称尧，私淑孔子。正学修明，百世以俟。不有是者，斯道孰传？宇庙晦霿，万物狂颠。我读其书，曰仁曰义。遗泽未湮，闻风可企。岳岳亚圣，岩岩泰山，功迈禹稷，德参孔颜。刻石兹文，于祠之下，颂烈扬休，用告来者。⑧

康熙二十八年(1689)，康熙帝在孔庙立石，御制《孟子赞》说：

> 哲人既萎，杨墨昌炽。子舆辟之，曰仁曰义。性善独阐，知言养气。

---

①④⑤ 戴光：《邹县地理志》。

②《明史·太祖本纪》。

③⑦⑧ 娄一均：《邹县志》。

⑥《明史》卷十五。

道称尧舜，学屏功利。煌煌七篇，并垂六艺。孔子攸传，禹功作配。[1]

清雍正年间，雍正帝曾于乾清门召见孟子后裔孟衍泰说："尔等圣贤之后，当效法祖先，存至诚道理，方不愧圣贤后裔。"[2]雍正三年(1725)，雍正帝为孟庙题"守先待后"匾额。

乾隆十三年(1748)，乾隆帝亲撰《亚圣赞》，立碑建亭于孟庙。碑文说：

> 战国春秋，又异其世；陷溺人心，岂惟功利。时君争雄，处士横议；为我兼爱，簧鼓树帜。鲁连高风，陈仲廉士；所谓英贤，不过若是。于此有人，入孝出弟；一发千钧，道脉永系。能不动心，知言养气；治世之略，尧舜仁义。爱君泽民，惓惓余意；欲入孔门，非孟何自？孟丁其难，颜丁其易；语默故殊，道无二致。卓哉亚圣，功在天地。[3]

乾隆二十一年(1756)，"御书孟庙联额。额曰'道阐尼山'，联曰'尊王言必称尧舜，忧世心同切禹颜'"[4]。吴若灏所修《邹县续志》记载了乾隆帝数次南巡、东巡祭祀、亲谒孟庙的情况：

> 乾隆十三年圣驾南巡，幸阙里，遣光禄寺卿吴应枚分祭。二十一年圣驾东巡，幸阙里，遣内阁学士兼礼部侍郎钱维城分祭。二十二年圣驾南巡……回銮过邹县，亲幸孟庙拈香行一跪三叩礼。二十七年圣驾南巡……回銮过邹县，复谒孟庙，拈香如前礼。三十六年圣驾东巡，幸阙里，遣光禄寺卿申甫分祭。四十九年圣驾东巡，幸阙里，遣刑部侍郎杜毓林分祭。五十五年圣驾东巡，幸阙里，遣内阁学士兼礼部侍郎翁方纲分祭。

清朝帝王对孟子的赞誉和两次亲谒孟庙对孟子塑像拈香行一跪三叩之礼，几乎将帝王对孟子的尊崇推向无以复加的地步。

三、孟子林庙记文

《邹县志》记载了宋、金、元、明、清等封建王朝修建修葺孟子林庙、祠堂和儒学学宫、书院等大量记文，既反映了当时社会的政治、经济、人物、风俗，又从一个侧面表现了近900年来的孟子形象。

如前所述，两宋以后，孟子受到历代王朝的尊崇，同时，历代王朝亦十分重视孟庙的修葺。据史料记载，宋景祐四年(1037)，兖州守龙图阁直学士、孔子第35代孙孔道辅，遣官吏在邹县城东北四基山访得孟子墓，并组织能工巧匠，铲除榛莽，依冢建庙。次年，孟庙落成。在宋初孔孟儒学复兴中发挥

---

① 娄一均：《邹县志》。

②③ 吴若灏：《邹县续志》。

④ 孟庙刻石：《乾隆御制孟子赞碑》。

了较大作用而被称为“宋初三先生”之一的孙复，撰写了《新建孟子庙记》。他认为，杨朱的“为我”和墨子的“兼爱”舍弃了“君君臣臣父父子子”的“邦国之大经”、“人伦之大本”，如此就会使天下百姓成为丧失人伦的禽兽。他极力称赞孟子距杨墨的功绩，认为孟子“大陈尧舜禹汤文武周公孔子之法驱除之，以绝其后，援天下之民于夷狄之中，而复置之中国，俾我圣人之道炳焉而不隧”①。就是说，孟子继承了古圣先贤的业绩，力距杨墨，使杨墨学说不得流行，从而使圣人之道愈加鲜明而不坠。在这里，孙复所描绘的孟子辟杨墨和捍卫圣人之道的功绩，既符合孟子思想的实际，又再现了孟子“亦欲正人心，息邪说，距诐行，放淫辞，以承三圣者”②的济世救民、兼善天下的形象。

孟庙创建后，因距县城较远，不便祭祀礼谒，宋元丰末年便将四基山孟庙迁建于城之东郭。但此处地势低洼，易遭受水患。宋宣和三年(1121)，县令朱缶叹孟庙土圮木摧，不称虔恭尊师之意，欲捐出自己的俸禄重修。邑士徐绂闻知此事，便向朱缶请求，于是用私钱200万，将东郭之庙徙建于城南门之外道左。新庙落成，徐绂等上奏朝廷：“伏睹邹国公孟子传孔子之道，隆仁义，尊尧舜，距杨墨，功不在禹下。国家用其书副六经以取天下士……乞依仙源县至圣文宣王庙例，公私不得诸般居占。”③是年，孙傅撰《先师邹国公孟子庙记》，记述了孟庙迁建的概况，并赞扬孟子说：“故孟子之道以诚身为本，其治心养气化人动物，无一不本于诚。凡著书立言，上以告其君，下以告于人者，必本仁义，祖尧舜，无一言不出于诚也……其智诚足以知尧舜，又自知诚可以行尧舜之道。”④孙傅称“孟子之道以诚身为本”，在一定程度上道出了“诚身”在孟子思想中的重要地位，但这毕竟是孟子心性论中重视存养的一个环节，还不能凸显出孟子的整体形象。这样，宋初孙复极力称赞孟子辟杨墨，80余年后的孙傅则赞扬孟子诚身称尧舜。他们皆展现了孟子形象的一个侧面。

自孟庙定址于城南门之外道左后不久，北宋王朝南迁，进入了与金南北对峙的时期。到元成宗元贞元年(1295)之间的170多年内，孟庙虽经两次重修、重建，但均毁于战火。元成宗元贞元年，“进义副尉达鲁花赤木忽难，从仕郎邹县尹司居敬、主簿兼尉赵国祥，以建学余资崇两庑与堂构凡十四间，新其阶庭级道”⑤。元初经学家、精研“六经”和《孟子》的张𢄙在《驺孟子庙碑铭》中，概述了修葺孟庙的简况后，指出：

①④⑤ 戴光：《邹县地理志》。

②《孟子·滕文公下》。

③ 孟庙刻石：《宣和四年八月邹县榜》。

> 媭读墓旁庙记，举辟杨墨之一事。南门庙记，举称尧舜之大纲。顾皆有孟子之一体，而未能得具体者。孟子学足以绍往圣之正传，才足以立百王之大法。岂惟千余载之后莫能知之，虽当时及门者亦未窥其奥。是以出处之际，仲子诡其说；辞受之间，陈臻致其疑。公孙丑、万章之徒难疑答问，未闻默契。盖知言养气，得天地之性善，扩前圣所未发者，其学也。谈仁义，黜功利，贵王贱霸，以正人心者，其志也。周衰礼废，诸侯恶害己也而去其籍。先王纪纲法度辨上下定民志者，未见存十一于千百。而三年之丧，井地之大略，班爵禄之等差，于文字废缺之余，本帝王之大经，而合时措之宜，考诸三王而不谬，建诸天地而不悖，质诸鬼神而无疑，百世以俟圣人而不惑。即是而观，以其才用天下，居帝者之世则皋夔稷契，居王者之世则伊傅周召。奈何无舜禹也？无汤武也？[①]

张媭所说"墓旁庙记，举辟杨墨之一事"，是指宋初孙复对孟子的评价。所谓"南门庙记，举称尧舜之大纲"，是指孙傅所撰《先师邹国公孟子庙记》对孟子的评说。在张媭看来，前两者对孟子的评说是"皆有孟子一体而未能得具体者"。与前两人的评说不同，他指出"孟子学足以继往圣之正传，才足以立百王之大法"，并从三个方面勾画了孟子的学说、志向和才能。张媭认为，"知言养气得天地之性善，扩前圣所未发者，其学也；谈仁义，黜功利，贵王贱霸，以正人心者，其志也"。孟子主张采用古代圣贤治国安邦的三年之丧、井田制度、官爵俸禄制度，是"考诸三王而不谬，建诸天地而不悖，质诸鬼神而无疑，百世以俟圣人而不惑"。用孟子的才能治理天下，就会出现圣贤辈出的太平之世。在这里，张媭对孟子其学、其志、其才的概括，虽然具有一定的夸大倾向，但从整体上看无疑符合孟子思想的实际，从而在更高的层次上展现了孟子知言养气、扩充前圣、弘扬仁义、尊王贱霸、端正人心、兼善天下的高大形象。

元贞元年(1295)，邹县创建儒学学宫。县尹司居敬、邹士邵景等请求张媭撰写碑记。张媭在《创建儒学学宫碑记》中说：

> 恭惟孟子，早承母训，亲受师传。思诚之学，有的其绪。深造自得，克蹈中庸，达于天道，以承三圣。知言养气，弥沦宇宙。气涵刚大，言穷内外。集义所生，于心则慊，于身则诚。此正人心息邪说之本也……千六百余年之后者，人心人路，无间古今。体验扩充，无负孟子之教。养浩以提其纲，求仁集义以张其目，盖古人之学，庠序学校之教，举不外

① 戴光：《邹县地理志》。

是，非特为邹人言也。①

元贞二年(1296)，张䜣应邹县尹司居敬之请，又撰《孟子墓碑文》。他在考察了孟子的政治学术活动后指出：

> 司马迁知不足以知孟子，盛夸诸侯郊迎，撇席拥彗，前驱于驺子者，谓岂与孟子困于齐梁同。盖世知诡遇获禽而不知为之范，无以见圣贤之志也……由是而观，三驺田忌之徒，乃所谓邪说诐行淫辞，孟子于此则息之，则距之，则放之，以正人心者，岂所屑为也！今千六百余年矣，孟子之墓如冈如阜，万世观仰。彼佞伪驰骋，果安在乎？尚友古人之士有考乎此，亦可知所自处矣。②

张䜣盛赞孟子幼年受母良好教化，继承古圣先贤的业绩，知言养气，正人心，息邪说，"养浩以提其纲，求仁集义以张其目"，勉励后人要"体验扩充，无负孟子之教"。他进而评论司马迁"知不足以知孟子"和"无以见圣贤之志"，认为驺子田忌之徒是孟子抨击的邪说诐行淫辞。孟子影响深远，其墓"如冈如阜，万世观仰"，而那些佞伪驰骋之徒果安在乎？张䜣的上述评说，再现了孟子坚守仁义、藐视权贵、刚直不阿和以天下为己任的大丈夫形象。

在明王朝统治中国的270余年间，随着封建王朝对孟子的尊崇和孟子政治地位的不断提高，由地方官吏和孟子后裔筹资修葺孟庙达20余次。许多修建、观瞻孟庙和祭孟的记文，热情歌颂了孟子的功绩，从一个侧面显现了孟子在明代的形象。

明洪武元年(1368)，江西桂孟任邹县知县。次年，桂孟撰《邹国公像赞》。他颂扬孟子说："辟邪说，弘仁义，正人心于洪水横流之时，孟氏之功莫大焉。"他认为，孟子塑像"传之天下后世，使仰慕者因容以求德，由器以见道，自物以明则。夫士之希贤，贤之希圣，将不外此而得矣"。他继而赞曰："邹有亚圣，绪承文宣。蒙教三徙，著书七篇。列国兵争，纵横迭用。不有君子，邪淫益纵。天启私淑，养气知言，绝利格非，弘本达源。黜彼霸功，正此王辙，道著日星，义凛冰雪。若蚀载明，犹水之晶，砥柱特嶷，巨镛孤屹……形逝神存，昭滋九围，爰瞻爰仰，千古同归。"③洪武十三年(1380)，"燕王奉命之国，道经于邹"。《燕王过邹祭亚圣公庙记》颂扬孟子说："盖亚圣之德之功，传于后世，远而弥光，久而弥芳，宜乎王之企慕景仰致敬尽礼也如此。"④洪武十五年(1382)，"诏命齐王之国……遣纪膳薛弥充前行"。薛弥充在《代祀邹国亚圣公题名记》中说："孔子之道，祖述尧舜，宪章文武，师范万世，昭如日星，可谓盛矣。然世至战国，人欲横流，天理泯灭。向非孟子……排斥

①②③④ 戴光：《邹县地理志》。

异端，扶植正议，则孔子之道不几于灭熄矣乎？故昌黎韩愈推明其功，以为不在禹下，其论确矣。”[①]明正统八年(1443)，教谕苏润撰《重修邹国亚圣公庙记》，指出：“万古天地，万古圣贤之道；万古日月，万古圣贤之功。此庙貌所以钦崇而祀享不替也。夫圣贤之生，关天地之泰否，原气运之盛衰。达则道济天下以福生民，穷则道著方册以师后世。大哉圣贤之道乎！至哉圣贤之功乎！诚与天地日月同其悠久光明者乎，岂偶然而已哉！粤自唐虞世远，周孔不作。列国纵横，异端滋炽，吾道之传几乎息矣。幸而天生亚圣，孕凫峄之灵秀，抱命世之大才。知言养气，以承三圣……观其著书七篇，论仁义，道性善，称尧舜，距杨墨，斥仪衍，辨子莫之中，明匡章之孝，非仲子之廉，大有功于名教。以故天下后世仰泰山之岩岩，想英风之凛凛，虽万古犹一日也……褒祀之典，汉唐宋以来，未有今日之隆。”[②]明弘治九年(1496)，都察院右佥都御史熊冲、兖州知府龚洪、同知余浚等协谋重修孟庙，历时一年有余。这是明代规模最大的一次修葺。次年，大学士刘健撰《重修邹县孟子庙记》。他说：

我国家龙兴，列圣相承，崇重儒道。既正孟子邹国亚圣公之号，配食孔子，而于是专祀尤加意焉……余惟孟子庙而祀之，不但其故乡，盖通于天下……孔子既殁，未百年而异端大起，斯道复为之晦。于是有孟子者生，著书七篇，起而明之，其为力可谓至矣。然自是历千有余年，知之者尚鲜。在汉仅有扬雄氏，在唐仅有韩愈氏。二子……然但语其事功，而未尽其蕴奥，故闻之者或未即喻而犹有异论。至宋，大儒程朱二子者出，推其性善之称、王霸之辨、知言养气之论，以为扩前圣未发，有功于圣门，以为见道极分明，得孔子之心。由是孟子之道大明于天下，而其书遂与孔门之言并列为四，垂之万世而无复异论焉。夫孟子之道明，则孔子之道益尊。孔子之道尊，则尧舜禹汤文武周公孔子之传为有在矣。故自有宋迄今四百余年，诵孟子之书，仰孟子之道者通于天下，而祀庙亦随之。以是言之，则孟子之祀，盖有非一乡一邑可得而专者。然事必先其本，而物各有其源。先贤之乡邑，乃其流风余韵之所自，专祀之庙岂可缺焉而不重哉！[③]

万历二十三年(1595)，山东巡抚姚思仁、邹县令王一桢重修孟庙。大学士于慎行撰《邹县重修孟庙碑记》。他说：“国家恢崇儒术，尽黜百家，纳诸圣轨。自庙朝论议，闾里服习，非邹鲁之教，六艺之指，口不得谈，牍不得书，则

①② 戴光：《邹县地理志》。

③ 胡继先：《邹县志》。

所谓极纯至粹，大一统之风矣。"①

万历三十六年(1608)，山东巡抚黄克缵、邹县令胡继先主持重修孟庙。戴章甫在《邹县重修孟庙碑记》中说：

> 自古圣贤未尝治当时之天下，而能以其道治万世之天下；将欲正一时之人心，而能以其说正百代之人心。孔子而没，则推尊孟子矣……孔孟之教宇宙共尊，无处不俎豆。而邹有孟庙，又与曲阜孔庙并极尊崇。盖以酬德报功于乡尤重也。前代隆以虚礼，爵以国公。我朝改称先师孟子，不用封爵，而庙制恢弘，视昔益备焉……夫所为毕力经营以有事于此庙者，非遐思亚圣之德之功乎？世未尝乱，安知其治？不知治之为功，安知所以治之为德……惧不在洪水夷狄，不在异端，而在无禹、周、孟子也。有之，则地平天成，膺舒惩狄，息邪放淫，跻而之荡平之域不难矣。今东南巨浸稽天，西北骄虏纵横……因乱思治，始知孟氏之功之大。②

综合上述记文，作者歌颂了孟子有功道统、抨击异端、遗泽后世的功绩，抒发了尊崇孟子的情感。

就有功道统来看，记文普遍赞扬孟子继承三圣、传道周孔、弘本达源、垂之万世的功德，认为孟子继承了尧舜禹汤文武周公孔子的业绩，并将它发扬光大，从而使孔子等先贤之道传之后世而不绝。在这里，儒家道统说的发明权虽归韩愈，但实际上孟子就已勾画出儒家道统说的端绪。他在《孟子》一书之末历数尧舜禹汤文武周公孔子"见而知之"、"闻而知之"的传授之统，慨叹自孔子之后没有出现承继先贤之道的人。儒家的道统论，是唐宋以来多数学者论述的一项重要内容。《邹县志》所载明代记文，充分肯定孟子在儒家道统中的地位，这与两宋以来多数学者的认识是一致的。事实上，孔子的学说影响久远，主要得力于孟子的继承和发展。前述薛弥充所称如果没有孟子排斥异端，扶植正义，"则孔子之道不几于灭熄矣乎"，这一认识确实道出了孟子在儒家道统传授中的重要地位，与孟子对先秦儒学的贡献是相符合的。

就抨击异端来看，记文称颂孟子抨击邪说、排斥异端、弘扬仁义、端正人心的功绩。实际上，这一问题与前一问题是紧密相联的。在战国之时，孔子创立的儒家学说遭到其他学派的非难和攻击。孟子为了捍卫圣贤之道，理所当然对其他诸家的挑战予以回击。孟子抨击杨朱、墨家、法家、道家、农家等学派，目的是以儒家学说教化人心，拯救社会，实现其治国平天下的愿望。

①② 胡继先：《邹县志》。

上述记文充分肯定孟子辟异端的功绩，既与两宋以来儒家学者的认识是一致的，又与孟子对中国传统儒学的贡献是相符的。

就遗泽后世来看，记文作者认为孟子形逝神存，功德无量，百世不休，宇宙共尊，这不仅肯定了孟子对中国传统儒学的贡献，而且肯定了孟子对后世的深远影响。我们知道，孟子生前，怀着匡正时弊、济世救民、兼善天下的宏大抱负和以天下为己任的自觉的历史责任感和使命感，不畏艰难，百折不挠地追求政治清明、天下统一的美好理想社会，主张穷不失义，达不离道，得志之时，兼善天下，泽加于民，穷困之时，独善其身，修身见于世。尽管孟子生前的政治主张被当权者视为迂阔而不见用，但对后世却产生了重要影响。前引戴章甫说："自古圣贤未尝治当时之天下，而能以其道治万世之天下；将欲正一时之人心，而能以其说正百代之人心。孔子而没，则推尊孟子矣。"戴氏所言，确实道出了孟子对后世的深远影响。当然，孟子的主张不为当时治国者所用，无疑有着复杂的社会原因，其主张存在着现实性与理想性的矛盾[①]。急功近利的当权者极力聚敛财富，扩充国土，称霸诸侯，往往局限于眼前的功利，孟子的主张更符合地主阶级的长远利益，符合后世统治者的政治要求。因此，唐宋以来孟子的政治地位不断提高，受到封建王朝及思想家的尊崇，也就成为顺理成章的事情。

除上述之外，记文作者还抒发了尊崇孟子的情感，主张以孟子思想教化后人和符合当世之需要。在他们看来，修葺孟庙，使庙制恢宏，一则可使圣贤流风余韵常在，以教化后人；二则从当时的社会现实出发，以孟子之道治天下之乱和正天下人心。前引苏润所说"褒祀之典，汉唐宋以来，未有今日之隆"，足以反映出明王朝对孟子的尊崇。明末戴章甫所说"今东南巨浸稽天，西北骄虏纵横……因乱思治，始知孟氏之功之大"，足以反映出明王朝利用孟子矫正社会、稳定人心的强烈愿望。

总之，《邹县志》记文展现了孟子继承先贤、接续道统、抨击异端、弘扬仁义、功德无量、百世不休的泰山岩岩、英气凛凛的至大至高形象，从一个侧面反映了孟子在明代的影响。

在清王朝统治中国的260多年间，朝廷极力褒祀孟子，修葺孟庙达14次。邹知县娄一均于康熙五十四年(1715)纂修的《邹县志》记述了清初以来修葺孟庙的概况。是年，娄一均重修孟庙。他在《重修孟庙碑记》中说：

历阶伛谒，孟子凝旒端拱，和蔼矜庄，俨然备四时之气……窃念孟子生平愿学者孔子。战国去春秋未百年，世风日下，而人心愈危，杨墨

① 王其俊：《孟子思想概说》，16～17页，山东人民出版社，1998。

塞路，大道榛莽。孟子辞而辟之，以知言养气之学，上承尧舜禹汤文武周公孔子之绪，昌言仁义，表彰六经，斥霸功，崇王道，浩然之气充周两间。齐梁之君失其贵，滑稽之雄失其辩。惜无尊德乐道者，畀以有为之任，徒使尧舜君民之志、井田学校之规，托诸空言已耳。然当异学争鸣之日，非孟子孰能回狂澜于既倒？韩昌黎谓其功不在禹下者，以禹能济洪荒之世运，孟子能正陷溺之人心，功力适相当耳！其明知世不可为，而栖栖道途传食诸侯，非即孔子辙环天下悲天悯人之意也哉？然余闻之，贤者不得志于时，必垂范于后。孟子生未获显其才，大其用，后世遵循遗教，颂法无穷。于汉则有荀卿、扬雄，隋唐则有王通、韩愈，宋则有程朱理学，诸大儒为之讲明而传述焉。理道益彰，则文明之治益盛。孟子之祀典宜与天地同悠久也。惟是他郡邑则配祀文庙，独于邹有专祀者。孟子诞生故里也……余分符令邹，读其书，履其地，愧未能法孟子行仁讲義之教，以导化斯民。然《诗》有云："高山仰止，景行行止。"每春秋祀事，睹树色之苍茫，抚残碑之历落，巍峨庙貌，历久常新。余衹徊留之不能去。①

娄一均还写下数首歌颂孟子的诗句。其中，《谒孟庙》说："私淑为徒圣道闲，齐梁廷说傲苍颜。辟邪志与渊参伍，名世才如伊吕间。日溯银河回地轴，手披蒙雾觉人寰。拜谒遗像晴岚映，祀典从来诏屡颁。"《谒孟林》说："四基山麓仰松楸，泉下声灵万木稠。学陋霸功倾世主，言称王道挽诸侯。鸟飞云乱人千古，地老天荒土一丘。赖有七篇绍圣统，不因秦火断风流。"②乾隆四十八年(1783)，兖州知府王禄朋、邹县令张彬重修孟庙。次年，王禄朋撰《邹县重修亚圣庙落成记》。他说：

圣天子崇儒重道，建中和之极，金声而玉振之。伏读御制《亚圣赞》，昭回渊曜，参贯图书，凡在臣民咸得于卿云珥日之中，肃然想见泰山气象焉。余先后恭膺简命，来守是邦。东瞻阙里，南望峄山，仰止景行，心窃向往。所为涵濡至教，又沐浴于久道，化成诗书六艺。弦歌洗爵，俯仰升降之节，以习其举措；祭祀养老之礼，以习其恭让。士皆敦行义而不偷，守训故而不凿，而诐淫邪遁之辞，无所容于其间。是故风俗最为尔雅，抑亦守土之幸也。乃者，频经亚圣之乡，仰瞻庙貌，愿切鼎新……此邦之士，相与探知言养气之本，究尽心知性之功，灼然见亚圣之辨义利而距杨墨者，其功不在禹下。各思以仁为安宅，以义为正路，循性善之旨，服大学之教。由博而约，自卑而高，于是答圣朝之乐育，接洙

①② 娄一均：《邹县志》。

泗之渊源。①

上述记文和诗作，热情歌颂了孟子继承先圣、弘扬仁义、抨击异端、尊王贱霸、知言养气、端正人心的功绩，抒发了作者崇尚孟子、效法圣贤、遵循遗教、导化百姓的情怀。娄一均"拜谒遗像晴岚映，祀典从来诏屡颁"的诗句和王禄朋"圣天子崇儒重道，建中和之极，金声而玉振之"的记述，可谓是清代尊崇孟子的写照。清王朝将思想上与实践上的尊孟紧密结合在一起，不仅反映了孟子在清代的重要影响，而且对促进清代社会的稳定和发展产生了积极作用。

四、县志序、跋

本文前已指出，《邹县志》的编修始于明代。《邹县志》序跋多为明清时代省、府(州)、县的地方官吏撰写。他们对上熟知朝廷崇儒尊孟的文化政策，对下熟知地方的社会状况和风俗民情。这些序、跋对孟子的评说，亦从一个侧面反映了明清以来的孟子形象。

明嘉靖四年(1525)，孟子58代孙、世袭翰林院五经博士孟公肇，曾为戴光所修《邹县地理志》作序。他说："自尧舜禹汤文武周公以来，道至孔子而极。未百年而吾祖相继，于是吾道大明如日中天也。故道脉之流衍洋溢，凡沾濡其膏泽者，孰不愿考其详？此我邹之志尤不可无者也……是故迹有关于孔孟者必详，崇正学也；事有入于杨墨者必去，辟异端也；人果忠孝者不遗，教臣子也；实能节义者悉记，励风俗也。以至一文一物之微，一礼一制之周，靡不毕具……上有以慰孔孟在天之灵，次有以广圣迹之传于无穷也。"②同年，邹县儒学训导谢秉秀在该志跋中指出："邹邑古为文献之邦，圣贤攸萃之地……然此志之修岂细故哉。大有功于世教，使后之为母者，当师孔孟之母；为士者，法孔孟之学；为政于家国天下，正宗之外，亦何常师之有哉。"③上述序跋概述了戴光所纂邹县志的原则和目的。就是说，有关孔孟事迹的记载必定详尽，目的是尊尚儒家学说；有关杨朱、墨家学派的事迹必定排除，目的是抨击异端；忠孝者的事迹不予遗漏，目的是教化臣子忠于君主和孝敬父母；凡是坚持操守、尊贤敬长的人都全部记载，勉励形成良好的社会风俗；使将来为母者，以孔孟之母为师；使为士者，效法孔孟学说；使齐家治国平天下者，从中得到启示和借鉴。概而言之，以此志告慰孔孟在天之灵，广大圣贤业绩传于后世无穷。显而易见，上述纂修邹县志的原则、目的，与孟子关于继承先贤、抨击异端、弘扬仁义、教化人心的主张是一脉相承的。这不仅体

① 吴若灏：《邹县续志》。

②③ 戴光：《邹县地理志》。

现出明代修志者对孟子的尊崇之情，而且展现出孟子在明代的形象。

明万历三十九年(1611)，邹知县胡继先纂修《邹县志》。他在序中说："夫志者，记也……思孟大贤三迁断机之迹，不可湮也，是先邹之师表也。他如景行仰止之士比肩，亲民训俗之吏接踵，度土均赋之役累变。兴学崇庙之务时勤，则又邹之所为增饰胜地而宪章名贤者，世世传之，如一日也"，孟子论学，"曰知言，曰养气，而所愿则学于孔子；论政曰井田，曰世禄，而为政则师文王。呜呼！此孟志也。邹志也，亦志邹者之志也，敢以告夫后之居邹莅邹者"①。邹县儒学署教谕蔡攀龙亦为该志作序说："余读孟夫子书，想见其人，无由履其地。岁辛亥，以一官来邹。间登峄山之颠，峭壁插天，蜿蜒崆峒。尼山祖其脉，济水分其流，徘徊形胜，翠色莹然，无怪乎圣域贤关接壤南北，以开斯文之统也……窃为孟夫子乡国幸，而又自幸得详观邹里事，以矜式贤大夫之风猷。"②胡、蔡二氏之序，抒发了对孟子的景仰之情，表达了效法孟子风范和以孟子思想整齐民俗的愿望。

清康熙十一年(1672)，邹知县朱承命重修《邹县志》。他在自序中指出："皇上御极十一载，中外休息乎无为，嘉与臣民享和会之乐……孟子大圣贤笃生其地。昌平有乡，三迁有里，游迹一经，迄今犹欣亲炙。盖泰岱居其北，浊河界其南，而龟、蒙、凫、绎、济、汶、泗、沂诸山水，群为枕带。岳渎灵气，磅礴曼羡，酝酿乎其间。发祥厚伟，开万古文学之祖，翼圣事文教之隆。"③清康熙五十四年(1715)，邹知县娄一均纂修《邹县志》，都察院右副都御史蒋陈锡撰序指出："皇上御极五十五，海宇升平，祯祥毕至……余奉命东巡，为齐鲁人士陈立纪纲，修明礼乐，其于忠孝廉节之大，尤所表彰，以为正人心、厚风俗之本。兖郡……所属邹邑乃大圣大贤发祥之地，扶舆灵秀尽萃于斯。邑乘之荣甲乎天下……邹虽小邑，幸而雨旸时若岁岁大有。然试观邑乘所载，如汉郑弘为邹令时，躬行德化，道不拾遗。晋郄鉴作令于邹，民感其仁，相率归往。先贤之流风未艾也。官斯土者，欲继芳踪，不亹可溯乎？邹之人物，其错见于前史者，彰彰可考。近世名公臣卿、山林隐逸，期与史书所载后先辉映，邹之人士不庶几步式前人乎？是志也，足以兴起人心，扶持风俗，安在礼教信义之风，不复行于今日哉！"④视河使者许大定撰序说："余奉简书，视河济上。间尝考其山川，按其图记，仰瞻大圣大贤发祥之所。谒尼山，而肃然以敬；访断机、讲堂诸故址，令人流连概慕不忍去。窃叹风俗之美，于邹鲁

①② 胡继先：《邹县志》。

③ 朱承命：《邹县志》。

④ 娄一均：《邹县志》。

蔑以加矣”，娄君“以仁爱抚其民，而民以廉耻从其上。风化日以醇，人心日以古。将见秀者为公卿，愚者不失为长厚。问于其俗，而婚丧饮食皆俭以朴。行于其郊，父与父言慈，子与子言孝。访于其家，而妇女以贞节相矜尚。圣贤之遗风余韵犹有存焉”①。中宪大夫兖州府事加二级金一凤亦撰序说：“夫邹乃孟子诞生之乡。孟子有言曰：‘诸侯之宝三：土地、人民、政事。’土地为立国之基业，人民为守国之根本，政事为经国之纪纲。所以言宝，实当保之也……今娄令尹起而厘定之……实与遵孟子三宝之义而创始者表里无间。”②娄一均在自序中指出：“邹有孔孟，上以绍千百世大圣之心传，下以开亿万年生民之学术，纲常道统赖以长存。是孔孟为天壤立极之人，而邹鲁为川岳钟灵之地。凫峄耸其前，洙泗环其后，左海岱而右汶济。百有余岁，圣哲接踵而生……孟子起而私淑焉。其徒如乐正子克、公孙丑、万章辈，担簦受业于孟子，斥纵横，距杨墨。噫！战国时微孟子，狂澜孰为之障？几何不胥天下而溺于无父君也哉！功侔神禹，德配素王……今封土如故，庙墓依然。学古服官，得践圣人之里。仁言不如仁声，善政不如善教，孟子言治术之标准也。宰斯邑者，遵循乎孟子之言，而张驰竞緑，悉协于时，何患循良之难奏，盛治之不可复欤……仰城廓山川，则邾穆公、鲁先公勤劳而治之者也；问里社村墟，则先圣先贤之所发祥，诸儒先达之所诞育，历历可徵也。”③

综合上述《邹县志》之序、跋，其主要内容大致划分四个方面：其一，记述了当时稳定的社会环境。上述两部《邹县志》的纂修是在“康熙之治”的社会环境下进行的。康熙是一位雄才大略、开明的封建帝王。他在位时，社会稳定，经济发展，正如县志序文所说“中外休息乎无为，嘉与臣民享和会之乐”，“海宇升平，祯祥毕至”。这种稳定的社会环境，为县志的编修提供了有利的社会条件。其二，描述了邹县灵秀的山川，认为它是川岳钟灵之地和大圣大贤发祥之地，“扶舆灵秀尽萃于斯”，“开万古文学之祖，翼圣事文献之隆”。其三，歌颂孟子继承先圣、距诐放淫、功侔神禹、德配素王的功绩，“上以绍千百世大圣之心传，下以开亿万年生民之学术”，使儒家的纲常道统赖以长存。其四，孟子影响深远，流风余韵犹存。居邹为仕者，在孟子流风余韵熏陶下，以仁爱安抚百姓，躬行德化，从而形成“道不拾遗”、“民感其仁，相率归往”的局面；百姓受孟子遗风润泽，“风化日以醇，人心日以古”，婚丧饮食崇尚简朴，人际关系和谐，“父与父言慈，子与子言孝”，妇女保守贞节，“圣贤之遗风余韵犹有存焉”。序文作者认为，为政者遵循孟子“仁言不如仁声，善政不如善教”的治国标准，仁爱百姓，加强教化，就会出现乡田友助、洽比其邻、民和

①②③ 娄一均：《邹县志》。

年丰、安居乐业之盛世。

概而言之，上述序文，描绘了孟子继承先圣、距诐放淫、力挽狂澜、化民成俗、功侔神禹、德配素王和为天壤立极的形象，展现了孟子在"康熙之治"时期的重要影响。

当然，邹县方志所载孟子林庙历代大量题咏是探讨孟子形象的不可缺少的重要资料。刘培桂先生对此作了有益的考察①，本文不再赘述。

五、结论

通过上述对邹县志所载诏书与祭文、孟子林庙等记文和序、跋的简要考察，我们可以看到，随着宋代对孟子的诏封、尊崇和思想界尊孟思潮的兴起，至清王朝推行的尊儒崇孟的文化政策，在其间的900多年间，孟子受到历代封建王朝的褒奖和思想家的尊崇，"亚圣"的形象随着时代的发展而发生一定的变迁。在这里，为了理清孟子形象在不同时代的特点，就要作一番横向与纵向的比较。

关于横向比较。所谓横向比较，就是将同一时代不同人们对孟子的认识以及对其形象的描绘作一对比，从中窥见社会不同阶层人们心中的孟子形象。从上述考察和材料来看，诏书、祭文代表朝廷和中央高级官吏对孟子的尊崇；多为学者和地方官吏撰写的记文和序、跋，则反映了他们对孟子的认识。在这里，我们就两者在宋、元、明、清各代的认识作一横向比较。

在两宋时代，从宋神宗诏封孟子为"邹国公"，赞扬"发挥微言，以绍三圣，功归孟氏，万世所宗"，诏定孟子首次配享孔庙，诏修孟庙和孟子塑像的具体服饰，到南宋宁宗赞扬孟子"辞辟杨墨，三圣是承"，"扶世导民"，宋王朝赞扬孟子的功绩主要有三：一是继承先圣，二是抨击杨墨，三是扶世导民。这表明孟子的形象和政治地位在两宋时期发生了显著的变化，孟子已经在政治上获得朝廷的支持和褒奖。

就邹县志所载记文来看，从孙复赞扬孟子继承先圣，力距杨墨，弘扬仁义，到徐绂、孙傅等人称颂孟子"传孔子之道，隆仁义，尊尧舜，功不在禹下"和孟子"治心养气，化人动物"、"本仁义，祖尧舜"皆"以诚身为本"，我们可以看到：记文作者对孟子形象的描绘与宋王朝赞扬孟子继承先圣、抨击杨墨、弘扬仁义是一致的。二者相比，后者凸显了孟子"治心养气"、"以诚身为本"的心性之辨的内容。如果说宋王朝对孟子的尊崇和形象的描绘多偏重于政治方面，那么，后者对孟子形象的描绘则多偏重于思想和理论方面。当然，

① 参见刘培桂：《孟子林庙历代题咏概览》，见《孟子与孟子故里》，115～125页，中国文史出版社，2001。

后者对孟子的认识与宋代多数思想家重视孟子学说中的有关内容是紧密相联的。黄俊杰先生指出：宋代儒者对孟子政治思想的争辩主要有王霸之分、君臣之别、尊孔问题，这是与宋代的政治背景紧密相关的[①]。徐洪兴认为，宋儒重视孟子学说中的内容主要有四，即道统论、辟异端、谈心性、辨王霸[②]。由此看来，宋王朝统治者和思想家对孟子的尊崇展现了孟子继承先圣、批驳杨墨、弘扬仁义、治身养气、诚身为本的形象。

在金元时期，从金世宗诏定孔庙中的孟子塑像位于孔子之右，到元仁宗诏封孟子父母，再到元文宗首次在中国历史上诏封孟子为“亚圣”，封建王朝推崇孟子传道周孔、致君泽民、拔本塞源、尊王贱霸、距诐放淫、知言养气、推明性善、功配神禹、英风千载的形象。与此相比，记文作者张䇓等人则称颂、描绘了孟子知言养气、善扩前圣、弘扬仁义、尊王贱霸、端正人心、“养浩以提其纲，求仁集义以张其目”、藐视权贵、刚直不阿、兼善天下的高大形象。二者相比，如果说前者偏重于政治上的尊孟和凸显孟子传道周孔、致君泽民、尊王贱霸、距诐放淫的“外王”形象，那么，后者则偏重于思想上的尊孟和凸显孟子知言养气、求仁集义、藐视权贵、刚直不阿的“内圣”形象。

明初曾发生了一场罢黜孟子配享的风波。洪武二十七年(1394)，太祖命刘三吾等修《孟子节文》，删去《孟子》书中与民本思想相关和有碍尊君的言论共85条。这足以说明孟子政治思想因与专制政体不相容，所以被专制帝王架空、扭曲。我们知道，孟子的“民贵君轻”、君仁臣义和“诛一夫”等进步主张，具有反对暴君和君主专制集权的积极意义，它必然受到维护“君本位”政治结构的帝王的责难。但是，帝王的贬孟与尊孟并非是截然对立的，而是相互交织在一起的。朱元璋罢黜孟子配享不久，认为“孟子辨异端，辟邪说，发明孔子之道”，下令恢复孟子配享。太祖又颁诰称“孟子传道，有功名教”。明中期以后，从明景帝诏封孟子56代孙孟希文世袭翰林院五经博士，钦取孟子后裔入太学陪祀观礼，到嘉靖年间巡抚山东右副都御史撰祭文称孟子距诐放淫，以承三圣，七篇之书，仁义性善，尧舜可学，千载始见，再到明世宗改去孟子的公爵，由“邹国亚圣公”改称“亚圣”，明王朝统治者对孟子表现出战战兢兢的两面性。一方面，他们贬斥孟子政治思想中与专制政体不相容的进步主张；另一方面，又歌颂孟子学继孔子、距诐放淫、弘扬仁义、崇尚尧舜的功德。孟子完整的形象被明王朝割裂的事实告诉我们，就前一方面而言，孟子的政治主张对专制君主具有一定的震撼力和约束力，“因为

① 黄俊杰：《孟学思想史论》卷一，184页，台湾“中央研究院”中国文哲研究所筹备处，1997。
② 徐洪兴：《唐宋间的孟子升格运动》，载《中国社会科学》1993(5)，109～111页。

孟子的政治思想以人民的福祉为施政最高的标准，是建立在‘人民主体性’之上的”，而封建专制集权“是以一家一姓的利益为中心而展开的，是建立在‘君主主体性’之上的”①；就后一方面而言，表明孟子思想影响深远。不管君主主观上是否赞赏孟子的主张，但在客观上必须正视孟子的功绩和影响。

就明代的记文和序、跋来看，作者们所描绘的孟子形象尽管没有突破明代帝王对孟子在政治上设置的藩篱，他们像朝廷一样歌颂孟子学继孔子、距诐辟邪、弘扬仁义、崇尚尧舜的功德，但如果我们细加比较就可看到，后者对孟子的上述功德作了详尽的阐述和发挥。从记文、序、跋普遍赞扬孟子继承三圣、传道周孔、弘本达源、垂之万世的有功道统，到称颂孟子抨击邪说、排斥异端、弘扬仁义、端正人心的抨击异端，再到孟子形逝神存、功德无量、百世不休、宇宙共尊的遗泽后世，凸显了孟子泰山岩岩、英气凛凛的高大形象。还应看到，记文、序、跋的作者还以充沛的情感抒发了以孟子之道治天下之乱、正天下人心的强烈愿望和对孟子的景仰之情。这既与孟子忧国忧民的思想是一致的，又与孟子的熏陶影响密不可分。

清王朝统治中国达260多年。《邹县志》反映了从清初至乾隆五十五年(1790)150余年的孟子形象。“康乾盛世”是清王朝发展的鼎盛时期。康熙、雍正、乾隆都善于总结、借鉴历代王朝兴衰存亡的经验教训，在思想领域采取崇儒尊孟的文化政策。从康熙于孟庙立御碑和御制《孟子赞》颂扬孟子，到雍正为孟庙题“守先待后”、“七篇贻矩”匾额，再到乾隆撰《亚圣赞》、题孟庙联额以及数次遣高级官吏祭祀孟子和两次亲谒孟庙对孟子塑像拈香行一跪三叩之礼，清王朝统治者把对孟子的尊崇推向极致。他们歌颂了孟子继承先圣、距诐放淫、弘扬仁义、知言养气、忧国忧民、爱君泽民、功迈禹稷、德参孔颜、遗泽后世、功在天地的至高至大的形象。在这里，清代帝王描绘的孟子形象，既涵容了孟子思想中承先圣、辟异端、谈心性、正人心、言性善、称尧舜、辨王霸、忧民苦、别义利、养正气等主要内容，又抒发了尊崇孟子的思想情感。

就清代的记文和序、跋来看，在描述、展现孟子继承先圣、弘扬仁义、抨击异端、尊王贱霸、知言养气、端正人心的功绩和为天壤立极的形象上，与清代帝王的认识上是基本一致的。其中，值得注意的有两点：一是作者借描述邹县灵秀山川，抒发了崇尚孟子的情怀。他们赞扬邹县是川岳钟灵之地和圣贤发祥之地，描绘邹县“岳渎灵气，磅礴曼羡”、“发祥厚伟，开万古文学之祖，翼圣事文教之隆”。作者对邹县灵秀山川的描述和颂扬，目的是颂扬孟

---

① 黄俊杰：《孟子》，110页，台湾东大图书公司，1991。

子,抒发情感,从而以灵秀山川烘托出孟子功侔神禹、德配素王的高大形象。二是作者较详细记载了邹县的风俗民情。居官为仕者,"遵循乎孟子之言",仁爱百姓,躬行德化,勤于政事,"张驰竞绿,悉协于时",从而使百姓"相率归往",崇尚节俭,相处和睦,入孝出悌,乡田友助。这些记述凸显了孟子流风余韵润泽后世的功效,从而使孟子化民成俗、"上以绍千百世大圣之心传,下以开亿万年生民之学术"的光辉形象跃然纸上。

关于纵向比较。所谓纵向比较,就是将不同时代人们对孟子的认识以及对其形象的描绘作一对比,从中窥见不同时代孟子形象的变迁。

我们知道,两宋以来,孟子的政治地位不断提高,影响日渐扩大,其形象亦被历代人们描绘得日趋全面和丰满。纵观邹县志所载孟子形象,宋、元、明、清各代既表现出一定的共同性,又有一定的差异性。就共同性而言,各代均从继承先圣与有功道统、距诐放淫与批驳杨墨、尊王贱霸与致君泽民、弘扬仁义与知言养气、功德无量与遗泽后世等几个侧面描述孟子的功德和形象。这些侧面都是与孟子思想中的道统论、辟异端、谈心性、辨王霸、别义利等主要问题紧密相连的。历代帝王、政治家、思想家和地方官吏对这些问题的不同程度的阐释、发挥,表明孟子思想通过各种渠道、方式渗透于后世社会生活的各个方面,产生了治国安邦、化民成俗、协调社会、陶冶情操等多种功能和影响,对维持社会的协调发展产生了积极作用。

所谓差异性,即随着社会政治、经济的变迁,各代的孟子形象亦发生一定的变化。

那么,宋、元、明、清各代的孟子形象有哪些变迁呢?

本文在前面的横向比较中曾指出,宋王朝对孟子的尊崇和形象的描绘多偏重于继承先圣、抨击杨墨、扶世导民等政治方面,记文、序、跋作者则多偏重于治心养气、以诚身为本等思想理论方面。金元王朝偏重政治上的尊孟,凸显孟子传道周孔、致君泽民、尊王贱霸、距诐放淫的"外王"形象,记文和序、跋作者偏重凸显孟子知言养气、求仁集义、藐视权贵、刚直不阿的"内圣"形象。从整体上看,金、元时期较两宋时期,孟子"内圣外王"的形象趋于全面和丰满。

在明代,一方面,孟子的形象被帝王扭曲、割裂,表明了孟子进步的政治主张与专制政体的不相容;另一方面,记文、序、跋较详尽描述了孟子有功道统、抨击异端、遗泽后世的高大形象。与宋、元时期相比,如果说孟子的政治形象受到明帝王的损污,那么,明代记文、序、跋所描绘的孟子形象较前代则愈加鲜明。

到了清代，帝王对孟子至高至大的形象描绘和尊崇达到无以复加的程度。与往代相比，孟子形象之变迁可归纳为三：一是孟子受帝王的尊崇达到极致。从康熙御碑对孟子的赞颂，到雍正亲题“七篇贻矩”、“守先待后”的堂匾，再到乾隆题孟庙联额和对孟子塑像拈香行一跪三叩之礼，清帝王对孟子的礼遇达到极致。二是赞颂孟子的功德达到极致。自从唐代韩愈提出孟子“功不在禹下”，后世帝王和思想家多沿袭韩氏之说，或言孟子继承先圣，传道周孔，或言孟子功配神禹。康熙对孟子功德的评价超越了前人，指出孟子“岳岳亚圣，岩岩泰山，功迈禹稷，德参孔颜”。康熙以五岳之首的泰山的雄姿喻孟子形象的高大，认为其功绩超越禹稷，道德与孔子、颜回配合成三。这一评说，是往代帝王所未及的。三是凸显了孟子爱君泽民、忧世忧民的高大形象。前已指出：明太祖罢孟子配享和命刘三吾等修《孟子节文》，表明孟子进步的政治主张与专制集权的对立。实际上，在孟子那里，君臣、君民之间的关系是相对的、有条件的，而不是绝对的、无条件的。臣、民服从君，是以君行仁义、爱民泽民为前提条件。孟子激烈抨击残贼仁义的暴君，主张“诛一夫”，劝告时君世主力行仁政，同时更强调了君仁臣义、君民同乐，即君与臣、君与民的和谐统一。孟子的这一主张对维护社会的稳定和发展，恰恰是有利的、积极的。康熙、乾隆等清代帝王，较之明太祖朱元璋，则是在更深的层次上洞察了孟子爱君泽民的用意和情怀。因此，孟子爱君泽民、忧世忧民的形象在清代得到进一步凸显，无疑是历史发展的必然。

综上所述，明代以来的《邹县志》反映了从两宋至清代的孟子形象的变迁。孟子形象被彰显的过程，既是孟子对后世影响日渐扩大的过程，又是人们对孟子认识日益深化的过程。

（本文是作者在1999年7月3日台湾大学召开的《中国文化经典的诠释传统》学术研讨会上宣读的论文，后发表于2000年《孔孟学报》第78期）

附录四

孟子在国外的影响

在人类思想文化史上，凡作出重要贡献的思想家，其影响不仅仅限于国内，而且会影响到国外。孟子思想是世界人类文化宝库的一个组成部分，对东方国家和西方国家都产生了一定的影响。

一、孟子对东方国家的影响

所谓东方国家，主要指处于东亚、东南亚的朝鲜、日本、越南、新加坡等国家。在很久以前，中国与上述国家就有着密切的政治、经济、文化交流。在长期的相互交流中，中国与上述国家不仅在社会发展、地理环境、民族等方面有较多接近的因素，而且在思想文化、道德观念、民族心理、社会习俗等方面具有较近和相似的因素。以孔孟儒学为主干的中国传统文化在上述国家有着悠久、广泛的影响。国内外学者将它称为“中国文化圈”或“儒学文化区”、“汉字文化区”、“筷子文化区”等，是有一定道理的。在这里，只简要介绍孟子在朝鲜、日本和新加坡的影响。

（一）孟子在朝鲜的影响

中国与朝鲜是山水相连的邻邦。早在公元前1000多年前，两国人民就有了经济、文化的频繁交往。春秋战国时代的齐国曾与朝鲜有贸易往来。公元前3世纪左右，中国的汉字和孔子的思想开始传入朝鲜。秦末汉初之际，地处燕、齐、赵等地人民，为躲避赋役大批逃往朝鲜半岛南部的辰韩，人口达数万之众，“亡人避秦役来适韩国”①。他们与当地人民友好相处，长期生活，几百年后仍使用中国语言，保留中国风俗。“国为邦，弓为弧，贼为寇，行酒为行觞，相呼为徒，有似秦语”，因而有的将“辰韩”称为“秦韩”②。

公元1～7世纪，是朝鲜三国（高句丽、百济、新罗）鼎立的时期。中国与古朝鲜经过几百年相互融合、影响和交流，儒家思想逐步被古朝鲜吸取和接受，并成为三国封建社会重要的精神支柱。公元前37年建国的高句丽，在建国初较广泛地使用了汉字。372年，高句丽建立以传授《五经》等儒家经典为主要内容的国家最高教育机关——太学，专门教育王族及贵族子弟，成为国家正式接受、推广儒学的重要标志。此后，中国儒学的影响日益全面、广泛。640年，高句丽派遣大批留学生入唐学习。高句丽后期，在地方设立“扃堂”，

---

①《三国志·魏书·东夷传》。

②《后汉书·东夷传》卷一百十五。

采用中国的儒家经典、史书为教材，教育地方贵族子弟及部分平民子弟，促进了中国儒学在高句丽的传播和推广。

处于朝鲜半岛西南部的百济，约在3世纪中叶后建立了儒学教育制度。著名儒学家王仁、高兴等获“博士”称号。285年，百济王派遣王仁到日本向王子传授《论语》和《千字文》。541年，百济从中国南北朝时期的梁王朝聘请毛诗博士等。

处于朝鲜半岛东南部的新罗，在公元6世纪前后获得了较快发展，汉文和儒家思想得到较广泛的传播。7世纪初，新罗将国号、王号改为汉文名称。640年，善德王派遣子弟和留学生赴唐学习，研究中国儒家经典和中国文化，回国后进行积极的宣传和传播。675年，新罗统一了朝鲜。此后，在中央设立“国学”，配备博士、助教若干人，教授贵族子弟学习儒家经典、史书等，培养各级官吏和各方面的人才。788年，新罗政府以国家法律形式确定了以儒家经典和汉文为选拔官吏、人才的读书三品出身法。在8～9世纪，最高统治者极为重视国学教育，恭惠王、景德王、宪康王等多次亲临国学听取博士宣讲儒家经义，并派遣大批留学生赴唐朝学习，在新罗积极传播儒家思想。新罗还把儒家的“入则孝于家，出则忠于国”和“一曰事君以忠，二曰事亲以孝，三曰交友以信”[①]思想，与道家的无为、佛教的积善思想融合成具有民族特色的花郎道，培养贵族青少年的忠君思想和爱乡爱国的情操。

总之，从朝鲜三国鼎立到新罗统一朝鲜时期，是朝鲜完成从初步接受儒学到愈来愈重视儒学的过程。儒学对推动朝鲜社会的发展曾起了积极的作用。

从10世纪初至14世纪末，是高丽王朝时期。935年，高丽王朝统一了朝鲜半岛，同我国的宋、元两朝有着密切的政治、经济、文化交往。在高丽王朝前半期，统治者扩充国学，令各州立学，实行科举取士，推行忠、孝为核心的儒学礼俗教化，鼓励创办私学，广泛进行儒学教育。高丽王朝尊崇孟子等儒家的仁、义、礼、智、信等“五常”，将孝的实践予以法制化，制定施行具有强制性的赏罚措施，如成宗所说历代君主“莫不习五常而设教，资六籍以取规”[②]。

在高丽王朝时期，孟子思想对一些思想家亦产生了重要影响。高丽王朝初期的思想家崔承老，主张扬儒抑佛，认为佛教只不过是为来世的修身之本，而儒学则是为今日之务的思想之源。12世纪的思想家李奎报，在社会政

① 崔致远：《鸾郎碑序文》。

②《高丽史》卷三。

治思想上主张革除弊政，清除贪官污吏，实行孟子的“王道政治”。高丽王朝末期的哲学家李穑，曾作为使者来中国，在元朝国子监学习儒家经典，深受中国传统儒家思想的熏陶和影响。另一位思想家郑道传，突出强调儒家的忠孝和三纲五常学说，被高丽王朝学者誉为“发挥天人性命之渊源，倡鸣孔孟程朱之道学，辟浮屠百代之诳诱，开三韩千古之迷惑，斥异端息邪说，明天理正人心，吾东方真儒一人而已”①。高丽王朝末期的思想家权近，崇尚和宣扬儒家思想，曾著《五经浅见录》、《四书五经四诀》(已佚)等。1392年，李氏王朝取代了高丽王朝，与我国的明、清王朝有着密切的政治、经济、文化交往，在思想文化上实行“独尊儒术”的政策，努力施行和发展儒学教育，在中央、府县、民间分别开设成均馆、乡校、书堂，除主要教育统治者的子弟外，还吸取众多的平民子弟入学，实行科举制度，为国家选拔官吏和各种专门人才。15世纪中叶李朝创制自己的民族文字训民正音之前，朝鲜长期使用中国的汉字。为了适应民族文化的发展，加强中国文化在李朝的传播，李朝广泛吸取中国音韵学的成就，于1443年创制了民族文字训民正音。此后，以“谚文”即训民正音翻译和出版了大量的汉文书籍，其中包括《孝经谚解》、《孟子谚解》、《大学谚解》等儒家著作。李朝多次铸字、印刷中国儒家经典或史书作为“学本”，刊行了“四书”、“五经”的多种注释书。“据初步统计，朝鲜在出版《文献备考》以前所编写的有关儒家的书籍竟达250多种，种类之多十分惊人”，凡经、史、子、集，无家不有②，从而为儒家思想在李朝的广泛传播提供了良好的条件，全国上下“崇尚信义，笃好儒术，礼让成俗，柔谨成风”③。

李朝时期，特别是18世纪后半期到19世纪初，李朝的不少著名学者和思想家前往中国，如洪大容、李德懋、朴趾源等。他们大量购买中国书籍，深入了解中国的政治、经济、文化，同时又与中国著名学者广交朋友，交流学术，回国后积极著书立说，为在李朝传播儒学和中国文化作出了贡献。

李朝时期，不少著名思想家深受孟子等儒家思想的重要影响。李朝初期的思想家赵光祖，崇尚儒学，力反道教和佛教，极力主张孟子的性善之说，认为人性无不善，政治上提倡君臣相济，实行王道政治。金时习青年时代熟读儒家经典及诸子百家学说，深受孟子的影响，主张重民，同情民苦，强调施行仁政，人民可以推翻残暴君主的统治。李珥自幼受儒家思想熏陶，青年时代以大儒家李滉为师，攻读儒家经典，曾著《四书栗谷谚解》，崇尚儒家的仁、

---

①《高丽史》卷三十五。

② 朴真奭：《中朝经济文化交流史研究》，145～146页，辽宁人民出版社，1984年。

③《朝鲜志·风俗》。

义、礼、智、信等道德观念。李朝著名的朱子学代表李滉，宗师孔孟儒学，著《四端七情论》等。他继承、发挥了孟子正己正人、格君心之非、君臣相对待和四端等思想，主张君臣、父子、长幼、夫妇、朋友之间建立和谐的人际关系，强调端正国君的心意，要求君主自反其身，认为“人主者一国之元首也，而大臣其腹心也，台谏其耳目也，三者相待而相成”①，“君有过则谏之，有失则争之”②；在体用关系上，认为“心有体用之说……有所从来……以未发已发为体用，本于子思；以性情为体用，本于孟子，皆心之体用也”③；在伦理观上，他继承、发展了孟子的“四端”说，主张“四端七情”说，认为“恻隐、羞恶、辞让、是非何从而发乎？发于仁、义、礼、智之性焉尔；喜、怒、哀、惧、爱、恶、欲何从而发乎？外物触其形而动于中，缘境而出焉尔；四端之发，孟子既谓之心，则心固理气之合也”④。除上述之外，李滉还著《孟子释义》。该书为《四书释义》中的孟子部分，1609年刊于陶山书院。它是朝鲜研究经传解释史上的重要资料，可以藉以了解李退溪对于孟学的见解。该书对《孟子》共释词55个，释句135个。李保林曾从“民贵君轻”、“舍生取义”、“人性之善”等几个方面阐释了李退溪对孟学的继承和发展⑤。除上述之外，李朝汉学派的代表尹镌和实学思想的集大成者丁若镛，曾分别撰《孟子源安针砭》、《孟子要义》，继承和引申孟子的思想。

韩国汉阳大学哲学系教授金炳采先生曾撰文概述了韩国朝鲜时代的孟子学研究状况。他指出：“朝鲜时期研究《孟子》的注释，也包括研究、诠释和韩文翻译。现在我们按著者的时代来加以介绍。我在这里引用的书都是韩国成均馆大学大东文化研究院编的《韩国经学资料集成》之《孟子》部分，总共14册。”作者接着列举了韩国朝鲜时代96部研究《孟子》的著作，从一个侧面反映了孟学在朝鲜的影响⑥。

19世纪末，由于日本入侵朝鲜和国内资本主义商品货币关系的发展，朝鲜兴起了资产阶级民主运动，中国传统儒学的统治地位，逐步为资产阶级民主思想所代替。

---

①《增补退溪全书》(一)，189页，成均馆大学校大东文化研究院出版。

②《增补退溪全书》(五)，384页，成均馆大学校大东文化研究院出版。

③《增补退溪全书》(二)，373～374页，成均馆大学校大东文化研究院出版。

④《退溪全书》(上册)，406页，汉城大东文化研究院。

⑤ 李保林：《论〈孟子释义〉对〈孟子〉基本思想的继承与发展》，见《孟子研究》第1辑，316～325页，韩国孟子学会，1997。

⑥ 金炳采：《韩国朝鲜时代的孟子学研究》，见《孟子思想的历史发展》，251页，台湾“中央研究院”中国文哲研究所筹备处，1995。

（二）孟子在日本的影响

自古以来，孔孟儒学对日本的政治、文化、习俗、心理等方面都产生了重要的影响，诚如一位日本学者指出的那样，中国儒学“不仅浸透在学问、思想领域，而且一直浸透到平民百姓的日常生活中的各个角落。毫无疑问，丢开儒学，已无日本文化可言”①。孔孟儒学对日本的影响，经历了从初步传播到直接引进，再到融会消化、发展，最后到被视为世界区域性文化一部分的漫长过程。在时间上，亦相应地经历了四个时期：百济王仁赴日讲学到小野妹子入隋进贡时期，小野妹子入隋进贡至镰仓时期，镰仓初期至明治维新时期，明治维新以后。

1. 王仁赴日讲学至小野妹子入隋进贡时期

大化革新（645）以前，是日本从朝鲜间接引进中国儒学阶段，亦是中国儒学在日本的初步传播时期。285 年，百济博士王仁应日本应神天皇的邀请，赴日传授《论语》、《千字文》。5 世纪初至 5 世纪中叶，五经博士段杨尔、高茂安、马丁良等由百济渡日，五经博士王柳贵、王道良等赴日，于是在日本以“五经”为中心的儒学便盛行起来，对日本的社会生活产生了重要影响。日本继体天皇七年（513）开始设立五经之学。推古天皇时代，圣德太子于 603 年实行“冠位制”，以儒家的德、仁、礼、信、义、智表示官位、身份等级的高低；次年，采纳儒家思想，制定了日本开国以来的第一个大法即《十七条宪法》，规定了君臣、父子等人伦关系、各级官吏的权利义务以及必须遵守的规范、准则，主张“君卿百僚，以礼为本”，“以和为贵，无忤为宗”，“信是义本”，“明察功过，赏罚必当”，“使民以时”②，等等。《十七条宪法》多采用中国的儒家思想作为思想基础，为革新政制、建立中央集权制提供了政治纲领。从日本应神天皇至 607 年日本遣小野妹子入隋进贡的 300 多年间，《论语》、“五经”等儒家经典，通过朝鲜半岛间接传到日本，对日本的社会生活产生了初步影响。

2. 小野妹子入隋进贡至镰仓初期

从隋炀帝大业三年（607）圣德太子首次命小野妹子为遣隋使至镰仓初期，是日本直接引进中国儒学时期。在中国隋代，日本先后四次派遣使节朝贡隋朝，隋朝统治者亦派答礼使赴日，这就打开了中日两国直接进行政治、文化交流的通道。在唐代，从贞观四年（630）到乾宁元年（894）的 260 多年

---

① 丸山敏秋：《日本的道德教育与儒学》，见《儒学国际学术讨论会论文集》（下），1299 页，齐鲁书社，1989。

②《日本书纪》卷二十二，推古天皇十二年四月条。

内，日本正式任命遣唐使、送唐客使多达19次[①]，同时又派出大批留学生、留学僧赴中国学习，搜集儒家及文物典籍，回国后积极传播儒家思想和中国文化。645年日本的大化革新，结束了四分五裂的氏族社会，以儒家思想建立了中央集权的天皇制，在国家制度、朝廷礼仪、民间习俗等方面皆模仿唐朝。同时又大兴儒学，在京师、地方诸国、大宰府分别设大学、国学、府学，主要学习"四书"、"五经"等儒家经典及中国史学，以儒家思想教育和培养各级官吏和人才。至日本奈良时代(710—794)，朝廷颁诏任用儒官，将儒家的忠、孝、礼、义视为治国治民的标准。国家法律规定，奖励忠、孝，惩罚不孝、不恭和不顺，从而将中国儒家学说视为法典而强制执行。至平安朝时代(794—1192)，由于佛教被视为国教，儒学虽然在日本产生了重要影响，但并没有成为思想主流。

3. 镰仓初期至明治维新时期

从镰仓时代(1192—1333)初期至明治维新(1868)，是日本把中国儒学融会贯通和发展的时期，这是一个不断把中国儒学日本化的过程。

镰仓初期，中日两国广大禅僧频繁交往和研讨，朱子学(理学)和朱熹的《四书集注》在日本流传。随着日本封建制度的改组、动荡，重视现世仁义道德的朱子学的影响不断扩大，朱子学逐步代替了佛教和明经训诂的日本旧儒学而盛行于思想界。14、15世纪，日本兴起了讲习宋学的热潮。在日本儒学史上，玄惠法师开讲宋学一代新风。他以朱熹的《四书集注》为本，影响遍及朝野。其后，讲授宋学者络绎不绝。同时，日本又兴起了对"四书"等汉籍的和训和点，即按汉字的训诂意义，标注上日本的假、片名文字，使"汉文直读"变为"汉文译读"。这就使不懂汉文或汉文水平不高的日本人能读懂汉籍。歧阳方秀曾为"四书"作注，是"和训"的开创者，其弟子桂庵玄树曾于正统年间入明，他游于苏杭间，亲就巨儒，学习宋学。"他的汉学功底颇深，每有新作问世，民间争相传诵，称为有盛唐之风。回国以后，他在丰后、筑前、萨摩等地讲授儒学，不仅翻译出版了《大学章句》等书，还把其师歧阳方秀为研读"四书"、"五经"所编译的和训加以标点、订正，即将中国"四书"、"五经"中难以理解的文句根据意译注释日语假名，将儒学经典通俗化。在此基础上，他撰写了《家法和点》、《和刻四书新注》。在他的带动下，许多日本学者将"四书"、"五经"及其他儒学经典用日语加以注释，如文昌艾之著《四书五经训点》、《周易大全倭点》等书。这些书的问世，有利于儒学的普及，使中国

① 参见(日)藤家礼之助:《日中交流二千年》，88～91页，北京大学出版社，1982。

的儒学在日本传播更深入了一步，使更多的人接触和认识了中国儒学”①。他还创立了“桂庵标点”。此后，南浦文之为《四书集注》标和点，藤原惺窝据程、朱之意为“四书”、“五经”训点。这样，“四书”、“五经”在日本的训和点，大大促进了中国儒学在日本的传播和影响。它是中国儒学日本化的一个重要标志。

从1603年德川加康(1542—1616)在江户建立幕府到明治维新以前，是德川氏掌握政权的封建时代，史称德川时代或江户时代。为了维护武士对农、工、商，诸侯、幕府对藩士与幕臣，幕府对诸侯拥有绝对权力为特征的等级森严的封建幕藩体制，德川幕府将中国儒学与日本传统思想相融合，极力尊崇、宣扬儒学，将它视为治国的指导思想和理论基础，从而使儒学成为占统治地位的官方哲学和社会意识形态。

江户时代历代将军和诸侯都极力尊崇和认真学习儒学。五代将军德川纲吉在江户汤岛建造供奉孔子及十哲的圣堂，亲自向藩主、幕臣讲解“四书”等儒家典籍。1862年，诏令全国主要场所建树“忠孝碑”，规定“奖励忠孝”，对不忠不孝的人处以重刑，从而将儒家思想法律化。统治者还利用儒家的忠、孝、信、义等道德规范和孔孟的“杀身成仁”、“舍生而取义”加强对武士的道德教育，巩固主信仆、仆忠主、下服从上的封建等级秩序，儒学变成了武士阶层的指导性的意识形态。在德川幕府的倡导下，全国各地藩主竞相效仿而大兴儒学，出版儒书，兴办儒校，武士和庶民皆受到儒家道德的教育和熏陶。儒学不仅渗透于国家政治生活的各个方面，而且渗透和影响于史学、文学、音乐、绘画等文化领域。在德川幕府时代，儒学对日本学术思想界亦产生了重要影响。许多著名的思想家，融会、吸取儒学，纷纷创立学派，著书立说，产生了朱子学派、古学派、阳明学派三个主要的儒学派别。每一学派内部，又有若干不同的派系。譬如朱子学派内部分为京都朱子学、海西朱子学、海南朱子学、大阪朱子学等不同特色的地方朱子学派。各学派之间既互相争辩，又相互吸取，使日本儒学的发展进入了全盛时期。

德川初期，日本近世儒学的开创者藤原惺窝，约30岁时专攻儒学，反对明经家学传统，力主依据程朱对儒家经典的新注研究儒学，并以儒学解释日本的神道，曾为德川加康讲授《大学》等儒家经典。惺窝的弟子林罗山博览儒家经典，讲授朱熹的《四书集注》。他发展了日本儒学，将惺窝的呈现宗教色彩并停留于修身、齐家的宋学提到治国、平天下的高度，依据中国儒学主张正名和提倡大义名分，建立有尊卑之别的封建等级秩序。他先后任德川

① 朱亚非：《明清时期儒学东渐日本简论》，载《孔子研究》2004(5)，96页。

家康等四代将军的幕僚，参与策划、制定当时的文化政策，大受统治者的宠任，后又任汤岛孔子庙的祭酒。此后，林家世袭此官职达12世。他按照幕藩制度的要求建设儒学，为确立中国儒学成为江户时代统治思想的地位做出了极大的努力。

朱子学的另一个著名代表人物是室鸠巢。他尊崇孔孟，笃信程朱，认为“天地之道，即尧舜之道；尧舜之道，即孔孟之道；孔孟之道，即程朱之道”①，程朱是孔孟之道的真传，舍弃程朱之道，就无法达到孔孟之道、尧舜之道和天地之道。他还继承、发展了孟子的“民贵君轻”、“得民心者得天下”的主张，认为“主君亦不贵，依民位而贵”，征伐或受封而取得诸侯国，皆是“为民应之”，“国家既非天授，亦非君与，更非我取，唯民延而与之也”②。

在朱子学盛行的同时，日本又出现了儒学的另一个派别古学派，其主要代表人物有山鹿素行、伊藤仁斋等。他们原追随朱子学说，后又怀疑朱子非得孔孟真传，贬斥汉唐宋明以来的诸儒学说，主张直接攻读《论语》、《孟子》等经书，以求孔孟真义。山鹿素行认为，仁义是道德的源泉，主张“为士之职，在于省其身，得主人而尽效命之忠，交友笃信，慎独重义”，武士应担负起捍卫“人伦”的职责，农、工、商要遵从人伦，对违背人伦者“速加惩罚，以待正天伦于天下”③，这就将儒家学说视为维护武士阶层特权地位及其内部等级秩序的思想武器。山鹿素行一生著述600余卷，不仅在儒学上，而且在兵艺、文学、神道方面均有研究。他还执教30余年，培养弟子4000余人，后来对日本近代社会有重要影响的吉田松阴便是他的弟子。伊藤仁斋自幼学习儒家经典，后摈弃朱学而独尊孔孟，曾著《论孟字义》、《孟子古义》等。他主张通晓《论语》、《孟子》而后可以读《六经》，摈弃《六经》中与上两书相抵触的内容，认为“就《论语》、《孟子》正文理会，是吾家法”，这两部书“包含天下之理而无缺，荟萃百家而不遗”④。他赞赏孔孟的“仁者爱人”的思想，认为“圣学”就是王道，王道就是仁义，反对宋儒将人性划分为义理之性和气质之性，崇尚孟子的性善学说，“仁义礼智四者，皆道德之名，而非性之名”，“四端之心，是我生之所有，而仁义礼智即其所扩充而成”⑤。他长期从事教育，以通俗说理的方法注释《孟子》等儒家经典，培养出一批著名的儒学家，为在日本传播孔孟儒学做出了贡献。

---

①《前编鸠巢文集》卷八。
② 室鸠巢：《不亡钞》卷三。
③《山鹿语录》卷二十一。
④ 伊藤仁斋：《童子问》。
⑤ 伊藤仁斋：《论孟字义》卷上。

阳明学派的开创者中江藤树，是使儒学通俗化并力图将它普及到庶民中的著名学者。他继承、发挥了孟子重视内省和“人皆可以为尧舜”的思想，认为天子、诸侯、卿大夫等只要“明明德，交五伦”，就能成为“真儒”①。

除上述各学派的学者融合贯通孔孟儒学和发展了日本儒学外，还有不少思想家受到孟子思想的影响。石门心学的倡导者石田梅岩，主张儒学通俗化并为教化庶民服务，认为“所谓学问之最高境地是尽心知性，知性则知天，知天则天即孔孟之心也，知孔孟之心，则宋儒之心亦一也”②。江户时代末期的教育家吉田松阴，笃信孟子而高扬宋儒，认为中国宋代以来诸儒虽有出入、异同，但都“继承孔孟之统”③。

总之，从镰仓幕府至明治维新的600多年间，中国儒家思想渗透于日本政治、思想、文化等社会生活的若干方面。孔孟等儒家思想对日本产生重要影响的过程，就是日本统治者、思想家及其他各阶层的人民吸取孔孟儒学的基本精神并与日本特有的传统思想相融会、贯通而使儒学日本化的过程。孔孟儒学对日本的影响，促进了日本社会和学术文化的发展。

4. 明治维新以后

明治维新以后，日本发展为资本主义社会，并由在此之前的长期尊崇、吸取孔孟儒学急剧转为大量吸取西方文化。在知识界，亦由过去的“汉为和用”急剧转变为“洋为和用”。这样，孔孟等传统儒学在日本的影响就暂时为传入的西方思想所冲淡，并与日本的传统文化开始分离。但是，由于日本的经济基础仍存有半封建的土地制度和孔孟儒学长期对日本民族文化心态上的深远影响，因而孔孟儒学对日本的影响并未随着资本主义制度的建立而立即消失。相反，日本国内的资产阶级仍需要把中国儒学作为社会调节的工具。明治维新之后，日本将孔孟传统儒学视为日本近代多元文化（包括日本民族文化、西方文化、中国传统文化等）的一个组成部分，即世界区域性文化的一部分，而成为学术界研究的对象即“中国学”。从总体上看，孔孟儒学对日本仍有一定影响。

明治初年，文部省糅合日本的固有之道、孟子的五伦及治国平天下、西方的智育和社会道德，制定了突出西方道德及思想的学制。受到批评和责难后，日本政府为了维护天皇制国家主义，于是实行了教育政策的转换而重视儒学，将孔孟儒家的仁义忠孝视为贯穿上下的国教。明治十一年，天皇命

①《藤树先生精言》。

② 石田梅岩：《都鄙问答》卷二。

③ 吉田松阴：《讲孟余话》。

侍讲元田永孚起草由“教学大旨”和“小学条目”所组成的《教学圣旨》。他写道:“教学之要,须明确仁义忠孝,究知识才艺,尽人道,此为吾国古来之大旨……一时地取西洋之长处,置仁义忠孝于后而竞相靡于洋风,最终将失却君臣父子的大义。此非吾国教学之本意。故从今后须基于祖先之训典,明确仁义忠孝。”在《小学条目》中指出:“仁义忠孝之心,人皆有之”。在小学校悬挂忠臣、义士、孝子等画像、照片,使学生认识“忠孝大义乃为最重要者”。1881 年下达的《小学校教员心得》中规定:“使生徒忠于皇室,爱国家,孝父母,敬长上,信朋友,慈幼卑……且常以己身为模范。”次年,明治天皇颁布《幼学纲要》。1890 年颁布的《教育敕语》称:“臣民克忠克孝,亿兆一心,世济厥美,为国体之精华,而教育渊源亦实存于此。尔臣民,孝于父母,友于兄弟,夫妇主和,朋友有信,恭俭持己,博爱及家,修学习业。”被日本国民视为金科玉律的《教育敕语》,是一个复兴儒家教育方针的文件,它强调的以儒家的仁义忠孝教育国民的路线,一直延续到第二次世界大战结束。

第二次世界大战后,日本以欧美资产阶级民主制取代了天皇制国家法制,日本的文化进入了一个多元的文化形态。在现代的日本社会中,孔孟儒学仍有一定的影响。譬如在经济生活上,随着近十几年来日本经济的发展,企业界愈来愈重视孔孟关于协调人际关系的主张,并将它运用于企业管理,强调现代企业要具有相互协调关系的儒家思想,以避免堕落为钻营私利。一位西方学者在评论日本的经济发展时指出:“日本在战后的废墟中站起来,主要是因为没有内部紧张,之所以如此,又是受儒家和谐价值的相当深远的影响。此一和谐,就像一部不成文的社会契约或一个普遍为人接受的共识。”[①]在日本学术界,孔孟儒学是众多学者研究的一个热门课题。自 1945 年以来的 40 多年间,《孟子》一书仍受到广泛的推崇,研究《孟子》的专著不断出版,各报刊发表的研究论文数百千计。日本森岛道雄教授在英国讲学时曾说:“儒家学说不鼓励个人主义。它在性质上是理智合乎理性的,它摈弃其他宗教所共有的那种神秘主义和妖术咒语。日本人在明治维新之后非常迅速地消化西方技术和科学的能力,至少应部分地归功于儒学学说的教育。”[②]再如在日本的社会生活中,《朝日新闻》、《读卖新闻》等各大报纸,在第一版的短评中经常引用《孟子》等儒家经典,以加强其立论和理论的说服力。首相在国会议席上答询,亦经常引用孟子之言,以进退应对。有趣的是,在京都市从修学院道到北白川京大人文所的 6 里长的马路上,树立着三块特大

① 《远东经济评论》1987 年 4 月号。

② 森岛道雄:《日本成功的秘密》,载《中国科学技术情报所发展战略研究丛刊》(18),19 页。

的宣传牌，上面斗书："昔孟母三迁，今已不能，为可爱的孩子创造良好的环境吧！"这说明，有关孟子的故事在日本已家喻户晓，它渗透和影响于现代日本的日常文化生活之中。

（三）孟子在新加坡的影响

如果说孟子思想对朝鲜、日本等东方国家自古以来产生了重要影响，那么，在现代生活中受孔孟儒家思想重要影响的当数新加坡。

新加坡古称单马锡，8 世纪建国后归属印尼室利佛逝王朝。18～19 世纪成为马来西亚柔佛王国的一部分，后沦为英国殖民地。1958 年成立自治邦，1965 年 8 月退出马来西亚联邦，成立新加坡共和国。时下学者都承认，新加坡是当代世界上受孔孟思想重要影响的现代化国家之一。实际上，早在新加坡独立之前的早期华族社会中，孔孟儒家思想就产生了潜移默化的影响。新加坡的早期华族移民，多数来自中国广东、福建等地沿海贫困的工农。他们与当地的人民一起，多数从事农业和渔业生产，对推动当地经济的发展做出了贡献。他们经过世代繁衍，多与当地人民和睦相处。至 20 世纪初，华族移民就占当地总人口的 70%。由于他们的先祖世代生活于受儒学影响的中国，孔孟儒家的伦理观念及处世准则对他们产生了深远的影响。随着华族移民进入新加坡，儒家关于父慈子孝、兄友弟恭、夫唱妇和、君仁臣义、朋友有信和重视人情、礼尚往来等道德观念、判定真、善、美与假、恶、丑的传统价值观、宗亲会和同乡会等社会组织形式以及民间习俗、传说、信仰等，亦随着华族移民的移入而传入新加坡。华族移民在与当地人民的共同生活中，孔孟儒家的传统观念不仅是凝聚新加坡早期华人社会的精神纽带，而且对当地社会亦产生了潜移默化的影响。

新加坡自 1960 年初，就开始推行工业化政策，经过近 20 年的建设和努力，跻身于东亚"新兴工业国"的行列，成为国民所得在亚洲仅次于日本而位属第二的国家。在推行工业化的过程中，新加坡同时又推行都市化。20 世纪 50 年代，新加坡经过战后复原面临人口剧增和住房严重紧张的局面，为了解决这一问题，便大规模投资兴建国民住宅。至 1980 年前后，全国 80%以上的人民迁入国民住宅。新加坡的工业化和都市化，使其政治、经济等获得了长足进步，初步解决了人民的就业、居住等基本问题，从而进入了一个富足的小康社会。同时，现代化过程中急剧的社会变迁，又给新加坡的现代社会生活造成了较大的冲击和影响。首先，工业化过程促使社会经济生产结构发生重要变化，随着个人相对于家庭独立性的提高，大大削弱了原有家庭的集体生产功能，尤其是妇女、青年就业机会的增加和经济地位的提高，造成了家庭社会组织的变化及社会价值观念的蜕变，忽略人文价值和追求功利，导致理性化、极端个人主义的趋向，人际关系的冷漠和社会凝聚力的减弱；其次，都市化的趋势，一则造成了人口的大量流动，传统的同乡聚居习惯、社会交往等发生了较大的变化，加之都市生活的紧张节奏，人际关系趋于冷漠、淡薄、浮浅而具有契约性；二则核心家庭取代了三四代同堂的大家庭，既改变了家庭生活形态，又削弱了东方传统中以孝道为核心的家庭伦理观念，动摇了社会稳定的基础；再次，随着吸取、引进西方先进的科学技术，西方腐化、颓废的价值观和社会风俗亦随之侵入新加坡，犯罪、吸毒、色情等日益严重，造成了一定的道德危机。为了解决上述社会问题，以传统的东方价值体系抗拒西方不良的社会风气，新加坡政府曾有组织、有计划、自下而上、上下结合地掀起了一个重生运动。他们从反思华人文化传统中，以重构的中国儒家伦理，作为对国民进行道德教育的主要内容，曾在1979年6月、9月、11月分别开展了礼貌月运动、推广华语运动和敬老月运动，并年年举行，坚持甚久。1979年，新加坡开始策划整体教育改革，陆续公布了副总理吴庆瑞主持制定的教育报告书和教育部长王鼎昌主持完成的“道德教育报告书”。1982年2月，教育部宣布从1984年起，将《儒家伦理》作为中学三、四年级学生必须选读的宗教课程之一，并陆续邀请和重金聘请了国外华裔儒学专家赴新加坡讲学，帮助设计儒家伦理教材。同时，又利用大众传播媒介报纸、电台、电视等，发表大量的特写、专访、社论和举办座谈会等活动，讨论儒家伦理问题，在社会层面上得到了广泛的反响。为了使儒家伦理广泛深入社会各个阶层，新加坡自1983年起相继成立了东亚哲学研究所、儒学研究会、亚洲研究会、南洋学会、中华总商会等推动东方哲学研究、华文教育、华族文化教育的学术团体。新加坡副总理吴庆瑞、王鼎昌曾分别任东亚哲学研究所董事会主席、副主席，突出表明了新加坡政府长期扩大儒学研究的决心。东亚哲学研究所成立后，频繁进行学术交流，举办国际儒学讨论会，深入探讨儒学与现代化的关系、儒学的演变和影响等问题，力图将研究所办成“国际儒学研究中心”，引起了国际学术界及有关国家、地区政府上层人士的关注和重视。1983年初，“儒家伦理课程编写组”与“新加坡儒家伦理委员会”合作，开始编写《儒家伦理课程纲要》和《儒家伦理课本》，其主要目的和任务是将儒家通俗化和现代化，通过道德教育，使学生具有儒家伦理观念，认识华族固有的文化和自己的根源，树立正确、积极的人生观，确立良好的人际关系，不断成为有理想和道德修养的人。在编写教材过程中，对儒家伦理的指导思想、儒家大师、修身的重要、五伦及基本德目、儒家思想的主要演变及现代意义、教材的主要内容、编写的基本原则、学生作业及教师手册、阅读教材、视听教材等进行了反复的商讨、修改，编写出供中三、中四使用的中文、英文两版本的《儒家伦理课本》，并连续再版。在一些学校采用试点、培养师资、视导与鉴评等方法，不断检查教学效果，广泛征求学生、教师及社会各方人士的反映①。新加坡推广儒家伦理教育运动和推崇儒学，是由政府发起和居于主导地位的逐步推广到学校及社会各层次的"文化再生运动"。政府领导人对儒学的推崇是推动这一运动得以顺利发展的一个重要原因。新加坡前总理李光耀在1978年的国庆献辞中曾指出：我心中所信守的不是西方的价值体系，而是东方的价值体系。他认为新加坡人太西化，必须重新发扬东方美德来抗拒西方颓废思想的侵蚀。在1982年的春节、元宵节献辞中，又突出强调孝道等儒家道德伦理的重要意义，主张实行三代同堂，赞扬早期华校生具有献身精神、关心同胞等美德和强烈的社会使命感。他在为1984年10月华语运动月揭幕时又指出：华语"使我们想起我们是5000多年悠久历史的古老文明的一部分。这是一股至深且巨的精神力量，能使一个民族产生信心，去面对和克服重大的改变和挑战"，家长都希望孩子"保存忠、孝、仁、爱的华族传统美德。通过华语，他们的孩子可以在感情上把自己看成是一个古老文明的一部分。这种文明源远流长，因为它主要是建立在一种久经磨练和考验的价值观念制度的基础上"②。前任副总理吴庆瑞博士认为，移居海外的华人将儒家精神带到国外，他们勤奋，节俭，讲求信用，尊重法律，关怀社会，爱护家庭和重视子女教育，不但在海外打开了新的世界，同时亦保留了祖先遗下的美德与传统，这与儒家潜移默化的影响有着密切的关系③。副总理王鼎昌先生认为，"儒家所重视的道德修养，是导致社会安定、天下太平的重要条件"，"如果全国上下人人都能做到强者扶持弱者，富有者救济贫困者，有智慧的人帮助愚钝的人，社会就会充满关怀与爱心"，"儒家认为人之所以可贵，是由于人有道德心，能做道德判断……孟子更进一步说明人人都有恻隐、羞恶、辞让、是非之心，否则就不配为人。只有人人都把别人当人，社会才可能有互相尊重、互相关怀的温情；也只有人人皆有'人溺己溺，人饥己饥'的同情心，世界才会有和平"④。

上述表明，新加坡曾受到孟子等儒家的重要影响。他们推崇儒家基本精神和支持儒家伦理教育运动，并不是他们的主观政治意愿，也不是建立儒

---

① 参见刘蕙霞：《怎样编写与教导"儒家伦理"——新加坡的经验》，见《儒学国际学术讨论会论文集》（下册），1361～1384页，齐鲁书社，1989。

② 新加坡：《联合早报》1984年10月22日。

③ 《孔子研究》1990年第1期。

④ 王鼎昌：《儒家国际学术讨论会开幕典礼演讲词》，见《儒学国际学术讨论会论文集》（上册），10～11页，齐鲁书社，1989。

家的政治体系和笼统地在东亚"复兴儒学"，而是选择儒家伦理中足以配合现代生活的精华并给予新的诠释，使儒家伦理成为整个社会秩序和人格体系的一部分，不断建立儒家伦理规范，匡救现代都市社会中重功利、重个人利益等各种弊病，建立起统一、独立的国家主体意识，树立敬业乐群、忠孝勤劳、廉洁奉公、社会协调的新加坡精神。经过几年的上与下、学校与社会的结合和不同途径的宣传推广，大致已达到家喻户晓。起初人们对儒家伦理课程的设置所持有的怀疑或保留态度，现已大体消失。他们对儒家伦理的热忱和信念不断加强。

当然，孟子思想在东方国家的影响并不仅限于朝鲜、日本、新加坡等国家。孟子思想在越南、泰国、马来西亚、印度尼西亚等国家亦有一定影响。因限于篇幅，不再逐一阐述。

二、孟子对西方国家的影响

16～18 世纪是中国与西方国家较大规模地进行政治、经济、文化直接交往的时期。西方的天文历法、火器制造等自然科学相继传入中国，中国的儒学、历史、音乐等亦传入西方。从那时起，以孔孟为代表的儒家思想，不仅对西方近代的启蒙运动产生了积极的影响，而且在现代生活中是学术界和其他人士探讨、研究的一个热门课题。

16 世纪 40 年代，西班牙贵族依纳爵·罗耀拉创立了天主教诸教派中的一个保守派别——耶稣会。耶稣会士在罗马教廷和葡萄牙海外殖民势力的支持下，开始向东方传教。据有的学者统计，从 1552 年到 1795 年清高宗乾隆六十年，有姓名可考的到过中国的耶稣会士大约达到 800 人①。耶稣会选派熟悉中国文化及文学的意大利人利玛窦等人进入中国内地传教，利玛窦是来华传教的主要奠基人。他于 1583 年进入中国，攻读儒家经典，"四子五经皆通大义"②。此后，又穿儒服戴儒冠，结交文人和各级官吏。到北京后，以尊儒为旗号，抨击佛教，深得中国官员及士大夫的推崇。他在 1593～1596 年间撰写的《天主实义》，是将天主教神学与中国儒学融合为一体的重要著作。书成后，曾传诵一时，明朝官吏和士人称赞利玛窦为孔孟信徒，"其言多与孔孟相合"，"言慕中华风，深契吾儒理"③。利玛窦所著回忆录《中国札记》，较全面详细地介绍了当时中国的情况，后来经同会的比利时人金尼阁整理、补充后，在西方出版，先后出版了四种拉丁文本、三种法文本及德国、

① 张广达：《中国传统文化在西方》(上)，载《文史知识》1987(1)，66 页。
② 张尔岐：《蒿庵闲话》。
③《闽中诸公赠泰西诸先生诗初集》。

西班牙、英国、意大利等文本。西方传教士为了适应、了解中国以及向西方介绍中国的情况，用心学习、钻研“四书”、“五经”等儒家经典和中国文化，并以日记、行记、书信等形式向本国连续发回关于中国儒学及其他状况的报告。他们的著述刊印后，得到广泛传播，从而在客观上促使欧洲形成了研究、探讨中国儒学的风尚。利玛窦于1593年将“四书”译成拉丁文，寄回意大利。意大利耶稣会士殷铎泽与葡萄牙耶稣会士郭纳爵用拉丁文合译《大学》和《论语》，取名《中国的智慧》。殷铎泽还译《中庸》为拉丁文，取名为《中国人的政治道德学》，1672年于巴黎出版。比利时人卫方济将“四书”《孝经》译成拉丁文，于1711年在布拉格大学图书馆出版发行，促进了孔孟儒家思想在西方的传播和影响。

以利玛窦为代表的部分耶稣会士在中国传教过程中，为了取得中国统治者的信任和支持，推崇中国儒学、传统观念和敬祖、祭天等礼仪，认为这些做法与基督教义是一致的，这就引起了以龙华氏为首的另一部分耶稣会士及其他天主教派的激烈反对。17～18世纪，两派围绕对中国礼仪等问题的不同看法，争论了100多年，出版有关书籍达260余部，在客观上造成了孔孟儒学及其思想向欧洲传播的良好机会。从18世纪中期至19世纪中期，《五经》儒家经典陆续翻译完毕，19世纪80年代在欧洲出版。中国孔孟儒家经典和学说在西方的传播，引起了学术界的兴趣，掀起了研究中国儒学及文化的热潮。德国、法国的许多启蒙思想家受到了孔孟儒学的重要影响。

德国启蒙运动前躯之一的莱布尼兹，是大力提倡、赞美中国儒学的著名人物。他早年收集、阅读中国儒家经典，在1697年出版的《中国近况》一书的序言中，赞扬中国的道德文明，无情鞭笞了西方的基督教文明，认为东方的中国促使西方觉醒，主张必须请中国派遣人员去欧洲教导他们关于自然神学的目的和实践，认为在实践哲学方面欧洲人大不如中国人，并将对中国问题的研究列入柏林彼得堡科学院的研究项目。他在1715年《致德雷蒙先生的信：论中国哲学》中，认为中国的哲学学说或自然神论是在约3000多年以来建立的，它极有权威，远在希腊人的哲学很久很久之前。中国儒家的天命、天道是天在其运行中确定不移的法则，要服从理性的法则就必须顺天，以达到先定的和谐，这就借用中国儒学的一些观念为西方自然神论开辟了道路。

继莱布尼兹之后，德国的又一位思想家沃尔夫，极力推崇孔孟儒学。他在《论中国的实践哲学》的讲演中，认为儒学以自然和理性为基础，其道德原则是导致人的理性凭自身的努力而取得的道德真理的力量。在《自然法则》一书的“君臣义务”一章中，他推崇孔孟的修身、齐家、治国、平天下的思想。

孔孟儒学还对具有“启蒙时代”之称的法国产生了积极的影响，为法国的思想家提供了丰富的研讨资料。他们充分利用中国儒学抨击法国的封建神学和专制制度，以儒家的伦理道德、教育等思想，激励人们追求理性和科学，反对盲从和愚昧。

17世纪的法国哲学家马勒伯朗士在1708年的《基督哲学和中国哲学关于上帝的存在和性质的对话》长文中，从维护基督教神学的观点出发，对中国哲学进行了不少指责，但他确实看到了中国哲学的若干特点。譬如，他认为中国哲学并不是宗教神学，中国哲学的“天”字含义较广，具有自然之天、意志之天等含义，与基督教神学中“上帝”的含义很不相同。其后的法国哲学家和历史评论家贝勒，则竭诚维护包括儒家的中国哲学。他高举理性批判的旗帜，猛烈抨击基督教神学。法国启蒙学者的最大代表伏尔泰，热情歌颂中国儒学。在《历史哲学》一书中，他认为中国人把道德带到了完美的境地，这是一切知识中的头等知识，他们的宗教是简单的、明智的、庄严的，没有任何野蛮和迷信的成分。中国儒学是一种自然神论，具有崇高的理性。他在《哲学辞典》的“光荣”条中，赞扬中国是“举世最优美、最古老、最广大、人口最多和治理最好的国家”，猛烈抨击基督教神学的迷信和偏见，将中国描绘成一个秩序井然、道德高尚的唯理主义道德国家。法国百科全书派的主要代表狄德罗，曾赞扬儒学只须以理性或真理，便可治国平天下。他在为《百科全书》撰写的《中国人的哲学》词条中认为：“举世公认，中国人历史悠久，智力发达，艺术上卓有成就，而且讲道理，善政治，酷爱哲学，因而他们比亚洲其他各民族都优秀。依某些著作家的看法，他们甚至可以同欧洲那些最文明的国家争光辉。”他还概述了四书五经等儒家经典，将中国哲学的发展划分为三个时期，开列35条，介绍了以孔孟为核心的“实用哲学”的有关内容，认为儒家的政治伦理学主要为了育智、教民两个目的，要求“国民善于自我修养，善于管理家庭”等，“世有五伦：君臣有义，父子有亲，夫妻有忠（此系讹传，孟子原句为“夫妇有别”——笔者注），兄弟有叙，朋友有信”，认为孟子是老子之后的一位“哲人”，“孟子以机敏、雄辩胜过孔夫子而著称”①。百科全书派的另一位著名代表霍尔马赫认为，中国是将政治与道德结合起来的典范，中国是世界上唯一的将政治和伦理道德相结合的国家。这个帝国的悠久历史使一切统治者明了，要使国家繁荣，必须依赖道德。他崇尚儒家的以德治国，并使用儒家的“德治”一词写作了《德治或以道德为基础的政府》，进而提出欧洲政府必须以中国为模范。这样，法国的百科全书派将中国儒

① 引自王光泽：《狄德罗论中国哲学》，载《中国哲学》第13辑，385页，人民出版社，1985。

家的自然观、政治观、伦理观视为其无神论或自然神论的有力武器。此外,18世纪60年代,法国重农学派的“自然秩序”、以农为本、土地单一税制等主张,亦受到孔孟儒家重视农业生产思想的影响。

19世纪初叶以来,法国陆续出现了不少研究中国的汉学家。譬如1814年出任法兰西学院首位汉语讲席的雷慕沙,通过刻苦学习中国儒家及其他书籍,成为欧洲的第一位汉学家。1822年,他在巴黎创立亚洲学会并出任第一任秘书。他在“四书”札记中阐述了孔孟儒家学说,为欧洲提供了较前人更准确的“四书”的概念和译文。此后,他的学生儒莲广泛涉猎汉学各学科,他翻译的《孟子》因善于严格处理译文具有特色而著称,还翻译了《礼记》等其他儒家经典,支配法国汉学界半个多世纪。1843年,他在国立现代东方语言学院设立了汉学讲座,在法国有较大影响的汉学家都曾在其中受过初步训练和受过孔孟儒家思想的熏陶。

1840年,英国殖民主义者入侵中国,中国逐步变成了半殖民地半封建的社会。西方进入中国的外交官兼汉学家、传教士兼汉学家等多种类型的中国研究者撰写了大量的著作,介绍中国的现状、历史和文化。但他们已不同于多数16世纪以来的耶稣会士和17、18世纪的启蒙思想家对中国儒学及文化的崇尚和赞美,而是以欧洲中心论的傲慢优越感,对中国儒学及传统文化持贬损、否定的态度,视中国为崇拜偶像的黑暗地区,斥责中国儒家为极端的保守派,加紧对中国进行殖民主义的文化侵略,这种状况一直延续到第二次世界大战结束。

第二次世界大战结束后,中华人民共和国在东方崛起,打碎了西方殖民主义者在东方的统治,欧洲中心论亦度过了它的极盛时代。东西方政治形势的巨大变化,中国国际威望的日益提高,“亚洲四小龙”经济上高速度发展,逐渐改变了西方对中国儒学及文化的态度。特别是近20年来,西方学者又掀起了研究中国孔孟儒学的热潮,研究中国儒学及文化的各种学术团体、机构相继成立,各种专著、论文陆续发表,国际学术会议接连召开,西方各国学者和华裔学者多次访问中国,进行文化交流。在这个过程中,美国颇有后来居上之势。美国国会图书馆是西方国家收藏中国儒学资料最多的地方。1951年春,成立了中国思想研究会,作为美国远东研究协会下属的学术研究团体。该会成立后,邀请了四五十位专家,先后四次召开会议,专门研究“行动上之儒学”,即探讨中国儒学在社会上的实施和儒者的个人行动。会后至1962年,共刊行了《中国思想研究》、《中国思想和制度》、《儒家行止》、《儒家说教》、《儒家人物》5部论文集。这些论文集突出研究了儒家思想的观念构架及内在演变,澄清了西方学者对儒学的许多误解,并通过中西比较的方法取得了若干有价值的认识。此后，在美国夏威夷等大学多次举行东西哲学大会，集世界各国著名哲学家于一堂，儒家哲学成为讲座的中心点。20世纪60年代初，世界哲学界联合编辑哲学百科全书，书中设"中国哲学"一门。1975年，夏威夷大学成中英教授发起成立"国际中国哲学会"，其主要目的是使中国文化在西方的文化土壤中生根，使中国哲学研究国际化，至1989年底，已举行了6次由世界各国著名学者参加的国际学术讨论会。该会拟加强与其他学术团体的联系，吸取有资格的学者入会，成立先秦儒学专题研究会，编辑出版历届国际会议论文集及其他专题研究成果等，对扩大中国儒学及中国文化在世界上的影响做出贡献。又如美国哥伦比亚的东亚研究所已开办新儒学研究讨论会，夏威夷大学出版《东西哲学》、《中国哲学志》等，目的是激扬儒学研究。

在法国，第二次世界大战后汉学研究开始具有国际性，儒学研究与汉学研究交织在一起。在40年代末，法国汉学家白乐日就突出强调中西比较研究，以达到相互了解，主张西方工业化社会应当充分了解东方前工业社会生活方式的影响，认为研究中国传统文化对西方认识自己有重大参考价值。"国际汉学研讨会"从1974年起已举行了若干次讨论会，对中国儒学作了较深入的探讨。从80年代开始，法国汉学界及公众恢复了对儒学的兴趣，通过大学课程、学术讨论会、协会组织的讲演、电视广播节目等形式以及权威性出版社出版的越来越多的专业性、普及性读物，中国儒学得到日益广泛的传播。从事儒学研究最著名的汉学家杰克·盖涅教授，曾主持法兰西学院的中国社会及思想史的讲座。他在1982年出版的《中国和基督教》一书中，主张应积极了解中国儒学，认为中国的世界观具有不可被贬黜的独创性。该书被译为意大利文、德文和英文，获得了法国对儒学感兴趣的相当多读者的赞同。另一位从事儒学研究的著名汉学家汪德迈教授曾在高等学术研究实践学校主持关于古代中国学说和制度的研究班。在过去的数年里，他的教学集中介绍孔孟等早期儒学的代表人物，认为儒学是代表整个中国文化中最具有特征性的东西，是一种普遍适用的模式。法国国家科学研究中心远东研究所程艾蓝教授坚定地相信，不管儒学的复兴是否会有第三次高潮，儒学在新的世界人道主义的建立中仍然会有影响，这也许是当今人类最需要的东西。除上述之外，近十几年来，德国、英国、加拿大等国的学者，对孔孟儒学的研究也获得了可喜的成绩。孟子思想在上述国家产生了一定影响。

总之，近三四十年来，孔孟儒学引起了西方学者的浓厚兴趣。在他们看来，儒学作为中国文明这一巨大的人类成就中心的传统，值得人们重视和尊重，儒学向人们提供了为人立极之学。譬如华裔学者杜维明教授盛赞孟子

“以私淑孔子，承接儒家人文精神的道统为终极关怀，体现了具有中国特色的知识分子的风骨”，孟子思想是“融合主体性、社会性和超越性为一有机整体的学说”，“2000多年来在中华民族的历史长河中曾激励过无数志士仁人的文化资源”①。时下西方学者多主张要使中国孔孟儒学适应世界现代生活的需要，中国儒学不仅属于中国，而且属于全世界，预言中国儒学将改革而重生，不仅在思想方面，而且在精神方面将茁壮不朽，为新时代而效命。目前在西方出现高度物质文明的同时，环境污染、个人的孤独与非人化、家庭崩溃、人际关系紧张、色情泛滥、吸毒犯罪等许多社会问题日益严重的情况下，不少有识之士和学者将中国孔孟儒学的仁爱精神、个体的和谐、人与社会及人与自然的和谐的思想，视为医治西方社会危机的手段和希望。另外，随着我国国际威望的不断提高，海外华裔学者不断增强文化认同感和寻根意识，在国际上努力弘扬中国孔孟儒学，中西文化交流日益深入发展，西方从同情了解的方面来掌握儒学的人越来越多，以孔孟为代表的中国儒学在西方和全世界将产生愈来愈广泛的影响。

（本文原载于《山东社会科学》1993年第1期，收入本书时增加了部分内容）

① 杜维明：《孟子：士的自觉》，见《儒学国际学术讨论会论文集》（下册），806页，齐鲁书社，1989。

附录五

中国近现代孟学研究主要论著目录

(一) 中国大陆孟学研究论著

1. 专著

陈顾远:《孟子政治哲学》,上海泰东图书局 1924 年再版。

郎擎霄:《孟子学案》,上海商务印书馆 1928 年版。

王冶心:《孟子研究》,上海群学社 1928 年版。

罗根泽:《孟子评传》,上海商务印书馆 1932 年版。

钱穆:《孟子要略》,上海大众书局 1934 年版。

陈鼎忠:《孟子概要》,无锡国学专修学校 1934 年版。

余家菊:《孟子教育学说》,上海中华书局 1935 年版。

中华书局编辑:《孟子精华》,上海中华书局 1936 年版。

胡毓寰:《孟子事迹考略》,正中书局 1936 年版。

张启祚:《孟子哲学》,北平文化学社 1937 年版。

胡毓寰:《孟子本义》,正中书局 1937 年版。

朱广福等编:《孟子话解》,长沙商务印书馆 1939 年再版。

中华书局编辑:《孟子精华》,上海中华书局 1941 年四版。

陈登澥:《孟子七篇大传》,北京京华印书局 1941 年版。

赵正平:《孟子新解》,上海大学出版社 1944 年版。

温晋城选注:《孟子会笺》,重庆正中书局 1946 年版。

胡毓寰:《孟子事迹考略》,南京正中书局 1947 年版。

钱穆:《孟子研究》,上海开明书店 1948 年版。

兰州大学中文系孟子译注小组:《孟子译注》,中华书局 1960 年版。

杨伯峻译注:《孟子译注》,中华书局 1960 年版。

王兴业编:《孟子研究论文集》,山东大学出版社 1984 年版。

王彬、贺友龄:《孟子散文》,黑龙江人民出版社 1986 年版。

山东孔孟学研究丛书编辑委员会主编:《孟子思想研究》,山东大学出版社 1986 年版。

杨伯峻:《孟子导读》,巴蜀书社 1987 年版。

沈蘅仲:《孟子菁华》,上海教育出版社 1987 年版。

吕涛:《孟子评传》,山西人民出版社 1987 年版。

王其俊:《孟学新探》,济南出版社 1989 年版。

赵宗正等编:《孔孟荀比较研究》,山东大学出版社 1989 年版。

谭承耕:《〈论语〉〈孟子〉研究》,湖南教育出版社 1990 年版。

刘鄂培:《孟子选讲》,北京古籍出版社 1990 年版。

南怀瑾:《孟子旁通》,北京国际文化出版公司 1991 年版。

翟廷晋:《孟子思想评析与探源》,上海社会科学院出版社 1992 年版。

黄绳:《从文学的角度看〈孟子〉》,广东教育出版社 1992 年版。

杨国荣:《孟子评传——走向内圣之境》,广西教育出版社 1994 年版。

何晓明:《亚圣思辨录:〈孟子〉与中国文化》,河南大学出版社 1995 年版。

杨泽波:《孟子性善论研究》,中国社会科学出版社 1995 年版。

王泽宣:《孟子的论辩艺术》,济南出版社 1996 年版。

王成儒:《亚圣风范——孟子的智慧》,四川教育出版社 1996 年版。

王其俊:《亚圣智慧——孟子新论》,山东人民出版社 1996 年版。

焦国成、龚群主编:《儒门亚圣——孟子》,中国华侨出版社 1996 年版。

李振纲:《孟子的智慧》,河北人民出版社 1997 年版。

董洪利:《孟子研究》,江苏古籍出版社 1997 年版。

丁冠之主编:《孟子研究论文集》,山东大学出版社 1997 年版。

张奇伟:《亚圣精蕴——孟子哲学真谛》,人民出版社 1997 年版。

蒋国保等:《孟子外传·孟子百问》,安徽人民出版社 1997 年版。

杨泽波:《孟子评传》,南京大学出版社 1998 年版。

山东邹城市孟子学术研究会编:《孟子研究》,山东人民出版社 1998 年版。

刘鄂培:《孟子大传》,清华大学出版社 1998 年版。

刘家贵:《孟子思想与现代企业经营》,广西人民出版社 1999 年版。

熊礼汇、姜国斌编:《孟子与现代管理》,上海学林出版社 1999 年版。

杨泽波:《孟子与中国文化》,贵州人民出版社 2000 年版。

曲春礼、张德苏:《亚圣春秋——孟子》,山东教育出版社 2001 年版。

刘培桂:《孟子与孟子故里》,中国文史出版社 2001 年版。

徐洪兴:《孟子直解》,复旦大学出版社 2004 年版。

王其俊:《孟子解读》,泰山出版社 2004 年版。

高专诚:《孟子通说》,山西人民出版社 2004 年版。

傅佩荣:《孟子新说——勇于择善固执》,陕西人民出版社 2005 年版。

戴兆国:《心性与德性——孟子伦理思想的现代阐释》,安徽人民出版社 2005 年版。

幺峻洲:《孟子说解》,齐鲁书社 2006 年版。

傅佩荣:《傅佩荣解读孟子》,北京线装书局 2006 年版。

蒙培元:《蒙培元讲孟子》,北京大学出版社 2006 年版。

2. 论文

何键:《申述孟子辟杨墨之意义》,载《船山学刊》1934 年第 4 期。

董治安、王佩增:《孟子的“仁政”思想及其在中国古代文学史上的影响》,载《文史哲》1978 年第 6 期。

杨向奎:《孟子的思想》,载《文史哲》1957 年第 9 期。

振甫:《从孟子的辩论文学习写作技巧》,载《新闻战线》1959 年第 16 期。

振甫:《从孟子的辩论文学习写作技巧》,载《新闻战线》1959 年第 17 期。

李荫农:《关于孟子的阶级划分论——与杨荣国同志商榷》,载《学术研究》1962 年第 3 期。

彭殷雒:《论“民氓”、“野人”、“草莽之臣”的阶级地位及孟子政治思想——与李荫农同志商榷》,载《学术研究》1962 年第 4 期。

翟廷晋:《孟子天道观若干问题初探》,载《学术月刊》1962 年第 4 期。

包遵信:《孟子认识论的唯心主义本质》,载《江汉论坛》1964 年第 5 期。

张庆绵:《谈〈孟子〉中的系词“是”》,载《辽宁大学学报》(哲社版)1978 年第 4 期。

祝瑞开:《孟子思想及其阶级性格》,载《延安大学学报》(社科版)1979 年第 1 期。

孙开太:《试论孟子的“仁政”学说》,载《思想战线》1979 年第 4 期。

张惠仁:《孟子——我国古代辩对散文的开元者》,载《四川师范大学学报》(哲社版)1980 年第 3 期。

商聚德:《孟子哲学思想十题》(上),载《河北大学学报》(哲社版)1980 年第 3 期。

商聚德:《孟子哲学思想十题》(下),载《河北大学学报》(哲社版)1980 年第 4 期。

徐立:《孟子论说文的特色》,载《华南师范大学学报》(哲社版)1980 年第 3 期。

李孝堂:《〈孟子〉的艺术特点》,载《齐齐哈尔大学学报》(哲社版)1980 年第 1 期。

严北溟:《从评价孟子谈哲学的党性问题》,载《哲学研究》1980 年第 9 期。

陈增辉:《孟子教育思想试评》,载《天津师范大学学报》(哲社版)1980 年第 3 期。

王棣棠:《略论孟子对认识论的贡献》,载《东岳论丛》1980年第4期。

元运德:《孟子研究管见》,载《陕西师范大学学报》(哲社版)1980年第4期。

李建钊:《论孟子“好辩”》,载《徐州师范大学学报》(哲社版)1980年第4期。

吕涛:《孟子谈教学》,载《人民教育》1980年第4期。

李春青:《谈谈孟子的“仁政”思想》,载《河北师范大学学报》(哲社版)1980年第2期。

王德裕:《再论孟子》,载《西南师范大学学报》(社科版)1980年第2期。

王魁田:《孟子的“劳心”与“劳力”说小议》,载《人文杂志》1981年第5期。

吴中杰:《〈孟子〉二章教学谈》,载《湖北师范学院学报》(哲社版)1981年第2期。

王棣棠:《试论孟子的历史观》,载《兰州大学学报》(社科版)1981年第4期。

邹渠:《试论孟子“尽心、知性、知天”思想的历史意义》,载《四川大学学报》(哲社版)1981年第4期。

束景南:《也谈孟子哲学的评价问题——与严北溟先生商榷》,载《哲学研究》1981年第4期。

严北溟:《再谈孟子评价与哲学党性问题》,载《哲学研究》1981年第7期。

尹建章:《怎样评价孟子的“劳心劳力”说》,载《郑州大学学报》(哲社版)1981年第1期。

韩林德:《试论孟子的美学思想》,载《思想战线》1981年第3期。

姜国柱:《文化专制的一例——朱元璋的〈孟子节文〉》,载《辽宁大学学报》(哲社版)1981年第3期。

田正利:《也谈孟子的人性论》,载《西北大学学报》(哲社版)1981年第2期。

刘树勋:《孟子研究综述》,载《哲学动态》1981年第6期。

刘坚承:《试论孟子社会政治思想的唯物主义倾向》,载《西华师范大学学报》(哲社版)1981年第2期。

刘百顺:《〈孟子〉中的“民”是指沦为庶民的奴隶主阶级吗》,载《学术月刊》1981年第9期。

扬帆:《关于孟子的教育学说》,载《四川教育》1981年第4期。

江立中:《从孟子的政治观看他所代表的阶级》,载《云梦学刊》1981 年第 4 期。

罗星明:《〈孟子〉散文的艺术特色》,载《承德民族师专学报》1982 年第 2 期。

李竹君:《〈孟子〉散文的艺术特色》,载《河北大学学报》(哲社版)1982 年第 2 期。

陈寒鸣:《浅谈孟子的诗论》,载《江苏大学学报》(高教研究所)1982 年第 2 期。

刘坚承:《孟子重商思想应予肯定》,载《东岳论丛》1982 年第 2 期。

徐华龙:《孟子对民间文艺的运用和认识》,载《思想战线》1982 年第 5 期。

肖美丰:《孟子人性思想管窥》,载《安徽师范大学学报》(社科版)1982 年第 4 期。

王棣棠:《孟子的圣人观浅析》,载《兰州大学学报》(社科版)1982 年第 3 期。

刘丕琛:《从答疑解难中看孟子的启发式教育方法》,载《山东师范大学学报》(社科版)1982 年第 4 期。

郭志坤:《孟子宣传思想简论》,载《中南民族大学学报》(社科版)1982 年第 2 期。

毛礼锐:《孟子教育思想简论》,载《人民教育》1982 年第 12 期。

游唤民:《论孟子的民本思想》,载《湖南师范大学社会科学学报》1982 年第 2 期。

张寿彭:《孟子经济思想初探》,载《兰州大学学报》(社科版)1982 年第 2 期。

刘坚承:《论孟子对孔子伦理思想的继承和发展》,载《徐州师范大学学报》(哲社版)1982 年第 2 期。

钱远镕:《孟子的教育思想》,载《湖北大学学报》(哲社版)1983 年第 3 期。

李智泽:《赵岐〈孟子章句〉的内容、体例和特点》,载《四川师范大学学报》(社科版)1983 年第 3 期。

王筱芸:《试论孟子的"性善"论》,载《广西师范大学学报》(哲社版)1983 年第 2 期。

王伟民:《〈孟子〉中的孟子弟子》,载《湖州师范学院学报》1983 年第 2 期。

林伟群:《试论孟子思想的人民性》,载《教育导刊》1983 年第 6 期。

朱碧莲:《略论孟子的文学观》,载《丽水师范专科学校学报》1983 年第 1 期。

李文炳:《试谈〈孟子〉中人物之间的关系——兼论孟子在“诸子百家”争鸣中的主张》,载《齐齐哈尔大学学报》(哲社版)1983 年第 4 期。

王国炎:《论孟子的朴素辩证法思想》,载《南昌大学学报》(社科版)1983 年第 1 期。

杨钊:《孟子的历史观》,载《史学史研究》1983 年第 4 期。

刘坚承:《论孟子民本主义的教育思想》,载《东北师大学报》(哲社版)1983 年第 5 期。

韩铁林:《再评孟子“性善论”》,载《道德与文明》1983 年第 5 期。

王棣棠:《先秦儒家人性论由孔子到孟子的发展》,载《东岳论丛》1983 年第 1 期。

孙开太:《孟子与稷下学宫的关系》,载《齐鲁学刊》1983 年第 3 期。

张国钧:《孟子人口思想的几个特点及其评价》,载《西北人口》1983 年第 2 期。

赵润琦:《孟子的“仁政”学说及其哲学基础——兼向严北溟先生求教》,载《西北大学学报》(哲社版)1983 年第 4 期。

杨世钰:《孟子民本思想浅议》,载《云南师范大学学报》(哲社版)1983 年第 1 期。

韩钟文:《孟子审美教育思想研究》,载《上饶师范学院学报》1983 年第 2 期。

王筱芸:《试论孟子的“性善”论》,载《广西师范学院学报》(哲社版)1983 年第 2 期。

梁启超:《论孟子遗稿》,载《学术研究》1983 年第 5 期。

李建:《关于梁启超论孟子遗稿》,载《学术研究》1983 年第 5 期。

刘坚承:《驳“孟子‘僻违无类’”说》,载《重庆师范大学学报》(哲社版)1984 年第 1 期。

王伟民:《从孟子和弟子的对答中看孟子的思想》(上、下),载《湖州师范学院学报》1984 年第 1、2 期。

刘建安:《论孟子思想中的民主性》,载《零陵学院学报》1984 年第 2 期。

王志民、王则远:《〈孟子〉中的譬喻概说》,载《内蒙古师范大学学报》(哲社版)1984 年第 4 期。

蔡育曙:《以意逆志 · 知人论世 · 知言养气——略谈孟子的文学鉴赏三

原则》，载《名作欣赏》1984 年第 1 期。

陈富权：《孟子对个体人格美的认识过程初探》，载《内蒙古大学学报》（社科版）1984 年第 4 期。

王其俊：《孟子人性思想简议》，载《齐鲁学刊》1984 年第 3 期。

江荣海：《孟子“民贵君轻”思想述评》，载《齐鲁学刊》1984 年第 5 期。

常校珍：《孟子的人才观》，载《齐鲁学刊》1984 年第 5 期。

裴大洋：《孟子的哲学是客观唯心论》，载《陕西师范大学学报》（哲社版）1984 年第 2 期。

余铁城：《孟子的品德心理学思想》，载《心理科学》1984 年第 3 期。

王兴业：《论孟子历史观中的唯物主义因素》，载《东岳论丛》1984 年第 3 期。

游唤民：《简论孟子的哲学思想》，载《湖南师范大学社会科学学报》1984 年第 4 期。

杨恒源：《孟子政治思想辨析》，载《阜阳师范学院学报》（社科版）1984 年第 4 期。

黄朴民：《孟子“仁政”思想新探》，载《杭州大学学报》（哲社版）1984 年第 2 期。

关坤英：《〈庄暴见孟子〉的论辩术》，载《北京师范大学学报》（社科版）1985 年第 2 期。

刘斌：《孟了“善辩”论》，载《人文杂志》1985 年第 5 期。

董平：《孟子对现实的批判及其人文主义精神——兼与刘毓璜、夏甄陶先生商榷》，载《人文杂志》1985 年第 6 期。

许世荣：《孟子仁政观简论》，载《成都大学学报》（社科版）1985 年第 2 期。

骆承烈：《孟子对孔子教育思想的继承》，载《宁夏大学学报》（社科版）1985 年第 2 期。

陈德述：《论孟子的民本主义思想》，载《天府新论》1985 年第 3 期。

周继旨：《论宋明新儒学中的哲理化与神学化的双重趋向与孟子的心性学说》，载《中州学刊》1985 年第 6 期。

周锦文：《孟子圣贤史观中的唯物主义因素》，载《首都师范大学学报》（社科版）1985 年第 4 期。

吕艺：《孟子“以意逆志”、“知人论世”辨析》，载《北京大学学报》（哲社版）1985 年第 2 期。

刘蔚华：《孟子思想研究》（上、下），载《齐鲁学刊》1985 年第 2 期。

孙以楷:《孟子对墨子思想的吸收与改造》,载《齐鲁学刊》1985年第2期。

王棣棠:《孟子荀子人性论的比较观》,载《齐鲁学刊》1985年第2期。

毛毓松:《〈孟子〉文中的一个句读问题》,载《齐鲁学刊》1985年第2期。

刘祚昌:《孟子的仁政学说及其进步意义》,载《史学月刊》1985年第1期。

王其俊:《试论孟子的天命范畴》,载《东岳论丛》1985年第4期。

顾易生:《孟子的文艺思想》,载《复旦学报》(社科版)1985年第2期。

魏宗禹:《论孟子哲学思想的特点》,载《山西大学学报》(哲社版)1985年第2期。

屈剑英:《论〈孟子〉里两类不同性质的井田制》,载《西北民族大学学报》(哲社版)1985年第2期。

孙开太:《试评孟子的天道观》,载《思想战线》1985年第1期。

龙卧湘:《孟子重商之道》,载《广西民族学院学报》(哲社版)1985年第3期。

许梦瀛:《孟子论教育的意义和作用》,载《河南师范大学学报》(哲社版)1985年第1期。

王棣棠:《孟子自然哲学思想初探》,载《兰州大学学报》(社科版)1985年第2期。

谢祥皓:《孟子学术讨论会综述》,载《哲学动态》1985年第1期。

薛安勤:《从〈孟子〉和赵岐注看汉代训诂学的发展》,载《辽宁师范大学学报》(社科版)1985年第3期。

吕绍纲:《谈孟子历史观的评价问题》,载《辽宁师范大学学报》(社科版)1985年第4期。

王其俊:《论孟子认识论范畴体系》,载《湖南师范大学学报》1985年第4期。

江立中:《试论孟子辟许行的进步意义》,载《云梦学刊》1985年第2期。

王蒸民:《孟子的民贵思想浅探》,载《云梦学刊》1985年第2期。

张启成:《也谈〈庄暴见孟子〉的论辩术——与关坤英同志商榷》,载《北京师范大学学报》(社科版)1986年第1期。

关坤英:《〈庄暴见孟子〉的语言技巧和逻辑推理——再论〈庄暴见孟子〉的论辩术兼答张启成同志》,载《北京师范大学学报》(社科版)1986年第1期。

向万成:《孟子乐舞起源观新探》,载《四川师范大学学报》(社科版)1986

年第6期。

程方平:《孟子教育思想述评》,载《青海师范大学学报》(哲社版)1986年第4期。

阳正太:《评孟子的道德观》,载《天府新论》1986年第3期。

杨逊:《孟子学说由"显"而"隐"的政治背景——〈孟子流变刍议〉之一》,载《湘潭大学学报》(哲社版)1986年第3期。

吕绍纲:《孟子论〈春秋〉》,载《史学史研究》1986年第1期。

吕涛:《孟子的作者》,载《孔子研究》1986年第3期。

羊涤生:《关于孟子哲学的几个问题》,载《文史哲》1986年第6期。

戴洪才:《孟子的伦理思想》,载《齐鲁学刊》1986年第1期。

董平:《道生佛性说与孟子人性论的比较》,载《齐鲁学刊》1986年第1期。

冯金源:《孟子游历诸国考》,载《齐鲁学刊》1986年第1期。

杨阳:《试论孟子的人道主义思想》,载《齐鲁学刊》1986年第2期。

王其俊:《孟子理想初探》,载《东岳论丛》1986年第5期。

刘兰:《孟子的音乐思想》,载《齐鲁学刊》1986年第4期。

董洪利:《孟子散文的艺术特色》,载《新闻战线》1986年第2期。

康明轩:《孟子的民本主义思想管见》,载《山西大学学报》(哲社版)1986年第3期。

黄朴民:《略论孟子政治思想的历史地位》,载《杭州大学学报》(哲社版)1986年第1期。

姚宝元:《〈孟子〉论辩艺术略论》,载《河北大学学报》(哲社版)1987年第4期。

狩野直喜、梁韦弦:《孟子与杨墨》,载《齐齐哈尔大学学报》(哲社版)1987年第1期。

岑明:《〈孟子〉经济思想研究》,载《中国社会科学院研究生院学报》1987年第6期。

李林森:《孟子"禄足代耕"制禄思想争议》,载《中州学刊》1987年第2期。

邵东方:《孟子和亚里士多德的早期国家观》,载《江淮论坛》1987年第1期。

张献忠:《孟子和荀子人性论比较研究》,载《郑州大学学报》(哲社版)1987年第1期。

李经元:《孟子人生论评析》,载《史林》1987年第3期。

刘坚承:《论孟子法律思想中的人民性因素》,载《甘肃社会科学》1987 年第 1 期。

王秋生:《孟子的"万物皆备于我"是本体论的命题吗》,载《东岳论丛》1987 年第 6 期。

常校珍:《孟子论智育、德育心理和教师心理》,载《西北师大学报》(社科版)1987 年第 4 期。

荆公:《孟子经营思想析》,载《经营与管理》1987 年第 10 期。

贾乃谦:《从〈孟子节文〉到〈潜书〉》,载《东北师大学报》(哲社版)1987 年第 2 期。

钟肇鹏:《孟子与经学》,载《齐鲁学刊》1987 年第 2 期。

刘斌:《历代〈孟子〉研究概观》,载《齐鲁学刊》1987 年第 2 期。

黄朴民:《孟子学说的内在论证体系初探》,载《齐鲁学刊》1987 年第 4 期。

王其俊:《关于孟子哲学思想的几个问题》,载《孟子思想研究》山东大学出版社 1987 年 5 月。

王其俊:《试论孟子认识论的基本倾向》,载《齐鲁学刊》1987 年第 5 期。

应杭:《孟子理想人格论及其对民族人格心态的影响》,载《浙江大学学报》(社科版)1987 年第 2 期。

杨逊:《读〈读四书大全说·孟子篇〉》,载《船山学刊》1987 年第 2 期。

常校珍:《孟子的教育心理思想研究》,载《心理学探新》1987 年第 3 期。

杨善群:《孟子的井田说不是"乌托邦"》,载《历史教学》1987 年第 8 期。

李春茂:《谈〈孟子〉、〈周礼〉中井田制资料的真伪》,载《历史教学》1987 年第 8 期。

孙开太:《孟子主张的"井田"是封建的国有土地》,载《历史教学》1987 年第 8 期。

商聚德:《谈谈孟子的精神世界》,载《河北大学学报》(哲社版)1988 年第 3 期。

赵光辉:《孟子哲学性质浅议》,载《吉林师范大学学报》(社科版)1988 年第 1 期。

陈华:《论孟子的民本主义思想》,载《吉林师范大学学报》(社科版)1988 年第 2 期。

岑明:《孟子社会政治思想剖析》,载《中国社会科学院研究生院学报》1988 年第 5 期。

缪柳西:《试谈〈孟子〉对孟轲主体思想——"仁义"的反映》,载《中央民族大学学报》(哲社版)1988 年第 1 期。

珪夫:《孟子仁政思想评议》,载《内蒙古师范大学学报》(哲社版)1988 年第 4 期。

王兴业:《孟子游历列国问题辨析》,载《山东大学学报》(哲社版)1988 年第 1 期。

赵俪生:《读〈孟子〉札记》,载《齐鲁学刊》1988 年第 3 期。

龚维英:《〈孟子〉“民贵君轻”的确释》,载《东岳论丛》1988 年第 4 期。

郭克煜:《〈孟子〉“为巨室则必使工师求大木”章应怎样理解——与杨伯峻先生商榷》,载《东岳论丛》1988 年第 5 期。

李建国:《孟子“以意逆志”说评议》,载《贵州社会科学》1988 年第 2 期。

王棣棠:《略论孔子、孟子的自重自强精神》,载《兰州大学学报》(社科版)1988 年第 4 期。

成中英、伍至学:《李退溪的“四端七情”说与孟子、朱熹思想》,载《学术月刊》1988 年第 1 期。

姚俭建:《孟子、庄子理想人格之比较》,载《学术月刊》1988 年第 1 期。

东方朔:《孟子道德修养论探析》,载《学术月刊》1988 年第 5 期。

宋显昌:《试论孟子的“浩然之气”》,载《杭州大学学报》(哲社版)1988 年第 4 期。

周常生、柴文华:《孟子的理想人格述评》,载《理论探讨》1989 年第 6 期。

丁原明:《重农又重商是孟子经济思想的基本特点》,载《山东大学学报》(哲社版)1989 年第 3 期。

周兴春:《孟子“与民同”思想初探》,载《理论学刊》1989 年第 3 期。

张奇伟:《孟子的军事哲学思想初探》,载《齐鲁学刊》1989 年第 4 期。

傅永聚:《孟子研究四十年(1949—1989)》,载《齐鲁学刊》1989 年第 6 期。

陈泉:《浅评孟子有关人口质量的思想》,载《人口学刊》1989 年第 5 期。

张奇伟:《评〈孟子评传〉》,载《孔子研究》1989 年第 1 期。

李铭建:《错误及其价值——〈论语〉、〈孟子〉的两则旧注》,载《孔子研究》1989 年第 1 期。

孙聚友:《孟子的价值观探析》,载《东岳论丛》1989 年第 2 期。

王其俊:《孟子思想研究概说》,载《东岳论丛》1988 年 5 月增刊。

王其俊:《试论孟子的个体需要》,载《东岳论丛》1989 年第 4 期。

张松辉:《重评孟子的义利观》,载《湖南师范大学社会科学学报》1989 年第 6 期。

王其俊:《孟子和谐观初探》,载《兰州大学学报》(社科版)1989 年第 2 期。

梁宗华:《孟子与中国传统文化》,载《哲学动态》1989 年第 1 期。

翟廷晋:《孟子的审美思想》,载《文史哲》1989 年第 5 期。

张奇伟:《建国以来孟子研究回顾》,载《哲学动态》1989 年第 11 期。

孙开太:《孟子邹人考》,载《中国历史文物》1989 年。

刘德煊:《〈孟子〉文论思想及其对后世的影响》,载《西南师范大学学报》(社科版)1989 年第 4 期。

王守和:《孟子道德思想中的唯物主义因素》,载《道德与文明》1990 年第 1 期。

刘子瑜:《〈孟子〉"以"字用法的考察》,载《湖北大学学报》(哲社版)1990 年第 1 期。

张觉:《〈孟子〉中目的句式的变换分析》,载《烟台大学学报》(哲社版)1990 年第 1 期。

罗炳良:《孟子政治思想述评》,载《北方工业大学学报》1990 年第 4 期。

施伟青:《孟子的人才观初探》,载《东南文化》1990 年第 1 期。

王志瑛:《〈孟子〉修辞及训释商兑二则》,载《广西师范大学学报》(哲社版)1990 年第 2 期。

任明纲:《孟子辩论术析微》,载《贵阳师范高等专科学校学报》(社科版)1990 年第 1 期。

王长华:《孟子美学思想三题:美·审美·诗》,载《河北学刊》1990 年第 4 期。

王昭干:《简论孟子农业思想及其现实意义》,载《合肥工业大学学报》(社科版)1990 年第 1 期。

刘奉光:《孟子的成人教育思想》,载《开封教育学院学报》1990 年第 4 期。

王展采:《〈孟子·梁惠王〉篇的修辞特色》,载《龙岩师专学报》1990 年第 1 期。

乔根锁:《孟子性善论发微》,载《西藏民族学院学报》(哲社版)1990 年第 2 期。

林永光:《先秦士意识的辉煌觉醒——孟子人性论、人格观评析》,载《烟台师范学院学报》(哲社版)1990 年第 4 期。

宋绍光:《试论孟子的尊贤使能思想》,载《中州学刊》1990 年第 6 期。

赵先启:《孟子性善论探幽》,载《理论探讨》1990 年第 6 期。

杨九诠:《孟子道德精神新论》,载《山东大学学报》(哲社版)1990 年第 4 期。

姜涛:《论孟子的议论文》,载《辽宁大学学报》(哲社版)1990 年第 6 期。

徐儒宗:《论孟子的中庸思想》,载《东岳论丛》1990 年第 4 期。

孟祥今、李国榕:《孟子社会心理思想探析》,载《东岳论丛》1990 年第 5 期。

翟廷晋:《孟子历史观评析》,载《齐鲁学刊》1990 年第 1 期。

冯金源:《齐威王时代孟子未曾游齐——讨论钱穆先生所述孟子游齐时代》,载《齐鲁学刊》1990 年第 1 期。

刘能杰:《孟子"劳力劳心"论新辩》,载《齐鲁学刊》1990 年第 3 期。

路德斌、赵杰:《孟子人性论再评价》,载《齐鲁学刊》1990 年第 3 期。

朱林:《孟子道德心理学思想剖析》,载《齐鲁学刊》1990 年第 6 期。

韩忠:《浅议孟子的道德修养论》,载《学术交流》1990 年第 4 期。

施伟青:《孟子个体为本的价值观》,载《厦门大学学报》(哲社版)1990 年第 1 期。

周国林:《关于孟子"助法"思想的评价》,载《孔子研究》1990 年第 1 期。

王甦:《孟子的中道思想》,载《孔子研究》1990 年第 2 期。

马智强:《〈孟子〉旧注献疑二则》,载《孔子研究》1990 年第 2 期。

岳国先:《试论孟子的"民本君末"思想》,载《辽宁大学学报》(哲社版)1990 年第 3 期。

曹虹:《孟子思想对汉赋的影响》,载《江苏社会科学》1990 年第 5 期。

赵乃贤:《孟子所论人性与教育作用》,载《辽宁教育行政学院学报》1990 年第 2 期。

任建东:《孟子"人性论"的逻辑发展》,载《唐都学刊》1990 年第 4 期。

杨千朴:《孟子的道德修养论述评》,载《扬州大学学报》(社科版)1990 年第 1 期。

黄君良:《论孟子"心"之特质》,载《管子学刊》1990 年第 1 期。

刘宗贤:《孟子的道德学说及其对传统文化的影响》,载《管子学刊》1990 年第 1 期。

裘是:《略论孟子经济思想》,载《金融管理与研究》1990 年第 3 期。

林归思:《〈孟子〉被动句研究》,载《古汉语研究》1991 年第 4 期。

赵旭东:《〈孟子〉中的起承组合句》,载《天中学刊》1990 年第 3 期。

郑晓江、程林辉:《孟子的人生理论》,载《江西社会科学》1991 年第 1 期。

刘奉光:《孟子人道思想研究》,载《赣南师范学院学报》1991 年第 1 期。

彭秀礼:《孟子改良思想与商鞅变法主张的比较分析》,载《开封教育学院学报》1991 年第 4 期。

刘周堂:《孟子人生哲学榷论》,载《求索》1991 年第 3 期。

宁新昌:《孟子伦理思想新探》,载《渭南师范学院学报》1991 年第 2 期。

胡菊英:《孟子"劳心劳力"分工说是孔子思想的继承与发展》,载《中州学刊》1991 年第 4 期。

梁韦弦:《孟子认识论的基本倾向》,载《吉林大学社会科学学报》1991 年第 3 期。

杨钊:《孟子和荀子的教育思想——兼述孟、荀思想的异同》,载《史学集刊》1991 年第 2 期。

王昭干:《孟子经营管理思想初探》,载《学术界》1991 年第 5 期。

杨正馨:《也谈孟子荀子人性理论之同异》,载《郑州大学学报》(哲社版)1991 年第 1 期。

陈克守:《孟子的演绎推理简析》,载《齐鲁学刊》1991 年第 2 期。

王其俊:《论孟子的社会控制思想》,载《东岳论丛》1991 年第 1 期。

惠吉兴:《试论孟子道德论的唯物主义倾向》,载《东岳论丛》1991 年第 1 期。

朱岚、王维平:《孟子与尼采人论比较》,载《兰州大学学报》(社科版)1991 年第 3 期。

韶泉、姬建萍:《孟子的"知言养气"说及其对古代文论的影响》,载《齐鲁学刊》1991 年第 6 期。

王福利:《也谈孟子的"劳心"与"劳力"说》,载《徐州师范大学学报》(哲社版)1991 年第 4 期。

孙开太:《试评孟子的认识论》,载《管子学刊》1991 年第 1 期。

陈延斌:《孟子政治伦理观初探》,载《江苏社会科学》1991 年第 5 期。

范广仁、赵乃贤:《孟子的"自得"学习修养论》,载《辽宁教育行政学院学报》1991 年第 1 期。

李刚兴:《孟子民本思想浅析》,载《西华师范大学学报》(哲社版)1991 年第 2 期。

王延双:《孟子"仁政"思想的社会经济根源》,载《绥化学院学报》1991 年第 3 期。

王丽英:《〈孟子〉中的句群初探》,载《许昌学院学报》1991 年第 2 期。

黄大路:《孟子理想人格观之管窥》,载《学术月刊》1991 年第 2 期。

任建东:《论〈孟子〉的唯物史观思想》,载《渤海大学学报》(哲社版)1991

年第4期。

朱林:《孟子“天人合一”思想述论》,载《江西社会科学》1992年第5期。

张奇伟:《道德价值是“可欲”的——孟子“可欲之谓善”命题发微》,载《人文杂志》1992年第6期。

黄必庄:《孟子论辩的修辞艺术》,载《广西师范大学学报》(哲社版)1992年第1期。

徐柏青:《孟子的人格理论及其实践》,载《湖北师范学院学报》(哲社版)1992年第2期。

罗祖基:《论孟子思想及其儒学的异端性质》,载《青海社会科学》1992年第2期。

梁韦弦:《孟子天命观新论》,载《吉林师范大学学报》(社科版)1992年第4期。

王守华:《孟子的诗学——兼论“说诗”与“赋诗”的区别》,载《云南民族大学学报》(哲社版)1992年第4期。

田大庆:《孟子民本主义的经济思想》,载《江淮论坛》1992年第1期。

宋绍光:《论孟子经济思想的三个问题》,载《学海》1992年第1期。

赵旭东:《〈孟子〉中的起承组合句》,载《郑州大学学报》(哲社版)1992年第1期。

傅永聚:《孟子“养气说”浅析》,载《齐鲁学刊》1992年第2期。

刘培桂:《历代对孟子的封赐与尊崇》,载《齐鲁学刊》1992年第4期。

刘鄂培:《论孟子的“天人合一”观与后工业社会》,载《湖南社会科学》1992年第1期。

孙实明:《孟子政治思想简论》,载《辽宁大学学报》(哲社版)1992年第4期。

杨琦:《释孟子的“养浩然之气”》,载《陕西师范大学学报》(哲社版)1992年第1期。

蔡德贵:《孟子哲学思想的多维透视》,载《东岳论丛》1992年第3期。

王其俊:《论孟子的国与天下观》,载《东岳论丛》1992年第4期。

姜国柱:《孟子的富民思想及其影响》,载《甘肃社会科学》1992年第4期。

宋绍光:《论孟子游说中的应时思想》,载《江苏社会科学》1992年第4期。

王以宪:《论孟子的“执中行权”思想》,载《江西师范大学学报》(哲社版)1992年第4期。

丁绍华:《孟子民本思想探析》,载《安庆师范学院学报》(社科版)1992年第1期。

章理佳、旦元生:《论孟子的功利行为观——孟子管理思想研究之一》,载《江汉大学学报》(社科版)1992年第2期。

石磊:《孟子对孔子的理想人格学说之继承与发展》,载《中南民族大学学报》(社科版)1992年第1期。

肖巍:《论孟子伦理思想中的道德自主性》,载《中国青年政治学院学报》1992年第6期。

王昭干:《孟子的商业思想》,载《阜阳师范学院学报》(社科版)1992年第2期。

唐少君:《孟子关于人学的哲学思考》,载《管子学刊》1992年第4期。

徐柏青:《孟子的人格理论及其实践》,载《湖北师范学院学报》(自然科学版)1992年第2期。

彭秀礼:《孟子改良思想与商鞅变法主张的比较分析》,载《辽宁师范大学学报》(社科版)1992年第5期。

缪军:《试论孟子的"以意逆志"和"知人论世"》,载《广西师范学院学报》(哲社版)1992年第1期。

翟廷晋:《孟子在先秦名辩思潮中的地位和作用》,载《学术月刊》1992年第7期。

章阳:《〈老子他说〉说什么,〈孟子旁通〉通向哪》,载《中国图书评论》1992年第5期。

翟廷晋:《孟子价值观评析》,载《上海社会科学院学术季刊》1992年第2期。

夏筱轩:《〈孟子〉中一种特殊的句式杂糅现象》,载《徐州师范大学学报》(哲社版)1992年第3期。

李才远:《孟子的"养浩然之气"说》,载《西南师范大学学报》(社科版)1992年第1期。

张奇伟:《孟子"性善论"新探》,载《北京师范大学学报》(社科版)1993年第1期。

赵巨源:《〈孟子〉里的"之"字》,载《烟台大学学报》(哲社版)1993年第2期。

聂文渊:《孟子政治观中的民本思想》,载《贵州社会科学》1993年第1期。

王昭干:《孟子正己思想及其现实意义》,载《合肥工业大学学报》(社科版)1993年第1期。

梁韦弦:《孟子"五伦"说考议》,载《吉林师范大学学报》(社科版)1993年第2期。

廖显满:《略论孟子的"性善论"》,载《湖南科技大学学报》(社科版)1993年第4期。

周洪才、钟淑娥:《〈孟子〉历代研究考述》,载《石油大学学报》(社科版)1993年第3期。

于志荣:《〈孟子〉中"之"字的用法及其作用》,载《长春师范学院学报》1993年第4期。

燕国材:《孟子的心理学思想研究》,载《心理学报》1993年第4期。

王其俊:《孟子在国外的影响》,载《山东社会科学》1993年第1期。

谢宗范:《探源寻流条分缕析——翟廷晋的〈孟子思想评析与探源〉读后》,载《社会科学》1993年第3期。

张应杭:《论孟子理想人格思想对民族精神的影响》,载《学海》1993年第5期。

王联斌:《孟子的军事伦理思想》,载《军事历史研究》1993年第4期。

王晖:《〈孟子〉误读一例》,载《陕西师范大学学报》(哲社版)1993年第3期。

杨泽波:《孟子义利观的三重向度》,载《东岳论丛》1993年第4期。

张奇伟:《"仁义"范畴探源——兼论孟子的"仁义"思想》,载《社会科学辑刊》1993年第2期。

张奇伟:《孟子"义"范畴初探》,载《甘肃社会科学》1993年第2期。

吴广义:《谈孟子散文的论辩艺术》,载《阴山学刊》1993年第3期。

谭思健:《论〈孟子〉的比喻》,载《江西教育学院学报》1993年第3期。

白奚:《孟子非稷下先生辨》,载《管子学刊》1993年第2期。

徐洪兴:《唐宋间的孟子升格运动》,载《中国社会科学》1993年第5期。

马宝记:《论〈论语〉、〈孟子〉的异同及其师承关系》,载《许昌学院学报》1993年第3期。

汪贞干:《〈孟子译注〉商兑三则》,载《古汉语研究》1994年第2期。

范正宇:《民本主义:在孟子和他的身后》,载《湖北大学学报》(哲社版)1994年第4期。

王文哲:《孟子伦理思想辨析》,载《河南师范大学学报》(哲社版)1994年第6期。

颜炳罡:《论孟子的主体哲学》,载《孔子研究》1994年第1期。

刘培桂:《孔道辅与祭祀孟子之始》,载《孔子研究》1994年第1期。

王钧林:《从孔子到孟子的儒家"修己"思想——兼论曾子承先启后的中介性作用》,载《孔子研究》1994年第4期。

傅建增:《孟子思想教育理论初探》,载《南开学报》(哲社版)1994年第1期。

晓言:《"仁"的逻辑程序及孟子的阐发》,载《齐鲁学刊》1994年第1期。

徐进:《"民贵君轻"论辨析——兼论孟子的民本思想和民主思想》,载《齐鲁学刊》1994年第2期。

张俊相:《孟子"推恩"说》,载《齐鲁学刊》1994年第3期。

赵骏河:《孟子基本思想与礼》,载《齐鲁学刊》1994年第4期。

梁韦弦:《孟子义利观的再认识》,载《人文杂志》1994年第3期。

黄德昌:《孟子的仁政思想发微》,载《四川大学学报》(哲社版)1994年第4期。

陈鹏:《孟子的美学启示》,载《学术月刊》1994年第4期。

吴晓明:《孟子关于人性的论辩》,载《学术月刊》1994年第10期。

胡发贵:《善待生命——孟子"人学"发凡》,载《中国文化研究》1994年第1期。

黄长泉、李鲜林:《试论孟子的"气"》,载《中国文学研究》1994年第1期。

吴昕春:《"民贵君轻"与"保民而王"——孟子重民思想述议》,载《安徽教育学院学报》(社科版)1994年第3期。

曹刚、李志成:《孟子"心"论——兼论孟子道德心理思想及其现代意义》,载《长沙电力学院学报》(社科版)1994年第3期。

王其俊:《论孟子的社会变迁观》,载《东岳论丛》1994年第2期。

张奇伟:《论孟子的仁学》,载《管子学刊》1994年第1期。

王兴业:《孟子思想阶级性新论》,载《管子学刊》1994年第2期。

梁韦弦、李春生:《孟子与杨墨两家的论争》,载《河北师范大学学报》(哲社版)1994年第1期。

沈淑芳:《论文学批评的主体性原则——孟子"以意逆志"说的现代诠释》,载《海南师范学院学报》(社科版)1994年第3期。

杨国荣:《人格之境与成人之道——从孟子看儒家人格学说》,载《南京社会科学》1994年第6期。

王连弟:《孟子与韩愈的论辩艺术浅析》,载《中国哲学史》1994年第6期。

梁韦弦:《孟子论道德修养方法》,载《松辽学刊》(社科版)1994年第2期。

何平:《孟子的仁学、性修与伦理王》,载《天津师大学报》(社科版)1994年第5期。

钟家栋:《远近之间辨义利——孟子与梁惠王之争新识》,载《探索与争鸣》1994年第2期。

方光华:《孟子人性论及其对儒家思想的发展》,载《许昌师专学报》1994年第4期。

张云飞:《试析孟子思想的生态伦理学价值》,载《中华文化论坛》1994年第3期。

王连弟:《孟子与韩愈的论辩艺术浅析》,载《齐齐哈尔大学学报》(哲社版)1994年第2期。

周一谋:《孔子、孟子的色欲观》,载《长寿》1994年第2期。

彭建军:《浅谈孟子思想中的唯物论因素》,载《湖湘论坛》1994年第5期。

张文斌:《浅谈〈孟子〉散文的论辩艺术》,载《太原师范学院学报》(社科版)1994年第3期。

张奇伟:《孟子义利观新解》,载《北京师范大学学报》(社科版)1995年第4期。

韦茂繁:《〈孟子〉比喻的主要特色》,载《广西民族学院学报》(哲社版)1995年第1期。

王其俊:《论孟子的社会变迁思想》,载《孔子研究》1995年第3期。

马振铎:《孟子的"自为"之学和心说》,载《孔子研究》1995年第4期。

常为群:《孟子、庄子比较研究三题》,载《南京师大学报》(社科版)1995年第1期。

杨民:《〈孟子〉"舜发于畎亩之中"章发微》,载《清华大学学报》(哲社版)1995年第4期。

何晓明:《孟子"天"论剖析》,载《齐鲁学刊》1995年第1期。

萧仕平:《孟子"不动心"思想探析》,载《齐鲁学刊》1995年第3期。

马振铎:《孟子关于"德慧"、"术知"之区分及二者相统一思想》,载《齐鲁学刊》1995年第5期。

张文勋:《孟子和荀子美学思想之比较》,载《社会科学战线》1995年第5期。

葛志毅:《孟子学统与战国文化》,载《陕西师范大学学报》(哲社版)1995年第2期。

李兴和:《孟子"性善"略论》,载《思想战线》1995年第2期。

王文钦:《主体精神的后天涵养——论孟子的养气说》,载《文史哲》1995年第6期。

李启谦:《论孟子思想与邹鲁文化》,载《烟台大学学报》(哲社版)1995年第4期。

俞绵超:《孟子笔下的舜的形象》,载《安徽教育学院学报》(社科版)1995年第1期。

吴昕春:《孟子"义"观论说》,载《安徽教育学院学报》(社科版)1995年第4期。

房立泉:《孟子思想与邹城发展》,载《发展论坛》1995年第4期。

王朝忠:《气势磅礴酣畅雄肆——谈〈孟子〉散文的艺术特色》,载《德州学院学报》1995年第1期。

何晓明:《孟子"心性"论剖析》,载《桂林市教育学院学报》1995年第1期。

张玲:《评孟子与荀子的人性观》,载《贵州大学学报》(社科版)1995年第4期。

陈谷嘉:《论孟子的道德人格理想目标系统》,载《湖南大学学报》(社科版)1995年第2期。

胡发贵:《孟子忧世论》,载《河北学刊》1995年第5期。

边家珍:《〈孟子〉文学风格论略》,载《河南大学学报》(社科版)1995年第2期。

周文英:《孟子的逻辑思想》,载《江西教育学院学报》1995年第4期。

吴昕春:《"定于一"命题与孟子的政治思想》,载《学术界》1995年第3期。

史炳军:《从主体意识的觉醒看孟子哲学的时代价值》,载《西北大学学报》(哲社版)1995年第2期。

毕世响:《孟子心理历程探析——孟子人格论》,载《徐州师范大学学报》(哲社版)1995年第4期。

常为群:《孟子、庄子比较研究三题》,载《中国哲学史》1995年第3期。

吴昕春:《孟子的社会稳定观》,载《安徽史学》1996年第2期。

杨海文:《〈孟子〉与〈诗〉〈书〉的相互权威性》,载《甘肃社会科学》1996年第6期。

雷戈:《仁与政——孟子思想批判》,载《孔子研究》1996年第4期。

刘怀荣:《孟子"迹熄〈诗〉亡"说学术价值重诂》,载《齐鲁学刊》1996年第1期。

郑千里:《〈孟子·告子下〉的一处断句问题》,载《文史哲》1996 年第 4 期。

王开元:《从〈许行章〉看孟子的驳论艺术》,载《新疆大学学报》(哲社版)1996 年第 4 期。

罗祖基:《孟子"民贵君轻"说评析——兼论孔孟政治思想异同》,载《安庆师范学院学报》(社科版)1996 年第 4 期。

刘鄂培:《论孟子的认识论——反映论、可知论——兼论从孟子到王夫之中国古代认识论的唯物传统》,载《船山学刊》1996 年第 2 期。

陈宪猷:《孟子的"义利"观》,载《船山学刊》1996 年第 2 期。

李篪衡:《〈孟子要义〉中之丁茶山经学研究》,载《当代韩国》1996 年第 2 期。

李文永、朴炳:《从〈论语〉、〈孟子〉看定义行政的三个范畴:人、事、方法》,载《当代韩国》1996 年第 3 期。

徐人忠:《孟子对教育理论的贡献》,载《东岳论丛》1996 年第 3 期。

黄亚平:《试论〈孟子章句〉的注释特点》,载《古籍整理研究学刊》1996 年第 2 期。

龙光沛:《孟子"民贵君轻"说及其历史价值》,载《贵州大学学报》(社科版)1996 年第 4 期。

关桐:《论孟子的民本主义》,载《管子学刊》1996 年第 2 期。

柳仁熙:《孟子与新儒学——从朱子看孟子》,载《管子学刊》1996 年第 2 期。

张文举:《论孟子的义利观》,载《淮北煤师院学报》(哲社版)1996 年第 4 期。

张光成:《孟子四端说再评》,载《河北师范大学学报》(哲社版)1996 年第 2 期。

徐淑贞:《孟子的"仁政"思想》,载《河北师范大学学报》(哲社版)1996 年第 3 期。

王其俊:《孟子、李退溪的心性之学》,载韩国《退溪学》第 89 辑 1996 年第 3 期。

王其俊:《孔孟儒学的现代价值》,载韩国《退溪学》1996 年第 12 期。

曲广博:《孟子浩然之"气"辨》,载《河北师范大学学报》(哲社版)1996 年第 4 期。

高旺:《孟子人性论、人本精神与中国德治主义传统》,载《河北学刊》1996 年第 4 期。

张景芝:《孟子、荀子人性论教育思想之浅析》,载《黑龙江教育学院学报》1996 年第 4 期。

吴榕青:《孟子和荀子的教育思想比较》,载《韩山师范学院学报》1996 年第 4 期。

张涅:《〈孟子〉"性本善"的天道契合和外化践履》,载《浙江海洋学院学报》(人文科学版)1996 年第 2 期。

冯爱文:《论孟子仁政学说体系》,载《北京第二外国语学院学报》1996 年第 1 期。

孔慧云:《孟子"以意逆志"说〈诗〉方法之辨正》,载《济南大学学报》(社科版)1996 年第 4 期。

任雪浩:《孟子论辩艺术举隅》,载《职业教育研究》1996 年第 12 期。

王汝霞、盛国军:《孟子人生论的现代启迪》,载《理论与现代化》1996 年第 4 期。

魏义霞:《孟子性善说新释》,载《齐齐哈尔大学学报》(哲社版)1996 年第 6 期。

张觉:《〈孟子〉中的复音词凝固现象(一)、(二)、(三)》,载《上海大学学报》(社科版)1996 年第 3 期。

韩学君:《论孟子的接受美学思想》,载《湘潭师范学院学报》(社科版)1996 年第 5 期。

王静:《怎样判断〈孟子·尽心上〉的教育二字》,载《江西教育科研》1996 年第 4 期。

刘竹:《试论孟子的阳刚美》,载《云南师范大学学报》(哲社版)1996 年第 5 期。

陈宁:《孟子的命运观》,载《烟台师范学院学报》(哲社版)1996 年第 1 期。

李埏、章峰:《孟子的"井田说"与"恒产论"浅析》,载《学术探索》1996 年第 2 期。

李保林、丁素:《李退溪对〈孟子〉基本思想的继承与发展》,载《中州学刊》1996 年第 6 期。

刘鄂培:《孟子的美学思想及对中国传统美学的影响》,载《中国哲学史》1996 年第 3 期。

陈永革:《人心向善与人性本善——孟子心性论的伦理诠释》,载《中国哲学史》1996 年第 4 期。

杨海文:《略论孟子的义利之辨与德福一致》,载《中国哲学史》1996 年第

1 期。

李尚礼:《孟子的义利观及其他》,载《运城学院学报》1996 年第 1 期。

徐德斌、张玉龙:《试论孟子思想及其对现代社会的借鉴意义》,载《长春大学学报》1996 年第 1 期。

刘鄂培:《孟子教育思想再论》,载《教育评论》1996 年第 4 期。

叶斌:《〈孟子〉"两马"新解》,载《古汉语研究》1997 年第 1 期。

黎曙光:《再论孟子在语言学上的贡献》,载《广西民族学院学报》(哲社版)1997 年第 1 期。

衷尔钜:《孟子论人格的自我价值》,载《孔子研究》1997 年第 1 期。

杨海文:《试析孟子解〈诗〉读〈书〉方法论》,载《孔子研究》1997 年第 1 期。

孙聚友:《孟子人学思想探析》,载《孔子研究》1997 年第 2 期。

邢志第:《〈论语〉〈孟子〉中的反映论思想》,载《理论学刊》1997 年第 2 期。

艾新强:《孟子民本思想及其现实借鉴意义》,载《求实》1997 年第 7 期。

吴洁生:《孟子伦理道德思想探要》,载《探索》1997 年第 6 期。

张节末:《论孟子的情感理论与狂者气质》,载《哲学研究》1997 年第 5 期。

李仁群:《仁人之心与丈夫之气——孟子对士大夫阶层人生抉择的思考》,载《安徽大学学报》(哲社版)1997 年第 2 期。

王其俊:《略论孟子与先秦诸子的争鸣》,载韩国《孟子研究》第一辑 1997 年 7 月。

冯世则:《复习"孟子·滕文公章句下"》,载《读书》1997 年第 3 期。

王晓昕:《由孟子的"知"到王阳明的"知行合一"》,载《贵阳师专学报》(社科版)1997 年第 2 期。

颜建华:《孟子的美学思想与散文特色》,载《贵州师范大学学报》(社科版)1997 年第 2 期。

高积顺:《孟子义利思想新诠》,载《管子学刊》1997 年第 1 期。

王其俊:《孟子在封建社会的影响》,载《孟子研究论文集》,山东大学出版社 1997 年 7 月。

张运华:《从孟子学说看道家的影响》,载《管子学刊》1997 年第 3 期。

刘玉明:《也论孟子民本思想的渊源形成》,载《管子学刊》1997 年 4 期。

张彦修:《论孔子和孟子的婚姻观》,载《管子学刊》1997 年第 4 期。

叶斌:《〈孟子〉训诂札记》,载《杭州师范学院学报》1997 年第 2 期。

肖驷:《孟子研究的力作——评〈亚圣智慧〉》,载《东岳论丛》1997年第5期。

徐晓霞:《浅说孟子的"性善论"》,载《华夏文化》1997年第1期。

高卫国:《孟子的辩论技巧例谈》,载《江苏教育学院学报》(社科版)1997年第1期。

关耳:《孟子的仁政思想与表达艺术》,载《教育艺术》1997年第5期。

倪愫襄:《孟子仁政思想探微》,载《黑龙江社会科学》1997年第4期。

华弘:《浅析孟子的人格思想》,载《山东社会科学》1997年第3期。

宋永泽:《"子"在〈孟子〉中的用法》,载《山西大学学报》(哲社版)1997年第2期。

范有芳:《论孟子关于王道与霸道的思想》,载《沈阳师范学院学报》(社科版)1997年第4期。

严峰:《养浩然正气——孟子论人格修养》,载《石油政工研究》1997年第3期。

周颖:《试论孟子的性善说》,载《天府新论》1997年第6期。

张永琪:《高超的论辩、良好的效果——从〈齐桓晋文之事章〉看孟子的论辩术》,载《西北第二民族学院学报》(哲社版)1997年2期。

杨泽波:《孟子经权思想探微》,载《学术论坛》1997年第6期。

龚铁群:《论孟子的忧乐观》,载《益阳师专学报》1997年第2期。

陈寒鸣:《宋儒孟子观述论》,载《中国哲学史》1997年第1期。

彭高翔:《孟子"万物皆备于我"章释义》,载《中国哲学史》1997年第3期。

田真:《论孟子的道德学说》,载《北京航空航天大学学报》(社科版)1997年第1期。

费念椿:《试评孟子的美学思想》,载《通化师范学院学报》1997年第1期。

杨泽波:《孟子弟子考辨》,载《孔子研究》1998年第1期。

徐克谦:《孟子"义内"说发微》,载《孔子研究》1998年第4期。

周光庆:《戴震〈孟子〉解释方法论》,载《孔子研究》1998年第4期。

周淑萍:《论孟子仁学的内涵和实质》,载《兰州大学学报》(社科版)1998年第3期。

李宗强:《孟子"养气说"初探》,载《理论导刊》1998年第7期。

杨海文:《孟子与汉代思想史的散点透视》,载《齐鲁学刊》1998年第3期。

何沛雄:《从句式论孟子的“文气”》,载《社会科学战线》1998 年 2 期。

杨泽波:《孟子理想人格的思想与践行》,载《中国文化研究》1998 年第 1 期。

孙以楷:《孟子与道家》,载《安徽大学学报》(哲社版)1998 年第 3 期。

杨福生:《安世以道易天下文敏飞动自纵横——〈孟子〉、〈韩非子〉论辩艺术比较》,载《安徽大学学报》(哲社版)1998 年第 4 期。

孔黎兰:《〈孟子〉刍议》,载《宝鸡文理学院学报》(社科版)1998 年第 3 期。

周宏:《试论孟子学说中的交互主体思想》,载《重庆师院学报》(哲社版)1998 年第 1 期。

王其俊:《充塞天地的浩然正气——“夫子加齐之卿相”章赏析》,载《孟学研究》山东人民出版社 1998 年 2 月。

张全新:《子思的“诚”与孟子的“心”》,载《发展论坛》1998 年第 4 期。

刘小文:《评〈孟子·滕文公〉几种译文的得失》,载《德州学院学报》1998 年第 1 期。

《孔子论管仲》,载《管子学刊》1998 年第 3 期。

孙开太:《孟子与五经》,载《管子学刊》1998 年第 4 期。

杨海文:《〈诗〉〈书〉传统与孟子民本思想的文化阐释》,载《河北学刊》1998 年第 6 期。

郑少珍:《孟子“性善论”与荀子“性恶论”之比较》,载《韩山师范学院学报》1998 年第 4 期。

张岂之:《怎样读〈孟子〉》,载《湖湘论坛》1998 年第 4 期。

吴全兰:《试论孟子的道德修养观》,载《河北学刊》1998 年第 6 期。

边家珍:《孟子的“自得”说与目前高校文科教学改革》,载《继续教育研究》1998 年第 2 期。

郭振香:《孟子理想人格观浅析》,载《嘉应大学学报》1998 年第 1 期。

张金兰:《孟子的事功思想初探》,载《嘉应大学学报》1998 年第 4 期。

晏玉斌:《从孟子和荀子谈儒家思想的演变和共性》,载《社会科学家》1998 年第 2 期。

渠长根、贺艳秋:《孟子自我教育思想发微》,载《商丘师范学院学报》1998 年第 3 期。

刘艳:《〈孟子〉中的“是”字浅探》,载《西北大学学报》(哲社版)1998 年第 2 期。

马宇辉:《〈孟子〉文学思想的再开掘》,载《零陵学院学报》1998 年第 1 期。

徐松源:《孟子"浩然之气"再识》,载《云南师范大学学报》(教育科学版)1998年第1期。

戚俊杰、黄娜:《对孟子义利观的现代认识》,载《淄博学院学报》(社科版)1998年第2期。

马振铎:《天爵、良贵、圣人——试论孟子的价值观》,载《中华文化论坛》1998年第4期。

黎红雷:《本体·伦理·管理——孟子哲学结构新探》,载《中国哲学史》1998年第2期。

孔永根、周伟生、李建邡:《略论孟子散文的论辩艺术》,载《常熟高专学报》1998年第2期。

周宏:《试论孟子学说中的交互主体思想》,载《常熟高专学报》1998年第4期。

汪秋明:《〈孟子〉句读商榷一则》,载《语文知识》1998年第1期。

王建华:《孟子五说》,载《江苏社会科学》1999年第4期。

边家珍:《孟子论辩六法》,载《孔子研究》1999年第2期。

郭晓丽、祁润兴:《孟子社会分工思想的现代阐释》,载《内蒙古社会科学》(汉文版)1999年第3期。

隋淑芬:《论孟子的诱导教育法》,载《齐鲁学刊》1999年第2期。

晁岳佩:《孟子〈春秋〉说分析》,载《山东师范大学学报》(社科版)1999年第4期。

张义宾:《孟子"浩然之气"新解》,载《山东大学学报》(哲社版)1999年第2期。

蒋重跃:《孟子荀卿韩非子对人的本质的认识》,载《社会科学辑刊》1999年第6期。

周淑萍:《孟子义利观新探》,载《陕西师范大学学报》(哲社版)1999年第2期。

杨钊:《说孟子荀子的历史观》,载《史学史研究》1999年第1期。

胡继明:《〈孟子〉对汉语文学语言词汇的影响》,载《西南师范大学学报》(哲社版)1999年第1期。

向世陵:《重民扬善,心仪自由——孟子思想研究》,载《中国人民大学学报》1999年第3期。

孔润年:《实现人与道德的统一——孟子伦理学说新探》,载《宝鸡文理学院学报》(社科版)1999年第1期。

胡明清:《论孟子论辩的战略、战术和技巧》,载《重庆师专学报》1999年第1期。

周辉:《从〈孟子正义〉看焦循对"疏不破注"成法的突破》,载《古籍整理研究学刊》1999年第5期。

刘华:《孟子人性心理学说探讨》,载《贵州师范大学学报》(社科版)1999年第4期。

孙开太:《孟子与五经(续)》,载《管子学刊》1999年第1期。

杨阳:《内在超越与内圣外王——孟子思想的政教一体化思维特征》,载《管子学刊》1999年第1期。

宁登国:《〈孟子〉的历代诠释研究概观》,载《管子学刊》1999年第4期。

吴瑞霞:《"以意逆志"与"知人论世"——孟子文学批评方法试析》,载《湖北师范学院学报》(哲社版)1999年第2期。

周兴茂:《孟子"五伦"的历史演变与现代价值》,载《湖北民族学院学报》(哲社版)1999年第1期。

蓝旭:《孟子——士的导师》,载《河池师范高等专科学校学报》1999年第1期。

张俊相:《孟子"丈夫"成德论》,载《华夏文化》1999年第4期。

李建忠:《专心致志,学有所成——读孟子的〈弈秋〉》,载《晋东南师范专科学校学报》1999年第4期。

刘挺生:《以不忍人之心行不忍人之政——孟子的治安思想》,载《江淮论坛》1999年第2期。

杨泽波:《〈孟子〉作者新证》,载《中共济南市委党校学报》1999年第4期。

程世礼:《孟子"何必曰利"辨》,载《淮阴工学院学报》1999年第4期。

李岑虎:《孟子的教育思想与当代教学改革》,载《教育艺术》1999年第10期。

黄镇清、林小冬:《从孟子的"无后为大"看封建社会对婚育行为的干预》,载《南方人口》1999年第3期。

陈光宇:《柏拉图与孟子美论之比较》,载《南京社会科学》1999年第10期。

肖涵、郭艺伟:《顺水推舟,度法巧妙——论孟子辩论术》,载《平顶山师专学报》1999年第1期。

李笑野:《〈孟子〉、〈坛经〉心性说述论》,载《上海财经大学学报》1999年第1期。

刘伟:《浅论〈孟子〉的论辩方法》,载《山东电大学报》1999年第1期。

赵耳东:《孟子·规矩·兵马俑》,载《世界标准化与质量管理》1999年第4期。

何砚华:《孟子性善说的阐发及其道德教化涵义》,载《商丘师范学院学报》1999年第5期。

赵彩花:《从"善"、"恶"等字的意蕴看孟子荀子的价值观》,载《韶关大学学报》1999年第5期。

张晓真:《以义利之辨为核心的孟子德育思想及其价值》,载《学术界》1999年第4期。

杨太:《孟子文艺美学思想综论》,载《沈阳师范学院学报》(社科版)1999年第6期。

周淑萍:《孟子的孝道思想底蕴》,载《唐都学刊》1999年第2期。

侯爱平、吕玉玲:《论〈孟子〉和〈战国策〉说辞的共同特色》,载《天津师大学报》(社科版)1999年第4期。

郭齐勇:《郭店儒家简与孟子心性论》,载《武汉大学学报》(社科版)1999年第5期。

刘忠阳:《论孟子的"人权"思想》,载《湘潭师范学院学报》(社科版)1999年第4期。

姬源:《论孟子散文的艺术个性》,载《西安教育学院学报》1999年第4期。

马增强:《孟子的民本思想》,载《西安航空技术高等专科学校学报》1999年第4期。

杨志华:《理解:重新返回孟子——对"知人论世"、"以意逆志"说的阐释》,载《云南师范大学学报》(哲社版)1999年第2期。

李瑞星、李旭东:《试论孟子的义利观》,载《烟台师范学院学报》(哲社版)1999年第3期。

邱环:《孟子与庄子的认识论比较》,载《玉溪师范高等专科学校学报》1999年第1期。

袁占钊:《孟子的重民思想及其后世影响与启迪》,载《延安大学学报》(社科版)1999年第1期。

赖志明:《从孟子"好辩"看其逻辑观》,载《湛江师范学院学报》(社科版)1999年第4期。

赵玉环:《论孟子的"仁政"思想》,载《政法论丛》1999年第3期。

刘忠阳:《论孟子的"人权"思想》,载《株洲师范高等专科学校学报》1999年第1期。

张奇伟:《“莫之为而为者,天也”——孟子“天”范畴新解》,载《中国哲学史》1999 年第 4 期。

胡卫青:《中西人性论的冲突:近代来华传教士与孟子性善论》,载《复旦学报》(社科版)2000 年第 3 期。

凯南:《从义利之辩到什么是幸福——对孟子人生论的一种解释》,载《高校理论战线》2000 年第 4 期。

许梦瀛:《孟子对孔子教育思想的继承与发展》,载《河南师范大学学报》(哲社版)2000 年第 1 期。

李会钦:《试论孟子的修身学说及其现实价值》,载《江西社会科学》2000 年第 2 期。

杨海文:《“仁且智”与孟子的理想人格论》,载《孔子研究》2000 年第 4 期。

刘培桂:《孟子周游列国年代考》,载《孔子研究》2000 年第 4 期。

裴传永:《孟子的“仁政”理想述论》,载《理论学刊》2000 年第 3 期。

刘文刚:《孟子“夫妇有别”论小议——兼与金景芳先生商榷》,载《历史研究》2000 年第 1 期。

杨培彬:《本溪南芬发现孟子世家流寓支谱》,载《兰台世界》2000 年第 9 期。

张光成:《孟子遗留的三个哲学问题》,载《社会科学》2000 年第 6 期。

杨海文:《孟子文化精神的整体通观》,载《学术研究》2000 年第 2 期。

马征:《孟子的人格美论及其现代价值》,载《烟台大学学报》(哲社版)2000 年第 3 期。

王引淑:《略论孟子民本思想的当代价值》,载《政法论坛》2000 年第 2 期。

赵平分:《孟子性善论和当代自我修养》,载《保定师专学报》2000 年第 1 期。

张春英:《论孟子关于“利”的思想》,载《滨州教育学院学报》2000 年第 3 期。

王雪梅:《黄宗羲〈孟子师说〉述论》,载《四川师范学院学报》(哲社版)2000 年第 4 期。

陈延嘉:《孟子“天时”辨正》,载《古籍整理研究学刊》2000 年第 1 期。

张文超:《简论孟子对孔子义利思想的继承和发展》,载《管子学刊》2000 年第 2 期。

李国家:《孟子的仁政思想及其哲学基础》,载《零陵师范高等专科学校学报》2000 年第 4 期。

孔漫春:《孟子谈辩方法摭谈》,载《洛阳师范学院学报》2000 年第 3 期。

张惠荣、周远富:《焦循注疏赵岐〈孟子题辞〉研究》,载《南通师范学院学报》(哲社版)2000 年第 2 期。

李少波:《孟子经济伦理观浅析》,载《青海师范大学学报》(哲社版)2000 年第 4 期。

陈桐生:《孟子是西汉今文经学的先驱》,载《汕头大学学报》(人文科学版)2000 年第 2 期。

卫建琮:《从〈孟子〉谈教师素质》,载《山西教育学院学报》2000 年第 1 期。

丁春荣:《孟子性善论评析》,载《思茅师范高等专科学校学报》2000 年第 1 期。

赵世举:《从〈孟子〉看语境对定中结构的制约》,载《武汉大学学报》(社科版)2000 年第 2 期。

梅良勇、张方玉:《孟子的家庭伦理思想初探》,载《徐州师范大学学报》(哲社版)2000 年第 1 期。

胡明清:《论孟子的论辩战略》,载《徐州师范大学学报》(哲社版)2000 年第 2 期。

李奥烈:《孟子的"仁政"学说》,载《云南师范大学学报》(哲社版)2000 年第 6 期。

邓新文:《孟子学问之道发微》,载《浙江学刊》2000 年第 2 期。

李晓春:《从"内在超越"的角度看孟子与荀子的人性论分歧》,载《华东师范大学学报》(哲社版)2000 年第 6 期。

张喜平:《孟子义利观新论》,载《新东方》2000 年第 2 期。

裴传永:《孟子的"仁政"理想述论》,载《理论学刊》2000 年第 3 期。

王魁溥:《孟子善养浩然正气》,载《现代养生》2000 年第 11 期。

余新华:《论孟子以心证性的修养方法——兼解"养浩然之气"》,载《东北师大学报》(哲社版)2001 年第 5 期。

郜积意:《赵岐〈孟子注〉:章句学的运用与突破》,载《孔子研究》2001 年第 1 期。

陈桐生:《论孟子对西汉今文经学的特殊贡献》,载《孔子研究》2001 年第 2 期。

张实龙:《文化生成意义上的孟子仁政模式》,载《孔子研究》2001 年第 2 期。

周淑萍:《论孟子自然观及其现代价值》,载《兰州大学学报》(社科版)2001年第6期。

吴德义:《孔子的仁与孟子的仁政》,载《历史教学》2001年第8期。

王爱敏:《孟子仁说述论》,载《理论学刊》2001年第1期。

杨淑明:《试论孟子的独立人格意识》,载《理论学刊》2001年第3期。

邢志第:《孟子"劳心者治人,劳力者治于人"命题新探》,载《理论学刊》2001年第3期。

郭桥:《孟子谈辩中的若干谬误》,载《人文杂志》2001年第2期。

王磊:《先秦时期的生态美思想——孟子、庄子解读》,载《陕西师范大学学报》(哲社版)2001年第4期。

程恭让:《牟宗三对孟子与康德学理相关性的诠释》,载《学术月刊》2001年第6期。

杨海文:《孟子的〈春秋〉观与传统儒家的政治激情》,载《中山大学学报》(社科版)2001年第5期。

谢友祥:《孟子的知识分子论》,载《中国文化研究》2001年第3期。

李传印:《孟子在唐宋时期社会和文化地位的变化》,载《中国文化研究》2001年第3期。

张丛林:《孟子"知人论世"索解》,载《安徽教育学院学报》2001年第5期。

王雁:《浅议孟子的创新精神》,载《安阳师范学院学报》2001年第1期。

聂民玉、刘洪昌:《孟子养"浩然之气"的时代精神底蕴》,载《保定师专学报》2001年第3期。

杨小青:《孟子的论辩艺术》,载《渝州大学学报》(社科版)2001年第2期。

刘玉娥:《论孟子的雄辩艺术》,载《船山学刊》2001年第1期。

禹兰:《孟子的性善论和养气说》,载《船山学刊》2001年第2期。

宿岿岚:《试谈〈论语〉、〈孟子〉的家政思想》,载《大连大学学报》2001年第1期。

詹明月:《孟子的仁义道德对"两课"教学的启迪》,载《福建商业高等专科学校学报》2001年第4期。

陈家广:《孟子"性善论"浅探——兼谈现代道德研究的一些问题》,载《广东社会科学》2001年第6期。

杨爱群:《在论战中形成的论辩艺术——谈孟子辩术的形成及其特点》,载《赣南师范学院学报》2001年第4期。

谭洁:《论孟子的“浩然之气”》,载《甘肃教育学院学报》(社科版)2001 年第 3 期。

许建军:《孟子论“羞恶之心”》,载《甘肃行政学院学报》2001 年第 1 期。

王芳恒:《孟子创立性善学的理论与社会契机》,载《贵州社会科学》2001 年第 4 期。

王齐洲:《文学的人化与人的文学化——孟子荀子文学思想之比较》,载《湖北师范学院学报》(哲社版)2001 年第 1 期。

齐惠峰、王林:《论孟子的道德实践原则》,载《河北职工大学学报》2001 年第 1 期。

杨海文:《孟子的性命之辨及其内圣走向》,载《河北学刊》2001 年第 2 期。

林桂榛:《论孟子的义利观——〈孟子〉义利学说考察》,载《合肥联合大学学报》2001 年第 1 期。

任俊华:《如何以仁守位?——孟子“仁以守位”观探析》,载《湖湘论坛》2001 年第 2 期。

李秋菊:《浅析〈孟子〉中“以”字的用法》,载《晋中师范高等专科学校学报》2001 年第 4 期。

张皓:《孟子的人格美学与自主精神》,载《江汉大学学报》2001 年第 4 期。

尤明庆:《论孟子难以“受业于子思之门人”》,载《焦作工学院学报》(社科版)2001 年第 4 期。

郑复聪:《孟子文章辩论特点刍议》,载《理论学习与探索》2001 年第 6 期。

陈利权:《孟子性善论思想探要》,载《宁波大学学报》(人文科学版)2001 年第 2 期。

宋浩、陈怀健:《戴震论“善”人的培养——兼与孟子比较》,载《南京化工大学学报》(哲社版)2001 年第 2 期。

何梅琴:《鞭辟入里,气势磅礴——孟子艺术个性述评》,载《平顶山师专学报》2001 年第 3 期。

郭长华:《孟子道德修养方法举隅》,载《平顶山师专学报》2001 年第 3 期。

毕春英:《孟子辩论中比喻手法的运用》,载《青海师专学报》2001 年第 2 期。

周淑萍:《论孟子自然观及其现代价值》,载《兰州大学学报》(社科版)

2001年第6期。

刘永艳、田伯伏:《试论孟子的学术批判思想》,载《河北青年管理干部学院学报》2001年第1期。

蒋寄红:《孟子散文艺术特色浅析》,载《求索》2001年第3期。

周乾溁:《孟子“不动心”论剖解》,载《天津师范大学学报》(社科版)2001年第5期。

赵伟力:《浅论孟子的“仁政”学说》,载《华夏文化》2001年第4期。

张实龙:《文化生成意义上的孟子仁政模式》,载《孔子研究》2001年第2期。

刘玉明、孙英:《略论孟子民本思想及其价值》,载《聊城师范学院学报》(哲社版)2001年第4期。

郝秀文:《〈孟子〉人文精神及其现代价值》,载《太原教育学院学报》2001年第4期。

蒋重母:《〈孟子〉疑问句研究》,载《天中学刊》2001年第4期。

宁登国、赵立伟:《赵岐〈孟子章句〉之训诂特征》,载《聊城师范学院学报》(哲社版)2001年第6期。

欧阳祯人:《从〈鲁穆公问子思〉到〈孟子〉》,载《武汉大学学报》(人文科学版)2001年第2期。

马育良:《先秦儒家对于“情”的理论探索》,载《安徽大学学报》(哲社版)2001年第1期。

季庆阳、赵吉惠:《试析孟子的“仁政”理论体系》,载《西安电子科技大学学报》(社科版)2001年第4期。

王玉彪:《试论孟子的“以意逆志”说》,载《延安教育学院学报》2001年第4期。

梁涛:《荀子对思孟“五行”说的批判》,载《中国文化研究》2001年第2期。

张奇伟:《仁义礼智四位一体——论孟子伦理哲学思想》,载《吉林大学社会科学学报》2001年第3期。

赵源一:《孟子仁义政治思想的内涵》,载《船山学刊》2001年第4期。

梁涛:《孟子的“仁义内在”说》,载《燕山大学学报》(哲社版)2001年第4期。

郭秀琦:《论〈三国志〉对孟子民本思想的发展》,载《阴山学刊》2001年第1期。

蔡泽华:《论孟子思想中“天”的唯物主义本质》,载《益阳师专学报》2001

年第4期。

宁登国:《孟子道德情感的心理透析》,载《淄博学院学报》(社科版)2001年第3期。

杨泽波:《孟子天人合一思想中值得注意的两个问题》,载《浙江社会科学》2001年第4期。

任俊华、靳青万:《论孟子对易学的发挥》,载《漳州师范学院学报》(哲社版)2001年第2期。

李惠钦:《从"求诸己"看孟子的伦理倾向》,载《遵义师范学院学报》2001年第4期。

林永惠:《孟子和荀子的人性论比较》,载《沧州师范专科学校学报》2001年第3期。

陈利权:《孟子性善论思想探要》,载《宁波大学学报》(人文科学版)2001年第2期。

杨泽波:《孟子气论难点辨疑》,载《中国哲学史》2001年第1期。

袁鲁仁:《〈旷世大儒——孟子〉简介》,载《中国哲学史》2001年第2期。

张奇伟:《孟子"浩然之气"辨正》,载《中国哲学史》2001年第2期。

杨华:《孟子与齐燕战争——兼论〈孟子〉相关篇章的文本编年》,载《中国哲学史》2001年第3期。

顾永新:《〈七经孟子考文补遗〉考述》,载《北京大学学报》(哲社版)2002年第1期。

唐代兴:《孟子"仁道"理想中的普遍利益精神》,载《北京大学学报》(哲社版)2001年第1期。

杨泽波:《就〈孟子大传〉与刘鄂培先生商榷》,载《复旦学报》(社科版)2002年第2期。

张觉:《〈孟子〉存在句式变换研究》,载《古汉语研究》2002年第4期。

刘玉娥:《浩然之气:孟子人生最高精神境界》,载《河南师范大学学报》(哲社版)2002年第3期。

李向引:《养浩然之气,做巍巍之人——谈孟子的"理想人格"》,载《理论导刊》2002年第3期。

刘培桂:《孟子林庙历代石刻概述》,载《孔子研究》2002年第5期。

许抗生:《〈性自命出〉、〈中庸〉、〈孟子〉思想的比较研究》,载《孔子研究》2002年第1期。

龚群:《从孟子到朱熹的心性哲学》,载《南昌大学学报》(社科版)2002年第3期。

杨海文:《孟子心性论的逻辑架构》,载《南昌大学学报》(社科版)2002年第3期。

聂永华:《20世纪〈孟子〉散文艺术研究述论》,载《齐鲁学刊》2002年第6期。

杜克华:《孟子之字考辨》,载《四川师范大学学报》(社科版)2002年第3期。

徐仪明:《论孟子"仁术"说对北宋儒医文化发展的影响》,载《史学月刊》2002年第11期。

周文德、金小梅:《论〈孟子〉同义词显示的七种格式》,载《西南师范大学学报》(社科版)2002年第5期。

雷淑娟:《〈孟子〉类比论证方法分类的理论依据》,载《学术交流》2002年第2期。

曾扬华:《孟子的人格魅力》,载《中山大学学报》(社科版)2002年第2期。

唐洪波:《论〈孟子〉的比喻论证》,载《中国文学研究》2002年第2期。

刘清平:《美德还是腐败?——析〈孟子〉中有关舜的两个案例》,载《哲学研究》2002年第2期。

王云萍:《孟子的道德选择理论:效果论》,载《哲学研究》2002年第8期。

刘玉娥:《论孟子的人学思想》,载《郑州大学学报》(哲社版)2002年第3期。

聂永华:《百年〈孟子〉散文艺术研究之回顾与前瞻》,载《郑州大学学报》(哲社版)2002年第3期。

汪长林:《〈孟子〉"冯妇"章句读之再商榷》,载《安庆师范学院学报》(社科版)2002年第4期。

李海峰:《〈孟子〉中的心和性》,载《北京广播电视大学学报》2002年第3期。

邬晓燕:《孟子道德哲学的践履特质》,载《北京青年政治学院学报》2002年第3期。

邬晓燕:《孟子道德哲学的实践特质阐微》,载《哈尔滨学院学报》2002年第7期。

田耕滋:《孟子的士人理想与人格精神》,载《重庆师院学报》(哲社版)2002年第3期。

吴蓓蓓:《论孟子的系统人格思想》,载《南京理工大学学报》(社科版)2002年第3期。

朱铁梅:《孟子散文的论辩艺术》,载《沧州师范专科学校学报》2002年第1期。

李正标:《孟子的民本思想与以德治国》,载《郴州师范高等专科学校学报》2002年第1期。

姜元奎:《孟子“存心养气”“反省自爱”的修身之道》,载《东岳论丛》2002年第4期。

金生杨:《王安石〈易解〉与〈孟子〉的关系刍议》,载《四川师范学院学报》(哲社版)2002年第5期。

暴庆刚:《孟子、荀子天人合一理论异同新探》,载《贵州社会科学》2002年第2期。

盖光:《孟子“浩然之气”的生命智慧和美学向度》,载《管子学刊》2002年第4期。

王树民:《读〈孟子〉有感三则》,载《河北师范大学学报》(哲社版)2002年第1期。

刘青琬:《〈孟子〉成语解读》,载《河北师范大学学报》(哲社版)2002年第1期。

张春泉:《〈孟子〉中条件复句的结构形式》,载《楚雄师范学院学报》2002年第2期。

张君梅:《关于孟子与柏拉图的两个命题之比较》,载《华南理工大学学报》(社科版)2002年第1期。

张积家:《论孟子的品德心理学思想》,载《华南师范大学学报》(社科版)2002年第2期。

季庆阳、李建民:《孟子与〈诗〉》,载《华夏文化》2002年第2期。

张春泉:《〈孟子〉中表条件结果关系的关联词语》,载《南京师范大学文学院学报》2002年第4期。

张觉:《〈孟子〉存在句式变换研究》,载《古汉语研究》2002年第4期。

张觉:《〈孟子〉句式变换释例》,载《宁夏大学学报》(社科版)2002年第2期。

马银琴:《孟子“〈诗〉亡然后〈春秋〉作”重诂》,载《上海师范大学学报》(哲社版)2002年第3期。

张景贤:《略论孔子和孟子的义利观》,载《天津市政法管理干部学院学报》2002年第4期。

杨喜洲:《述论孟子的自我教育思想》,载《天中学刊》2002年第6期。

洪涛:《〈孟子〉辩辞的英译》,载《聊城大学学报》(社科版)2003年第3期。

陈永杰:《孟子的人生哲学及其现代价值管窥》,载《江南大学学报》(社科版)2002年第5期。

戴庆康:《伦理优先的儒家社会秩序设计——从孟子的“窃负而逃”之假说谈起》,载《西安电子科技大学学报》(社科版)2002年第3期。

王建疆:《孟子的“性善论”与人格修养美学》,载《西北民族学院学报》(哲社版)2002年第4期。

刘耘华:《〈孟子〉的诠释立场》,载《北京行政学院学报》2002年第1期。

魏义霞:《孟子正命论初探》,载《燕山大学学报》(哲社版)2002年第4期。

祁海文:《孟子美育思想初探》,载《阴山学刊》2002年第2期。

易然:《孟子的“性善”论在教育主张上的运用》,载《中华文化论坛》2002年第3期。

杨海文:《〈孟子节文〉的文化省思》,载《中国哲学史》2002年第2期。

郭沂:《孟子车非孟子考:思孟关系考实》,载《中国哲学史》2002年第3期。

张应杭:《论孟子的心性说及其现代意义》,载《华东师范大学学报》(哲社版)2002年第1期。

张晓林:《戴震的“讳言”——论〈天主实义〉与〈孟子字义疏证〉之关系》,载《华东师范大学学报》(哲社版)2002年第4期。

李健胜:《孟子义利观释义背景的分析与反思》,载《青海师范大学民族师范学院学报》2002年第1期。

杨泽波:《〈孟子〉的误读——与〈美德还是腐败〉一文商榷》,载《江海学刊》2003年第2期。

何中华:《孟子“万物皆备于我”章臆解》,载《孔子研究》2003年第5期。

张景贤:《略论孔子和孟子的义利观》,载《历史教学》2003年第3期。

任俊华:《孟子的生态伦理思想管窥》,载《齐鲁学刊》2003年第4期。

梁道礼:《接受视野中的孟子诗学》,载《陕西师范大学学报》(哲社版)2003年第6期。

陈赟:《性善:一种引导性的概念——孟子性善论的哲学意蕴与方法内涵》,载《现代哲学》2003年第1期。

夏辉:《孟子对传统天命报应论的创造性转化——兼论性善论的价值合理性》,载《现代哲学》2003年第1期。

陈建国:《先秦寓言的奇葩——孟子寓言再探》,载《西南民族学院学报》(哲社版)2003年第2期。

王立云:《论孟子的道德主体思想及其现代价值》,载《学术交流》2003 年第 7 期。

王兆胜:《林语堂与孟子》,载《学习与探索》2003 年第 5 期。

陈来:《王船山的气善论与宋明儒学气论的完成——以"读孟子说"为中心》,载《中国社会科学》2003 年第 5 期。

贺璋瑢:《孟子与基督教人性、道德论之比较》,载《哲学研究》2003 年第 5 期。

戴兆国:《孟子与亚里士多德德性理论之比较》,载《安徽师范大学学报》(社科版)2003 年第 2 期。

阎玉环:《论孟子的历史观》,载《长春师范学院学报》2003 年第 3 期。

赵杨群:《孟子的人格美论及其现代价值》,载《渝西学院学报》(社科版)2003 年第 2 期。

杨海文:《在禽兽与圣人之间——略论孟子的主体定位观》,载《东方论坛》2003 年第 1 期。

王仲华、张春娟:《试论孟子的道德社会化思想》,载《河北大学学报》(哲社版)2003 年第 2 期。

张光成:《孟子"浩然之气"说再考论》,载《河北师范大学学报》(哲社版)2003 年第 2 期。

张巧霞:《论孟子的批判理性》,载《河北大学成人教育学院学报》2003 年第 1 期。

张春泉:《从认知的角度看〈孟子〉多重复句中的条件关系》,载《湖南大学学报》(社科版)2003 年第 1 期。

梅珍生:《论孟子的礼学思想》,载《湖南大学学报》(社科版)2003 年第 2 期。

倪晋波:《试论孟子仁政理想的三重困境》,载《中国矿业大学学报》(社科版)2003 年第 2 期。

郑淑媛、陈浩宇:《试论孟子的精神修养方法》,载《辽宁工学院学报》(社科版)2003 年第 4 期。

王秋梅:《论孟子的性善说及其现代意义》,载《南宁师范高等专科学校学报》2003 年第 2 期。

白奚:《从孟子到程、朱——儒家仁学的诠释与历史发展》,载《首都师范大学学报》(社科版)2003 年第 6 期。

李卫朝:《孟子生态伦理思想初探》,载《中共山西省委党校学报》2003 年第 2 期。

谢旭:《关于孟子“以意逆志”理论的释析》,载《西安联合大学学报》2003年第1期。

李占平:《〈孟子〉词语札记》,载《西安联合大学学报》2003年第1期。

裴登峰:《孟子与淳于髡交往考》,载《西北民族大学学报》(哲社版)2003年第2期。

仲崇盛:《孟子与柏拉图伦理政治观比较》,载《孝感学院学报》2003年第4期。

杨泽波:《孟子之乐的层级性质及其意义》,载《云南大学学报》(社科版)2003年第1期。

陈来:《王船山论“恶”的根源——以其孟子诠释中的罪情论为中心》,载《云南大学学报》(社科版)2003年第5期。

李韬、杨雪云:《论孟子的德政思想》,载《云南民族大学学报》(哲社版)2003年第4期。

裴毅然:《〈论语〉和〈孟子〉的逻辑断点与隐含的虚妄性》,载《中州学刊》2003年第5期。

林同奇:《孟子之心与性:史华兹与牟宗三的虚拟对话》,载《中国哲学史》2003年第1期。

曾昭聪:《解读〈孟子〉同义词研究》,载《西南民族大学学报》(社科版)2003年第12期。

王玲娟:《从焦循〈孟子正义〉看清学研究及其现实意义》,载《西南师范大学学报》(社科版)2003年第4期。

林乐昌:《张载佚书〈孟子说〉辑考》,载《中国哲学史》2003年第4期。

顾红亮:《孟子人格学说的现代诠释》,载《齐鲁学刊》2004年第1期。

博仔:《中国古代“亚圣”——孟子》,载《湖南教育》2004年第3期。

唐潇浩:《孟子王道政治学说的局限》,载《江淮论坛》2004年第1期。

贾东荣:《试析孟子的“圣人”思想》,载《山东省工会管理干部学院学报》2004年第1期。

李卓文:《孟子伦理思想及其价值的现代透视》,载《三峡大学学报》(社科版)2004年第1期。

杨泽波:《论“理性事实”与“隐默之知”——从一个新的视角看康德与孟子的区别》,载《中国哲学史》2004年第1期。

晁福林:《孟子“浩然之气”说探论》,载《文史哲》2004年第2期。

严小玲:《孟子“知人论世”观对刘勰批评理论的影响》,载《黔东南民族师范高等专科学校学报》2004年第1期。

田兆阳:《孟子的贵民思想与人的尊严和价值》,载《新视野》2004 年第 2 期。

萧羡鸿:《孟子的"仁政"与时代不太合拍》,载《语文教学与研究》2004 年第 6 期。

周培发:《从〈齐桓晋文之事〉看孟子的论辩》,载《语文教学与研究》2004 年第 8 期。

洪学臣:《食黄鱼　思孟子》,载《中国科技奖励》2004 年第 1 期。

孙业成:《亚里士多德与孟子的人性论比较》,载《南京政治学院学报》2004 年第 2 期。

刘清平:《论孟子恻隐说的深度悖论》,载《齐鲁学刊》2004 年第 2 期。

刘晓梅:《从〈孟子〉看"夫"的语法化》,载《安庆师范学院学报》(社科版)2004 年第 2 期。

廖峻:《孟子思想中的人性意识初探》,载《湖北社会科学》2004 年第 4 期。

林晓平:《孟子与史学》,载《赣南师范学院学报》2004 年第 2 期。

梅良勇、乔团叶:《孟子"性善论"思想探要》,载《中共济南市委党校学报》2004 年第 1 期。

蒲沿洲:《论孟子的生态环境保护思想》,载《河南科技大学学报》(社科版)2004 年第 2 期。

张鹏飞:《刘勰对孟子"知人论世"观的传承》,载《龙岩师专学报》2004 年第 2 期。

朱颖原:《略论孔子与孟子的人生哲学及启示》,载《山西高等学校社会科学学报》2004 年第 3 期。

唐明贵:《康有为对〈论语〉和〈孟子〉的创造性解释》,载《阴山学刊》2004 年第 1 期。

周光庆:《孟子"以意逆志"说考论》,载《孔子研究》2004 年第 3 期。

徐桂秋:《论孟子与先秦诗学阐释学》,载《社会科学辑刊》2004 年第 3 期。

马娟:《〈孟子〉为政思想及借鉴》,载《西南民族大学学报》(社科版)2004 年第 5 期。

迟成勇:《略论孟子的人生价值观》,载《船山学刊》2004 年第 2 期。

方高峰、张晓连:《孟子与柏拉图财富观比较初探》,载《管子学刊》2004 年第 1 期。

陈代波:《试论孟子的天人相分思想》,载《华侨大学学报》(哲社版)2004

年第2期。

夏增民:《"仁民而爱物":孟子对"物我关系"的探讨——兼论环保主义者对孟子思想的误读》,载《华中科技大学学报》(社科版)2004年第3期。

高正伟、冯栎钧:《〈孟子〉散文的论辩特色》,载《河北科技师范学院学报》(社科版)2004年第2期。

张之锋:《孟子笔下的道统与政统》,载《江淮论坛》2004年第3期。

华蔼仁、蔡世昌:《〈孟子〉的实践性和精神性》,载《中国哲学史》2004年第2期。

黎业明:《孔子孟子对管仲评价之比较分析》,载《深圳大学学报》(社科版)2004年第3期。

邢靖懿、刘建如:《浅谈孟子的道德绝对主义》,载《中南民族大学学报》(社科版)2004年第1期。

高智:《试论孟子的家庭观》,载《阿坝师范高等专科学校学报》2004年第2期。

程小诗:《难圆帝师梦——〈孟子〉中孟子形象初探》,载《重庆师范大学学报》(哲社版)2004年第3期。

乔中哲:《〈孟子〉的"心":生物性与社会性的和谐》,载《济南大学学报》(社科版)2004年第4期。

董福山:《孟子的用人观》,载《才智》2004年第6期。

崔华前:《孟子思想中蕴涵的德育方法》,载《金陵科技学院学报》2004年第2期。

孙先英:《〈孟子〉升经与王安石变法——兼论尊孟疑孟的争论及实质》,载《求索》2004年第5期。

廖加林、赵立华:《论孟子的"仁政"思想及现代价值》,载《湘潭师范学院学报》(社科版)2004年第3期。

陆林华:《试论孟子散文的用喻特点》,载《语文学刊》2004年第2期。

杨泽波:《〈孟子〉,是不该这样糟蹋的——〈孟子〉中与所谓腐败案例相关的几个文本问题》,载《复旦大学学报》(社科版)2004年第4期。

霍松林、霍建波:《论〈孟子〉、〈庄子〉中的孔子形象》,载《兰州大学学报》(社科版)2004年第4期。

马中伟、马青:《〈孟子〉注疏简辩》,载《巢湖学院学报》2004年第5期。

戴永新:《谈〈周易〉和孟子的教育思想》,载《临沂师范学院学报》2004年第2期。

张艳萍:《论孟子的人性论思想》,载《唐山师范学院学报》2004年第4期。

王向峰:《间性理论的原生态——从孟子的"以意逆志"说起》,载《辽宁大学学报》(哲社版)2004 年第 4 期。

张培高、许英凤:《浅析孟子的"时变"思想》,载《龙岩师专学报》2004 年第 4 期。

刘新峰、安月兴:《孟子不动心之道——读"知言养气章"》,载《河北青年管理干部学院学报》2004 年第 3 期。

冯尔康:《从〈论语〉、〈孟子〉饮食规范说到中华饮食文化》,载《史学集刊》2004 年第 2 期。

蒲沿洲:《孟子的生态伦理和环境保护思想浅析》,载《固原师专学报》2004 年第 2 期。

梅珍生:《孟子论礼的本质》,载《中共济南市委党校学报》2004 年第 3 期。

杨鑫辉、彭彦琴:《孔子孟子的治国思想研究》,载《南京师大学报》(社科版)2004 年第 5 期。

李善军:《从人性论看孟子、荀子的治国路径》,载《前沿》2004 年第 9 期。

刘晓莉:《数量词〈孟子〉注本句读形成差异》,载《陕西师范大学学报》(哲社版)2004 年第 5 期。

杜敏:《〈孟子〉注本句读差异例举》,载《陕西师范大学学报》(哲社版)2004 年第 5 期。

欧阳祯人:《孟子的人格自由论研究》,载《武汉大学学报》(哲社版)2004 年第 5 期。

钱逊:《关于孟子的"制民之产"》,载《中国哲学史》2004 年第 3 期。

高正伟:《孟子浩然之气的生成及对〈孟子〉气势的影响》,载《重庆三峡学院学报》2004 年第 5 期。

王淑霞:《论〈孟子〉中的教育方法》,载《管子学刊》2004 年第 3 期。

唐贤秋:《论孟子的诚信思想及其对当代社会的影响》,载《石油大学学报》(社科版)2004 年第 5 期。

张艳、周云钊:《试论孟子散文气势的人格成因——兼论孟子文化人格的悲剧二重性》,载《太原师范学院学报》(社科版)2004 年第 4 期。

韩国良:《孟子文论补略》,载《河北大学学报》(哲社版)2004 年第 3 期。

胡家祥:《〈孟子〉与〈庄子〉思想倾向之比较》,载《黄冈师范学院学报》2004 年第 1 期。

孔漫春:《得天下英才而育之——试探〈孟子〉所体现的孟子教育家形象》,载《黔南民族师范学院学报》2004 年第 5 期。

鲁霞:《论吉田松阴对〈孟子〉的读解》,载《日本研究》2004年第4期。

梁涛:《竹简〈性自命出〉与〈孟子〉“天下之言性”章》,载《中国哲学史》2004年第4期。

陈徽:《“以才论性”与“因情定性”——孟子性善论之致思理路》,载《安徽大学学报》(哲社版)2004年第6期。

顾虹:《孟子道德修养论浅议》,载《河北大学成人教育学院学报》2004年第4期。

王凤杰:《论孟子“居仁由义”的思想对张养浩的影响》,载《河北建筑科技学院学报》(社科版)2004年第4期。

崔华前:《论孟子思想对构建中华民族精神的重大贡献》,载《嘉应学院学报》2004年第5期。

彭锋:《孟子论牛羊之别新解》,载《孔子研究》2004年第6期。

万远新、韩鹏举:《从孟子与告子之争看先秦儒学的伦理抉择》,载《兰州工业高等专科学校学报》2004年第4期。

梅珍生:《论礼的文化本性及其先验本性——以孟子的礼学观为中心》,载《江汉大学学报》(人文科学版)2004年第6期。

孙家洲:《试论孟子、荀子与汉代鲁学和齐学的关系——兼与王葆玹先生商榷》,载《烟台师范学院学报》(哲社版)2004年第4期。

刘会新:《孟子伦理教育思想及其现代价值》,载《兵团教育学院学报》2004年第3期。

蒋伟胜:《孟子道德本体思想的转折性意义》,载《社会科学家》2004年第6期。

刘天翔:《传统儒家思想中有关责任伦理研究的评述——兼谈孟子的责任伦理及其现实意义》,载《长春工业大学学报》(社科版)2004年第4期。

李新:《孟子“为官养廉”思想对杜甫的影响》,载《乐山师范学院学报》2004年第8期。

胡景龙、曾庆文:《〈庄暴见孟子〉的语言艺术》,载《语文天地》2004年第15期。

王雅珉、王守义:《孔子与孟子的教育思想在素质教育中的体现》,载《吉林广播电视大学学报》2004年第4期。

吴先伍:《理性与情感:亚里士多德与孟子伦理思想的差异》,载《安徽师范大学学报》(社科版)2005年第1期。

于建福:《孟子的中道教育观及其价值》,载《山东大学学报》(哲社版)2005年第1期。

路飞飞:《〈孟子〉动词谓语句浅析》,载《乐山师范学院学报》2005 年第 1 期。

索瑞堂:《〈庄暴见孟子〉的游说技巧》,载《语文教学与研究》2005 年第 5 期。

仝卫敏:《孟子与燕国"禅让"》,载《管子学刊》2005 年第 1 期。

黄群建:《〈孟子〉训释三题》,载《湖北师范学院学报》(哲社版)2005 年第 2 期。

路飞飞:《〈孟子〉假设复句初探》,载《中州大学学报》(社科版)2005 年第 1 期。

朱松美:《戴震〈孟子字义疏证〉的创新性哲学诠释》,载《济南大学学报》(社科版)2005 年第 2 期。

刘生良:《〈孟子〉论辩艺术技巧探微》,载《兰州大学学报》(社科版)2005 年第 2 期。

范蓉:《谈孟子性善论的现实意义》,载《理论观察》2005 年第 1 期。

安秉均:《关于孟子的修辞方法——比喻》,载《南阳师范学院学报》2005 年第 2 期。

魏义霞:《仁——在孔子与孟子之间》,载《社会科学战线》2005 年第 2 期。

谢凝:《从"圣之时者"看孟子的人生志趣》,载《华北水利水电学院学报》(社科版)2005 年第 1 期。

刘瑾辉:《善的宣言——焦循〈孟子正义〉研究之一》,载《苏州大学学报》(哲社版)2005 年第 2 期。

张磊:《唇枪舌剑看孟子》,载《语文教学与研究》2005 年第 12 期。

白奚:《孟子对孔子仁学的推进及其思想史意义》,载《哲学研究》2005 年第 3 期。

古玉:《道德应该如何成就——试述孟子的道德教育思想》,载《广东青年干部学院学报》2005 年第 1 期。

王倩:《代圣人立心——孟子"〈诗〉教"的特征分析》,载《河北师范大学学报》(教育科学版)2005 年第 3 期。

栗子:《怎样读〈孟子〉》,载《华夏文化》2005 年第 1 期。

乐爱国:《孟子论"气"与儒家养生学》,载《锦州医学院学报》(社科版)2005 年第 1 期。

朱松美:《创新以经世:康有为对〈孟子微〉的诠释》,载《山东师范大学学报》(社科版)2005 年第 2 期。

朱松美:《赵岐〈孟子章句〉的诠释学意义》,载《山东大学学报》(哲社版)2005年第3期。

黎业明:《〈孟子〉"乐岁终身饱"句臆解》,载《唐都学刊》2005年第2期。

李葆华:《林慎思〈续孟子〉对孟子的解读》,载《北方论丛》2005年第3期。

郭锋:《〈孟子〉"不动心"章发微》,载《南京师范大学文学院学报》2005年第1期。

谢丹萍、吴建民:《孟子、曹丕、刘勰的"文气"观比较》,载《南阳师范学院学报》2005年第5期。

郭杰:《仁政·性善·浩然之气——孟子精神世界的再认识》,载《深圳大学学报》(社科版)2005年第3期。

燕凤春:《〈孟子〉〈庄子〉〈韩非子〉语言比较》,载《语文教学与研究》2005年第17期。

向绍荣:《孟子的二元论辩术》,载《语文教学与研究》2005年第20期。

杨江涛:《从孟子看中国古典美学的研究方式》,载《中州大学学报》2005年第2期。

李山、唐巧美:《"往圣"的一段"绝学"——论孟子"浩然之气"的宗教属性》,载《中国文化研究》2005年第2期。

马永庆:《孟子的权变伦理思想评析》,载《哲学研究》2005年第5期。

秦桦林、凌瑜:《〈孟子·尽心下〉一则句读献疑》,载《古汉语研究》2005年第2期。

战化军:《从孟子在齐看稷下学宫的人才政策》,载《管子学刊》2005年第2期。

黄俊杰:《东亚近世儒者对"公""私"领域分际的思考——从孟子与桃应的对话出发》,载《江海学刊》2005年第4期。

李葆华:《孟子思想体系构成纲要》,载《辽宁师范大学学报》(社科版)2005年第4期。

黄朴民:《孟子身后的遭遇》,载《语文新圃》2005年第7期。

朱松美:《焦循〈孟子正义〉的诠释风格》,载《齐鲁学刊》2005年第4期。

杨泽波:《西方学术背景下的孟子王道主义——对有关孟子王道主义一种通行理解的批评》,载《华东师范大学学报》(哲社版)2005年第4期。

朱松美:《经典诠释与体系建构——朱熹〈孟子集注〉的诠释特色及其时代性分析》,载《孔子研究》2005年第4期。

刘清平:《也谈〈孟子〉中与舜的腐败案例相关的几个文本问题》,载《江苏行政学院学报》2005年第4期。

陈琳琳:《〈析论理雅各对〈孟子〉中些许成语典故的翻译》,载《江西科技师范学院学报》2005年第3期。

李岚、张卫中:《孟子对语言的认识与探求》,载《绍兴文理学院学报》(社科版)2005年第4期。

李世阳:《论孟子的"浩然之气"》,载《湘潭大学学报》(哲社版)2005年第S2期。

王耿:《孟子思辨艺术例话》,载《语文教学与研究》2005年第25期。

熊浩莉:《〈孟子〉词句类比喻论析》,载《重庆师范大学学报》(哲社版)2005年第4期。

张恩普:《孟子文学批评思想探讨》,载《东北师大学报》(哲社版)2005年第5期。

任慧:《孟子的民本思想及其现代意义》,载《中国矿业大学学报》(社科版)2005年第3期。

兰和群:《孟子文学观的理论透视》,载《南都学坛》2005年第5期。

齐琳娜:《先秦儒学从孔子到孟子的流变》,载《南都学坛》2005年第5期。

牛增辉:《孟子治乱史观探析》,载《廊坊师范学院学报》2005年第3期。

王国金、娄正前:《孟子民本思想考》,载《求索》2005年第9期。

曾凡朝:《孟子人生修养发微》,载《山东教育学院学报》2005年第5期。

董传岭:《孟子的民本思想述论》,载《山东省农业管理干部学院学报》2005年第4期。

张实龙:《〈孟子师说〉还原〈孟子〉太和气象》,载《浙江万里学院学报》2005年第5期。

张宇:《论〈孟子〉的民本思想》,载《福建教育学院学报》2005年第10期。

徐晓宇:《孟子经权思想探微》,载《哈尔滨学院学报》2005年第11期。

向天渊:《〈孟子〉与古代诗学精神》,载《河南科技大学学报》(社科版)2005年第4期。

张俊:《〈孟子〉中的第一人称代词和第二人称代词》,载《乐山师范学院学报》2005年第9期。

张登熙、崔华前:《试析孟子的德教方法》,载《柳州师专学报》2005年第4期。

王磊:《孟子义利思想辨析》,载《齐鲁学刊》2005年第5期。

唐献玲:《浅析孟子性善论道德教育思想及其现代启示》,载《社科纵横》

2005年第5期。

鲍青燕:《〈孟子〉与思孟五行说》,载《武汉理工大学学报》(社科版)2005年第5期。

高凯瑞:《〈寡人之于国也〉所体现的孟子的论辩技巧》,载《语文天地》2005年第21期。

张相乐:《孟子、荀子的人性观及教育方法论探新》,载《长江大学学报》(社科版)2005年第5期。

董根洪:《论孟子的社会和谐思想》,载《中共浙江省委党校学报》2005年第6期。

周新永:《从〈孟子〉看孟子的论辩艺术》,载《理论观察》2005年第5期。

冯浩菲:《孟子对孔子仁学的捍卫与发扬》,载《理论学刊》2005年第12期。

韩国良:《孟子"乐"、"性"理论述略》,载《南阳师范学院学报》2005年第11期。

蔡新法:《王阳明与孟子的心本体论比较》,载《绍兴文理学院学报》(社科版)2005年第6期。

张全晓:《从牛山事件看孟子的生态伦理思想》,载《西安文理学院学报》(社科版)2005年第6期。

王茂恒:《如何看孟子的"保民而王"和"制民恒产"——〈齐桓晋文之事〉的亮点探究》,载《语文天地》2005年第23期。

熊浩莉:《〈孟子〉比喻研究综述》,载《重庆社会主义学院学报》2005年第4期。

李葆华:《孟子的"不动心"与"养气说"辨证》,载《哈尔滨学院学报》2005年第12期。

房秀丽、周爱淑:《孟子理想人格观刍议》,载《中共济南市委党校学报》2005年第4期。

刘述先:《论黄宗羲对于孟子的理解》,载《杭州师范学院学报》(社科版)2006年第1期。

丁文林:《孟子"知人论世""以意逆志"论》,载《商场现代化》2006年第6期。

李钟麟:《孟子与"稷下"之风》,载《船山学刊》2006年第1期。

邓习议:《论孟子义利观的困境和出路》,载《船山学刊》2006年第1期。

徐玉凤:《论孟子的和谐思想》,载《楚雄师范学院学报》2006年第2期。

熊浩莉:《〈孟子〉篇章类比喻研究》,载《鄂州大学学报》2006年第1期。

李国春:《理解的动态性与阐释的无限性——孟子诗学再解析》,载《湖北社会科学》2006年第1期。

陈兴安:《孟子德育思想及其现代启示》,载《湖南师范大学教育科学学报》2006年第1期。

储昭海、朱华:《孟子的消费伦理思想浅析》,载《经济师》2006年第3期。

孙玮:《〈孟子〉中"然"字用法初探》,载《康定民族师范高等专科学校学报》2006年第1期。

朱苒:《对孟子天人关系的探讨》,载《辽宁教育行政学院学报》2006年第1期。

杨振华:《孟子对儒家"孝"思想的理论贡献》,载《曲靖师范学院学报》2006年第1期。

姜强:《孟子的道德理想人格之修养》,载《山东教育学院学报》2006年第1期。

王秀江:《孟子哲学主体性思维之探索》,载《天中学刊》2006年第1期。

黄小燕:《试论孟子"心性"说》,载《边疆经济与文化》2006年第4期。

高立梅:《孟子"仁义内在"说浅析》,载《华中科技大学学报》(社科版)2006年第2期。

薛蓓:《试析〈孟子〉中的数词》,载《晋中学院学报》2006年第2期。

王晓华、高丽丽:《论孟子修身思想的现实意义》,载《教书育人》2006年第8期。

余治平:《孟子"仁心"的本体论阐释》,载《青海社会科学》2006年第2期。

孔漫春:《试析〈孟子〉中寓言的类型及作用》,载《黔南民族师范学院学报》2006年第1期。

夏当英、陆建华:《孟子之礼学》,载《社会科学战线》2006年第2期。

苏洁:《浅议孟子的良心观》,载《陕西师范大学学报》(哲社版)2006年第S1期。

杨泽波:《儒家天人合一思想的道德底蕴——以孟子为中心》,载《天津社会科学》2006年第2期。

杨姿芳:《试析孟子的人生价值观》,载《武汉大学学报》(人文科学版)2006年第2期。

刘春华:《论孟子的理想人格及其实现方式》,载《枣庄学院学报》2006年第1期。

刘良俊:《儒士之辩与策士之辩——试比较〈孟子〉与〈战国策〉的辩辞》,

载《湖北广播电视大学学报》2006年第3期。

张丽萍:《孟子的说服观》,载《河南社会科学》2006年第2期。

程兆奇:《〈论语〉〈孟子〉等所见早期儒家的"和谐"观》,载《杭州师范学院学报》(社科版)2006年第2期。

徐向群:《"行权反经":论孟子思想的灵活性》,载《江苏社会科学》2006年第3期。

孙法莉:《浅析孔子、孟子、荀子的富民思想》,载《济南职业学院学报》2006年第2期。

王富仁:《孟子国家学说的逻辑构成:从孔子到孟子(一)》,载《西南民族大学学报》(社科版)2006年第5期。

王富仁:《孟子国家学说的逻辑构成:从孔子到孟子(二)》,载《西南民族大学学报》(社科版)2006年第6期。

王富仁:《孟子国家学说的逻辑构成:从孔子到孟子(三)》,载《西南民族大学学报》(社科版)2006年第7期。

王富仁:《孟子国家学说的逻辑构成:从孔子到孟子(四)》,载《西南民族大学学报》(社科版)2006年第8期。

侯德云:《源于〈孟子〉的成语古今词义差异》,载《语文学刊》2006年第8期。

阮超群、陈选华:《孟子"四德"对当今德育工作的启迪》,载《安徽工业大学学报》(社科版)2006年第3期。

陈春莲、史方倩:《论孟子的性善伦理思想》,载《北京政法职业学院学报》2006年第2期。

毛术芳:《本原意义的善——孟子性善论的理论旨归》,载《哈尔滨学院学报》2006年第5期。

高丁国:《北宋孙奭与〈孟子〉正义关系考订》,载《社会科学论坛》(学术研究卷)2006年第5期。

胡克森:《试论孟子的民主思想》,载《邵阳学院学报》(社科版)2006年第3期。

熊凯:《关于先秦儒学道德形而上转进的新探讨——由〈中庸〉到〈孟子〉》,载《盐城工学院学报》(社科版)2006年第2期。

方尔加:《论孟子"万物皆备于我"》,载《燕山大学学报》(哲社版)2006年第2期。

刘瑾辉:《〈孟子正义〉:新疏家模范作品》,载《扬州大学学报》(社科版)2006年第3期。

雨石:《孔子的“不亦乐乎”和孟子的君子“三乐”》,载《当代学生》2006 年第 8 期。

张洋、张杰:《人性论视阈中的孟子德育思想》,载《当代经理人》(下旬刊)2006 年第 5 期。

胡鸣《孟子以水性喻人性的疏失》,载《东南传播》2006 年第 6 期。

赵源一:《关于孟子思想之新诠释——以政治思想为中心》,载《湖南大学学报》(社科版)2006 年第 3 期。

李旦、赵超:《浅议孟子的“仁政”思想及其当代意义》,载《哈尔滨学院学报》2006 年第 6 期。

阮忠:《韩愈与孟子的仁义、人性及养气说》,载《海南师范学院学报》(社科版)2006 年第 2 期。

王其俊:《〈孟子〉与楚简〈五行〉》,载《儒林》第 2 辑,2006 年 4 月。

孙宝山:《黄宗羲与孟子的政治思想辨析》,载《孔子研究》2006 年第 4 期。

肖雁:《论孟子的道德形上学思想》,载《理论学刊》2006 年第 6 期。

赖志玲、吴爱邦:《论孟子道德教育的主体性》,载《湖北教育学院学报》2006 年第 5 期。

张鹏伟、郭齐勇:《孟子性善论新探》,载《齐鲁学刊》2006 年第 4 期。

辛丽丽:《善的形上学追问——孟子善恶观的道德解析》,载《齐鲁学刊》2006 年第 4 期。

宋红霞、张凌云:《孟子的人格意识与士节》,载《齐鲁学刊》2006 年第 4 期。

冯兵:《孟子“做人”观念的日常伦理分析》,载《齐齐哈尔大学学报》(哲社版)2006 年第 4 期。

王杰:《孟子的社会分工说:以君臣关系为例的个案分析》,载《人文杂志》2006 年第 4 期。

程培学:《论孟子的社会和谐思想》,载《武汉大学学报》(哲社版)2006 年第 4 期。

胡发贵:《论孟子伦理思想的务实精神》,载《道德与文明》2006 年第 4 期。

魏家骏:《论孟子对儒家学说精神品格的创造性提升》,载《固原师专学报》2006 年第 4 期。

李耀:《墨子与孟子社会思想异同比较》,载《淮南师范学院学报》2006 年第 4 期。

郭燕华、詹世友:《存养扩充:孟子道德教化思想之理路》,载《南昌大学学报》(社科版)2006 年第 4 期。

辛丽丽:《孟子的道德修养论》,载《社会科学论坛》(学术研究卷)2006 年第 8 期。

朱松美:《〈孟子〉诠释与中国经典诠释特质》,载《学术界》2006 年第 4 期。

张海冰:《〈孟子〉寓言的取象艺术及影响》,载《语文学刊》2006 年第 14 期。

张宏星:《古诗文中的七个"孟子"》,载《语文知识》2006 年第 8 期。

王文东:《孝——在孔子与孟子之间》,载《玉溪师范学院学报》2006 年第 5 期。

李淑春:《浅议荀子性恶论与孟子性善论的内在一致性及其现实意义》,载《扬州大学税务学院学报》2006 年第 2 期。

胡国强、刘先进:《〈梁惠王上〉中孟子思想与当代和谐社会建设》,载《中南民族大学学报》(社科版)2006 年第 1 期。

祁志祥:《孟子美学:"充实之谓美"》,载《中文自学指导》2006 年第 4 期。

王保国:《孟子民本思想渊源考辨》,载《郑州大学学报》(哲社版)2006 年第 4 期。

何永强:《孟子关于理想人格的理论建构》,载《株洲师范高等专科学校学报》2006 年第 4 期。

熊凯:《先秦儒学道德形而上的转进——由〈中庸〉到孟子》,载《宝鸡文理学院学报》(社科版)2006 年第 4 期。

莫放春:《孟子与普罗泰戈拉人学思想之会通》,载《湖北社会科学》2006 年第 9 期。

张宏:《论孟子教育思想的现实意义》,载《甘肃农业》2006 年第 6 期。

孙召华:《自孟庙修建看孟子地位的变迁——兼论孟子形象的多面性》,载《管子学刊》2006 年第 3 期。

樊豫陇:《孟子教学方法浅论》,载《河南师范大学学报》(哲社版)2006 年第 4 期。

任坚:《焦循〈孟子正义〉词义训释初探》,载《河西学院学报》2006 年第 4 期。

鲍宇:《孟子人学的价值诉求及其现代意蕴》,载《沈阳工程学院学报》(社科版)2006 年第 3 期。

赵素娟:《〈孟子〉的辩论艺术探微》,载《语文教学与研究》2006 年第 25 期。

张佳佳:《〈孟子节文〉事件本末考辨》,载《中国文化研究》2006 年第 3 期。

尉利工:《〈孟子〉由子学到经学的变迁》,载《安徽师范大学学报》(社科版)2006 年第 5 期。

李冬鸽、王万飞:《〈孟子正义〉注释商榷一则》,载《承德民族师专学报》2006 年第 3 期。

夏先培、逄亚荣:《〈论语〉〈孟子〉中第一人称称谓的语用考察》,载《长沙理工大学学报》(社科版)2006 年第 3 期。

储昭海:《孟子的性善论和仁政思想的内在联系》,载《法制与社会》2006 年第 9 期。

孙玮:《〈孟子〉复音词考察——兼谈古汉语复音词的判别标准》,载《甘肃联合大学学报》(社科版)2006 年第 4 期。

黄岩:《孟子的"荣辱观"及其当代启示》,载《河北学刊》2006 年第 5 期。

李智会:《孟子与庄子的天人观比较》,载《淮海工学院学报》(社科版)2006 年第 3 期。

周甲辰:《孟子"以意逆志"说的意义指向探析》,载《广西社会科学》2006 年第 10 期。

贺宇新:《〈孟子〉中对于孔子论述的发展》,载《吉林省教育学院学报》2006 年第 6 期。

蔡芹:《孟子"仁政"思想的由来及其意义》,载《江苏教育学院学报》(社科版)2006 年第 4 期。

程继红:《"生于忧患而死于安乐"——论孟子的忧患意识》,载《江苏工业学院学报》(社科版)2006 年第 3 期。

王芳:《试论孟子的"义利观"对政府职能转型的启示》,载《湖北教育学院学报》2006 年第 9 期。

周淑萍:《宋代孟子升格运动中的四种关键力量》,载《史学理论研究》2006 年第 4 期。

曹迎春:《孟子和谐教育思想探析》,载《文教资料》2006 年第 31 期。

黄俊杰:《21 世纪孟子学研究的新展望》,载《文史哲》2006 年第 5 期。

丁四新:《世硕与王充的人性论思想研究——兼论〈孟子·告子上〉公都子所述告子及两"或曰"的人性论问题》,载《文史哲》2006 年第 5 期。

郭庆林:《〈孟子〉成语浅议》,载《新乡师范高等专科学校学报》2006 年第 4 期。

储昭华:《朝向未来与立足当前——孟子与荀子人性论及其效应的比较

考察》，载《哲学研究》2006年第10期。

董洪利：《〈孟子注疏〉与孙奭〈孟子〉学》，载《北京大学学报》(哲社版)2006年第6期。

李畅然：《孟子的民本思想和平等倾向在晚清的凸显与局限》，载《北京大学学报》(哲社版)2006年第6期。

刘瑾辉：《清代〈孟子〉考据学综论》，载《北京大学学报》(哲社版)2006年第6期。

阎建华：《孟子荀子对孔子孝道观的继承和发展》，载《沧桑》2006年第5期。

杨豹：《论孟子的道德选择理论》，载《华北电力大学学报》(社科版)2006年第4期。

刘蓉：《略论孟子的义利观及其现代价值》，载《和田师范专科学校学报》2006年第5期。

杜杰：《孟子之"仁"本体论及其修养工夫论》，载《理论界》2006年第11期。

王颖：《论〈孟子〉散文的论辩艺术》，载《辽宁行政学院学报》2006年第11期。

曾义：《〈孟子〉散文论辩艺术特征新论》，载《乐山师范学院学报》2006年第10期。

汪美良、周晓东：《孟子人才观探析》，载《乐山师范学院学报》2006年第10期。

李葆华：《〈孟子〉阅读札记》，载《清华大学学报》(哲社版)2006年第6期。

丁成际：《浅析孟子性善说的三个维度》，载《石河子大学学报》(哲社版)2006年第5期。

万光军、高腾云：《论孟子对管仲的评价》，载《泰山学院学报》2006年第5期。

杜冰梅：《〈孟子〉"仁"与"义"互文考察》，载《修辞学习》2006年第6期。

于淑华：《孟子〈诗〉论及其美学价值》，载《赤峰学院学报》(汉文哲社版)2006年第5期。

李长泰：《孟子"大丈夫"人格思想探析》，载《船山学刊》2006年第4期。

周海春：《从康德和孟子看中西伦理的超越精神》，载《湖北经济学院学报》2006年第6期。

胡发贵：《"好辩"与良知：孟子"好辩"诠解》，载《江海学刊》2006年第6期。

汪玉峰:《试论孟子的理想人格》,载《江苏工业学院学报》(社科版)2006年第4期。

陈婷婷:《简述孟子关于审美主体人格修养的理论》,载《江西金融职工大学学报》2006年第2期。

曹峰:《"色"与"礼"的关系——〈孔子诗论〉、马王堆帛书〈五行〉、〈孟子·告子下〉之比较》,载《孔子研究》2006年第6期。

李凯:《试述孟子诠释思想的本体论内涵——兼论中西诠释思想之异同》,载《孔子研究》2006年第6期。

于慧芳:《孟子的道德修养论》,载《洛阳师范学院学报》2006年第4期。

李恒:《孔子与孟子文艺思想聚焦性比较》,载《山东文学》2006年第12期。

马迅、杨宏声:《亚里士多德"德性伦理学"的理解问题——基于孟子哲学立场的一种比较视野及其现代启示》,载《上海行政学院学报》2006年第6期。

邢丽菊:《朝鲜时期儒学者对孟子"四端说"的阐释——以退溪、栗谷与茶山为中心》,载《社会科学战线》2006年第6期。

陈飞鲸:《比较〈孟子〉与〈庄子〉寓言使用的不同》,载《陕西教育》(理论版)2006年第Z2期。

罗欢:《从赵岐注〈孟〉思想动因看〈孟子章句〉训释特点》,载《探求》2006年第6期。

陈鲁民:《孟子的"发展观"》,载《唯实》2006年第11期。

孙淑芳:《〈孟子〉的论辩艺术》,载《语文教学与研究》2006年第35期。

郭婧:《孟子和荀子人性论的比较》,载《中共南京市委党校学报》2006年第6期。

彭国运:《汪士铎对孟子"性善论"的批评》,载《周末文汇学术导刊》2006年第2期。

汪强:《〈孟子〉中的单音节形容词研究》,载《郑州航空工业管理学院学报》(社科版)2006年第6期。

杨豹:《论孟子的道德选择理论》,载《阿坝师范高等专科学校学报》2006年第4期。

唐先进:《〈孟子〉论辩艺术简论》,载《安徽文学》(下半月)2006年第8期。

李学琴:《孟子"性善"论的辨析》,载《财经界》(下半月)2006年第2期。

张邦卫:《孟子的礼乐思想及其美学意义》,载《长沙理工大学学报》(社科版)2006 年第 4 期。

娄正保:《浅谈孟子的教育思想》,载《大庆师范学院学报》2006 年第 6 期。

李珺:《孟子的人本主义教育理论浅议》,载《湖南第一师范学报》2006 年第 4 期。

张建中:《美育:使本然之心向应然之心发展——孟子的美育心理学思想探微》,载《贵州教育学院学报》2006 年第 6 期。

汤浩:《论孟子行政思想的内在逻辑冲突》,载《求索》2006 年第 11 期。

翟广顺:《孟子和柏拉图:痴迷于善与美的精神家园》,载《当代教育科学》2006 年第 23 期。

杨海文:《做一个大写的人:我们在阅读中与〈孟子〉相逢》,载《现代哲学》2006 年第 4 期。

全国斌:《从〈孟子〉中否定词语的使用看先秦否定标记的滥觞》,载《学术论坛》2006 年第 12 期。

刘红星:《孟子与柏拉图的国家教育理想比较》,载《云南财经大学学报》2006 年第 6 期。

陈寒鸣:《〈孟子微〉与康有为对中西政治思想的调融》,载《燕山大学学报》(哲社版)2006 年第 4 期。

杨海文:《〈孟子〉传记博士问题的学术史考察》,载《中国哲学史》2006 年第 4 期。

徐勇:《浅析孟子性善论》,载《重庆工学院学报》2006 年第 12 期。

安晓红:《孟子君子之道的现代价值》,载《甘肃高师学报》2006 年第 6 期。

孔德刚、王永生:《从〈三国志·陆凯传〉看陈寿对〈孟子〉"保民"思想的发展》,载《世纪桥》2006 年第 12 期。

田正利:《孟子"性善论"之我见》,载《丽水学院学报》2006 年第 6 期。

高海波:《荀子与孟子"人性"概念分歧的一种"语用学"解读》,载《邯郸学院学报》2006 年第 6 期。

李冬平:《〈浅谈孟子见梁襄王〉的语言艺术》,载《现代语文》(教学研究版)2006 年第 12 期。

陈如东:《孟子仁政学说的民本精华》,载《漳州职业技术学院学报》2006 年第 3 期。

（二）中国港台地区孟学研究论著

1. 专著

马绍伯:《孟子学说底新评价》,台湾国民书局 1943 年版。

陈大齐:《孟子性善说与荀子性恶说的比较研究》,台湾"中央"文物供应社 1953 年版。

王伟侠:《孟子教育学说》,台湾复兴书局 1955 年版。

陈大齐:《孟子的名理思想及其辩说实况》,台湾商务印书馆 1968 年版。

张明凯:《孟子思想与中国文化》,台湾商务印书馆 1970 年版。

陈立夫:《孟子之政治思想》,台湾中华书局 1973 年版。

王孺松:《孟子论性与修为学》,台湾教育文物出版社 1974 年版。

陈顾远:《孟子政治哲学》,台湾新文丰出版社 1975 年版。

王恩洋:《孟子疏义》,台湾新文丰出版社 1975 年版。

唐迪风:《孟子大义》,台湾学生书局 1986 年版。

苑觉非:《孟子大义》,台湾中华书局 1977 年版。

唐林泉:《孟子政治思想新论》,台湾商务印书馆 1978 年版。

骆建人:《孟子学说体系探赜》,文津出版社 1979 年版。

陈大齐:《孟子待解录》,台湾商务印书馆 1980 年版。

陈圣勤:《孟子文辞今析》,正中书局 1980 年版。

史次耘:《孟子今注今译》,台湾商务印书馆 1980 年版。

蔡仁厚:《孟子要义》,台湾书店 1980 年版。

吴康等:《孟子思想研究论集》,黎明文化事业公司 1983 年版。

滕春兴:《孟子教育哲学思想体系与批判》,正中书局 1983 年版。

陈训章:《孟子管窥》,黎明文化事业公司 1984 年版。

龚宝善:《孟子今解》,台湾书店 1988 年版。

许宗兴:《孟子的哲学》,台湾商务印书馆 1989 年版。

叶经柱:《孟子之民本主义》,正中书局 1990 年版。

黄俊杰:《孟学思想史论》卷一,东大图书公司 1991 年版。

袁保新:《孟子三辩之学的历史省察与现代诠释》,文津出版社 1992 年版。

黄俊杰:《孟子》,东大图书公司 1993 年版。

叶继业:《孟子思想研究》,黎明文化事业公司 1993 年版。

梁韦弦:《孟子研究》,文津出版社 1993 年版。

方俊吉:《孟子学说及其在宋代之振兴》,文史哲出版社 1993 年版。

李明辉:《康德伦理学与孟子道德思考之重建》,台湾"中央研究院"中国文哲研究所1994年版。

黄俊杰主编:《孟子思想的历史发展》,台湾"中央研究院"中国文哲研究所筹备处1995年版。

李明辉主编:《孟子思想的哲学探讨》,台湾"中央研究院"中国文哲研究所筹备处1995年版。

高柏园:《孟子哲学先秦思想》,文津出版社1996年版。

黄俊杰:《孟学思想史论》卷二,台湾"中央研究院"中国文哲研究所筹备处1997年版。

林镇国:《儒者的良心——孟子》,时报文化出版社1998年四版。

李明辉:《孟子重探》,联经出版事业公司2001年版。

方素真:《孟子思想缘起析论》,高雄复文图书公司2001版。

傅佩荣:《孟子的生平及思想》,台湾编译馆2003年版。

刘锦贤:《孟子的生活智慧》,台湾商务印书馆2006年版。

朱荣智:《孟子新论》,台湾编译馆2006年版。

2. 论文

王其俊:《孟子思想体系新论》,载《孔孟学报》第68期(1994年9月)。

王其俊:《孟子思想产生的特殊原因》,载《鹅湖》第257号(1996年11月)。

杨泽波:《王霸之辨正义》,载《孔孟月刊》第36卷第5期(1998年1月)。

许楚瀛:《孟子对孔子教育思想的继承与发展》,载《孔孟月刊》第36卷第5期(1998年1月)。

董季棠:《浩然之气——谈孟子的性格》(上、下),载《中国语文》第36卷第1、2期(1998年2月)。

苏子敬:《唐君毅对于孟子思维方式和表达特色的契会与诠释》,载《中山人文学报》第6期(1998年2月)。

柯金木:《〈孟子〉书中的孔子形象析论》,载《孔孟月刊》第36卷第7期(1998年3月)。

李彦荣:《浅论孟子人格平等思想的意识前提》,载《孔孟月刊》第36卷第8期(1998年4月)。

王其俊:《中国古典散文的名篇——"神农之言者许行章"赏析》,载《孔孟月刊》第36卷第10期(1998年6月)。

许秀霞:《〈孟子〉"梁惠王章·齐桓晋文之事"赏析》,载《东师语文学刊》第11期(1998年6月)。

林忆芝:《孟子“天下之言性章”试释》,载《中央大学人文学报》第17期(1998年6月)。

张炳阳:《告子、孟子和荀子的人生论证平议》,载《台北师院学报》第11期(1998年6月)。

黄伟伦:《论孟子“养气”与“存心”的工夫观》,载《孔孟月刊》第36卷第11期(1998年7月)。

蓝丽春:《论孔孟之“忠君”思想》,载《孔孟月刊》第36卷第11期(1998年7月)。

刘培桂:《孟子林庙历代题咏简介》,载《孔孟月刊》第37卷第1期(1998年9月)。

李明辉:《孟子王霸之辨重探》,载《中国文哲研究集刊》第13期(1998年9月)。

王其俊:《波澜壮阔的论辨——“孟子·齐桓晋文之事”章赏析》,载《孔孟月刊》第37卷第2期(1998年10月)。

杨海文:《先秦礼乐文明与孔孟道德理想主义》,载《孔孟月刊》第37卷第2期(1998年10月)。

刘见成:《死亡与生命的意义——孔孟的观点》,载《中国文化月刊》第225卷(1998年12月)。

李景林:《论孟子的人性概念》,载《中国文化月刊》第225卷(1998年12月)。

邱黄海:《论孟子修养成论之系统的陈述》,载《鹅湖学志》第21卷(1998年12月)。

邱燮友:《从孔孟教育思想看当代高等教育》,载《中国语文》第84卷第1期(1999年1月)。

王基伦:《人性的光辉——孟子》,载《国文天地》第14卷第9期(1999年2月)。

苏子敬:《唐君毅先生对孟子之心与养心工夫的诠释》上、下,载《鹅湖》第24卷第7、8期(1999年1、2月)。

张锦青:《〈孟子〉的仁观及其困难》,载《人文中国学报》第6期(1999年4月)。

翁以伦:《文以气为主——略谈孟子的文气观》,载《国文天地》第14卷第12期(1999年5月)。

袁长瑞:《孟子性善论的时代意义》,载《孔孟月刊》第37卷第9期(1999年5月)。

张淑惠:《浅析孟子是否列为稷下先生》,载《东吴中文研究集刊》第6期(1999年5月)。

刘焕云:《孟子之命义及其现代意义》,载《文理通识学术论坛》第2期(1999年6月)。

杨秀宫:《孟子的"仁政"思想——仁心与政刑的统合》,载《东海哲学研究集刊》第6期(1999年7月)。

李开和:《孟子思想渊源探微》,载《南亚学报》第19期(1999年7月)。

杨泽波:《孟子三考》,载《孔孟学报》第77期(1999年9月)。

蔡鸿江:《孟子论"命"探微》,载《高雄餐旅学报》第2期(1999年10月)。

萧仕平:《孟子之"勇"说》,载《孔孟月刊》第38卷第4期(1999年12月)。

李明辉:《焦循对孟子心性论的诠释及其方法论问题》,载《台大历史学报》第24期(1999年12月)。

洪樱芬:《试论孔孟学说中的价值衡量》,载《鹅湖》第25卷第6期(1999年12月)。

陈明恩:《原始生命的理性化——试论孟子对于气的理解》,载《鹅湖学志》第23期(1999年12月)。

金基柱:《如何能真实地必然地呈显道德——孟子对道德有效性之构想》,载《鹅湖学志》第23期(1999年12月)。

刘述先:《论黄宗羲对于孟子的理解》,载《鹅湖》第25卷第7期(2000年1月)。

何淑静:《亚里斯多德与孟子——幸福与成圣》,载《中国文化月刊》第238期(2000年1月)。

陈桐生:《孟子与西汉今文经学》,载《孔孟月刊》第38卷第7期(2000年3月)。

杨国荣:《孟子与儒学的衍化》,载《孔孟月刊》第38卷第8期(2000年4月)。

陈曼娜:《清末今古文论争中的孟荀之争》,载《孔孟月刊》第38卷第9期(2000年5月)。

林俊宏:《孟子仁政思想的开展》(上、下),载《鹅湖》第25卷第11、12期(2000年5、6月)。

袁保新:《什么是人? 孟子心性论与海德格存有思维的对比研究——兼论当代孟子心性论诠释的困境及其超克》,载《东海哲学研究集刊》第7期(2000年6月)。

林忆芝:《圣之时者——孟子心目中的孔子》,载《鹅湖学志》第24期(2000年6月)。

李莹瑜:《孟子对孔子思想之承继与发展》,载《兴大中文研究生论文集》第5期(2000年9月)。

王其俊:《山东方志中的孟子形象——以〈邹县志〉为中心》,载《孔孟学报》第78期(2000年9月)。

吴冠宏:《舜之两难的抉择——情法、群己、性命——〈孟子〉"桃应问曰"章试诠》,载《孔孟学报》第78期(2000年9月)。

林坤镇:《谈孟子善性论》,载《空中大学共同科学报》第2期(2000年9月)。

李美燕:《孔、孟、荀三子对于"欲"的省察与对治之道》,载《中正大学中文学术年刊》第3期(2000年9月)。

谭澎兰:《从孔孟荀的人性论看礼的价值根源》,载《览桥学报》第7期(2000年9月)。

王志铭:《说朱熹对孟子之刻意曲解》,载《世界中国哲学学报》第1期(2000年10月)。

赵杏根:《论孟子对士人的社会定位》,载《孔孟月刊》第39卷第3期(2000年11月)。

刘锦贤:《孟子人伦之说诠释》,载《兴大中文学报》第13期(2000年12月)。

林美秀:《从孟子的文化观谈儒家现代化的新视野》,载《高雄应用科技大学学报》第30期(2000年12月)。

林忆芝:《孟子"不忍人之心"释义》,载《鹅湖学志》第25期(2000年12月)。

陈荣华:《从孟子哲学论中国哲学的诠释》,载《哲学杂志》第34期(2001年1月)。

杨海文:《孟子的性命之辨及其内圣学走向》,载《中国文化月刊》第252期(2001年3月)。

周安邦:《孟子良知系统之应用》,载《中台人文暨社会学报》第1期(2001年4月)。

杨海文:《孟子心性论的逻辑架构》,载《孔孟月刊》第39卷第9期(2001年5月)。

朱岚:《孟子对儒家孝道的丰富和发展》,载《孔孟月刊》第39卷第9期(2001年5月)。

吕欣怡:《孟子礼学研究》,载《台湾师范大学国文研究所集刊》第45期(2001年6月)。

巫梦虹:《孟子的心性论》,载《中央大学中国文学研究所论文集刊》第7期(2001年6月)。

徐国荣:《名士精神与汉魏之际孟子地位之沉浮》,载《孔孟月刊》第39卷第10期(2001年6月)。

王齐洲:《文学的人化——孟子文学思想的内涵及其价值》,载《孔孟月刊》第39卷第10期(2001年6月)。

林启屏:《孔孟文学观在文学史上的意义》,载《鹅湖学志》第26期(2001年6月)。

蔡泽华:《孟子经济观评述》,载《中国文化月刊》第256期(2001年7月)。

杨泽波:《孟子天人合一思想辨义》,载《孔孟月刊》第39卷第11期(2001年7月)。

马育良:《孟子"四端"说与"情"》,载《孔孟月刊》第39卷第12期(2001年8月)。

郑小江:《论孟子的人生哲学与精神》,载《孔孟月刊》第40卷第1期(2001年9月)。

袁保新:《从"义命关系"到"天人之际"——兼论"自由"在孔孟儒学中的两重义涵》,载《醒吾学报》第24期(2001年10月)。

李传印:《历史上的尊孟与非孟思潮》,载《中国文化月刊》第260期(2001年11月)。

黄俊杰:《山田方谷对孟子养气说的解释》,载《中央大学人文学报》第24期(2001年12月)。

林晓玲:《人人可以成圣——孟子的修养心法》,载《语文学报》第8期(2001年12月)。

王斐彦:《乱世之道德勇气家——孟子》,载《语文学报》第8期(2001年12月)。

曾世煌:《孟子心性论初探兼论与荀子心性论的差异》,载《语文学报》第8期(2001年12月)。

林坤镇:《谈孟子性命论与民本论》,载《空中大学共同科学报》第3期(2001年12月)。

柯德仁:《孟子的经济思想探微》,载《中原学报》第29卷第4期(2001年12月)。

郭鹤鸣:《文本分析与思考训练——以孟子论性善为例》,载《人文及社会学科教学通讯》第12卷第4期(2001年12月)。

黄俊杰:《孟子运用经典的脉络及其解经方法》,载《台大历史学报》第28期(2001年12月)。

蔡信安:《孟子——德行和原则》,载《台湾大学哲学论评》第25期(2002年1月)。

朱荣智:《孟子论养气》,载《孔孟月刊》第40卷第5期(2002年1月)。

梁尚能:《人格建构的终极目标——从孔孟思想谈人格建构》,载《孔孟月刊》第40卷第5期(2002年1月)。

潘小慧:《"善"的意义与价值——以孔孟哲学为例》,载《哲学与文化》第29卷第1期(2002年1月)。

朱荣智:《孟子的苦心》,载《孔孟月刊》第40卷第6期(2002年2月)。

朱荣智:《孟子的辩才》,载《孔孟月刊》第40卷第7期(2002年3月)。

朱荣智:《孟子的寓言》,载《孔孟月刊》第40卷第8期(2002年4月)。

蔡忠道:《孟子"法先王"与荀子"法后王"思想试析》,载《高雄师大学报》第13期(2002年4月)。

刘岳兵:《论狩野直喜的孔孟观》,载《孔孟月刊》第40卷第9期(2002年5月)。

朱荣智:《孟子的人性论》,载《孔孟月刊》第40卷第9期(2002年5月)。

朱荣智:《孟子的譬喻技巧》,载《孔孟月刊》第40卷第10期(2002年6月)。

黄敏浩:《孟子、告子辩论的再诠释》,载《清华学报》第32卷第1期(2002年6月)。

刘振维:《论朱熹对孟子"性善"说的诠释及其问题——"性善"与"人性本善"的辩议》(上、下),载《哲学与文化》第29卷第6、7期(2002年6、7月)。

朱荣智:《孟子论尽心》,载《孔孟月刊》第40卷第12期(2002年8月)。

周安邦:《孟子良知学说新释》,载《国文天地》第18卷第3期(2002年8月)。

何淑苹:《胡毓寰〈孟子〉学浅述》,载《孔孟月刊》第41卷第1期(2002年9月)。

朱荣智:《孟子的自得与自在》,载《孔孟月刊》第41卷第1期(2002年9月)。

杨泽波:《孟子生卒系年新考——附孟子年表》,载《孔孟学报》第80期(2002年9月)。

彭忠德:《孟子评孔子及其〈春秋〉》,载《孔孟学报》第 80 期(2002 年 9 月)。

郭鹤鸣:《客观限制与主体自由——〈孟子尽心〉首章今诠》,载《人文及社会学科教学通讯》第 13 卷第 3 期(2002 年 10 月)。

潘小慧:《〈孟子〉中的"智德"思想》,载《哲学与文化》第 29 卷第 10 期(2002 年 10 月)。

朱荣智:《孟子论孝道》,载《孔孟月刊》第 41 卷第 3 期(2002 年 11 月)。

何淑静:《论亚里斯多德与孟子的"福"概念》,载《鹅湖》第 28 卷第 5 期(2002 年 11 月)。

李怡严:《论孟子的井地说——兼评梁启超的先秦田制观》,载《新史学》第 13 卷第 4 期(2002 年 12 月)。

朱荣智:《孟子论交友》,载《孔孟月刊》第 41 卷第 4 期(2002 年 12 月)。

朱荣智:《孟子论领导统御》,载《孔孟月刊》第 41 卷第 5 期(2003 年 1 月)。

黄秋韵:《孔孟荀哲学中之道德实践》,载《文明探索丛刊》第 32 期(2003 年 1 月)。

朱荣智:《孟子论仁》,载《孔孟月刊》第 41 卷第 7 期(2003 年 3 月)。

汪治平:《孟子"养气"说背景考》,载《中国文化大学中文学报》第 8 期(2003 年 3 月)。

朱荣智:《孟子的有为与不为》,载《孔孟月刊》第 41 卷第 10 期(2003 年 6 月)。

杨秀宫:《义利之辨在技职教育中的意义——以孔孟荀"义利之辨"为核心之研究》,载《树德科技大学学报》第 5 卷第 2 期(2003 年 6 月)。

林忆芝:《孟子与人文精神之建立——家庭的伦理意义》,载《鹅湖》第 28 卷第 12 期(2003 年 6 月)。

黄丽娟:《孟荀天人关系之别异》,载《兴大中文学报》第 15 期(2003 年 6 月)。

刘醇鑫:《韩愈文中的孟子》,载《应用语文学报》第 5 期(2003 年 6 月)。

谢焕良:《孟子管理欲望的方式》,载《孔孟月刊》第 41 卷第 11 期(2003 年 7 月)。

朱荣智:《孟子论君子之德》,载《孔孟月刊》第 41 卷第 11 期(2003 年 7 月)。

罗雅纯:《真理的对话游戏——从哲学诠释学重释戴震孟子学》,载《中文学报》第 8 期(2003 年 7 月)。

赖贵三:《孟子的〈易〉教(1、2、3、4、5、6、7)——清儒焦循〈孟子正义〉中〈易〉理诠释之一、二、三、四、五、六、七》,载《孔孟月刊》第41卷第6、7、8、9、10、11、12期(2003年2、3、4、5、6、7、8月)。

邱春美:《〈孟子〉的逻辑思想探讨》,载《孔孟月刊》第42卷第1期(2003年9月)。

朱荣智:《孟子论天命》,载《孔孟月刊》第42卷第2期(2003年10月)。

林桂榛:《论孟子的人生精神》,载《中国文化月刊》第274期(2003年10月)。

贾忠婷:《朱熹透过〈孟子〉所阐述的"心性情"三分之义理内涵》,载《鹅湖》第29卷第5期(2003年11月)。

邱黄海:《孟子政治哲学的序曲——对治尽物量的时代精神之性善的人文主义》,载《鹅湖》第29卷第5期(2003年11月)。

何淑静:《论现代研究中国哲学的一种可能途径——以孟子哲学为例》,载《鹅湖学志》第31期(2003年12月)。

朱荣智:《孟子的人格特质》,载《孔孟月刊》第42卷第5期(2004年1月)。

章正忠:《孟子驳诸子考》,载《国文天地》第19卷第8期(2004年1月)。

朱荣智:《孟子的教育理念》,载《孔孟月刊》第42卷第6期(2004年2月)。

赵源一:《关于孟子政治思想的管窥》,载《儒教文化研究》第4期(2004年2月)。

李匡夫:《孟子"性善论"基础上的"仁政"王国》,载《孔孟月刊》第42卷第7期(2004年3月)。

杨国荣:《儒学与民主——以孟子为中心的思考》,载《孔孟月刊》第42卷第7期(2004年3月)。

朱荣智:《〈孟子〉书中的孔子》,载《孔孟月刊》第42卷第7期(2004年3月)。

刘伟:《孟子与"滕文公"》,载《孔孟月刊》第42卷第8期(2004年4月)。

朱荣智:《孟子的战争哲学》,载《孔孟月刊》第42卷第8期(2004年4月)。

朱荣智:《孟子论君臣》,载《孔孟月刊》第42卷第9期(2004年5月)。

王玉玫:《儒家终极开怀的主观根据与客观根源——以孟子思想为中心的探讨》,载《台中技术学院学报》第5期(2004年6月)。

吴武雄:《苏辙〈孟子解二十四章〉研析》,载《台中技术学院学报》第5期

(2004年6月)。

刘振雄:《孟子“性善”说刍议》,载《朝阳人文社会学刊》第2卷第1期(2004年6月)。

林忆芝:《孟子论辩探究》,载《中央大学人文学报》第29期(2004年6月)。

蔡泽华:《孟子历史进程观评述》,载《中国文化月刊》第283期(2004年7月)。

牟宗三:《〈孟子〉演讲录》(2、3),载《鹅湖》第30卷第1、2期(2004年7、8月)。

朱荣智:《孟子的自然思想》,载《孔孟月刊》第42卷第12期(2004年8月)。

马世年:《孟子心性学说的理论主张与修养实践》,载《东方人文学志》第3卷第3期(2004年9月)。

林湘华:《从“仁心”到“仁政”——孟子对孔学“顺势以求存”的历史价值》,载《鹅湖》第30卷第3期(2004年9月)。

朱荣智:《孟子的学养》,载《孔孟月刊》第43卷第1期(2004年9月)。

陈右勋:《孟子管理思想检证》,载《孔孟学报》第82期(2004年9月)。

朱荣智:《孟子的不动心》,载《孔孟月刊》第43卷第2期(2004年10月)。

牟宗三:《〈孟子〉演讲录》(4、5),载《鹅湖》第30卷第3、4期(2004年9、10月)。

朱荣智:《孟子论养生》,载《孔孟月刊》第43卷第3期(2004年11月)。

牟宗三:《〈孟子〉演讲录》(6),载《鹅湖》第30卷第5期(2004年11月)。

朱荣智:《孟子论仁与义》,载《孔孟月刊》第43卷第4期(2004年12月)。

许宗兴:《孟子性善论解析》,载《华梵人文学报》第4期(2005年1月)。

朱荣智:《孟子的修辞技巧》,载《孔孟月刊》第43卷第5期(2005年2月)。

赖贵三:《北京大学所藏清儒焦循〈孟子補疏〉手稿钞释》(1),载《孔孟月刊》第43卷第5、6期(2005年2月)。

牟宗三:《〈孟子〉演讲录》(7、8),载《鹅湖》第33卷第7、8期(2005年1、2月)。

谢长法:《孟子的教化思想》,载《孔孟月刊》第43卷第7、8期(2005年4月)。

赖贵三:《北京大学所藏清儒焦循〈孟子補疏〉手稿钞释》(2),载《孔孟月刊》第43卷第7、8期(2005年4月)。

陈政扬:《孟子与庄子"命"论研究》,载《揭谛》第8期(2005年4月)。

简良如:《戴震〈孟子字义疏证〉对人性及人群问题的反省——以〈孟子〉相关思想为参照》,载《台大文史哲学报》第62期(2005年5月)。

赖贵三:《北京大学所藏清儒焦循〈孟子補疏〉手稿钞释》(3),载《孔孟月刊》第43卷第9、10期(2005年6月)。

林彩淑:《孟子经济思想析论》,载《致理学报》第20期(2005年6月)。

高柏园:《论牟宗三先生〈圆善论〉的孟子学》,载《鹅湖》第30卷第12期(2005年6月)。

刘昌佳:《戴震〈孟子字义疏证〉诠释上的问题及其所涵蕴的价值》,载《逢甲人文社会学报》第10期(2005年6月)。

王君萍:《司马光〈疑孟〉与余允文〈尊孟〉之比较研究》,载《世新中文研究集刊》第1期(2005年6月)。

许宗兴:《孟子性善论的证明》,载《华梵人文学报》第5期(2005年7月)。

叶守桓:《李二曲〈四书反身录〉中关于〈孟子〉一书之诠释》,载《辅仁国文学报》第21期(2005年7月)。

蔡家和:《朱子的孟子学——以"知言养气"章为例》,载《东海大学文学院学报》第46期(2005年7月)。

刘振维:《从"性善"到"性本善":一个儒学核心概念转化之探讨》,载《东华人文学报》第7期(2005年7月)。

郑柏彰:《试诠〈孟子〉的思维体系(上)——以"本心"之概念为轴心演绎》,载《孔孟月刊》第43卷第11、12期(2005年8月)。

王真谛:《论先秦孟、荀"利"观念的演变与发展》,载《东方人文学志》第4卷第3期(2005年9月)。

郑柏彰:《试诠〈孟子〉的思维体系(下)——以"本心"之概念为轴心演绎》,载《孔孟月刊》第44卷第1、2期(2005年10月)。

赖贵三:《北京大学所藏清儒焦循〈孟子補疏〉手稿钞释》(4),载《孔孟月刊》第44卷第3期(2005年12月)。

徐圣心:《〈孟子〉"天下之言性"章异疏会诠及其人性论原则》,载《成大中文学报》第13期(2005年12月)。

李建兴:《孟子言"思"之意涵探析》,载《鹅湖》第38卷第8期(2006年2月)。

韩德民:《〈孟子〉四题》,载《孔孟月刊》第44卷第5、6期(2006年2月)。

王慧茹:《孟子〈知言养气〉章探析》,载《鹅湖》第38卷第9期(2006年3月)。

常校珍:《孟子的“德治”观》,载《孔孟月刊》第44卷第7、8期(2006年2月)。

赖贵三:《北京大学所藏清儒焦循〈孟子補疏〉手稿钞释》(5),载《孔孟月刊》第44卷第7、8期(2006年4月)。

顾红亮:《孟子性善说的他者哲学诠释》,载《孔孟月刊》第44卷第7、8期(2006年4月)。

郭国泰:《〈孟子〉中“告子”论“性”之义理新考》,载《东方人文学志》第5卷第2期(2006年6月)。

夏世华:《论孟子之不动心——读〈孟子〉“知言养气章”及朱子注的一些思考》,载《鹅湖》第31卷第12期(2006年6月)。

陈德和:《孟荀性情说的共法与不共法》,载《当代中国哲学学报》第4期(2006年6月)。

陈韦铨:《试论孟子的诠释方法与意识主体》(上),载《孔孟月刊》第44卷第11、12期(2006年8月)。

叶太平:《从人格精神看孟子比孔子的进步性》,载《孔孟学报》第84期(2006年9月)。

陈韦铨:《试论孟子的诠释方法与意识主体》(下),载《孔孟月刊》第45卷第1、2期(2006年10月)。

简光明:《孟子何以未曾批判庄子》,载《孔孟月刊》第45卷第3、4期(2006年12月)。

附录六

韩国朝鲜时代孟学研究著作简介[①]

李退溪(1501—1570):《孟子释义》。1609年刊于陶山书院。此书为《四书释义》中的孟子部分,其内容与官本相同,所以编官本《四书谚解》时可能采纳了李退溪的意见。此书为研究经传解释史上重要的资料,并且可藉以了解李退溪对于《孟子》的见解。

李珥(1536—1584):《孟子质疑》。此书为《四书释义》之卷四和卷五。在这里可以看到李栗谷对于《孟子》的解释。

李德弘(1541—1596):《孟子释义》。德弘为李退溪的高足。此书为《艮斋续集》卷一,其内容是对《孟子》的《公孙丑篇》、《告子篇》和《尽心篇》提出疑难,并加以解答。

金长生(1548—1631):《经书辨疑——孟子》。他是李栗谷的门人,培养了很多学者。他的思想发展成畿湖学派。《经书辨疑》在于辨释经传的疑难处,而有关《孟子》的部分在卷四。他从《孟子集注》中的《梁惠王篇》到《尽心篇》里提出有问题的章节,并介绍异说和自己的意见。

李廷龟(1564—1635):《筵中讲义——孟子》。在书筵中对王世子讲授《孟子》之内容,大都是讨论友道。

权得己(1570—1622):《潜疑——孟子》。从首章开始,按《孟子》原文的顺序提出有关经世和哲理的问题。

赵翼(1579—1655):《孟子浅说》。其原名为《孟子分类浅说》,后约经20年之修改而成《孟子浅说》。先提出《集注》的原文,然后加以解说。

宋国泽(1597—1659):《疑——孟子》。他在此书论"孟子言人皆尧舜"和"孟子言心不同"。

权諰(1604—1672):《书筵讲义——讲孟子伐燕章》。此书系由1657年10月16日对王世子会讲的内容记录而成,讲义的主题是《孟子》的"伐燕"章。

李惟泰(1607—1684):《四书问答——孟子》。此书是从四书里提出理解困难和疑难的地方,引用朱熹的主张,用"答"来说明。

---

① 该材料来源于韩国汉阳大学校哲学系金炳采先生所著《韩国朝鲜时代的孟子学研究》一文(载《孟子思想的历史发展》,251～264页,台湾"中央研究院"中国文哲研究所筹备处,1995)。依照大陆印刷通则,对文中的姓名、生卒、标点、语句等做了一定的技术处理。

宋时烈(1607—1689):《孟子或问精义通考》。他继承李栗谷的学统而形成畿湖学派的主流。此书见于《论孟或问精义通考》。

吴益升(1620—1679):《杂录——孟子》。益升为宋时烈的门下。这本书收录在《松峰遗稿》(卷之五·杂录)的《论语》后面,针对《孟子》几个篇章加以讨论。

洪汝河(1621—1678):《读书札记——孟子》。他精研礼学,也关心利用厚生之学。此书是针对"四书"、《诗经》、《周易》等书中的章节而提出来讨论。

房明翕(1624—1683):《疑——孟子》。

李时善(1625—1715):《荷华编——孟子》。他在性理学、史书及卜筮方面很有成就,文章也出名。这份资料是他读《孟子》的记录。

朴世堂(1629—1703):《思辨录——孟子》。他因解释经典出问题而被流放,途中去世。此书的内容是辨释四书,而有关《孟子》的部分收在第四、五册里面。

金干(1646—1732):《札记——孟子》。他是宋时烈的门人,精于礼学,主要著作有《东儒礼说》。此书讨论《孟子》的大小注和史料考证。

林泳(1649—1696):《读书札录——孟子》。他属于畿湖学派,在理气论方面采取李退溪与李栗谷的折衷立场。

郑齐斗(1649—1736):《孟子解·孟子说》。他主要研究阳明学,其主要著作如《心经集义》、《定性书解》等,都是有关阳明学的著作。《孟子解》除了解说《浩然章》之外,还作《浩然章图》来分析其内容,也批评朱熹的注解。《孟子说》讨论心学的基本问题。

李衡祥(1653—1733):《瓶窝讲义——孟子》。这本书以朱熹的《集注》为根据解说《孟子》。

朴光一(生卒不详):《杂著——浩然章问答》。他是宋时烈的门人。此书以朱熹的《集注》为本,是对《集注》的说明。

李柬(1677—1727):《杂著——孟子》。他主张人物性同论,因而也代表洛论。他跟湖论派的代表韩元震进行六年的论争,也是引发湖洛论争的代表人物。

李显益(1678—1717):《杂著——孟子说》。此书收在他的文集中。他信奉程朱学,本书内容大体跟《集注》相同。

李绛(1680—1746):《孟子讲说》。他在此书中自问自答,其内容大体和朱熹的《集注》相同。

李瀷(1681—1763):《孟子疾书》。他被称为朝鲜"实学"的宗祖和经世致用学派的巨匠。他深入研究经学、程朱学及李退溪的思想，反对当时的学问风气，而提倡与现实有关的实用性学问。就学问方法而言，他重视实证的态度，也提出多方面的改革性建议。他写这本书的目的就在反对盲目崇拜朱熹的《集注》。他认为治学当以批判性的态度来提出疑问并讨论。这本书广泛地收集资料，对于《孟子》有独特的解释，是解释《孟子》的重要的资料之一。

韩元震(1682—1751)：《朱子言论同异考——孟子》。他反对洛论的人物性同论而主张湖论的人物性异论。他的主要著作经过50年才完成的《朱子言论同异考》被视为韩国儒学史上的巨作。本书收在《朱子言论同异考》卷四，蒐集朱熹有关《孟子》的注解、语类、书简，并加以分辨。

韩元震：《理气性情图说——孟子》。其内容包括"养气章说"与"生之谓性章说"两部分，主张人物性异论。

韩元震：《杂著——孟子》。该书收入《南塘集》杂著。其内容有"读孟子道性善、生之谓性章或问"与"读孟子公都子问性章或问"，都是有关人物性同异论的争论。

姜再恒(1689—1756)：《辨——孟子(附：议——孟子)》。这本书收在《立斋遗稿》卷十五中，由《〈孟子〉非孟子自著》和《孟子于礼文制度亦甚疏略》两篇文章构成。

尹东奎(1695—1773)：《经说——孟子》。他是李瀷的门下。他主张实用之学，研究天文、地理、历法等。这篇资料包括"孟子序说考证"和"读孟子王者迹熄而诗亡章记疑"两部分，其中亦含对朱熹学说的批评。

杨应秀(1700—1767)：《孟子讲说》。此书是根据朱熹的学说与弟子的问答。

金元行(1702—1772)：《渼上经义——孟子》。在湖洛论争中，他支持李柬的洛论而反对湖论。其内容主要是"孟子浩然章记疑"。

李昆秀(1762—1788)：《恩课录——孟子讲义》。其内容涉及《梁惠王篇》与《公孙丑篇》。

任圣周(1711—1788)：《说——孟子不动心章》。起初他属于洛论，后来改而支持湖论。在理气论方面，他主张把理气二元论统一为气一元论的"气元论"。他认为"孟子不动心章"的大旨不在集义，而是以养气来持志。

金谨行(1712—1782)：《杂著——孟子札疑》。此书主要在说明字义。

安鼎福(1712—1791)：《孟子疑问》。他非常深入地研究"实学"，尤其以研究历史成名。他的主要著作是《东史纲目》。

安鼎福：《经书疑义——孟子》。这本书是《孟子疑问》的修正本。

金钟厚(1721—1780):《札录——孟子》。本书是作者的读书札记,主要批判韩元震的心性论。

柳长源(1724—1796):《四书纂注增补——孟子》。这本书系《四书纂注增补》卷19~26,收集有宋、元、明、清时代有关《孟子》的注释。

白凤来(1717—1799):《四书通理——孟子》。该书是以图表来说明孟子的经义。从"孟子为学发越之图"开始,到"篇终历叙群圣之图",总共有13个图表。

魏伯珪(1727—1798):《读书札义——孟子》。这本书的特征是用分析文章结构特性的方式来了解《孟子》的经义。

洪大容(1731—1783):《杂著——孟子问疑》。作者是"北学派"(近世韩国实学派的主流)的领导者。他对政府提出很多改革意见。此书收入《湛轩书》中。

赵有善(1731—1809):《经义——孟子》。该书主要阐明《孟子》的经义。

朴胤源(1734—1799):《杂著——孟子札略》。该书主要阐明《孟子》的经义。

金相进(1736—1811):《经义——孟子》。他非常深入地研究朱熹的思想。此书对朱熹的《集注》做了清楚的说明。

金龟柱(1740—1786):《经书札录——孟子》。他在性理学方面支持韩元震的湖学。此书对性理论有比较丰富的解释。

奇学敬(1741—1809):《御制经义条对——孟子》。这篇文章是对国王说明有关《孟子》的几个问题。

高廷凤(1743—1822):《经书疑义条对——孟子》。此文只有国王提出的问题,而答案已亡佚。

李元培(1745—1802):《经义条对——孟子》。此文是对国王所提疑问的回答,其内容有关王道政治与《告子篇》的学问类型之分析,也介绍陆、王的学说。

金履九(1746—1812):《杂识——孟子》。该书简单论述了经义有关问题。

崔左海(1738—1799):《孟子窃意》。这本书是对《孟子》的注释。总共7卷,现存5卷。他很少采取朱熹的注解,大都是他自己的创见。该书保留了中国学者吕留良和李都梁的注释。

正祖大王(1752—1800):《经史讲义——孟子》。这本书收在朝鲜第22代正祖大王的文集《弘斋全书》中。这本书蒐集他跟学者间的讨论之内容,很多是对《孟子》的新解释,所以是韩国经学史上的重要资料。

丁若镛(1762—1836):《孟子要义》。他是朝鲜后期“实学”的代表人物。他激烈地反对性理学、训诂学、文章学、科举学、术数学,认为这些学问是亡国的学问。他由经典的注释出发,主张学问应在现实社会里有所用。这本书对朱熹的《四书集注》做了全面性的批判,具有自己独创的意见。

徐滢修(1749—1824):《讲义——孟子》。这本书是对于正祖大王所提问之解答。主要内容是有关《告子篇》中性与气的问题。

南景羲(1746—1812):《杂著——孟子讲义》。此文收在《痴庵集》卷七中。

沈就济(1753—1809):《说——孟子说》。此文发挥孟子的四端之说。

金羲淳(1757—1821):《讲说——孟子》。此文收入作者的文集《山水轩集》中,主要内容是《孟子》书中有关训诂和经义的问答。

尹行恁(1762—1801):《薪湖随笔——孟子》。此书主要以作者见解阐述《孟子》一书的要点。

吴熙常(1763—1833):《读书随记——孟子》。他以研究性理学为主,而受李退溪和李栗谷的学说影响。这本书记录他读《孟子》的心得。

姜必孝(1764—1848):《杂著:时习录——孟子》。此书收入作者的文集《海隐遗稿》中,其内容是简单地说明《孟子》的要义。

柳健休(1768—1834):《东儒四书集解评——孟子》。此书收入《东儒四书集解评》中。《东儒四书集解评》是朝鲜时期的李滉、李珥、朴世采、宋时烈等50多位学者的学说之集大成,是研究韩国儒学史的重要资料之一。

正祖大王:《邹书春记》。这本书收入《弘斋全书》中,是根据正祖大王与他的阁臣金近淳(1771—?)讨论《孟子》时的问答整理出来的,是研究韩国经学的重要资料之一。

金鲁谦(1781—?):《论性纂要——孟子(附:四书问——孟子)》。作者研究经学,著述甚多。这本书收录经书中有关“性”的论述。

崔象龙(1786—1840):《四书辨疑——孟子(附:杂著——第四孟子图)》。这本书收入作者的文集《凤村集》卷十五中。

申教善(1786—1858):《读孟庭训》。这本书是作者71岁时完成的,总共7卷,是读《孟子》的心得和对《孟子》的解释。

李恒老(1792—1868):《杂著——孟子》。他主张主理论和二元论。其内容包括孟子杂录、性善说、养气说、制民之产说、浩然章疑义等。

许传(1797—1886):《经筵讲义——孟子》。作者想对实学和性理学做一调和。该书是由经筵讲义整理出来的。

金在洛(1798—1860):《散录——孟子演义(附:图——孟子不动心

图)》。他一生研究性理学。“孟子不动心图”是以图解说明《孟子》〈浩然章〉的“不动心”。

奇正镇(1798—1876):《答问类编——孟子》。他被称为性理学的大家(徐敬德、李滉、李珥等)之一。该书记录了他跟弟子的问答。

李埈(1812—1853):《杂著——孟子》。此书说明《孟子》里的重要部分。

朴宗永(?—1875):《经旨蒙解——孟子》。该书论不动心、浩然之气、性善说、存心等。

李象秀(1820—1882):《杂著——孟子笔程》。此书主要讨论不动心、养气、存心等问题。

李震相(1818—1886):《孟子札义》。他继承李退溪的学说,主要说明《孟子》的要旨。

朴文一(1822—1894):《经义——孟子(附:问目——孟子)》。他提出《孟子》里重要的语句24项,并说明其要旨。

户佖渊(1827—1885):《杂著:四书考略——孟子》。此文收入作者的文集《克斋集》中。

柳重教(1832—1893):《讲说杂稿——孟子》。这本书包括《孟子篇义》、《孟子说》、《孟子讲义发问》,收入《省斋集》卷二十二至三十六中。《孟子篇义》简单地说明《孟子》每篇的要旨。《孟子说》概括全书的内容,可是并没有完成。《孟子讲义发问》是他授课时对学生发问的解说。

徐基德(1832—?):《论孟经义问对——孟子(附:经义问对——孟子)》。其内容大部分是整理问答而成。

金永杉(1834—1906):《经义问答——孟子》。此文是由成均馆问答的内容整理出来的。

石禹钟(1840—1924):《孟子讲义》。他专门研究性理学。该书是依朱熹的学说而立论。

田愚(1841—1922):《杂著——孟子》。这本书包括《浩然章问目》、《读孟子生之谓性章集注》、《读孟子》三篇,都是引用朱熹的著作来说明自己的见解。

李嵚(1842—1928):《经义问对——孟子(附:经义——孟子)》。此书对《孟子》书中比较难理解的地方加以详细说明。

朴文镐(1846—1918):《孟子集注·孟子或问(附:性学辑考·孟子补传·孟子随笔)》。此书根据朱熹的学说来阐释《孟子》。

金秉宗(1871—1931):《读书漫录——孟子》。该书根据《春秋》和《大学衍义》来解释《孟子》。

朴文镐:《孟子集注详说》。这本书对朱熹的《孟子集注》详加说明。

郭钟锡(1846—1919):《茶田经义答问——孟子》。此书收入作者《俛宇集》中。

李健昌(1852—1898):《杂著——读孟子》。他对于性命之学比较关心,主要根据阳明学来研究心学,并创立江华学派。这篇资料只集中讨论《孟子·尽心下》。

郑灏镕(1855—1935):《四书问答——孟子》。他深入研究圣贤之"为己之学",也研究性理学。此书的内容是从《孟子》里提出问题,并回答这些问题。

李琼锡(1892—1949):《杂著——孟子札疑》。其内容是按朱熹的立场来解释《孟子》。

任百禧(生卒不详):《讲义——孟子》。该书是作者在经筵席上对哲宗大王讲论《孟子》的记录。

林翰周(生卒不详):《杂著——孟子》。此书提出《孟子》中有疑难的文义、句诀、字误、音读,并根据李退溪和沙溪等先贤的学说来进行分析和批判。

车鸿(生卒不详):《经义问答——孟子》。该书讨论《孟子》书中疑难之处。

任公烈(生卒不详):《杂著——孟子问答》。该书讨论了有关《孟子》书中比较重要的47条。

金埴(生卒不详):《杂著——孟子札疑》。

朴章铉(1908—1940):《杂著——孟子类集》。这篇资料是把《孟子》全篇经文依主题来区分、编辑。

后 记

山东社会科学院孟子研究中心、山东社会科学院儒学研究所的有关专家、学者，多年来从事孟学及孟学史的研究，在国内外发表了一批有较好影响的论著，得到学术界同仁的鼓励和好评。在此基础上，通过多年的艰辛努力和通力合作，完成了目前国内学术界第一部《中国孟学史》，现将它呈献给读者。本书的是非得失，恳请读者指正。

山东教育出版社将本书列为2007年的重点课题予以出版。责任编辑孟旭虹同志认真负责，精益求精，对书稿提出了许多宝贵的修改意见，付出了辛勤劳动。谨向山东教育出版社致以真诚的谢忱。

在本书的撰写过程中，得到山东社会科学院领导及儒学研究所所长涂可国研究员的热情帮助和支持。中国社会科学院研究员、山东大学儒学研究中心主任庞朴先生，韩国孟子学会会长、同德女子大学校名誉教授赵骏河先生对本书表示热情的关注。山东社会科学院儒学研究所原所长赵宗正教授对本书的体例编排、整体构思提出了修改意见。台湾学者黄俊杰、李明辉教授赠寄了港台地区部分孟学研究论著。刘爱英、李玉、张进、许宏等同志帮助校阅、打印部分书稿。特向他(她)们表示衷心的感谢！

本书的撰写分工如下(以撰写内容的先后为序)：

王其俊：设计本书的框架，拟定章节大纲，统改全部书稿与定稿；撰写绪论，第一、二、三、四、五、六、七、八、九、十、十一章，第二十三章第五节，第二十四章第一节，第二十八、三十四、三十五、四十一、四十二章，及附录二、三、四，后记。

李俊龄：撰第十二、十三、十四章。

李　玉：撰第十五、十六、三十三章。

张　进：撰第十七、十八、十九、二十一章。

沈　旺：撰第二十章。

李　军：撰第二十二、二十四章第三、四节。

孙聚友：撰第二十五、二十六章。

石永之：撰第二十三章第一、二、三、四节、三十二章。

董　玲：撰第二十四章第二节。

许　宏：撰第二十七、三十六章。

朱湘铭：撰第二十九、三十、三十一章。

李　燕：撰第三十七、三十八、三十九、四十章。

王廷智：撰第四十三章。

刘爱英：撰附录一、五、六。

王其俊

于山东社会科学院孟子研究中心

2011年10月